MW00629296

HISTORIA DE LAS ELECCIONES EN IBEROAMÉRICA, SIGLO XIX
DE LA FORMACIÓN DEL ESPACIO POLÍTICO NACIONAL

ANTONIO ANNINO
Coordinador

Antonio Annino●Lúcia María Bastos P. Neves●Marco Bellingeri●Natalio Botana●Ema Cibotti●José Carlos Chiaramonte●Gabriella Chiaramonti●Marie-Danielle Demélas-Bohy●Richard Graham●Herbert S. Klein●Hilda Sabato●Marcela Ternavasio●Marianne L. Wiesebron

FONDO DE CULTURA ECONÓMICA

MÉXICO-ARGENTINA-BRASIL-COLOMBIA-CHILE-ESPAÑA
ESTADOS UNIDOS DE AMÉRICA-PERÚ-VENEZUELA

Primera edición, 1995

D.R. © Fondo de Cultura Económica de Argentina, S.A.
   Suipacha 617; 1008 Buenos Aires

ISBN 950-557-214-X
Impreso en Uruguay
Hecho el depósito que previene la ley 11.723

SECCIÓN DE OBRAS DE HISTORIA

Historia de las elecciones en Iberoamérica, siglo XIX
De la formación del espacio político nacional

INTRODUCCIÓN

POR DEMASIADO TIEMPO ha quedado la historia electoral latinoamericana prisionera de una nueva Leyenda Negra según la cual la representación política moderna en este continente fue fundamentalmente un fracaso. Las causas que normalmente se indican para explicar el fenómeno son bien conocidas: caudillos, guerras civiles, dominación externa, culturas sumamente heterogéneas, corrupción, subdesarollo, etc. Sin embargo, nunca ha existido una tradición sólida de estudios acerca de las elecciones como para sustentar esta visión del siglo XIX. Así, cuando nos reunimos por primera vez hace tres años sabíamos que íbamos a enfrentarnos con uno de los temas más controvertidos de la América Latina moderna.

Sin embargo, también nos dimos cuenta de que la presencia fuerte de esta visión tradicional junto con la escasez de estudios acerca del tema era el resultado principalmente de un espejismo cultural. De hecho los historiadores de hoy miran a las elecciones decimonónicas a través de la óptica de las elites de la época. Es decir, las disputas, las reflexiones críticas, las denuncias de corrupción, los proyectos de reformas electorales o las reformas mismas que acompañaron el difícil camino emprendido por las nuevas naciones latinoamericanas se transformaron en los principales instrumentos para evaluar, en nuestro siglo, éxitos y fracasos de la representación política moderna al sur del Río Grande.

Este tipo de enfoque tuvo, entre otros inconvenientes, el de aislar al caso latinoamericano del gran debate que se libraba dentro de los liberalismos occidentales acerca del voto en la misma época. Pero las disputas y hasta momentos de frustración acerca del futuro no fueron solamente características de las elites latinoamericanas. Las disyuntivas que planteó la cuestión electoral a los sistemas políticos constituyeron un angustioso tema del siglo XIX que nunca se resolvió definitivamente en ningún país. En México y en toda América Latina se podía leer a mitad del siglo consideraciones como las que Juan Sánchez Navarro publicó en su *Historia* (1850): "La mayoría de los mexicanos ignoraba al hacerse la independencia y aún muchos lo ignoran todavía que tienen deberes políticos y civiles, carecen del conocimiento fundamental de sus derechos, de sus leyes, y de todas esas teorías que el siglo ha sancionado como dogmas políticos". Aún en la Francia de la tercera república se decían todavía estas mismas cosas.[1] Sin embargo, al hacer un análisis comparativo se puede ver que este universo de percepciones colectivas forma parte de la misma historia del voto y por lo tanto no se debe utilizar como un eje interpretativo.

Por último, es importante señalar que la falta de un cabal conocimiento acerca de los orígenes y los caminos de la representación moderna en América Latina podría explicar el protagonismo otorgado por la historiografía tanto a los caudillos como a los caciques. No se trata de minimizar el papel de estos actores pero lo que sí se cuestiona es hasta qué punto fueron los caudillos y los caciques los modelos más importantes de acción política en el siglo XIX. Después de todo, esta Leyenda Negra electoral surgió de una visión de Carlyle que veía a estos personajes como los verdaderos forjadores de los destinos nacionales. América Latina tuvo su propio Carlyle en el venezolano Vallenila Lanz, y en *Cesarismo Democrático* su obra maestra.

Es a partir de estas consideraciones que decidimos unificar nuestras investigaciones personales alrededor de una pregunta más allá de los éxitos o de los fracasos de los sistemas representativos: ¿cómo y cuándo fue modificando este acto de votar, aparentemente tan sencillo, las relaciones entre poder y sociedad a lo largo del siglo XIX? La naturaleza de este problema implica un cambio de enfoque. Se debe investigar no tanto los resultados de las elecciones y su peso en las contiendas políticas sino más bien el conjunto de las prácticas y los valores que definieron la "entrada" de votantes heterogéneos en el mundo supuestamente homogéneo de la representación moderna. En lugar de los *outputs* del voto, entonces, decidimos ocuparnos fundamentalmente de los *inputs*.

La originalidad de nuestra opción es, a fin de cuentas, muy relativa. Hace años ya que la historiografía social maneja enfoques "desde abajo" y al empezar este proyecto sabíamos perfectamente que nuestro tema ya había sido renovado en forma pionera por algunos distinguidos colegas.[2]

---

[1] El texto de Suárez y Navarro está citado por G. Jiménez Codinach, *Introducción al Libro Uno de los Planes de la Nación Méxicana*, México, 1987, p.38. Sobre Francia véase el ya clásico estudio de E. Weber, *Peasant into Frenchmen*, Stanford, 1976.

[2] Destacan en particular N. Botana, *El orden conservador. La política argentina entre 1880 y 1916*, Buenos Aires, Sudamericana, 1977; F. X. Guerra, *Le Méxique de l'Ancien Régime á la Revolution*,

Lo que sí nos pareció un horizonte nuevo fue el estudio de la cuestión electoral latinoamericana a partir de los cambios que se están dando en la historiografía política no sólo en América Latina sino también a nivel internacional. De hecho se puede decir que mientras en el pasado las instituciones, los valores y los actores pertenecían a diferentes campos de estudio cada uno con sus reglas operativas, ahora se busca cada vez más las posibles interacciones entre las tres categorías políticas. El objetivo es explicar las condiciones en que surgieron y se transformaron estas categorías que moldearon ciertas prácticas colectivas para así identificar las genealogías de ciertos problemas o dilemas que están más allá de los cambios institucionales.

Las dos categorías centrales del siglo XIX en el mundo occidental son "nación" y "representación". Entonces, ¿qué sistemas de aceptación y de refutación surgieron en América Latina, cuando actores muy diferentes social y culturalmente practicaron estas dos categorías? La investigación surge de esta primera pregunta. Se trata de algo más que una historia vista desde "abajo" ya que se puede hacer una historia institucional o social de los votantes y la imagen tradicional del voto se quedaría igual a la de las elites. Siempre estaríamos condenados a mantener una gran distancia entre el dato formal y el dato real. Por una parte, el apego al mero dato institucional reproduce la percepción de las elites porque lleva implícito un supuesto paradigma de la "normalidad" electoral que a su vez permite identificar los casos "patológicos" o "corruptos". Pero por otra parte, un mejor conocimiento de los actores sociales involucrados en las elecciones confirmaría lo que ya se sabe: si la idea de nación moderna, liberal, apunta a la construcción de una monoidentidad colectiva, el desafío latinoamericano está en la fuerza de las polidentidades que por tres siglos vivieron a la sombra de una monarquía imperial y católica.

Para contestar estas preguntas básicas y no perder los aportes de la historia institucional y social, optamos por un camino intermedio, es decir, investigar sobre todo cómo las sociedades locales vivieron y usaron el sufragio. Esto naturalmente implica, entre otras cosas, partir de la idea que practicar el voto no significa necesariamente aceptar su lógica institu-

---

París, 1987; H. Sábato, "Citizenship, Political Participation and the formation of the public Sphere in Buenos Aires, 1850s-1880s", *Past and Present*, n.136, 1992, pp.139-163. Una reflexión historiográfica sobre el tema se encuentra en F.X.Guerra, "Les avatars de la représentation au XIXme. siecle", en G.Couffignal, *Réinventer la démocratie. Le défi latinoaméricain*, París, 1992, versión en español: *Democracias posibles*, Buenos Aires, F.C.E., 1994.

cional. Este acercamiento al tema nos pareció el más apropiado al caso latinoamericano por tres razones. En primer lugar, no se puede cuestionar el hecho de que el recurso a las elecciones fue una constante del siglo XIX. Con la obvia excepción de las guerras civiles, no hubo ni caudillos ni bandos conservadores que no aceptaran el principio de la representación electoral. Hasta se puede decir, con una paradoja sólo aparente, que todos los problemas de interpretación historiográfica surgen precisamente de este dato. En segundo lugar, el caso latinoamericano presenta una extraordinaria precocidad en el contexto internacional: las primeras experiencias electorales se ubican alrededor de 1810-1812, antes de las independencias. Sus pautas son distintas según las áreas pero es cierto que en esta década y a partir de la crisis dinástica española se demuestran claros intentos de buscar soluciones al grave problema de la legitimidad política a través de las elecciones. Si miramos al espacio euroatlántico en su conjunto es evidente que América Latina se encuentra en una situación de vanguardia. Sin embargo, esta "ventaja comparativa" se da precisamente en medio de la quiebra del imperio español. De ahí la naturaleza ambi-valente de la vanguardia latinoamericana que antecede a muchos países europeos pero que sin embargo, carece de un contexto estatal fuerte que pueda manejar las relaciones entre el voto y sus lógicas institucionales. Por último, se sabe que la fragmentación de los territorios del ex imperio fue un proceso que duró algunas décadas pero aquí nos interesa destacar que la fragmentación territorial no se dio solamente horizontal sino también verticalmente. Es decir, Brasil y el Río de la Plata representan dos casos radicalmente distintos si tomamos en cuenta el eje horizontal. A pesar de la independencia, Brasil se mantuvo unificado mientras que el área rioplatense se fragmentó en verdaderos estados provinciales.[3] Pero si se toma en cuenta el eje vertical estas diferencias son menos relevantes. En este esquema, tanto Brasil como el Río de la Plata comparten la misma desestructuración de las antiguas jerarquías territoriales como, por ejemplo, la pérdida de poder de las ciudades frente al campo o la insubordinación de las pequeñas ciudades en contra de las capitales provinciales. Los territorios andinos y mesoamericanos sufrieron procesos similares a pesar de que la antigua Nue-

---

[3] Sobre la naturaleza estatal de las provincias rioplatenses a lo largo de la primera mitad del siglo XIX véase J. C. Chiaramonte, "El federalismo argentino en la primera mitad del siglo XIX", en M. Carmagnani (coord.), *Federalismos latinoamericanos: México, Brasil, Argentina*, México, F.C.E., 1993.

va España conservó una unidad formal que no logró mantener el antiguo virreinato del Perú o la ex capitanía de Guatemala.

Mientras este proyecto abarca un conjunto de áreas representativas del continente como la provincia de Buenos Aires, el espacio andino, el México central, la provincia de Yucatán y Brasil, las formas de gobierno, los territorios y las estructuras sociales son muy diferentes entre sí. Sin embargo, este libro no ofrece una visión total de cada área ya que hubiera sido imposible, y quizás no muy importante. Para contestar a nuestras preguntas y a partir de nuestro enfoque, era indispensable utilizar fuentes primarias de archivo. El estado actual del tema constituyó un evidente límite a cualquier intento de alcanzar resultados "nacionales". Por otra parte, los estudios de casos pueden ser muy útiles para ubicar enfoques así como plantear las hipótesis de una investigación permitiendo al historiador analizar las fuentes y ubicarlas dentro de unos espacios y tiempos bien definidos para construir un objeto histórico que muestre las potencialidades de un tema.

En el transcurso de nuestras investigaciones nos percatamos de que efectivamente el estudio de las elecciones permite identificar procesos fundamentales, de más largo alcance, que las leyendas negras habían ocultado. El problema de la representación política desempeñó un papel clave en los procesos de fragmentación territorial en la época de las independencias tanto horizontal como verticalmente. La pérdida de poder de las ciudades coloniales fue el resultado del nuevo *status* político que las elecciones otorgaron a los territorios rurales más que por las guerras. Es importante señalar que estos territorios nunca alcanzaron, frente a la Corona, los privilegios obtenidos por los centros urbanos. El caso rioplatense es quizás el más transparente. El problema de quien tenía derecho a ser representado se planteó entre 1810 y 1820 tanto en el territorio del Cabildo bonaerense, que abarcaba a toda la provincia, como en las Juntas y los Congresos que dieron vida al fracasado intento de construir las Provincias Unidas del Río de la Plata. El análisis de los dilemas electorales en esta década crucial permite identificar un doble movimiento territorial que prepara la crisis de 1820, por una parte, el de las provincias del interior para detener la tendencia centralista de Buenos Aires y, por otra, el de los poblados de la provincia para obtener la representación en el cabildo de la ex capital.

También se manifestó este doble movimiento a lo largo de la crisis del sistema colonial en las áreas andinas y mesoamericanas, aunque en forma distinta. Esta situación nos proporciona un marco comparativo que permite apreciar en qué medida los primeros procesos electorales latinoamericanos institucionalizaron los caminos de la fragmentación territorial. Nuestras investigaciones sugieren que en los dos virreinatos del Perú y de la Nueva España la constitución de Cádiz se aplicó mucho más contundentemente de lo que se pensaba. No es atrevido decir, entonces, que gran parte de los futuros dilemas republicanos tuvieron sus orígenes precisamente en la época gaditana. La constitución otorgó a las comunidades de los pueblos la libertad de transformarse en ayuntamientos electivos. En pocos años surgieron centenas de municipios en los Andes y en Mesoamérica que destruyeron el orden colonial aun antes de las independencias porque se apoderaron de importantes funciones del Estado. Por supuesto que el cambio no estaba previsto por la constitución gaditana pero surgió por la coyuntura de crisis así como por la tradición autonomista colonial.

Benjamin Constant teorizó en unas páginas famosas, sobre la incompatibilidad entre libertades antiguas y modernas. América Latina muestra que el grado de aceptación de la nueva representación política dependió precisamente de la articulación que en pocos años se dio entre las dos libertades. La historiografía ha subrayado el peso de la tradición autonomista colonial pero sólo a nivel de las provincias. Sin embargo, el mismo fenómeno se dio a nivel de las comunidades locales, cuya cultura autonomista y de autogobierno tenía fundamentos legítimos no sólo en la memoria colectiva sino también en la legislación indiana. Las elecciones legitimaron en un nuevo contexto esta tradición de derechos locales. Este hecho nos permite aclarar tres puntos relevantes para considerar el siglo XIX. Fue extraordinaria la difusión de los ayuntamientos electivos en los años de Cádiz, y su número sobrepasó por mucho a los antiguos cabildos coloniales. La coyuntura política hizo que las áreas "gaditanas" coincidieran con los virreinatos y las capitanías más antiguas y con la mayoría de la población americana. La que se suele llamar "tradición municipalista" no tiene por tanto sus raíces en la colonia sino en su crisis y está directamente relacionada con la difusión del régimen representativo de corte liberal.

En segundo lugar, vale la pena señalar un desfase cronológico que marcó el nacimiento de los nuevos países independientes andinos y mesoamericanos. Las primeras experiencias electorales fueron dirigidas por el aparato burocrático español y no por aquellas elites que pusieron en marcha los proyectos nacionales. Las áreas periféricas en términos demográficos, como el Río de la Plata y Venezuela, tuvieron un camino distinto, pero es por contraste llamativo el hecho de que el conflicto territorial interno a las provincias rioplatenses se solucionó suprimiendo los cabildos y creando los estados provinciales. El caso es absolutamente excepcional en el contexto occidental, si sólo se piensa que, hasta la constitución federal de 1853 en el Río de la Plata no hubo municipios. Sin embargo, es cierto que sin estos cuerpos intermedios los gobiernos de los estados provinciales, y en particular el de Buenos Aires, lograron organizar, con las elecciones, un eficaz control sobre sus nuevos espacios políticos.

Cabe preguntarse, y éste es el tercer punto, en qué medida el desfase cronólogico entre difusión del voto y consolidación de las elites "nacionales" condicionó el camino de la obligación política moderna en gran parte de América Latina. En su forma más sencilla, este concepto se define por dos deberes, el de los gobernantes de cuidar el interés público y el de los gobernarnados de aceptar la autoridad de los gobernantes. La consolidación de esta nueva obligación no fue nada fácil en ningún país occidental y algunos autores se atreven hoy a pensar que se trata de una cuestión irresoluble.[4] Nuestras investigaciones sugieren que en América Latina la precoz experiencia electoral, al legitimar las autonomías locales, enfrentó a las elites con el problema de cómo invertir la tendencia hacia la fragmentación vertical de los territorios y así consolidar los nuevos espacios nacionales. Si lo pensamos en el contexto de la época, el desafío es insólito. Mientras que en los demás países occidentales las elites tuvieron que experimentar paulatinamente una mayor difusión del voto y una expansión de la ciudadanía para garantizar la gobernabilidad, el camino latinoamericano fue muy diferente ya que desde el primer momento el cuerpo electoral fue muy amplio, y en esto radica la fuerza de las autonomías locales. El gran problema de las elites no fue cómo ampliar el universo de los votantes sino cómo encauzar la dinámica electoral hacia el centro y así solucionar los graves problemas de la gobernabilidad.

La naturaleza del caso latinoamericano puede ayudarnos a entender los tropiezos de la historiografía. La ciudadanía y la representación siempre fueron estudiadas con enfoques evolucionistas a la Rokkan o a la Marshall y, sin embargo, América Latina escapa completamente a cualquier intento de reconstrucción lineal. Perú y Brasil proporcionan el ejmplo más

---

[4] C. Pateman, *The Problem of Political Obligation. A critical Analysis of Liberal Theory*, Berkley, 1985; J. Simmons, *Moral Principles and Political Obligation*, Princeton, 1979.

evidente ya que a pocos años de finalizar el siglo redujeron drásticamente sus cuerpos electorales al excluir a los analfabetos. Por otra parte, los enfoques evolucionistas son responsables de haber formalizado la idea de los regímenes "oligárquicos" o excluyentes, con límites institucionalizados a la participación política. Pero la realidad fue algo más compleja, como muestra, por ejemplo, el análisis del caso de Buenos Aires entre 1860 y 1880. Desde 1821 Argentina tuvo el sufragio universal y, sin embargo, hasta poco antes de la derrota del partido liberal porteño, la participación era poca y reducida a ciertos segmentos de las clases populares. Precisamente el sufragio universal argentino presenta una paradoja aparente al no ser definido como proyecto político sino hasta la famosa ley Sáenz Peña, lo cual permitió a las facciones competir, aun violentamente en los comicios, sin necesidad de reclutar un número mayor de votantes. Este mismo fenómeno se dio también con modalidades distintas en los demás países y nos permite hacer una anotación acerca de las relaciones entre modelos de representación política y proyecto nacional. El punto más relevante en términos comparativos es que la fenomenología electoral muestra que la distancia entre votantes legales y votantes reales depende en buena medida del acuerdo que se establezca entre los grupos dominantes en torno al concepto de nación. Tenemos aquí una perspectiva para leer en forma menos simplista los dilemas de las elecciones en la América Latina decimonónica. No es fortuito que las reformas más importantes se dan entre finales del siglo XIX y principios del siglo XX. Este período coincide con una serie de reformas que también se dan en casi todos los países occidentales. Sin embargo, el significado es totalmente distinto. Después de un largo y difícil camino los cambios marcan, en América Latina, los acuerdos más importantes del siglo acerca de lo que después serían los proyectos nacionales en cada país. Sin embargo en las demás áreas euroatlánticas, las reformas intentan adaptar los sistemas políticos liberales a los desafíos de la segunda revolución industrial.

Dentro de esta perspectiva, el controvertido tema de la "corrupción electoral" se convierte en lo que realmente es, un extraordinario campo de investigación de la historia política. Sobresalen en nuestros casos unos puntos comunes. A lo largo del siglo XIX, la representación "nacional" estuvo al servicio de los objetivos locales, ya fueran los intereses de los grandes propietarios esclavistas de Brasil o de las comunidades de los pueblos andinos y mesoamericanos, o de los grupos que controlaban la provincia de Buenos Aires. Sin duda, la periferia ganó poder en el juego de intercambios, tensiones y conflictos entre centro y periferia. Esta realidad mide a lo largo de muchas décadas la diferencia entre el consenso hacia las elecciones y la lógica institucional de la representación. Hemos ya subrayado el peso que tuvo la variable territorial. El análisis detallado de las lógicas locales permite también tener una primera idea acerca de las relaciones entre elecciones y estructuras sociales. Es evidente que en unas sociedades fundamentalmente rurales los lazos de solidaridad, de subordinación y de lealtades personales tienen un peso fundamental en las prácticas electorales. Pero el principio de "deferencia" o de "influencia" social no constituyó un valor central únicamente en Latinoamérica. Como dijo el famoso primer ministro inglés Robert Peel en 1833, "*it was surely absurd to say, that a man with ten thousand pounds a year should not have more influence over the legislature of the Country, than a man of ten pounds a year. Yet each was only entitled to a single vote. How could this injustice, this glaring inequality, be practically redressed excepting by the excercise of influence?*". La historiografía ha minimizado el principio de influencia social en el liberalismo decimonónico ubicándolo dentro del campo de las prácticas ilegales o, en el caso latinoamericano, de los folklores locales de unos cuantos países atrasados. La realidad histórica es bien diferente y hasta se puede afirmar que la representación de corte liberal se construyó precisamente para institucionalizar y legitimar el principio de influencia social. Sin la debida atención a este aspecto, se cae en la idea de que los sistemas electorales deberían representar sociológicamente a la sociedad, y que si no se logra este objetivo entonces el voto es "desvirtuado" por los que tenían más poder social. La cita de Robert Peel es sólo una de las tantas que se podrían hacer pero más vale recordar que conocidos pensadores del siglo XIX, como Constant , Bentham y Tocqueville, siempre teorizaron acerca de una representación de las personalidades socialmente relevantes.

Se debe mirar, entonces, las prácticas latinoamericanas tomando en cuenta que, a pesar de la retórica en contra de los "fraudes", no se dio una legislación al respecto. Los "fraudes" fueron siempre definidos no a partir de una especificación previa y legal de las posibles transgresiones de las leyes sino a partir de la evaluación de ciertos comportamientos tanto colectivos como individuales que se manifestaban en el transcurso del mismo proceso electoral y que podían ser diferentes según el caso y precisamente según las evaluaciones de algunos de los mismos participantes. Para el historiador resulta muy difícil, si no imposible definir los

límites legales del voto a lo largo del siglo XIX latinoamericano. Es aun
más difícil porque en la mayoría de los casos, la retórica del fraude oculta-
ba precisamente la lucha entre sistemas de influencias diferentes ya fuera
la del "gobierno elector" (según la brillante definición de Natalio Botana)
en contra de otros poderes electores, o de los pueblos contra unos caciques o ya fuera de caciques contra caciques, hasta llegar, como en el caso
peruano, a la costumbre totalmente aceptada, de llevar a cabo una elección paralela en el mismo lugar, en caso de inconformidad entre los participantes, y posteriormente entregando la solución de la contienda al
Congreso. Aunque el tema de las luchas entre sistemas de influencias que-
de como tema futuro de estudio de sociología histórica, sin embargo, se
puede plantear la hipótesis, como lo hizo J. P. King para Inglaterra, de
que la intensidad de la retórica acerca de los fraudes es un síntoma de
cambios sociales a nivel local, o de una inestabilidad de las influencias.[5] La
sugerencia merece atención porque nos abre otro tema posible de investigación con un perfil de larga duración: la identidad de los intermediarios
que controlaban los procesos electorales. En Inglaterra, la legitimidad del
principio de influencia se debía a la existencia de una aristocracia local
que desde siempre garantizó el intercambio vía electoral entre intereses
locales e intereses centrales. Todavía al final del siglo XIX el 40% de las
circunscripciones electorales eran *uncontested*, es decir, que tenían un sólo
candidato. En América Latina nunca existió una verdadera aristocracia ni
tampoco una continuidad de otros agentes intermediarios a nivel local lo
cual permitió la consolidación del papel del gobierno elector en algunas
áreas. En los Andes y en México los protagonistas fueron muchas veces
los mismos pueblos con sus municipios. Es, sin embargo, significativo
que la retórica de los fraudes y de los conflictos se incrementa en la segunda parte del siglo, cuando la estructura orgánica de las sociedades locales
empieza a debilitarse y por múltiples factores cambia la composición de
las elites.

Por otra parte, también se debe tomar en cuenta el papel que juegan las
mismas leyes electorales en la promoción de prácticas "fraudulentas". Si
la indefinición, por varias décadas, de lo que concretamente debía ser la
nación argentina hizo que existieran varios tipos de sufragio universal,
desde el unanimismo de Rosas hasta el faccionalismo de los liberales por-

[5] J. P. King, "Socio-economic development and the incidence of English Corrupt Campaign
Practices", en A. J. Heidenheimer (coord.), *Political Corruption*, Nueva York, 1970, pp.379-90.

teños, en las áreas andinas , mesoamericanas, y brasileñas, fue la continuidad de elecciones indirectas la que proporcionó prácticas a menudo cuestionadas. Las investigaciones muestran claramente que en gran parte de Latinoamérica el impacto del modelo electoral gaditano fue fundamental porque siguió rigiendo a lo largo de casi todo el siglo a pesar de que en muchos países hubo cambios de constituciones.

El modelo gaditano es quizás la mejor muestra de lo difícil que es definir claramente las fronteras entre la ley y su transgresión. En primer lugar, la dificultad está en que cualquier sistema indirecto del siglo XIX constituyó un compromiso entre tradición y cambio. En los casos estudiados en este libro, las juntas electorales de parroquia no fueron otra cosa que las antiguas juntas de vecinos mientras que las demás juntas de partido y de provincia crearon nuevos espacios con prácticas más modernas como el voto secreto e individual.

En segundo lugar, a lo largo del siglo y según los niveles, cambiaron los requisitos para votar así como para ser electo. Se quedó como constante la participación en las juntas parroquiales de los ciudadanos que tenían "un modo honesto de vivir" que fue un requisito que no excluyó ni a los indígenas ni a los analfabetos. En tercer lugar, el modelo gaditano siempre mantuvo rasgos muy peculiares ya que nunca existió una diferenciación entre ciudadanos activos y pasivos y la ciudadanía se definió a partir del concepto de "la vecindad" que fue la antigua categoría política de la tradición hispánica. Si tuviéramos las actas de las comisiones parlamentarias que elaboraron las leyes podríamos entender cómo fue que se mantuvo a lo largo del siglo el modelo gaditano a pesar de que, como en el caso del Perú, el debate acerca de sus fallas fue constante. A pesar de este límite en nuestras investigaciones, dos puntos parecen evidentes. Por una parte la representación política de corte gaditana mantuvo siempre una base comunitaria y no individualista, por otra la articulación entre espacios tradicionales y modernos fue un intento de controlar las primeras a partir de los segundos. Sin embargo, la imposibilidad de disciplinar a los municipios nos muestra que la lógica institucional del voto siguió otros rumbos.

Es evidente que las juntas de vecinos mantuvieron una doble naturaleza en la mentalidad colectiva de las comunidades locales. Se desarrolló una nueva modalidad a partir de la cual se eligió a una sola persona pero se mantuvo la antigua forma acostumbrada de deliberar sobre asuntos políticos sin ningún criterio de delegación de los poderes. La definición mis-

ma de ciudadano-vecino legitimó estas dos caras del voto porque el vecino antiguo tuvo siempre el derecho de deliberación y, por lo que se sabe,
nunca fue eliminado este derecho por una ley republicana.

Este modelo que hemos definido como "gaditano" porque en lo fundamental no cambia a lo largo del siglo, muestra que en gran parte de
Latinoamérica a pesar de que las elites miraron a Francia y a su cultura
política, las leyes electorales ni dibujaron una ciudadanía verdaderamente
individualista ni cortaron los lazos con las tradiciones coloniales. Las leyes fueron siempre muy flexibles en el sentido de que dejaron arreglar
muchos aspectos a las comunidades locales. Se podría decir que la flexibilidad de las normas las transformó en un bien definido campo de negociación entre los grupos que lucharon para controlar el voto.

Muchas preguntas acerca de los procesos electorales en la América Latina del siglo XIX esperan todavía respuestas razonables a partir de investigaciones hechas con fuentes primarias. A lo largo de estos tres años
pudimos averiguar que en los archivos existe una documentación abundante y no utilizada. Nuestra esperanza es que este libro muestre que el
tema electoral tiene potencialidades para el futuro. Quizás sea útil informar al lector que el costo del proyecto no fue al fin y al cabo muy alto.
Cada uno de los participantes aportó algo. Pero sí queremos agradecer a
una institución y a unos colegas en particular: Marcello Carmagnani que
organizó las dos primeras reuniones en el Centro de Estudios Interuni-
versitarios para la Historia de América Latina de la Universidad de Turín;
José Carlos Chiaromonte que organizó la tercera reunión en el Instituto
de Historia Argentina y Americana "Dr. Emilio Ravignani" y Natalio
Botana que tuvo la cortesía de ser comentarista de nuestros *working papers*
en la misma reunión y que aceptó escribir el ensayo conclusivo; Richard
Graham que organizó nuestra cuarta y última reunión en el Departamento de Historia de la Universidad de Texas en Austin, donde Tulio Halperin
Donghi nos dio con sus generosos comentarios el impulso final para acabar el libro; Herbert Klein de la Universidad de Columbia en Nueva
York que dejó por un momento las investigaciones que todos conocemos, para ofrecernos una muestra de lo que se puede sacar de un solo
patrón electoral. Por último un agradecimiento a la Asociación de Investigación Europea y Latinoamericana de Florencia, que obtuvo de la Comunidad Europea un subsidio para publicar este libro.

VIEJA Y NUEVA REPRESENTACIÓN: LOS PROCESOS ELECTORALES EN BUENOS AIRES, 1810-1820

José Carlos Chiaramonte
CON LA COLABORACIÓN DE:
Marcela Ternavasio y Fabián Herrero [*]

U NA ADVERTENCIA que debemos efectuar al comienzo de este trabajo, es que no abarcaremos el conjunto del actual territorio argentino sino una porción del mismo, la "provincia" de Buenos Aires. La restricción —que también se aplica al trabajo a cargo de Marcela Ternavasio—, se funda, por una parte, en una obvia —pese a lo frecuentemente ignorada— característica del período: la inexistencia de un espacio político de dimensiones rioplatenses. Por otra, en el peso excepcional que tuvo Buenos Aires en los procesos políticos del siglo XIX. Y, por último, en las limitaciones de tiempo y de recursos, que se traducen en la imposibilidad de realizar el trabajo correspondiente a las otras provincias dentro del plazo del proyecto, inconvenientes estos acentuados por la falta de investigaciones cuyos resultados hubieran podido facilitar nuestra labor. Pues, en el caso de querer abarcar el conjunto del posterior territorio argentino, nos enfrentaríamos a la necesidad de hacer la historia electoral de cada una de las diversas entidades soberanas que existieron en la primera mitad del siglo pasado en el Río de la Plata, campo escasamente trabajado hasta el presente.

En otro orden de cosas, debemos también advertir que nuestro propósito es examinar las características generales de la historia electoral entre 1810 y 1820, a manera de introducción a los procesos electorales de la primera mitad del siglo, que serán analizados con más detenimiento en el estudio de las elecciones bonaerenses entre 1820 y 1850, a cargo de Marcela Ternavasio.

---

[*] En este texto colaboraron Marcela Ternavasio —especialmente en la descripción de las formas de representación—, y Fabián Herrero, quien recogió la información utilizada en algunas secciones —sobre todo, la correspondiente a las elecciones de 1813 y 1815—, y participó en la elaboración de partes de ella. Mucho de su contenido se ha beneficiado de las discusiones mantenidas con Antonio Annino, que si no siempre arribaron al consenso, han sido por demás fecundas para el desarrollo de la investigación. J. C. Ch.

LOS COMIENZOS DEL RÉGIMEN ELECTORAL RIOPLATENSE

La historia de las elecciones del siglo pasado, en los países iberoamericanos, suele estar afectada por la casi exclusiva preocupación por rastrear los orígenes de la construcción del espacio político democrático con sufragio universal. Por consiguiente, el desánimo asalta rápidamente al que se introduce en esa historia: nada más alejado de los supuestos del régimen electoral —ejercicio pleno, consciente y honesto de la función soberana del ciudadano— que esa conjunción del desinterés de muchos con la corrupción, violencia e inmoralidad de otros, que predomina en la historia de las elecciones del siglo XIX. Ante ese panorama, la imagen del ciudadano activo y honrado no pasa de una ficción o, en el mejor de los casos, de un objetivo siempre invocado y no logrado.

Un derivado infaltable de esas comprobaciones es la extrañeza ante la continua repetición de algo tan falseado en sus fundamentos. ¿Por qué esa ininterrumpida sucesión de actos electorales, aun en momentos en que parecen lo más ajeno a la naturaleza del régimen representativo, si repiten continuamente lo contrario de lo que se esperaría de ellos? La sensación que suele invadir al observador es entonces la de una farsa, cuya reiteración parece absurda, inexplicable, y carente de interés.

El trasfondo de los problemas electorales

Lo primero que deberíamos oponer a esa actitud es el recuerdo de algo quizás tan elemental que por eso mismo se explique su olvido: el hecho de que, caducada la legitimidad de la monarquía, el nuevo poder que se intentaba erigir en su reemplazo debía exhibir su propia legitimidad para poder reclamar el reconocimiento de la sociedad. Y esa legitimidad no podía ser otra que la fundada en la voluntad del "pueblo", al que en el supuesto jurídico político predominante había retrovertido la soberanía al cesar la del monarca. De allí que, superada rápidamente, como veremos más adelante, la alternativa de la democracia directa, el régimen representativo liberal, con su inevitable acompañamiento de un sistema electoral, habría de instalarse sólida y perdurablemente en el Río de la Plata, pese a la persistencia de aquellos rasgos desalentadores.

La preocupación por todo lo concerniente a lo electoral es efectivamente una obsesión que sorprende al ser cotejada con la pobreza de los resultados. No otra cosa puede leerse una y otra vez en las numerosas piezas periodísticas del período que reflejan la inquietud por la escasa participación electoral, por la emergencia del espíritu de facción, o por otros vicios que podían restar validez a los actos electorales. De manera que el habitual interés por los cálculos del porcentaje de votantes y los testimonios de la corrupción en el proceso electoral, puede y debe balancearse con el destinado a otros objetivos de mayor trascendencia, si partimos de un reexamen de aquellos procesos electorales que atiendan a su función como fundamento de la nueva legitimidad que debía reemplazar a la de la monarquía castellana.

Por otra parte, partimos también de abandonar el supuesto de la preexistencia de una nacionalidad argentina, supuesto proveniente de la voluntad nacionalizante de la historiografía del siglo pasado, de forma de advertir, al mismo tiempo que la no existencia en ese entonces de una nacionalidad y de un estado nacional rioplatenses, el lugar central primero de las ciudades y luego de los estados provinciales en la historia de la primera mitad del siglo XIX.[1] Desde el punto de vista de la historia del régimen representativo y de las elecciones, esto significa la inexistencia de un espacio político nacional rioplatense. Más aún, al derrumbarse definitivamente los transitorios ensayos de gobiernos centrales en Buenos Aires, lo que podría denominarse un "espacio político interprovincial" cobrará la forma de relaciones interestatales, en las que los actos de concertación no serán sucesos propios del sistema representativo liberal sino que poseerán características diplomáticas, propias de las relaciones entre estados independientes. Y en las que los representantes de cada estado provincial actuarán con instrucciones emanadas no de un cuerpo electoral ciudadano sino de órganos de gobierno provincial, característica que alcanza también a la elección de esos representantes.[2]

---

[1] Sobre el particular, véase nuestro trabajo "El federalismo argentino en la primera mitad del siglo XIX", en Marcello Carmagnani, [coord.], *Federalismos latinoamericanos: México/Brasil/Argentina*, México, FCE, 1993.

[2] Al respecto, véase la información analizada en nuestro citado trabajo "El federalismo argentino..." A manera de resumen, transcribimos un texto de las reuniones secretas de la Junta de Representantes de Buenos Aires para la ratificación del Tratado de 1831. El vocero de la comisión encargada de informar, Félix de Ugarteche, expresó que la comisión "no había perdido de vista que los pueblos de la República en su actual estado de independencia recíproca, se hallaban en el caso de otras tantas

Pero esta visión del período demanda estar alerta respecto de la peculiar conformación que poseían tanto los nuevos conatos de estados independientes, como algunas de las instituciones juzgadas centrales para su existencia. Esto lleva consigo ciertas cuestiones de difícil tratamiento si no advertimos, con las precauciones recién apuntadas, la lógica jurídico política predominante en aquel tiempo. En particular, las cuestiones que mayores riesgos nos ofrecen, así como mayor dificultad ofrecían entonces para ser resueltas, son la de la fuente de la soberanía, y la del sentido con que debían entenderse algunos conceptos centrales a la cuestión de la soberanía, como los de *pueblo* y *representación*.

El régimen representativo en el Río de la Plata independiente

¿Cómo fueron entonces organizados los procesos electorales en la ciudad y en la "provincia" de Buenos Aires? ¿Cuál fue la definición del sujeto de la soberanía? ¿Cuál el mecanismo de expresión de la voluntad de ese sujeto? Las respuestas a estas y otras muchas preguntas de similar contexto pueden facilitarse si intentamos una primera clasificación del tipo de elecciones del período 1810-1820, realizada según el espacio político al que correspondían. Pues tenemos, por una parte, las elecciones para integrar cuerpos gubernativos rioplatenses —como las de diputados a la Primera Junta en 1810, a la Junta Grande y a la Junta Conservadora en 1811, la de diputados a las dos Asambleas Generales Provisionales de 1812, disueltas inmediatamente, y a la Asamblea del año XIII, realizadas en 1812, o la de diputados al Congreso de Tucumán, a fines de 1815 y reiteradas en años siguientes. Por otra parte, las del gobernador intendente de Buenos Aires. Y en tercer lugar, las elecciones para miembros del Cabildo, realizadas entre 1811 y 1814 por el propio Cabildo saliente a fines de cada año y, luego del Estatuto de 1815, mediante elecciones indirectas.[3]

---

naciones igualmente independientes; y por lo tanto, les eran aplicables los principios generales del derecho de las naciones". Reunión secreta de la Junta de Representantes de la provincia de Buenos Aires, en E. Ravignani [comp], *Documentos para la Historia Argentina. Relaciones interprovinciales, La Liga Litoral, 1829-1833*, Buenos Aires, Facultad de Filosofía y Letras, 1922, tomo XVII, Doc. núm. 52, pág. 74 y ss.
[3] Las fuentes secundarias y los periódicos utilizados son mencionadas a lo largo del trabajo. En cuanto a otras fuentes primarias, el Archivo General de la Nación dispone de materiales valiosos para historia electoral, pero de difícil acceso pues no existen catálogos que los distingan en el período

Es costumbre iniciar la relación de las normas electorales que rigieron los procesos electorales del período independiente, con las adoptadas por los primeros gobiernos criollos. Sin embargo, es necesario advertir que esas normas fueron anticipadas por las que dictaron la Junta Central de España e Indias y el Concejo de Regencia para elegir diputados americanos a la mencionada Junta y a las Cortes, respectivamente, entre comienzos de 1809 y comienzos de 1810.[4] Aunque los diputados rioplatenses a la Junta Central no llegaron a incorporarse a ella, sí fueron elegidos. Y lo fueron en virtud de un proceso electoral que anuncia las características de los que conoceremos en los primeros años de gobiernos criollos: reconocimiento del derecho de representación a las "provincias" americanas en los máximos órganos políticos —en este caso, los del reino—, y atribución a los cabildos de la ejecución y control del acto electoral.[5] Es así que el 18 de julio de 1810, una circular remitida a los pueblos del interior por la Primera Junta de Gobierno de Buenos Aires, al salvar una omisión de anteriores instrucciones respecto de las calidades que debían reunir los candidatos a diputados a la Junta, mandaba poner en práctica la Real Orden del 6 de octubre de 1809, mostrándonos que los comienzos del régimen representativo que regiría hasta 1821 están en esas disposiciones originadas en la metrópolis.

Ámbito "municipal" de la representación

Esa legislación estaba presente, indudablemente, cuando el Cabildo Abierto del 22 de mayo de 1810 decidió convocar a los diputados de las "provin-

---

estudiado. Fue necesario realizar un trabajo de revisión de distintos fondos documentales, con resultado poco abundante para el lapso 1810-1820: Sala VII, "Congreso General Constituyente", legajos Nro. 1 a 7. Sala IX, Legajos 19-10-6; 20-2-3; 20-1-1 a 9; 28-2-1 a 14. Sala X, Legajos 12-1-6; 8-5-4; 8-4-5; 7-10-3; 7-10-1; 9-6-2; 3-9-10; 9-5-7; 8-10-3; 8-10-4. Los documentos de la Sala VII consisten en diversos papeles públicos sobre el Congreso de Tucumán durante el período de 1816 a 1819. Las fuentes halladas en la Sala IX corresponden específicamente al Cabildo de Buenos Aires desde los años de 1789 hasta 1820. Mientras que en la Sala X se han trabajado los legajos existentes —de los años posteriores a 1815 hasta el año 1820— de las "Juntas electorales". Resultaron también útiles las fuentes relativas a la Junta de Observación y al Gobernador Intendente. Asimismo, en esta última Sala fue particularmente útil la consulta del Padrón de la campaña del año 1815.

[4] Real orden de la Junta Central..., del 22 de enero de 1809, Real orden del 6 de octubre de 1809, de la misma Junta, que reforma la anterior, Decreto de la Junta Central del 1 de enero de 1810 —los tres documentos relativos a la representación americana en la Junta Central—, y Decreto del Consejo de Regencia, del 14 de febrero de 1810, sobre la forma de elección de los diputados americanos a las Cortes Generales. Los textos en Julio V. González, *Filiación Histórica del Gobierno Representativo Argentino*, Libro I, *La revolución de España*, Buenos Aires, La Vanguardia, 1937, págs. 267 y ss.

[5] J. V. González, ob. cit., I, pág. 8. Hasta entonces no habían existido antecedentes sobre las asambleas vecinales en forma de cabildos abiertos, porque si bien hubo algunas reuniones de este

cias interiores" para decidir sobre la forma de gobierno. El 25 de mayo la Junta fue encargada de la convocatoria. Para ello, despachó circulares en las que se encargaba a los responsables de cada lugar que hicieran convocar por los cabildos a "la parte principal y más sana del vecindario", para elegir sus representantes que, reunidos, decidieran la forma de gobierno que prefiriesen.

Dentro del proceso de disolución de la estructura política hispanocolonial y consiguiente desaparición de las tradicionales instituciones, habrá una de ellas, que se identifica con la ciudad, que quedará en pie: el Cabildo. Y en torno a él se definirá un espacio político, la ciudad, que en principio aparece rigiendo todo el sistema de representación. En los diferentes reglamentos y estatutos que se suceden en esta década, la institución encargada de controlar los actos electorales es el Cabildo. Esto, que se remonta según ya explicamos a las primeras elecciones convocadas por la Junta Central de España de 1809, se continúa inmediatamente luego de la independencia y los primeros representantes serán así diputados de las ciudades, considerados al mismo tiempo bajo la figura de apoderados de las mismas.

De manera que el sistema de representación excluye en un principio a la campaña, reduciéndose sólo al ámbito urbano. Es recién el Estatuto de 1815 el que incorpora la representación de la campaña.[6] Por otra parte, el que la representación sea por ciudades no supone que todas las ciudades y villas del territorio tengan derecho a elegir diputados. En general, se seguirá la pauta establecida por la R. O. del 6 de octubre de 1809, que limita el proceso electoral a aquéllas que sean "cabeza de partido" o de subdelegación, según lo estipulaba la legislación española. Pues si bien por una

---

tipo, sobre todo entre 1806 y 1809, no tuvieron carácter electoral como luego del 25 de mayo. *Idem*, I, pág. 80. Respecto de las Cortes de Cádiz y la representación rioplatense, véase Enrique Del Valle Ibarlucea, *Los diputados de Buenos Aires en las Cortes de Cádiz y el nuevo sistema de Gobierno de América*, Buenos Aires, Martín García, 1912. Asimismo, María Teresa Berruezo, *La participación americana en las Cortes de Cádiz (1810-1814)*, Madrid, Centro de Estudios Constitucionales, 1986, págs. 177 y ss.

[6] Estatuto provisional para la Dirección y Administración del Estado dado por la Junta de Observación, 5 de mayo de 1815, en *Estatutos, Reglamentos y Constituciones Argentinas (1811-1898)*, Buenos Aires, Universidad de Buenos Aires, 1956, pág. 33 y ss. La versión del Estatuto que citamos, recogida por Caillet Bois de las *Asambleas...* Ravignani, omite las modificaciones al Cap. IV, "De las elecciones de Cabildos Seculares", que se le introdujeron pocos días después de su sanción, publicadas por Bando y transcriptas en la *Gazeta* del 25 de noviembre de 1815. Ellas, en los art. 2º y ss., reglamentaban las elecciones de "los Pueblos y Partidos de la Campaña sujetos al Excmo. Cabildo", que se harían en forma similar a la de la elección de Electores para el nombramiento de Diputados.

modificación de las citadas normas metropolitanas para elegir diputados americanos a la mencionada Junta y a las Cortes, de octubre de 1809, todos los cabildos, no sólo los de las ciudades cabeza de partido, debían participar en estas elecciones, una disposición de la Primera Junta de Gobierno del 16 de julio de 1810 volvió a limitar el derecho electoral a las ciudades principales.[7]

La vida política de los meses que siguieron a la revolución de la independencia comenzó entonces rigiéndose por las formas representativas desarrolladas en España en tiempos de la acefalía derivada de la prisión del monarca cuando la invasión napoleónica: la representación limitada de hecho a las ciudades, y en éstas, a una parte de sus habitantes, los vecinos, que es el pueblo aludido en estos primeros documentos. O, más restringidamente aún en ciertas ocasiones, a la mencionada con la expresión "parte principal y más sana del vecindario". Ubicado en la misma tradición, el régimen electoral es competencia de los cabildos.

Así y todo, esto ha sido considerado como una forma de democracia representativa por parte de la inicial perspectiva histórica nacional. Alberdi, por ejemplo, consideraba que este sistema era similar al de los Estados Unidos de Norte América antes de su revolución y que la América del Sud había cometido el error de suprimirlo por influencia del proceso revolucionario francés.[8] Sin embargo, lo que no advierte este tipo de consideración, la de Alberdi o las citadas en la nota, es que además de ser el Cabildo mucho más que un organismo municipal, el concepto de *pueblo*,

---

[7] "Mandando que las Villas que no sean cabeza de partido suspendan el envío de Diputados", Buenos Aires, 16 de Julio de 1810, *Registro Oficial de la República Argentina*, tomo I, *1810 a 1831*, Buenos Aires, 1879, pág. 56.

[8] Véase Juan B. Alberdi, *Derecho Público Provincial Argentino*, Buenos Aires, La Cultura Argentina, 1917, págs. 87 y 88 (la primera edición de esta obra es de 1853). En una obra más reciente en la que se aborda la cuestión electoral, se sigue sosteniendo similar criterio. El autor contrapone la sanción de la ley de 1821 del Estado de Buenos Aires, que capacitaba para votar y ser representado a una masa no preparada para esto, con la inminente supresión de "las municipalidades coloniales, gérmenes por lo menos de cierta escuela política administrativa de limitado carácter popular." Benito Díaz, *Juzgados de Paz de Campaña de la Provincia de Buenos Aires, (1821-1854)*, Universidad Nacional de La Plata, [1960?], pág. 165. Asimismo, Carlos Melo afirma respecto del Cabildo, que "...ninguna institución estaba más cerca de lo que entonces se llamaba pueblo, pues a pesar de su forma de elección, era el órgano auténtico de los intereses de los vecindarios que administraban.". Carlos R. Melo, "Formación y desarrollo de las instituciones políticas de las provincias argentinas entre 1810 y 1853", *Anales de la Academia Nacional de Derecho y Ciencias Sociales de Córdoba*, Córdoba, 1958, pág. 28. Melo no alcanza a percibir la diversidad de acepciones en el uso de vocablos como pueblo. Y en cambio procede por una evaluación de más o menos cerca de la doctrina de la soberanía popular.

como también ocurre con los de *nación* y *representación*, posee distinto contenido según se lo utilice en el sentido de la tradición política de la monarquía hispana o en el de las doctrinas de la soberanía popular contemporáneas de la revolución francesa.[9] Pues pese a la propensión a leer en clave democrática moderna toda invocación a los "pueblos", sucede que frecuentemente se trataba de un uso que llevaba implícito un sentido tradicional del sujeto de la soberanía. Un uso acorde con la sociedad de la España del antiguo régimen y no con el cauce abierto por las revoluciones norteamericana y francesa, en el sentido en que la representación, en la sociedad hispana del siglo XVIII, era grupal. Los electos representan a su estamento —nobleza, clero, ciudades— y no al pueblo o a la nación concebidos según la doctrina política de la soberanía del pueblo emergente del constitucionalismo francés —ya implícita también en la experiencia política inglesa y presente en la revolución norteamericana—. Doctrina para la cual el pueblo es el el conjunto de individuos, abstractamente concebidos, iguales ante la ley. Y que, consiguientemente, supone también que los representantes que ellos elijan representarán no un interés particular, individual o de grupo, sino general, de todo el pueblo o de la nación.[10] Si bien en el Río de la Plata, a diferencia de otros lugares de Hispanoamérica,[11] la inexistencia de una nobleza parecía favorecer el carácter "democrático" de la sociedad, lo cierto es que la naturaleza de esa representación, limitada de hecho a la representación corporativa de las ciudades, fue en sustancia similar a la de la España anterior a Cádiz.

[9] Al problema implicado en el uso de época de esos términos nos hemos referido en: José Carlos Chiaramonte, *El mito de los orígenes en la historiografía latinoamericana*, Cuaderno N° 2, Buenos Aires, Instituto de Historia Argentina y Americana "Dr. Emilio Ravignani", 1991. Asimismo, sobre el choque de estas distintas interpretaciones en el caso de las Cortez de Cádiz, véase Joaquín Varela Suances-Carpegna, *La teoría del estado en los orígenes del constitucionalismo hispánico (Las Cortes de Cádiz)*, Madrid, Centro de Estudios Constitucionales, 1983.

[10] Prescindiendo momentáneamente de la diferencia que entrañan estos dos conceptos, pueblo y nación, en cuanto a suponérseles fuente de la soberanía.

[11] Notar que en México, una convocatoria a las "Cortes" proyectada por el Ayuntamiento en 1808, incluía a representantes de la nobleza y del clero. José Miranda, *Las ideas y las instituciones políticas mexicanas*, Primera Parte, 1521-1820, México, Universidad Nacional Autónoma de México, 2ª ed., 1978, pág. 238. Asimismo, el Virrey Iturrigaray, ante la iniciativa del apoderado del Ayuntamiento de constituir un gobierno local fundado en la doctrina de la retroversión de la soberanía, resolvió "tener una junta con el señor arzobispo, cabildo eclesiástico y secular, algunos miembros de la audiencia, personas de la nobleza, títulos, tribunales y prelados para comentar las determinaciones tan graves que había que tomar en el momento, por las que consideró conveniente una audiencia de todos los estados del reino...". Cit. en Hugh M. Hamill, Jr., "Un discurso formado con angustia, Francisco Primo de Verdad el 9 de agosto de 1808", *Historia Mexicana*, vol. XXVIII:3 (1979), pág. 445 (el texto citado es de la defensa del Virrey Iturrigaray en el juicio de residencia, publicada por Fray Servando Teresa de Mier en su *Historia de la revolución de Nueva España*)

Concepto de la soberanía y formas de representación:
los conflictos de 1810-1820

De manera que el problema de la fuente de la soberanía, una vez caducada la dominación de la monarquía castellana, si bien parecía simplificarse al amparo de las doctrinas contractualistas que, al admitir la reasunción del poder por el "pueblo" instalaban en él la soberanía, se complicaba en realidad por los distintos sentidos con que el concepto de pueblo era entendido en los debates políticos. Es así que un conflicto sustancial, poco explícito en la literatura política de la época, se refleja en la cuestión electoral y carece de solución coherente. Se trata de la aludida colisión entre la doctrina contemporánea de la soberanía popular en cuanto referida a un pueblo —y a una ciudadanía— modernas, y la doctrina de la reasunción del poder por los "pueblos". En un caso, apuntando a una soberanía única, indivisible, imputada a la ficción jurídica de nación. En otro, remitiendo a una multiplicidad de soberanías, inicialmente definidas en ámbito de ciudad.

Este conflicto posee distintas expresiones según se trate de elecciones para cargos urbanos o provinciales, o de elecciones para representantes en congresos constituyentes "nacionales". Desde una perspectiva exterior al problema, en el caso de procesos electorales para cubrir cargos dentro de las iniciales unidades soberanas de la época —al comienzo sólo la ciudad, luego la provincia—, las posibilidades de organizar esos procesos sobre supuestos modernos parecerían ser entonces mayores: la ciudadanía era aquí sí realmente concebible como posibilidad inmediata, a diferencia de la entonces irreal ciudadanía rioplatense o argentina.

Pero si bien puede parecernos que la cohesión social facilitaba este aspecto de la creación de una ciudadanía en los límites de cada uno de los pueblos rioplatenses, lo cierto es que el problema de la vigencia de las prácticas políticas tradicionales no variaba sustancialmente por la mayor o menor amplitud espacial del proceso político. Tanto para el conjunto de pueblos rioplatenses, como para cada uno de ellos, aún en la mínima expresión del cuerpo electoral, la individual, se instalaba el mismo dilema. Dilema que en los primeros pasos del proceso de la Independencia se conformaba, respecto de la participación política, como la disyuntiva de convocar al vecino o al ciudadano.

Esto no era simplemente una cuestión de términos —aunque en ocasiones la práctica de convocar como ciudadano a quien realmente participaría como vecino, así parecería sugerirlo—. Puesto que, por una parte, tanto las formas y amplitud de la participación política como la naturaleza de sus resultados variarían sustancialmente, como es obvio, en uno y otro caso. Como, por otra, se generaba un problema, fundamental en los procesos políticos del período, derivado del hecho de que la definición de la ciudadanía llevaba implícita la cuestión de la falta de participación política de la campaña, excluida en la tradición política hispanocolonial que reconocía solamente al vecino. De manera que todo intento de definir una ciudadanía hacía aflorar la explosiva cuestión de la participación política de la población rural. O, en términos más ajustados a lo que realmente significaba entonces la "campaña", la participación política de los "pueblos de la campaña".

Resistencias a ampliar la representación a la población rural

El problema había surgido ya tempranamente cuando Bernardo de Monteagudo se ocupó de él en la *Gazeta*, a raíz del Reglamento de febrero de 1811 que debía regir las elecciones a la proyectada asamblea constituyente. Refiriéndose expresamente a los "labradores y gente de campaña", se condolió de ese sector de la sociedad cuyos derechos estaban "casi olvidados porque jamás se presentan entre la multitud", mientras que su esforzada dedicación a la producción rural respaldaba esos derechos. Añadía también que por ninguna razón debían ser excluidos "de las funciones civiles y mucho menos del rango de ciudadanos." Y cerraba el tratamiento de ese tema con estos reclamos:

> ¿En qué clase se considera a los labradores? ¿Son acaso extrangeros o enemigos de la patria, para que se les prive del derecho de sufragio? Jamás seremos hombres libres si nuestras instituciones no son justas.[12]

Pocos días después de la publicación de este artículo, las adiciones que el Triunvirato efectuó al Reglamento del 10 de febrero de 1811, ampliaban los derechos electorales:

> 2. Los vecinos de la campaña con las calidades requisitas tienen derecho a ser electores y electos en la asamblea, del mismo modo que los de esta capital y

---

[12] *Gazeta de Buenos Ayres*, "Continuación del artículo de ciudadanía", núm. 26, 28 de febrero de 1812, pág. 136.

demás pueblos de las provincias unidas, con tal que puedan asistir para el tiempo de la apertura.[13]

La en apariencia incongruente expresión "vecinos de la campaña", parece estar indicando un uso del término vecino tendiente a asimilarlo al de ciudadano. Pero debemos estar alerta porque durante buena parte del período, podremos encontrar tanto este deslizamiento del vocablo vecino, como un movimiento inverso del concepto de ciudadano tendiente a restringirlo al de vecino. Curiosas derivaciones semánticas de la puja muy de la época por la amplitud de la representación.

Pese a las adiciones al Reglamento, como finalmente las elecciones se rigieron por la posterior convocatoria del 24 de octubre de 1812, cuyas disposiciones comprendían solamente a los "vecinos libres y patriotas" de cada cuartel, convocados por los respectivos alcaldes de barrio, los habitantes de la campaña quedaron excluidos de la elección de diputados para la Asamblea del año XIII.[14]

Como ya señalamos, la participación de los "vecinos de la campaña" en el régimen electoral fue legalizada recién en 1815 por el Estatuto Provisional. Sin embargo, al año siguiente, al ser revisado el Estatuto en el seno del Congreso de Tucumán se suprimió la convocatoria a los habitantes de la campaña para las elecciones de capitulares, aunque se mantuvo para otras elecciones. Esta modificación del Estatuto Provisional en las reformas promulgadas el 22 de noviembre de 1816, no tuvo aplicación, pero se transmitió al Reglamento provisorio de 1817 y rigió hasta 1820. No se organizarían comicios en la campaña para las elecciones de capitulares, pero el artículo II del Reglamento de 1817 disponía que "los ciudadanos de las inmediaciones y campaña, con ejercicio de ciudadanía, podrán concurrir, si quisiesen, a dichas elecciones".

No constan, en El Redactor del Congreso Nacional, las razones de la exclusión de la población rural. El hecho de que se trataba de elecciones de un organismo municipal no es una razón adecuada a las prácticas de la época, dada la amplitud con que la jurisdicción de los cabildos se extendía

---

[13] "El Gobierno con precedente consulta del Excmo. Ayuntamiento de esta Capital ha acordado en esta fecha hacer al Reglamento de la Asamblea las adiciones siguientes.", 9 de marzo de 1812, en E. Ravignani, *Asambleas...*, ob. cit., tomo VI, Segunda Parte, pág. 937.

[14] "Se pasará orden por los Gobernadores o Tenientes de acuerdo con los Ayuntamientos, a todos los Alcaldes de barrio, para que citando éstos a todos los vecinos libres y patriotas de sus respectivos cuarteles...". [Segundo Triunvirato], "Convocando a elecciones para diputados a la Asamblea General", Buenos Aires, 24 de Octubre de 1812, *Registro Nacional*, ob. cit., pág. 185.

por la campaña. La crónica correspondiente a la sesión celebrada el 12 de noviembre de 1816 refleja, aunque muy sucintamente, la resistencia que seguiría encontrando tal ampliación de la participación política:

> El artículo I de este capítulo sufrió una discusión más seria, con motivo de haber notado el diputado Castro que en las elecciones capitulares no se daba voto a los ciudadanos de la campaña por algunas razones bastantes graves que se expusieron, y la experiencia de los inconvenientes que traen semejantes reuniones. Se alegó por otros el derecho que les daba la calidad de ciudadanos de la campaña con exercicio de ciudadanía [para que] puedan concurrir, si quisiesen, a las elecciones capitulares.[15]

El problema de la representación

La historia de las elecciones nos permite entonces examinar, a través de algunos de sus rasgos más generales, su relación con los problemas políticos y sociales del período. La definición del sujeto —individual o colectivo— de la representación, y de las formas de representación —y consiguientemente de la relación representante—representado contenida en ellas—, contribuyen a hacer posible un mejor análisis de la formación y funcionamiento de los nuevos estados hispanoamericanos que surgen luego de la Independencia. Cuáles son realmente los nuevos ámbitos de soberanía —¿"pueblos", "provincias", "naciones"?—, cuál la forma de relación entre ellos, cuál la naturaleza histórica de las relaciones sociales en cada uno de ellos, son otras tantas cuestiones que emergen también de esa historia.

Pero, asimismo, cabe preguntarse si el propio mecanismo de los procesos electorales no puede ser interrogado sobre los problemas históricos de la época. Al respecto, nos parece que, efectivamente, a partir de la revisión de las normas electorales es posible realizar inferencias sobre el modo en que se va transformando institucionalmente el sistema de representación. Desde esta perspectiva, tomaremos cuatro elementos de referencia para observar dicho proceso: la evolución de los procedimientos electorales, la definición del elector, las atribuciones del representante elegido, y la convivencia de jerarquías sociales tradicionales de tipo cor-

---

[15] Cit. en J. M. Sáenz Valiente, ob. cit., pág. 89.

porativo con una forma de representación de carácter individual moderna basada en el concepto de ciudadano.

Procedimientos electorales

Los procedimientos electorales corroboran la convivencia de prácticas tradicionales —propias de una antigua forma de representación heredada de España— y otras procedentes de sistemas de representación más recientes. Según los primeros reglamentos, las elecciones, tanto las de 1809 como las de 1810, se efectuaron bajo la figura del Cabildo Abierto —que adquiere el carácter de asamblea electoral—, y sólo posteriormente, pasan a tener el carácter de comicios. El reglamento de febrero de 1811 para la formación de Juntas provinciales y Juntas subordinadas es el que deslinda por primera vez el proceso eleccionario de la figura del cabildo abierto en su artículo relativo a la elección —indirecta— de vocales de las Juntas.[16] A partir de allí el Cabildo brega por suplantar el procedimiento de cabildos abiertos o asambleas populares por la práctica de elecciones indirectas.

En relación a los otros mecanismos electorales, no asistimos a un pasaje lineal de viejas a nuevas prácticas, sino que habrá marchas y contramarchas. Por ejemplo, la combinación de terna y sorteo implementada en las RROO de 1809, propia de un mecanismo más tradicional, si bien se deja de lado con las primeras elecciones realizadas en 1810, reaparece en el mecanismo de sorteo del Reglamento electoral del 23 de noviembre de 1812 y en la Constitución de 1819, desapareciendo definitivamente con el régimen de elecciones directas de la ley de Buenos Aires de 1821. Por lo general, los electos lo fueron "a pluralidad de sufragios" —mayoría relativa— y voto público, muchas de las veces nominal (con lista de votantes y anotación de sus votos). Finalmente, en relación al criterio de distribución de la cantidad de representantes por territorio, de ciudad o campaña, sólo en el Estatuto de 1815 se sigue el criterio de distribución proporcional a la cantidad de población —propio de reglamentos más moder-

---

[16] El reglamento está incluido en la "Orden del Día" publicada en la *Gazeta de Buenos-Ayres* el 14 de febrero de 1811, págs. 549 a 553. Su artículo 21 dispone: "Que se proceda á la elección de vocales en la forma siguiente: Se pasará orden por el gobernador o por el cabildo en las ciudades donde no lo haiga á todos los alcaldes de barrio, para que citando á los vecinos españoles de sus respectivos quarteles á una hora señalada, concurran todos á prestar libremente su voto para el nombramiento de un elector, que asista con su sufragio á la elección de los colegas, que hayan de componer la Junta...", etcétera.

nos—, volviéndose en la ley electoral bonaerense de 1821 a un número fijo de representantes, que en este caso fue 12 para la ciudad de Buenos Aires y 11 para la campaña.

Definición del elector

El segundo elemento de referencia es la definición del elector. En los primeros reglamentos electorales será el tradicional concepto de vecino el que establece la base de la representación. Utilizado en este sentido por las RROO de 1809, es retomado en los primeros reglamentos revolucionarios bajo diversas fórmulas, como la consignada en el art. 10 del Reglamento del 25 de mayo de 1810 en el que se convoca a la "parte principal y más sana del vecindario".[17]

Muy pronto se difunde el uso del vocablo ciudadano, uso que no implica, ya lo advertimos, la existencia de una ciudadanía y que suele expresar no otra cosa que la modernización verbal de las referencias a prácticas antiguas. Por ejemplo, el Estatuto Provisional de noviembre de 1811, establecía lo siguiente:

> Para la elección del candidato que deba substituir al vocal saliente, se creará una asamblea general, compuesta del ayuntamiento, de las representaciones que nombren los pueblos y de un número considerable de ciudadanos elegidos por el vecindario de esta capital, según el orden, modo y forma que prescribirá el gobierno en un reglamento.[18]

En este caso, los elegidos son llamados ciudadanos y los electores, vecinos; pero, además, junto a la evocación de una supuesta ciudadanía se encuentra la representación corporativa antigua del ayuntamiento y de "los pueblos".

---

[17] "Acta del día 25 de Mayo", *Registro Oficial...*, ob. cit., Buenos Aires, 1879, pág. 22. Asimismo, en el oficio que el Cabildo elevara al Virrey para solicitar la realización del cabildo abierto del día 22, se lee: "para evitar los desastres de una convulsión Popular, desea [el Cabildo] obtener de V. E. un permiso franco para convocar por medio de esquelas la principal y más sana parte de este Vecindario, y que en un Congreso público exprese la voluntad del Pueblo" Archivo General de la Nación, *Acuerdos del Extinguido Cabildo de Buenos Aires*, Serie IV, Libros LXV, LXVI y LXVII, Buenos Aires, 1927, pág. 123.

[18] "Estatuto provisional del gobierno superior de las provincias unidas del Río de la Plata a nombre del Sr. D. Fernando VII", *Estatutos...*, ob. cit., págs. 25 y ss.

Tanto en el Reglamento del 19 de febrero de 1811 como en la convocatoria del 24 de octubre de 1812 para elegir diputados a la Asamblea Constituyente, se utiliza alternativamente el concepto de vecino y ciudadano,
pero sin una definición formal de este último concepto. De hecho, el
Reglamento exhibía el mismo criterio que el Estatuto Provisional respecto de quienes ejercían la soberanía, en el sentido en que su concepto de los
mismos era el de vecino. Asimismo, al establecer un conjunto de restricciones en el voto, reiteraba ese criterio al limitarlo a quienes tuviesen
"arraigo o giro conocido" —art. 3º—. Por otra parte, es de notar nuevamente la heterogeneidad que trasunta el lenguaje utilizado para determinar la composición de la proyectada asamblea: por una parte, vocablos
que podríamos calificar de "modernos", como el de ciudadano; por otra,
términos que designan actores corporativos, como el ayuntamiento y los
apoderados de los pueblos.[19]

Entre los rasgos resultantes del concepto tradicional de pueblo, el más
advertido por los historiadores ha sido éste de la restricción del voto a los
"vecinos", en los primeros momentos de vida independiente, antes que se
generalice el término ciudadano. Si bien suele ser considerado un antece-
dente del voto calificado que caracterizará a muchos regímenes electorales de la época independiente anteriores a la vigencia del sufragio
universal, lo cierto es que ambos términos reflejan fenómenos de distinta
naturaleza histórica. Uno, el que corresponde a una sociedad en la que las
categorías políticas traducen directamente las diferencias sociales: nobleza, clero, ciudad, son otras tantas distinciones de origen estamental que
perduran en los dominios españoles en las primeras décadas del siglo XIX.
Mientras que la calificación del sufragio es una norma electoral que regula
la participación política de un conjunto cuyos integrantes por definición
son iguales entre sí. Se trata, es cierto, de otra forma de adecuar el sistema
político a las jerarquías sociales. Pero entendiendo forma no como sinóni-
mo de superficialidad.

Si los documentos de los primeros meses posteriores a la Independencia siguen la tradición hispana, aunque se observa ya el uso del vocablo
ciudadano junto al de vecino, el lenguaje utilizado por el Estatuto Provi-

---

[19] "Reglamento dictado por el primer triunvirato sobre la composición de la Asamblea legislativa
creada en virtud del Estatuto de 1811", Emilio Ravignani [comp.], *Asambleas...*, pág. 935 y ss.; y "El
Gobierno con precedente consulta del Excmo. Ayuntamiento de esta Capital ha acordado en esta
fecha hacer al Reglamento de la Asamblea las adiciones siguientes.", 9 de marzo de 1812, ya citado;
[Segundo Triunvirato], "Convocando a elecciones...", ya citado.

sional para la Dirección y Administración del Estado dado por la Junta de Observación, del 5 de mayo de 1815, se ajusta en cambio al principio de la soberanía popular y la igualdad ante la ley.[20] En consonancia con esta concepción nueva de la soberanía, cuyo ejercicio inicial remite a la ciudadanía, el Estatuto se ubica ya en el terreno de la calificación del sufragio, al codificar las circunstancias que definen al ciudadano —todo hombre libre, nativo y residente, mayor de 25 años—, y las que hacen que pierda tal condición "por ser doméstico asalariado" y "por no tener propiedad u oficio lucrativo y útil al país".[21]

En relación a los extranjeros, el Estatuto señala la diferencia del voto activo y pasivo, discriminando entre funciones políticas de gobierno de las que quedan excluidos, y funciones propias del Cabildo en las que están incluidos. Para el voto activo (poder elegir) se les exige 25 años de edad, más de cuatro años de residencia en el país, ser propietarios de un fondo no menor de 4.000 pesos o en su defecto ejercer arte u oficio útil y saber leer y escribir. Para voto pasivo (ser elegible) se debían cumplir los mismos requisitos, pero con una residencia de diez años, y solamente podían ser elegidos para los denominados "empleos de república" —cargos municipales—, excluyéndolos de los "empleos de gobierno", para lo que debían "renunciar antes a toda otra ciudadanía".

En cuanto a los españoles europeos, no tienen derecho al sufragio activo ni pasivo hasta tanto España reconozca los derechos de "estas provincias". En cambio, los españoles que se distingan por sus servicios a "la causa del país", tendrán ciudadanía, pero deben obtener la correspondiente carta. Y respecto de los descendientes de esclavos, tienen sufragio activo aquéllos nacidos en el país originarios de cualquier línea de Africa cuyos mayores hayan sido esclavos en este continente, y pasivo aquéllos que estén fuera del cuarto grado respecto de dichos mayores.

Es de interés observar, respecto de la definición del extranjero, que lo que se advierte como una constante sobre todo a partir de la Asamblea del año XIII es el modo en que se cruzan el principio de la extranjeridad, entendido como un criterio de pertenencia a un territorio, con un princi-

---

[20] "Los derechos de los habitantes del Estado son, la vida, la honra, la libertad, la igualdad, la propiedad, y la seguridad". "Estatuto provisional para Dirección y Administración del Estado, dado por la Junta de Observación", 5 de mayo de 1815, Art. 1°., Cap. I, en *Estatutos...*, ob. cit., pág. 34.

[21] *Idem*, págs. 33 y ss. La instrucción no aparece como requisito para los ciudadanos nativos, pero sí para los extranjeros.

pio jacobino de concepción política. Los que quedan explícitamente excluidos del concepto de ciudadano son los españoles europeos, a no ser que hayan demostrado una adhesión explícita a la causa revolucionaria. Este criterio que vincula ciudadanía y participación activa en el proceso revolucionario de independencia tiene casi mayor presencia en la década que va de 1810 a 1820, caracterizada por la guerra revolucionaria, que cualquier otro criterio de exclusión asociado a la riqueza o posesiones, diluyéndose a partir de 1820 una vez garantizado el proceso de emancipación de la vieja metrópoli.

Al mismo tiempo es importante subrayar, en relación a la representación de los extranjeros, que ya comienza a aparecer una diferenciación — que se hará mucho más explícita en la segunda mitad del siglo XIX con la llegada masiva de inmigrantes— que admite su participación en el ámbito comunal o municipal y la excluye de los ámbitos políticos propiamente dichos, tal como se distinguía en la época. El Estatuto de 1815, como mencionáramos anteriormente, establece esta diferencia entre "empleos de República", propios del Cabildo, y empleos de gobierno, diferencia que correlaciona con la distinción del voto activo y pasivo.[22]

La Constitución de 1819, que difirió la definición de la ciudadanía a la sanción de una ley específica, exigía para el ejercicio de la representación "un fondo de cuatro mil pesos al menos, o en su defecto arte, profesión u oficio útil" en el caso de los candidatos a diputados, cifra que subía a ocho mil pesos en el caso de los senadores.[23] La Constitución de 1826, entre otros motivos de la suspensión de los derechos de ciudadanía, incluía los estados "de criado a sueldo, peón jornalero, simple soldado de línea, notoriamente vago".[24] Las limitaciones del ejercicio de los derechos ciudadanos fueron comunes a todos los proyectos constitucionales nacionales anteriores a 1853 y a todas las constituciones provinciales que contuvieran normas sobre ciudadanía.[25]

---

[22] Estatuto Provisional..., ob. cit., pág 35.

[23] "Constitución de las Provincias Unidas en Sud América", arts. V y XI, en Estatutos..., ob. cit., págs. 118 y 119.

[24] "Constitución de la República Argentina", art. 6, en Estatutos..., ob. cit., pág. 161.

[25] La mayoría de los textos de las constituciones provinciales de la primera mitad del siglo XIX fueron publicados en Juan P. Ramos, El Derecho Público de las provincias argentinas, con el texto de las constituciones sancionadas entre los años 1819 y 1913, Buenos Aires, Facultad de Derecho y Ciencias Sociales, tomo I, 1914; tomos II y III, 1916. Otros, hallados posteriormente a esa obra, están en E. Ravignani, Asambleas..., ob. cit., tomo VI, Segunda Parte, ob. cit.

Una última cuestión respecto del concepto de ciudadano es el vínculo entre representación y espacio territorial. En este sentido, se advierte lo ya señalado sobre la evolución de las normas electorales, y sobre la indefinición de los espacios como portadores de identidades políticas consolidadas, sobre todo para la primera etapa.[26] Así como el concepto de vecino suponía el haber nacido o estar afincado a un lugar o ciudad, cuando se adopta el concepto de ciudadano, en la citada circular de octubre de 1812, se establece que para ser elegido diputado no es necesario ser natural o residente del pueblo que se representa. A partir de allí, pese a que hasta 1820 la representación es por ciudades, se elimina el requisito de ser nativo o residente de la ciudad representada, prevaleciendo el referente a la "americanidad".

Atribuciones del representante

El tercer elemento de referencia para abordar el problema de la representación, es considerar las atribuciones del representante elegido en los diversos actos eleccionarios. En este caso, para esta década, se comprueba que dichas atribuciones son definidas a través de una figura también tradicional, que es la del mandato imperativo. Los poderes e instrucciones son los instrumentos a través de los cuales los diputados se convierten en apoderados —antiguamente "procuradores"— de quienes se los confieren.[27] En esta coyuntura, como los diputados son representantes de las ciudades, serán éstas las que otorguen dichos poderes, a través de diferentes instancias según el reglamento electoral de que se trate. En las primeras RROO los poderes e instrucciones eran conferidos por los cabildos; luego, cuando las elecciones se realizan bajo la figura del Cabildo

---

[26] José Carlos Chiaramonte, "Formas de identidad política...", ob. cit.

[27] Se trata de una figura que se mantiene con sus mismos rasgos desde la Baja Edad Media. Desde comienzos del siglo XIV muchas ciudades y villas castellanas y leonesas enviaban representantes a las Cortes, llamados "procuradores", que luego de mediados del siglo XIV también solían denominarse "diputados": "Cada Concejo confería a sus 'procuradores' poderes especiales, valederos por el tiempo que durasen las Cortes y consignados en un documento o 'carta de procuración', sellado por el Concejo. Estos poderes contenían instrucciones muy concretas, de las que los procuradores no se podían apartar y relativas a los asuntos que el Rey proponía al conocimiento de las Cortes cuando las convocaba y asimismo a las peticiones que la ciudad haría al Monarca. Los 'procuradores' recibían, pues, de su ciudad un mandato imperativo, que juraban observar, y, en el caso de que en las Cortes se planteasen cuestiones no previstas en los poderes recibidos, tenían que pedir a sus Concejos nuevas instrucciones y poderes." Luis G. de Valdeavellano, *Curso de Historia de las Instituciones españolas, desde los orígenes hasta el final de la Edad Média*, Madrid, Revista de Occidente, 5ª. ed., 1977, págs. 473/475.

abierto, es la totalidad de sus miembros la encargada —excepto en la elección de diputados a la Junta, realizada en Buenos Aires, donde lo hará una comisión elegida a tal efecto, a raíz del elevado número de individuos participantes y el carácter prácticamente de comicio que adquiere—.[28] Finalmente, cuando las elecciones adquieren carácter comicial, serán las asambleas electorales, es decir, los cuerpos de electores, quienes elaboren y firmen dichos poderes. En cambio, a partir de la existencia del Estado provincial y de la ley electoral de 1821, que establece los mecanismos para elegir diputados a una Junta de Representantes provincial con carácter de legislatura, el mandato imperativo desaparece.

Evolución del sistema de representación

El cuarto y último elemento de referencia relativo al modo en que evoluciona el sistema de representación en esta etapa, es el que consiste en confrontar la referida supervivencia de jerarquías sociales tradicionales de carácter estamental o corporativo, frente a los intentos de conformar una ciudadanía. Además de lo ya apuntado sobre la calidad estamental del concepto de vecino, cabe señalar el peso que aún mantienen corporaciones como el ayuntamiento, la burocracia, la iglesia, el ejército, los profesionales —fundamentalmente los letrados—. Si bien esto será más evidente en la Constitución de 1819 —en la que el Senado estaba constituido por senadores de provincia, tres senadores militares, un obispo y tres eclesiásticos, otro senador por cada universidad, y el director del estado que hubiese concluido su mandato—[29], en los ensayos electorales anteriores abundan los casos. Esto se observa, por ejemplo, en la confección de las

---

[28] El número de sufragantes en esta elección fue de alrededor de 800, según los datos que da Julio V. González en su obra ya citada. Y el carácter prácticamente de comicio que adquiere —pese a que se realice bajo la figura de Cabildo Abierto— está dado por las modalidades que siguen: a— La convocatoria no se refiere a un Cabildo Abierto a una hora determinada para sesionar, sino que la cita es desde las 8 de la mañana hasta las 4 de la tarde para elegir diputados, y el lugar de reunión no es el Cabildo sino la Plaza Mayor. b— En el acto electoral el cuerpo capitular se constituyó en su recinto, mientras los votantes estaban fuera en la Plaza. c— Para emitir el voto, se hizo pasar uno por uno a los sufragantes, y el sufragio se emitió por escrito, existiendo una mesa receptora de votos constituida por el Cabildo en pleno. d— El escrutinio lo realizaron dos regidores y diez individuos elegidos por ésos a tal efecto. Dadas estas características, se designó una Junta Consultiva encargada de elaborar y firmar los poderes e instrucciones de los diputados electos.

[29] Los senadores militares eran elegidos por el Ejecutivo, pero los obispos elegían al senador que los representaría, y los Cabildos eclesiásticos a los tres senadores eclesiásticos. "Constitución de las Provincias Unidas en Sud América", Sección II, Capítulo II, arts. XIV a XVII, en *Estatutos...*, ob. cit., pág. 119.

listas de votantes distribuidos por corporación, para diferentes cabildos abiertos de 1810, o en la participación de determinados agentes institucionales en el control de las elecciones. Y, también, en los casos más significativos, ya señalados, en los que el cabildo participa de cuerpos electorales y asambleas en su calidad de corporación.

Asimismo, en las elecciones realizadas en las diferentes ciudades rioplatenses, convocadas mediante la circular del 27 de mayo de 1810, para elegir diputados a la Junta Provisional de Gobierno, además de que la convocatoria está dirigida a "la parte principal y más sana del vecindario", las listas de participantes están distribuidas según una clasificación corporativa que incluye: regidores, clérigos, letrados, funcionarios de la burocracia, militares y vecinos. Es útil citar algunos otros ejemplos de esta elección para interpretar este punto. En la elección del diputado por Corrientes y también en la del diputado por Santa Fe se discute largamente el orden para emitir los sufragios, según las distintas corporaciones representadas en el cabildo abierto. En la elección del diputado por Salta, el cabildo deliberó "por corporaciones", lo cual significa que el obispo emitió opinión por el clero, un coronel en nombre del ejército, y un licenciado en nombre de las Reales Audiencias. [30]

Si tomamos un ejemplo fuera del ámbito electoral, aunque de especial significación, como el de la instalación de la asamblea del año XIII, podemos advertir que en la publicación por la *Gazeta* de las crónicas de las ceremonias de instalación de la Asamblea se advierte también la fuerte presencia de rasgos corporativos, matizados con referencias a una ciudadanía de hecho inexistente aún. Pues, aunque en algún momento el cronista aluda a la "serenidad de los ciudadanos" asistentes a esas ceremonias, el juramento fue mandado prestarse por

los generales, gobernadores, autoridades civiles y eclesiásticas, y los *vecinos cabeza de familia* en esta capital, y todos los pueblos y lugares de la comprehensión del territorio de las provincias unidas, dando cuenta de los términos en que se haya dado cumplimiento a dicho decreto. [Las itálicas son nuestras] [31]

[30] Julio V. González, ob. cit., Libro 2; Ricardo Levene, *La Revolución de Mayo y Mariano Moreno*, tomo II, Buenos Aires, Facultad de Derecho y Ciencias Sociales, 1920.
[31] "Sesión del día 1°", *Gazeta Ministerial...*, 5 de febrero de 1813, pág. 308. Es de notar que el juramento, en la ciudad, fue realizado corporativamente, como se desprende del siguiente texto: "Que el Supremo Poder Ejecutivo mande [...] prestar el juramento a todos los individuos que faltaron a hacerlo el día de ayer entre las corporaciones que lo ejecutaron", íd., pág. 399.

Otros rasgos del sistema electoral

El citado Reglamento del Primer Triunvirato para la composición de la
Asamblea Legislativa dispuesta por el Estatuto de 1811 establecía un procedimiento de elección indirecta y, a la vez, con aplicación del sorteo, ya
presente en las disposiciones electorales de 1809 para la Junta Central.
Divididas las ciudades en cuatro secciones, los ciudadanos elegían dos electores por sección, en voto secreto, y los ocho electores de la ciudad, reunidos con el ayuntamiento, confeccionaban una lista de trescientos
ciudadanos, de la cual se designarían por sorteo cien de ellos como miembros de la asamblea. En el Estatuto Provisional de 1815 la elección seguía
siendo indirecta, tanto para diputados como para el cargo de gobernador,
pero la designación de los diputados se decidía por mayoría simple, mientras que para la de gobernador los electores elegían seis ciudadanos, de los
que se sorteaban tres, y entre los que, a "pluralidad de sufragios", los electores designaban al gobernador de la provincia.[32] Las modificaciones a
este Estatuto introducidas por el Congreso de Tucumán al año siguiente,
disponían que las elecciones de gobernador intendente, teniente de gobernador y subdelegados de partido se harían...

a arbitrio del Supremo Director del Estado de las listas de personas elegibles de
dentro o de fuera de la provincia, que todos los cabildos en el primer mes de su
elección formarán y le remitirán.

Las elecciones de miembros de cabildos y de diputados a asambleas
legislativas seguían siendo indirectas, con variación de detalles, y con la
siempre presente identificación de pueblo elector y vecino.[33] En la Constitución de 1819 el procedimiento electoral continúa siendo indirecto.[34]

[32] "Estatuto provisional...", ob. cit., lug. cit. Un resumen de las características de las elecciones
hasta 1816: Adolfo Enrique Rodríguez, "La elección de los diputados bonaerenses al Congreso de
Tucumán", *Revista del Museo de la Casa de Gobierno*, tomo III, N°. 617, Buenos Aires, diciembre de
1971.
[33] "[Estatuto provisional dado por la Junta de Observación y aprobado con modificaciones por el
Congreso de Tucumán], [22 de noviembre de 1816]", Sec. 5ª., Caps. 1°. y 2°., en *Estatutos...*, ob. cit.,
págs. 84 y ss.
[34] "Constitución..." de 1819: para la elección de diputados se remite al Reglamento de 1817 (Apéndice, 1) hasta tanto se dicte una ley electoral; para la de senadores y del P. E., arts. XIV y LXII; en
Estatutos..., ob. cit., págs. 132, 119 y 123.

EL CABILDO EN LA HISTORIA ELECTORAL RIOPLATENSE

Lo que caracterizará a la primera mitad del siglo XIX es la conformación sucesiva de dos espacios políticos por excelencia, institucionalizado el primero en el cabildo —cuyo referente territorial es la ciudad—, y en el estado provincial el segundo.

En cuanto a las relaciones intercomunales o interprovinciales, es sabido que entre las ciudades existe una, Buenos Aires, capital del ex Virreinato, que de hecho impondrá las normas que regirán los procesos electorales para los congresos constituyentes en el resto del territorio. Además, los gobiernos centrales con sede en Buenos Aires —desde la Primera Junta, pasando por los triunviratos y luego por el Directorio— suelen tratar de ejercer una suerte de control de las elecciones de esa clase, que en algunos casos se traduce en presión y manipulación. Control que emana generalmente de los mismos reglamentos electorales, que encargan a esos gobiernos revisar y ratificar los resultados de las elecciones. De todas maneras, lo que debe tenerse en cuenta es que la convocatoria será siempre no a una inexistente ciudadanía argentina sino a los habitantes — unas veces "vecinos", otras "ciudadanos"— de los "pueblos" o "provincias" del siempre impreciso territorio rioplatense.

Conflictos en torno al Cabildo

En la etapa colonial los cabildos del territorio rioplatense se integraban con tres categorías de funcionarios: dos alcaldes cuyos cargos eran anuales y electivos; regidores, que en un principio se elegían anualmente y en el siglo XVII se convirtieron en oficios vendibles; y funcionarios especiales, nombrados al comienzo por el rey o por el gobernador, y que luego adquirirían el cargo en remate público. Es necesario aclarar que el hecho de que alcaldes y regidores comiencen siendo cargos electivos, significa que dicha elección se reducía sólo a la participación de los cabildantes. Sólo en ciertos casos excepcionales el nombramiento de alcaldes y regidores se hizo por "elección general de los vecinos", como ocurrió en Corrientes en 1669 cuando la elección fue hecha bajo la figura de cabildo abierto. Lo cierto es que a partir del siglo XVII comenzó la venta de cargos concejiles, desapareciendo prácticamente los miembros electivos, con excepción de los alcaldes ordinarios, funcionarios cuya elección, sin embargo, no constituyó una práctica efectiva.[35]

Luego de la Revolución de Mayo, en 1811, el cargo de Alcalde de Barrio, que si bien pertenece al ámbito de la policía municipal será un agente sumamente importante en el control de los procesos electorales y en la conformación de relaciones clientelares, pasa de vitalicio a ser renovado anualmente. A partir de 1812, se suprimen todos los cargos vitalicios de la esfera municipal, y comienzan a ocuparlos los candidatos designados por el cabildo saliente, previa aprobación del poder supremo. Y en 1815 se dispone la renovación de los cargos capitulares por "elección popular", elección popular que había sido reclamada ya mucho antes. Esta reforma no afecta a los alcaldes de barrio, excepción significativa dada la importancia del cargo en el control de las elecciones.

En este sentido, es importante advertir que al mismo tiempo que se le otorga carácter electivo a los cargos municipales, se quita de la esfera del cabildo la función de policía, que pasa a ser controlada por el gobierno central. Así en 1811 se crea el cargo de intendente de policía, dependiente del poder central, y en 1812 las justicias de campaña y alcaldes de barrio pasan a depender directamente del intendente de policía; es decir del poder central y ya no del cabildo.[36] Señalamos esto por la importancia que tienen estos agentes en los procesos electorales y en el control de la maquinaria política en esta década, tanto en la práctica política como en las propias normas que la regían.

Viejo y nuevo Cabildo

El derrumbe de la administración monárquica y la falta de un nuevo aparato estatal para reemplazarla, obligó a los líderes independentistas a recurrir o a tolerar la prominente función política que asumirían los cabildos en la primera década revolucionaria. En las iniciativas de los diversos gobiernos centrales con sede en Buenos Aires se puede observar que todos los actos electorales realizan el mismo recorrido en cuanto al mecanismo de convocatoria. Mecanismo a cargo del gobierno que reside en Buenos

[35] Ricardo Zorraquín Becú, *Los Cabildos Argentinos*, Buenos Aires, Imprenta de la Universidad, 1956, pág. 25.
[36] J. M. Sáenz Valiente, ob. cit., págs. 212 a 218.

Aires, el que convoca a las diferentes ciudades a través de su respectivo cabildo, los que a su vez convocan a los votantes.

Pero a su vez, hay un segundo elemento que se debe tener en cuenta y es que la institución cabildo tendrá en esta coyuntura una doble dimensión: municipal y política. La primera deriva de las funciones que ejerció en la etapa colonial y que estaba definida en normas heredadas de ese período. La segunda es la que comienza a ejercer a partir de 1809 —apoyada en la amplia jurisdicción territorial que poseían desde tiempos coloniales los cabildos del Río de la Plata—, cuando la Junta Central de España dispone que en América se elijan representantes tomando a los cabildos como entidades convocantes y controladoras del evento. Ambas dimensiones, sobre todo en el caso de Buenos Aires, serán origen de numerosos conflictos entre cabildo y otras autoridades, en especial los gobiernos centrales, debido a la indefinición institucional de funciones y atribuciones: quién es el encargado de la representación política y a quién corresponde el control de determinados recursos de poder.

Pero la falta de legitimidad derivada de la forma de elección de los capitulares constituía un grave escollo para el ejercicio de esas funciones por el Cabildo de Buenos Aires. Así, un artículo publicado en la *Gazeta* en 1813, dedicado a subrayar la importancia de los cabildos en la nueva situación política hispanoamericana,[37] formula una importante reserva respecto de la legitimidad del cabildo en ese momento, porque en el caso de Buenos Aires...

> siendo miembros elegidos por el Gobierno en la primitiva erección de estos Cuerpos, y los salientes por los entrantes en cada un año como sucede entre nosotros, no pueden jamás presentar una base bastante sólida de representación popular. De aquí resulta que ni las elecciones podían hacerse por los electores de los miembros de los Cabildos, los cuales no existen, ni por los miembros mismos, cuyo carácter público necesita ser ratificado[38]

---

[37] Llama la atención la claridad con que el papel del Cabildo en la futura Sudamérica independiente fue percibido anticipadamente, en 1809, por colaboradores de la *Edinburgh Review*, cuyo texto es reproducido en este artículo, en castellano, por la *Gazeta*: "Artículo comunicado", *Gazeta Ministerial del Gobierno de Buenos Ayres*, núms. 79 y 81, 17 de noviembre y 1 de diciembre de 1813.

[38] *Id.*, lug. cit. El procedimiento ha sido denominado por Natalio Botana —apoyado en un comentario de Vicente Fidel López— "representación invertida": Natalio R. Botana, *La libertad política y su historia*, Buenos Aires, Sudamericana, 1991, pág. 92.

Esta incongruencia resultó intolerable y es evidentemente la razón que conduciría a una reforma de los organismos comunales, implantando en ellos la renovación de los cargos concejiles mediante elecciones "populares". Sólo que, temerosos de la ingobernabilidad del procedimiento tradicional de cabildo abierto, los miembros de la elite de Buenos Aires apelarán al recurso de las elecciones indirectas, denominadas en esos días elecciones "por representación".

La reforma del régimen electoral del Cabildo

Una forma de superar el antiguo carácter restringido del ayuntamiento consistió en someter las elecciones de cargos de capitulares a comicios "populares", tal como se solicitó en abril de 1813, y como lo implantaría el Estatuto de 1815.[39] La notoria falta de legitimidad que a la luz de las nuevas ideas dominantes en Buenos Aires luego de mayo de 1810 tenía la corporación municipal, impulsaba esa reforma. Sucedía que en octubre de 1810 la Junta había disuelto el viejo cabildo y nombrado uno nuevo, cuyo mandato extendió a 1811, de manera que entre 1812 y la sanción del Estatuto de 1815 el Cabildo saliente elegía al nuevo. Así, en la citada petición el síndico procurador alegaba:

> La ilegalidad de la fórmula hasta aquí adoptada, su disonancia con el sistema presente de Gobierno, y la monstruosidad de repetir, después de tres años de libertad, una escena que chocaba aún entre las tinieblas de la antigua ignorancia, al propio tiempo que la justicia, la razón, la conveniencia, y sobre todo la voluntad general del Pueblo, instan por una variación en la forma de elecciones.

Esa conciencia de ilegitimidad era bastante anterior. Estaba indudablemente detrás de una consulta que dos años antes, en setiembre de 1811, había realizado el síndico procurador respecto de si los poderes e instruc-

---

[39] "D. Felipe Arana, El Síndico Procurador sobre que las elecciones de empleos concejiles y de república se hagan popularmente, y otras", Buenos Aires, abril 27 de 1813, AGN, Cabildo de Buenos Aires, Sala IX, 20-2-3. En cuanto a lo dispuesto por el Estatuto: "Serán nombrados por elecciones populares y en la forma que prescribe este Reglamento: 1º El Director del Estado; 2º los Diputados Representantes de las Provincias para el Congreso General; 3º los Cabildos seculares de las Ciudades y Villas; 4º los Gobernadores de Provincia; 5º los individuos de la Junta de Observación", Estatuto Provisional... ob. cit., Sec. Quinta, Cap. I, Artículo único.

ciones a los diputados de Buenos Aires al futuro Congreso debían ser extendidos por el Cabildo o por "el Pueblo". En esa oportunidad el funcionario expresó

> la duda que debía ocupar la atención del Cabildo, sobre si a él le correspondía, como es propio de su instituto, y se había observado en los Diputados de Cortes en la Europa, y en los de las Provincias del interior, el pasar sus poderes e instrucciones a los elegidos por esta Ciudad; o si lo que no parece tan conforme, los habían de recibir del Pueblo.

Añadía que esto debía ser consultado con el gobierno y en caso de optarse por lo segundo debía hacerse sin perjuicio de los derechos de la Corporación y aclarándose si procedía una "...nueva convocatoria del común..."[40]

Asimismo, en diciembre de 1812, los miembros del cabildo resuelven dirigirse al gobierno para modificar el procedimiento de elección, mencionando un oficio de marzo del mismo año en el que se habría expuesto el mismo problema. Las consideraciones que registra el acta de la reunión son explícitas. Los asistentes a este cabildo advirtieron

> que se acerca ya el tiempo de las Elecciones capitulares, y se presentan dificultades si ellas han de hacerse en la misma forma que hasta aquí, pues que ni se puede ocultar la ilegalidad de este modo de elegir, ni su disonancia con el presente sistema de Gobierno, ni la monstruosidad de repetir después de tres años de libertad una escena que chocaba aún entre las tinieblas de la antigua ignorancia de nuestros derechos, siendo esto tanto más notable por las particulares circunstancias del nombramiento de los individuos que componen el Ayuntamiento: Por todo lo cual parece que la Justicia, la razón, la conveniencia, y sobre todo la voluntad del Pueblo, exigen imperiosamente que la Municipalidad sea elegida popularmente.[41]

---

[40] "Cabildo del 27 de setiembre de 1811", Archivo General de la Nación, *Acuerdos del Extinguido Cabildo de Buenos Aires*, Serie IV, tomo IV, años 1810 y 1811, Buenos Aires, 1927, pág. 639. La resolución del Triunvirato fue que los poderes e instrucciones debían ser extendidos por un consorcio del Ayuntamiento con los electores de los diputados. "Cabildo del 2 de octubre de 1811", *íd.*, pág. 645.

[41] "Cabildo del 11 de diciembre de 1812", Archivo General de la Nación, *Acuerdos...*, ob. cit., Serie IV, tomo V, años 1812 y 1813, Buenos Aires, 1928, pág. 419. Como el gobierno contesta que no posee facultades para modificar la situación, cosa que corresponde a la Asamblea, el Cabildo resuelve imprimir esta respuesta junto con su oficio de consulta, para hacer conocer al pueblo su postura: "Cabildo del 22 de diciembre de 1812", ob. cit., pág. 430.

De hecho, la llamada Corporación municipal constituyó uno de los centros de conflictos políticos del período en la medida misma en que era mucho más que un organismo municipal. Y la reforma de su régimen electoral, al conferirle mayor legitimidad, no hizo más que acrecentar su poder y, por lo tanto, esa conflictividad. Así, en 1816, uno de los principales periódicos de Buenos Aires, inspirándose en Benjamín Constant, analiza el problema del "poder municipal" en forma tal que si por una parte advierte la importancia política del cabildo, por otra trasunta el malestar que generaba:

> Como la autoridad municipal ha venido a ser en esas provincias, uno de los ramos más principales del poder y como su naturaleza, y sus límites permanezcan envueltos en muchas dudas, diré lo que pienso sobre ello [...] El poder municipal, que hasta ahora fue considerado como un ramo dependiente del poder ejecutivo, es por el contrario de tal naturaleza, que no puede depender de él, ni debe ponerle tampoco traba alguna.

Lo sucedido desde 1810 —continúa— muestra que siempre fue necesario un esfuerzo del gobierno para hacer cumplir las leyes y que existió siempre "una oposición sorda, o una resistencia de inercia, en el poder municipal." Esa presión constante del gobierno y esa oposición sorda del poder municipal "las he mirado siempre —escribe el redactor— como causa de disolución en el estado." El motivo de esta pugna —prosigue— es que en unos casos los cabildantes actuaban como agentes del gobierno, lo que les producía desaliento, y en otros con una independencia tal que derivaba en hostilidad permanente contra el gobierno. Pero si se hace a los miembros de las municipalidades agentes subordinados del Poder Ejecutivo, habrá que darle a éste el poder de removerlos, y entonces el poder municipal será sólo un fantasma. Y

> Si se determina que los nombre el pueblo, este nombramiento sólo servirá para prestarles la apariencia de un poder popular que los pondrá en lucha con la autoridad suprema.

Concluye sobre esto que el poder municipal debería tener en la administración estatal el mismo *status* que los jueces de paz en la justicia, es decir, no ser un poder sino

en razón del que se le confía por los vecinos para los negocios puramente municipales.[42]

"Cabildo abierto o representación"

Desde cierto punto de vista, los cabildos abiertos de la etapa 1810-1820
pueden considerarse el máximo de democracia rioplatense. Pero, a condición de reconocer que se trata de una democracia de tipo antiguo. En el
cabildo abierto participan todos los miembros del estado —si es que podemos llamar estado a la ciudad de Buenos Aires—. Pero un etado en el que
existía un sector de partícipes de los derechos políticos, los vecinos, que
componían el pueblo, y otro compuesto de un conjunto de gente excluida
de ese pueblo, y por lo tanto privada de los derechos políticos, por su
condición social: esclavos, "castas", y gente sin recursos propios. Es también, dentro de esos límites sociales que definían al pueblo, y con vigencia
ocasional, una forma de democracia directa. Y lo que sucederá luego de
1810 habrá de ser el esfuerzo de suplantarla por un régimen representativo indirecto, en un proceso en el que paradójicamente, al mismo tiempo
en que se va integrando en el concepto de pueblo a sectores antes excluidos de él, se va limitando mediante recursos formales e informales la participación directa de ese pueblo en la cosa pública. De allí que el dilema,
explícitamente debatido entre 1810 y 1820, fuera, tal como se lo expresó
en los días del movimiento "provincialista" de Buenos Aires en 1816, el
de "cabildo abierto o representación".[43]

Pero los extremos de este dilema no eran sólo dos distintos procedimientos electorales, sino también expresión de dos formas históricamente distintas de concebir el sustrato social de la política: en un caso, una concepción
corporativa de la sociedad; en otro, una concepción individualista, atomís-

---

[42] *Gazeta de Buenos Ayres*, 1816, págs. 527 y 528. El artículo se inspira en un texto de Benjamín
Constant, al punto de que algunos de sus párrafos son casi traducción directa del Capítulo XII (Del
poder municipal, de las autoridades locales y de un nuevo tipo de federalismo) de los *Principios de
Política*: Véase Benjamín Constant, *Escritos Políticos*, Madrid, Centro de Estudios Constitucionales,
1989, pág. 125.

[43] Y de allí también, que en la discusión periodística de esos días sobre los riesgos del Cabildo
Abierto, abundaran las referencias al mundo griego: demagogos, tumultos populares, y otros: véase
por ejemplo en la *Gazeta* el extenso artículo "Cuestiones importantes de estos días", 29 de junio de
1816, págs. 561 y ss., y 5 de julio de 1816 (*Gazeta* extraordinaria), págs. 566 y ss.

tica. Eran, por lo tanto, manifestaciones de ese choque y entremezclamiento de concepciones y prácticas políticas opuestas que caracteriza al período inmediato posterior a la Independencia y que por momentos lo torna tan confuso. Confusión agravada por el hecho de que aquéllos que participaban de una concepción corporativa de la sociedad, como los miembros del cabildo, y que recurrían a las elecciones indirectas para evitar ser víctimas del "tumulto de las asambleas populares", manipularán las elecciones indirectas para reproducir las jerarquías sociales existentes.

El cabildo abierto fue frecuente en Buenos Aires y ciudades del interior a partir del 25 de mayo de 1810. Anteriormente, a partir de la primera invasión inglesa, como hemos señalado ya, se produjeron varios de ellos en Buenos Aires, que suelen ser considerados antecedentes del estallido de 1810. El 25 de mayo de este año se eligió mediante ese procedimiento la Primera Junta Gubernativa. Asimismo, el régimen implantado por esta junta para la elección de los diputados de los pueblos del territorio rioplatense que concurrirían a Buenos Aires para el Congreso constituyente a reunir, pero que terminarían incorporándose a la Junta, se basaba en cabildos abiertos.[44] En este caso, la norma es algo restrictiva de lo que entrañaba la figura del cabildo abierto, porque se indica que los Cabildos "convoquen por medio de esquelas la parte principal y más sana del vecindario". Es decir, no todos los vecinos. Esta restricción tendió a ser obviada en algún caso, como cuando el entonces Secretario de la Junta, Mariano Moreno, respondiendo a una consulta efectuada por el Cabildo de Santa Fe, resuelve que tenían derecho a concurrir al Cabildo Abierto "todos los vecinos existentes en la ciudad, sin distinción de casados o solteros", añadiendo que los participantes debían despojarse de todo privilegio personal, fuero o preeminencia.[45]

El Reglamento del 10 de febrero de 1811 para la elección de las juntas principales y subordinadas de las provincias es la primer norma que se aparta de la figura de cabildo abierto mediante la del *comicio*. A partir de allí las normas electorales elaboradas por los diversos gobiernos del período se atienen al régimen representativo mediante elecciones indirectas. Sin embargo, el procedimiento de cabildo abierto no desaparece sino que

---

[44] Reglamento del 25 de mayo, arts. 10 y 11, en *Registro Oficial*, ob. cit., págs. 22 y 23; Circular del 27 de mayo, *íd.*, págs. 25 a 27.
[45] Cit. en J. V. González, *Filiación histórica...*, Libro II, ob. cit., pág. 70.

retorna irregularmente en situaciones de crisis política.[46] De tal manera, el cabildo abierto —también usual en las ciudades del interior—[47] reaparecería con frecuencia para la toma de decisiones políticas de emergencia, constituyendo una perturbadora alternativa a las elecciones indirectas de representantes, tal como ocurriría en los meses de abril y mayo de 1816.

1816: ¿Cómo convocar al Pueblo? "Cabildo abierto o representación"

La alternativa de la democracia directa o régimen representativo tuvo un momento de virulencia en 1816, a raíz de un movimiento autonomista iniciado en junio de ese año. Sus promotores demandaban que Buenos Aires abandonase su pretensión de capital del Río de la Plata y se convirtiese en un "estado confederado". Ese día se enviaron a la casa del gobernador de la provincia Manuel Luis de Oliden dos representaciones, a las que se sumó otra más del partido de Areco. El movimiento tuvo su centro en la "campaña y pueblo de Areco, Pilar, Capilla del Señor, y demás jurisdicción"[48] y fue apoyado por el director interino, Antonio González Balcarce, mientras se le oponían el Cabildo y la Junta de Observación.

A partir de allí surge un nuevo problema: cómo convocar al pueblo para que exprese su voluntad respecto del particular. Mientras el Cabildo y la Junta de Observación sostenían que el pueblo debía expresarse por intermedio de representantes elegidos en comicios, el Director optaba

---

[46] Los cabildos abiertos celebrados después de la revolución de mayo fueron motivados por distintas circunstancias, y la mayoría sin convocatoria de las autoridades. De éstas, fueron más frecuentes las convocatorias producidas por el "Superior Gobierno" que por el Cabildo. Algunas de estas reuniones fueron de simple consulta al pueblo, o tuvieron carácter de junta de funcionarios, pero también hubo algunas de naturaleza electoral. La concurrencia a ellas fue voluntaria, aunque una en 1820 tuvo carácter obligatorio. Finalmente, el lugar de reunión fue el mismo recinto del cabildo o la iglesia de San Ignacio. El primer Cabildo Abierto posterior al 25 de mayo de 1810 fue celebrado el 17 de setiembre de 1811. En 1816 hubo dos, uno el 11 de febrero y otro el 19 de junio. El conflictivo año de 1820 registró siete reuniones populares: el 16 de febrero, el 3, el 6, el 7 (dos), el 9 y el 30 de marzo. El del 3 de marzo fue el que indicamos se realizó con asistencia obligatoria. J. M. Sáenz Valiente, ob. cit., págs. 171 a 177.

[47] Véase, por ejemplo, respecto del caso de Córdoba, Ernesto H. Celesia, *Federalismo Argentino. Apuntes históricos, 1815-1821, Córdoba,* Buenos Aires, 1932, tomo I, pág. 269 y ss.

[48] *Gazeta...,* ob. cit., lug. cit. Las representaciones firmadas por vecinos de la ciudad se encuentran en AGN, Sala VII, Congreso General Constituyente, legajo núm. 6, y la representación del partido de Areco en la *Gazeta de Buenos Aires,* 6 de julio de 1816. Las dos primeras representaciones como ya lo indicamos fueron fechadas el día 14 de junio. La de Areco no lleva fecha, pero se infiere que se produjo en esos días. El único historiador que le asigna una fecha es Udaondo, quien señala que fue suscripta el 16 de junio. Enrique Udaondo, *Reseña histórica de la Villa del Luján,* Luján, 1939, pág. 116.

por cabildo abierto. Pese a que el día 17 estas tres autoridades coincidieron en que la convocatoria sería por representantes, el 18 el Director llamó por bando a cabildo abierto, el que finalmente decidió que las tres autoridades se reunieran nuevamente para resolver sobre el particular. Reunidas el día 20 acordaron convocar al pueblo a votar para que optase por representantes o cabildo abierto.[49] El 28 de ese mes se realizó el comicio en Buenos Aires triunfando ampliamente el procedimiento de la representación.[50]

Bartolomé Mitre en su *Historia de Belgrano* percibe el problema:

Esta resistencia opuesta [por la Junta de Observación] a la reunión de un Cabildo abierto que era hasta entonces la tradición revolucionaria, manifiesta que las asambleas privilegiadas y tumultuosas del gobierno directo se hallaban desacreditadas, y que las teorías de la soberanía delegada, base del sistema representativo democrático, iban ganando terreno.[51]

Posteriormente al día 20 la discusión se desplazó a la prensa. Era lógico que así ocurriera ya que las partes enfrentadas tenían su propio medio: *El Censor* era el órgano del Cabildo y *La Gazeta*, del Director Supremo, según lo establecido por el Estatuto Provisorio en 1815. El 27 de junio *El Censor* abre el fuego, en un número que fue leído en todos los lugares de Buenos Aires:

el dichoso n° 44 se ha extendido tanto, que no hay casa, tienda, ni mesón donde no se lea.[52]

---

[49] Los documentos relativos a este acontecimiento, entre ellos los oficios que se intercambiaron las tres autoridades se hallan en el Archivo General de la Nación, Sala VII, Congreso General Constituyente, Legajos, 5, 6 y 7.

[50] En el número 45 del 4 de julio, el redactor de *El Censor* ofrece los resultados de la elección: "El viernes 28 a las 5 de la tarde se había cerrado la votación con 1.027 sufragios por representación y 86 por Cabildo Abierto, habiendo sufragado 12 cuarteles de los 33 que creo forman la ciudad."

[51] Bartolomé Mitre, *Historia de Belgrano y de la Independencia Argentina*, 4ta. edición, 1887, pág. 367. Vicente F. López considera que no era importante lo que se discutía, aduciendo que los que pedían Cabildo Abierto buscaban el éxito confiando en el "tumulto popular" y los que preferían representación solo perseguían "dilaciones". V. F. López, *Historia de la República Argentina*, págs. 406 y 407.

[52] *La Prensa Argentina*, "Política. Artículo dirigido al Censor", 9 de julio de 1816, en Senado de la Nación, *Biblioteca de Mayo*, tomo VII, Buenos Aires, 1960, pág. 6164.

El Censor comienza su artículo reproduciendo el oficio enviado por el Cabildo y la Junta de Observación, del 19 de junio, que pide al redactor de este periódico que escriba "sobre los bienes y males que ofrecen los cabildos abiertos"[53] Se extiende sobre los aspectos negativos del cabildo abierto en cuanto asamblea popular, que da lugar a la licencia popular, al tumulto, y otros riesgos semejantes. En contraste, ofrece los beneficios del sistema de representación, en el que el pueblo actúa libre de coacciones y del juego de las pasiones.[54]

Como señalamos, *La Gazeta* asume la postura contraria. Así distingue cuándo debe convocarse de una u otra manera al pueblo e insiste en esta perspectiva colocando el problema en el clima de tensión que se vive en Buenos Aires y aduce que es preferible organizar un Cabildo Abierto a que éste se haga espontáneamente.[55] Defiende con notable retórica el fomento de las emociones en las reuniones populares, porque da fuerza a la verdad:

La verdad ha hecho prodigios en la multitud no por convicción sino por sentimientos; la voluntad general se ha conocido al mismo tiempo de formarse; el pueblo no será mas ilustrado, pero defenderá con más entusiasmo su libertad

Se ocupa también del argumento que sostiene que los habitantes de la campaña no pueden concurrir a los cabildos abiertos lo que hace preferible el *sufragio por representación*, y arguye que la misma dificultad que tienen de concurrir a sus cabildos abiertos tendrán de ir a votar. Incluye también un sugestivo párrafo relativo a las relaciones con los habitantes de la campaña:

No permita el cielo que nuestros virtuosos hacendados y labradores tengan intereses encontrados con los ciudadanos de la capital[56]

---

[53] "[...] formando comparación con los que presente cualesquier diverso medio de conocer la expresión general de la provincia: sin omitir entrar en el asunto de las representaciones, que han dado lugar a los sucesos presentes." "Discurso", núm. 44, 27 de junio de 1816, *El Censor*, en Senado de la Nación, *Biblioteca de Mayo*, ob. cit., tomo VIII, pág. 6781.

[54] *Idem*, pág. 6782. Véase también *El Censor* del 4 de julio, *Idem*, pág. 6791.

[55] *Gazeta de Buenos Ayres*, "Cuestiones importantes de estos días", 29 de junio de 1816, págs. 561 y sigts, y 5 de julio de 1816 (*Gazeta* extraordinaria), págs. 566 y ss.

[56] *Id.*, ob. cit.

Un comicio de la primera década independiente: La elección de diputados para el Congreso de Tucumán

Si como apuntábamos al comienzo de este trabajo la imagen del ciudadano que ejerce sus derechos electorales con ejemplar conducta no pasa de una ficción, hay otro tipo de protagonista de los procesos electorales que constituye una sólida realidad. Es una de las innovaciones políticas más duraderas que acompaña al proceso de la Independencia y constituye la mayor parte del entramado que sostiene la formación del espacio político bonaerense. Nos referimos al conjunto de personajes que como electores —en el caso de las elecciones indirectas— o como funcionarios electorales del estado —alcaldes de barrio, alcaldes de hermandad (luego jueces de paz), autoridades de comicio—, por una parte, y de periodistas, movilizadores de votantes, y otros partícipes informales del proceso electoral, por otra, conforman el conjunto de lo que podríamos denominar actores intermedios entre los líderes políticos y los ciudadanos. No siempre visibles, ni mucho menos, en el escenario agitado del comicio, dominado por las figuras de líderes políticos y candidatos principales, constituyen un conjunto numeroso de nuevos personajes políticos surgidos del montaje del régimen representativo.

Las fuentes electorales —cuando se han conservado— ayudan a apreciar la magnitud del conjunto y de la condición social de sus integrantes. Asimismo, de la movilidad política a la que acceden, pues el ascenso político para un sector de ellos es evidente en todos estos años. Un examen de dos de las pocas elecciones de la década para la que contamos con fuentes, si no completas al menos abundantes, puede permitirnos forjar una imagen de lo que apuntamos. Se trata de las elecciones de diputados de Buenos Aires a la Asamblea del año XIII y al Congreso de Tucumán, regidas por el Decreto del 24 de octubre de 1812 y por las disposiciones electorales del Estatuto de 1815, respectivamente.[57]

Entre las figuras que sobresalen en el mecanismo del comicio se destaca el caso de los alcaldes de barrio, funcionario heredado de la estructura del cabildo colonial, pero cuya importancia aumenta notablemente al ser insertado en el proceso político del período. La significación del caso acon-

---

[57] El Decreto del 24 de octubre lo hemos tomado de *Registro Oficial...*, ob. cit., págs. 185 a 187. En cuanto al Estatuto provisional para la dirección y administración del Estado lo citamos de *Estatutos...*, ob. cit.

seja ampliar lo anotado más arriba sobre algunas características del cargo, antes de analizar los datos electorales de 1813 y 1815.

A propósito de las funciones electorales
de los alcaldes de barrio y sus tenientes

El número de alcaldes de barrio durante la década que estudiamos varió en forma considerable. Hacia 1810 la ciudad de Buenos Aires se dividía en veinte cuarteles y cada uno de ellos tenía un alcalde.[58] A fines de 1811 se produjo un cambio importante. El cargo de alcalde de barrio que era de carácter permanente pasó a ser un cargo anual y su elección recayó en los cabildantes cesantes. En 1812 se crearon trece nuevas secciones, así se llegó a treinta y tres alcaldes de barrio. Una nueva modificación se produce en 1813 cuando el cuartel N° 5 se divide en dos (N° 5 y N° 5 agregado). De esta manera llegan a contarse treinta y cuatro alcaldes de barrio. Pero en 1818 se dejó de designar el alcalde del cuartel N° 33 que formaba parte del partido de San José de Flores, al que ahora se le asigna un alcalde de hermandad, volviéndose a treinta y tres alcaldes de barrio.

Estos alcaldes —también los de hermandad— estaban autorizados a tener bajo su mando a tenientes, cuya misión era auxiliarlos en diversas tareas. Después de la revolución el número de éstos quedó librado al criterio de cada alcalde, pero en 1816 el gobierno, a pedido del Cabildo, lo limitó a cuatro por cuartel. Al año siguiente a pedido de los alcaldes, el ayuntamiento autorizó al alcalde de primer voto para graduar su número según las necesidades de cada cuartel.[59]

¿Quién nombraba a los tenientes? El nombramiento correspondía en un principio a los alcaldes, luego, al cabildo, aunque a propuesta de aquéllos.[60] Los alcaldes llegaron a disponer de muchos tenientes a su cargo, hecho que consideramos relevante si tenemos en cuenta la función de mediación que ejercían entre el poder y la sociedad. En 1821 muchos alcaldes tienen a su mando más de diez tenientes. El ejemplo más ilustrativo fue el de José Antonio Villanueva del cuartel N° 5 que tuvo 16.[61]

Los alcaldes fueron una pieza clave en los distintos comicios realizados en la ciudad, pues participaban en la confección de los padrones y citaban

---

[58] Para una visión más detallada véase el trabajo de J. M. Saénz Valiente, ob. cit.
[59] J. M. Sáenz Valiente, ob. cit., págs. 207 y 208.
[60] *Ibid.* pág. 208.
[61] AGN, Sala X, legajo 12-1-6.

a los vecinos en los días de comicio. Además, cuando la elección era por escrito, ellos estaban entre los funcionarios que firmaban los sobres. Muchas veces debieron recibir los votos en la casa del sufragante que se encontraba enfermo y, en otro caso, como en la elección de 1813, el comicio funcionó en la propia casa del alcalde. Allí se realizó el escrutinio y él mismo fue el encargado de llevar al elector designado por su cuartel al cabildo.[62] Por disposición del Estatuto de 1815, dos de ellos integraban la mesa receptora de votos en cada una de las cuatro secciones electorales. A los alcaldes de barrio les incumbía también garantizar la identidad y habilidad del votante, presenciar el acto, y en alguna ocasión fueron autorizados para traer por la fuerza a los ciudadanos remisos, como ocurrió en el año 1820.[63] Quizá lo ocurrido en la elección de 1813 —elección de electores que con el cabildo y el gobernador intendente designarían a los diputados para la asamblea de ese año—, cuando el comicio debió postergarse por no haberse aún designado a los respectivos alcaldes de barrio, traduzca la importancia de estos actores intermedios.[64] Asimismo, muchos casos encontramos en los que alcaldes de barrio llegan a ser electores y posteriormente ocupan algún cargo electivo.[65]

En la época colonial los alcaldes tenían autoridad en la capital y en la campaña sometida a la jurisdicción del cabildo. Pero la extensión que adquiría la campaña y los problemas administrativos que se ponían en evidencia trajo como consecuencia la creación del cargo de alcaldes de hermandad hacia principios del siglo XVIII. Sus funciones eran de carácter policial y judicial. Producida la revolución, los alcaldes de hermandad quedaron reducidos a diecinueve con motivo de la segregación de la campaña uruguaya, pero aumentaron a veinte en 1811, a veintiuno en 1816 y a veintitrés en 1821.

---

[62] AGN., *Acuerdos...*, Serie IV, tomo V, págs. 475 y 476.

[63] J. M. Sáenz Valiente, ob. cit., pág. 211.

[64] "Se recibió un oficio del Superior Gobierno [...] en que previene se den las disposiciones necesarias para la elección de Diputados de Buenos Aires a la brevedad posible a fin de que no se pueda retardar la apertura de la Asamblea... los SS acordaron se conteste al gobierno que por no haberse recibido aun algunos de los alcaldes de barrio, no se puede por ahora entrar en la elección de Diputados" AGN, *Acuerdos...*, ob. cit., tomo V., pág. 462.

[65] José Julián Arriola, Braulio Costa, Manuel García, Inocencio González, Miguel Gutiérrez, Martín Grandoli, Jose María Riera, Fermín Irigoyen, Pedro Lezica, Ildefenso Passo, Beltran Terrada, Fermín de Tocornal, Agustín Wright, Baltazar Jiménez. Otros dos casos nos pueden servir de ejemplo en detalle: Juan Pedro Aguirre, alcalde de barrio en el cuartel núm. 6 en 1810, será regidor a partir de octubre de 1810, elector para cargos concejiles en 1815 y 1819, y Alcalde de primer voto en 1820. Atanasio Gutiérrez, alcalde de barrio del cuartel núm. 4 en 1810, será alcalde de segundo voto en octubre de 1810 y alcalde de primer voto en 1818.

En los días de elecciones cumplieron un papel importante. Sobre todo, a partir del Estatuto de 1815, que reconocía a los habitantes de la campaña el derecho de participar en la elección de los diputados al Congreso nacional y en la de cabildantes. Los alcaldes de hermandad integraban, con el cura párroco y tres vecinos, la mesa receptora de votos dentro de la respectiva parroquia o sección de proporción. Concluido el comicio, el alcalde y dos de los vecinos intervinientes llevaban la urna a la localidad que servía de cabeza a la sección de número, en la cual el escrutinio era realizado por el alcalde local, el cura y tres asociados de la mayor probidad.[66] En cuanto a lo ocurrido después de 1815, año en que participa políticamente la campaña, observamos el ascenso político de algunos de ellos —hecho que, de comprobarse también en otros casos, podría sugerir una ampliación, ya, del grupo dirigente del Ayuntamiento a partir de la inclusión de actores de la campaña—.[67]

Los comicios de 1815

El Estatuto de 1815 introdujo la novedad de la proporcionalidad: se elegiría un elector por cada cinco mil almas.[68] En cuanto a la representación de la campaña, parecería, a simple vista, que el voto de ese origen no podría sobreponerse al de la ciudad. Sin embargo, el voto de la campaña decidió la elección de al menos dos de los diputados al Congreso, los que recibieron once y diez votos respectivamente, de los que seis, en ambos casos, eran de electores de ese origen.[69]

El control del acto comicial estaba presidido en la ciudad por un miembro del cabildo y dos alcaldes de barrio, auxiliados por un escribano y, en

---

[66] J. M. Sáenz Valiente, op. cit., págs. 249 a 256.

[67] Tristán Nuño Valdés, alcalde de hermandad en Magdalena en 1814, elector por Magdalena para el cargo de diputado en 1818, regidor alcalde provisional en 1818. Rafael Blanco, alcalde de hermandad en Matanza en 1813, regidor alcalde provisional en 1817. Miguel Marin, alcalde de hermandad en Barracas en 1815, Regidor en 1816.

[68] A tal efecto, se dividían las secciones electorales en secciones de proporción y secciones de número. La sección de proporción era cada una de las parroquias donde se votaba. La sección de número era el conjunto de parroquias que alcanzasen a las cinco mil "almas", con cabeza en la población principal ("El distrito de Curatos reunidos que comprendan en su territorio cinco mil almas, es la Sección de número", Estatuto Provisorio..., ob. cit., Sec. Quinta, Cap. II, De las Elecciones...)

[69] Se trata de José Darregueyra y Esteban A. Gascón. Los votos por Darregueyra eran de los electores de San Vicente, Luján, San Isidro, San José de Flores, San Nicolás y Pilar, mientras que los de Gascón pertenecían a dos electores de Magdalena, y a los de Arrecifes, San Isidro, San José de Flores y Pilar. Datos elaborados en base a la información contenida en las actas de la Junta Electoral de Buenos Aires: Instituto de Investigaciones Históricas, Facultad de Filosofía y Letras, Universidad

la campaña, por el juez principal del curato, el cura y tres vecinos, nombrados por las autoridades del distrito. De manera que el control de las elecciones tiene un rostro visible: los regidores en la ciudad y el juez principal del curato en la campaña.

Recordemos que el tipo de elección dispuesta por el Estatuto era indirecta, de manera que los votantes elegían electores que, reunidos en junta electoral, designaban a los diputados. La forma de elección era a "simple pluralidad de sufragios" —mayoría relativa— dejando libertad al votante para sufragar por escrito o verbalmente.[70]

El cabildo fue encargado de cumplir dos requisitos electorales fijados por el estatuto: un padrón electoral y un mapa de las secciones electorales. A tal efecto el Ayuntamiento aprobó el 26 de junio pasar un oficio a todos los alcaldes de barrio y hermandad para que en unión con los respectivos curas formalizaran a la mayor brevedad el padrón o censo de todos los habitantes de la jurisdicción, con expresión de la edad y sexo. El otro elemento indispensable para la realización de las elecciones, un registro gráfico que determinase las secciones en que se dividiría todo el territorio de la provincia, fue realizado por el Presbítero Bartolomé Muñoz por encargo del Ayuntamiento (véase mapa adjunto).[71]

Práctica Electoral. El comicio

Las elecciones se rigieron por el Estatuto, pero las circulares del Cabildo del 18 de junio para la campaña y del 12 de agosto para la ciudad, produjeron de hecho algunas modificaciones. Si bien el Estatuto dejaba libertad al sufragante de emitir su voto de palabra o por escrito, es clara la intención del Cabildo para que el voto fuese escrito. La mencionada circular del Cabildo para la ciudad, del 12 de agosto de 1815, fija la forma de votar

---

de Buenos Aires, *Sesiones de la Junta Electoral en Buenos Aires (1815-1820)*, Documentos para la Historia Argentina, tomo VIII, Buenos Aires, 1917 (en adelante: *JEBA*) Cuando no se cita expresamente, los datos consignados en el texto provienen de elaboraciones de esta fuente.

[70] "El sufragio podrá darse de palabra, o por escrito, abierto o cerrado, según fuere del agrado del sufragante, y en él se nombrará la persona que ha de concurrir a la Asamblea Electoral con la investidura de elector". *Estatuto...*, ob. cit., Cap. II, Art. VII.

[71] AGN, *Acuerdos...*, Serie IV, tomo VI, años 1814-1815, págs. 523 y 548. Con respecto a los aludidos requisitos para la realización de los comicios, recordemos que su carencia fue el argumento de la Junta de Observación para que la elección de gobernador intendente —convocada días después de anunciarse la vigencia del Estatuto— se efectuara por el Bando del 19 de abril de 1815, hecho que implicó que no participase en ella la campaña. AGN, Sala X, Legajo 8-5-4.

de manera que entraña una modificación de lo establecido en el Estatu-to.[72] Subrayemos entonces que tanto en la campaña como en la ciudad se votó por escrito, y que esto, en vez de ser una decisión del sufragante, fue una imposición del Cabildo a través de las circulares que pasó a las seccio-nes para la realización del mismo.

Los actos electorales realizados en julio y agosto de 1815 tanto en uno como en otro ámbito, muestran por lo general una adecuación a dichas normas —cosa que no ocurriría posteriormente dado que, como sucede-ría también en las elecciones de cargos concejiles del mismo año, se pro-ducirían serias anormalidades. Cuatro regidores presidieron los distintos cuarteles de la ciudad, mientras que jueces principales de curato o curas lo hicieron en las secciones de la campaña. Para invitar a los votantes a las elecciones predominó el uso de carteles, aunque se adoptaron también medios complementarios de convocatoria. En San Fernando "para ser más pública la cosa, se citaron los vecinos de casa en casa".[73]

Algunas características de los resultados del comicio

En cuanto a los principales rasgos que surgen de los resultados de las elec-ciones de 1815, podemos comprobar la dispersión de sufragios, la notabi-lidad de los electos, la forma indirecta de elección, el voto escrito, y el control de las elecciones por parte de Regidores del Cabildo o notables de los pueblos.

La dispersión fue bien manifiesta en la ciudad, donde los sufragios van de los 177 del más votado a los 59 de los cuatro últimos, con una grada-ción regular (117, 82, 80, 79, 74, 71, 67, 64, 63 y 62). En la campaña si bien no disponemos de todos los resultados, los datos de Arrecifes, San Vicen-te y San José de Flores permiten también comprobar este fenómeno. En el primero de esos casos el resultado del escrutinio arrojó 276, 217, 193 y

[72] "Los votos irán bajo una cubierta cerrada y sellada y sobre en blanco. En la mesa del Presidente firmará todo sufragante su nombre en el sobre escrito, y también se rubricará por aquél y el escriba-no. El escribano numerará y anotará los papeles entregados por los sufragantes, echándolo en una caja, que concluido el tiempo se conducirá cerrada a este Cabildo" Registro..., ob. cit., pág. 309.
[73] Una circular que el alcalde y el cura vicario de Arrecifes pasaron a los pueblos de su sección, mandaba fijar carteles, pero además "para que mejor llegue a noticia de todo el Partido tan importan-te aviso, se despacharán hoy mismo órdenes circulares muy estrechas a los Tenientes Alcaldes, y a los Sargentos y Cabos, por medio de la competente orden de su jefe para que citen y emplacen bajo las más graves penas a todos los hombres principalmente vecinos o cabeza de familia de esta jurisdic-ción". Circular del pueblo de Arrecifes, 24 de julio de 1815, en JEBA, ob. cit., págs. 11 y 12. Idem, págs. 17 y 18.

152 sufragios para los más votados. En San Vicente los tres candidatos que
figuran en el acta tuvieron 207, 138 y 117 votos, respectivamente. Mientras que en San José de Flores, los dos anotados en el acta recibieron 74 y
42 votos. Por último, en la Asamblea Electoral puede advertirse un rasgo
similar, pues fueron treinta y cinco los ciudadanos votados para diputados por los electores.

Otra de las indicadas características de estas elecciones es que los electores son lo que podríamos designar como notables de cada lugar. Así, en la
campaña, de las nueve secciones electorales, en ocho de ellas fue electo el
cura o el cura vicario de alguno de los pueblos. Estos personajes suelen ser
también los que presiden la sección electoral o la componen, tal como los
casos de los curas que integraron las mesas electorales de Arrecifes, Magdalena, Pilar, San José de Flores y San Vicente, y que resultaron también
electos. En la ciudad los electos son individuos que ya habían sido capitulares o lo eran en el momento de la elección, o pertenecían a la Junta de
Observación (tres de ellos), o eran personas conocidas que habían sido
electores, capitulares o diputados.

En cuanto a los diputados, son grandes personajes, es decir, los que
habían participado en las distintas asambleas y organismos importantes,
como la Junta de Observación, que fue una junta de notables creada por
el Estatuto de 1815 para controlar la acción del Director.[74]

Un incidente que probablemente puede ser atribuido a un exacerba-
miento de los criterios notabiliares de este tipo de elecciones ocurrió en
Arrecifes. Se trataba de una sección de número, formada por las secciones
de proporción —parroquias— de Salto, Areco, Pergamino y Arrecifes. El
resultado del escrutinio había arrojado 276 votos para el "padre Ayudante
Fray Ipólito Sepulveda", en Salto; 217 para D. Manuel Antonio Bicenter,
en Areco; 193 para José Lino Echevarria en Pergamino; y 152 para Juan
José Dupuy —cura y vicario del Partido— en Arrecifes, más uno en Salto.
Pero la mesa escrutadora, de la que formaba parte el citado Dupuy, re-

---

[74] Veamos algunos de estos casos: Dr. Pedro Medrano: integrante de la Junta de Observación en
1815, diputado al Congreso de Tucumán en 1815, senador por el Cabildo de Buenos Aires en 1819,
miembro de la Junta de Representantes en 1821; Juan José Paso: Secretario de la Primera Junta,
integró el Primer y Segundo Triunvirato, diputado en 1811 para la Junta Grande, Diputado al Congreso de Tucumán en 1815 y en 1817, Senador por el Cabildo de Buenos Aires en 1819; Vicente
López: Diputado en la Asamblea del año XIII, Diputado al Congreso de Tucumán en 1817; Francisco
Argerich: Diputado a la Asamblea del año XIII por el Cabildo de la Villa de Luján, integrante de
mesa escrutadora en la elección a diputado al Congreso de Tucumán realizada en el Cabildo de la

suelve dar por electos a Dupuy y Bicenter, fundándose en la calidad de los sufragios. Los integrantes de la Mesa manifestaban que, preguntándose

cuál pluralidad, si la de número o la de Calidad y otras circunstancias debía decidirnos para el nombramiento de Electores acordamos anteponer entre los de mayor número que tuviese a su favor, la mejor calidad de sufragantes o la notoriedad de pureza y libertad.

Por tal razón, y considerando de acuerdo con ella que veinte de esos sufragios de mejor calidad representarían en realidad cerca de doscientos, habida cuenta de "las personas de los hijos, dependientes y asalariados" que dependían de esos votantes, resolvieron dar por electos a dos candidatos que en las actas no aparecían con el mayor número de votos. Pues los votos que ellos recibieron

forman la más juiciosa mayoría y verdadera pluralidad de todos los votos reconocidos.[75]

En esta acta podemos observar que se privilegió la calidad y no el número de sufragios, hecho significativo que ilustra cómo pensaban los escrutadores de Arrecifes, y posiblemente los miembros de la Junta Electoral de Buenos Aires, dado que aprobaron el acta sin reparos.

Reunida la Asamblea Electoral, que según el Estatuto estaba compuesta por los doce electores de la ciudad y los once de la campaña, lo primero que se consideró fue la forma en que se debía resolver el empate entre varios electores de la ciudad, surgiendo la duda sobre si correspondía hacerlo a la Junta Electoral o al Cabildo. Pese a que lo lógico hubiera sido lo primero, y pese a que el propio Cabildo así lo había decidido, la Asam-

---

Villa de Luján en 1815, elector para cargos concejiles en 1817 por Luján, integrante de mesa escrutadora en la elección a diputado para la Junta de Representantes por el Cabildo de Luján en 1821. A estos nombres podemos sumar otros igualmente significativos y con similares características, como los de Tomas Anchorena, José Darregueyra o Esteban Gascon.

[75] En *JEBA*, ob. cit., "Sesiones de la Junta Electoral", "Arrecifes, Areco, Pergamino, y Salto", acta del 1 de agosto de 1815, pág. 14. No está claro a quiénes pertenecerían los sufragios cuya calidad se consideraba inferior. Otro argumento aducido por la mesa electoral fue que los votos de mayor calidad lo eran también por pertenecer a Arrecifes, que era una sección "de número" —distritos con 5.000 habitantes— y no, como en el caso de los otros que provenían de secciones de "proporción" —parroquias—, según las categorías del citado Estatuto de 1815.

blea Electoral decide que sea el Cabildo quien resuelva la cuestión, cosa que muestra el poder político del Ayuntamiento.[76]

Otro caso interesante fue el de uno de los diputados electos, José Darregueyra, quien señaló su condición de extranjero como impedimento para su elección, dado que el Estatuto no permitía que pudiese ocupar un cargo de gobierno ningún extranjero. Pese a advertirse esto, la Junta no sólo no se opone sino que ante la denuncia del propio elector lo confirma.[77]

Por último, cabe advertir el hecho singular que implica el carácter de elector que se le admitió al Cabildo. Es decir que se eligió en la ciudad a una corporación como uno de los electores de representantes, y no hubo reparos para esto último en la Asamblea Electoral, pese a que el Estatuto formulaba una concepción individual de la ciudadanía, y por lo tanto de los derechos políticos.[78] Otro indicio más de la persistencia de prácticas que responden a concepciones políticas tradicionales dentro de procesos políticos diseñados con criterios más actualizados.

Incidentes electorales y participación ciudadana

Si el pueblo no puede hacerlo todo por sí mismo, si en masa no puede con verdadera utilidad de su parte intervenir en todo acto de gobierno, muy buenamente puede influir en todos ellos, con solo los derechos que se le han reservado, y con él corregir a los ministros que deben obrar a su nombre. Para conocer toda la fuerza del influjo que proporciona este último derecho basta advertir a los diversos partidos que han habido en la revolución cuando se acerca el tiempo de elecciones, y lo mucho que trabaja cada uno para nombrar a sus secuaces. En este mismo tiempo es que los hombres que sienten ver a su patria dividida en partidos, debían trabajar por sofocarlos.[79]

Estas palabras que pertenecen a *El Independiente* del año 1816 sugieren dos tópicos de la prensa de Buenos Aires: por un lado la acción de faccio-

---

[76] *JEBA*, ob. cit., 17 de agosto de 1815, pág. 22.

[77] Idem, pág. 29.

[78] "Todo hombre libre [...] es ciudadano", Cap. III, art. II—. Lo mismo ocurrió en por lo menos otra provincia: en la elección de gobernador en Córdoba del 29 de marzo de 1815 hubo muchos votos en favor del cabildo de la ciudad. *Archivo Municipal de Córdoba, Actas Capitulares*, libros cuadragésimo séptimo y cuadragésimo octavo, Córdoba, 1967, pág. 241.

[79] *El Independiente*, 17-11-1816, en *Senado de la Nación, Biblioteca de Mayo*, tomo VI, ob. cit., págs. 7791 a 7794.

nes y por otro el deseo de que los mismos hombres de Buenos Aires sean los encargados de sofocarlas. Algunos ejemplos surgidos de ese clima electoral pueden mostrarnos cómo actuaban las facciones y qué respuesta tenían los vecinos frente a estos hechos.

Durante las elecciones concejiles realizadas en la ciudad y campaña de Buenos Aires en 1815 se produjeron distintas irregularidades, de las que lo ocurrido en la Villa del Luján es ilustrativo. Un grupo de vecinos de ese lugar solicitó, en oficio dirigido a la Junta de Observación, que se declarase nulo el comicio realizado, debido a varios hechos que se denunciaban,[80] y pedían que se verificasen las denuncias y se procediese a una nueva elección. Inmediatamente la Junta de Observación se hizo cargo de la denuncia y accedió a lo solicitado, declarando nulo el comicio y convocando a uno nuevo. Resultado que nos permite observar con distinta perspectiva algunas circunstancias aludidas más arriba: por un lado la presencia y el accionar de una facción y por otro la participación de los vecinos procurando que las reglas de juego, en este caso las que mandaba el Estatuto, se cumpliesen.[81]

Podemos inferir de lo expuesto que el caso de Luján y el de la ciudad de Buenos Aires muestran que las nuevas reglas de juego establecidas por el Estatuto, más allá de ciertas flexibilidades que a lo largo del trabajo observamos, en líneas generales fueron respetadas. Que, en lo que respecta a las transgresiones, en ocasiones fueron los mismos ciudadanos quienes las denunciaron, circunstancia que aconsejaría relativizar, a partir de lo observado anteriormente, el juicio sobre la apatía que se le atribuye a los vecinos de Buenos Aires. Y que, por otra parte, lo que nos muestra este comicio es la presencia de nuevos actores políticos que se iban incorporando al proceso de montaje de la nueva legitimidad expresada en el régimen representativo y su mecanismo electoral. Esos actores conformarán también junto a líderes políticos, periodistas, miembros del gobierno, y

---

[80] "El domingo 26 [noviembre] después de la Misa Parroquial se leyó por el Alguacil Mayor en puerta de nuestra Parroquia el Bando superior sobre el orden que debía guardarse en la Elección de Electores, cuyo contenido lo ignoran los más de aquel Vecindario por no haberse fijado, pues son pocos los vecinos que concurren a la Misa Parroquial, y de estos los más no comprenden como es debido lo que se lee con voz marcada e interrumpida [...] Se han recibido votos por el Alcalde en la calle [...] habian sufragado jornaleros y menores de 25 años [...] La Arca donde se han depositado las cédulas o votos de los sufragantes solo tenía una llave la que manejaba el Alcalde..." AGN, Sala X, legajo 8-4-5—, "Conflicto electoral en la Villa de Luján", año 1815.

[81] Véase otro caso similar: "Departamento de Gobierno", *Gazeta de Buenos Aires*, 16 de diciembre de 1815.

otros personajes, el entramado del nuevo espacio político que se hará plenamente perceptible a partir del régimen electoral inaugurado en 1821.

RECAPITULACIÓN: LAS ELECCIONES DEL PERÍODO 1810-1820

El examen de las elecciones practicadas entre 1810 y 1820 refleja la forma en que se articulaban ciertas innovaciones políticas con la conformación social del Río de la Plata. A primera vista, el resultado nos podrá parecer una combinación de rasgos de diversa naturaleza histórica. Así, el mandato imperativo fue unido a elecciones indirectas diseñadas con un esquema de régimen representativo liberal; o, tomando otro ejemplo, los apoderados de los "pueblos" podían ser convertidos, a su ingreso en las asambleas representativas, en representantes de la "nación".

La explicación como es lógico no se habrá de encontrar en otra parte que en las derivaciones del conflicto fundamental entre la manipulación de la tendencia centralista por Buenos Aires y las tendencias al autogobierno de las demás ciudades —que aunque no necesariamente opuestas al centralismo se veían heridas por la forma de desarrollarse la hegemonía porteña. De manera que el primer rasgo de época que hay que computar en materia de historia electoral es el de esas elecciones en que los *vecinos* de una ciudad elegían las autoridades de todo el Río de la Plata, así como, en ámbito más restringido, los vecinos de la ciudad principal elegían el gobierno de toda una provincia. La elección de la Primera Junta de Gobierno, el 25 de mayo de 1810, tuvo formalmente plena calidad "tradicional" pues fueron los vecinos de la ciudad "capital del reino", en cabildo abierto, los que eligieron un órgano de gobierno para todo el territorio del Virreinato, en elecciones directas, con voto público, y en uso de la soberanía que habían reasumido por vacancia del trono. Carácter tradicional que se acentúa si recordamos la participación de figuras propias de la tradición política hispanocolonial: los "apoderados" del pueblo, que transmiten la voluntad de grupos de vecinos.

Pero a ese conflicto se unía otro, específico de Buenos Aires, donde la resistencia a las pretensiones igualitarias de los pueblos del resto del Río de la Plata unía a dos ámbitos políticos de distinta naturaleza, por su origen y por sus funciones: el Cabildo y los gobiernos centrales del frustrado intento de nuevo Estado que se denominaría Provincias Unidas del

Río de la Plata. De manera que el hecho de que su coexistencia implicara un profundo anacronismo explica el grave conflicto que se gestaba, conflicto que sin embargo no culminaría sino hasta la aparición, hacia 1820, de un nuevo ámbito político, el de los Estados autónomos provinciales.

La adopción del régimen electoral indirecto —"elecciones populares" en el lenguaje de época— para la elección de sus miembros, no fue suficiente para transformar al cabildo. Pues el anacronismo provenía de la distinta naturaleza histórica de cada uno de esos ámbitos políticos, y se expresaba, entre otros rasgos, en la conflictiva superposición de esferas de autoridad. Fundamentalmente por cuanto el cabildo era mucho más que una institución municipal. Esto podría expresarse de una manera exterior al asunto diciendo que los cabildos del Río de la Plata poseían una extensa jurisdicción territorial que superaba el perímetro de la ciudad y abarcaba buenas porciones de la campaña. Sin embargo, el problema era de distinta naturaleza y de una envergadura mucho mayor, pues provenía sustancialmente del diferente mundo político del que provenía el cabildo. Institución que, como hemos ya observado, era expresión del estatus de ciudad, estatus personificado en el concepto de vecino, en un mundo político donde el campo, "la campaña", no tenía personalidad política y sus habitantes la alcanzaban en la medida que estaban comprendidos en la jurisdicción de un ayuntamiento.

Para los gobiernos centrales del período, el Cabildo de Buenos Aires podía ser así tanto un imprescindible factor de juridicidad, por representar la soberanía de la ciudad capital del territorio, como una molesta fuente de límites y controles a su actuación. Pero sólo cuando la conformación de un Estado provincial genere dos ámbitos de poder con jurisdicción superpuesta, el gobierno provincial —con su Junta de Representantes— y el cabildo, el anacronismo se hará intolerable y los cabildos terminarán por ser suprimidos, como parte de un conjunto de reformas políticas que darán un sello peculiar a la historia electoral posterior.

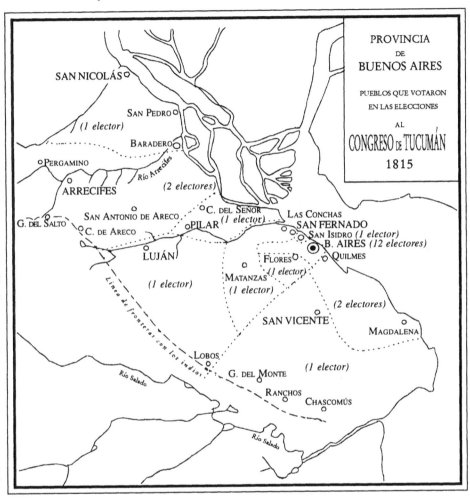

SAN NICOLÁS

San Pedro
(1 elector)

Baradero

Pergamino

Río Arrecifes

ARRECIFES   *(2 electores)*

G. del Salto   San Antonio de Areco   C. del Señor   Las Conchas
                  C. de Areco   PILAR *(1 elector)*   San Fernando
                                                              San Isidro *(1 elector)*
                                                              B. AIRES *(12 electores)*
                  LUJÁN   Quilmes
                                         Flores
                              Matanzas *(1 elector)*
         (1 elector)   *(1 elector)*

Línea de fronteras con los indios

                                                    (2 electores)

                              SAN VICENTE
                                              Magdalena

               LOBOS
                              (1 elector)
Río Salado   G. del Monte

                  Ranchos
                       Chascomús

Río Salado

PROVINCIA
DE
BUENOS AIRES

PUEBLOS QUE VOTARON
EN LAS ELECCIONES
AL
CONGRESO DE TUCUMÁN
1815

Se nombraron 11 electores por campaña.
Por la sección de número:
de *San Nicolás*, San Pedro y Baradero
Por íd. íd. *Arrecifes* (San Antonio de Areco,
    Pergamino y Salto)

Por íd. íd. *Pilar* (Capilla del Señor)
Por íd. íd. *Luján* (Lobos)
Por íd. íd. *San Fernando* (Conchas y Matanza)
Por *San Isidro*
Por *San José de Flores*
Por *la Magdalena* (Quilmes)

Por *San Vicente* (Monte, Ranchos y Chascomús)
Por la campaña
Por la Capital (4 departamentos)
    Total general

1 elector: Miguel García

2 íd. (Juan José Dupuy y Manuel Antonio
    Vicente)
1 íd. (Marcelino Herrera)
1 íd. (Ramón Olavarrieta)
1 íd. (Francisco Ramos Mexía)
1 íd. (José Eusebio Arévalo)
1 íd. (Manuel José de Warnes)
2 íd. (León Ortiz de Rosas y Domingo
    González Gorostizú)
1 íd. (Marcelino Legorburu)
11 electores
12 electores
23 electores

NUEVO RÉGIMEN REPRESENTATIVO Y EXPANSIÓN DE LA FRONTERA POLÍTICA. LAS ELECCIONES EN EL ESTADO DE BUENOS AIRES: 1820-1840

MARCELA TERNAVASIO[*]

ES UN DATO ya conocido que en 1820 el espacio rioplatense asiste a una doble crisis: al enfrentamiento entre Buenos Aires y los caudillos del litoral, y a la quiebra del tradicional espacio político colonial centrado en la ciudad-cabildo. La irrupción política de la campaña es el dato ineludible para explicar ambos niveles de crisis y, de hecho, toda la historiografía hasta el presente ha considerado a éste un tema clave.

Sin embargo, las modalidades que asumió la incorporación política de la campaña en el nuevo estado de Buenos Aires y el modo en que esto contribuyó a transformar la naturaleza del régimen político hasta la formación del Estado Nacional en la segunda mitad del siglo XIX, es un tema aún por explorar. La tradicional imagen del caudillismo, sumada a la ya también tradicional visión que identificaba el conflicto entre los actores como un "conflicto de intereses", impidió evaluar ajustadamente la dinámica adquirida por la historia político-social del período.

En este contexto, el análisis de los procesos electorales permite no sólo rescatar esta dimensión político-social del proceso histórico, sino además explicar desde una perspectiva diferente dos temas historiográficos claves: el tránsito de un régimen político basado en la competencia internotabiliar a un régimen unanimista y el modo en que la expansión de la frontera política en el territorio de la campaña se articuló a dicho proceso de tránsito. El nuevo régimen representativo fundado en 1821 reestructuró el espacio político territorial institucionalizando definitivamente la participación política de la campaña a través del voto y suprimiendo los cabildos, y renovó significativamente las prácticas políticas de los actores al establecer el sufragio activo universal y el voto directo.[1]

---

[*] Este trabajo refiere sólo al Estado de Buenos Aires tal como se va conformando luego de la disolución del poder central en 1820, por lo que evitaremos en adelante reiterar esta aclaración.

[1] Ley de Elecciones, Buenos Aires, agosto 14 de 1821, *Recopilación de las Leyes y Decretos promulgados en Buenos Aires desde el 25 de mayo de 1810 hasta fin de diciembre de 1835*, primera parte, Buenos Aires, 1836, p.173. Dictada por la nueva Sala de Representantes de la provincia de Buenos Aires.

Lo que este trabajo se propone, entonces, es mostrar que la intensa conflictividad en el interior de la elite dirigente en estas dos décadas y su derivado, el problema de la "inestabilidad política", no se reduce a un conflicto de intereses ni tampoco a una rencilla entre caudillos. Las elecciones ocupan un lugar central en la explicación de estos problemas. El ascenso de Rosas en 1835 bajo un régimen unanimista no se explica a través de la tradicional imagen del caudillismo, ni bajo la visión que lo ve como el triunfo de los hacendados sobre los tradicionales sectores urbanos. Por encima de este nivel de conflictividad se erige otro estrictamente político: el de la amenaza que representa la dinámica adquirida por los procesos electorales en el interior de una elite profundamente escindida.

EL NUEVO RÉGIMEN ELECTORAL

La ley electoral de 1821 estableció dos principios que renovaron el régimen vigente en la década anterior:

Artículo 1: Será *directa* la elección de los Representantes que deben completar la Representación Extraordinaria y Constituyente.
Artículo 2: Todo *hombre libre*, natural del país o avecindado en él, desde la edad de 20 años, y antes si fuera emancipado, será hábil para elegir.[2]

La instauración del sufragio activo universal y del voto directo amplió significativamente el universo representado, acrecentándose en forma notable la participación electoral. Los datos que muestran los escrutinios respecto a la cantidad de votantes, reflejan el cambio producido a partir de 1821 respecto a la década precedente.

Mientras que en el espacio urbano el número promedio de sufragantes entre 1810 y 1820 oscilaba entre 100 y 300,[3] a partir de 1821 las elecciones

---

[2] La cifra pico respecto al número de sufragantes en la década de 1810 se logra en una elección para capitulares en 1817, donde el candidato más votado obtiene 1.310 votos. En el artículo de *La Gazeta* que reproduce el escrutinio, se admite que "Jamás se ha observado entre nosotros tanto espíritu público por las elecciones. Se sabe bien que cuando sufragó esta provincia para nombrar electores del gobernador intendente hubo elector con sólo *37 votos*, y que jamás ha resultado alguno con trescientos sufragios en su favor". *La Gazeta de Buenos Aires*, Buenos Aires, núm. 48, sábado 6 de diciembre de 1817. (Este documento me fue suministrado por Fabián Herrero)

[3] Dentro del período nos encontramos, a su vez, con cifras pico que dependen del momento político en que fue convocada la elección. Citamos sólo un ejemplo: en la elección del 11 de abril de

en la ciudad fluctuarán entre 2.000 y 3.000 votantes, llegando a veces a cifras que superan los 4.000.[4] La brecha entre votantes reales y potenciales va achicándose paulatinamente en los primeros años de la década del veinte.[5] Las cifras que presenta la campaña son igualmente significativas. Las mismas van a ir creciendo considerablemente a partir de 1821 al dictarse la nueva ley electoral, y tomará una curva más ascendente en la década del treinta. Sólo citamos algunos ejemplos: en la elección del 28 de abril de 1833 votan en 14 partidos de campaña (cuando ya para ese año los partidos con representación electoral son más de 30) alrededor de 4.500 personas, y en la elección de 1842 se computan en los registros electorales de 29 partidos cerca de 10.800 votantes, sumando sólo en la sección décimosegunda de campaña (que incluye a 10 partidos de frontera) 4.100 sufragantes.[6]

Este aumento de la participación al sufragio se vincula a la expresa voluntad política que movió a la elite a prescribir el voto activo universal. La baja participación demostrada en la década revolucionaria había quedado asociada al extremo faccionalismo y por tanto, a la imposibilidad de instaurar un orden estable. La *Gazeta*, periódico oficial, reflexiona en un

---

1830 en la parroquia Catedral al Norte (una de las ocho parroquias en que se divide la ciudad para el acto electoral), asisten a votar 1850 personas. Véase el registro electoral de la elección del 11 de abril de 1830 en AGN, *División Gobierno Nacional, Elecciones: Actas, Padrones y Antecedentes*, Sala X, Leg. Nro. 43-10-3 (años 1825-1838) y 30-7-7 (años 1821-1838).

[4] Según un rápido cálculo de los votantes potenciales en la ciudad hacia fines de la década del veinte y comienzos de la década del treinta, suman alrededor de 11.000 personas. En él no deducimos dos categorías sociales de la época: esclavos y extranjeros. En primer lugar, porque las cifras respecto a ambas categorías fluctúan, haciendo muy difícil un cálculo aproximado (no obstante, de 55.500 habitantes que aproximadamente tenía la ciudad en 1822 se calcula había unos 13.600 negros y mulatos de los cuales 6.600 —un 48 %— eran esclavos). En segundo lugar, porque si bien el sufragio activo universal excluye a esclavos (votan los "hombres libres") y a partir de 1824 también a extranjeros (ya que entre 1821 y 1824 se les permite votar por que el artículo de la ley habla de "natural o *avecinadado*"), lo cierto es que si nos guiamos por los datos que da la prensa, en todas las elecciones se discute el modo en que son "arrastrados a votar los esclavos negros y los españoles europeos para hacer valer cierta lista" (*El Argentino*, núm. 4, Buenos Aires, viernes 14 de enero de 1825, tomo I). Como no nos es posible medir la significación de la participación "real" de esclavos y extranjeros en los actos electorales (más allá de los datos de la prensa), consignamos las cifras globalmente para dar una muestra de su magnitud. Hemos utilizado: AGN: *Censo de la ciudad de Buenos Aires de 1827*, Sala X, Leg. Nro. 23-5-5 y 23-5-6; *Padrón de la Ciudad y Campaña de 1836*, Sala X, Leg. Nro. 25-2-4; *Censo de habitantes de la Capital y Provincia de Buenos Aires de 1838*, Sala X, Leg. Nro. 25-6-2.

[5] Véase AGN, *Elecciones: Actas, Padrones y Antecedentes*, año 1842-1855, Sala X, Leg. Nro. 30-7-8; años 1825-1838, Leg. Nro. 43-10-3 y años 1821-1838, Leg. Nro. 30-7-7. En el caso de la campaña, el cálculo de votantes potenciales resulta más difícil, dada la mayor inestabilidad demográfica y la constante expansión de la frontera. La cifra que arroja el empadronamiento hecho en 1838 (ya citado) es de alrededor de 80.000 habitantes en la campaña de Buenos Aires.

[6] *La Gazeta de Buenos Aires*, núm. 16, miércoles 16 de agosto de 1820. Nota del editor.

artículo aparecido en 1820 sobre este problema, afirmando que sólo había un medio para sofocar el espíritu de facción en las elecciones:

> Votar todos o casi todos los ciudadanos. Un partido, por pequeño que sea, puede contar con cien votos; otro contará con doscientos; claro está pues que si votan sólo quinientos ciudadanos, los trescientos votos son faccionistas aunque separados, y como es preciso que por el mismo hecho de ser libres, los otros doscientos deban ser divergentes, resulta que la facción o partido de los doscientos vencerán y obtendrán su objeto. Más si votasen diez mil ciudadanos, ¿de qué serviría la pequeñísima facción de doscientos individuos? ¿No quedaría ahogada y sofocada entre la gran mayoría? Este es el remedio ciudadanos: votemos todos, pues todos estamos obligados a hacerlo.[7]

Si bien los índices de sufragantes pocas veces se acercarán al imaginado por los editores del periódico oficial, las altas cifras alcanzadas a *posteriori*, deben su éxito al papel fundamental desarrollado por la elite dirigente —el llamado "oficialismo"[8]— en las elecciones. Su articulación con grupos intermedios capaces de movilizar el ampliado universo de electores y los mecanismos y redes puestos en juego, muestran su activa participación en la "producción del sufragio". La universalidad del voto se establece, entonces, en la sociedad porteña prácticamente sin conflicto y bajo la fuerte noción de que su aplicación traería disciplina y orden en un espacio altamente movilizado luego de la guerra de independencia.[9]

Lo que resulta mucho más discutido por la opinión pública porteña es la selección y el reclutamiento de los elegidos. La ley es explícita en este punto, al restringir la calidad del electo a "todo ciudadano mayor de 25 años, que posea alguna propiedad inmueble, o industrial".[10] Si para evaluar las ideas que circulaban en aquella época respecto al problema tomamos el testimonio de la prensa periódica, observamos que así como casi

---

[7] Oficialismo que cambiará de personajes y de signo faccioso que lo identifique, pero que no variará sustancialmente el papel desarrollado en las elecciones.

[8] Existen escasos cuestionamientos al sufragio activo universal. Los que hemos detectado provienen de dos órganos de prensa. Uno del periódico *El Argos*, perteneciente al grupo de intelectuales porteños reunidos en la Sociedad Literaria. El diario, en diversos artículos, propone reformar el régimen electoral dando derecho al voto sólo a aquéllos que tengan "un fondo productivo, una propiedad o un capital de que subsistan", y excluir de esta manera a "aquellas personas de la plebe que se encuentran en una situación tan abatida, que están reputadas por no tener voluntad propia" (*El Argos de Buenos Aires*, núm. 103, miércoles 24 de diciembre de 1823, tomo II, p. 267). El otro es *El Nacional*, uno de cuyos redactores, Julián Segundo de Agüero, además de ser uno de los miembros de la elite gobernante, fue presidente de la Sociedad Literaria, editora de El Argos.

[9] *Ley de Elecciones de Buenos Aires del 14 de agosto de 1821*, art. 3, cit.

[10] *El Centinela*, Buenos Aires, núm. 21, domingo 15 de diciembre de 1822, p. 350.

no son discutidas las características del sufragio activo universal, sí lo son las del sufragio pasivo. Y en este sentido, las voces que se levantan son para cuestionar la "baja calificación" requerida para los electos. La observación que hace el diario oficialista *El Centinela* en 1822 respecto a lo que considera un vacío dejado por la ley electoral es el siguiente:

> Este vacío es, el que en dicha ley no se prefijan las proporciones privadas que debe tener un ciudadano para ser un representante independiente: es decir o que tenga tal capital, o que goce de tal renta.[11]

En este punto parecen coincidir las distintas versiones de la prensa: que las prácticas facciosas o de logia se suprimirían a través de dos garantías.[12] La primera, con la concurrencia de todos al acto electoral, ya prescripta con el sufragio activo universal, lo que evitaría la manipulación por parte de pequeñas camarillas, consideradas responsables de desestabilizar los gobiernos anteriores. La segunda, reforzando la calificación del electo para que los representantes no sean personajes que "vivan de la política", sino miembros de la elite económicosocial supuestamente ajenos a los juegos de manipulación y asonadas propios de las logias.[13]

---

[11] Existe durante toda la década del veinte un clima de ideas absolutamente hostil al accionar desarrollado por las Logias y Sociedades secretas en la década del diez. El ataque proviene de la propia elite dirigente y se expresa a través de la prensa y de los mismos debates generados en el seno de la Sala de Representantes. De hecho, luego de la crisis del año veinte, la presencia de Logias y Sociedades en el Río de la Plata disminuye notablemente, transformándose el carácter de aquéllas que, como la Sociedad Literaria, se forman luego de esa fecha. Se abandonan los objetivos de tipo conspirativo, centrándose más en un accionar de tipo cultural tendiente a conformar una "opinión pública". Esta temática es abordada por Pilar González Bernaldo en su tesis doctoral sobre *La Creation d'une Nation. Histoire Politique des nouvelles appartenances culturelles dans la ville de Buenos Aires entre 1829 et 1862*, Université de Paris I, Panthéon-Sorbone, 1992. Véase de la autora "La Pedagogía societaria y el aprendizaje de la nueva Nación en el Río de la Plata post-independiente", en Annino, A. y Guerra, F. X, *De los Imperios a las Naciones*, en prensa. Sobre este tema, véase además: Haydee Frizzi de Longoni, *Las Sociedades literarias y el periodismo (1800-1852)*, Buenos Aires, Asociación Interamericana de Escritores, 1947. Juan Canter, *Las Sociedades Secretas, Políticas y Literarias (1810-1815)*, Buenos Aires, Imprenta de La Universidad, 1942. Martín Lazcano, *Las Sociedades secretas, políticas y masónicas en Buenos Aires*, Buenos Aires, El Ateneo, 1927.

[12] De hecho, lo que las nuevas listas de candidatos y electos muestran a partir de 1821 es que, junto a "los políticos en vías de profesionalización" surgidos al calor de la guerra de independencia —militares, clérigos, doctores— se incorporaron miembros del grupo económicamente más poderoso: hacendados, comerciantes urbanos —muchos de los cuales devinieron hacendados en este período— y muchos que además participaban en actividades financieras. Este dato ya ha sido destacado por Halperín Donghi en *Revolución y Guerra. Formación de una elite dirigente en la Argentina criolla*, México, Siglo XXI, 1979.

[13] Intervención del dip. Anchorena en la Sala de Representantes de la provincia de Buenos Aires, reproducida en *El Constitucional de 1833. Diario Político, Literario y Mercantil*, núm. 29, Buenos Aires, sábado 10 de agosto de 1833, tomo I.

El segundo elemento innovador de la ley de 1821 fue el voto directo. Esto implicó transformar las prácticas políticas vigentes en función de las nuevas reglas que impuso la supresión del cabildo y el grupo intermedio de electores, encargados hasta 1820 de controlar y manipular los procesos electorales.

El voto directo requería concentrar todas las energías en la coyuntura previa a la elección, para la confección de listas, su propagandización, la manipulación en la constitución de las mesas y la movilización del electorado. El control pasó a quedar en manos de las mesas electorales, y una vez consumada la elección ya no era posible negociar nada, como sí se hacía en el seno de las juntas electorales de segundo grado en el sistema indirecto.

La ley establecía que quienes conformaban las mesas electorales como presidentes y escrutadores en la ciudad debían ser electos por mayoría simple en el momento mismo en que se constituía la mesa (una hora antes de su apertura); y en la campaña del mismo modo, excepto la presidencia que quedaba en manos del juez de paz. En ambos casos, la elección de los integrantes de la mesa debía ser presidida y presenciada por el juez de paz respectivo y sus alcaldes y tenientes alcaldes. Es necesario destacar la inexistencia de padrones previos a la elección, por lo que estos agentes eran los que determinaban quiénes tenían acceso al voto y quiénes no. Esto hacía que, por lo general, la constitución de las mesas se convirtiera en verdaderas batallas campales, pudiéndose afirmar, como lo hace un representante de la Sala...

que ya es un axioma gano la mesa, gano las elecciones; algo más en el día se ha llegado a tal punto, que ganada la mesa de madera, ya se tiene ganada la electoral, y ganada ésta, las elecciones.[14]

Esta afirmación de la cita se basaba, por otro lado, en el papel central que jugaba la mesa electoral en el escrutinio. Según la ley, el escrutinio en la ciudad debía hacerse en una mesa central constituída por los presidentes y escrutadores de las mesas parciales (ocho en total) junto a jueces de paz y alcaldes y establecía que "proclamará por electos a los que obtengan la pluralidad de sufragios".[15] Mientras que en la campaña, eran las mesas

[14] *Ley de elecciones...*, cit., art. 20.
[15] En cada partido (o pueblo) de campaña funcionaba una mesa electoral y el escrutinio se realizaba por secciones, quedando fijada la mesa central de cada sección en el partido más antiguo. De esta

centrales de cada sección las que proclamaban a los electos (11 secciones en 1821), constituidas éstas por el presidente y dos escrutadores de cada mesa electoral instalada en los respectivos "pueblos" de cada sección.[16] El único recurso que quedaba una vez realizadas las elecciones y hechos los escrutinios de las mesas centrales en ciudad y campaña, era que la Sala en su carácter de revisora de las actas y registros, suspendiera la elección por no atenerse a las formalidadaes legales establecidas. Sin embargo, esto sucedió en muy contadas ocasiones, porque la misma Sala consideraba que una vez hechos los escrutinios en cada mesa, éstas eran *soberanas* en su decisión.[17] Lo que significaba, otorgarle un poder a quienes tenían la posibilidad de controlar las mesas, similar al que asumían los grupos de electores en el sistema indirecto. En 1823, los editores del *Teatro de la Opinión* se quejan de haber "recibido el siguiente papel, remitido por un comisario de policía a un alcalde de barrio" en el que dice:

Me pasará hoy mismo una lista para nombrar de su cuartel un presidente y cuatro escrutadores de los más adictos a la presente administración. Los sugetos para representantes deben ser: D. Manuel de Sarratea y el Dr. D. Juan Antonio Fernández.[18]

---

manera, cada sección electoral proclamaba electos a aquellos representantes más votados —"a plura-lidad de sufragios"— no existiendo una mesa central de campaña como sí lo había en la ciudad. La diferencia radicaba en que en el campo se votaba por representantes de cada sección cuyo número estaba establecido por ley previamente, mientras que en la ciudad se votaba en cada parroquia por la totalidad del número de representantes a renovar en la Sala.

[16] La Sala legisla en 1827 al respecto: "Artículo único: La Mesa Central escrutadora, en uso de las facultades que le otorga la ley de elecciones, se halla autorizada para practicar el escrutinio general, en términos que se salven toda duda racional, en orden a la legalidad de las elecciones", en Honora-ble Junta de Representantes, *Diario de Sesiones*, Sesión núm. 16, del 18-9-1827.

[17] Suplemento al número 6 del *Teatro de la Opinión*, viernes 27 de junio de 1823.

[18] La Sala de Representantes es la institución que, creada en plena crisis del año veinte cuando cae el poder central, se erige en el poder legislativo del Estado de Buenos Aires y en Junta electoral cada tres años encargada de designar al PE provincial. Los cuadros que aparecen en el Anexo fueron confeccionados con los nombres de aquellos miembros de la Sala que se repiten en el cargo por lo menos tres veces, según un criterio de periodización que nos permita establecer algunas inferencias respecto al grado de continuidad o renovación de la elite dirigente entre la etapa fundacional —donde domina el sector luego llamado unitario— y la etapa rosista. De allí el primer corte en 1827, momen-to en que cambia el signo faccioso que domina la Sala, al ser relegados a una minoría los viejos ministeriales o unitarios —que dominaron hasta esa fecha— y ganar las elecciones de renovación de la Sala el llamado grupo federal. El período que va de 1827 a 1835, incluye el gobierno de Dorrego —de signo federal—, la revolución unitaria de 1828 que lo derroca, y el primer gobierno de Rosas entre 1829 y 1832 y el interregno —también de signo federal— hasta 1835 en que asume definitivamente Rosas la Gobernación de Buenos Aires renovándose ininterrumpidamente hasta su caída en 1852. Las fuentes utilizadas para la confección de dichos listados son las siguientes: AGN: *Elecciones*: Ac-tas..., cit. *Registro Oficial de la República Argentina*, tomo II, años 1821-1852. *Registro Oficial de la*

El voto directo, quizás más que la prescripción del sufragio activo universal, enfrentó a la elite dirigente a la necesidad de transformar los mecanismos de cooptación y de inventar nuevas formas de inclusión para garantizar su reproducción en el poder político. En este contexto se entiende, entonces, el accionar del "oficialismo", tantas veces denunciado por la prensa opositora y tan desenfadadamente puesto en escena en cada elección. El comtrol del poder político pasará a depender de la capacidad que cada grupo menor de la elite demuestre tener respecto a lo que comienza a conocerse bajo el nombre de maquinaria electoral.

RÉGIMEN NOTABILIARIO Y PRÁCTICA DE LAS CANDIDATURAS

La imagen que construyó la historia política tradicional sobre la primera mitad del siglo XIX estuvo centrada en la descripción de una encarnizada lucha facciosa entre unitarios y federales, desarrollada bajo una lógica más cercana a la guerra que a la típicamente política. A esta visión se le sumó la de una historiografía más propensa a explicar el conflicto en términos de un enfrentamiento entre sectores económicos diversos que disputaban por la apropiación de los escasos recursos de una sociedad que, como la rioplatense, se encontraba en guerra permanente. En ambas perspectivas, las elecciones realizadas periódicamente para renovar los miembros de la Sala de Representantes —centro del poder político provincial— fueron minimizadas como objeto de indagación historiográfica, ya que el sufragio era considerado un escenario más de una lucha que encontraba sus motivaciones en otro terreno.

Sin embargo, del análisis electoral —en su doble dimensión político-social— se derivan nuevas conclusiones sobre el papel del sufragio en este período. A través de él se intenta mostrar la importancia que asume la dinámica estrictamente electoral en la disputa por el poder político.

Para ello, es preciso comenzar por una revisión de quiénes conformaron la elite dirigente y cuál fue el grado de continuidad o recambio que la misma demostró tener entre la década del veinte y la del treinta. La im-

Provincia de Buenos Aires. Diarios de Sesiones de la Sala de Representantes de la provincia de Buenos Aires entre los años 1822 y 1847. Acuerdos de la H. Sala de Representantes de Buenos Aires, años 1820-1821, vol. 1, publicados por el Archivo Histórico de la Provincia de Buenos Aires, tomo V, La Plata, 1932.

portancia por definir la magnitud de estos cambios, radica en la posibilidad de determinar más ajustadamente el modo en que los "movimientos
de los grupos dirigentes" se vincularon a la práctica del sufragio y en establecer hasta qué punto dicha práctica reguló la competencia por el poder
político. A tal efecto, hemos hecho un análisis basado en la confección de
diversos listados de miembros de la Sala de Representantes entre 1820 y
1847 (véase Anexo),[19] de los que se pueden extraer los siguientes datos.

En primer lugar, que con la fundación del nuevo régimen representativo se afianza en el poder político un grupo reducido de notables que
alterna en el cargo de representante durante los primeros años de la década del veinte (véase Anexo, cuadro 1); que con el triunfo electoral del
grupo federal en 1827, se renueva en parte este grupo, ingresando al poder
político personajes que hasta ese momento no habían tenido acceso (cuadro 2); que dicha renovación es parcial, ya que en ciertos casos se da la
alternancia en el cargo de los mismos personajes a lo largo de todo el
período que abarca de 1820 a 1835 (cuadro 3).[20]

En segundo lugar, que en la etapa abierta en 1835 con el ascenso de
Rosas al poder bajo el régimen unanimista, las repeticiones en los cargos
se hacen mucho más frecuentes y más concentrado el grupo que los ocupa
(cuadro 4),[21] renovándose en gran parte la composición de la elite. En
tercer lugar, de acuerdo a lo que muestra el último cuadro del Anexo
(cuadro 6), no obstante dicha renovación, existe un reducido grupo de
personas que en forma más que reiterada alternan en el cargo de representante entre 1820 y 1847. Este pequeño grupo estaría marcando una cierta

---

[19] Es de destacar que el número total de personas que alternan en el cargo de representante durante todo el período en estudio —teniendo en cuenta que la Sala se compone de 23 diputados en 1820
y de 47 a partir de fines de 1821, renovándose anualmente por mitades— es de 252. De este total, 98
personas fueron representantes sólo una vez; 60 lo fueron 2 veces; 30 personas llegaron a representantes en tres oportunidades y 53 lo fueron en 4 o más oportunidades. Si tomamos sólo este último
grupo, del total de 53 personas, 19 fueron representantes 4 veces; 8 lo fueron 5 veces; 17 personas 6
veces; 9 lo fueron 7 veces y en 10 casos se detectó que llegan a la diputación en más de 8 oportunidades.

[20] Son 23 las personas que se repiten en el cargo más de 3 veces en dicho subperíodo, y 21 las que
lo hacen entre 1827 y 1847, tomando como punto de partida el primer ascenso del grupo federal
(cuadro 5). Es de destacar, en este sentido, que en el caso de repeticiones en los cargos de representante entre 1820 y 1835, la cifra promedio a la que asciende la frecuencia en el cargo en una misma
persona es 3, mientras que entre 1835 y 1847 es entre 6 y 7.

[21] Es de destacar, por otro lado, que algunos de ellos también ocuparon cargos antes de 1820,
como el caso de Nicolás Anchorena, Pedro Medrano o Luciano Montes de Oca. Entre los cargos en
que aparecen dichos personajes se destacan: electores a la Asamblea de 1813; electores al Congreso
de Tucumán de 1816; diputados a la Asamblea de 1813; diputados al Congreso de 1816; integrantes
de la Junta de Observación de 1815; miembros del Cabildo de Buenos Aires.

continuidad entre las diversas etapas señaladas y se trata, en su mayoría, de miembros del poder económico social —fundamentalmente de comerciantes urbanos que devienen hacendados— y que por tanto, constituyen una reducida elite urbano rural a cuyo creciente poder económico le agregan el de ser conspicuos miembros del poder político provincial.[22]

La renovación, entonces, de los miembros de la elite dirigente entre una década y otra se va produciendo en forma paulatina. El interregno que va de 1827 a 1835 representa una etapa de tránsito, caracterizada por un alto grado de conflictividad, enfrentando a grupos menores de la elite. El rosismo parece imponer una definitiva unidad al grupo dirigente bajo su liderazgo, excluyendo a viejos miembros e incluyendo a personajes menores, adictos al nuevo régimen, los que se encaraman en el cargo de representante de modo casi permanente a partir de 1835. Sin embargo, la renovación de la elite dirigente con el rosismo, no implicó un cambio total de personajes. Destacábamos la presencia de un reducido grupo de notables que, perteneciendo al más concentrado poder económico social de Buenos Aires, se perpetuó en el poder político como miembros orgánicos de la Junta de Representantes en ambas décadas.

¿Cuál es, entonces, la perspectiva bajo la que ubicamos este proceso, en el que las inclusiones y exclusiones de miembros en el interior del sector dirigente se producen bajo fuertes tensiones y conflictos? Las prácticas que la elite pone en marcha a partir de la aplicación de la nueva ley electoral, especialmente la "práctica de las candidaturas", es un punto clave en nuestro esquema explicativo.

Desde 1821, la imposición del voto directo, obligó a concentrar las energías de la elite en la confección de listas de candidatos previamente a cada elección. Como no existía un mecanismo de legalización de listas, cada sufragante podía confeccionar su listado sin seguir para ello más que su propio criterio de selección o, lo que generalmente sucedía, prestando su adhesión a algunos de los tantos listados que circulaban previamente.

---

[22] Los periódicos sobre los que hemos trabajado para todo el período son los siguientes: *La Gazeta de Buenos Aires* (1810-1821); *El Censor* (1812); *Mártir o Libre* (1812); *El Censor* (1816-1819); *Los Amigos de la Patria y la Juventud* (1815); *El Independiente* (1816-17); *El Desengaño* (1816); *El Abogado Nacional* (1818-1819); *Semanario Político* (1820); *El Pueblo S/F; La Voz del Pueblo* (1820-21); *El Ambigú de Buenos Aires* (1822); *La Verdad Desnuda* (1822); *La Abeja Argentina* (1822-23); *El Argos de Buenos Aires* (1821-25); *El Centinela* (1822-23); *El Argentino* (1824-1825); *El Defensor de la Patria* (1824); *El Nacional* (1825-26); *El Mensajero Argentino* (1825-27); *La Verdad sin rodeos* (1826-28); *El Porteño* (1827); *El Cincinato* (1827); *El Tribuno* (1827); *El Tiempo* (1828-1829); *El Liberal* (1828); *El Lucero* (1829-33); *El Constitucional* (1833); *Diario de la Tarde* (1837-38); *La Gazeta Mercantil* (1823-52).

Si bien esto favoreció la dispersión de candidatos votados en los primeros años, no impidió la creciente consolidación en la Legislatura de un "elenco estable" de representantes.

Las listas presentaron desde el inicio, una particularidad. No estaban constituidas cada una de ellas por diferentes nombres, sino por una combinación de candidatos que, extraídos de un conjunto mayor de personajes, se cruzaban y repetían con diversas modalidades en las listas aludidas. Las combinaciones no respetaban, muchas veces, la supuesta división facciosa y lo paradójico es que, a medida que se fue consolidando en la década del veinte un reducido núcleo de notables en el seno de la Sala, rotando y alternando en sus puestos luego de cada renovación parcial, las elecciones presentaron un número cada vez mayor de listas de candidatos en los momentos previos. Lejos de reducirse y concentrarse las opciones, lo que se produjo es una creciente puja y negociación continua dentro de las combinaciones señaladas. No es frecuente, en este sentido, la presentación de listas que no incorporaran nombres del "elenco estable". Lo que se observa, en todo caso, es el triunfo de aquéllas que, luego de una activa labor de difusión lograron imponerse, primero en el interior de la propia elite, y luego a través de la puesta en marcha de mecanismos de movilización en el que se articulaban con grupos menores e intermedios.

Esta práctica de las candidaturas se manifiesta fundamentalmente a través de la prensa periódica, la cual se erige no sólo en una fuente esencial para nuestro abordaje sino además en el principal órgano de divulgación y —al no existir mecanismos de legalización— en vehículo informal de oficialización de las listas de candidatos.

La modalidad más común bajo la que estas listas se publicitaban, era a través de su presentación (bajo artículos remitidos anónimos) a un periódico. Luego de varios días de publicación de listas, cada periódico elaboraba su propia "lista de preferencia". La prensa se erigía, así, en el principal escenario de disputa entre grupos menores —más que entre facciones definidas ideológicamente— y en el espacio que mostraba, también, la constante negociación en torno a los candidatos.[23]

La existencia y configuración de estos mecanismos se constata, por otro lado, a través de la revisión de los registros electorales de esta década. Observando detenidamente la estructura de dichos registros, es destacable

---

[23] Véase AGN, *Sección Gobierno Nacional, Elecciones, Actas, Padrones, Antecedentes*, años 1825-1838, Leg. Nro: 43-10-3, 1821-1838, Leg. Nro: 30-7-8.

la "forma" similar que adoptan respecto a "quiénes aparecen votados" y "cómo aparecen votados".[24] Existe por un lado, un núcleo de personajes —el que llamamos "elenco estable"— que obtiene la mayoría de sufragios, pero éstos aparecen, tal como mencionamos, combinados de diversas maneras, muchas veces junto a personajes menores que reciben no más de una decena de votos. Por otro lado, dichas combinaciones de listas no aparecen votadas por un solo sufragante, sino que cada una de ellas es votada de manera consecutiva por "grupos" de electores que, por lo general, superan el centenar. Este mapa del registro nos hace pensar en la presencia de redes clientelares diversas que, lideradas por algún caudillo, acuden a la mesa con la lista previamente acordada, la cual no coincide con la que luego votan otros grupos. Insistimos: aunque en todas ellas los principales exponentes de la elite están presentes, el rasgo llamativo es cómo se excluyen e incluyen personajes, resultando muy difícil hacer el seguimiento de las distintas combinaciones que aparecen en los registros.[25]

Al promediar la década del veinte y definirse más claramente la división facciosa entre unitarios y federales[26], la lucha por las candidaturas se acrecentó paralelamente a los conflictos suscitados en las mesas electorales de ciudad y campaña por imponer el triunfo de una determinada lista. El clima de violencia demostrado en las elecciones de 1827 y 1828 culmi-

---

[24] Es necesario aclarar que indudablemente esta disputa por las candidaturas era mucho más ardua en el espacio urbano que en la campaña. En primer lugar, porque en cada parroquia de la ciudad se debía votar por 12 candidatos, mientras que en la campaña sólo por el número que le correspondía a cada partido (no más de dos candidatos por partido). En segundo lugar, porque los candidatos de la campaña, eran designados desde la ciudad y difundidos luego en cada partido por las autoridades locales. Y en tercer lugar, porque las redes sociales y clientelares en cada espacio eran bastante diferentes —sobre lo que nos detendremos más adelante— lo que generó comportamientos electorales muy distintos en ciudad y campo. Por esta razón, si lo que caracterizó a la ciudad fue la disputa por listas, la combinación de nombres en las mismas, y muchas veces la dispersión de candidatos poco votados, lo que caracterizó a la campaña fue el "voto por unanimidad" por el o los candidatos previamente divulgados por las autoridades locales.

[25] La división entre unitarios y federales, como dos facciones enfrentadas, aparece más visiblemente promediando la mitad de la década del veinte, cuando se reúne el Congreso Nacional de 1824, y se intenta —por última vez hasta la segunda mitad del siglo— conformar un poder central y dictar una Constitución de alcance nacional. Esta coyuntura divide las posiciones de los diversos sectores de opinión.

[26] El Tratado de Cañuelas del 24 de junio de 1829 y el de Barracas del 24 de agosto de ese año se basaban en acordar condiciones adecuadas para la convocatoria a elecciones y restablecer así las instituciones representativas. El primero fracasa luego de las escandalosas elecciones del 26 de julio y el segundo posterga la convocatoria hasta que finalmente —a instancias de Rosas— se restituye la Legislatura derrocada por la revolución del 1 de diciembre, exactamente un año después.

nó con la primera —y única— ruptura del orden legal instaurado en 1821, al ser derrocado el gobierno de Dorrego por la revolución unitaria liderada por el general Lavalle y sus fuerzas militares el 1 de diciembre de 1828.

La revolución decembrista no pretendió cuestionar el orden legal ni el régimen representativo, sino negociar en otro terreno aquello que parecía preocupar más a los grupos enfrentados: la conformación de una lista de candidatos unificada, capaz de ser consensuada por el conjunto de la elite. Es así que luego de imponerse el gobierno provisorio, las negociaciones iniciadas entre las dos cabezas visibles de los partidos enfrentados a través de las armas —Lavalle y Rosas— giraron alrededor de la cuestión electoral y de la lista de candidatos para las próximas elecciones de representantes a la Sala.[27] Tales negociaciones, de carácter secreto, quedaron expresadas en la correspondencia privada que ambos personajes cruzaron en ese momento. En una carta fechada en Buenos Aires el 16 de julio de 1829, Lavalle le expresaba a Rosas:

Voy a hablar de las elecciones. Ud. sabe que un secreto deja de serlo desde que están iniciadas más de dos personas. A los pocos días de mi regreso de las Cañuelas, ya era vulgar en Buenos Aires nuestro convenio, de hacer los esfuerzos posibles para componer el Ministerio y la Sala con los señores en que nos fijamos [...] Desde luego se notó en el partido unitario un disgusto mortal por nuestra elección, disgusto que se extendió a muchos federales respecto de la persona del gobernador, y se previó que una gran mayoría resistiría la lista del gobierno y haría triunfar otra. [...] No se engañe Ud., mi amigo, la mayoría de este pueblo resistirá la lista convenida. [...]
Convencido como he dicho ya, de que el gobierno iba a perder las elecciones, y queriendo evitar como he dicho también, un porvenir desventurado, no se ni veo medio de evitarlo que el de presentar al pueblo una lista, que al mismo tiempo que no encierre ningún exaltado, no sea resistida por él. De este modo, el triunfo es seguro, porque una lista tal, someterá a los unitarios, aunque no sea de su entera aprobación, porque se verán representados en ella; y a los federales porque saben que la lista de la campaña será toda de los suyos. Pero yo no podía hacer variación alguna en la lista sin faltar a lo pactado, sin haberme presentado a los ojos de mis amigos bajo un aspecto odioso y aborrecible, y sin que Ud. hubiera podido, con justicia, hacerme reproches que me hubieran humillado de verguenza.

---

[27] Carta de Lavalle a Rosas, reproducida en Gregorio Rodríguez, *Contribución Histórica y Documental*, tomo II, Buenos Aires, Peuser, 1921, págs. 418-423.

Tomé pues el partido de reunir a todos los amigos que asistieron a la estancia de Miller, les representé el estado de agitación de la capital, desde que se había sabido la composición de la lista de gobierno, les dije que la mayoría haría triunfar una lista forjada por la exaltación y por la animosidad [...] les representé todo lo que dejo dicho, proponiéndoles que adoptásemos el medio de reformar la lista de la ciudad, siete u ocho de los llamados federales y subrogarles otros tantos de los nombrados unitarios [...]
Le incluyo la lista para que Ud. vea la división que he hecho de ella. Los siete señores que he apuntado al margen derecho, son los que deben subrogar a los que tienen una cruz al margen izquierdo.[28]

El interregno que se abre con este pacto —y la casi inmediata ascención de Rosas como gobernador— hasta 1835, es clave para entender el proceso. Antes de la revolución decembrista, las prácticas de las candidaturas a través del sistema plurinominal por acumulación de votos,[29] muestran que el "elenco estable" intentaba estar en la mayor cantidad de listados posibles, ya que esto les garantizaba mayor número de votos que la estrategia, seguramente menos eficaz, consistente en intentar disciplinar al conjunto de la elite en una lista unificada. La práctica de las candidaturas, por tanto, parece consolidar durante la década del veinte el poder de la elite a través de la competencia internotabiliar. Sin embargo, lo que la ruptura del orden legal en 1828 esta mostrando es que, para esa fecha, la dinámica adquirida por dichas prácticas estaban resultando "incontrolables" para los diversos grupos de la elite, constituyendo una amenaza a la estabilidad del orden político. El nivel de conflictividad que muestran las elecciones entre 1827 y 1835 se correlaciona con la creciente fragmentación interna de la elite dirigente.

Quien con mayor perspicacia advierte esta amenaza y, por tanto, la necesidad de transformar la dinámica adquirida por la competencia internotabiliar, es el Comandante de Milicias de Campaña, Juan Manuel de Rosas. Cuando asume por primera vez la gobernación en 1829 y le son

[28] La definición del sistema como "plurinominal por acumulación de votos" se lo debemos al Dr. Natalio Botana, quien así lo expuso en su intervención en el seminario de discusión realizado sobre el tema, en el Instituto Ravignani en diciembre de 1993.
[29] Rosas recibió todos los poderes legalmente de parte de la principal institución creada por el nuevo régimen representativo: la Sala de Representantes. La ausencia de una Constitución provincial permite que este mecanismo se legalice con la simple aprobación del órgano legislativo.

otorgadas por la Sala las Facultades Extraordinarias,[30] es claro que dicho otorgamiento no resultó de un consenso unánime. Fue ampliamente discutido y lo siguió siendo cada vez que dichos poderes fueron renovados. La dificultad en esta negociación le demuestra la necesidad de tener una Sala totalmente adicta. Los pactos intraelite, una vez consumada la elección de representantes, aparecían sumamente amenazados. Se hacía necesario pactar previamente; esto es, pactar una lista única de candidatos. Así lo deja claramente expresado el propio Rosas:

> Mucho se ha escrito y hablado entre nosotros acerca del sistema constitucional; pero en materia de elecciones, como en otras, la práctica ha estado bien distante de las doctrinas más ponderadas. A todos los gobiernos anteriores se ha reprochado como un crimen, y a sus amigos como un signo de servilidad, mezclarse en las elecciones de representantes dentro de los términos de la ley. Esto ha dado lugar a mil refugios y a la misma corrupción. El Gobernador actual, deseando alejar de entre nosotros esas teorías engañosas que ha inventado la hipocresía, y dejar establecida una garantía legal permanente para la autoridad, ha dirigido, por toda la extensión de la provincia, a muchos vecinos y magistrados respetables, listas que contenían los nombres de los ciudadanos, que en su concepto merecían representar los derechos de su Patria, con el objeto de que propendiesen a su elección, si tal era su voluntad.[31]

En el seno de esta dinámica estrictamente electoral se encuentra la base del tránsito de un régimen de competencia internotabiliar a un régimen de unanimidad. La aplicación de la nueva norma electoral había dado lugar a la práctica de la "competencia pactada" en donde la negociación de listas de candidatos reemplaza a la negociación celebrada en las juntas de

---

[30] Las Facultades Extraordinarias fueron concedidas luego de un arduo debate en el seno de la Sala, donde hubo diputados que se opusieron a su otorgamiento en aras de defender las libertades individuales y de negarse a otorgar legalmente un poder tan discrecional al gobernador. Véase Honorable Junta de Representantes. *Diario de Sesiones*, tomo IX, sesión 165 del 5 de diciembre de 1829; sesión 166 del 6 de diciembre de 1829. Y el alcance de tales poderes, siguió siendo discutido a lo largo de todo el período que duró su primera gobernación. Véase Honorable Junta de Representantes. *Diario de Sesiones*, tomo X, sesión 202 del 23 de julio de 1830; sesión 267 del 11 de mayo de 1832; sesión 278 del 24 de setiembre de 1832; sesión 280 del 22 de octubre de 1832; tomo XIV: sesión 281 del 26 de octubre de 1832; sesión 282 del 29 de octubre de 1832; sesión 283 del 5 de noviembre de 1832; sesión 284 del 8 de noviembre de 1832; sesión 285 del 10 de noviembre de 1832; sesión 286 del 13 de noviembre de 1832; sesión 287 del 15 de noviembre de 1832.

[31] Mensaje del gobernador a la décimo cuarta Legislatura, 1 de enero de 1837, reproducido en Benito Díaz, *Juzgados de Paz de Campaña de la provincia de Buenos Aires (1821-1854)*, Universidad Nacional de La Plata, Facultad de Humanidades y Ciencias de la Educación, 1952, pp. 173-174.

segundo grado del sistema electoral indirecto. Lo que el rosismo transforma es esta forma de pacto entre notables, negando la competencia y estableciendo lo que él mismo llamó "una garantía legal permanente para la autoridad"; esto es, la lista única elaborada desde la cúspide del poder político. Dos modos diferentes de entender la norma que regula la representación y dos modos diversos de apelación a la legalidad. En el primer caso se trata de una legalidad articulada al concepto de "legitimidad", en el que la "representación" es pensada en términos modernos; en el segundo, la apelación a la legalidad asume un carácter más tradicional, en el que la representación es pensada en términos de "delegación" y de lo que Vicente Fidel López llamó —al referirse a los cabildos coloniales— "representación invertida".[32] La idea tan difundida en la opinión pública porteña luego de 1820 de que a través del voto "el pueblo" ejerce el "acto más alto de la soberanía", se redefine luego de 1830 invirtiendo los términos de la ecuación: de la idea de un "pueblo elector" se pasa a la práctica de un "gobierno elector".[33]

Por tanto, los fuertes conflictos a través de los cuales se producen los cambios y continuidades dentro del grupo dirigente, no se explican bajo la lógica de una "guerra" entre facciones definidas ideológicamente. Esto supondría ausencia de normas y pactos capaces de regular el enfrentamiento intraelite y una división entre unitarios y federales mucho más clara que la que se percibe en la realidad. Tampoco se explica cómo un conflicto determinado exclusivamente por el reparto de los recursos económicos en un contexto de permanente escasez. A esto último se articula una conflictividad estrictamente política, surgida de las prácticas a las que conduce el nuevo régimen representativo. La guerra aparece, entonces, cuando ya no es posible mantener un "patrón de competencia" a través del pacto internotabiliar.

---

[32] El concepto de "representación invertida" acuñado por Vicente Fidel López es retomado por Natalio Botana en su libro *La Libertad Política y su Historia*, Buenos Aires, Sudamericana, 1991, pp. 91-92.

[33] La idea de aplicar para este período el concepto de "gobierno elector" fue sugerida, nuevamente, por el Dr. Natalio Botana en la reunión de trabajo ya citada.

EXPANSIÓN DE LA FRONTERA POLÍTICA: LAS PRÁCTICAS ELECTORALES EN
CIUDAD Y CAMPAÑA

A la crisis del espacio político urbano colonial con base en el Cabildo, le sucedió la conformación del nuevo espacio político estatal provincial[34], a cuya consolidación contribuyó la instauración del nuevo régimen representativo en 1821. La incorporación política de la campaña a través del voto fue un elemento que permitió afianzar la aún muy débil presencia del estado provincial en el interior del territorio bonaerense, el que comenzó a expandir su frontera económica ganándole tierras al indio a partir de 1820. Dicha incorporación, a su vez, permitió ampliar y renovar el círculo restringido de la elite política, predominantemente urbana en la década de mayo, y conformar una elite dirigente de base urbano rural.

De acuerdo a lo establecido por la ley electoral de 1821, ciudad y campaña se hallaban desigualmente representadas: le correspondían 12 representantes a la primera y 11 a la segunda, siguiendo lo ya establecido en el Estatuto de 1815. Si bien se duplicó el número de integrantes de la Sala —casi inmediatamente después de dictada la ley—, se mantuvo la desigualdad señalada, sin tener en cuenta la legislación respectiva ningún criterio que vinculara densidad demográfica y número de representantes.[35]

La decisión de no tomar en cuenta en lo representativo el clásico principio de una relación cuantitativa entre representantes y representados, fue el resultado de una muy conflictiva discusión entre ciudad y campaña.[36] Como epílogo de esta crisis se impuso un criterio de representación

[34] Respecto a la constitución de los Estados Provinciales véase el trabajo de José Carlos Chiaramonte, "Formas de identidad en el Río de la Plata luego de 1810", en *Boletín del Instituto de Historia Argentina y Americana Dr. Emilio Ravignani*, Universidad de Buenos Aires, Fac. de Filosofía y Letras, Nro.1, 3ra. serie, 1er. semestre de 1989, pp. 71-93.
[35] Pese a que el crecimiento demográfico de la campaña supera en términos absolutos y relativos al de la ciudad en este período:
Población de Buenos Aires:

Año	Ciudad	Campo	Total
1797	40.000	32.168	72.168
1822	55.416	62.230	118.646
1836 (censo)	62.228	80.729	142.957

Datos extraídos de John Lynch, *Juan Manuel de Rosas. 1829-1852*, Buenos Aires, Emecé, 1989, p. 94. Los datos del año 1836 fueron corroborados con el *Censo de la Ciudad y Campaña de Buenos Aires de 1836*, cit.
[36] Para un mayor desarrollo del conflicto suscitado en 1820 en torno al problema de la representación de ciudad y campaña en el nuevo régimen electoral, véase el trabajo de José Carlos Chiaramonte en colaboración con Marcela Ternavasio y Fabián Herrero, "Vieja y Nueva Representación. Los procesos electorales en Buenos Aires: 1810-1820" en este mismo volumen.

que no reconocía su reproducción automática en el sistema electoral, sino como producto de la decisión que en forma voluntaria tomara la elite al respecto.

La unidad territorial básica que definía la distribución de la representación electoral en el campo era la *sección*, en cuyo interior se ubicaban los *partidos*[37], mientras que en la ciudad seguía siendo la tradicional división parroquial. En 1821 la campaña estaba dividida en 11 secciones, dentro de las cuales existían 21 partidos, eligiendo cada sección un representante. Al duplicarse el número de integrantes de la Sala e incorporarse la nueva sección de Patagones con un representante, la campaña pasó a tener 23 diputados, manteniendo durante toda la década del veinte una desigualdad respecto a la ciudad, que de 12 pasó a tener 24 representantes. Sin embargo, si en 1821 los partidos o pueblos que tenían representación electoral eran 21[38] distribuidos dentro de las 11 secciones, con el transcurso de los años se irán sumando nuevos partidos con acceso al sufragio. Aunque no se modifique aún la cantidad de secciones y el número de representantes de la campaña, el hecho destacable es que numerosos pueblos que antes desconocían la práctica del sufragio, ingresaron a ella.

En 1832 —casi al final del primer gobierno de Rosas— como producto de una nueva ley dictada por la Sala, se revierte la desigualdad representativa al pasar la campaña a tener 13 secciones electorales, con un total de 25 representantes, frente a los 24 con los que ya contaba la ciudad. A esa altura eran 33 pueblos dentro de las 13 secciones los que habían accedido a la práctica del sufragio[39] (véase Anexo, Mapa).

---

[37] El *partido* es una jurisdicción heredada de la época colonial: cuando la administración hispana, a fines del siglo XVIII, fue delimitando los *partidos*, lo hizo siguiendo aproximadamente los lineamientos trazados por el establecimiento de curatos y vicecuratos, emplazados en los *pagos,* que eran ámbitos territoriales de mayor extensión. Según Levene, "desde 1784 se entendió por partido, salvo raras excepciones, a cada distrito de administración civil de la campaña a cargo de un Alcalde de Hermandad". A partir de 1821 la creación de un partido estará unida a la designación de un juez de paz. Véase: Ricardo Levene, *Historia de la provincia de Buenos Aires y la formación de sus pueblos,* vol. 2, publicado por el Archivo Histórico de la provincia de Buenos Aires, La Plata, 1941, p. 213. Diaz, Benito. *Juzgados de Paz de Campaña...,* cit, capítulo 2.

[38] Los partidos en 1821, distribuido por secciones, son los siguientes: 1ra. sección (Magdalena y Ensenada), 2da. sección (Sauce y Quilmes), 3ra. sección (Arrecifes, Rojas y Salto), 4ta. sección (Pergamino, Areco y Fortín), 5ta. sección (Pilar); 6ta. sección (San Fernando, Conchas y Matanza), 7ma. sección (San Vicente), 8va. sección (Luján, Su Guardia y Lobos), 9na. sección (San José de Flores), 10ma. sección (San Isidro), 11va. sección (San Nicolás).

[39] Véase H. Junta de Representantes de Buenos Aires. *Diario de Sesiones,* sesión Nro. 271, del 6 de junio de 1832, tomo XIII, pp.1-5. La distribución de la representación quedó establecida de la siguiente manera: sección 1: San José de Flores, Morón y Matanza con 2 representantes; sección 2: San

Este proceso de ampliación de la representación en la campaña vuelve a encontrar un pico de alza hacia el final del período que nos ocupa. Del análisis de las actas, registros y escrutinios de las elecciones de 1839 y 1842, se desprende que dentro de las 13 secciones antes señaladas se incluyen nuevos partidos que antes no votaban. El cambio más significativo se produce dentro de la décimosegunda sección, en donde se pasó de dos pueblos integrantes, a 10 partidos, lo cual significaba que en su interior funcionaban 10 asambleas electorales diferentes.[40] Se trata de poblados de la nueva frontera lograda luego de la campaña de 1833[41], en la que casi inmediatamente se multiplica en 5 veces su capacidad electoral (véase Anexo, mapa).

Destacamos la incorporación de estos nuevos pueblos a la representación política por dos motivos. Primero, por la rapidez con que se los integra al régimen representativo, tratándose de pueblos recién formados

---

Isidro, San Fernando y Conchas con dos representantes; sección 3: Quilmes, San Vicente y Cañuelas con dos representantes; sección 4: Ensenada y Magdalena con 2 representantes; sección 5: Villa del Luján y Su Guardia con 2 representantes; sección 6: Pilar y Capilla del señor con 2 representantes; sección 7: San Antonio de Areco, Fortín de Areco y San Andrés de Giles con 2 representantes; sección 8: Chascomús y Ranchos con 2 representantes; sección 9: Lobos, Monte y Navarro con dos representantes; sección 10: Baradero, San Pedro y San Nicolás con dos representantes; sección 11: Arrecifes, Salto, Pergamino y Rojas con dos representantes; sección 12: Dolores y Monsalvo; sección 13: Patagones con 1 representante. *Registro Oficial de la Provincia de Buenos Aires*, año 1832, Buenos Aires, Imprenta "El Mercurio", pp. 50-51.

[40] La décimo 12da. sección de campaña estaba constituida en 1832 por dos pueblos con derecho al voto: Dolores y Mosalvo. Pero en las elecciones de 1839 y 1842 nos encontramos con los registros y escrutinios de elecciones realizadas en los siguientes pueblos, pertenecientes a la 12da. sección: Tordillo, Chapalcufú, Real Viejo Partido de Ajó, Tapalquén, Azul, Flores, Partido del Tuyú, Mar Chiquita, Dolores y Lobería. AGN: *Sección Gobierno Nacional, Elecciones: Actas, Padrones y Antecedentes*, año 1842-1855, Sala X, Leg. Nro. 30-7-8. Esto se vincula a que en 1839 (como consecuencia de la revolución de los hacendados del sud) se dicta un decreto por el cual toda la extensión de territorio comprendido desde el Río Salado hasta el río Quequén, costas sobre el mar, y las tierras existentes al exterior de las tierras del Tandil y Tapalqué, que hasta entonces se hallaban bajo la jurisdicción de tres juzgados civiles, se subdividió en 14 secciones. Al frente de cada una se puso un juez de paz con 6 alcaldes y 12 tenientes. Se reestructuró el partido de Monsalvo dividiéndose en 4: Ajó, Tuyú, Mar Chiquita y Lobería Grande. El partido de Tandil se dividió en 2: Tandil y Chapaleofú. El de Dolores en 3: Tordillo, Pila y Dolores. En total 9 partidos. El resto eran: Vecino, Saladillo, Flores, Tapalqué y Azul. Desaparece así el partido de Monsalvo. Esta subdivisión permitió un control más exacto en su aspecto administrativo y político; estabilizó y aseguró la frontera contra el indio y dio nuevo impulso a la colonización estanciera. Véase Benito Díaz. *Juzgados de Paz de Campaña...*, cit., p. 78-79.

[41] Campaña realizada con el fin de afianzar la presencia del Estado Provincial en las nuevas tierras ganadas al indio, que fue dirigida por el Comandante de Campaña D. Juan Manuel de Rosas.

[42] AGN: *División Gobierno Nacional, Elecciones: Actas, padrones y antecedentes*, año 1842-1855, cit.

y aún muy débiles en términos del asentamiento de sus habitantes y de su propia formalización como poblado. Segundo, por el peso que adquieren en términos de la cantidad de votantes allí movilizados. Al respecto, citamos como ejemplo la elección de 1842 en la que figuran en los registros —sólo para la sección 12da.— 4.156 votantes.[42] Admitiendo, por supuesto, todas las prevenciones que el tratamiento de estas cifras requiere, de lo que no se puede dudar es de la rápida incorporación de estas zonas al sufragio y de la voluntad política por "producir el voto" en las zonas rurales. En este sentido, lo destacable no es tanto si dichas cifras remiten a los "verdaderos" índices de votantes, sino más bien a lo que podemos denominar la "producción del sufragio" en la etapa rosista. El alto grado de formalización que muestran los registros electorales en estos años permiten inferir esta "voluntad por fabricar el voto" que excede, por tanto, a un problema meramente cuantitativo.[43]

De manera que, a la crisis del espacio político urbano le sucede una rápida expansión de la frontera política, la que acompaña, a su vez, a la también rápida expansión de la frontera económica. Iniciada en la década del veinte, pero consolidada con el rosismo a partir de 1832, no fue el resultado automático de lo prescripto en el sistema electoral, sino producto de la explícita voluntad política del gobierno provincial que intentó consolidar su poder integrando las nuevas tierras desde una dimensión económico social como desde una dimensión político institucional a través de la difusión del derecho de sufragio.

Esto nos plantea algunos problemas claves, clásicos de la historiografía latinoamericana del siglo XIX. En primer lugar, el problema de la ruralización de la política y, unido a él, el del caudillismo. Si aquella nos legó la imagen de que la ruralización y el caudillismo constituyeron las dos caras de un mismo proceso, caracterizado por la ausencia de una legalidad institucional, lo que el análisis de los procesos electorales viene a demostrar es no sólo la presencia de dicha legalidad en el Río de la Plata, sino además el grado de institucionalización bajo el cual se presenta la ruralización.[44] De lo que entonces hay que dar cuenta es del modo en que el proceso de ruralización y el fenómeno del caudillismo se articularon al

---

[43] En este punto, merece una mención especial la preeminencia de las milicias de campaña —por sobre las fuerzas regulares— en el control de la frontera y el rol desempeñado por aquéllas en los procesos electorales, fundamentalmente como sufragantes.

[44] En un reciente trabajo, Noemí Goldman cuestiona aquel presupuesto a partir del estudio del caso riojano y presenta un exhaustivo estado de la cuestión sobre cómo ha sido tratado el problema

sufragio y, por tanto, al tránsito de un regimen notabiliar de base fundamentalmente urbana a un régimen de unanimidad de base urbano rural. Para ello es necesario concentrarnos en el análisis de las prácticas electorales que los actores desarrollaron en ciudad y campaña, deteniéndonos, no ya en las que encarnaron los grupos de la elite —descriptas en el punto precedente—, sino en las desarrolladas por el resto de los actores que entran en juego en el proceso electoral. El accionar de los grupos intermedios en relación a la amplia masa de electores nos permite observar, por un lado, las diferencias existentes en ciudad y campaña respecto a las redes sociales sobre las que se asienta el clientelismo electoral, y por otro, la también diferente modalidad bajo la que es practicada en ambos espacios la nueva representación.

Llamamos actores intermedios a aquellos que, sin pertenecer a la elite dirigente, desplegaron un activo papel en las elecciones a través de la difusión de las listas (ya confeccionadas en el interior de la elite), la movilización del electorado y el control de las mesas. Tales grupos estaban generalmente conformados por lo que podemos llamar líderes naturales de su comunidad, cuyo ascendiente sobre el conjunto del electorado depende, la más de las veces, del cargo o rango ejercido dentro del aparato estatal: jueces de paz, alcaldes, jefes del ejército regular, jefes de milicias; a los que se suman otros como los curas, medianos propietarios, capataces.

Estos grupos intermedios presentan una dinámica y constitución muy diversa en ciudad y campo.[45] Mientras que en el primer caso hay una

---

del caudillismo en la historiografía latinoamericana. Véase "Legalidad y legitimidad en el caudillismo. Juan facundo Quiroga y La Rioja en el interior de las Provincias Unidas del Río de la Plata (1810-1835)", en *Boletín del Instituto de Historia Argentina y Americana "Dr. Emilio Ravignani"*, Universidad de Buenos Aires, Facultad de Filosofía y Letras, Nro. 7, 3ra. serie, 1er. semestre de 1993.

[45] Para observar algunos de los rasgos que caracterizaron a estos grupos, hemos recopilado las listas de escrutadores, presidentes de mesa, jueces de paz y alcaldes entre 1821 y 1840 en campo y ciudad, dada la importancia que asumieron dichos personajes en el control de las elecciones De la lista de 210 personas que ocuparon cargos en la ciudad, 23 de ellas se reiteran por lo menos dos veces en dichos cargos. Las combinaciones son diversas: la más frecuente es la coincidencia entre el cargo de juez de paz o alcalde con el de presidente de mesa o escrutador (11 casos); hay 8 casos en los que se repiten por lo menos dos veces el cargo de juez de paz o alcalde en una misma persona; 5 casos en que se reiteran los de escrutador y sólo 3 en los que se concentran más de dos veces cargos diversos en una misma persona. Los datos recogidos en la campaña muestran un cuadro diferente. De las 350 personas que conforman la lista recopilada, en 80 casos se reiteran cargos en una misma persona. Las combinaciones son las siguientes: juez de paz o alcalde con el de escrutador (22 casos; teniendo en cuenta que el juez es siempre en la campaña el presidente de mesa); repetición en el cargo de juez de paz o plcalde (31 casos); repetición sólo en el de escrutador (8 casos); combinación del cargo de juez de paz con otros no electorales (como miembro de la Comisión de Campaña o inspector de merca-

mayor circulación de personajes y por tanto, mayor heterogeneidad en su composición, en el segundo es mucho más estable la ocupación de dichos liderazgos, siendo muy frecuente encontrar personajes locales que se perpetúan en los espacios de poder que el sistema ofrece en la campaña.[46]

Las configuraciones clientelares detectadas a través de los procesos electorales en el espacio urbano, muestran una compleja red de relaciones en las que se encadenan vínculos de carácter público como privado. Los lazos generados a partir del "cargo público" en el que un líder movilizaba a sus dependientes en función de la jerarquía que le otorgaba su rol dentro del Estado Provincial, son los casos más frecuentemente encontrados y más fácilmente detectables. Es fundamentalmente la prensa periódica la que se encarga de denunciar la manipulación ejercida por estos actores intermedios en las elecciones: empleados de policía, alcaldes de barrio, miembros de las milicias y del ejército regular. Dichas denuncias provienen generalmente de grupos menores de la elite, cuya debilidad deriva tanto en la imposibilidad de imponerse en las listas de candidatos como en la de triunfar con una lista propia. En este último caso era necesario ejercer influencia sobre los grupos intermedios aludidos y quitarle de este modo al grupo más poderoso de la elite —el llamado oficialismo— una de las principales armas para el triunfo en las urnas.[47]

Este tipo de vínculo, sin embargo, aparece articulado muchas veces a relaciones de carácter informal, como a otras surgidas en función de lazos laborales en el ámbito privado. En el primer caso, nos referimos a aque-

---

dos: 30 casos). De estos datos, hay uno que queremos destacar: que en 22 casos se repiten más de tres veces en una misma persona distintos cargos. Los años que hemos tomado para la confección de estos listados son los siguientes: 1821, 1823, 1825, 1827, 1830, 1831, 1833, 1838, 1839. Las fuentes utilizadas:

AGN: *Elecciones: Actas, padrones...*, cit. *Registro Oficial de la República Argentina*, cit. *Registro Oficial de la Provincia de Buenos Aires*, cit. Periódicos: *El Argos, El Mensajero Argentino, El Tiempo y El Lucero.*

[46] Los permanentes reclamos para quienes tienen que constituir las ternas de candidatos a jueces de paz en la campaña que se elevan al Poder Ejecutivo aludiendo que "son tan escasos esta clase de sugetos en la campaña que en algunos partidos no hay absolutamente más que uno o dos; así que no es posible que Ud. haga todas las propuestas en terna" (AGN, *División Gobierno Nacional, Jueces de Paz de Ciudad y Campaña*, 1822, Sala X, Leg. Nro: 12-8-6), muestra un factor que facilita la conformación de esta elite intermedia en un reducido número de personas en el campo.

[47] La disputa por la cooptación de agentes dependientes del gobierno por parte de grupos menores de la elite es muy frecuente, tal como demuestra una proclama manuscrita repartida para las elecciones de 1825 según relata *El Nacional*: "a los alcaldes y tenientes de barrio, después de exortar a éstos a que trabajasen ese día por la oposición, alegando la esclavitud en la que estaba Buenos Aires y el vilipendio de la religión". *El Nacional*, Buenos Aires, núm. 15, 31 de marzo de 1825.

llas relaciones generadas en el interior de un espacio local (barrio o cuartel) en los que surgen líderes capaces de movilizar a pequeños grupos. Las lealtades generadas a partir de los lazos de sociabilidad creados fundamentalmente en espacios públicos como las pulperías, cafés o reñideros, adquieren suma relevancia a la hora de movilizar al sufragio.[48] En el segundo caso, se trata de la relación surgida en función de lazos laborales en el ámbito privado, la que también se encadena a las anteriores. La prensa —nuevamente— es la fuente que nos permite detectar dichas redes, en las que se destaca la movilización de dependientes de un capataz, el cual responde generalmente, al mandato de algún funcionario de gobierno. Al respecto, el caso de los capataces de panadería es uno de los más frecuentemente citado:

> La misma policía hizo reunir al cuerpo de panaderos en el mercado del centro a las siete de la noche del 14, ¿y con qué objeto? Con el objeto de intimarlos, como les intimó, con amenazas, después de haber inquirido cuántos *dependientes y peones tenía cada panadería*, y que por orden del gobierno asistieran el sábado siguiente a las 11 de la mañana a recibir las listas por las cuales el gobierno ordenaba que sufragasen.[49]

Frente a la heterogeneidad que presentan las redes clientelares en el espacio urbano, la historiografía se ha encargado de enfatizar la supuesta

[48] Este tipo de relación se descubre a través de la prensa, ya que con mucha frecuencia, personajes anónimos envían artículos remitidos a los diarios donde proponen una lista de candidatos asegurando un determinado número de votantes en ciertas parroquias. En *El Argos de Buenos Aires* se presenta una lista propuesta por la firma de "Un Propietario", quien asegura: "me consta que van a votar 100 hombres de cada parroquia" (núm. 110, 12-1-1825); y bajo la firma de "Un Decidido" se propone otra lista que según el firmante "está garantida con 2.500 y 'pico' de votos, como se verá a su tiempo" (núm.129, 9-3-1825). Otro de los ejemplos lo da *El Centinela* a través de un diálogo ficcional en verso entre un representante y un opositor:
"*Representante:* —¿Y con cuántos sufragios contaremos?
Opositor: Con mil y quinientos cuanto menos!!!
Representante: —Habiendo un buen agente/podrá hacerse bastante/porque en el pueblo, amigo, hay mucha gente.
Opositor: —Pues toma si los hay! ¿Usted no ha visto/ aquel amigo que llegó sudando/ y que le habló al oído/ al religioso que nos presidía?
Representante: —Si lo he visto, pero ese!!!
Opositor: —Ese ha tenido/ relación muy antigua/ con todos los que van al reñidero/ y con los jugadores/ que pasan de seicientos,/ y como tienen que perder, sedientos/ están porque se elijan diputados/ a su amaño, pues temen que les llegue/ el turno de mirarse reformados..." En *El Centinela*, núm.25, domingo 19 de enero de 1823.
[49] Parte del "Discurso pronunciado por el Sr. Ugarteche" en *El Constitucional de 1833*, Buenos Aires, núm. 12, lunes 22 de julio de 1833, tomo I.

"homogeneidad" de las relaciones en la campaña. La misma derivaría de considerar a la "estancia" como modelo generalizado para abordar no sólo las relaciones económico-sociales predominantes, sino también las relaciones políticas derivadas de ellas. La relación patrón-peón tendría, en esta visión, su traducción lineal y directa en el ámbito político-electoral, constituyéndose en el principal y único vínculo clientelar que explicaría la movilización del electorado.[50]

Sin embargo, según muestran trabajos recientes, la campaña bonaerense era mucho más heterógenea desde el punto de vista económico-social, y la estancia no constituía aún el núcleo productivo dominante ni el centro articulador de las relaciones sociales.[51] Por tanto, tampoco se sostiene la imagen que interpreta el vínculo político predominante como una simple traducción de la relación entre gran propietario y dependientes.

Subrayamos, entonces, la mayor diversidad espacial de la campaña bonaerense, porque la misma nos pone en la necesidad de buscar otras explicaciones a los comportamientos político-electorales en el campo.[52] Sobre todo, nos obliga a dar cuenta del voto por unanimidad en la campaña desde la fundación misma del nuevo régimen representantivo —destacan-

---

[50] Esta es la visión de John Lynch en *Juan Manuel de Rosas*, cit. Queremos destacar en este punto, la crítica que hace Antonio Annino, en su trabajo sobre el caso mexicano, al arquetipo historiográfico que ve en la base de los procesos electorales en América Latina el poder disciplinario de la gran propiedad terrateniente: Antonio Annino, "Pratiche creole e liberalismo nella crisi dello spazio urbano coloniale. Il 29 novembre 1812 a citta del Messico" en *Quaderni Storici* 69/a. XXIII, núm. 3, diciembre, 1988, pp. 727-763.

[51] Véase Juan Carlos Garavaglia y José Luis Moreno (comp.). *Población, Sociedad, Familia y migraciones en el espacio rioplatense. Siglos XVIII y XIX*, Buenos Aires, Ed. Cántaro, 1993. Son también de utilidad los datos contenidos en: Carlos Cansanello, "Coerción y Legitimidad en la campaña de Buenos Aires (1820-1827)", mimeo, que he podido consultar por gentileza del autor. Del mismo autor: "La Campaña de Buenos Aires 1820-1829. Milicias de vecinos y estado político en formación", ponencia presentada en las IV Jornadas Interescuelas/Departamentos de Historia, Facultad de Humanidades, Universidad de Mar del Plata, 1993.

[52] En la campaña bonaerense se encuentra, por un lado, la franja de agricultores y pequeños y medianos ganaderos, que se fue configurando en tiempos de la colonia y que se va extendiendo desde la costa hacia el río Salado. Allí se hallan los "pueblos" más antiguos, cuyas características difieren sustancialmente de los poblados formados luego de la década de 1820, en términos del mayor afianzamiento que tienen desde el punto de vista institucional y de las redes sociales ya creadas. Son justamente los pueblos que acceden primeramente a la representación política. Al sur del Salado, la expansión ganadera después de 1820 va delineando un nuevo espacio, donde domina el modelo de la gran estancia, y en donde el origen de los poblados es un Fuerte o Fortín. Y una vez atravesada la frontera móvil, se encuentra la sociedad indígena de la región pampeana. Véase Pilar Gonzáles Bernaldo. "El levantamiento de 1829: el imaginario social y sus implicaciones políticas en un conflicto rural", en *Anuario IEHS*, núm. 2, Universidad Nacional del Centro de la Provincia de Buenos Aires, 1987, pp.140-142.

do que no es Rosas quien la impone—, y sin acudir a la tradicional imagen de contingentes de peones votando según la voluntad del dueño de la tierra. La unanimidad en el campo precede al ascenso al poder del caudillo y a la expansión misma de la estancia como nucleo socio-económico predominante, siendo practicada desde 1821. Lo que Rosas unanimiza es el voto en la ciudad en donde sí existía disputa y competencia, tal como ya señalamos.

Lo que el análisis de las elecciones nos permite observar respecto a este punto, es que la movilización electoral en la campaña va a depender mucho más de la acción de funcionarios locales intermedios —que por su condición son los líderes naturales dentro de su comunidad— que de la relación directa entre hacendado y dependientes.

Al respecto, ya ha sido destacado por la historiografia el papel ejercido en las elecciones por los jueces de paz. Sin embargo, la visión que ha predominado es la de explicar su poder de movilización en función, o bien de ser generalemente propietarios de tierras del lugar o por estar subordinados a la voluntad de algún gran propietario local. Es necesario, frente a esta imagen, detenerse más en el análisis de la práctica misma que desarrollaron estos funcionarios que en el sólo dato que nos ofrece su posición social.

El cargo de juez de paz nació de la supresión de los dos cabildos existentes en la provincia de Buenos Aires en 1821. La reforma del régimen de justicia que se dio en la etapa rivadaviana entre 1821 y 1825 intentó separar dos esferas que desde el período colonial se hallaban monopolizadas por los cabildos (cuyos delegados en la campaña eran los alcaldes de hermandad): la de justicia de menor cuantía y la de policía.[53] Se creó a tal efecto el cargo de juez de paz en ciudad y campaña dependiente del poder ejecutivo provincial, quien debía reducirse a la primer esfera, y se creó a su vez el Departamento de Policía del cual pasaron a depender los comisarios, alcaldes y tenientes alcaldes de ciudad y campaña.[54] Ambas autoridades litigarán a lo largo de toda la década del veinte —fundamentalmente en el campo— por la superposición de atribuciones y funciones.[55]

---

[53] Véase Reforma Judicial en AGN, División Gobierno Nacional, *Junta Electoral, Juzgados*, año 1821, Sala X, Leg. Nro. 12-2-1.

[54] El Departamento de Policía formaba por intermedio de los comisarios las ternas anuales para la elección de los jueces de paz, alcaldes y tenientes alcaldes y los elevaba al Ministerio de Gobierno.

[55] La conflicitividad generada entre ambas autoridades —jueces de paz y comisarios— remite a otra más antigua: la que se daba en la colonia entre comandantes militares y hlcaldes de hermandad en la campaña. El deslinde de funciones que intenta hacerse ubica a los jueces de paz como "propia-

Este intento por diferenciar funciones y esferas irá perdiendo impulso hasta llegar a la década de 1830 en la que se volvió —sobre todo en el campo— a una reabsorción en manos de los jueces de paz, de las tradicionales funciones ejercidas por los viejos alcaldes de hermandad. Se suprimieron en 1829 las Comisarías de Campaña anexándose a los Juzgados de Paz[56] y tal como afirma Benito Díaz,

> a las primitivas atribuciones judiciales de los Jueces de Paz, se le fueron agregando otras, convirtiéndose en el Comandante de las Milicias del partido, en el Jefe Policial, en el recaudador de contribuciones y rentas del Estado y en el agente imprescindible del oficialismo.[57]

A esta concentración de las diversas causas en manos de los jueces de paz se le sumó la de constituirse en agentes electorales. Dicho personaje era el encargado de hacer circular las listas de candidatos, de convocar a las elecciones, de controlar la elección de escrutadores, de presidir las mesas electorales de campaña, de definir quiénes podían o no votar y de proclamar a los representantes electos.

De manera que, la figura del juez de paz de campaña es clave en nuestro análisis, no sólo por la continuidad que se advierte al comparar las listas de sus ocupantes con las de escrutadores y presidentes de mesa a lo largo del período, ni por su condición de propietarios, sino por la misma naturaleza de la práctica que desarrollan. El rasgo de continuidad que supone la administración de justicia en la esfera local, es el punto en el cual se comprueba —dado el regreso de las cuatro causas coloniales como atribuciones de los jueces de paz— que a nivel local no se refleja la división de

---

mente Jueces y pertenecen a la magistratura [...] y fijan las funciones de tales magistrados que influyen más inmediatamente en la paz doméstica". Mientras que "los Alcaldes y sus tenientes son unos oficiales civiles, a quienes no corresponde en caso alguno juzgar, pero cuyas atribuciones son presidir todo acto civil en el cuartel respectivo en defecto de superior, zelar el cumplimiento de las leyes y contribuir con todos los recursos de sus cuarteles a mantener en ellos el orden y la obediencia de todas las disposiciones libradas por el Departamento de Policía". "Circular del Ministerio de Gobierno con motivo de la consulta hecha por el jefe de Policía respecto al carácter bajo el cual debe aparecer para con los Jueces de Paz", AGN, *Archivo de Policía*, Sala X, Leg: 32-10-2, año 1822, Libro IV, folio 246.

[56] Lo que significó que las ternas para elegir jueces, alcaldes y tenientes pasaron a ser confeccionadas por el juez de paz saliente.

[57] Benito Díaz, *Juzgados de Paz de Campaña...*, cit, pág. 9.

los poderes, y que en consecuencia, las prácticas de la justicia siguen articulando la sociedad local con la esfera política.[58]

La revisión de los legajos de Juzgados de Paz muestra que por ese espacio pasaban en primera instancia (y muchas veces también en última instancia) todas las demandas y negociaciones entre los habitantes del lugar y el poder estatal en sus diversas esferas: el ejercicio de la justicia, la recaudación en la paz y en la guerra, la leva para las milicias, el disciplinamiento de vagos y mendigos, la organización de las fiestas patrias, la convocatoria a elecciones. Aun cuando en la década del veinte el juez de paz intenta ser educido al solo ejercicio de la justicia en primera instancia, lo que los citados legajos reflejan es la permanente demanda de los habitantes por hacer pasar todos sus problemas (aun los militares, para lo que debían dirigirse al comisario de campaña) por dichos juzgados. En este sentido, aluden a que esa ha sido la práctica habitual haciendo referencia seguramente a que la presencia estatal en el campo (tanto en la colonia como en la primera década revolucionaria) estaba representada por el alcalde de hermandad, quien absorbía las cuatro causas.

El aún muy débil Estado Provincial, intenta afianzarse en el interior de su territorio —en permanente expansión— a través de la instalación de un Juzgado de Paz en cada nuevo partido o pueblo, el cual debía organizar y controlar la vida toda de esa comunidad. Pero además, el Estado le deja el control de la otra herramienta a través de la cual intenta consolidarse: las elecciones.

De manera que, la expansión de la frontera política institucionalizada a partir de 1832 y consolidada luego de 1840, se desarrolla en un campo en el que la precede el voto por unanimidad y el afianzamiento de la autoridad del juez de paz. Lo que explicaría, entonces, el voto por unanimidad en la campaña es el ascendiente ejercido por estos funcionarios gracias a su capacidad de mediación entre el mundo político antiguo y moderno.

---

[58] Esta hipótesis en torno al papel de la justicia como articuladora entre la esfera local y la esfera política ha sido elaborada por Antonio Annino. Para un mayor desarrollo de la misma, vease del autor: "La independencia y las transformaciones del espacio político novohispano: 1808-1824", mimeo, gentileza del autor. Es pertinente señalar, además, un punto que ya destacó Halperín Donghi en uno de sus primeros trabajos sobre la campaña de Buenos Aires en la etapa rosista: que si bien sus representantes en la Legislatura tienen, por lo general, muy poca vinculación con ésta, en otros sectores la administración es más decididamente entregada a fuerzas locales, como las de justicia y policía. Véase Tulio Halperín Donghi. "La expansión ganadera en la campaña de Buenos Aires", en Torcuato Di Tella y Tulio Halperín Dongui (comp), *Los Fragmentos del Poder. De la oligarquía a la poliarquía argentina*, Bs. As, Jorge Álvarez, 1969.

La práctica de justicia es la que parece articular la política a escala local y la que permite introducir sin conflicto el nuevo principio de representación y la práctica electoral derivada de él.

Se revierte así la tradicional imagen que interpretó la unanimidad y el poder de Rosas como producto de su posición como gran hacendado y del ascendiente ejercido sobre sus huestes a partir del ámbito privado de la estancia. Con Rosas, la presencia del Estado en la campaña se hace más fuerte, sobre todo, a través de los jueces de paz designados por una legislatura subordinada al gobernador, afianzándose el papel que vienen desempeñando desde la década del veinte: el de constituirse en espacios de control de un orden social y político basado en jerarquías.[59]

CONCLUSIONES

La implementación del nuevo principio de representación con sufragio activo universal y directo, lejos de ser introducido por una motivación puramente ideológica tendiente a instaurar un "régimen democrático", ilustra el pragmatismo con el que la elite dirigente porteña intentó superar la conflictividad producto de sus divisiones internas. La misma parece haber entendido —luego de la experiencia de la década de mayo— que para fundar un régimen político estable era necesario resolver la fragmentación de los grupos dirigentes, y que la elección indirecta no favorecía la unidad de sí misma, más aun sin el campo. Es posible que al decidirse esta reforma haya pesado el hecho de estar destinada al espacio político provincial, al tratarse, en definitiva, de un arreglo interno a la elite de una ciudad que intentaba ampliar sus bases incorporando a miembros de la campaña. De manera que lo que la elite bonaerense intenta, a través de la fundación del nuevo régimen representativo a escala provincial, es afianzar su poder en el interior de dicho espacio. La incorporación territorial y económica de la campaña requería su institucionalización política y, por tanto, buscar la unidad de un grupo dirigente ampliado de tal manera. Los nuevos sectores de la campaña que se incorporan a la dirigencia política del estado-provincia, ya no verán con buenos ojos los

---

[59] Véase de Ricardo Salvatore, "Reclutamiento militar, disciplinamiento y proletarización en la era de Rosas", en *Boletín del Instituto de Historia Argentina y Americana, "Dr. Emilio Ravignani"*, Facultad de Filosofía y Letras, UBA, núm. 5, 3ra. serie, 1er. semestre de 1992, pp.25-49.

intentos por convertir a Buenos Aires en el centro de un "poder nacional". Prefieren consolidarse fronteras adentro y desde allí garantizar la ampliación de dicha frontera y la incorporación plena de ciudad y campaña.

Sin embargo, la tan deseada y proclamada estabilidad alcanza sólo al quinquenio de la "feliz experiencia", reanudándose el conflicto hacia 1827-1828. El papel que jugó la nueva representación en la construcción de la renovada dinámica política explica, en gran parte, el tránsito hacia un régimen unanimista y responde a la simple pregunta de por qué los diversos grupos se peleaban. La ausencia de una norma capaz de establecer un "patrón de competencia" y de regular las negociaciones y los pactos desarrollados dentro de la elite a través de la práctica de las candidaturas, sumado al hecho de que el sufragio se erige en el principal referente legitimador para el ascenso al poder, hace que la elección se convierta en un acontecimiento de fundamental importancia para la reproducción del poder político, pero, a su vez, en una fuente cada vez más incontrolable de conflictividad entre diversos grupos.

La unanimidad rosista se instaura manteniendo, no sólo la formalidad del régimen establecido en 1821, sino además la idea del sufragio como elemento indispensable para legitimarse en el poder. Pero tal como intentamos dejar demostrado, lo que cambia es el significado de esta legitimidad. Lo que Rosas logra a través de las elecciones es extender al espacio urbano aquello ya instaurado en la campaña desde la fundación del nuevo régimen representativo; esto es, no sólo la práctica misma de la unanimidad, sino el sentido sobre el que ella se asienta. El de una legitimidad de tipo tradicional, basada en la continuidad de prácticas y jerarquías propias del antiguo régimen, como lo es la práctica de la justicia a nivel local.

En este punto radica la enorme ambigüedad que encierra el fenómeno rosista. El proceso de ruralización de la política consolidado durante su hegemonía —estigmatizado por la historiografía bajo la imagen del caudillismo—, se institucionalizó a través de la difusión de la moderna práctica del sufragio, pero asentada sobre la base de relaciones sociales y jurídicas más cercanas al mundo tradicional del antiguo régimen que al que la elite político-intelectual de la década del veinte imaginó poder imponer.

CUADRO 1. *Nómina de quienes fueron diputados más de tres veces en la Sala de Representantes de la provincia de Buenos Aires entre 1820 y 1827*

Nombre	N*	Años en que ocupó el cargo y jurisdicción a la que representaba
Aguirre, Juan Pedro	5	1820 (ciudad) - 1821 (ciudad) - 1823 (ciudad) - 1824 - 1825
Agüero, Julián Segundo	3	1821 (ciudad) - 1823 (ciudad) - 1824
Álvarez, Ignacio	3	1821 (campaña:Luján) - 1823 (campaña: San Nicolás) - 1824
Alagón, Juan	5	1820 (ciudad) - 1821 (ciudad) - 1823 (ciudad) - 1824 - 1825
Arroyo, Manuel	3	1821 (ciudad) - 1823 (ciudad) - 1824
Capdevila, Pedro	4	1821 (campaña: Magdalena) - 1823 (campaña: Magdalena) - 1824 - 1825
Echevarría, Anastacio	3	1820 (ciudad) - 1821 (ciudad) - 1827 (campaña: San José de Flores)
Escalada, Antonio José	3	1820 (ciudad) - 1821 (ciudad) - 1825
Gascón, Esteban	3	1820 (ciudad) - 1821 (ciudad) - 1824
Lezica, Sebastián	3	1820 (ciudad) - 1821 (ciudad) - 1823 (ciudad)
Pico, Blas José	3	1823 (campaña: Pilar) - 1824 - 1825
Tobal, Santiago	3	1823 (campaña: San Vicente) - 1824- 1825

*Número de veces que ocupó el cargo

CUADRO 2. *Nómina de quienes fueron diputados más de tres veces en la Sala de Representantes de la provincia de Buenos Aires entre 1827 y 1835*

Nombre	N*	Años en que ocupó el cargo y jurisdicción a la que representaba
Aguirre, Manuel	3	1828 (ciudad)-1830-1831 (ciudad)-1833 (campaña: San Isidro)
Alcorta, Diego	3	1828 (ciudad)-1832 (campaña: San Isidro)-1833 (ciudad:Quilmes)**
Cernadas, Juan José	4	1828 (ciudad)-1830-1831 (campaña: Pilar)-1832 (ciudad)-1833 (ciudad)
Del Campo, Epitafio	3	1828 (campaña: Luján)-1830-1831 (ciudad)-1833 (ciudad)
Martínez, Ignacio	3	1830-1831 (campaña: Arrecifes)- 1832 (Arrecifes)-1833 (ciudad)
Rivero, Matías	3	1827 (campaña: Pergamino)-1828 (ciudad)-1830-1831 (campaña: Quilmes)
Silveyra, Francisco	3	1828 (campaña: Quilmes)- 1830-1831 (campaña: Quilmes)-1833 (ciudad: Quilmes)***
Viamont, Juan José	3	1827 (ciudad)-1828 (campaña: Quilmes)-1830-1831 (ciudad)

*Número de veces que ocupó el cargo
**En 1833, el diputado Alcorta es electo por la ciudad y por el partido de Quilmes
***En 1833, el diputado Silveyra es electo por la ciudad y por el partido de Quilmes.

CUADRO 3. *Número de quienes fueron diputados más de tres veces en la Sala de Representantes de la provincia de Buenos Aires entre 1820 y 1835*

Nombre	N*	Años en que ocupó el cargo y jurisdicción a la que representaba
Álzaga, Félix	5	1820 (ciudad)-1821 (ciudad)-1827 (ciudad)-1830-1831 (ciudad)-1833 (campaña: Dolores)
Árraga, Vicente	4	1821 (campaña: Pilar)-1827-1830 (Pilar)-1833 (ciudad: Pilar)**
Cascallares, Francisco	4	1821 (campaña: Luján)-1823 (Luján)-1824-1830 (Luján)
Dorrego, Luis	3	1823 (campaña: Pergamino)-1827 (campaña: Arrecifes)-1830-1831 (Arrecifes)
García de Zúñiga, Victorio	3	1820 (ciudad)-1821 (ciudad)-1828 (ciudad)
Pinto, Manuel	5	1820 (ciudad)-1821 (ciudad)-1823 (ciudad)-1824-1830-1831(ciudad)
Saavedra, Luis	3	1821 (campaña: Arrecifes-Rojas)-1824-1828 (Arrecifes)
Trapani, Pedro	3	1823 (campaña: Quilmes)-1824-1832(campaña: Luján)
Vega, Juan Ángel	3	1824-1828(campaña: Arrecifes)-1830-1831 (Arrecifes)
Vidal, Mateo	3	1827 (ciudad)-1828 (ciudad)-1833 (ciudad-campaña: Dolores)***
Vidal, Pedro Pablo	3	1828 (campaña: Morón)-1830-1831 (Morón)-1832 (ciudad)

*Número de veces que ocupó el cargo
**El diputado Árraga fue electo en 1833 por la ciudad y el partido de Pilar.
***El diputado Vidal fue electo en 1833 por la ciudad y el partido de Dolores.

CUADRO 4. *Nómina de quienes fueron diputados más de tres veces en la Sala de Representantes de la provincia de Buenos Aires entre 1835 y 1847*

Nombre	N*	Años en que ocupó el cargo y jurisdicción a la que representaba
Argerich, Luis	3	1835 (ciudad)-1836-1837 (ciudad)-1839 (ciudad)
Argerich, Juan A.	6	1836-1837 (campaña: sec. 4)-1838 (sec. 4)- 1840 (sec. 4)-1842 (sec. 4)-1844 (sec. 4)-1846 (sec. 4)
Arrotea, Manuel	6	1836-1837 (campaña: sec. 11)-1839 (sec. 11)- 1841 (sec. 11)-1843 (sec. 11)-1845 (sec. 11)- 1847 (sec. 11)
Beláustegui, Francisco	6	1836-1837 (campaña: sec. 5)-1838 (sec. 5)- 1841 (sec. 12)-1842 (sec. 12)-1844 (sec. 12)- 1846 (sec. 12)
Boneo, Martín	6	1836-1837 (campaña: sec. 1)-1838 (sec. 1)-1840 (sec. 1) 1842 (sec. 1)-1844 (sec. 1)-1846 (sec. 1)
Campana, Cayetano	5	1838 (ciudad)-1840 (ciudad)-1842 (ciudad)- 1844 (ciudad)-1846 (ciudad)
Cárdenas, Jacinto	3	1839 (ciudad)-1841 (ciudad)-1843 (ciudad)
Corbalán, Manuel	6	1836-1837 (campaña: sec. 12)-1839 (sec. 12)- 1841 (sec. 12)-1843 (sec. 12)-1845 (sec. 12)- 1847 (sec. 12)
Correa Morales, Juan	3	1835 (campaña: Arrecifes)-1840 (ciudad)- 1842 (ciudad)
Elortondo y Palacio, Felipe	7	1835 (ciudad)-1836-1837 (ciudad)-1838 (ciudad)- 1840 (ciudad)-1842 (ciudad)-1844 (ciudad)- 1846 (ciudad)
Escalada, Inocencio	6	1836-1837 (campaña: sec. 2)-1839 (sec. 2)- 1841 (sec. 2)-1843 (sec. 2)-1845 (sec. 2)-1847 (sec. 2)
Ezcurra, Felipe	4	1840 (ciudad)-1842 (ciudad)-1844 (ciudad)- 1846 (ciudad)
Ezcurra, José María	6	1836-1837 (campaña: sec. 3)-1833 (sec. 3)- 1840 (sec. 3)-1842 (sec. 3)-1844 (sec. 3)-1846 (sec. 3)
Fuentes y Argibel, José	7	1835 (ciudad)-1836-1837 (campaña: sec. 6)- 1839 (sec. 6)-1841 (sec. 6)-1843 (sec. 6)-1845 (sec. 6)- 1847(sec. 6)
Gaete, Romualdo	5	1839 (ciudad)-1841 (ciudad)-1843 (ciudad)- 1845 (ciudad)
Pinedo, Agustín	6	1836-1837 (ciudad)-1839 (ciudad)-1841 (ciudad)- 1843 (ciudad)-1845 (ciudad)-1847 (ciudad)
Ramírez, Antonio	4	1836-1837 (campaña: sec. 5)-1839 (sec. 5)- 1843 (sec. 5)
Rolón, Mariano Benito	6	1836-1837 (ciudad)-1838 (ciudad)-1840 (ciudad)- 1842 (ciudad)-1844 (ciudad)-1846 (ciudad)

*Número de veces que ocupó el cargo

Cuadro 4. *(Continuación)*

Nombre	N*	Años en que ocupó el cargo y jurisdicción a la que representaba
Soler, Miguel	4	1841 (ciudad)-1843 (ciudad)-1845 (ciudad)-1847 (ciudad)
Torres, Eustaquio José	3	1843 (ciudad)-1844 (ciudad)-1846 (ciudad)
Unzué, Saturnino	4	1841 (campaña: sec. 3)-1843 (sec. 3)-1845 (sec. 3)-1847(sec. 3)
Vela, Pedro	4	1836-1837 (campaña: sec. 13)-1840 (sec. 13)-1842 (sec. 13)-1844 (sec. 13)
Vivar, Julián	6	1836-1837 (campaña: sec. 14)-1840 (sec. 14)-1841 (sec. 14)-1843 (sec. 14)-1845 (sec. 14)-1847 (sec. 14)

*Número de veces que ocupó el cargo

CUADRO 5. *Nómina de quienes fueron diputados más de tres veces en la Sala de Representantes de la provincia de Buenos Aires entre 1827 y 1847*

Nombre	N*	Años en que ocupó el cargo y jurisdicción a la que representaba
García, Baldomero	6	1833 (campaña: San José de Flores)-1836-1837 (sec. 7)-1839 (sec. 7)-1841 (sec. 7)-1843 (sec. 7)-1847 (ciudad)
García, Miguel	7	1832 (campaña: San Nicolás)-1836-1837 (ciudad)-1838 (ciudad)-1840 (ciudad)-1842 (ciudad)-1844 (ciudad)-1846 (ciudad)
Gari, Paulino	8	1830-1831 (campaña: San José de Flores)-1833 (Luján)-1836-1837 (ciudad)-1838 (ciudad)-1840 (ciudad)-1842 (ciudad)-1844 (ciudad)-1846 (ciudad)
Garrigós, Agustín	6	1834 (campaña: Chascomús: sec. 9)-1836-1837 (sec. 9)-1839 (sec. 9)-1841 (sec. 9)-1843 (sec. 9)-1845 (sec. 9)
Hernández, Pablo	7	1834 (campaña: Lobos: sec. 10)-1836-1837 (sec. 10)-1838 (sec. 10)-1840 (sec. 10)-1842 (sec. 10)-1844 (sec. 10)-1846 (sec. 10)
Lezica, Pedro	4	1828 (campaña: Pilar)-1843 (ciudad)-1845 (ciudad)-1847 (ciudad)
Lozano, Mariano	5	1828 (campaña: San Isidro)-1830-1831 (San Isidro)-1833 (San Antonio de Areco)-1836-1837 (sec. 7)-1838 (sec. 7)
Mansilla, Lucio	5	1833 (campaña: Chascomús)-1836-1837 (ciudad)-1839 (ciudad)-1841 (ciudad)-1843 (ciudad)-1845 (ciudad)-1847 (ciudad)
Maza, Manuel Vicente	3	1827-1828 (ciudad)-1836-1837 (ciudad)-1838 (ciudad)
Pacheco, Ángel	7	1833 (campaña: Monte)-1836-1837 (sec. 10)-1839 (sec. 10)-1841 (sec. 10)-1843 (sec. 10)-1845 (sec. 10)-1847 (sec. 10)
Pereda, Bernardo	8	1832 (ciudad)-1836-1837 (ciudad)-1838 (ciudad)-1839 (ciudad)-1841 (ciudad)-1843 (ciudad)-1845 (ciudad)-1847 (ciudad)
Pereda Saravia, Manuel	4	1832 (ciudad)-1836-1837 (ciudad)-1839 (ciudad)-1841 (ciudad)
Pino, Juan del	6	1827 (ciudad)-1828 (ciudad)-1830-1831 (ciudad)-1836-1837 (ciudad)-1838 (ciudad)-1840 (ciudad)
Piñero, Francisco	7	1830-1831 (ciudad)-1836-1837 (ciudad)-1839 (ciudad)-1841 (ciudad)-1843 (ciudad)-1845 (ciudad)-1847 (ciudad)

*Número de veces que ocupó el cargo

Cuadro 5. *(Continuación)*

Nombre	N*	Años en que ocupó el cargo y jurisdicción a la que representaba
Rosas, Prudencio	7	1834 (ciudad)-1836-1837 (campaña: sec. 4)-1839 (sec. 4)-1841 (sec. 4)-1843 (sec. 4)-1845 (sec. 4)-1847(sec. 4)
Rufino, Laureano	3	1832 (ciudad)-1836-1836 (campaña: sec. 12)-1836 (sec. 12)
Sáenz Peña, Roque	8	1832 (campaña: San Vicente)-1834 (ciudad)-1836-1837 (ciudad)-1839 (ciudad)-1841 (ciudad)-1843 (ciudad)-1845 (ciudad)-1847 (ciudad)
Senillosa, Felipe	9	1827-1828 (ciudad)-1830-1831 (campaña: Quilmes)-1832 (Quilmes)-1833 (Ensenada)-1836-1837 (sec. 8)-1839 (sec. 8)-1842 (sec. 8)-1844 (sec. 8)-1846 (sec. 8)
Vidal, Celestino	8	1827-1828 (campaña: Luján)-1828 (San Nicolás)-1836-1837 (ciudad)-1838 (ciudad)-1839 (ciudad)-1841 (ciudad)-1843 (ciudad)-1845 (ciudad)
Villegas, Justo	7	1830-1831 (campaña: Luján)-1836-1837 (campaña: sec. 1: San José de Flores)-1839 (sec. 1)-1841 (sec. 1)-1843 (sec. 1)-1845 (sec. 1)-1847 (sec. 1)
Wright, Francisco Agustín	3	1827-1828 (campaña: Quilmes)-1828 (Quilmes)-1836-1837 (ciudad)

*Número de veces que ocupó el cargo

CUADRO 6. *Nómina de quienes fueron diputados más de tres veces en la Sala de Representantes de la provincia de Buenos Aires entre 1820 y 1847*

Nombre	N*	Años en que ocupó el cargo y jurisdicción a la que representaba
Alsina, Juan	9	1823 (ciudad)-1824 1830-1831 (ciudad)-1836-1837 (campaña: sec. 11)-1833 (sec. 11)-1840 (sec. 11)-1842 (sec. 11)-1844 (sec. 8)-1846 (sec. 8)
Anchorena, Nicolás	10	1827 (Chascomús)-1828 (Chascomús)-1830-1831 (ciudad)-1832 (ciudad)-1836-1837 (ciudad)-1839 (ciudad)-1841 (ciudad)-1842 (ciudad)-1844 (ciudad)
Dolz, Norberto	4	1827-1828 (ciudad)-1840 (ciudad)-1841 (ciudad)-1843 (ciudad)
Inciarte, Manuel	3	1825 1830-1831 (ciudad)-1836-1837 (ciudad)
Irigoyen, Manuel	8	1821 (ciudad)-1824 1836-1837 (ciudad)-1838 (ciudad)-1840 (ciudad)-1842 (ciudad)-1844 (ciudad)-1846 (ciudad)
López, Vicente	6	1820 (ciudad)-1821 (ciudad)-1825-1827 (campaña: San Vicente)-1830-1831 (ciudad)-1847 (ciudad)
Luca, Manuel	4	1821 (ciudad)-1824 1845 (ciudad)-1846 (ciudad)
Medrano, Eusebio	9	1821 (campaña: San Isidro)-1827-1828 (San Isidro)-1832 (ciudad)-1836-1837 (campaña: sec. 2)-1838 (sec. 2)-1840 (sec. 2)-1842 (sec. 2)-1844 (sec. 2)
Medrano, Pedro	7	1821 (ciudad)-1827 (ciudad)-1828 (ciudad)-1834 (ciudad)-1836-1837 (ciudad)-1838 (ciudad)-1840 (ciudad)
Montes de Oca, Luciano	3	1821 (ciudad)-1834 (campaña: sec. 3: San Isidro)-1836-1837 (ciudad)
Obligado, Manuel	6	1820 (ciudad)-1827-1828 (ciudad)-1830-1831 (ciudad)-1832 (ciudad)-1836-1837 (campaña: sec. 3) 1839 (sec. 3)
Riglos, Miguel	13	1820 (ciudad)-1821 (ciudad)-1823 (ciudad)-1825 1827 (ciudad)-1828 (ciudad)-1833 (ciudad-San Isidro**)-1836-1837(campaña: sec. 8)-1838 (sec. 8) 1840 (sec. 8)-1842 (sec. 8)-1844 (sec. 11)-1846 (sec. 11)
Terrero, Juan Nepomuceno	11	1824 1827-1828 (campaña: San José de Flores)-1830-1831 (San José de Flores)-1832 (San Vicente)-1833 (San José de Flores)-1836-1837 (sec. 9)-9)-1838 (sec. 9)-1840 (sec. 9)-1842 (sec. 9)-1844 (sec. 9)-1846 (sec. 9)

*Número de veces que ocupó el cargo
**En 1833 el diputado Riglos es electo por la ciudad y por el partido de San Isidro.

Mapa 1. *Elecciones de 1821*
Once secciones electorales

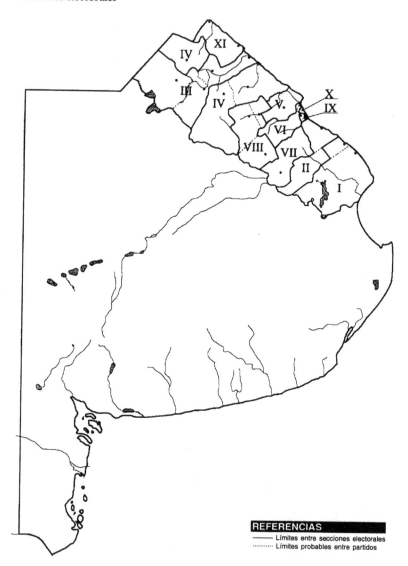

REFERENCIAS
—— Límites entre secciones electorales
·········· Límites probables entre partidos

Sección I (Magdalena y Ensenada); Sección II (Sauce y Quilmes); Sección III (Arrecifes, Rojas y Salto); Sección IV (Pergamino, Areco y Fortín de Areco); Sección V (Pilar); Sección VI (San Fernando, Conchas y Matanza); Sección VII (San Vicente); Sección VIII (Luján, su guardia y Lobos); Sección IX (San José de Flores); Sección X (San Isidro); Sección XI (San Nicolás)

MAPA 2. *Elecciones de 1830*
Trece secciones electorales

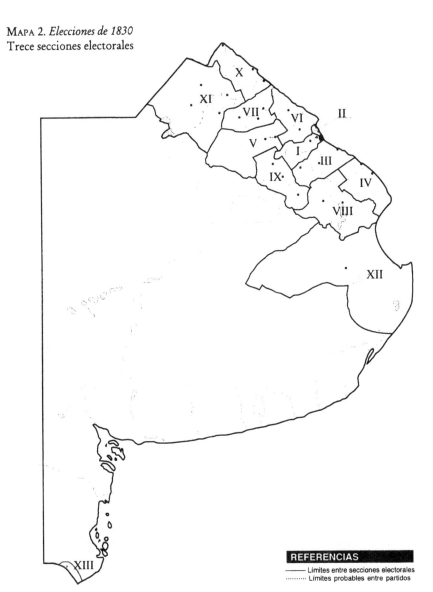

Sección I (San José de Flores, Morón y Matanza); Sección II (San Isidro, San Fernando y las Conchas); Sección III (Quilmes, San Vicente y Cañuelas); Sección IV (Ensenada y Magdalena); Sección V (Villa de Luján y su guardia); Sección VI (Pilar y Capilla del Señor); Sección VII (San Antonio de Areco, Fortín de Areco, San Andrés de Giles); Sección VIII (Chascomús y Ranchos); Sección IX (Lobos, Monte y Navarro); Sección X (Baradero, San Pedro y San Nicolás); Sección XI (Arrecifes, Salto, Pergamino y Rojas); Sección XII(Doloress y Monsalvo); Sección XIII (Patagones)

MAPA 3. *Elecciones de 1840*
Catorce secciones electorales

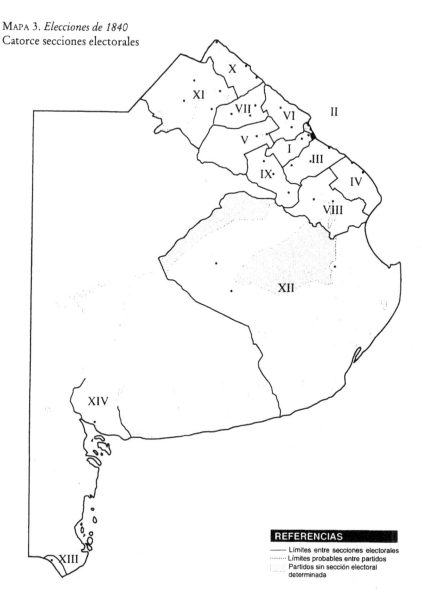

Se agrega la sección n° 14: Bahía Blanca.

Las trece secciones restantes quedan igual que en 1832, excepto la n° 12 que pasa a estar formada por los siguientes partidos: Tordillo, Chapalcufú, Real viejo partido de Ajó, Tapalquén, Azul, Flores, Tuyú, Mar Chiquita, Dolores y Lobería. Estos últimos se corresponden con los partidos creados por Rosas en diciembre de 1839, aunque por razones que no conocemos están excluidos los partidos del Vecino y Pila.

MAPA 4. *Avances de la frontera electoral entre 1821 y 1840*

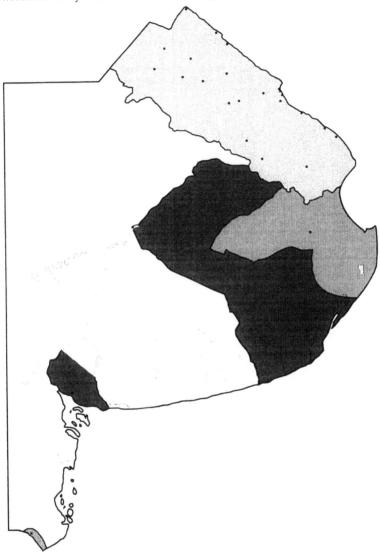

NOTA: Los límites de los partidos al norte del río Salado han sido tomados en principio de la división política de 1867 y han sido corregidos de acuerdo a divisiones anteriores de las cuales existen noticias ciertas; de todos modos tiene un carácter hipotético ya que no existen documentos de la época que corroboren los cambios y evolución de los mismos. Los mapas fueron elaborados y confeccionados por el arquitecto Fernando Aliata, CONICET-UBA.

ELECCIONES Y PRÁCTICAS ELECTORALES EN BUENOS AIRES, 1860-1880 ¿SUFRAGIO UNIVERSAL SIN CIUDADANÍA POLÍTICA?[*]

HILDA SABATO [**]

INTRODUCCIÓN

> Nothing is more surprising to those, who consider human affairs with a philosophical eye, than to see the easiness with which the many are governed by the few[1]
>
> DAVID HUME, 1758

> Representation is itself a fiction.[2]
>
> EDMUND MORGAN, 1988

EN LOS COMIENZOS del siglo XIX, los gobiernos independientes que se fueron estableciendo en la América del Sur hasta entonces española se fundaron sobre el principio de la soberanía del pueblo y la república representativa se impuso desde Nueva Granada hasta el Río de la Plata. En consecuencia, la "invención del ciudadano" fue un proceso central en la vida política de los nuevos países independientes, proceso que se asocia estrechamente con la historia del sufragio. Según un modelo sociológico ya clásico, el derecho a voto define a la ciudadanía política. Históricamente restringida, su ampliación habría resultado de la gradual

---

[*] Este trabajo forma parte de una investigación en curso sobre "Ciudadanía, participación política y formación de una esfera pública en Buenos Aires, 1860-1890". Agradezco las críticas y los comentarios que recibí en los sucesivos seminarios de trabajo en que discutimos versiones preliminares de los artículos aquí reunidos, y muy especialmente, las sugerencias de los comentaristas invitados, Natalio Botana y Tulio Halperin Donghi, y los provocativos aportes de Antonio Annino. En la recopilación de información, he contado con la valiosa colaboración de Graciela Bonet y Roberto Montes.
[**] Facultad de Filosofía y Letras de la Universidad de Buenos Aires (PEHESA, Instituto Ravignani) y CONICET.

[1] David Hume: "Of the First Principles of Government" en *Essays and Treatises on Several Subjects*, edición de 1758 citada por Edmund Morgan: *Inventing the People. The Rise of Popular Sovereignty in England and America*, Londres, 1988, p. 13.
[2] Morgan: *Inventing the People...*, p. 23.

extensión de ese derecho, culminando con la universalización del sufragio a toda la población adulta.[3]

Aunque cuestionada teórica y empíricamente, esta perspectiva fue adoptada con frecuencia en la reconstrucción de la vida política de nuestros países. Las interpretaciones del caso argentino no son una excepción. Así, la puesta en vigencia de la ley electoral de 1912, que establece el secreto y la obligatoriedad del voto, se considera generalmente como el paso clave en el proceso de *ampliación* de una ciudadanía hasta entonces restringida. Si bien en Argentina desde 1853 el sufragio era universal para todos los varones adultos, la participación electoral efectiva era muy limitada, por lo que se habla de una república restrictiva de hecho, vigente entre las fechas de sanción de la Constitución Nacional (1853) y de aplicación de la Ley Sáenz Peña (1912). El sufragio universal, establecido en la letra, habría sido burlado en la práctica,[4] violándose así el principio de soberanía popular.

Esta interpretación descansa sobre la premisa de que quienes ejercen el derecho a voto constituyen la ciudadanía política de una sociedad. Supone, además, que en las elecciones se produce ese efecto decisivo de delegación de soberanía que está en la base de la representación moderna. Estas premisas no son arbitrarias; se trata de la definición misma del régimen representativo de gobierno que fue adoptado desde temprano por el nuevo Estado argentino. Construir un régimen sobre esas bases fue un objetivo explícito de la Constitución, una meta que resultaba de la necesidad de fundar una nueva legitimidad para gobernar la sociedad. Pero en 1853 esa construcción estaba por delante y en la Argentina, como en otras sociedades que enfrentaron problemas semejantes, la "invención del cuidadano" y la incorporación colectiva de una noción tan abstracta como la de representación fueron el resultado de un largo y complejo proceso histórico. Que en el siglo XIX se usaran esos conceptos no necesariamente indica, pues, que en la vida política de entonces los que votaban fueran en efecto los ciudadanos de que habla la teoría política o que las elecciones se asociaran efectivamente a la representación. Al suponer que esto era así, las

---

[3] T. H. Marshall (ed.): *Class, Citizenship and Social Development.* New York, Doubleday, 1965.

[4] Esta visión se encuentra en la mayor parte de las interpretaciones sobre la historia política argentina. Los trabajos más sugerentes en esta tradición son los de José Luis Romero: *Las ideas políticas en la Argentina*, Buenos Aires, Fondo de Cultura Económica, 1946, y Gino Germani: *Política y sociedad en una época de transición*, Buenos Aires, Paidós, 1968.

interpretaciones más conocidas sobre la formación del sistema político argentino deducen de la baja participación electoral la existencia de una ciudadanía restringida y de la manipulación en las elecciones, la falta de legitimidad de un sistema político que debía asentarse sobre la pureza del sufragio.

De esta manera, dejan de lado la posibilidad de preguntarse qué quería decir votar, tener y ejercer el derecho al sufragio, en los distintos momentos de la vida política argentina. O de analizar el papel que efectivamente tuvieron las elecciones en diferentes regímenes políticos[5]. Descartan, también, toda pregunta referida a la temprana vigencia del sufragio universal, un dato peculiar del caso argentino que es minimizado al subsumir a éste en la categoría más general de república restrictiva. Finalmente, ignoran el hecho de que el sistema se mantuvo por largo tiempo y durante más de medio siglo se realizaron elecciones y los gobiernos gozaron de una dosis innegable de legitimidad. El propósito de este artículo es precisamente el de revisar estas cuestiones, explorando una historia particular, la de las elecciones y las prácticas electorales en la ciudad de Buenos Aires entre 1860 y 1880. No se trata de un caso paradigmático. Por el contrario, la vida política porteña era excepcional en su dinámica y en sus características. Pero, a la vez, la historia de su auge y declinación constituye un aspecto clave del proceso de formación del sistema político argentino.

Protagonista de los primeros pasos de la revolución de independencia en 1810, la ciudad de Buenos Aires tuvo desde entonces una agitada vida política. El temprano surgimiento de una clase política que funcionaba con relativa autonomía en relación con las clases propietarias estuvo acompañado de un desarrollo de formas propias de organización destinadas a competir en el conflicto por el control del poder. Después de la caída de Rosas en 1852 esa lucha cobró renovado vigor y la ciudad se convirtió en un escenario político muy activo. Allí surgió y consolidó su poder el partido liberal que, liderado por Bartolomé Mitre, hegemonizó primero el poder político en la provincia y, luego de la derrota de la Confederación en 1861, se lanzó a construir un partido nacional. Allí también se desató la competencia entre las dos facciones en que pronto quedó dividido ese partido, el nacionalismo y el autonomismo. Cuando, debilitado

---

[5] Constituye una excepción el libro de Natalio Botana: *El orden conservador. La política argentina entre 1880 y 1916*, Buenos Aires, Sudamericana, 1977.

ese proyecto que quiso ser hegemónico, las fuerzas políticas de otras provincias se organizaron para competir por el poder, buscaron hacer pie en Buenos Aires. Finalmente, la consolidación de un poder alternativo sólo fue posible derrotando por las armas a los rebeldes de la ciudad y la provincia que en 1880 se opusieron a la federalización de Buenos Aires dispuesta por el gobierno nacional.[6]

Durante treinta años la vida política de la ciudad estuvo atravesada por la rivalidad entre facciones que lucharon por conquistar el poder local, provincial y nacional. Los métodos para lograrlo fueron diversos, pero para alcanzar los puestos de gobierno las leyes establecían un camino ineludible, las elecciones, que adquirieron importancia creciente como fuente de legitimidad del poder político. En todos estos años las elecciones se realizaron puntualmente para designar a diputados nacionales y provinciales, a electores para presidente y vice, a los integrantes de los gobiernos municipales. Ellas cumplieron un papel importante en la resolución relativamente pacífica de las disputas entre las diversas facciones de la élite política porteña y, por lo tanto, en la construcción del nuevo orden que buscó imponerse después de Caseros.

Para ganar elecciones es necesario, en principio, captar votos. Por su parte, en el ejercicio del derecho a voto se condensa la esencia del sistema representativo establecido por la Constitución de 1853. Las elecciones aparecen así como un mecanismo clave en la relación entre sociedad civil y sistema de poder. En la Argentina regía el sufragio universal para los hombres adultos nacidos o naturalizados argentinos. En la provincia y la ciudad de Buenos Aires, el derecho al voto activo es todavía anterior, de 1821. Esto quiere decir que desde entonces no hubo limitaciones censatarias ni de capacidad al ejercicio del sufragio. Pero en la práctica y aunque hubo movilización y competencia electorales, muy poca gente ejercía su derecho a voto. ¿Por qué?

Las interpretaciones tradicionales, como vimos, hablan de ciudadanía restringida y de limitaciones efectivas al sufragio. Mencionan también la presencia masiva de inmigrantes que elegían no nacionalizarse y, por lo tanto, se mantenían fuera del sistema sin poder votar. Esta actitud se ha interpretado en general como síntoma de indiferencia de quienes habrían

[6] Tulio Halperin Donghi: *Proyecto y construcción de una nación (Argentina 1846-1880)*, Caracas, Biblioteca de Ayacucho, 1980.

estado más interesados en atender a sus intereses privados que en buscar la participación política. Pero los argentinos, que por ley tenían derecho a votar, en su gran mayoría tampoco lo hacían. Hoy sabemos, por otra parte, que estos fueron los años de constitución de una vigorosa esfera pública en Buenos Aires y que tanto nativos como extranjeros intervenían en ella de manera muy activa.[7] No se trataba, entonces, de un problema de indiferencia de unos u otros frente a la posibilidad de participar, sino de distancia frente a una forma particular de participación, la participación electoral.

Entonces ¿qué significaba votar en Buenos Aires? ¿cómo funcionaban efectivamente el sufragio y las elecciones desde el punto de vista de la relación entre sociedad civil y poder político? ¿qué relación se establecía colectivamente entre el voto y la representación política?. En las páginas que siguen se ensaya una aproximación a estas preguntas a partir de un análisis centrado en las prácticas electorales porteñas, que explora la dinámica de los comicios y la actividad política que se desarrollaba en torno a las elecciones mismas así como su repercusión pública.

LAS NORMAS ELECTORALES

La actividad electoral en Buenos Aires era constante y en un año cualquiera era habitual que hubiera cinco, seis o aun más convocatorias.[8] Esta actividad se regía por un conjunto de disposiciones legales de alcance municipal, provincial y nacional. Hasta 1862, Buenos Aires seguía casi sin variaciones las pautas de la ley provincial de 1821, pero después de la unificación nacional, ciudad y provincia se ajustaron a las leyes dictadas por el Congreso de la Nación en los años 1863, 1873 y 1877.[9]

---

[7] Hilda Sabato: "Citizenship, Political Participation and the Formation of the Public Sphere in Buenos Aires, 1850s-1880s" en *Past and Present*, núm. 136, agosto 1992.

[8] Todos los años se votaba a electores municipales, senadores y representantes provinciales; cada dos años, a diputados nacionales, cada tres a electores para senador y cada seis a electores para presidente y vice. Hubo, además, elecciones para convencionales constituyentes en 1860 y 1870. Finalmente, eran muy frecuentes las elecciones complementarias. A lo largo de la década de 1860 todos los años se celebraron entre cuatro y siete elecciones, culminando en el año 1870 con nueve. Ver AGN, Sala X, *Elecciones. Actas, padrones y antecedentes*, y *Elecciones nacionales*, legajos correspondientes al período analizado y de los diarios *La Tribuna* y *La Nación* para el mismo período.

[9] Véase Germán Tjarks: "Las elecciones salteñas de 1876 (un estudio del fraude electoral)" en *Anuario* del Depto. de Historia de la Fac. de Filosofía y Humanidades de la Universidad Nacional de Córdoba y Ezequiel Ortega: *¿Quiera el pueblo votar? Historia electoral argentina desde la Revolución de Mayo a la Ley Sáenz Peña, 1810-1912*, Bahía Blanca, Giner editor, 1963.

La ciudad de Buenos Aires estuvo siempre dividida en secciones electorales correspondientes a las diferentes parroquias.[10] Las mesas se establecían en el atrio de las iglesias correspondientes y su composición fue variando según las diferentes leyes. Antes de 1863, las autoridades de cada mesa eran elegidas por los vecinos presentes a la hora de comenzar el comicio. A partir de ese año, cada sección debía estar presidida por un juez de paz, acompañado de cuatro vecinos designados por sorteo entre los presentes el día del comicio y dos nombrados por la legislatura, también por sorteo a partir de una nómina de veinte vecinos. Esta composición fue modificada por la ley de 1873, que estableció para cada mesa cinco titulares y cinco suplentes, designados por sorteo entre veinte ciudadanos del registro elegidos por una junta especial, integrada por el presidente de la legislatura, el del tribunal superior de justicia y un juez federal de sección.

En cuanto a los votantes, según la constitución provincial de 1854 "la atribución del sufragio popular es un derecho inherente a la calidad de ciudadano argentino y un deber" (art. 48). Por su parte, las leyes provinciales y nacionales otorgaban el derecho a voto a *todos* los varones adultos (mayores de 17 o de 18 años según los momentos) nacidos o naturalizados argentinos, con muy escasas excepciones.[11] Los extranjeros podían votar en las elecciones municipales, aunque para ellos regían requisitos de capacidad y propiedad. Con dos años de residencia en el país podían naturalizarse y adquirir así los mismos derechos políticos que los nativos.

Hasta 1863 no había padrón previo, aunque los ciudadanos que deseaban votar en una parroquia debían tener domicilio conocido en ella y presentar la papeleta de enrolamiento en la guardia nacional. La ley de 1863 estableció por primera vez el Registro Cívico, que estaba a cargo de una junta calificadora, formada por el juez de paz de cada sección y dos vecinos nombrados por el Poder Ejecutivo. El registro era voluntario y

---

[10] Doce fueron las parroquias electorales de la ciudad en la década del sesenta: Balvanera, Barracas al Norte o Santa Lucía, Catedral al Norte o la Merced, Catedral al Sur, Concepción, Monserrat, Piedad, Pilar, San Miguel, San Nicolás, San Telmo y el Socorro. En la década siguiente se agregaron San Cristóbal y San Juan Evangelista. Esas secciones conformaron un distrito único y separado del resto de la provincia en algunas ocasiones (ley de 1863), fueron parte de un distrito mayor (la provincia) en otras (leyes de 1873 y 1877) o representaron cada una de ellas un distrito diferente, en ocasión de los comicios municipales.

[11] No estaban autorizados a votar "los dementes", "los condenados a pena infamante", los eclesiásticos, los enrolados en la tropas de línea y los sordomudos que no supieran leer ni escribir.

personal. El voto, por su parte, seguía siendo público. En 1873 se introdujo la urna y el voto debía emitirse por escrito. En todos los casos, al final de la jornada se procedía al escrutinio, se anunciaban los resultados y se remitía la documentación al poder legislativo, a quien correspondía la última palabra sobre la validez del comicio.

Hasta aquí las disposiciones básicas que regían el acto electoral. La creciente puntillosidad de las reglamentaciones, la multiplicación de normas, y la preocupación manifiesta en las leyes por dar mayor transparencia a las elecciones no parecían afectar demasiado la realidad electoral porteña: una sucesión de votaciones en que la competencia violenta y la movilización facciosa se alternaban con la indiferencia generalizada y la abstención.

LOS DÍAS DE ELECCIÓN

El 17 de enero de 1860 *La Tribuna* se quejaba de "la calma que ha reinado en las elecciones municipales [...] que ha rayado en la indiferencia".[12] Esta situación se repetía con frecuencia y en muchas ocasiones ni siquiera se llegaba a abrir las mesas por "ausencia de pueblo".[13]

El panorama podía cambiar radicalmente, trasmutando calma y apatía en agitación e intervención activa. "Un verdadero campo de Agramonte ha sido cada parroquia en las últimas elecciones": así iniciaba *La Tribuna* la descripción de una jornada electoral en 1864.[14] La palabra "desorden" aparece una y otra vez caracterizando los días de comicios en los diarios, informes policiales y relatos de estas décadas. Y junto con ella, la palabra "violencia".

En efecto, desórdenes, agitación y violencia eran la materia habitual con que se amasaban muchas jornadas electorales. Cada "asamblea electo-

---

[12] *La Tribuna*, 17/1/1860.

[13] Por ejemplo, no se logró reunir siquiera las mesas en la mitad de las parroquias de Buenos Aires en las elecciones a diputados nacionales en diciembre de 1860, marzo de 1867, enero de 1868, junio de 1869 y enero de 1872; en las de representantes a la legislatura provincial en junio de 1860, agosto de 1868 y junio de 1870; en las de electores municipales en mayo de 1869, noviembre y diciembre de 1870 y diciembre de 1871. Para designar convencionales en 1871 y 1872 hubo que convocar a elecciones siete veces. Esta lista no es exhaustiva. La información proviene de las actas electorales reunidas en los legajos del Archivo General de la Nación, Sala X, *Elecciones. Padrones, actas y antecedentes*, años 1864 a 1880, y *Elecciones. Policía*, 1866-73 y 1854-65.

[14] *La Tribuna*, 14/2/1864 y 29/3/1864.

ral" aparece así como un combate cuyo escenario principal era el atrio de las iglesias parroquiales. El triunfo se asociaba estrechamente a la victoria de las armas: no se habla tanto de urnas o de votos como de cascotes, puñales y revólveres. En este marco, el control material del terreno adquiría singular importancia."Entre nosotros se sabe cómo se ganan las elecciones" decía *La Tribuna* en 1864, "El que tiene la fuerza, toma las mesas y el que toma las mesas, gana las elecciones".[15] Para "ampararse" de una mesa, como se decía entonces, había que lograr el control del atrio de la iglesia pero también de su patio, cúpula, techos y paredes. Este recinto sagrado se desacralizaba para la ocasión y los curas párrocos tenían escasa actuación en el escenario electoral.[16] La iglesia se convertía, además, en el centro de un espacio mayor que incluía los edificios vecinos, la calle, las azoteas de los alrededores. Ese era el ámbito de la acción y también de la violencia.

Se trataba de una violencia organizada. El primer acto tenía lugar a la hora de abrir el comicio, cuando llegaban el juez de paz a formar mesa y el oficial de policía que tenía a su cargo vigilar el orden. Antes de 1873, cuando las autoridades de la mesa se elegían entre los presentes, allí se libraba la primera batalla.[17] Después de ese año, los escrutadores venían ya designados por la legislatura de manera que la pugna por ocupar esos espacios tenía lugar antes de la jornada electoral y en otro ámbito.[18]

[15] *La Tribuna*, 1/4/1864.

[16] Es interesante contrastar este papel marginal de la Iglesia y la religión en los comicios con el lugar central que ocupaban en el caso brasileño. Cf. Richard Graham: *Patronage and Politics in Nineteenth-Century Brazil*, Stanford University Press, Stanford, California, 1990, pp. 114-115. Pilar González Bernaldo da importancia al papel de los curas en la organización política en las parroquias de Buenos Aires entre 1852 y 1862. (Cf. "La création d'une nation. Histoire politique des nouvelles appartenances culturelles dans la ville de Buenos Aires entre 1829 et 1862". 3 tomos. Tesis de doctorado, Univ. de Paris I, 1992, tomo II). No encuentro señales de esa importancia en el período aquí estudiado. Más de una vez la Iglesia se dirigió a las autoridades civiles solicitando se dejara de lado la práctica de reunir las mesas en los atrios, pero la respuesta del gobierno fue siempre una rotunda negativa. Véase, por ejemplo, la Respuesta del Ministro de Gobierno Amancio Alcorta a una carta dirigida por el Arzobispo de Buenos Aires, Monseñor Aneiros el 24/1/1874 AGN, Sala X, 30-10-6, *Elecciones. Padrones, actas, antecedentes*, 1873-74. En el mismo sentido existe un pedido de Monseñor Escalada del 10/2/1857, también rechazado por el gobierno. Citada por Carlos Heras: "El proyecto de 1857 estableciendo el voto secreto en la Provincia de Buenos Aires" en *Trabajos y Comunicaciones*, núm. 13, 1965, p. 111.

[17] Ver, por ejemplo, Carlos Heras: "Las elecciones de legisladores provinciales en marzo de 1864" en *Trabajos y comunicaciones*, núm. 5, 1955 (La Plata), pp. 73 y ss.

[18] Sobre maniobras en el sorteo de las juntas receptoras de votos véase, por ejemplo, *La Nación*, 24/4/74 y *La Tribuna*, 2/12/1873 y 10/1/1875.

En ocasiones, el comicio mismo no podía llevarse adelante debido a las maniobras del propio juez de paz, que impedía la votación y la "fabricaba" a su manera.[19] En general, sin embargo, los protagonistas de las horas siguientes eran otros: los supuestos votantes. Después de 1863, sólo los inscriptos previamente en el registro podían serlo, pero la falsificación de boletas y el robo y la alteración de padrones estaban a la orden del día. Al mismo tiempo, no era infrecuente que contingentes ajenos a una parroquia irrumpieran en ella para forzar o impedir una votación. Veamos a los votantes, reales o supuestos, en acción.

En ocasión de las elecciones de legisladores provinciales de marzo de 1864, por ejemplo,

los peones del Ferrocarril Oeste presionaron para la formación de la mesa en la parroquia de San Nicolás; reunidos en grupos, impedían acercarse a los vecinos de la parroquia mientras se hacía un simulacro de votación para designar autoridades del comicio, en un ángulo de la misma habitación el Juez de Paz hacía el acta y fraguaba el escrutinio.[20]

En 1869, por su parte, *La Tribuna* advertía antes de la elección de senadores provinciales:

los Castristas [...] compran votos, no para el acto legal de la votación sino para asaltar las mesas [...] Al efecto están designados los atropelladores de las mesas de Balvanera y San Telmo. A la primera irá un tal Moreno, gefe de la estación del 11 de Setiembre, con los peones del ferrocarril, y la gente comprada por Unzué. A la segunda irán los carreros del señor Casares[21]

Los ejemplos abundan y en todos ellos resulta claro que los protagonistas de estas lides eran fuerzas movilizadas colectivamente. Formaban una tropa, que también tenía sus dirigentes, caudillos y caudillejos que a su vez actuaban bajo el signo de algún dirigente político mayor. Junto a ellos, compartiendo el comando, jóvenes políticos, muchos de ellos estudiantes pertenecientes a las familias distinguidas de Buenos Aires:

---

[19] Véase ejemplos en Hilda Sabato y Elias Palti: "¿Quién votaba en Buenos Aires?: Práctica y teoría del sufragio, 1850-1880" en *Desarrollo Económico*, vol. 30, núm. 119, oct.-dic. 1990.
[20] Heras: "Las elecciones de legisladores provinciales...", p. 75.
[21] *La Tribuna*, 19/3/1869.

Hay quien recuerda aún, la arrogante figura de José C. Paz parado sobre el muro que forma ángulo con el colegio de Huérfanas y el atrio de la iglesia [de la Merced], apostrofando a los asaltantes por una parte, animando a los suyos por otra; pero siempre temerario y despreciativo del peligro [...] se le hacían repetidos disparos, no solo desde la calle sino desde el balcón de la esquina, [...] donde entre otros, se encontraban Miguel Martínez de Hoz, Juan Chasaing y Manuel Argerich.[22]

Valentía, arrogancia, tales virtudes debían demostrar los jóvenes que formaban en las filas de las facciones políticas porteñas como vanguardia de las fuerzas de combate en las elecciones y que también aparecían cumpliendo ese papel en la prensa y en la barra de la legislatura.

Cada dirigente debía poner en movimiento a sus clientelas. La participación en las elecciones estaba sujeta, pues, a una organización meticulosa. "Como en la víspera de una batalla, parece que los gefes pasan revista a sus fuerzas y cuentan los hombres de pelea de que pueden disponer el día del combate," observaba *La Tribuna* en 1874.[23] Y el combate electoral tenía todos los ingredientes de una guerra: la movilización de huestes y su organización piramidal; la capacidad y disposición de éstas para la violencia; el heroísmo, la lealtad y la obediencia mostradas por los protagonistas; la importancia que se otorgaba al control material del terreno: todo evoca la guerra. Era, sin embargo, una guerra limitada: el escenario era cerrado (el atrio), el objetivo era exclusivamente ganar y mantener una posición ("ampararse de la mesa"), los participantes estaban definidos de antemano y todo se resolvía en un día. La violencia misma era también limitada: muy pocas veces se producía alguna muerte y las víctimas nunca eran figuras de primera línea.

Más aún, era una guerra vacía de carga dramática, que los contemporáneos encaraban con espíritu casi deportivo. Para Félix Armesto "Aquellas luchas, casi cuerpo a cuerpo, en que sitiados y sitiadores se cambiaban mutuas injurias, tenían mucho de los legendarios combates de la Edad Media, en que la palabra acompañaba a la acción".[24] Se trataba casi de un juego, con participantes que eran viejos conocidos, reglas sabidas y respetadas y resultados previsibles. En los días de elección, en los atrios se medían fuerzas. "La superioridad numérica" aparecía como un dato im-

---

[22] Félix Armesto: *Mitristas y alsinistas*, Buenos Aires, Ed. Sudestada, 1969, pp. 19-20.
[23] *La Tribuna*, 22/1/1874.
[24] Armesto: *Mitristas y alsinistas*, p. 17.

portante tanto a la hora de fabricar los votos propios como de bloquear los ajenos. No era un método monopolizado por una u otra facción, sino un mecanismo que formaba parte de un verdadero aparato electoral, cuya cara más visible eran los comicios.

Los intentos por controlar los resultados electorales empezaban antes del día de la votación. Son conocidos los mecanismos de manipulación que se ponían en marcha para "preparar" cada elección. Para las facciones en pugna se trataba, por una parte, de asegurar la designación de partidarios en las funciones claves: juez de paz, oficiales de policía e integrantes de las juntas empadronadoras. Por otra parte, se operaba sobre el registro cívico, discriminando en la inscripción, inscribiendo a los vecinos de una parroquia en varias, y anotando a personajes inventados o muertos. Siempre los fraudes eran descubiertos por la parte perdedora pero, como señala Héctor Varela, su práctica era común a todas las facciones:

> D. Bartolo [...] se lo pasa escribiendo columna tras columna sobre los fraudes electorales cometidos [...] y a renglón seguido le dice al Dr. Tejedor: —¿Se acuerda, compañero, de aquellos tiempos en que juntos hacíamos cada trapisonda del tamaño de la Catedral?. ¡Entonces sí que eran bonitos los fraudes! ¡De su puño y letra está aquel célebre Felipe Lotas! ¡Ja! contestó para sí el Dr. Tejedor, y de su puño y letra amigo D. Bartolo está el no menos célebre Benito Cámelas. ¿Cómo es entonces [...] que esos caballeros se espantan de los fraudes?[25]

En todas estas instancias, el control del aparato oficial resultaba decisivo. Durante buena parte de la década de 1860 los papeles estuvieron repartidos: el mitrismo en el gobierno central, el alsinismo en la provincia. En los años siguientes la situación se fue complicando para el mitrismo, en la medida en que fue perdiendo su lugar en la administración central. De todas maneras, siguió teniendo influencia sobre zonas del gobierno y también mantuvo un pie firme en algunas de las parroquias de la ciudad.

El control desde arriba y el ejercicio de la manipulación previa en general no alcanzaban para garantizar el triunfo en las elecciones, aunque hubo momentos en que el éxito de uno u otro partido (o de alguna coalición) estuvo asegurado de antemano. La mayor parte del tiempo las facciones debieron competir también en el terreno, desplegando sus contingentes de partidarios el día del comicio para ganar por la fuerza y por los votos.

---

[25] *La Tribuna*, 7/5/1878.

LOS VOTANTES

Muy poca gente votaba en Buenos Aires. Una y otra vez las mesas no podían formarse "por falta de vecinos". Cuando se lograba abrir el comicio, el nombre de los votantes quedaba registrado en el acta correspondiente. Es posible, por lo tanto, estimar el número de votantes, aunque la falsificación de nombres, el robo de urnas, y otras formas de fraude convierten a las actas electorales en una fuente poco confiable. De todas maneras, como no se cuenta con datos de participación electoral más ajustados, la estimaremos a partir de esas actas.

A lo largo de la década del sesenta en general las elecciones no atrajeron a más de un millar de personas, aunque en momentos excepcionales la participación llega a duplicarse. En los primeros años de la década siguiente esas cifras se repiten, superadas solamente en ocasiones de gran agitación política, cuando se registra un número de votantes que oscila entre los dos y cuatro mil, alcanzándose un máximo de alrededor de seis mil en las elecciones presidenciales de 1874 y 1880.[26] Mientras la población crecía de manera sostenida —de 178 mil en 1869 a 433 mil en 1887— la cantidad de votantes se mantenía relativamente constante, con picos puntuales, de manera que su proporción tendía a bajar. Así, las cifras altas de 1874 y 1880, por ejemplo, representan apenas algo más del 3% y algo menos del 2% del total respectivamente. En otras elecciones, los porcentajes eran aún más bajos. En cuanto a la proporción de votantes efectivos sobre los potenciales, ésta en general no pasaba del 10% y sólo excepcionalmente trepaba por encima del 20%.[27]

Aunque la legislación era amplia, la participación era escasa. Entonces: ¿Quiénes votaban y quiénes no? No es fácil averiguarlo. Nos aproximaremos al problema siguiendo dos vías, la de los testimonios de los contemporáneos y la de los datos del registro cívico y las actas electorales.

Ante cada elección, los diarios convocaban al ciudadano a las urnas. Sin embargo, al día siguiente del comicio, su figura quedaba relegada y otras

---

[26] Los cálculos están hechos en base a información recogida en AGN, Sala X, *Elecciones. Padrones, actas, antecedentes*, años 1864 a 1880 y *Elecciones. Policía*, años 1866-1873 y 1854-1865. La población en edad de votar se ha estimado interpolando a partir de los datos sobre población de Buenos Aires de los censos de la ciudad de 1854 y 1887 y del censo nacional de 1869.

[27] Las cifras son en general menores que en otros países de América del Sur. Véase, entre otros, José Valenzuela: *Democratización vía reforma: la expansión del sufragio en Chile*, Buenos Aires, Ed. del IDES, 1985 y Richard Graham: *Patronage and Politics...*

presencias ocupaban el centro de los relatos. Peones de la aduana y del ferrocarril, marineros del puerto, carreros, empedradores, jornaleros empleados en barracas y galpones, ellos aparecen como los protagonistas de la jornada electoral. A veces se menciona el origen extranjero de algunos participantes que, a pesar de la ley, habrían integrado las fuerzas electorales. En todos los casos los votantes aparecen como actores colectivos, agrupados según su ocupación y asociados en general a las capas más bajas de los sectores populares. Los diarios facciosos enfatizaban esa composición al referirse a las fuerzas de sus oponentes, pero también los propios dirigentes partidarios se referían a sus huestes en los mismos términos. Asi, evocando al autonomismo, Julio A. Costa no oculta que:

> este grande y noble partido [...] era maestro en maniobras electorales y de comité; y no le hacía asco al concurso de los peones de Aduana, ni al de los de la limpieza, ni a los comisarios de la policía.[28]

Estos grupos no actuaban solos, y caudillos y dirigentes de distinto nivel siempre aparecen en lugar prominente en los relatos. Esta imagen de los protagonistas de las jornadas electorales tiene su contracara en la de los ausentes, aquéllos que no participaban de los comicios. "A las elecciones no asisten por lo general los hombres de cierta posición social, decía en 1873 el Diputado Leguizamón, no asisten los hombres de espíritu débil, no asisten los ancianos". Unos meses más tarde *La Tribuna* advertía: "La gente honrada, la gente seria... esos no asistirán a las elecciones".[29]

Las cifras de participación electoral hablan de una escasa asistencia a los comicios por parte de quienes estaban en condiciones de hacerlo. Los testimonios subrayan, junto a la presencia de actores de origen popular, identificados colectivamente, la llamativa ausencia de votantes provenientes de los sectores medios y altos de la ciudad. La escasa información proveniente de padrones y actas electorales parece corroborar esta imagen, aunque con matices.

Contamos con el registro cívico de 1878 para nueve parroquias, donde se incluye el nombre de los inscriptos, profesión, domicilio, edad, estado civil y grado de instrucción.[30] El número de votantes con frecuencia no

---

[28] Julio A. Costa: *Entre dos batallas*. Buenos Aires, Talleres Gráficos Mario, 1927, p. 192.

[29] Cámara de Diputados de la Nación: *Diario de Sesiones*, 1873. Sesión del 6/8/1873; *La Tribuna*, 24/1/1874.

[30] Aunque se cuenta con padrones de años anteriores, éstos traían exclusivamente nombre y dirección y a veces algún dato más sobre los inscriptos.

llegaba al cincuenta por ciento de los anotados y, por lo tanto, los datos sobre los primeros son un indicador sólo aproximado del perfil de los que efectivamente acudían al comicio. Si a esto se suma la falsificación de padrones y la sustitución de personas en el momento de la votación, se tendrá claro que la información que se incluye a continuación tiene un valor muy relativo a la hora de caracterizar la participación electoral.

Inscriptos en el registro cívico de nueve parroquias de la ciudad de Buenos Aires, clasificados en grupos ocupacionales, 1878

(En porcentajes)						
Parroquias	1	2	3.1	3.2	Total 3	Total
Balvanera	12	16	30	40	70	100
Catedral S.	50	38	8	4	12	100
Concepción	23	15	36	26	62	100
Piedad	23	25	28	24	52	100
Pilar	13	9	29	50	79	100
San Juan E.	7	6	26	60	86	100
San Miguel	35	43	15	7	22	100
San Telmo	23	20	27	29	56	100
Socorro	19	15	38	28	66	100
Total 9 pq.	22	20	29	29	58	100

Notas: El número total de inscriptos por parroquia es el siguiente: Balvanera, 911; Catedral al Sur, 559; Concepción, 1178; Piedad, 984; Pilar, 797; San Juan Evangelista, 201; San Miguel, 440; San Telmo, 682 y Socorro, 759. No se cuenta con datos para Catedral al Norte, Monserrat, San Cristóbal, San Nicolás y Santa Lucía.
El grupo 1 incluye a hacendados y propietarios, militares, rentistas, profesionales (abogados, procuradores, médicos, etc.) y estudiantes. En la mayor parte de las parroquias estos últimos constituyen el subgrupo más importante dentro del grupo 1.
El grupo 2 reúne a quienes se vinculan al "comercio".
El grupo 3 incluye a los que aparecen con ocupaciones que corresponden al mundo de los trabajadores. En el grupo 3.1 se ha reunido a los dependientes, empleados y trabajadores en oficios relativamente calificados (tipógrafos, carpinteros, sastres, etc.) aunque en muchos casos la denominación de un oficio no alcanza para saber si se trata de trabajo calificado o no. En el grupo 3.2 se incluye a los jornaleros y peones, los sirvientes y los que declaran oficios poco calificados (en especial, albañil, pintor, carrero). En la mayor parte de las parroquias, los jornaleros y peones constituyen el subgrupo más importante del 3.2.
Fuentes: Registro Cívico de 1878.

La clasificación de este cuadro es ocupacional y no se refiere, por lo tanto, a la ubicación social de los votantes. Si bien en algunos casos a partir de la ocupación declarada se puede inferir la pertenencia a determinada clase o sector, en otros las dificultades son muy grandes. En particular el rubro "comercio" puede encerrar personas de muy diferente nivel social, lo mismo que las categorías "empleados" y "profesionales".[31]

De este cuadro y de la demás información provista por los padrones[32] se desprende que el perfil de los inscriptos en el registro cívico era muy diverso según parroquias. Se distinguen tres grupos: Catedral al Sur y San Miguel, con fuerte presencia de profesionales y sobre todo de estudiantes así como de personas vinculadas al comercio, una baja proporción de trabajadores en general y en particular de peones y jornaleros, y una baja tasa de analfabetismo entre los inscriptos; San Juan Evangelista, Balvanera y Pilar, con muy alta presencia de trabajadores y en especial de peones y jornaleros, baja proporción de comerciantes y profesionales y alta tasa de analfabetismo; Piedad, Socorro, San Telmo y Concepción, con cifras más parejas. Es probable que estas diferencias resulten más una consecuencia de las variaciones en la estructura ocupacional y social por barrio que de alguna diferenciación en la estrategia de empadronamiento, pero es difícil probarlo.[33] En todos los casos, el perfil de los inscriptos era más joven que el del conjunto de los habitantes.[34]

Para dos parroquias, Concepción y San Telmo, se cuenta también con información sobre los que efectivamente votaron (o aparecieron como votantes). En ambos casos, el número total de éstos fue mucho menor que

[31] Por ejemplo, entre los "comerciantes" de la Parroquia del Pilar, se incluye a veinte abastecedores que se declaran analfabetos. En cuanto a los profesionales, se incluye entre ellos a los procuradores, de discutido estatus en ese sentido.

[32] Cabe destacar, en particular, el porcentaje de inscriptos analfabetos en algunas de las parroquias: Balvanera: 41%; Piedad: 14%; Pilar: 59%; San Juan Evang.: 56%; San Miguel: 5%; San Telmo: 31% y Socorro: 17%.

[33] No contamos con datos de la estructura ocupacional por parroquia, pero si se comparan los datos de los empadronados con los correspondientes a la distribución ocupacional de la población masculina nativa *total* de Buenos Aires para las fechas censales disponibles (1869 y 1887), en los grupos 2 y 3 se observa que, en las parroquias menos polarizadas, el patrón de distribución por ocupaciones no es demasiado diferente. De todas maneras, hay una cierta sobrerrepresentación general del grupo 3.2, en particular de los peones y jornaleros, que se acentúa en Pilar, Balvanera y San Juan Evangelista. Los empleados en el servicio doméstico, en cambio, están subrepresentados en todas las parroquias. El comercio aparece sobrerrepresentado en San Miguel y Catedral al Sur, pero subrepresentado en casi todas las demás parroquias. Si se toma la población masculina total, es decir nativos y extranjeros, el grupo que aparece subrepresentado es el de los trabajadores calificados, mientras que en este caso empleados y dependientes aparecen sobrerrepresentados.

[34] Existía una sobrerrepresentación de los menores de 29 años, que en varias de las parroquias mencionadas superaban el 60% del total.

el de inscriptos (Concepción: 306 sobre 1178; San Telmo: 296 sobre 682), pero las proporciones entre ocupaciones se mantuvieron muy similares.

El panorama que resulta de este análisis parcial de los inscriptos en nueve parroquias es algo diferente del que surge de los testimonios de los contemporáneos sobre los votantes. Aparece un cuadro de diversidad ocupacional mayor y, en algunas parroquias, la presencia significativa de profesionales y gente de "comercio", que habría que seguir explorando. Se reafirma, por otro lado, la imagen de una fuerte participación de peones, jornaleros y trabajadores de baja calificación en amplias zonas de la ciudad, de una importante presencia de estudiantes y, en general, del perfil juvenil de los votantes.

Los registros electorales son, como dijimos, una fuente muy parcial. Además, clasifican a los inscriptos según sus rasgos individuales, induciendo una imagen algo equívoca de los electores. La mayor parte de los actores en las elecciones porteñas participaban de ellas colectivamente, cada uno como miembro de algún grupo mayor. Por lo tanto, más que pensarlos como individuos calificables según sexo, edad, y profesión es importante observarlos en su dinámica colectiva.

RECLUTAMIENTO Y MOVILIZACIÓN

La movilización electoral involucraba, en general, a actores colectivos, más allá de su origen social. Votaban en primer lugar quienes se hallaban encuadrados, es decir, tanto quienes habían sido reclutados y organizados para asistir al comicio como los dirigentes de distinto nivel que tenían a su cargo esas tareas. Los clubes electorales eran los que montaban "la máquina" y creaban clientelas políticas que se movilizaban cuando hacía falta. Los soportes materiales de estas redes eran de variada índole. Las dependencias vinculadas de una u otra manera con el estado eran lugares privilegiados de reclutamiento. La policía, la guardia nacional y el ejército también cumplían un papel en ese sentido.

En Buenos Aires coincidían los aparatos administrativos de la nación, la provincia y el municipio, todos ellos por entonces relativamente modestos. Desde el punto de vista del empleo, la influencia del Estado, en sus tres niveles, se ampliaba porque era el encargado de contratar y otorgar permisos a contratistas privados de servicios, a través de licitaciones y concesiones. El empleo asociado a todas estas actividades fue usado por la dirigencia política para construir sus redes clientelares. Se privilegiaba a los amigos políticos para los puestos públicos y para las licitaciones, lo que a su vez aseguraba un control hacia abajo de los trabajadores. En cuanto a los opositores, existen denuncias reiteradas de persecución por el oficialismo de turno.[35]

El control de esa fuerza potencialmente electoral no era automático pues no se trataba simplemente de cambiar un puesto por un voto. Se organizaba un complejo mecanismo de encuadramiento y movilización, de manera tal que bajo la figura dirigente de un administrador o jefe con clara identificación partidaria, se creaba una estructura piramidal que superponía jerarquías laborales y políticas y donde los trabajadores/votantes formaban la base y los capataces/caudillos los escalones intermedios. Así, por ejemplo, en 1864 Bilbao la Vieja, administrador de la Aduana contaba con hombres como el capataz Gómez que le aseguraba "sus" peones para apoyar al Club del Pueblo. En el Ferrocarril Oeste, cuyas huestes lideraba el administrador Luis Elordi, un tal Moreno, jefe de la estación 11 de Setiembre, fue uno de los encargados de llevar a su gente a las votaciones de la ciudad en 1869.[36]

Tres instituciones estatales tenían una importancia especial en el reclutamiento y la movilización electorales: la policía, el ejército y la guardia nacional. Además de su papel como custodia del orden el día de los comicios, cuyas acciones en favor de una u otra facción eran denunciadas reiteradamente por las partes afectadas, la policía era una fuente doble de votantes. Por un lado, sus empleados podían votar y lo hacían, aunque los agentes fueron tempranamente privados de ese derecho. Por otro, se trataba de una organización con control territorial sobre la ciudad y con un poder indiscutible sobre sus habitantes. Sus miembros, en particular los comisarios, desarrollaban una tarea permanente de organización política.

Por su parte, el ejército y sobre todo la guardia nacional ejercían una indudable influencia en el reclutamiento electoral.[37] Su poder se extendía

---

[35] Las denuncias de la manipulación del empleo público abundan en los diarios de la época. Véase, entre otros, *La Tribuna*, enero y febrero de 1864 y febrero y marzo de 1869, así como *La Nación*, abril y agosto de 1874 y marzo de 1879. Véase, también, Carlos Heras: "Un agitado proceso electoral en Buenos Aires", en *Trabajos y Comunicaciones*, núm. 4, 1954 (La Plata).

[36] Véase *La Tribuna*, varios artículos publicados en enero y febrero de 1864, y el mismo diario, 19/3/1869.

[37] Durante este período, las fuerzas armadas de tierra estaban formadas por el ejército de línea y las guardias nacionales. Al primero correspondía la defensa de las fronteras y sus fuerzas se reclutaban

mucho más allá de las filas de cada institución. En primer lugar, para votar era requisito presentar la papeleta de enrolamiento en la guardia nacional, por lo que sus comandantes podían obstaculizar la inscripción electoral con facilidad. Además, la guardia misma era un mecanismo de organización, captación y control de la gente y muchos de sus integrantes seguían bajo el liderazgo político de los comandantes aún después de licenciados. En Buenos Aires, la guardia gozaba de un aura de gloria que se vinculaba con orgullo a la autonomía de la provincia. Cuando después de Pavón la provincia nacionalizó sus fuerzas, que formaron el núcleo del ejército "de la Nacion", hubo fuertes presiones para volver a organizar la guardia pues ella era una pieza política importante para el gobierno provincial, en rivalidad creciente con el nacional. Por fin, en febrero de 1864, la provincia dispuso su reorganización.[38] Los jóvenes de las familias patricias y también aquéllos que aspiraban a ocupar lugares dirigentes eran activos participantes de la institución y no ocultaban el interés político de esa colocación.[39]

El ejército, por su parte, también actuaba en ese sentido. A principios de los años sesenta, buena parte de sus jefes habían sido guardias nacionales. Más tarde, aun cuando la institución se fue consolidando y de alguna manera autonomizando del gobierno de turno, sus oficiales continuaron participando de las lides políticas y contribuyendo "su gente" a ellas. Todos los partidos tenían sus militares propios y su poder era tan evidente que, en 1873, el presidente Sarmiento elevó al Congreso un proyecto de ley cuyo objetivo era "evitar que los gefes y oficiales del ejército y marina de la República influyan en las elecciones". Este proyecto no llegó a convertirse en ley.[40]

Al margen de estas instituciones, entre los funcionarios del Estado es conocido el papel que cumplían los jueces de paz en las jornadas electorales.[41] Además de su capacidad de acción sobre el terreno, ellos tenían po-

---

por enganche. Al principio era una institución fragmentada y con escaso poder, pero a lo largo de las décadas en estudio fue consolidándose como institución centralizada y jerárquica. Las guardias nacionales eran milicias provinciales donde debían enrolarse todos los varones adultos nativos, que podían ser convocados por el gobierno de la provincia en cualquier momento.

[38] Cf. Carlos Heras: "Las elecciones..." pp. 60-62.

[39] Cf. Carlos Martínez: *Alsina y Alem. Porteñismo y milicias*. Buenos Aires, Ediciones Culturales Argentinas, 1990, cap. II.

[40] *La Tribuna*, 10/4/1878.

[41] Cf. el artículo de Marcela Ternavasio en este mismo volumen. En la ciudad había un juez de paz por parroquia y su designación corría a cargo del poder ejecutivo provincial.

der de reclutamiento, que se apoyaba en los distintos medios con que contaban como "hombres influyentes" en sus respectivas parroquias.[42]

El estado disponía de los principales soportes materiales para poner en marcha mecanismos de reclutamiento que no se dirigían centralmente a la captación de votantes individuales sino a la movilización colectiva de huestes electorales. Así reclutadas, estas huestes eran, a su vez, encuadradas en el aparato electoral de las facciones políticas porteñas, cuya institución central eran *los clubes*.

LOS CLUBES DE BUENOS AIRES

Los partidos políticos de entonces se consideran agrupaciones facciosas, personalistas, inorgánicas, poco asimilables a los partidos "modernos".[43] De todas maneras, fueron factores de aglutinación de intereses políticos, centros de actuación de quienes habían llegado o aspiraban a llegar al poder, lugares de constitución de redes materiales y tramas simbólicas que contribuyeron a definir tradiciones políticas. Fueron, además, organizaciones que competían por alcanzar el poder político y, por lo tanto, que debían actuar en el terreno electoral. Sin embargo, los partidos no operaban institucionalmente en ese terreno, donde en cambio desplegaban su actividad *los clubes*.

El club aparece, en principio, como la organización operativa que en cada partido dirigía los llamados "trabajos electorales". Así se definían los límites de su acción en 1860:

El Club Libertad ha terminado sus tareas [...] No volverá a tener asamblea hasta el año venidero cuando la ley abra a los ciudadanos el período electoral. [...] He aquí los únicos fines del Club Libertad, fines puramente electorales [...] Todos lo saben; cerrada la época electoral, el club se disuelve. Nadie dirá que le ha visto reunido una sola vez fuera de ese período ni con otros fines.[44]

---

[42] Véase ejemplos en los artículos citados de Carlos Heras.

[43] Cf. Halperin Donghi: *Proyecto y construcción de una nación*; José Carlos Chiaramonte: *Nacionalismo y liberalismo económico en Argentina, 1860-1880*, Buenos Aires, Solar/Hachette, 1971; Carlos Melo: *Los partidos políticos argentinos*, Córdoba, 1960.

[44] *La Tribuna*, 24/5/1860.

Claro que no era tan así y la insistencia misma del texto hace dudar de la exactitud de sus palabras. Los clubes surgieron en la década del cincuenta, antes de que la forma partido adquiriera vigencia bajo la inspiración y el liderazgo de Bartolomé Mitre,[45] agrupando a quienes, dentro del amplio sector de los porteñistas antiurquicistas, tenían sin embargo diferencias entre sí y con el oficialismo representado en el gobernador Obligado. Si bien su actividad era más visible en los momentos electorales, constituían formas de agregación más permanentes. Este patrón se reiteró en años posteriores, en primer lugar cuando se produjo la escisión interna dentro del Partido de la Libertad que comenzó con la formación de clubes antagónicos y culminó con la división del viejo partido. Algo semejante volvió a ocurrir en el interior de los nuevos partidos —nacionalista y autonomista— y en particular en el seno de éste último, donde se registra la aparición de sucesivos clubes rivales que nucleaban a sectores diferenciados aunque nunca nítidamente definidos. La formación del partido republicano en 1877 dio entidad propia aunque efímera a una de esas ramas del autonomismo.

Los clubes eran, entonces, a la vez que las instituciones que operaban materialmente en el terreno electoral bajo la advocación de los partidos, agrupaciones políticas laxas y no permanentes que funcionaban dentro de cada partido.[46] En este caso nos interesa explorarlos en la primera de esas facetas, la electoral, en particular en la actividad orientada hacia afuera, es decir, a la captación y movilización de los votantes.

Los clubes eran organizados por grupos de dirigentes que a su vez arrastraban a "su gente" al seno de la agrupación respectiva. En el centro de la actividad de un club era difícil encontrar a las cabezas partidarias más importantes, que se mantenían por encima de las tareas operativas y guardaban distancia de las rivalidades internas. Personajes como Mitre o Alsina, por ejemplo, que en los primeros momentos de sus respectivas carreras fueron cabeza de club, luego ocuparon el lugar indiscutido de jefes de partido. Eran, en cambio, los más numerosos dirigentes de segunda línea los que se involucraban directamente en la acción.

En los clubes se definían las candidaturas y desde allí también se supervisaban los trabajos electorales. En sus comisiones directivas actua-

---

[45] Cf. Halperin Donghi: *Proyecto y construcción de una nación*.

[46] La organización de estos clubes ha sido muy poco tratada por la historiografía. Un enfoque original para la década de 1850 ha sido recientemente propuesto por Pilar González Bernaldo: "La création d'une nation", tomo II.

ba un elenco relativamente estable de figuras que a su vez conformaban las listas de candidatos a diputados y senadores nacionales, o de representantes provinciales. Entre ellas, es fácil reconocer a conspicuos dirigentes electorales, hombres que estaban a la cabeza de las huestes de votantes: el ya mencionado Elordi; el comisario y luego jefe de policía, Enrique O'Gorman; el comandante Mateo Martínez, y tantos otros. Otros personajes como Leandro Alem o Dardo Rocha, que llegaron a primeras figuras de club y partido, fueron entusiastas partícipes en las fuerzas electorales.

Los clubes desarrollaban parte de su actividad de manera centralizada; existía una comisión directiva que se reunía y tomaba decisiones y en general se considera que los temas más importantes se acordaban en el seno de un pequeño círculo de dirigentes.[47] Sin embargo, hubo asambleas que fueron muy concurridas y hasta tumultuosas donde se produjo el debate abierto, con votaciones, disidencias, e incluso rupturas, en general resultado de alguna rivalidad por la definición de candidaturas.[48]

Si las decisiones se tomaban en gran medida centralizadamente, la acción, en cambio, era descentralizada y tenía como escenario principal a las parroquias, territorio de una institución muy particular de la vida política porteña: *el club parroquial*.

LOS CLUBES PARROQUIALES

Los clubes parroquiales habían surgido en la primera elección después de Caseros, en abril de 1852, organizados por Mitre y no consistían más que en una asamblea de vecinos que a falta de partidos organizados se reunía para aunar opiniones con respecto a los candidatos que votarían en los comicios.[49]

Según el Reglamento de los Clubes Parroquiales, el objetivo de éstos era "conocer la verdadera opinión de la mayoría de los ciudadanos" con respecto a las candidaturas a cargos electivos. En cada parroquia, anual-

---

[47] Véase, por ejemplo, Chiaramonte: *Nacionalismo y liberalismo...*
[48] Cf. Heras: "Las elecciones..." pp. 68-69 y 94-95.
[49] Heras: "Un agitado proceso electoral", p. 93. Referencias similares se encuentran en Martínez: *Alsina y Alem*. La mayor parte de los autores trata a estos clubes como simples sucursales de los clubes políticos.

mente se convocaba a todos los vecinos a una asamblea para designar una comisión directiva, la que a su vez debía elegir entre sus propios miembros a quienes integrarían el club central, formado por representantes de todas las parroquias.[50] A la hora de proponer candidaturas, se convocaba a reunión en todos los clubes parroquiales, cada uno de los cuales armaba una lista de candidatos elegidos a pluralidad de sufragios de los presentes. A continuación, las comisiones elevaban sus respectivas listas al club central, donde se confeccionaba la nómina definitiva compuesta por los candidatos que aparecían en un mayor número de listas parroquiales.[51]

Con este sistema peculiar se trataba aparentemente de recoger los nombres que surgieran desde la ciudadanía para formar las listas de candidatos. En el marco de la Buenos Aires que acababa de pasar por la experiencia rosista, quienes, como Mitre, pretendían ponerse a la cabeza del nuevo proceso introdujeron un sistema que aparentemente les permitía avanzar en dos planos. Los hacía aparecer encarnando a las libertades conquistadas, confiando en la ciudadanía y estimulando su participación, y a su vez, les daba la oportunidad de crear un canal de acción política nuevo, a través del cual construir apoyos e incidir sobre un escenario donde todo estaba por definirse.

Lo cierto es que desde el principio se trabajó desde las dirigencias para incidir sobre las bases parroquiales. Pero también es cierto que el éxito de algunas figuras se construyó a partir de su trabajo en el escenario de esos clubes. Los partidos buscaban controlarlos y, por lo tanto, sus dirigentes "bajaron" a las parroquias a desarrollar su actividad, cooptando a su vez a caudillos barriales que aportaban su caudal clientelístico y político.

Las rivalidades pronto dieron lugar a la escisión de esos foros que en teoría debían contener a toda la ciudadanía de un vecindario. Ya en 1857 *La Tribuna* sostenía "los derrotados en la elección primaria tenían derecho a formar el Club Parroquial de la minoría".[52] Después de 1862, con la profundización del conflicto entre mitristas y alsinistas, los clubes parroquiales se dividían según su adhesión a uno u otro partido mayor, de manera tal que ya al citar a reuniones se invitaba a los vecinos que "simpatizaran" con el Club Libertad o con el Club del Pueblo, según el caso. De

---

[50] *La Tribuna*, 28/3/1855, citado en Martínez: *Alsina y Alem* p. 28 y *El Nacional*, 10/1/1860.
[51] Véase Martínez: *Alsina y Alem*, p. 29.
[52] Citado por Heras: "El proyecto de 1857..." pp. 112-113.

todas maneras, los clubes parroquiales conservaron su función primitiva de proponer candidaturas, ahora para las listas de los partidos con los cuales simpatizaban. Las facciones se acusaban mutuamente de manipular la designación de candidatos, "orquestar" las listas y burlar la voluntad de la mayoría parroquial.[53]

En realidad, partidos y clubes políticos buscaban afanosamente controlar el mayor número de clubes parroquiales posibles. Para lograr ese predominio, las facciones alentaban la creación de clubes políticos o "populares" en cada parroquia que de hecho actuaban como sucursales de los clubes grandes. Ante cada elección proliferaban estas organizaciones que operaban para ganar en los parroquiales y que comenzaron a superponerse con éstos en cuanto a actividad y funciones. Una discusión de 1869 deja entrever esta situación. Frente a la posición mitrista de que los trabajos electorales para "tener el sello de la popularidad que les ha de dar fuerza, deben ser públicos y a la luz del día" y que para ello *"no es necesario* la formación de *Clubs populares"*, confiándose en cambio en los parroquiales, el diario autonomista *La Tribuna* contesta:

> en un *Club* popular, reunido sin coacción, con espontaneidad, a donde sea libre el acceso de todo ciudadano, es donde verdaderamente se puede estudiar la opinión del pueblo respecto a sus simpatías por los candidatos que ha de elejir. [...] [En cambio en], la institución de los *Clubs parroquiales,*[...] la lista que de ellos surge, no es la expresión *espontánea* del vecindario a cuyo nombre se remite a la mesa central. Media docena o una docena de hombres, confeccionan una lista en su casa: *entre soi.*[54]

Estas acusaciones de manipulación del público sugieren que todavía a fines de la década de 1860 se sostenía el principio de que las candidaturas debían surgir "desde abajo", aunque todos sabían que los nombres venían de arriba. Un poco más tarde, esa pretensión de hecho fue desapareciendo y abiertamente se reconocía la voluntad de imposición de candidatos.[55]

---

[53] Véase, por ejemplo, *La Tribuna,* 22/1/1864. También cf. Heras: "Las elecciones...", pp. 68-69.

[54] *La Tribuna,* 21/11/1869. Véase también *La Nación,* 18/11/1869.

[55] Encontramos reiterados anuncios como éste, a propósito de una reunión que realizaría el Club Electoral en marzo de 1873: "El objeto de la convocatoria es la confección de la lista de candidatos para Senadores y Diputados a la Legislatura Provincial que este Club debe sostener en los clubs parroquiales que se convoquen." *La Tribuna* 12/3/1873.

Para la década de 1870, los clubes proliferaron, pues además de los dos parroquiales por barrio, correspondientes a los grandes partidos, se establecieron clubes "populares" y centros políticos que respondían a las diferentes fracciones de aquéllos. Su actividad no se limitaba a la definición o confirmación de candidaturas, ya que los trabajos que seguían hasta culminar en el comicio también tenían su centro operativo en las parroquias. Aunque la composición de las comisiones empadronadoras se decidía más arriba,[56] la tarea de fomentar activamente el empadronamieno estaba a cargo de los militantes parroquiales, así como todos los preparativos para asegurar la organización durante la jornada electoral. Los diarios reflejan una actividad permanente en ese nivel. Convocatorias a reuniones para conformar las comisiones directivas, para designar y proclamar candidatos, para "iniciar los trabajos electorales"; declaraciones de adhesión a uno u otro partido; creación de clubes políticos o "populares" locales con sus asambleas respectivas: el movimiento parece casi febril, sobre todo en vísperas electorales.

Sin embargo, este despliegue no necesariamente se traducía en una movilización politica masiva o general en las parroquias. En primer lugar, los ciudadanos convocados con frecuencia no respondían a los llamados a reuniones. Cuando lo hacían, es prácticamente imposible estimar su número, aunque los datos disponibles sugieren cifras bajas.[57] Por otra parte, los nombres se repiten, en particular en los cargos directivos, lo que sugiere la existencia de un elenco relativamente estable aunque no cerrado de participantes en todas las actividades.

Ocupaban las posiciones dirigentes algunos de los personajes que luego harían carrera en los partidos, llegando a los primeros lugares (Dardo Rocha, Leandro Alem) o, con más frecuencia, ocupando la segunda línea (Héctor Varela, Carlos D'Amico). Nuevamente es fácil reconocer a algunos destacados caudillos electorales. Vuelven los nombres de Luis Elordi, en la parroquia de San Nicolás, de los Dantas (Julio, Manuel y José) en la Concepción y de Romero en la Piedad, todos caudillos autonomistas.

Más difícil es reconocer al resto de los participantes de la actividad parroquial. Los escasos datos disponibles sugieren para los miembros de

---

[56] Cf. Heras: "Un agitado..." pp. 70-71 y Tjarks: "Las elecciones salteñas...", pp. 422-423.

[57] Cuando los diarios quieren destacar el éxito de alguna asamblea hablan de cifras que oscilan entre los 60 y 150 para 1864 y entre los 200 y 300 para 1874 y 1879. Véase, por ejemplo, *La Tribuna*, 12, 24 y 26/1/1864 y 19/3 y 12/8/1874 y *La Boca de Hierro*, 7/3/1879.

las comisiones directivas y asistentes un perfil ocupacional y etario no muy diferente del de los votantes, aunque quizá con una proporción algo mayor de comerciantes y propietarios. De todas maneras la presencia de jóvenes jornaleros, albañiles, carreros y dependientes no es para nada desdeñable y sugiere que los dirigentes locales movilizaban las mismas clientelas para la actividad interna de los clubes y las elecciones.

El momento decisivo de la acción eran, por supuesto, los días de comicio, dado que buena parte de "los trabajos electorales" se desenvolvía en las parroquias. Así el reclutamiento se hiciera por vía del empleo estatal o a través de otros mecanismos clientelísticos, la acción misma de ir a votar se comandaba desde los clubes: allí se reunía a la gente, se organizaban los movimientos a seguir para dominar las mesas, se daba refugio a los heridos, se festejaba el triunfo. En ese terreno, una figura clave eran los llamados "hombres de acción", caudillos intermedios que organizaban a las huestes y las conducían en la lucha.

En ese ámbito, también, se cruzaban los reclutados y reclutadores con figuras de los distintos niveles de la clase política, aquéllos que se colocaban en la cúspide de la pirámide de militantes locales y a la vez actuaban en el plano más general de las organizaciones partidarias. Eran las figuras más públicas de la vida política: funcionarios de gobierno o candidatos a serlo, miembros del Congreso o de la Legislatura, publicistas en diarios y periódicos. Los más jóvenes agitaban en el atrio o en la barra de la Legislatura; los más viejos dirigían la vida de los partidos. Todos ellos "bajaban" a las parroquias donde se desarrollaba el deporte electoral.

LOS RESULTADOS DE LAS JORNADAS ELECTORALES

Se trataba de un deporte cuyas consecuencias trascendían el momento de la competencia y alcanzaban a la población toda. Aunque hubo elecciones sin oposición y otras en las que se podía anticipar sus resultados, muchas veces había una cuota suficiente de incertidumbre como para convertir a la compulsa electoral en un momento importante de la vida política.

En general se enfrentaban dos listas de candidatos,[58] y aunque no faltaron las superposiciones, los cruces y las alianzas con otras fuerzas, mitristas

---

[58] En realidad, se votaba por personas y no por listas, con un sistema parecido al que describe Marcela Ternavasio en su artículo. Los votantes debían votar el número total de cargos y las faccio-

y alsinistas conformaron las dos grandes constelaciones políticas de esas décadas. Para ganar elecciones, como vimos, estas fuerzas montaban una organización territorial que tenía por objetivo controlar los comicios en cada una de las parroquias. En todas ellas la competencia era vigorosa, aunque en varias se reconoce el predominio de uno u otro grupo a lo largo de todo el período.[59]

Lo que pasaba el día del comicio, sin embargo, no garantizaba las cifras finales, porque la última palabra en términos de confirmar, impugnar o anular un acto electoral lo tenían las autoridades legislativas. Cuando el enfrentamiento había sido duro, inmediatamente después de las elecciones los perdedores planteaban el cuestionamiento de sus resultados. Las acusaciones sobre fraude e irregularidades se volcaban en la prensa y la legislatura, de manera que sobrevenía un período postelectoral de debate intenso. Entonces se desplegaba una rica retórica republicana y democrática, cuyas características valdría la pena explorar para internarse en el clima de ideas de la época.

En 1874, los resultados electorales dieron lugar a un conflicto de envergadura, cuando el mitrismo montó una verdadera revolución motivada por el fraude cometido en los comicios de febrero de ese año para diputados nacionales. Si bien la manipulación había sido aceptada hasta entonces como parte del juego electoral entre las dos facciones porteñas, en 1874 la situación política general había variado. Una alianza entre los autonomistas de Buenos Aires y una nueva fuerza política que se estaba organizando con base en algunas provincias se enfrentó al mitrismo en el nivel nacional pero también en la ciudad. Esta alianza se consideró suficientemente fuerte como para llevar más lejos que nunca el fraude electoral en Buenos Aires. Los mitristas, por su parte, vieron que la consolidación de ese acuerdo los dejaba cada vez más marginados del poder político y tentaron suerte en las armas.

---

nes confeccionaban listas que distribuían entre sus partidarios. Muchas veces los electores no respetaban estrictamente a los candidatos oficiales y reemplazaban a alguno de ellos por otra persona. El reemplazo a veces era casual, pero con frecuencia se trataba de candidaturas presentadas en disidencia con la línea oficial, pero también desde arriba. A principios del período, se observa que las listas muchas veces tenían algunos personajes en común, "notables" incorporados a todas las facciones, pero a medida que se avanza en el tiempo, esta situación es cada vez más excepcional, salvo en el caso explícito de las listas conciliadas de 1877-78.
[59] Catedral al Norte y Catedral al Sur, San Miguel, San Telmo y Santa Lucía mostraron casi sin excepciones su fidelidad a Mitre, mientras que Balvanera y la Concepción, y en menor medida San Cristóbal y la Piedad eran baluartes del alsinismo. En las otras parroquias, el comportamiento electoral fue más errático.

Se desató entonces una guerra de verdad, con movilización de tropas, batallas cruentas, generales vencedores y vencidos, soldados muertos. En nueve semanas, el gobierno nacional venció a los sublevados y les impuso castigos. El episodio pareció desmentir los avances experimentados en la conquista del orden y alarmó a las dirigencias en ascenso que, después de las derrotas de los últimos caudillos provinciales, aspiraban a resolver de otra manera los conflictos que se generaran entre las élites. De todas maneras, el fracaso mitrista sirvió para fortalecer la imagen del gobierno central, capaz de controlar rápidamente cualquier intento de subversión del orden, aun en Buenos Aires. Desde el punto de vista político, en una primer instancia sirvió también para debilitar a Mitre, cada vez más desdibujado como figura nacional. A mediano plazo, sin embargo, fue claro para Avellaneda que todavía era difícil desprenderse de su figura, pues seguía contando con apoyos importantes entre las bases políticas y la opinión pública porteñas.

LA REPERCUSIÓN PÚBLICA

Limitadas en cuanto al número y al origen social de los participantes, organizadas por las dirigencias, parcialmente controladas en sus resultados, las elecciones tenían, sin embargo, una gran repercusión pública. El acto electoral mismo puede pensarse como una puesta en escena, con más espectadores que actores pero donde unos y otros jugaban sus respectivos roles.

La prensa hacía un verdadero despliegue del tema electoral. Por una parte, los diarios directamente vinculados con las agrupaciones y los dirigentes políticos dedicaban una parte importante de su espacio a la vida política y, en particular, a la actividad comicial.[60] Informaban en detalle sobre las reuniones de clubes políticos y parroquiales, citaban a asambleas, convocaban al empadronamiento, narraban las jornadas electorales y, naturalmente, denunciaban el fraude cometido por los contrarios. Esta información estaba dirigida en primer lugar a sus simpatizantes políticos. Con frecuencia, los diarios parecían dedicados centralmente a alimentar el espíritu faccioso entre el conjunto cerrado de sus partidarios. Sin em-

---

[60] Cf. Tulio Halperin Donghi: *José Hernández y sus mundos*, Buenos Aires, Sudamericana, 1985.

bargo, presentaban también otra veta, la que se dirigía a un público más general con el doble propósito de captar voluntades nuevas y, sobre todo, de incidir sobre la opinión pública en formación, convertida en un factor de peso creciente en la vida política local.[61]

Por otra parte, además de la prensa partidaria, en Buenos Aires circulaban cada vez más diarios y periódicos desvinculados de la actividad estrictamente facciosa. Los más numerosos e importantes eran los producidos por sectores de las colectividades de inmigrantes. Aunque tenían propósitos diversos, estos periódicos también desplegaban profusamente el tema electoral y no se privaban de opinar sobre la política y de apoyar a uno u otro candidato.[62]

Los diarios, entonces, ponían a las elecciones en primera plana, servían de canal de convocatoria y de propaganda partidaria, informaban, opinaban e *interpretaban* la actividad electoral para sus lectores y para esa opinión pública más general que se fue convirtiendo en un presupuesto de la prensa escrita. Sobre todo, contribuían a politizar el clima de una ciudad donde si bien votaba muy poca gente, la política estaba en el aire y teñía con frecuencia la vida de buena parte de sus habitantes.

En algunas coyunturas electorales, nadie parecía escapar a esa politización: "Es una cuestión que a todos, niños y viejos, hombres y mugeres, interesa en alto grado; y a tal punto, que no hay más que decir *la gran cuestión*, para que todos sepan que se trata de elecciones". Y sigue *La Tribuna* refiriéndose al clima que se vivía en julio de 1873:

> A las señoritas fastidia hoy día esa literatura lijera de las gacetillas... Les gusta más un artículo estenso de política...
> Idéntica cosa sucede con los niños en la escuela. [...]
> Los limpia botas y los pilluelos hablan de las combinaciones electorales [...] Un joven no puede ir a visitar una familia, sin que las niñas de la casa o la mamá le exijan con muy amable tono una profesión de fe política.[63]

---

[61] Cf. Hilda Sabato: "Citizenship, Political Participation..." y Alberto Lettieri: "La opinión pública en los inicios del sistema político argentino", Buenos Aires, 1993 (mimeo).

[62] Cf. Ema Cibotti: "Mutualismo y política, un estudio de caso: la Sociedad Unione e Benevolenza en Buenos Aires entre 1858 y 1865" en F. Devoto y G. Rosoli (eds.): *L'Italia nella societa argentina*, Roma, 1988 y "La élite italiana de Buenos Aires: el proyecto de nacionalización del 90" en *Anuario 14*, Depto. de Historia, Univ. Nacional de Rosario, 1989/90; Beatriz Guaragna y Norma Trinchitella: "La revolución de 1880 según la óptica de los periódicos de la colectividad italiana", trabajo presentado a las Jornadas sobre Inmigración, Pluralismo e Integración, Buenos Aires, 1984; Alejandro y Fabián Herrero: "A propósito de la prensa española en Buenos Aires. *El Correo Español* 1872-1875", Buenos Aires, mimeo, s/f. y "Orígenes de la prensa orgánica española en Buenos Aires. Un caso: El Correo Español, 1872-1875" en *Colección histórica*, núm. 1, La Plata, 1992.

[63] *La Tribuna*, 27/7/1873.

No era éste el clima habitual de Buenos Aires, pero la imagen sugiere una visión opuesta a la tradicional que postula la indiferencia política del público porteño. Esta politización alcanzaba su mayor expresión en momentos previos a las elecciones, sobre todo cuando éstas prometían ser reñidas. Pues aunque pocos eran los que finalmente iban a votar, no por ello los demás se marginaban de la actividad pública que se desenvolvía alrededor de cada elección. Así, por ejemplo, en la década de 1870 los actos para la proclamación de candidaturas o para protestar contra el fraude convocaban a más gente y gente de mejor posición social que las elecciones. Se montaban sobre dos escenarios sucesivos: un lugar cerrado, en general un teatro, y uno abierto, las calles y plazas del centro de la ciudad. mitristas y alsinistas competían también en ese terreno. Los diarios, pieza fundamental de la convocatoria, lo eran también del relato posterior.

Hacia finales de 1873 la politización general era visible y los actos partidarios recurrentes. El año 1874 empezó agitado. Ya desde enero hubo manifestaciones políticas, pero después de las elecciones de diputados de febrero y en vísperas de las presidenciales, éstas se multiplicaron. En marzo el mitrismo organizaba una protesta contra el fraude:

El Variedades quedó chico para la primera multitud que se dió cita allí [...] La sesión fue abierta por Costa [...] Después [de los discursos] [...] el Sr. Costa dio por terminada la reunión invitando al meeting a trasladarse a la Plaza del Retiro... Al cabo de diez minutos la cabeza de la columna, que calculamos entonces en seis a siete mil personas tocaba ya la plaza del Retiro [...] más de siete cuadras materialmente llenas de gente!.[64]

Los partidarios de Alsina y Avellaneda también manifestaban. Según *La Tribuna*, una reunión realizada a principios de marzo en la Plaza de la Victoria "ocupaba cerca de cinco cuadras...".[65] En abril siguieron las convocatorias. El día 15 fueron los mitristas:

Tres cuadras compactas de gente y en cada una millares de ciudadanos: las tiendas y balcones abiertos e iluminados, las señoras saludando y vivando con los pañuelos; la población extranjera asociándose al sentimiento de todos[66]

[64] *La Nación*, 10/3/1874. *La Tribuna* también describe a la reunión como "muy concurrida" (10/3/1874).
[65] *La Tribuna*, 10/3/1874.
[66] *La Nación*, 17/4/1874.

Al día siguiente, una reunión del partido que sostenía la candidatura de Avellaneda, narrada por *La Tribuna*:

> A las 7 y media partió del Comité [...] un grupo de mil ochocientas personas distinguidas, dirijiéndose a la Plaza de la Victoria [...] Media hora después había reunidos [...] más de *siete mil* ciudadanos [...] Con tres bandas de música, en medio de las vivas más ardientes al Dr. Alsina y al Dr. Avellaneda, en un orden difícil de conseguir en actos de esta naturaleza, partió la manifestación de la Plaza de la Victoria. [...] Muchas niñas de lo más notable de esta sociedad arrojaban flores al pasar el Dr. Alsina, vivando su nombre repetidas ocasiones.[67]

Pero *La Tribuna* contaba en términos semejantes una manifestación mitrista, realizada sólo unos días después. La cita era en el teatro Variedades, que a mediodía desbordaba de público. Después de los discursos de rigor, se organizó la manifestación por las calles:

> La manifestación siguió [...] al pasar por el club de Los Negros los socios de este club arrojaron algunas flores y dieron vivas al General Mitre... algunas niñas arrojaron flores al pasar el comité. [...] Al llegar al Retiro, podemos calcular que entre mitristas, curiosos y extranjeros había de 6500 a 7000 personas.[68]

Estos relatos, que se repiten en los años siguientes tanto en diarios facciosos como en la prensa de las colectividades, sugieren que la actividad político electoral trascendía el círculo relativamente estrecho de los que acudían a votar y de quienes pretendían ser votados. Existía un público más amplio, representado por quienes asistían a los actos, vivaban a las manifestaciones y consumían los relatos en la prensa periódica, y que incluía no sólo a potenciales votantes sino a también a quienes, como las mujeres y los extranjeros, no tenían derecho al sufragio.

Los ejemplos nos ilustran, también, acerca de cómo se medía el éxito de estos actos políticos. El número de participantes era el primer dato que se esgrimía a la hora de señalar la suerte que había tenido una convocatoria. Los actos exitosos reunían a una cantidad bastante mayor de personas que las que asistían a los comicios. El segundo dato que interesaba era la calidad de los convocados. En este sentido, a la genérica mención

---

[67] *La Tribuna*, 17/4/1874.
[68] *La Tribuna*, 21/4/1874.

del "pueblo", seguía con frecuencia la calificación y se destacaba la participación de "gente decente", "los hombres más distinguidos", "personas distinguidas" o, más explicitamente, de "distinguida concurrencia, de esa que no iba a los comicios a votar".[69] Para descalificar un acto, en cambio, se hablaba de "gentes traidas de la campaña", empleados de la policía o de la municipalidad, "elementos reclutados en las más bajas esferas sociales, curiosos"[70] Un tercer elemento destacado en los relatos era el eco que despertaba el evento narrado en el marco más amplio de la población porteña. Los manifestantes recibían aplausos, saludos, flores como expresión del apoyo de hombres y mujeres, argentinos y extrajeros que, sin participar directamente en el acto, lo acompañaban desde balcones y azoteas.

La prensa se ocupaba también de describir las características del acto mismo: el lugar de convocatoria, la sucesión de discursos, el recorrido detallado de la manifestación. Y finalmente, el clima general del encuentro: orden, tranquilidad, respetabilidad era lo que se esperaba en cada ocasión y las denuncias de violencia y desorden se reservaban para los actos de las facciones contrarias. Las crónicas e interpretaciones de la prensa permiten entrever el importante papel que estas actividades públicas tenían en la vida política de Buenos Aires. A través de ellas, las dirigencias demostraban contar con el apoyo de sectores más amplios y mejor ubicados socialmente que los que movilizaban en las lides electorales. En realidad, esas actividades mismas servían para construir al público simpatizante de determinado dirigente o facción, pues al reunirse y desplegarse en el espacio físico del centro de la ciudad, este público se reconocía a si mismo, creaba sus símbolos, se relacionaba con sus líderes. Actos y manifestaciones aparecían casi como una contracara de los trabajos electorales: horizontales, abiertos, visibles los unos; verticalmente organizados y concertados en ámbitos limitados los otros. Sin embargo, unos y otros formaban parte del cuadro complejo de la vida política porteña y, en particular, de sus facetas electorales.

---

[69] Las citas corresponden a los ejemplos citados más arriba en el texto, así como a *La Tribuna* del 17/9/1878 y un texto publicado en el mismo diario en abril de 1873, citado por Hebe Blasi: "Las elecciones presidenciales de 1874 a través del periodismo" en *Trabajos y Comunicaciones*, núm. 20, 1970, p.55.
[70] Véase, por ejemplo, *La Nación*, 24/3, 18/4 y 23/4 de 1874 y *la Tribuna* del 17/9/1878.

SUFRAGIO Y CIUDADANÍA

Las elecciones pueden analizarse desde diferentes ángulos. El interrogante que informa estas páginas se vincula con una dimensión particular de ellas, pues se refiere a las elecciones como mecanismo de relación entre la sociedad civil y el poder político y por lo tanto, al derecho a voto, a la ciudadanía política y, en alguna medida, a la representación. Estos temas han formado parte esencial de las interpretaciones más conocidas sobre la historia política argentina, que aquí se ponen parcialmente en cuestión. En particular, se apunta a problematizar la asimilación del caso argentino al modelo más general de república restrictiva, marcada por el hecho de la escasa participación electoral de la población que se equipara a una ciudadanía política limitada.

Por definición, la ciudadanía política implica la existencia y el ejercicio del derecho a voto. Pero la vigencia de ese derecho no define automaticamente una ciudadanía, entendida como una comunidad de iguales que participa directa o indirectamente en ejercicio del poder político.[71] En el caso de la Buenos Aires de la segunda mitad del siglo XIX, ni la legislación ni las prácticas llevaron a la construcción de una ciudadanía —restringida o no— y el sistema político funcionó sobre otras bases.

El sufragio universal, establecido en Buenos Aires desde 1821 y confirmado luego del dictado de la Constitución Nacional de 1853, implicaba que cualquier hombre adulto argentino o naturalizado por ley *podía* votar. Pero no se decía nada más. El voto masculino no era obligatorio ni tampoco restringido de manera que existía una gran indefinición acerca de quiénes eran los votantes deseables y, también, en cuanto a los límites de la ciudadanía que se aspiraba a constituir. En países donde el derecho a voto era censatario o capacitario, esos límites estaban claros. También lo estuvieron en la Argentina luego del dictado de la Ley Sáenz Peña, pues al incorporar la obligatoriedad del voto para *todos* los varones argentinos o naturalizados, la ley establecía quienes *debían ser* los ciudadanos.[72] Pero antes de esa fecha, la legislación no incluía definición alguna sobre los alcances de la ciudadanía.

En cuanto a las prácticas electorales, en otro trabajo hemos arriesgado la hipótesis de que ellas constituían un mecanismo interno al sistema po-

---

[71] Cf. Marshall: "Class, Citizenship..."

[72] Hilda Sabato: "La Ley Sáenz Peña: prólogo o epílogo?" en *Punto de Vista*, núm. 39, diciembre 1990 y "Citizenship, Political Participation..."

lítico, que poco tenía que ver con las relaciones entre éste y la sociedad civil y, por lo tanto, con el proceso de construcción de una ciudadanía política.[73] En este artículo hemos avanzado en la exploración de esa hipótesis.

Las elecciones constituían una instancia clave para las facciones que pugnaban por ocupar los cargos de gobierno. Pero, al igual que en otras sociedades occidentales del siglo XIX, ellas se asemejaban poco a la imagen ideal de la elección como momento decisivo en que los ciudadanos, miembros de una comunidad política, individualmente delegan su soberanía en quienes van a ser sus representantes. Aquí se trataba más bien de la organización y puesta en escena de un enfrentamiento de facciones políticas, que involucraba a una fracción muy pequeña de la población de la ciudad, encuadrada colectivamente y preparada para la ocasión.

Votar no era un acto de los individuos privados, sino un gesto colectivo. Los que asistían al comicio lo hacían formando parte de grupos que tenían una organización interna, jefes y subordinados, jerarquías. Se definían así redes políticas piramidales dispuestas espacialmente en el territorio de la ciudad siguiendo las divisiones que marcaban las parroquias. En cada una de ellas, se desempeñaba un personal político con sus clientelas. Es difícil saber cuáles eran los lazos que unían a los miembros de cada uno de estos grupos entre sí y con los demás grupos que militaban en una determinada fuerza política, pero esas relaciones sin duda existían y garantizaban la movilización electoral, nunca librada a la espontánea presentación de los votantes.

Los clubes políticos y los parroquiales eran la materialización de esas redes. Allí se desarrollaba la gimnasia política. Se realizaban reuniones , se efectivizaban las candidaturas, se preparaban los "trabajos electorales". Los dirigentes se relacionaban con los caudillos locales de distinto nivel y con sus bases; los militantes veían, escuchaban, entraban en contacto directo con sus líderes. Allí, también, se forjaban identidades y lealtadas o se las encuadraba políticamente.

El entramado de la organización política estaba, a su vez, apoyado en el control de sectores del aparato del estado. Esto no solamente porque el empleo estatal cumplía un papel en el reclutamiento de clientelas, sino también porque la policía, la guardia nacional, el ejército y los jueces de paz formaban parte esencial de las redes electorales.

---

[73] Sabato: "Citizenship, Political Participation..."

Toda esta organización tenía por objeto central ganar elecciones. Para ello, no se confiaba en la capacidad de convencimiento de las dirigencias para captar adherentes entre la población autorizada a votar. En cambio, y como ocurría en otras sociedades decimonónicas, se consideraba indispensable montar un verdadero aparato organizativo —las máquinas electorales— para desplegar diferentes estrategias tendientes a obtener el triunfo en las urnas. Se trataba de sumar más votos pero no necesariamente a fuerza de reclutar un mayor número de votantes, sino de combinar el sufragio de las clientelas propias junto con distintas formas de bloqueo a la participación de las ajenas. Ganaba la facción que tenía mejor organizada su maquinaria y que lograba aparecer con mayor cantidad de votos a su favor.

Esta dinámica electoral se desarrollaba con la participación de una proporción pequeña de la población de la ciudad, mayoritariamente compuesta por hombres jóvenes y pertenecientes a las capas sociales más bajas de las clases populares. En sociedades con sufragio censatario o capacitario se presumía que los que tenían ejercicio al voto de alguna manera eran privilegiados, aunque no siempre eso fuera aceptado así por los supuestos favorecidos. En este caso, en cambio, el voto no era ni legal ni prácticamente un privilegio y aunque se hablaba de representantes y de representación, no parece que el acto electoral se haya considerado entonces como ese momento casi mágico de la transferencia de soberanía y del ejercicio de la representación.

¿Qué eran, entonces, las elecciones? Si se atiende al comicio, es decir, al acto electoral mismo, es difícil entenderlo como un momento clave en la relación entre la sociedad civil y el sistema político. Más bien, se puede interpretar como un acto interno al juego político de las facciones en pugna, que se resolvía con reglas definidas y respetadas por ellas mismas y que involucraba en general a quiénes ya estaban de antemano encuadrados. Un cuerpo relativamente estable de participantes, que no crecía con el tiempo, era el material con que los dirigentes habían elegido librar sus batallas políticas y no buscaron ampliar sus bases electorales de manera efectiva. En otras sociedades, la construcción de redes destinadas a ganar elecciones también tuvo fuertes ingredientes de manipulación pero, en la mayor parte de los casos conocidos, esos mecanismos fueron cada vez más inclusivos y contribuyeron a ampliar las bases de la representación. Queda pendiente el interrogante acerca de por qué las facciones de Buenos Aires eligieron librar la lucha electoral sin ampliar sus bases. Es probable que ello se vincule, paradójicamente, con el sufragio universal, que les permitió organizar un sistema clientelar eficaz muy controlado pero poco apropiado para atraer a los sectores medios y acomodados de la población. Ampliar las bases electorales hubiera implicado también modificar el funcionamiento de las máquinas, con el consiguiente riesgo de pérdida del control.

La lucha facciosa, que caracterizó a la vida política de Buenos Aires desde la Revolución de Mayo, se trasladó así a los atrios. La guerra se convirtió en un deporte, algo violento es cierto, pero de todas maneras más civilizado que los enfrentamientos en el campo de batalla. El acto electoral era la puesta en escena de un juego recurrente, en la que los actores conocían y aceptaban las reglas y cumplían su papel. También había espectadores. Si la mayor parte de la población de la ciudad no votaba ni parecía interesada en hacerlo, en cambio seguía atenta las alternativas de los comicios.

Las elecciones eran un tema de debate en la esfera pública porteña. La prensa periódica les daba un lugar central. Además, en ocasiones electorales importantes, un clima de politización general invadía la ciudad. Actos y manifestaciones callejeras convocaban a mucha más gente que los comicios e incluían a sectores de la población que no votaban ni reclamaban votar. Quien apoyaba a un candidato confiaba en que éste sabría cómo ganar elecciones sin necesidad de su concurso. Para esta población, nada indiferente a la política, el votar no se consideraba una forma de intervención política significativa. Tampoco era un privilegio. Más aun, es probable que nociones como soberanía y representación resultaran muy abstractas, de manera tal que se desarrollaron mecanismos de intervención política más directos y atractivos.[74]

Las elecciones tenían, entonces, dos caras. Las prácticas electorales que culminaban el día de comicio, eran un ejercicio interno a las facciones políticas, una disputa por la conquista de cargos que se desarrollaba de manera relativamente pacífica y respetando el principio de soberanía popular establecido por la Constitución y las leyes. Involucraban a un sector muy limitado de la población, aquél que estaba encuadrado en las máquinas electorales facciosas. Pero el resto de la población de Buenos Aires no permanecía ajeno ni indiferente a lo que ocurría en el escenario electoral. Las elecciones eran tema de debate y a la vez motivo de

[74] *Ibid.*

movilizaciones masivas, que involucraban a amplios sectores en la vida política.

En este caso, la participación política no estaba asociada estrictamente al voto, mientras que el ejercicio del derecho a voto no se asociaba con la representación. *Era un sistema con sufragio universal, voto restringido, participación ampliada y prácticamente sin ciudadanía política,* que gozó de una buena dosis de legitimidad y eficacia durante unos cuantos años. Sin embargo, a principios de la década de 1870 comenzó a tener problemas. La contradicción entre la retórica republicana de la representación y las prácticas electorales resultó cada vez más evidente para algunos miembros críticos de las élites políticas e intelectuales de Buenos Aires. En una etapa en que se trataba de consolidar el orden alcanzado luego de la derrota de caudillos y montoneras, preocupaba la violencia persistente del juego electoral y la recurrencia a los sectores subalternos para solucionar los problemas que surgían entre las élites. La indiferencia de la "gente decente" frente a los comicios se empezó a considerar como un problema y se propusieron cambios para inducir la participación de los sectores acomodados. Al mismo tiempo, una fragilidad cada vez mayor parecía aquejar al sistema político que funcionaba con centro en Buenos Aires. Sus mecanismos, eficaces hasta ese momento para mantener el orden interno, estallaron con la Revolución de 1874. A partir de entonces, se aceleró la decadencia del poder porteño en un proceso que culminó en 1880, con la derrota militar de Buenos Aires, el triunfo del Partido Autonomista Nacional y el ascenso del General Roca a la presidencia. Las bases del poder del nuevo régimen se asentaron sobre pilares algo diferentes que los que sostuvieron a nacionalistas y autonomistas porteños. Las elecciones cumplieron, a partir de entonces, un nuevo papel, cuya discusión está más allá de los límites de este artículo.

SUFRAGIO, PRENSA Y OPINIÓN PÚBLICA: LAS ELECCIONES MUNICIPALES DE 1883 EN BUENOS AIRES

EMA CIBOTTI*

EL AÑO 1883 marcó el reinicio de la actividad política pública en la ciudad de Buenos Aires y fue, en más de un sentido, la confirmación del abandono irremediable de las costumbres de la gran aldea. El cambio que experimentaba tanto la ciudad como sus habitantes, un verdadero *signe des temps* como gustaban repetir los cronistas de la prensa, formaba parte de un proceso más general cuyo origen se remontaba a la revolución de 1880, cruento episodio que culminó con la transformación de Buenos Aires en capital de la república y la consiguiente pérdida del estatus de cuasi ciudad estado del que había gozado hasta esa fecha.[1]

El triunfo de las tropas comandadas por el general Julio Argentino Roca, futuro presidente de la nación, dio nacimiento a un nuevo sistema de vínculos políticos que el roquismo tejió en torno a las alianzas con los jefes políticos del interior del país. La derrota de los defensores de la autonomía de Buenos Aires y de la integridad de su territorio (ciudad y provincia) significó el desplazamiento de la dirigencia liberal porteña del control del Estado, pérdida agravada también por la decisión del poder Ejecutivo de intervenir la Corporación designando una Comisión Municipal. Tres años después, Roca, consolidado en el poder, permitía la reanudación de la actividad del municipio convocando a la elección de los miembros del Concejo.

El presente artículo se propone analizar la dimensión política que tuvo la elección municipal de 1883. Tomando como eje el papel desarrollado

---

* Universidad Nacional de Mar del Plata/Centro de Estudios Avanzados de la Universidad Nacional de Buenos Aires.

[1] La capitalización de Buenos Aires, producida tras una cruenta guerra civil, inauguró una nueva etapa en la vida política argentina. Natalio Botana: *El orden conservador. La política argentina entre 1880 y 1916*. Buenos Aires, Sudamericana, 1977. En particular véase del mismo autor: "1880, la federalización de Buenos Aires" en Gustavo Ferrari y Ezequiel Gallo (Compiladores) *La Argentina del 80 al Centenario*, Buenos Aires, 1980, pp. 107 a 128.

por los diarios, en particular por la prensa italiana, veremos cómo los cotidianos se transformaron en actores protagónicos de la lucha electoral.

Básicamente la información que poseemos proviene de los diarios de Buenos Aires que, identificados los menos con el oficialista bando roquista y los más con la oposición liberal (cuyo jefe reconocido era el ex presidente Bartolomé Mitre), ejercieron una doble función. Como órganos de opinión pública informaron paso a paso sobre los avatares de la elección que debía efectuarse el 22 de abril, y como veremos, aunque las interpretaciones variaron según el color político, en su conjunto comprendieron el hecho como parte del renacimiento de la vida política porteña después de la derrota de 1880. En realidad eran las primeras elecciones en las que participaba la oposición. Un año antes se habían celebrado en la capital, el mismo día, las elecciones de electores de senadores junto con las de diputados y en ambos casos únicamente se habían presentado los candidatos oficialistas. En aquella ocasión, los atrios vacíos, la escasa información periodística y el triunfo gubernamental por unanimidad de sufragios habían marcado con rigor la abstención política en la que se habían refugiado los derrotados.[2] El primer síntoma de un cambio en las prácticas de la oposición apareció reflejado en el creciente espacio que su prensa le fue dando a las elecciones del 22 de abril. Los diarios transmitieron información profusa, mucha de la cual cosecharon *in situ* a través de sus *reporters*, y en este sentido la "cobertura" del acto comicial, el relevamiento puntual de los hechos sucedidos en cada una de las mesas de escrutinio puede leerse como una prueba más de la mayor importancia que se asignaban como órganos de opinión pública, pues los datos brindados suponen la necesidad de satisfacer la curiosidad de un público lector que buscaba información, una clientela que trascendía los intereses específicos de facción.

La prensa levantó la bandera de la participación pública. Esta prédica que constituía desde hacía mucho tiempo un lugar común en los órganos locales tanto nacionales como extranjeros[3] sufrió en 1883 un giro novedoso. En efecto, los directores de los dos diarios italianos de mayor circulación

---

[2] Véase *El Nacional*, 6/2/82 "Las elecciones en la Capital", trae un escueto informe. *La Prensa*, (cercano a las posiciones oficiales) omitió el día después de realizado el comicio cualquier relación sobre el mismo. *La Patria Argentina*, opositor, acusó al gobierno de realizar prácticas fraudulentas y a la vez justificó la abstención popular.

[3] Hilda Sabato y Ema Cibotti: "Hacer política en Buenos Aires: los italianos en la escena pública porteña, 1860-1880", *Boletín del Instituto de Historia Argentina y Americana, Dr. E. Ravignani*, 3a. serie, núm. 2, primer semestre de 1990, pp. 7-46.

se postularon como candidatos al Concejo configurando un hecho inédito en la vida política porteña. Era la primera vez que los directores de diarios extranjeros decidían participar directa y personalmente en una elección. Era también la primera vez que se defendían candidaturas de extranjeros desde una prensa que no desdeñaba imprimir en la primera página la papeleta electoral que se debía votar. Ambos hechos no muestran sólo la dinámica interna de la elite italiana acostumbrada a dividirse en facciones,[4] forman también parte de un clima de agitación a través del cual la prensa actuó decididamente cumpliendo con su función de factor de presión política. En este sentido concebimos la elección municipal como una pulseada entre el oficialismo y la oposición, la primera después de casi tres años de veda política y por ello una instancia atractiva para avanzar en el análisis de las prácticas políticas en una ciudad cosmopolita que no eximía de estos avatares ni a nativos ni a extranjeros.

Creemos, en palabras de Tim Duncan, que la prensa fue un componente clave del sistema político anterior al fin de siglo.[5] En este sentido, sostenemos que los diarios no sólo actuaron como meros portavoces de los grupos enfrentados; fundamentalmente racionalizaron la lucha de facciones intentando imprimirle una coherencia programática y se consideraron como verdaderas fuerzas de avanzada, vanguardias políticas ilustradas. En la coyuntura de 1883 sobresalió la actitud decidida de la prensa italiana que sostenemos se hallaba inscripta en una estrategia cuyo fin era disciplinar a la población connacional para convertirla en un sujeto pasible de representación política en el seno de la sociedad. Este objetivo explicitado bajo la fórmula de un "partido de la colonia" centró la disputa entre los dos diarios italianos de mayor circulación.

En un primer nivel de análisis mostraremos de qué manera los diarios describieron las acciones de los diversos sujetos sociales, fundamentalmente clubes políticos y asociaciones civiles involucrados en la

[4] Un clásico del tema es el excelente estudio de Grazia Dore: *La democracia italiana e l'emigrazione in America*, Morcelliana, Brescia, 1964. Ver también Fernando Devoto: "Elementi per un'analisi della ideologie e degli conflitti nella comunitá italiana d'Argentina, 1860-1910", en *Storia Contemporanea*, año XVII, núm. 2, 1986. Carina Silberstein: "Administración y política: los italianos en Rosario (1860-1890)" en *Estudios Migratorios latinoamericanos*, núm. 6-7, Buenos Aires, 1987, Cemla. Ema Cibotti: "Movimiento mutualista y construcción de una elite italiana en Buenos Aires, 1858-1870", Buenos Aires, 1987, mimeo.

[5] Tim Duncan: "La prensa política: 'Sud-America', 1984-1992", en Gustavo Ferrari y Ezequiel Gallo (compiladores): *La Argentina del ochenta al centenario*, Editorial Sudamericana, Buenos Aires, 1980, pp. 762-783.

elección. Revisaremos el registro que hizo la prensa de cada una de las instancias electorales: el inicio de la campaña, la formación de candidaturas y facciones en pugna, el registro de electores, la composición de las mesas escrutadoras, el momento del voto, los resultados y las acusaciones de fraude. El segundo nivel indaga específicamente la posición política asumida por la prensa argentina y en particular el papel jugado por los diarios italianos en torno a la elección.

Perfil de la prensa en Buenos Aires

Desde mediados de la década del sesenta, el desarrollo de la prensa periódica en la ciudad de Buenos Aires fue seguido con atención tanto por los argentinos como por los visitantes y residentes extanjeros. A partir de 1880 comenzaron a aparecer las primeras crónicas que cuantificaban este fenómeno. En 1883, Ernesto Quesada publicó en *Nueva Revista de Buenos Aires* un artículo titulado "El periodismo Argentino" en el cual estimaba que sobre una población total cercana a los 3.026.000 habitantes circulaba un periódico por cada 13.509 habitantes.[6]

Para la misma fecha se editaban en Buenos Aires cerca de cien periódicos, de los cuales 30 eran diarios. Entre los extranjeros se destacaban las publicaciones italianas. La colectividad contaba con seis periódicos: tres eran diarios y el resto semanarios. En los años sesenta, *La Tribuna* de los hermanos Varela y *El Nacional* de Sarmiento (decano de la prensa argentina) habían cultivado su relación con el público italiano. A partir de los setenta, con la fundación de *La Prensa* (1869) y *La Nación* (1870) esta relación se había intensificado. Ambos diarios de formato extraordinario, verdaderas sábanas de papel que medían casi un metro de largo por 1,32 cm de ancho (desplegado) eran considerados una década después como los más importantes de Argentina y América del Sur.[7] *La Nación* dirigida por

---

[6] Ernesto Quesada: "El periodismo argentino", en *Nueva Revista de Buenos Aires*, tomo IX, Buenos Aires, 1883. La obra de Quesada ha sido revalorizada en el excelente análisis de la prensa decimonónica que nos ofrece Adolfo Prieto: *El discurso criollista en la formación de la Argentina moderna*, Sudamericana, Buenos Aires, 1988, en particular véase su primer capítulo "Configuración de los campos de lectura, 1880-1910".

[7] *Camera Italiana di Commercio ed Arti in Buenos Aires, Memoria per l'anno 1885*, Tipografia della Patria Italiana, Buenos Aires, 1886; véase en particular el capítulo dedicado a la prensa argentina, pp. 170-173. (traducción E. C.)

el ex presidente Bartolomé Mitre se distinguía por su imponente edificio y la elegancia de sus oficinas de redacción. Era el gran competidor de la prensa italiana pero no el único. A los ya citados se sumaron, en los primeros años de la década del ochenta, *El Diario* (1881) de Manuel Láinez que tenía corresponsal en Italia y el *Sud-América* (1884) que llegó a publicar una sección de noticias de Italia en idioma italiano. Otros diarios de menor circulación como *El Plata* (1882), cultivaban cuidadosamente esa relación publicitando las conmemoraciones patrias más importantes de la colectividad.[8]

En 1872 se fundó *L'Operaio Italiano* que fue la primera escuela y durante años la única fuente de expresión y de ejercicio para los periodistas italianos que no trabajaban en diarios argentinos. Creado por una Sociedad anónima por acciones, su Dirección y su plantel de colaboradores era anónimo. Tras él apareció *La Patria* (1876) que se llamó a partir de 1881 *La Patria Italiana*. En 1879 se fundó el semanario *L'Amico del Popolo*, órgano político de los mazzinianos en Buenos Aires y en 1882, *La Nazione Italiana*. Aunque cada uno de estos diarios estuvo dirigido por diferentes hombres, la permanencia durante varios años al frente de la Redacción de un grupo restringido de directores, permite identificar sus nombres con las líneas editoriales. Así, *L'Operaio* quedó vinculado al abogado Aníbal Blosi que estuvo al frente más de diez años. Basilio Cittadini (decano de los periodistas italianos en el Plata), estuvo asociado a *La Patria*, primero como redactor y a partir de 1881 como propietario-director. Su editor, José Barbieri, fundó después *La Nazione Italiana* dirigida por Angel Rigoni Stern uno de los socios fundadores de *L'Operaio*.[9]

Económicamente los diarios dependían de algún socio capitalista y de los subsidios, que en general provenían de accionistas particulares, y en menor medida de los avisos de publicidad y del número de abonados. La venta callejera era más un negocio de los revendedores que de los mismos diarios. Con excepción de *La Nación* y *La Prensa* el resto padecía sobresaltos financieros continuos. La peregrinación a los despachos ministeriales

[8] Por ejemplo, *El Plata* del 11/3/1883 publica en primera página un dibujo de Mazzini como homenaje a la Colonia Italiana. Dos días después, reproduce la nota elogiosa que *La República* le dedica por esa publicación. Éste era uno de los modelos de publicidad posible. Véase el sugerente análisis sobre la vinculación de la prensa argentina con el público italiano hacia 1870 en Tulio Halperin Donghi, *José Hernández y sus mundos*, Sudamericana/ITDT, Buenos Aires, 1985, pp. 200 y ss.
[9] Ema Cibotti: "Periodismo político y política periodística, la construcción pública de una opinión italiana en el Buenos Aires finisecular", en: *Entrepasados*, núm. 7, 1994.

en busca de apoyo para la obtención de un préstamo bancario involucraba, entre otras, la decisión de no formular más críticas a la política gubernamental. Aún así era muy difícil de lograr, a menudo acudían al General Roca.[10]

Pese a las dificultades financieras, diarios, semanarios y mensuarios circulaban con profusión y su mejor ámbito de difusión era la Capital. En 1882 la mitad de las publicaciones periódicas se editaban en Buenos Aires, y en su mayoría eran políticas y comerciales. No había entonces ningún control oficial del tiraje de los diarios; para 1883 Quesada estima entre la Capital y la campaña un promedio general de 1.500 ejemplares, cifra según él sin duda inferior a la realidad. Aun así, ello significa que se editaban cerca de 45.000 ejemplares de diarios en Buenos Aires; para una ciudad que contaba con una población estimada en 300.000 habitantes, esto significa una copia por cada siete habitantes.[11]

Todos los análisis de la época concuerdan en destacar la extraordinaria libertad de la que gozaba la prensa. Prácticamente no se ejercía la censura oficial contra publicación alguna.[12] Por otra parte, un hecho particularmente exaltado por los publicistas italianos era que los diarios estaban eximidos del impuesto del sello. Prensa política por excelencia, los diarios se dividían ideológicamente en liberales y católicos. Predominaban ampliamente los primeros. La prensa era liberal en el sentido doctrinario del término como lo era el programa de la clase dirigente argentina. Desde el punto de vista político, la oposición al roquismo se había apropiado del concepto y su prensa se definía liberal indicando con ello su posición antigubernamental. En realidad no había diario oficial, el gobierno de Roca no tenía una representación periodística orgánica, incondicional, como la había tenido el ex presidente Sarmiento con *La Tribuna* y *El Nacional*, o como la que ligaba la figura del ex presidente Mitre con *La Nación*. Ambos eran escritores periodísticos de reconocida prosa. No era este el caso del presidente Roca. Aunque sostenía *La Tribuna Nacional*,

---

[10] Carta de Basilio Cittadini al Presidente Roca del 23 de abril de 1883, en AGN, Archivo Roca, leg. 30.

[11] *La Prensa* y *La Nación* encabezaban el tiraje con un promedio de 18.000 copias cada uno, les seguía *El Diario* con 12.500, *La Patria Italiana* con 11.000 y *L'Operaio Italiano* con 6.000, el resto estaba por debajo de esa cifra. Véase *Censo General de Población, Edificación, Comecio e Industria de la ciudad de Buenos Aires de 1887*, Buenos Aires, 1889, tomo II, pp. 545-6.

[12] Los diarios tenían absoluta libertad de publicar sus opiniones. Los contemporáneos se quejaban, (entre otros Sarmiento) porque la prensa "seria" hacía uso continuo de la calumnia, la injuria y las diatribas personales. Véase, "La municipalidad y la prensa", en *La Patria Argentina*, 3/3/1883.

diario fundado por él en 1880, su relación estaba mediada por las figuras que pasaban por la redacción, terreno en el cual el poder de Roca no era omnímodo. En este sentido, en los primeros años de la década de 1880, Buenos Aires presentaba un panorama periodístico peculiar pues casi la totalidad de la prensa política militaba en la oposición.

Hacia fines de 1883, la capital de la república comenzó a sufrir las modificaciones que transformarían su planta. El polémico intendente municipal, don Torcuato de Alvear, liquidó en pocos años de gestión los vestigios de la antigua edilicia porteña. Los contemporáneos reconocieron rápidamente el impacto inicial del cambio pero no lo valoraron de igual modo. Para los miembros del patriciado porteño existían muchos signos negativos asociados al gobierno de Roca. Entre ellos no era menor la irrupción en los salones sociales de los revoltosos oficialistas, calificados como advenedizos y *guarangos*. La capitalización de Buenos Aires tras la revolución de 1880 era el episodio político al que remitían siempre todas las críticas para explicar la tenaz rivalidad entre las elites. El malestar por la irrupción de los *advenues* se manifestaba mejor en clave política que en clave social pues en realidad medía una disputa soterrada entre oficialistas y opositores por el control de una ciudad que mantenía aún su fisonomía parroquial. En este sentido, la elección del 22 de abril se reveló como una prueba de fuerza para la lucha facciosa aletargada desde 1880. Para la oposición el momento de la revancha contra los "bochincheros" había llegado.

LA CUESTIÓN MUNICIPAL

El 1º de noviembre de 1882 el Congreso Nacional sancionó la nueva Ley Orgánica de la Municipalidad de la capital. Básicamente esta legislación introducía la novedad de asignar al Presidente de la Nación la facultad de designar al titular del Ejecutivo Municipal con acuerdo del Senado. Desde entonces el intendente sería un hombre del presidente. El poder legislativo quedaba reservado para el Concejo que deliberaba presidido por uno de los 28 miembros, representantes de las 14 parroquias que dividían la capital considerada como distrito único. La ley retomaba con algunas variantes menores los artículos de la legislación de 1858 y 1876 que contemplaba los derechos de los extranjeros a ser electores y elegibles para los cargos del Concejo.[13] El proyecto fue largamente estudiado en ambas Cámaras, y gran parte de la discusión se centró en torno al tipo de actividad que debía desarrollarse en el ámbito municipal y a la participación de los extranjeros en ella. Ambas cuestiones desvelaron a los legisladores que debatieron más de un año.

El primer punto crítico de la ley fue la designación del intendente por parte del presidente de la república (art. 4). Para defenderlo, el oficialismo alentó el fantasma de la politización del ámbito municipal. Se sostuvo que desvincular el gobierno municipal del Poder Ejecutivo era lo mismo que promover al intendente como futuro Gran Elector del Municipio (*sic*). Según los diputados oficialistas este peligro estaba potenciado también por el carácter cosmopolita y heterogéneo de la población.[14] Este artículo fue uno de los más resistidos por la oposición que introdujo en él dos modificaciones de gran importancia. Pedro Goyena (diputado por Buenos Aires) propuso que el intendente fuese nombrado por el presidente a propuesta en terna hecha por el Concejo y compuesta de individuos de seno. Este primer proyecto quedó anulado y al año siguiente el diputado por San Juan, Ángel D. Rojas, presentó a consideración uno nuevo, aún más audaz. Postuló la constitución colegiada del Ejecutivo municipal a través de tres funcionarios nombrados por el presidente a propuesta del Concejo de entre los miembros de su seno. Así por votación directa se constituiría el Concejo Deliberante y en forma de elección de segundo grado lo haría el Concejo Ejecutivo. Este artículo (número 54) concentró toda la preocupación gubernamental y el ministro del interior Bernardo de Irigoyen fue quien debió sortear el escollo de impedir su sanción. Sostuvo que la excepcionalidad de Buenos Aires donde el interés nacional se ligaba con el interés local hacía preciso otorgarle al vecindario el derecho de nombrar el Concejo Deliberante, dejando al Presidente de la Repúbli-

---

[13] En 1856 se organizó la primer municipalidad de la ciudad después de la eliminación del Cabildo en 1820. En 1865 se modificó la ley de 1854, nuevamente modificada en 1876. Hasta 1880 el municipio porteño quedó involucrado en la lucha de poderes entre el Gobierno Nacional y el Gobierno de la Provincia de Buenos Aires. Las leyes mencionadas nunca llegaron a aplicarse eficazmente y en los hechos funcionó el régimen de comisiones encargadas de administrar los intereses del municipio, pero que carecían de origen legal. Para un análisis sobre los debates en torno a la legislación municipal véase en particular Marcela Ternavasio: "Municipio y Política: un vínculo conflictivo". Análisis histórico de la constitución de los espacios locales en Argentina (1850-1920)", Tesis, FLACSO, Buenos Aires, 1991.

[14] Diario de Sesiones, Cámara Nacional de Diputados, año 1881, Tomo II, Sesión del 22 de agosto de 1881, p. 976.

ca el nombramiento del jefe del Ejecutivo, quien ejecutaba lo que resolviese el Concejo.[15] El diputado Rojas refutó al ministro denunciando que la concentración de poder en el Ejecutivo Comunal enervaría la iniciativa de los miembros del Concejo.[16] Finalmente, después de varias sesiones, el gobierno ganó el *tour de force* en la cámara baja por 37 votos contra 27, y el artículo fue reemplazado por el del ministro Irigoyen y sancionado finalmente como se mencionó más arriba.

Otras dos cuestiones agitaron los ánimos de los legisladores: la calificación del voto y la participación de los extranjeros. Ambos temas estaban comprendidos en el artículo 19 que establecía las condiciones para ser elector. El diputado José Fernandez (por la capital) se opuso al artículo redactado por la comisión y defendió el derecho al voto de todos los ciudadanos argentinos sin limitaciones impositivas; postuló también la necesidad de imponer mayores requisitos al voto de los extranjeros y colocó el debate en el terreno político. En efecto asoció al partido gubernamental con los sectores criollos menos favorecidos socialmente y a la vez atizó el fantasma de la intromisión cosmopolita. En esta línea arguyó que su partido, joven, recién formado, quedaba discriminado por la limitación del voto, pues a su juicio los elementos conservadores y ricos militaban en la oposición.[17] A su criterio esto se agravaba con la ingerencia que los extranjeros tendrían en la Municipalidad pues podrían organizarse como fuerza política e imponerse a los dos partidos locales.[18] Insistió en igualar la condición del sufragio municipal con el de la ley nacional de elecciones y postuló entonces el derecho universal al voto municipal para los ciudadanos argentinos.[19] Finalmente puso la nota dramática que faltaba al demostrar que la Municipalidad tenía una ingerencia, aunque indirecta, sobre el mecanismo político del país pues actuaba sobre el empadronamiento de electores, que era en suma un primer paso en el camino hacia las urnas.

El alegato encontró eco y se modificó la propuesta incial. El artículo 5 amplió el número de ciudadanos habilitados para votar y en el caso de los extranjeros incluyó restricciones como saber leer y escribir, el pago anual

---

[15] Diario de Sesiones, Cámara nacional de Diputados, año 1882, tomo II, Sesión del 16 de agosto de 1882, p. 925.

[16] *Ibid.*, Sesión del 17 de agosto de 1882 p. 942.

[17] Diario de Sesiones, Cámara Nacional de Diputados, año 1881, tomo II, Sesión del 9 de septiembre de 1881, p. 1079.

[18] *Ibid.* ibidem., p. 1076.

[19] *Ibid.* año 1882, Tomo II, Sesión del 9 de agosto de 1882, pp. 848, y 850.

de un impuesto municipal cinco veces mayor que el exigido a los argentinos, y una residencia no menor de dos años en la capital.

La disposición sobre el voto secreto, verificado por cédulas de papel,
envueltas o dobladas, con el nombre o los nombres de los candidatos, sin
necesidad de la firma del sufragante (*sic*), no agitó los ánimos en el Congreso; el artículo fue votado por unanimidad sin provocar ninguna con-
troversia.

Los artículos referidos al ejercicio de la seguridad, higiene, beneficencia
y moralidad pública, al contrato de empréstitos, obras públicas, no moti-
varon ningún debate agitado. Eran todas instancias de interés para el capital privado y ciertamente los negocios estaban allí. Sobre todo en una
ciudad que crecía espectacularmente y que requería inversión continua.
Muchos políticos a través de sus trayectorias reunían antecedentes en la
gestión o administración de servicios, actividades que no desdeñaban ejercer y que destacaban en sus biografías personales.[20]

La Municipalidad parece haber sido también uno de los destinos más
codiciados para amplias franjas de la población que veían en la administración pública un destino sino venturoso al menos seguro. Desgraciadamente no contamos con ningún estudio serio sobre el particular aunque
es factible sostener que la prestación de servicios para las dependencias
municipales constituían un buen negocio. En todos estos casos valían las
recomendaciones y podemos imaginar que la política clientelar también
tejía sus redes en la administración municipal.[21]

La población de la capital tuvo acceso a la discusión en el Congreso
a través de la prensa. Los diarios polemizaron en torno a la cuestión municipal tan asperamente como en la Cámara baja y en algunos casos acompañaron la posición de los legisladores que colaboraban en sus columnas.[22]
Pese al tenor de esta polémica, el grueso del debate, como no podía ser de
otra forma, se realizó puertas adentro del Congreso. Como veremos a
continuación, el tratamiento que los diarios dispensaron a la elección fue

[20] Un ejemplo en tal sentido es la biografía de Antonino Cambaceres aparecida en el periódico
satírico *El Mosquito*, "Nuestro retrato", 14 de diciembre de 1884. En ella se resaltaba su tarea en la
administración del Ferrocarril Oeste.
[21] Véase Archivo Histórico de la ciudad de Buenos Aires, Sección Gobierno, año 1883, Caja 29;
Sección Servicios Públicos, año 1883, Caja 16, 1 y 2.
[22] *La Unión*, creado en agosto de 1882, representaba al sector católico, no ultramontano, y entre
sus colaboradores figuraban los diputados Pedro Goyena de Buenos Aires y Tristán Achával Rodríguez
de Córdoba. En más de una oportunidad editorializó en defensa de sus posiciones en la Cámara.
Véase la nota: "El derecho municipal", 1° de agosto de 1882.

en cambio diferente. El despliegue de un estilo punzante e irreverente, acusaciones cruzadas contra los candidatos, calumnias, y tonos que rozaban la injuria en los análisis editoriales, explican hasta qué punto los diarios hicieron campaña electoral. No era ésta una actitud vana sobre todo si tenemos en cuenta que, en palabras de Quesada, en Buenos Aires "el diarismo" gozaba de un temible poder.[23]

LA PRENSA EN LA ELECCIÓN MUNICIPAL

Apenas despuntado el nuevo año, la propaganda electoral se instaló en la escena pública y un amplio arco de diarios que militaban en la oposición movilizó su opinión a favor de la participación en la elección. El 15 de enero la comisión directiva central del partido liberal presidida por Manuel Quintana, dirigió una circular a sus correligionarios que desvinculaba la elección de la cuestión partidaria dejándola librada "al celo de los vecinos de las parroquias respectivas".[24]

La decisión de impedir la formación de una "municipalidad politiquera" como rezaba el documento, fue bien recibida por los diarios liberales como *La Nación*, *La Patria Argentina*, *El Nacional*, *La Libertad* y *La Tribuna*, pero no todos hicieron la misma interpretación de lo que ello significaba como estrategia electoral. ¿La prescindencia política del partido tendría consecuencias beneficiosas? La respuesta estaba ligada a la confianza que se tuviera en el desarrollo normal del comicio. ¿El gobierno intervendría activamente o mantendría su promesa de abstención? Durante el mes de enero las editoriales de los órganos de oposición demostraron cierto optimismo sobre las posibilidades de los candidatos liberales. *La Nación*, dirigida por Mitre suponía que la forma en que estaba reglamentada la ley hacía el fraude imposible pues entre otras prohibiciones impedía la inscripción de la policía de seguridad.[25] La idea de ligar la suerte de la elección a las voluntades de cada parroquia, sin movilizar la estructura partidaria, fue la estrategia elegida para sumar fuerzas independientes y no despertar recelo entre los vecinos "honorables e idóneos". Esta actitud

---

[23] Ernesto Quesada: ob. cit., p. 75.
[24] *La Libertad*, 19/1/1883.
[25] *La Nación*, 17/1/83.
[26] *El Plata*, 18/1/83.

había sido bien recibida por los sectores ligados al gobernador de la provincia de Buenos Aires, Dardo Rocha, quien comenzaba a tomar distancia de Roca. El diario rochista *El Plata* había acogido con beneplácito la medida.[26]

Hacia fines de enero comenzó a circular una lista con 60 nombres de posibles candidatos, estaba dirigida a los directores de los diarios y la firmaban "varios ciudadanos y estrangeros". Efectivamente no era una lista de partido pues reunía a viejos enemigos liberales, como los ex presidentes Domingo Sarmiento y Bartolomé Mitre y el director de *La Tribuna* Mariano Varela, junto a extranjeros claramente opositores como el italiano Aníbal Blosi, director del diario *L'Operaio Italiano*, incluyendo también figuras espectables pero ligadas al oficialismo, como Torcuato de Alvear (en ese momento intendente) o el italiano, Domingo Parodi, un notable con fluidos contactos en el gobierno.[27] Suponemos que esta peculiar composición no estaba destinada solamente a atraer a los vecinos "más idóneos" sino que era una forma de intervenir en la interna gubernamental.

En las huestes oficialistas los preparativos habían comenzado. El 31 de enero se anunciaba la pronta formación de un Comité Cosmopolita que estaría integrado por algunos notables de las colectividades extranjeras, presidido por el senador Antonino Cambaceres. "Don Antonino" aspiraba a ser el futuro intendente de la capital. Como sabemos el cargo no era electivo, y ya estaba ocupado por Torcuato de Alvear quien era tratado con respeto por la prensa opositora,[28] que concentraba en cambio una gran animosidad hacia la figura de Cambaceres. Él era consciente de los odios que despertaba. En una de sus habituales y casi cotidianas misivas a Roca le expresaba:

> los diarios de oposición nos ven de mal ojo y tratan de hacer nacer desconfianzas entre los extranjeros, dirigiendo ataques encubiertos y haciendome aparecer a mi como el lobo y a los demás como a corderos. No tenemos prensa en castellano para defendernos y seria bueno que Ud. autorizara o pidiera a La Tribuna Nacional facilite la columna a los secretarios del Comité.[29]

Los oficialistas, los partidarios de la "situación", vieja palabra de la política porteña todavía en uso, no disponían de ningún órgano combativo

---

[27] La lista apareció en *La Libertad*, 28 y 29 de enero de 1883.
[28] Véase *La Nación*, "Manifestación al Sr. Alvear", 27 de marzo de 1883.
[29] AGN, Archivo Roca, legajo 29, Carta de Cambaceres a Roca, 6 de febrero de 1883.

e incondicional. Por otra parte el propio Roca era muy escéptico sobre los beneficios políticos que reportaba la prensa adicta hasta el punto de suscribir:

> La Nación le hizo perder al Gral. Mitre la presidencia y ha destruido su partido porque ha sido en ella más fuerte y dominante el espíritu del diarismo que el del partidario y del político.[30]

Cambaceres encontró apoyo en los diarios extranjeros cuyos directores mantenían vínculos directos con el presidente.[31] Ese era el caso de *La Patria Italiana* de Cittadini, *Le Courrier de la Plata* de Walls, y *The Standard* de Mulhall.

Finalmente Roca designó a Torcuato de Alvear como futuro intendente. Aunque no pertenecía al círculo de sus íntimos no era una figura irritativa y tenía experiencia en el cargo pues desde la federalización de Buenos Aires presidía el concejo municipal. A partir de los primeros días de febrero las huestes de Alvear que no eran otras que los empleados de la corporación conjugaron sus esfuerzos con el Comité de Cambaceres.[32] Desde entonces el Comité Cosmopolita comenzó a buscar adhesiones en el ámbito de cada parroquia bajo la vigilante atención de su jefe.

¡AL PADRÓN!

El proceso de inscripción electoral revistió en sus inicios características fradulentas. La primera sospecha recayó sobre la confección del registro de los 50 mayores contribuyentes de cada parroquia, del que debían insacularse los miembros de las comisiones empadronadoras (que incluían un jurado de apelación) y de las mesas receptoras de votos. El 17 de enero *La República* observaba:

> Anoche, en un circulo de personas conocedoras se reian mucho del resultado de esas listas, en la que el mayor número de los que figuran como mayores

---

[30] Véase Félix Luna: *Soy Roca*, Editorial Sudamericana, Buenos Aires, 5ta., 1990, p. 468. D'Amico también evoca la actitud de Roca hacia la prensa: "Roca desprecia la prensa porque tiene de ella la opinión de Bismark". Véase D'Amico, ob. cit., p. 213.

[31] Véase Archivo Roca, Legajo 29/30, correspondencia recibida. Cartas de Mulhall y Cittadini a Roca.

[32] Véase *El Diario*, 19/2/1883 y *La Nación* 20/2/1883.

contribuyentes son de los que menos contribucion pagan, y otros que ni siquiera propietarios son.[33]

Existen algunos indicios en tal sentido. En las parroquias de La Piedad,
San Cristóbal y Catedral Norte se inscribió un número muy bajo de aquéllos que pertenecían a la lista de los 50 mayores contribuyentes.[34] La protesta de la oposición fue débil y las listas quedaron convalidadas a partir
de la formación, previo sorteo, de las comisiones empadronadoras com-
puestas de tres miembros y de los jurados de apelación que incluían a
cinco quienes actuaban como fiscales y recibían las quejas de los afectados.
Cada domingo del mes de febrero las mesas instaladas en los atrios de
las iglesias esperaron la afluencia de los futuros electores. Los diarios
multiplicaron sus esfuerzos para movilizar a la opinión. *La Unión*, diario
católico de combate se dirigió explícitamente a sus "lectores" para recor-
darles que debían inscribirse y, para predicar con el ejemplo, el abogado y
diputado Pedro Goyena uno de sus habituales colaboradores se anotó el
primer domingo en su parroquia de Catedral Sur.[35] Entre los diarios extranjeros fue la prensa italiana la que a través de sus artículos editoriales
demostró el espíritu más militante. La apelación a los connacionales se
hizo con un tono didáctico. Para el *L'Operario Italiano* había derechos y
deberes, civiles y políticos que resguardar.[36] *La Patria Italiana* en cambio
agitó la bandera de la mayoría numérica de la colonia y la instó a inscribirse para ampliar su influencia en la vida comunal.[37] Al promediar el
plazo fijado por la ley para el empadronamiento ya era obvio que la agitación de la prensa no había dado los frutos esperados, apenas se habían
inscriptos 500 electores.[38]

[33] *La República*, 17/1/1883
[34] La ley municipal estipulaba que los padrones debían publicarse durantes ocho días. En general
aparecían en hojas sueltas que se repartían junto con el cuerpo del diario. La casualidad quiso que *La
Nación* publicara los primeros tres padrones abrochados a la última hoja. De esta forma hemos
podido utilizar los registros. Desgraciadamente ni ésta ni otra información del acto comicial se encuentran en el Archivo Histórico de la Ciudad de Buenos Aires.
[35] El aviso aparece en *La Libertad*, 2/2/1883.
[36] *L'Operaio Italiano*, 14/2/1883. Estimulando el efecto de una arenga verbal el artículo terminaba
con tres consignas claras y contundentes:
"A inscribirse ... es nuestra palabra de orden.
"A inscribirse ... es el ejercicio de un derecho.
"A inscribirse ... es el cumplimiento de un deber". (Traducción E. C.)
[37] *La Patria Italiana*, 26/1/1883:
"Que se diría de nosotros si desertaramos de las urnas [...] se trata de vigilar nuestros intereses, nuestra libertad moral" (Traducción E. C.)
[38] Véase nota en *La Nación*, 18/2/1883.

La prensa opositora se quejaba de la inercia de la población pero la adjudicaba a los desórdenes que causaba el oficialismo en los atrios de las iglesias donde se situaban las mesas inscriptoras. Los diarios reportaron en detalle los incidentes que se sucedían en las parroquias y los forcejeos y presiones a los que estaban sujetos los empadronadores. El 27 de febrero consignaban que en la parroquia de Catedral Sud se habían presentado 82 puesteros del mercado del Centro que traían certificados del administrador del mercado por la venta de carne, verduras, pescado etc..., la mesa los había rechazado. Los puesteros iban organizados y dirigidos por un inspector municipal de mercados y por Federico Garrigós a quien *La Unión* le anteponía el "don" pues era uno de los comerciantes más ricos de la plaza.[39] *La Patria Argentina* explicitó la "indecencia" de los anotados reproduciendo sus giros o describiendo sus vestimentas, eran los descamisados, hombres que iban en mangas de camisa con bombacha blanca, alpargatas y sombrero hambergo.[40]

El clima de agitación y las acusaciones de fraude que complotaban contra la afluencia del "pueblo" tuvo su corolario cuando Manuel Quintana, presidente del comité del partido liberal, fue hecho prisionero por las huestes del juez Fonrouge en la parroquia de Catedral Sud.

El escándalo se había iniciado con una disputa por la primacía en el uso del atrio en la Iglesia de San Ignacio entre los miembros de la comisión empadronadora municipal y los de la mesa escrutadora de la elección a senador que se realizaba ese día. En 1883 todavía regía la Ley del 16 de octubre de 1877 por la cual las parroquias eran la base de la división judicial y también de la división electoral o política. De las 14 salían 28 electores para Vicepresidente y Presidente de la República y 28 electores encargados de nombrar dos senadores al Congreso Nacional. El 18 de febrero debía completarse la elección a senador, cuestión que había suscitado el conflicto de marras. Los miembros de la mesa de inscripción municipal le dirigieron a Alvear una protesta porque el juez Fonrouge los había conminado a "levantar la mesa" y ante la negativa los había expulsado por la fuerza del atrio.

La escena, sin duda violenta fue relatada por cada diario con cierta

---

[39] *La Unión*, 27/2/1883. Véase James R. Scobie: *Buenos Aires del centro a los barrios 1870-1910*. Solar/Hachette, Buenos Aires, 1977. p. 62, el autor hace una vívida descripción del mercado del Centro.

[40] *La Patria Argentina*, 26/2/1883.

libertad.[41] *La Nación* siempre más moderada reprodujo la versión de boca de Manuel Quintana. Él estaba en el atrio de San Ignacio con la intención de inscribirse en el padrón municipal y había presenciado la amenaza dirigida por el presidente de la mesa política; acto seguido, Arturo Lavalle ex juez de paz y secretario de Cambaceres lo había encarado:

"— Qué hace Ud. aquí señor?

— Quién es Ud. para interpelarme de esa manera?

— Soy fiscal de mi partido.

— Pues yo lo soy del mio y como nos hallamos en paridad de circunstancias nada tengo que responderle.

— Ud. no puede ser fiscal de un partido que no concurre a las urnas...

— Repito que estoy en mi derecho permaneciendo aquí. Saldré si se me echa por la fuerza.

— Sargento! gritó entonces el que hacía de presidente. lleve Ud. preso a ese hombre...".[42]

La primera conclusión de la prensa opositora fue la más obvia. La expulsión de Quintana se debía a que su presencia era un estorbo para poder inventar votantes "en aquel sitio solitario" donde reinaba la "paz del sepulcro" según la descripción de *La Nación*. El diario rochista, *El Plata* adelantó la segunda. Bajo el título "Efectos de la abstención" evocó cómo eran las prácticas electorales habituales. La lucha política, siempre facciosa movilizaba grupos de votantes, pues un hombre solo, un ciudadano o un extranjero que concurría a cumplir con sus deberes cívicos y llevaba en la mano el último recibo de la contribución impositiva se volvía invisible en los atrios y quedaba inerme, indefenso a la hora de enfrentar al compadrito político, el eterno tipo de bigote caído, voz aguardentosa, y mirada aviesa que representaba los intereses del juez de paz de la Parroquia.[43] El caso Quintana dejaba una primera lección: la abstención no era una bandera de lucha efectiva contra el roquismo, y conllevaba una cuota de resignación que inhibía el accionar público de la oposición.

La desmoralización en las filas liberales podía cuantificarse. Se habían empadronado 4.107 electores, un número muy inferior a las expecta-

---

[41] Por ejemplo, *El Plata*, del 20/2/1883 relató: "La mesa voló, los registros fueron arrojados por el suelo hechos pedazos, y hubieran corrido igual suerte las costillas de los miembros de la mesa inscriptora si no toman el partido de ceder"

[42] *La Nación*, 20/2/1883.

[43] *El Plata*, "Efectos de la abstención", 20/2/1883. Véase en *El Diario*, 27/3/1883, una notable descripción del compadrito político.

tivas iniciales de la prensa que esperaba una cifra cinco veces mayor, pues según las estimaciones había más de 40.000 habitantes habilitados para registrarse.

PERFIL DEL PADRÓN ELECTORAL

¿Quiénes se habían inscripto? ¿Cuántos extranjeros habían acudido al llamado? ¿Cuál era la composición social del padrón?

A juzgar por la impresión de los diarios "el elemento que al parecer prevalece" no era el mejor pues los hombres de posición social y fortuna no habían acudido. Verificar estas afirmaciones resulta ya imposible pues nos falta la información global y sólo contamos con las listas de Catedral al Norte, La Piedad y San Cristóbal. Entre las tres suman un poco más de 900 electores, es decir la cuarta parte del padrón total que incluye 14 parroquias. Una muestra significativa que no permite sin embargo aventurar demasiadas certezas. Aunque poseemos los totales parciales de las demás parroquias no sabemos cuántos contribuyentes habilitados había en cada una. Por otra parte la inscripción de individuos traídos por los agentes del poder desde cualquier rincón de la ciudad relativiza la validez del padrón parroquial.

Depurar un padrón con tales características resulta tan imposible, como utilizar sus datos para elaborar con exactitud un cuadro de las fuerzas sociales parroquiales. Sin embargo la lectura de los tres registros que poseemos puede ser relevante para ver cuál fue el perfil de electores que de ellos resultó. En este sentido, el grado de veracidad no es importante. En cambio sí nos interesan como productos de una lucha entre las diferentes fuerzas corporizadas en los atrios por los jueces y los miembros de las mesas que peleaban sobre los criterios para anotar electores.

Comencemos con Catedral al Norte. Junto con Catedral al Sur era una de las parroquias centrales y se estiraba hacia el norte de la plaza de Mayo. Como en los tiempos de la colonia, la zona que rodeaba la plaza continuaba siendo el centro del poder y prestigio, la elite criolla no se había retirado de allí. Construía sus casas junto a los clubes sociales y políticos, cerca de los principales hoteles y de las grandes tiendas. El eje representado por la calle Perú y su continuación Florida concentraba muchas residencias de la elite. Catedral al Norte era la parroquia de Bartolomé Mitre y su familia quienes vivían en la llamada "cuadra de las imprentas" pues contigua a la casa del general estaba la sede del diario *La Nación*, el diario alemán y la casa impresora de Estrada. Otros periodistas, dueños y directores de diarios habitaban el barrio como Adolfo Dávila de *La Prensa*, Basilio Cittadini de *La Patria Italiana*, López de Gómara de *El Correo Español* y Enrique de Vedia dueño de una imprenta. Allí también tenía su famosa sastrería y vestía a la *high life* el romano Cesar Proli quien simpatizaba con el mitrismo. Era la zona de la *city* porteña, reservada a la Bolsa de Comercio y sede de todos los bancos. Cuna también de las familias que habían adquirido fortuna más recientemente que la que ya poseía la aristocracia hispánica del lado sur de la plaza. Estos nuevos ricos convivían con los notables de las colectividades extranjeras, que tendían a congregarse en esa área de la ciudad. Apellidos como Caprile, Piaggio, Devoto, Rocca, Anchorena, Peña, Madero, Frías, Martínez de Hoz aparecían cada vez más vinculados al comercio, el capital y la cultura europeos.[44]

En la parroquia se registraron en total 294 contribuyentes, más de la mitad eran extranjeros. Los italianos representaban la tercera parte de los inscriptos y eran casi todos comerciantes, al igual que los españoles y franceses. El espectro de los contribuyentes argentinos era más variado. Un tercio eran comerciantes, otro propietarios y el resto pertenecía a las profesiones liberales, abogados en su mayoría. El registro de oficios era en cambio ínfimo, (un herrero, un carnicero, un jornalero...) Abundaban las contribuciones directas (impuesto a la propiedad) y era escaso el número de quienes pagaban el impuesto mínimo.

Hay otros datos que aporta el padrón que merecen nuestra atención como por ejemplo el registro de Agustín Suffern, comisario de sección de la parroquia, y el inmediato agregado de "anulado", pues las autoridades policiales estaban interdictas de participar. Según la crónica de *La Nación* el último día de la inscripción el comisario había realizado toda suerte de maniobras para entorpecer a la mesa tratando de colar en los registros a la "reserva" que tenía fuera del claustro. Entre sus múltiples acciones el inventivo comisario había apañado a un español que traía un certificado de procurador. La condición de procurador fue una de las más discutidas por la oposición que insistía en que no se trataba de una profesión liberal sino de un viejo oficio en vías de extinción pues el nuevo código de proce-

---

[44] Ver James Scobie, ob. cit., p. 82.

dimientos los hacía innecesarios (antiguamente representaban al litigante ante los jueces o tribunales y los habilitaba un examen que rendían ante la Corte). Los jueces de paz solían "fabricar" procuradores extendiendo certificados, para que las mesas inscriptoras los registraran. El jurado de apelaciones de la parroquia de San Nicolás entre cuyos miembros se encontraba el ex presidente Sarmiento, había sido el primero en negarles el derecho al registro. El grado de independencia de las juntas de inscripción parece revelarse en el escaso número de procuradores anotados. En Catedral Norte sólo había cinco y ningún empleado público.

Como ya hemos señalado, es muy difícil saber el grado de representación del padrón electoral, tampoco podemos averiguar el real grado de deserción de la "gente decente". Con respecto a éste, si tomamos en cuenta la impresión de los contemporáneos que lo suponían muy alto podríamos inferir por oposición que quienes se habían inscripto tenían un elevado compromiso, eran militantes electorales. En Catedral Norte por ejemplo figuraban apellidos que remitían a la política criolla, los Mitre, los Gainza, Mansilla, Frías...; sin embargo ninguno de los empadronadores se registró y de los ocho sorteados para presidir la mesa del escrutinio sólo la mitad lo hizo. Pero lo más llamativo es encontrar en las listas de candidatos nombres que no se empadronaron, hecho para el cual no encontramos una explicación satisfactoria, pero que nos induce a pensar que el acto del registro era una instancia recubierta aún de una gran informalidad. Por lo tanto hacer de ella el eje para medir la participación electoral puede resultar simplificador.

Al oeste, en pleno corazón de la ciudad, entre la zona comercial de San Miguel y la populosa Balvanera, se hallaba el barrio de La Piedad, sede del cuartel de bomberos y de la caballería de policía. El padrón presenta un espectro social amplio. Se registraron 315 contribuyentes de los cuales más de la mitad eran extranjeros. Los italianos en abrumadora mayoría sumaban más de 130, entre ellos primaban los comerciantes que doblaban en número a los argentinos. Entre los nativos había un número elevado de empleados públicos y procuradores y de miembros de las profesiones liberales, sobre todo abogados y escribanos. En minoría, los oficios, zapateros, carpinteros, sastres, etc., estaban representados casi exclusivamente por italianos. El total de la mesa empadronadora se inscribió en el registro y como dato extra figuran "como presentes en el acto" de cierre del padrón los nombres de cinco miembros del Comité Cosmopolita.

San Cristóbal aparece como la contracara de Catedral Norte. Recién comenzaba a formarse la edificación del barrio. Era la zona de los mataderos. De los 307 inscriptos, 235 eran argentinos y sólo un quinto eran comerciantes. La mayoría estaba conformada por carreros, trabajadores del abasto y jornaleros que oblaban el impuesto mínimo. El padrón registra también un número muy superior de procuradores y empleados que el que había en las otras dos parroquias y que contribuían con el mínimo impositivo. Los italianos y españoles inscriptos se concentraban en el comercio. Las profesiones liberales están practicamente ausentes. En esta parroquia el total de miembros de la mesa inscriptora se empadronó y a diferencia de las otras dos anotó el requisito de saber leer y escribir. Los analfabetos, un tercio del total, eran en su mayoría trabajadores del abasto, carreros y jornaleros. El dato no era menor pues el analfabetismo era causal de rechazo para los extranjeros (art. 5 inc. 2), sin embargo aparecen varios italianos empadronados en esas condiciones. Nuevamente la impresión que genera la lectura del padrón es la ausencia de cumplimiento de la normativa. La ley resultaba difícil de aplicar.

CANDIDATOS Y CANDIDATURAS

La estrategia electoral del Comité Cosmopolita tuvo como jefe máximo al presidente Roca. Informado casi a diario por el senador Cambaceres cumplió con el papel de gran elector y tuvo una ingerencia directa en el proceso de formación de candidaturas. Su prescindencia fue nula. El 18 de abril desde la sede del Comité Cosmopolita Cambaceres le dirigía a Roca la siguiente misiva:

> Le mando el proyecto de manifiesto que publicamos al recomendar la lista. Hágame el obsequio de leerlo, corregirlo y enviarmelo si esta Ud. conforme con la redacción y con la idea para hacerlo imprimir. Le confirmo la apreciación manifestada anoche, ganamos seguramente en 10 parroquias y probablemente en las 14.[45]

Los *reporters* de Cambaceres confirman la voluntad de triunfo del gobierno. Nada quedó librado al azar ni a "la expansión del espíritu comu-

[45] AGN, Archivo Roca, legajo 30. Carta de Cambaceres a Roca del 18/4/1883.

nal" como pretendía la oposición liberal. Según La Nación esa esperanza había arrancado de labios de un alto funcionario municipal la siguiente frase:

> Estos liberales son tan zonzos que han de creer que el Gobierno Nacional les va a dejar ganar las elecciones municipales.[46]

La temprana organización del Comité Cosmopolita y la designación vertical de las candidaturas parroquiales estaban en directa relación con la hostilidad que el roquismo había despertado, al menos inicialmente, en grandes sectores del electorado porteño. En una ciudad de estructura parroquial como Buenos Aires la candidatura de Roca a la presidencia en 1880 sólo había triunfado en la circunscripción de La Boca (San Juan Evangelista) gracias al apoyo brindado por el ya mencionado diputado José Fernández que en ese momento era legislador provincial y tenía gran ascendencia entre el vecindario. Desde entonces el oficialismo buscaba una revancha.

El órgano de prensa por excelencia del Comité fue La Patria Italiana de Basilio Cittadini. El 11 de febrero su director identificaba los propósitos cosmopolitas que abrigaba el Comité para que tuvieran representación las minorías respetables de cada colectividad.[47] Esta política de cooptación parece haber despertado mayor interés entre los italianos y los españoles que entre los franceses. Preocupado por esa posible deserción, Cambaceres instó a Roca para que insistiera ante León Walls, notable de la colectividad y director de Le Courrier de la Plata, diario destinado a reclutar voluntades entre los connacionales. A diferencia de Roca, Cambaceres creía en la influencia de la prensa y esperaba de los diarios extranjeros un apoyo sostenido. Por ello, Cittadini y Walls ocuparon el cargo de vicepresidentes del consejo directivo del Comité Cosmopolita integrado también por otros dos italianos, Gaetano Gandolfi y Giovanni Mondelli, figuras de la elite de larga trayectoria en las asociaciones mutuales de la colectividad, que ocuparon el cargo de tesorero y protesorero respectivamente. Los nombres de ciudadanos criollos quedaron reservados para la Secretaría del Comité que quedó integrada por conspicuos roquistas, entre otros el ya mencionado juez José Fonrouge, Alberto Larroque, Alberto Nava-

---

[46] La Nación, 18/2/1883.
[47] La Patria Italiana, 11/2/1883.

rro Viola, secretario privado de Roca e hijo del diputado católico Miguel Navarro Viola, y el abogado Víctor Molina. Se estableció la distribución proporcional de las candidaturas entre argentinos y extranjeros de la siguiente manera: 16 candidatos argentinos y 14 extranjeros de los cuales 6 debían ser italianos.

La organización del arco opositor no reconocía una dirección vertical aunque se aglutinó en torno al Club Industrial Argentino. Esta entidad, creada en 1875, se había constituido como centro electoral con el objeto de "defender los intereses industriales del país" según rezaba el primer comunicado público[48] y había convocado a un haz de asociaciones intermedias para que enviaran a sus representantes con el fin de consensuar una lista por parroquia. Hacia fines de marzo, los delegados de 13 sociedades mutuales y políticas de extranjeros[49] conformaron junto a los miembros del Club una Comisión para centralizar los "trabajos electorales". Esta debía encargarse de formar una primera selección de seis personas por parroquia entre las cuales se elegiría en asamblea la lista final que el Club y sus asociados deberían sostener. El Club aspiraba a articular una línea independiente, no vinculada orgánicamente al mitrismo, pero claramente opuesta al gobierno.

El Comité Popular Italiano, fue el centro extranjero mejor nucleado y con mayor autonomía, los españoles no lograron tanta cohesión. Apadrinado por el diario *L'Operaio* y presidido por su director Aníbal Blosi, se estructuró a partir de la representación de los connacionales por parroquias. La función de los delegados de cada una de ellas era no sólo incentivar la inscripción de los contribuyentes italianos sino entrar en contacto con la Comisión parroquial para tejer alianzas electorales. Como veremos más adelante, Blosi, que presidía a su vez la asociación mutual italiana más importante de la ciudad mantuvo una gran autonomía de acción y la lista del Comité Popular Italiano sostuvo nombres propios aunque no siempre italianos.

La formalización de las candidaturas parroquiales era un proceso complejo que incluía múltiples negociaciones entre diversos actores. La voluntad de Roca y Cambaceres, por ejemplo, no podía ejercerse sin

---

[48] *El Diario*, 23/1/1883.

[49] Se destacaban las mutuales italianas, sobre todo Unione e Benevolenza que nucleaba más de 4.000 afiliados. Véase Ema Cibotti: "Mutualismo y política, un estudio de caso. La Sociedad Unione e Benevolenza en Buenos Aires entre 1858 y 1865" en Fernando Devoto y Gianfausto Rosoli (eds.): *L'Italia nella societa argentina*, CSER, Roma, 1988.

mediaciones. La calidad del acto comicial que los diarios insistían (aunque cada vez mas débilmente) en definir como administrativo permitía la postulación de candidaturas "independientes".[50]

La elección de los candidatos se efectuaba a través de un acto vecinal ampliamente publicitado en los diarios. En efecto a través de la prensa, un grupo de vecinos cuyos nombres figuraban al pie de la solicitada, invitaban al resto de los contribuyentes a una reunión privada (el subrayado es mío) para elegir a los dos candidatos que representarían a la parroquia. El día de la reunión se procedía a elegir entre los concurrentes una comisión parroquial que dirigiría los "trabajos electorales". La primera función de dicha comisión era verificar que los asistentes fuesen reales electores y proceder a la votación de los nombres postulados. Al no haber listas, triunfaban los dos candidatos más votados. El voto podía ser secreto o nominal, esta última variante se utilizó en algunas parroquias para evitar que tomaran parte personas ajenas. Al finalizar la reunión se redactaba un acta de compromiso firmada por los miembros de la comisión parroquial y en los días subsiguientes se enviaban solicitadas a la prensa pidiendo al conjunto de los vecinos-electores el apoyo para los dos candidatos.[51]

El alto grado de autonomía vecinal que suponía esta mecánica aparecía desmentido en la práctica. La misma actitud de los diarios, apoyando o denostando, nos ofrece un panorama sin duda más agitado y complejo de la designación de las candidaturas, que en general estaban sujetas a fuertes presiones y eran el resultado de negociaciones de última hora en las que intervenían numerosos actores como el Club Industrial o el Comité oficialista que se movían más allá de los marcos parroquiales. Algunos casos fueron paradigmáticos, a modo de ejemplo analizaremos brevemente un episodio.

San Telmo era la parroquia de los hospitales, allí tenían su sede el Italiano, el Inglés y el General de Hombres además de la Facultad de Medicina. La lucha por las candidaturas también presentó allí rasgos de personalismo faccioso azuzado desde las columnas de la prensa. En este caso se quebró la alianza entre el Club Industrial y el Comité Italiano. En sus inicios la parroquia contaba con dos fuerzas organizadas, la Comisión parroquial presidida por el prestigioso médico italiano Juan Boeri y el

---

[50] *La Patria Italiana*, 14/4/1883, se quejaba de que en algunas parroquias hubiera más de diez candidatos.

[51] *El Diario*, semana del 13 al 18 de abril de 1883.

Centro parroquial liderado por Rufino Varela fundador junto a sus hermanos del diario *La Tribuna*, y cuya última actuación pública había sido como ministro de Hacienda de la provincia de Buenos Aires entre 1875-1877 bajo la gobernación de Carlos Casares. En los últimos días de marzo se intentó un acercamiento entre ambos grupos con el objeto de unir sus fuerzas para la proclamación de los candidatos. No son claras las causas del fracaso aunque los hechos posteriores pueden dar alguna pista. La Comisión liderada por Boeri sufrió una escisión, los miembros salientes se unieron a Varela. Éste, junto al médico Nuncio Romeo, vicepresidente del Hospital Italiano, se transformó en el candidato del Club Industrial. El 3 de abril la Comisión presidida por Boeri llamó a una reunión de vecinos que lo proclamó candidato junto al abogado Eduardo Zenavilla. Los asistentes al acto publicaron una solicitada de apoyo en *La Tribuna Nacional* y el Comité Cosmopolita los incorporó a su lista. Inmediatamente en los diarios de la oposición se multiplicaron las críticas y los *sueltos* en contra de Boeri-Zenavilla acusándolos de escudarse bajo el "ala protectora de Don Antonino". *L'Operaio Italiano* defendió a Boeri, y adujo que el prestigio del que gozaba lo transformaba en el candidato natural de la parroquia; era en la jerga de la época "una candidatura hecha".[52] La posición de *L'Operaio* provocó a su vez una escisión en la delegación parroquial del Comité Italiano. Una minoría apoyó a los candidatos del Club Industrial y la mayoría a instancias de Blosi compuso una lista "mixta" con Juan Boeri y Rufino Varela.

Las candidaturas "naturales" proliferaron en otras parroquias. Estos acuerdos, tan involuntarios como inevitables, remarcan aún más el faccionalismo con el que operaban las asociaciones políticas y el grado de personalización que cobraban las campañas. Sin embargo junto a estas prácticas ya tradicionales encontramos otras, novedosas para el ámbito municipal, como el intento de dotar de una base programática las aspiraciones de cada grupo. En este sentido puede leerse, como un fenómeno inédito, la campaña de los diarios italianos para llevar a sus directores al Concejo.

[52] *L'Operaio Italiano*, 1/4/1883.

EN BUSCA DEL PARTIDO DE LA COLONIA ITALIANA

Aunque eran rivales personales y estaban alineados en bandos políticos opuestos, los candidatos de los dos matutinos italianos compartían una misma ambición: representar a la "opinión italiana", bajo el supuesto de que ésta era la expresión de los intereses de la colectividad y que éstos requerían organizarse y defenderse públicamente. La certeza de la fuerza numérica que podían movilizar aportaba una justificación más. La "colonia" o colectividad organizada en torno a sus instituciones era una realidad material que podía manifestarse de multiples formas.[53] Los diarios incentivaban el "patriotismo comercial" y la unidad asociativa, como puntos de un mismo programa de cohesión colonial. Paralelamente a esta suerte de control institucional, promovían la difusión de una liturgia patriótica a través de los homenajes a Garibaldi y Mazzini, la conmemoración de la proclamación de la República Romana, o del XX de Septiembre. Estos actos públicos congregaban al conjunto de las Sociedades que marchaban por las calles de la ciudad, desplegando sus estandartes, con sus bandas de música encabezando un desfile en el que se destacaban los miembros de las comisiones directivas junto a los directores y publicistas de la prensa escrita. Esta presencia siempre masiva se repetía en los actos patrios argentinos. La *mise en scène* se montaba con toda meticulosidad y en esos momentos la "colonia" adquiría entidad física, se recortaba en el escenario porteño como un sujeto real, daba credibilidad al liderazgo que sobre ella pretendía la elite italiana y sus voceros de la prensa connacional.[54]

Para plasmar la opinión italiana en una fórmula electoral que encauzara los intereses de la colectividad en el escenario local, *L'Operaio* y *La Patria Italiana* se mostraron decididamente participacionistas y utilizaron con insistencia un mismo argumento: la fuerza del número. Los italianos eran clara mayoría en la población extranjera, eran miles los que podían registrarse como contribuyentes electores y estaban organizados. El gran desarrollo de la práctica asociativa cualificaba esa multiforme y

---

[53] Hacia 1883 residían en Buenos Aires cerca de 70.000 italianos, tenían más de diez mutuales que sumaban en total cerca de 20.000 socios. Los notables habían fundado en 1872 el Banco d'Italia e Rio della Plata y en 1880 el Circolo Italiano. Véase Camera Italiana di Commercio, ob. cit., p. 106.

[54] La presencia masiva de los italianos en las calles fue siempre cortejada en la prensa argentina. Véase Ema Cibotti: "La elite italiana de Buenos Aires: el proyecto de nacionalización del 90", Anuario 14, Escuela de Historia, Facultad de Humanidades y Artes, Universidad Nacional de Rosario, 1989/1990.

heterogénea masa de inmigrantes que se recortaba institucionalmente sumando miles de afiliados. *L'Operaio* sostenía que de los 4.000 inscriptos votarían solo dos tercios y que el alto nivel de ausentismo, propio de las votaciones, permitiría a los connacionales imponerse. *La Patria Italiana* realizaba una proyección similar.

La elección sirvió también de pretexto para que los dos directores fijaran desde las columnas de los matutinos sus posiciones con respecto a la situación local. Sus campañas estuvieron teñidas de continuas incursiones en el campo de la política global.

Aníbal Blosi se manifestó contrario al abstencionismo que practicaba el partido liberal. Bajo el título "Los Cadáveres" expresó su temor de que el pueblo perdiera el hábito de la lucha electoral.[55] En las antípodas, Cittadini, ex mitrista, militó a favor del oficialismo haciendo gala de su pragmatismo. Bajo el título "El estado de las cosas" señaló:

> Puesta la elección municipal sobre el terreno político, no es dificil adivinar de que partido será el triunfo. En este país quien gobierna vence -no importa si quien gobierna es Sarmmiento o Avellaneda, Tejedor o Rocha.[56]

Cittadini fue el único candidato de profesión periodista que se incorporó al Comité Cosmopolita. Junto a él había cuatro italianos, tres franceses y dos españoles, que eran comerciantes, médicos y abogados. Aníbal Blosi inició a mediados de marzo su acercamiento al Club Industrial Argentino con el objetivo de acordar una lista única de candidatos. Hemos visto las dificultades que encontró esta política. En efecto en la parroquia de San Telmo imperó la división. El Club apoyó al médico Nuncio Romeo y el Comité Italiano presidido por Blosi sostuvo a Juan Boeri. Esta determinación del comité muestra los límites de la alianza con el Club Industrial pero a la vez marca las dificultades que podían aparecer cuando se intentaba monopolizar el liderazgo sobre el conjunto de la colonia, pues siempre habría italianos incorporados a otras redes de influencia.

El 22 de abril, *L'Operaio* y *La Patria Italiana* dedicaron sus editoriales al cierre de la campaña. Cittadini publicó bajo el título "A los electores" su programa como futuro concejal. Su propuesta colocaba sobre el tapete el problema religioso con lo cual aprovechaba políticamente el fuerte sen-

---

[55] *L'Operaio Italiano*, 6/4/1883.
[56] *La Patria Italiana*, 15/4/1883 (trad. E. C.)

timiento anticlerical que animaba por entonces a la mayoría de los italianos. Con ello buscaba desprestigiar a la oposición liberal que como veremos más adelante, en su afán por sumar votos había iniciado contactos
con los grupos católicos. La arenga de Cittadini tuvo otra nota original.
Sostuvo que el periodista era el *anatómico* de la sociedad, quien mejor
podía expresarla éticamente, un garante de la opinión pública.

Blosi eligió un camino totalmente diferente. Publicó en primera página bajo el título "¡Electores!" el contenido completo de la papeleta electoral seguida de un conjunto de consignas contundentes que encuadraban la
lista de los candidatos parroquiales.

El Club Industrial no formuló un programa orgánico de acción pero su
prensa señaló el decálogo de los problemas urbanos que requerían urgente solución como la salud y la higiene pública, o el control sobre los ali-
mentos y bebidas. En este sentido, el final de la campaña electoral tuvo
una nota moderna, distintiva, las necesidades del "pueblo" cobraban identidad específica, había que conquistar votantes. El compromiso público
con un programa parecía una vía óptima para ello.[57]

LA PRENSA FRENTE A LA DERROTA

Paralelamente a la publicación de sueltos, solicitadas, brulotes, y calumnias de toda laya, características del ejercicio periodístico de la época, la
prensa de oposición se esforzó por otorgarle un grado de racionalidad al
debate y presentarse como una real alternativa a lo que ya se denominaba
"el régimen".

La Tribuna de Mariano Varela inició una autocrítica pública sobre la
estrategia electoral del partido liberal y quiso ser el foro desde el cual
nuclear un centro opositor. Varela rescató la figura de Bartolomé Mitre, a
quien había fustigado duramente en el pasado y se acercó al grupo católico que sostenía *La Unión*. Pero el diario declinó cortésmente el ofreci-
miento publicando un artículo titulado "Alianza imposible" en el que
recordaba su confesión religiosa y la incompatibilidad con la "escoria liberal [...] en sus empresas contra la Iglesia" (*sic*). El acercamiento a *La*

---

[57] Véase *La Patria Argentina*, 12/4/1883: "La actitud del Club Industrial". También en el diario *La Nación* del 25/4/1883, el suizo Grisognomo Bortolazzi publica su programa de acción como conce-jal electo.

Tribuna no podía ser sino coyuntural, no había ningun programa común para acordar porque los principios morales no podían relativizarse. Con gran sutileza *La Unión* cuestionaba también el lugar convocante que se atribuía el diario de Varela que creía ser el cuerpo de guardia de la oposición.[58]

El intercambio de ideas entre ambos diarios ilumina un rasgo central del periodismo de la época, la política era una cosa pública, que se hacía no sólo en los cenáculos del poder sino también en el seno de la opinión, comprendida ya como una cuarta fuerza del estado.[59] Era tan importante "hacer opinión" como representarla. El voto medía, cuantificaba la participación política pero a la opinión había que movilizarla. En ese sentido *La Tribuna* concibió las elecciones municipales como un elemento de agitación, y pese a la previsible derrota sostuvo que el cometido se había cumplido pues el despertar público había cambiado el escenario político, y podían comenzar a tejerse nuevos compromisos.[60]

Confirmando las predicciones de Cambaceres, el oficialismo triunfó en doce de las trece parroquias en donde se llevaron a cabo las elecciones. Integraban el Concejo dieciséis argentinos y diez extranjeros, de los cuales cuatro eran italianos, dos eran españoles y uno francés.[61] Los directores candidatos perdieron en sus respectivas parroquias. Aníbal Blosi obtuvo en El Socorro sólo 2 votos, y Cittadini logró en Catedral Norte 79, frente a los 117 del triunfador. La parroquia mitrista por excelencia fue la única en la que ganó la oposición. Un caso esperado fue el de San Juan Evangelista de la Boca, allí se impusieron dos candidatos italianos apoyados por el oficialismo y el Comité Italiano.

El amplio arco de la prensa de oposición cargó sus dardos contra el Poder Ejecutivo y lo acusó de falsificar los comicios. La lista de irregularidades era larga, sólo 2.000 electores habían concurrido a votar.[62] Sin

---

[58] *La Unión*, 13/4/1883. No era la primera vez que Mariano Varela fundaba en el ejercicio periodístico la esperanza de gravitar decisivamente en la recomposición del liberalismo, Véase sobre el particular la interpretación de Tulio Halperin Donghi sobre las ambiciones de los Varela en, *José Hernández y sus mundos*, Sudamericana/ ITDT, 1985 pp. 145 y s.

[59] La expresión "cuarto poder del estado", aparece en Ernesto Quesada, ob. cit. Ver también el sugerente análisis de Tim Duncan, sobre el particular, ob. cit. p. 778

[60] La Patria Argentina estaba en cambio en las antípodas de esta actitud y sostenía que la mera fuerza había sustituído a la opinión pública. Véase nota del 22/4/1883.

[61] Los tres extranjeros restantes eran de origen suizo, vasco y oriental (República Oriental del Uruguay).

[62] En particular los inspectores municipales habían amenazado con el pago de multas a los comerciantes extranjeros.

embargo, aunque el fraude aparecía como la *bête noire* del sistema político argentino,[63] su existencia motivaba lecturas diferentes. A modo de ejemplo analizaremos las posiciones contrapuestas de los dos directores italianos que no soslayaron su discusión.

Aníbal Blosi creía que la aplicación de métodos fraudulentos en los procesos electorales criollos había privado de conciencia política a la población de Buenos Aires y se había filtrado en todos los niveles de la acción pública, hasta llegar al ámbito municipal. Para Blosi, la existencia de una "opinión italiana" que pudiese expresarse libremente era condición para la regeneración del sistema político.

Cittadini reconocía que la manipulación política era casi inevitable frente a un electorado tan reducido. Si hubiese mil electores por parroquia y no 250, razonaba, habría garantías para la expresión de la voluntad de los votantes. Para el director de *La Patria* la reticencia de los extranjeros a inscribirse en el registro electoral era la causa de todos los males. Ellos solos hubiesen podido lograr una elección puramente administrativa porque pretender de los argentinos la abstención de hacer política era como "pedirle peras al olmo" (*sic*). El ámbito administrativo estaba naturalmente politizado, dividido entre los partidarios del poder y los opositores al gobierno, sólo la presencia masiva de los extranjeros podría haber instalado un terreno neutral.

Aunque más veladamente que en Blosi también aparece en el discurso de Cittadini la idea de una posible regeneración de la política a partir de la participación de los extranjeros. Fue esta certeza la que animó el accionar de ambos directores que creyeron posible convertir esa "opinión italiana" en una fórmula electoral. La derrota de esas candidaturas no significó la inoperancia de esta fórmula que en los hechos colocó a cuatro italianos en el Concejo. Lo que fracasó fue el intento de subordinarla al poder del discurso público; los periodistas encontraron allí su propio límite, hicieron "opinión", pero los votos fueron a llenar las urnas de los médicos, los abogados y los comerciantes, quienes podían recurrir a sus clientelas, para operar en las más amplias redes de la política porteña.

---

[63] Un análisis global del sistema electoral en Natalio Botana, op. cit., capítulo dedicado al estudio del fraude y control electoral, p.174 y ss. Las elecciones en el espacio porteño han sido recientemente estudiadas por Hilda Sabato y Elias Palti: "¿Quién votaba en Buenos Aires?: Práctica y Teoría del sufragio, 1850-1880" en *Desarrollo Económico*, núm. 119, vol. 30, Buenos Aires, 1990.

LA INTERVENCIÓN DEL CONCEJO, UN COROLARIO INESPERADO

Cuando comenzaron a administrarse los intereses concretos, la Municipalidad se reveló como un campo de Agramante. A los pocos meses de instalada los miembros del Concejo suspendieron al intendente y se dispusieron a iniciarle juicio. Para cerrarle el camino al Concejo rebelde, el gobierno nacional decidió modificar algunos artículos de la Ley Orgánica entre otros aquellos que le habían otorgado amplios derechos a los extranjeros, acusados veladamente de ser los causantes de la sublevación contra Alvear. Es imposible en el marco del presente trabajo analizar las diversas razones que precipitaron el enfrentamiento, pero sí resulta evidente la incapacidad que mostraron ambas partes para habilitar canales de negociación. Nos detendremos brevemente en las consideraciones emitidas en la Cámara de Senadores para modificar la Ley.

Se impuso el empadronamiento obligatorio que se realizaría a domicilio para impedir un registro electoral limitado y preservar el ámbito municipal de las influencias políticas parroquiales.[64] Se le quitó al Concejo la atribución de formar las listas de los 50 contribuyentes mayores de cada parroquia. Se confió la tarea a una Junta compuesta del presidente de la Cámara de Apelaciones en lo Civil, del presidente de la Cámara en lo Criminal y del juez federal más antiguo. Se reformaron también las condiciones para que los extranjeros fuesen electores y elegibles. En el primer caso se aceptaba el ejercicio de una profesión liberal pero en el segundo ya no. Pese a que el proyecto que había enviado el Ejecutivo era aún más discriminatorio, el que finalmente aprobó la Cámara no dejaba lugar a dudas sobre las intenciones de inhibir del acceso al poder municipal a la mayoría de los extranjeros comerciantes y profesionales.

La cuestión municipal se revelaba pues como un ámbito de conflictos internos y a la vez parecía una caja de Pandora de la que emergían un conjunto de problemas políticos que en la dirigencia argentina causaban creciente inquietud. Si pensamos que en la propia Cámara baja durante el transcurso del año 81/82 se había discutido qué tipo de sufragio, si el censatario o el universal, debía instrumentar la elección municipal, podemos colegir el grado de dificultad para consensuar criterios que había todavía en los grupos gobernantes. Pero aun más, la corriente liberal tam-

---

[64] Cámara de Senadores, Diario de Sesiones, Sesión Ordinaria del 12 de julio de 1884, p. 216.

poco era un fluido ideológico homogéneo, existían brechas conceptuales que no se cerraban y colocaban a sus miembros en posiciones antagónicas. Una de estas divergencias era sin duda la que mantenía el ex presidente Sarmiento, desde la redacción de *El Nacional* con el diario de Mitre.

Sarmiento condenaba la reforma municipal pero lo hacía desde una óptica opuesta a la elegida por *La Nación*. Veía el mal en la tiranía del número que sostenía el sistema electoral basado en las mayorías por un voto. El fraude radicaba allí. La reforma municipal no lo modificaba sino que lo convalidaba. Creía que ello era la destrucción del gobierno republicano y representativo garantizado únicamente con el voto proporcional, el único sistema legítimo. Participaba también de la idea que la presencia en las urnas de la población extranjera pondría coto a la venalidad que rodeaba siempre los comicios. Sostenía que las clases elevadas (*sic*) se habían alejado ya hacia tiempo de la vida pública, y temía que los extranjeros siguieran el mismo rumbo.[65] En realidad, durante el debate en el Congreso, ningún político de la época había omitido una opinión sobre la presencia extanjera. El qué hacer con los extranjeros y qué esperar de ellos comenzaba a formar parte del universo de cuestiones políticas que desvelaban a la dirigencia criolla.

Mirado el problema en su dimensión municipal es evidente que tenían razones para ello. En efecto, si la inexistencia de una avalancha de electores en las urnas municipales podía abonar la teoría de la apatía e indiferencia de la población, la audaz actitud contestaria del Concejo nos obliga a profundizar esa lectura. La rebelión en contra de Alvear indicaría que los concejales pese al escuálido caudal de votos cosechados, no se sentían por ello inhibidos de representar determinados intereses. Tal vez porque la fuerza que los sustentaba no derivaba tanto del poder del voto cuánto de las corrientes de opinión pública. En ellas parece haber residido una fuente importante de legitimación que se conjugaba con la representación de intereses específicos.

En mayo de 1883 el oficialismo parecía dueño de la situación municipal, unos meses después debió intervenir el Concejo, modificar la Ley Orgánica recién promulgada para recurrir a nuevos decretos. A partir de 1884 y hasta 1890 fueron aplazadas las elecciones para la renovación de los concejales y se volvió al viejo sistema de las comisiones designadas por el Poder Ejecutivo. Suponemos que la intervención estaba inscripta en

---

[65] *El Nacional*: "La Ley Municipal ante el Congreso, Reforma electoral", 24/7/1883.

una dimensión más global de la política argentina, señalaba la consolidación de un estado nacional que comenzaba a operar con fuerza sobre la sociedad disciplinando sus ámbitos de autonomía pública.

CONCLUSIÓN

La elección estudiada fue paradigmática en un sentido y excepcional en otro y tuvo rasgos particulares que confirmaron algunas tendencias presentes en la política argentina. En principio fue, que duda cabe, una señal de consolidación del roquismo que salió airoso de la primer puja con participación real de la oposición y en su bastión tradicional. En otro plano hizo visible la estrecha relación entre negocios y política que comenzaba a imponerse en el entramado del poder incluyendo el propio ámbito municipal. Marcó también el primer intento de los derrotados de retornar a un escenario político que hasta ese momento estaba sólo a disposición del régimen. Un régimen que había nacido fuerte pues en palabras de Botana ya "en sus decisiones iniciales traducía un robusto entendimiento entre el Congreso, el presidente electo y los gobernadores de provincia".[66]

Para rearticularse y medirse con el oficialismo la oposición eligió el ámbito municipal. ¿Por qué? Tal vez porque creyó que sería un escenario de combate menos apetecible para el poder nacional, tal vez porque no concebía poder perder en su tradicional bastión porteño. Si ello pudo ser así, lo cierto fue que desde el comienzo la retórica opositora otorgó tanta trascendencia al comicio que reveló muy rápidamente el final de su juego. Articuló un discurso que tuvo notas confusas y contradictorias y que sobre todo subvaluó el accionar gubernamental. Anduvo a tientas durante el primer mes de la campaña sin saber el grado de intervención/abstención que desarrollaría el Ejecutivo. El grado de dificultad que encontró el partido liberal para rearmar y movilizar su maquinaria electoral parece haber sido mayor al previsto. La estrategia elegida fue vacilante no sólo porque el abstencionismo aparecía como un obstáculo sino también porque no acallaba las divisiones internas en un momento en el que aún no

---

[66] Natalio Botana: ob. cit. "1880, la federalización de Buenos Aires" en Ferrari, Gallo (Compiladores) p. 117.

era visible la recuperación del liderazgo de Bartolomé Mitre, uno de los perdedores netos del 80.

El roquismo operó a través del senador Cambaceres con los núcleos de notables extranjeros y con la ventaja obvia de saber lo que hacían sus adversarios divididos en un amplio arco que se expresaba a través de varios diarios. Frente a esa pluralidad de voces, de clubes parroquiales y de dirigentes de segunda línea, el oficialismo organizó su maquinaria electoral centralizada en la persona del presidente Roca y obtuvo una victoria que aunque aplastante no fue suficiente para disciplinar al Concejo. Este paradójico resultado permite vislumbrar la compleja relación entre sufragio y opinión como formas distintivas de participación. Ganar votos, y hacer opinión emergían como dos componentes insoslayables de toda operación política, podía coyunturalmente predominar uno u otro pero ambos eran los términos necesarios de cualquier fórmula exitosa que no presupusiera el simple uso de la fuerza.

La prensa retomó la tradición de la movilización pública y aunque la apuesta en las urnas fracasó, reinstaló su práctica del discurso con la cual era capaz de generar gestos políticos que modificaban el escenario. En este sentido, la campaña municipal restableció la siempre tensa y desigual relación entre sufragio y opinión que una década atrás había enrolado actores diferentes. Pero también ratificó la existencia de una nueva correlación de fuerzas políticas que acentuó el divorcio entre la participación electoral y la pública. En síntesis había cada vez más lectores que electores. En este sentido resulta interesante remarcar cómo Cambaceres hizo uso de una opinión que no parecía importar demasiado todavía al general Roca. Sin embargo, las movilizaciones de la opinión pública continuaron siendo una presencia cultivada en la política porteña y el régimen progresivamente también las incorporó como un recurso legítimo pasible de "domesticación".

CÁDIZ Y LA REVOLUCIÓN TERRITORIAL DE LOS PUEBLOS MEXICANOS 1812-1821

Antonio Annino*

Introducción

AL IGUAL QUE OTRAS regiones de la América española, México experimentó sus primeras elecciones de corte liberal en vigencia de la constitución de Cádiz, entre 1812-1814 y 1820-1824, en medio de una sangrienta guerra civil y de la disolución del orden colonial. Sin embargo, a pesar de la coyuntura dramática y de los pocos años de vida constitucional, la primera experiencia electoral desencadenó un incontenible y masivo proceso de transferencia de poderes del Estado a las comunidades locales, en particular a los pueblos, llevando así a su extremo la desintegración del espacio político virreinal.

El enlace entre los dos fenómenos, la difusión del voto y la quiebra del espacio político, no estaba por supuesto previsto ni por los constituyentes de Cádiz ni por las autoridades coloniales ni tampoco por las capas altas de los grupos criollos, pero sí por los pueblos, y esta voluntad tan clara y evidente de las comunidades legitima el uso del término "revolución territorial" para definir la naturaleza del evento. Como nunca antes, los pueblos, y en particular los indígenas, conquistaron una forma de autogobierno pleno y un completo control sobre los recursos materiales ubicados en sus territorios. Fue una revolución silenciosa —si la comparamos con la insurgencia—, pero profunda, que modificó radicalmente el perfil de la sociedad novohispana. Un dato sobresale: el proceso de ruptura del orden colonial en este nivel fue percibido claramente por las autoridades españolas, pero mucho menos por los grupos autonomistas e

---

* Universidad de Florencia.

independentistas, quizás porque la aplicación de la carta gaditana estuvo a cargo de la burocracia virreinal, la única que por entonces tenía una información detallada de cómo los procesos electorales iban modificando al país.

Sólo tras la independencia y el fracaso del efímero imperio de Iturbide, los grupos dirigentes de la nueva república empezaron a darse cuenta de que la revolución territorial de los pueblos ponía un límite muy fuerte a la soberanía del estado, y por ende a la construcción de un nuevo orden político. Para la historiografía no hay duda de que caudillos, militares, y facciones fueron los responsables de la así llamada "anarquía" de las primeras décadas del México poscolonial. Sin embargo, el desempeño de estos actores políticos no hubiera sido tan exitoso sin el apoyo de los pueblos y de sus instituciones principales: los ayuntamientos constitucionales, cuyo origen se remonta precisamente a los años de Cádiz. La fractura entre estado y municipio acompaña todo el largo proceso de construcción del estado nacional mexicano, hasta bien entrado el siglo XX, y no hay duda de que el municipalismo sigue siendo todavía un valor fuerte y positivo para los mexicanos. El punto es que el municipalismo no es un hijo de la colonia sino de su crisis. No sólo porque los cabildos coloniales eran pocos si los comparamos con los de Cádiz. Hay más: a lo largo del siglo XIX la lucha de los pueblos en defensa de sus derechos sobre la tierra presenta una diferencia tajante con el pasado, porque en los documentos a menudo se hace referencia a la "soberanía" de los pueblos-ayuntamientos, palabra que no encontramos en los pleitos coloniales. Quizá la historiografía agrarista haya minimizado este dato: para los pueblos, fueran o no indígenas, la tierra nunca fue sólo un recurso económico, sino en primer lugar una fuente de derechos políticos, y por ende de libertades colectivas frente al estado. No son pocos los estudios de etnohistoria que han aclarado este nexo vital entre comunidad y tierra, o mejor dicho territorio, a lo largo de la época colonial. Falta todavía investigar lo que pasó cuando los valores y los modelos de acción liberal entraron en contacto con el mundo de los pueblos. Los repetidos intentos de desamortización a lo largo del siglo XIX harían pensar que para los pueblos el éxito fue catastrófico, y sin embargo no fue así: al igual que en otras épocas, las comunidades lograron defenderse aprovechando la debilidad del estado, pero al mismo tiempo utilizando en forma selectiva lo nuevo del constitucionalismo liberal. De manera que tenemos que mirar al controvertido problema de la recepción del liberalismo en México como a una etapa más de

aquel proceso de mestizaje cultural que constituye una de las características originarias del continente. Nada mejor que la percepción de los protagonistas para mostrar la naturaleza del fenómeno: durante todo el siglo
XIX los gobiernos consideraron que los municipios debían ser órganos
administrativos y los pueblos los vieron como el principal instrumento
para lograr el autogobierno local, donde el estado no tenía legitimidad de
entrar ni con sus hombres ni con sus leyes. Esta "soberanía" empezó como
se ha dicho, en los años de Cádiz, cuando la instalación de centenares y
centenares de ayuntamientos electivos en las áreas rurales permitió a los
pueblos apropiarse del recurso fundamental para la defensa de sus intereses: la justicia local. Por ser imprevisto, el hecho fue una ruptura tanto del
viejo como del nuevo orden, pero su lógica la encontramos más allá de la
coyuntura: no habría ocurrido una transformación de tal magnitud sin la
existencia de una constitución histórica novohispana.

Quizá parezca atrevido afirmar que la época colonial generó una constitución histórica, es decir un conjunto de valores y de prácticas políticas
percibido como legítimo porque estaba fundado en una tradición igualmente legítima. Sin embargo, en el campo de la justicia, que en un antiguo régimen abarca por completo el espacio de la política, ésta fue la
actitud constante de todos los grupos sociales adscritos a las dos repúblicas, la de los españoles y la de los indios. La reivindicación constante de
las "costumbres inmemoriales", la disputa sobre los cargos con base en el
antiguo derecho de gentes y en la tradición patrística de la *res publica
christiana*, la producción de un conjunto de obras como las crónicas, que
justamente David Brading ha revaluado como las fuentes del patriotismo
criollo, la política cultural de los jesuitas para renovar en las Indias la idea
de *imperium*, con una nobleza no de sangre sino de méritos y de educación, que tenía en el pasado prehispánico sus antecedentes paganos, pero
al igual que Roma ya inscritos en el diseño providencial, todo esto, y
mucho más, nos muestra como a partir de la última década del siglo XVI se
fue construyendo una identidad colectiva con base en el modelo clásico
de Reino, es decir de una sociedad estamental, jerarquizada por un sistema de vasallaje que reconoce como superior al rey.[1] Y al igual que en el
modelo clásico, el rey se quedó vinculado por los derechos representati-

---

[1] Véase sobre el tema las recientes consideraciones de Horst Pietschmann, *Los principios rectores de
la organización estatal en las Indias*, en A. Annino, L. Castro Leiva, F. X. Guerra (coord.), *De los
Imperios a las Naciones: Iberoamérica*, Zaragoza, 1994, pp. 75-93.

vos de sus vasallos de las Indias, que tuvieron el derecho de ser oídos y de ver remunerados los servicios que le prestaban, en cuanto dotados de privilegios y de un territorio.

Así que no fue ni una casualidad ni una arbitrariedad que el criollo mexicano Fray Servando Teresa de Mier escribiera en 1812 su famosa *Historia de la Revolución de Nueva España* en contra de la constitución de Cádiz, reivindicando la constitución histórica novohispana.

Por otra parte, los estudios sobre los *títulos primordiales* han mostrado cómo también la política de la memoria indígena se vinculó, a través de sus jerarquías, a la idea de reino para redefinir las identidades étnicas. Según James Lockart este proceso se vuelve más evidente en el siglo XVIII:

> After about 1700 it is increasingly common to find that Indians of the upper level are described as fluent in Spanish. People like these had a very adequate grasp of the overall configuration of Spanish colonial society and government [...] The many Nahuatl documents left by this group bespeak a full comprehension of Spanish legal and religious concepts and procedures, as well as an easy familiarity with the working of European calendar.[2]

Al igual que otros especialistas, Lockhart subraya los riesgos de plantear hipótesis generales acerca del mundo indígena sin una evaluación previa de las diferencias regionales. En el caso del siglo XVIII existe sin embargo cierta concordancia en los estudios: en muchas regiones de Nueva España se nota no sólo una mayor capacidad de manejar la cultura y las prácticas legales españolas por parte de los caciques, sino también una actitud mucho más agresiva de las comunidades en defensa de sus derechos.[3] El problema es si hubo una relación entre los dos fenómenos, porque en el mismo período se manifestaron tensiones muy fuertes entre las cabeceras y los sujetos de muchas repúblicas de indios, hasta llegar a la petición de muchos sujetos que querían independizarse y constituirse en nuevas repúblicas *en sí*, como lo expresan los documentos, peticiones además aceptadas por las autoridades españolas. En muchos casos los conflictos tenían que ver con el control de las tierras, lo cual es además una muestra de conflictos jurisdiccionales en el interior de un mismo territorio, y a la vez puede indicarnos, como sugiere Pastor, un cambio en la

---

[2] J. Lockhart, *Nahuas and Spanish. Postconquest Central History and Philology*, Stanford, 1991, p. 40.
[3] S. G. Wood, *Corporate Adjustement in Colonial Mexican Indian Town: Toluca Region, 1550-1810*, tesis doctoral de la UCLA, 1984.

misma estructura social de las comunidades, donde un cierto grado de privatización de la propiedad enriqueció las capas de los principales del común, pero sin permitirles acceder al estado de jefes y de gobernadores.[4] Lo que sí parece fuera de discusión es que el número de repúblicas creció hacia el final del siglo XVIII. La actitud más agresiva de las comunidades en defensa de su autonomía puede por tanto representar una respuesta a las rupturas internas de ciertos valores colectivos, y a la crisis incipiente entre caciques y comuneros. El punto tiene cierta relevancia para nuestro tema: si en las postrimerías de la colonia las comunidades buscan defender sus derechos tradicionales fragmentando los territorios, la difusión de los ayuntamientos constitucionales gaditanos se inscribe en este ciclo de cambio, y nos sugiere una óptica más acertada para evaluar el papel de la representación política liberal en el nivel local.

Por otra parte, la lucha de los pueblos por su autonomía antes del colapso imperial está estrechamente vinculada a una idea de constitución histórica, no sólo porque los *títulos primordiales* son constantemente manipulados para actualizarlos al pleito del día, y mostrar así que el origen legítimo del territorio se encuentra tanto en las mercedes del rey como en las *costumbres inmemoriales*, sino también porque todas las prácticas manipulatorias, ya sea en español o en idioma autóctono de una etnia, sirven para redefinir dos campos de acción: la memoria colectiva y las prácticas negociales de la justicia local. Es el otro punto de nuestro tema: la debilidad de la Corona, o mejor dicho de su aparato burocrático, fue siempre interpretada por el mundo indígena y por los criollos como un reconocimiento a reivindicar justicia con base en códigos de comportamiento local. Más allá de los factores que impulsaron la lucha autonomista de las comunidades hacia el final del siglo XVIII, no hay duda de que el campo de acción principal en la Nueva España no fue la rebelión, como en los Andes, sino las prácticas de justicia. El hecho de que las peticiones para nuevas repúblicas hayan sido aceptadas por las autoridades, es una prueba más de que tampoco el régimen borbónico, a pesar de sus proyectos coloniales, logró superar la cultura contractualista de los Austrias: sin duda las autoridades españolas apoyaron el proceso de fragmentación de las repúblicas porque permitía un mayor control del tributo, pero el incremento de las repúblicas implicó más distribución del poder en el nivel local.

---

[4] R. Pastor, *Campesinos y reformas. La mixteca. 1700-1856*, México, 1987, pp. 262-264.

Cabe por último recordar que la gran mayoría de la población novo-hispana en 1812 era indígena. Es evidente que no se puede analizar los procesos de difusión del nuevo modelo de representación política sin considerar este dato por lo que es: un vínculo fuerte, que complica aún más el problema de como estudiar los orígenes del voto en una sociedad compleja, de antiguo régimen, e imperial, que además hizo crisis por factores externos e imprevistos, y que por esta razón no tuvo que cuestionar sus valores tradicionales. La contraposición clásica entre la "ficción individualista" de la política moderna y la "lógica corporativa" no moderna, sea estamental o comunitaria, en el caso de la Nueva España no es la más útil para entender los procesos desencadenados por el encuentro entre dos constituciones en medio de la crisis epocal del imperio. Quizás resulte más conveniente considerar que hubo, como la hubo, una interacción entre las dos, y el resultado fue que ninguna permaneció igual. Las elecciones locales constituyen así una encrucijada entre diferentes modelos políticos, diferentes prácticas sociales, y diferentes concepciones de la ley. La crisis del imperio y las dinámicas territoriales jugaron un papel clave, pero no fue menor el papel de la misma carta gaditana, cuya naturaleza ambivalente dejó un gran espacio legal para la entrada de los pueblos en el nuevo mundo de la representación política liberal. Por lo tanto, debemos empezar nuestro análisis mirando los múltiples aspectos de este texto constitucional que, dicho sea de paso, hasta 1848 fue considerado en Europa como el modelo ideal de todos los liberales que lucharon en contra de la Restauración.

CÁDIZ

A pesar de las diferencias, las revoluciones euroatlánticas de la época empezaron con una reapropiación colectiva de la soberanía, acto de rebelión contra los "despotismos", que impuso a los protagonistas el grave problema de cómo y dónde reubicar la misma soberanía, y por ende la fuente de la legitimidad política. La representación política moderna, o mejor dicho liberal, fue la respuesta a este grave dilema. El voto se transformó así en un acto cargado de un fuerte valor simbólico y artificial a la vez, porque el nuevo ciudadano votando no escogía sólo a una persona para gobernar y hacer las leyes, sino que le encargaba ejercer la soberanía de la cual el votante era el dueño. Al distinguir entre titularidad y ejercicio de la soberanía, el ideario liberal encontró en la Europa continental, y en el mundo hispánico, un punto medio entre dos desafíos opuestos: el legitimista o "servil", en idioma gaditano, y el jacobino. Más allá del peligro para el orden social de los moderados, el jacobinismo francés había socavado el naciente sistema de valores liberales, según el cual la principal tarea del sistema político era lograr la libertad, o sea la garantía de los derechos naturales del individuo. En este esquema la ciudadanía política era un instrumento y no un fin, al revés de los jacobinos que teorizaron la identidad entre libertad y ciudadanía, que se volvió así un derecho natural como los demás, cortando la subordinación de la libertad política a la civil. A pesar de los planteamientos doctrinarios, la revolución francesa no logró solucionar el problema de las dos libertades hasta la época de Guizot,[5] no acaso restringiendo cada vez más el acceso al voto. La constitución de Cádiz dio la impresión de una solución equilibrada, capaz de evitar aquel *déplacement d'idées* que Mme. de Staël consideró la causa principal de la naturaleza *desordonnée* de la revolución,[6] y esto explica el éxito que la carta gaditana tuvo en los medios liberales europeos durante la Restauración.

En el mundo hispánico, éxitos e itinerarios del constitucionalismo gaditano fueron diferentes.

Hay un hecho originario sobre el cual quisiéramos llamar la atención, que constituye una gran especificidad del caso gaditano, además de ser central para nuestro tema. En las revoluciones de América del Norte y de Francia la reapropiación colectiva de la soberanía fue obra de unas asambleas representativas del conjunto territorial, en el caso del imperio español no. La constituyente gaditana no fue una respuesta al "despotismo", que ya había desaparecido, sino a la reapropiación de la soberanía hecha por una multiplicidad de juntas territoriales que la habían fragmentado. La de Cádiz fue una revolución liberal para reconstituir una unidad que se había quebrado dos años antes, en 1808, con la entrega de la corona a Napoleón. Antes de la revolución liberal, el mundo hispánico fue sacudido por otra revolución,[7] la de los cuerpos intermedios de la Monarquía,

---

[5] Véase sobre este tema P. Rosanvallon, *Le moment Guizot*, París, 1985.

[6] M. de Stael, *Réflexions sur la paix intérieure*, citado en P. Gueniffey, *Le Nombre et la Raison; La Révolution française et les élections*, París, 1994, p. 68.

[7] Véase sobre este "bienio crucial" F. X. Guerra, *Modernidad e Independencias*, Madrid, 1992.

como quizás la definiría Montesquieu. El intento de Cádiz fue de enlazar estas dos revoluciones, y el resultado fue que el imperio se debilitó hasta quebrarse. No queremos en absoluto menospreciar el papel de las luchas por las independencias, sino subrayar el peso de la primera revolución sobre la segunda, antes de analizar el texto gaditano. Porque no hay duda de que la primera revolución, la que se reapropió de la soberanía, no tuvo nada de liberal, y reivindicó un conjunto de valores y derechos, incluso el de representación, que remitían a una constitución histórica común a todos los territorios del imperio. La expresión más evidente la encontramos en la difusión fulmínea de las juntas: el intento frustrado de la de Ciudad de México, en el verano de 1808, se consumó por ejemplo entre la llegada de dos barcos, el que anunció los hechos de Bayona y el que informó sobre las juntas peninsulares. El derecho de los notables de una ciudad de constituirse en junta estaba contemplado en la Siete Partidas, siempre y cuando el "bien común" estuviese en peligro. El antiguo texto no contempló el caso de una *vacatio regis* porque la magnitud del evento necesitaba de soluciones de una naturaleza diferente, como una Regencia y otras más.

¿Las juntas fueron por tanto ilegítimas? No se trata de contestar sí o no como si éste fuera el problema historiográfico más importante. El punto es otro: la pregunta nos obliga a tomar en seria consideración una cara de la crisis que no ha recibido la debida atención: la naturaleza absolutamente ilegítima de los hechos de Bayona. Si miramos por un momento a la milenaria historia de las monarquías europeas, nunca encontraremos algo parecido a lo que pasó en España. Porque una dinastía podía entregar la corona a otra o tras una guerra o tras una alianza familiar, pero de ninguna manera un rey tenía derecho de deshacerse de su reino voluntariamente. Sobre este punto siempre coincidieron todas las doctrinas regalistas desde la Edad Media hasta 1808. Las tres noches de Bayona se parecen así a la noche de Varenne, dos eventos traumáticos, imprevistos, sin fundamento, que destruyeron las bases legales de las dos monarquías. Pero Francia no era un imperio, y España no tenía una asamblea representativa. La diferencia mide la magnitud de la *vacatio regis* de 1808, y la ruptura que se consumó durante el "bienio crucial": el imperio español, que Federico Chabod había justamente definido una *"federazione di paesi"*[8] desde siempre, en un año institucionalizó su naturaleza más profunda, le dio legiti-

---

[8] Citado en R. Romano, *Un bilancio approssimativo*, en R. Romano, M. Ganci (coord), *Governare il Mondo. L'impero spagnolo dal XV al XIX secolo*, Palermo, 1991, p. 478.

midad plena ubicando la soberanía en los cuerpos intermedios (cabildos, juntas, etc.), y así federalizándose definitivamente.

Sin embargo, esta federación de los cuerpos intermedios empieza, ya antes de Cádiz, a mostrar unas tensiones territoriales que los pueblos van a aprovechar cuando llega la constitución. La Junta Central que el 22 de enero de 1809 había proclamado la igualdad entre América y la península, se formó con una representación de los reinos. Dejamos aquí el grave problema de la desigualdad de la representación entre las dos partes para fijarnos en un proceso aparentemente secundario: el complicado, y aun tradicional, sistema para elegir a los representantes de los reinos americanos estuvo limitado a las cabeceras de provincias. Pero en las áreas donde todavía en 1809 no se logró la designación de los representantes de la Junta aumentó el número de cabildos que participaron en la votación[9]. Es la primera señal de la incipiente crisis de los espacios provinciales americanos y de sus jerarquías territoriales. La revolución de los cuerpos intermedios legitimó la competencia entre los mismos para acceder a más privilegios: a pesar de no ser una cabecera provincial, un cabildo que votaba lograba un estado nuevo, representaba un territorio, y por tanto legitimaba su autonomía jurisdiccional no sólo frente a las autoridades españolas sino también frente a los demás cabildos.

El "bienio crucial" puso en marcha, pues, no uno sino dos procesos en América: la reapropiación de la soberanía, pero, al mismo tiempo, la lucha de muchos cabildos para acceder a un estado paritario frente a las antiguas cabeceras. La cuestión irresoluta de la representación entre las dos partes del imperio se reprodujo así en América a nivel local, debilitando las estructuras de los espacios provinciales, y creando así las premisas para la entrada de los pueblos en el proceso de reapropiación de la soberanía.

A este punto parece evidente que el dilema más dramático que la primera revolución dejó a la segunda es que no había consenso sobre quién o quiénes, en España como en América, eran los titulares legítimos de la soberanía entre las tantas salidas de la federalización del imperio. El punto no era de poca cuenta en aquel entonces, porque la mentalidad colectiva seguía atribuyendo a la soberanía su tradicional naturaleza concreta, la de garantizar y practicar la justicia en todos los ámbitos de la vida social. Quizás sea esta la razón que empujó en Cádiz a los liberales españoles a radicalizar la solución del problema, planteando con éxito la necesidad de

---

[9] Véase F. X. Guerra, ob. cit., pp. 190-225.

constitucionalizar una idea de soberanía rígidamente abstracta, unitaria, indivisible, y por tanto igual en todas las partes del imperio. Una solución a la francesa, que permitió con el famoso primer decreto del 24 de septiembre de 1810 instaurar un régimen de asamblea y reivindicar en ella la soberanía "nacional", para reconstituir un imperio liberal y centralista. Con el mismo decreto la asamblea se apropió de la justicia, delegando la administración de la misma a los tribunales existentes, pero reservándose aquel papel de última apelación que hasta 1808 estuvo en manos del rey.

¿Qué fuerza y qué legitimidad tuvo la reapropiación de la soberanía hecha por las Cortes, frente a la consumada antes por los cuerpos intermedios? Muy poca de parte americana, casi nada, y no por causa de los incipientes movimientos independentistas. Es que en el "bienio crucial", sea como sea, aquella parte del imperio había conseguido algo que deseaba desde la época de su fundación: la igualdad con la península y la federalización de la monarquía, es decir el derecho al autogobierno completo. En ningún momento la posición de los americanos fue tan clara, como cuando en las Cortes se trató de discutir y aprobar el proyecto del artículo 3 de la constitución, que trataba de la ubicación de la soberanía. A lo largo de un día entero, el 28 de agosto de 1811, liberales españoles y diputados americanos debatieron acerca de si la soberanía residía "esencialmente" en la Nación u "originariamente"; los primeros defendiendo la famosa fórmula de Sieyès, que permitía precisamente ubicar la soberanía en la asamblea, los segundos recurriendo a un adverbio de seguro origen escolástico y neoescolástico, pero que se había mantenido vital en el transcurso del gran debate jusnaturalista del siglo XVII en la Europa protestante, y que mantenía la idea clásica de una soberanía compartida entre el rey y los reinos.[10] Detalle singular: en su famoso *Discurso Preliminar* Agustín de Argüelles, uno de los más destacados liberales doceañistas, había declarado que la soberanía "radica originariamente y esencialmente en la Nación".[11] Un compromiso, quizás una duda antes de destruir un principio básico de la monarquía católica . Lo cierto es que la postura de los diputados americanos, a lo largo de toda la experiencia gaditana, fue absolutamente en línea con la primera revolución, la federalista de los cuerpos intermedios, que ya habían logrado reapropiarse de la soberanía,

---

[10] *Diario de Sesiones de las Cortes Generales y Extraordinarias*, Madrid, 1870, vol. 2, núm. 330, pp. 1714-1717.

[11] Véase el texto en la edición del Centro de Estudios Constitucionales de Madrid, 1981, p. 70.

y que por tanto defendían una idea de soberanía "originaria" natural, preestatal, que hasta legitimaba afirmar en las Cortes que "la forma de gobierno no es esencial a la Nación".[12]

La disputa acerca de la soberanía nos permite llamar la atención sobre un punto que pesó en el itinerario novohispano del nuevo modelo de representación política: en Cádiz las dos revoluciones se encontraron y se enfrentaron, y con este encuentro empezó el juego verbal de los múltiples idiomas políticos que acompañó a México a lo largo de todo el siglo XIX. Los idiomas de los antiguos regímenes siempre fueron muy concretos: la palabra "nación" existía, y definía el conjunto de cuerpos territoriales, provincias, reinos, ciudades etc., la soberanía estaba en el rey y en los reinos, las libertades eran los privilegios particulares, en fin, todos los códigos lingüísticos que definían los valores políticos fundamentales tenían una naturaleza extraordinaria, si la comparamos con los idiomas de la llamada "modernidad". De ahí que las revoluciones euroatlánticas lo fueron también en este campo estratégico: los valores se volvieron abstractos, dejando atrás sus antiguos referentes concretos y particulares. El consenso colectivo hacia esta revolución copernicana en la manera de pensar y comunicar el poder no fue por supuesto espontáneo en ningún país; dependió de la fuerza de imponer el idioma abstracto, único y totalizador, por encima de los múltiples idiomas que circulaban en las sociedades, y que permitían a cada grupo social identificarse frente a los demás y al estado. Quizás el problema no fue tan importante en las áreas anglosajonas, como dijo Edmund Burke, pero sí lo fue en las áreas latinas, donde ya el idioma de la Ilustración tuvo una naturaleza marcadamente abstracta. La primera revolución hispánica mantuvo el idioma concreto de su fuerte tradición constitucional, la segunda intentó el dramático esfuerzo de una abstracción lingüística para lograr la libertad moderna y una unidad imperial. Sin un estado fuerte, sin un rey, y con una escasa capacidad de difusión de la escritura, a pesar de la explosión de panfletos, la empresa no fue un fracaso, éste sería un juicio simplista, más bien dio lugar a un proceso de redefinición y yuxtaposición de idiomas cuyos protagonistas fueron principalmente las sociedades locales.

En este contexto tenemos que ubicar los procesos electorales, para entender las prácticas políticas a que dieron lugar, y las transformaciones

---

[12] *Representación dirigida a las Cortes por cuatro individuos de la Comisión de Constitución, contra un artículo de ésta, Diario de las sesiones* ...citado, vol. 2, p. 5.

profundas que provocaron en el tejido territorial de la Nueva España. Y es también a partir del mismo contexto que podemos medir aquellas ambivalencias del texto constitucional que en cierto sentido legitimaron el fenómeno, y que fueron la primera manifestación del juego verbal de los idiomas.

La carta gaditana presenta una asimetría que nos muestra muy bien los dilemas de la empresa liberal: mientras que la soberanía fue abstracta, la idea de territorio era concreta, no fue transformada "a la francesa" en algo geométrico, en un conjunto de unidades administrativas homogéneas entre sí, y capaces por tanto de transformar grupos sociales agregados según calidades muy diferentes en puros números de ciudadanos.[13] La ficción abstracta no llegó a tanto. No hubiera sido tampoco fácil, máxime en América y Nueva España, donde antes de 1808 hubo un sólo y tardío intento de censo en los años noventa del siglo XVIII. Es bien sabido que desde la conquista, la corona había utilizado las visitas y las llamadas relaciones geográficas para tener una idea de lo que eran los territorios americanos. Las unas y las otras buscaron siempre informaciones cualitativas, y sus prácticas fueron siempre al azar, dependiendo de la colaboración de los grupos locales y del clero. La naturaleza de la información fue siempre y sólo indirecta. A esta tradición fundada sobre la discrecionalidad en contestar a nivel local, hay que agregar otra costumbre muy arraigada en los pueblos, que de hecho se contraponía a cualquier intento de monopolizar el conocimiento del territorio por parte de los funcionarios estatales: la representación del territorio se reproducía, y variaba, en función de los pleitos sobre las tierras promovidos por las comunidades. Los archivos mexicanos están llenos de mapas y mapitas hechos por los pueblos para legitimar sus títulos, lo cual nos indica que siempre hubo una relación muy estrecha entre representación del territorio, prácticas de la justicia, y autonomía pueblerina. No sabemos si los liberales españoles evaluaron estos elementos cuando decidieron no imponer una concepción abstracta y capaz de homologar al territorio, que fuera consecuente a la de soberanía. Lo que es cierto es que la asimetría entre los dos conceptos clave abrió una brecha, legitimó la entrada de las sociedades locales, con sus valores, en el texto constitucional.

---

[13] Para el caso francés véase el estudio de M. V. Ozouf-Marigner, *La formation des départements. La représentation du territoire français à la fin du 18e siècle*, París, 1992.

El sistema electoral gaditano fue el camino para entrar en la brecha. Hemos hablado de "ambivalencias" del texto. ¿En qué sentido? En primer lugar porque, al igual que las demás legislaciones electorales de la época, también la de Cádiz formalizó unos aspectos de las elecciones, dejando sin reglas otros igualmente importantes, que fueron así implícitamente delegados a las sociedades locales. Sin embargo, en muchos aspectos Cádiz se alejó de los sistemas de la época, el francés y el inglés norteamericano, a tal punto que puede hablarse de un "modelo" hispánico de representación electoral. La constitución contempló tres instituciones representativas: las cortes, las diputaciones provinciales, y los ayuntamientos constitucionales. Las dos primeras se elegían al mismo tiempo, mientras que para los municipios se votaba en fechas distintas. Aquí el constituyente intentó una nueva abstracción muy crítica para la mentalidad colectiva: la frontera entre voto e instituciones "políticas", y voto e instituciones "administrativas". Sólo el voto para las Cortes era "político", mientras que para diputaciones y ayuntamientos el voto tenía que ser "administrativo", conforme a las funciones que la constitución atribuyó a estas dos instituciones, y que a fin de cuentas recogían en el nuevo marco constitucional muchos elementos del reformismo borbónico de la segunda mitad del siglo XVIII.[14] Cabe aquí destacar algo que nos remite a la asimetría que ya hemos comentado: a pesar de la prolijidad con que se clasificaron las funciones de diputaciones y ayuntamientos, no hubo ni un artículo para aclarar lo que era una "provincia". Un término sin embargo cargadísimo de significados en el mundo hispánico, que por cierto había cambiado de sentido a lo largo de los siglos, aunque no había perdido su naturaleza cualitativa, de identificar un territorio por los derechos y el estado que tenía frente a los demás, y hasta por los "cuerpos" que la constituían. En el caso de América hay por ejemplo un precedente muy significativo cuan-

---

[14] Mientras que "el gobierno político de las provincias residirá en el jefe superior, nombrado por el Rey en cada una de ellas" (art. 324), "en cada provincia habrá una diputación llamada provincial para promover su prosperidad, presidida por el jefe superior" (art. 325). Las Diputaciones tenían a su cargo el repartimiento de las contribuciones a los pueblos, revisar las inversiones de los fondos públicos en los pueblos, cuidar que se establezcan los nuevos ayuntamientos, proponer al Gobierno nuevos arbitrios para nuevas obras públicas, promover la educación y fomentar la agricultura, industria y comercio, formar el censo de las provincias, dar parte a las Cortes de la infracciones de la Constitución (art. 335). Los ayuntamientos tenían más o menos las mismas funciones, pero sólo "para el gobierno interior de los pueblos" (art. 309) y por supuesto no tenían ninguna comunicación directa con las Cortes. Hemos utilizado el texto de la constitución editado por F. Tena Ramírez, *Leyes fundamentales de México 1808-1987*, México, 1987.

do al final del siglo XVI la Corona abandona la definición originaria de "Indias, Islas y Tierras Firmes del Mar Océano", y empieza a emplear los términos de "Reinos" y "Provincias".[15] La carta gaditana formalizó el concepto de "provincias de Ultramar", sin mayor especificación, pero en el artículo 10 que define el "territorio español" se habla indistintamente de Asturias o Castilla, como de Nueva España o Península de Yucatán, o Perú y Venezuela, sin mencionar ninguno de los atributos precedentes, sea reino o capitanía, con la excepción de las "provincias del Río de la Plata". Las ambivalencias del término "provincia" se evidenciaron en Nueva España entre 1820 y 1822-1824: al restaurarse la constitución se implantó una sola diputación para el conjunto del ex virreinato, mientras que a partir de la Independencia se fueron instituyendo diputaciones en cada ex intendencia, hasta lograr la instauración de una república federal en 1824. Sin embargo, en sus instrucciones de noviembre de 1812 la Junta Preparatoria Electoral de Nueva España ya la había dividido en nueve provincias, cada una de ellas teniendo el rango de intendencia. Es evidente que en el idioma gaditano "provincia de Ultramar" identificó a los ex virreinatos y capitanías, mientras que en América el término se aplicó a las ex intendencias, sin que se perdiera, éste es el punto, el sentido antiguo de territorio de un cabildo importante. Las luchas entre "provincias" en el Río de la Plata y Venezuela a partir de 1810 no fueron otra cosa que luchas entre ciudades territoriales, como lo fueron las de México tras el derrumbe de la primera república federal en los años cuarenta.

La distinción entre lo "político" y lo "administrativo" hecha en Cádiz fue un intento incompleto de quebrar las jurisdicciones territoriales de las ciudades importantes, que habían protagonizado en América la primera revolución de 1808-1810, y fue incompleto porque el constituyente no supo definir una nueva unidad administrativa y territorial. La frontera entre lo "político" y lo "administrativo" se desdibujó, afectando en primer lugar el sentido de las elecciones, como veremos en el caso novohispano, un éxito anunciado desde enero de 1812 en las mismas cortes por los diputados americanos, que con una representación unitaria reivindicaron el principio según el cual "el gobierno de las provincias en base a nuestras leyes está a cargo de los cabildos".[16] Fue una respuesta a las dos intervenciones de los líderes más destacados del doceañismo liberal

---

[15] Véase H. Pietschmann, ob. cit., p. 98.
[16] *Diario de Sessiones de las Cortes Generales y Extraordinarias*, citado, vol. 2, p. 2618.

español: la del Conde de Toreno (10 de enero) que defendió el control del Jefe Político, nombrado por el Ejecutivo, sobre los municipios argumentando que así se "intenta establecer para apartar el federalismo, puesto que no hemos tratado de formar sino una nación sola y única"; y la de Argüelles, igualmente tajante (12 de enero): "Los ayuntamientos jamás fueron considerados como cuerpos representativos".[17] El fantasma del federalismo de la primera revolución estuvo presente en Cádiz cuando se discutió acerca de las atribuciones de los nuevos ayuntamientos constitucionales y no era en vano: estaban en juego nada menos que tres siglos de autonomía municipal americana. Habría que preguntarse hasta qué punto los diputados de las "provincias de ultramar" aceptaron realmente muchos de los nuevos principios constitucionales que negaban rotundamente las antiguas libertades criollas. Los americanos defendieron sus ideas con intervenciones o con representaciones, pero es cierto que nunca desencadenaron grandes batallas oratorias parecidas a las que se dieron en la asamblea francesa entre 1789 y 1792. Mucho más virulenta, la batalla se hizo afuera del oratorio de San Felipe Neri, en las calles y en los cafés, con la prensa y los panfletos. Nunca una intervención en la asamblea tuvo, por ejemplo, el tono que utilizó Fray Servando en su *Historia de la Revolución en Nueva España*. Es posible que la condición de minoría numérica de los americanos haya desplazado a otros espacios de sociabilidad el conflicto de las ideas, aunque no hay que subestimar un dato de mentalidad: la pelea oratoria dentro de la asamblea existió y no sólo entre americanos y los demás diputados, pero los estilos respetaron códigos muy tradicionales, en el sentido de que los principios y los valores en conflicto quedaron diluidos en unas estructuras argumentativas comunes. La misma contraposición entre *liberales* y *serviles*, que en los panfletos y gacetas llegó a radicalizarse claramente, quedó en la asamblea muy por debajo de lo que realmente representaba. Hay sin embargo dos datos que nos pueden sugerir las posturas de los americanos frente a los cambios que implicaba la nueva idea de soberanía: una de las peticiones más frecuentes de los diputados de ultramar, presentada todavía en 1820, fue la de convocar cortes americanas a las cuales someter la aprobación de la constitución. La petición era coherente con la idea federativa del imperio, pero precisamente por esto negaba de manera explícita la pretensión del grupo

---

[17] Véase A. Gallego Anabitarte, *España 1812: Cádiz, Estado unitario, en perspectiva histórica*, en M. Artola (ed), *Las Cortes de Cádiz*, "Ayer", núm. 1, 1991, p. 146.

liberal de centralizar la soberanía en la asamblea. En este marco el segundo dato adquiere un sentido muy peculiar: los diputados americanos, a lo largo de toda la experiencia gaditana, siguieron llevando las *instrucciones* de los cabildos cabeceras de "provincia", ya sea en la fase constituyente como en la fase ordinaria, cuando las elecciones se hacían en base a la constitución. Al parecer, no sólo los americanos siguieron con esta costumbre,[18] pero de lo que no hay dudas es de que para ellos el mandato imperativo, implícito en las *instrucciones,* fue absolutamente dominante frente al nuevo tipo de representación liberal.[19]

Llegamos así al punto clave: la representación. Hemos marcado el juego verbal alrededor de la naturaleza de los territorios. El fenómeno no se dio sólo porque en la asamblea hubiera imaginarios políticos diferentes. Lo que interesa aquí destacar, y ya lo hemos señalado, es la naturaleza inacabada de la abstracción liberal gaditana, que se reprodujo en el momento de establecer las reglas para construir la nueva representación, abriendo aquella brecha constitucional en la cual entraron tumultuosamente las sociedades locales de la Nueva España. En primer lugar no hubo casi enlace entre ciudadanía y derechos individuales. En aquel entonces había sólo dos modelos: vincular la ciudadanía a la propiedad o a la fiscalidad. Warren M. Diem ha demostrado en forma bastante convincente bajo qué forma la carta gaditana recogió los principios de las cartas francesas de 1791, 1793, y 1795, por lo que se refiere a los derechos individuales y a la propiedad.[20] Aunque los derechos individuales se desdibujan a lo largo del texto sin ocupar un subtítulo como en los textos franceses,

[18] El 28 de abril de 1820, tras la restauración de la carta gaditana, el Consejo de Estado en Madrid lamentó que "nunca puede inculcarse suficientemente la saludable máxima de que los diputados una vez elegidos, aunque respectivamente nombrados por sus provincias no representan a éstas, sino a la universalidad de la Nación". Archivo General de Indias, Indiferente General, Sec.V, exp. 1523.

[19] Las *instrucciones* empezaron a ser practicadas en forma sistemática en 1809 para los diputados a la Junta Central., y para Nueva España se encuentran en el Archivo General de la Nación de México, Historia, vol. 418. Para los años 1812-1814 tenemos una colección bastante completa de toda América en el Archivo General de Indias, Indiferente General, exp.1354, gracias a una casualidad política: cuando en 1814 Fernando VII regresó al trono y abolió la constitución, el entonces ministro de Indias, el mexicano Lardizábal y Uribe, convenció el monarca para que tuviera en cuenta los pedidos de los cabildos americanos, y así, con una carta circular se avisó a los diputados para que enviaran sus *instrucciones.*

[20] W. M. Diem, *Las fuentes de la constitución de Cádiz,* en *Estudios sobre Cortes de Cádiz,* Madrid, 1967, pp. 351-386. Cotejando todos los textos resulta que la parte "francesa" de la carta gaditana está en los artículos 3, 4, 7, 8, 9, 13, 172-100, 317, 339.

no hay duda de que la constitución de Cádiz formalizó los fundamentos del nuevo imaginario individualista liberal, recogiendo además los planteamientos del reformismo borbónico y de su trasfondo fisiocrático. Sin embargo, la nueva ciudadanía española no contempló el requisito de la propiedad, ni tampoco el de la fiscalidad; se fundó sobre la noción de "vecindad", la antigua categoría del estado llano ibérico, reforzada en 1812 por la exclusión de las castas americanas, por "no tener empleo, oficio, o modo de vivir conocido", y "por el estado de sirviente doméstico" (artículo 24). Pero, ¿qué significaba ser "vecino" en 1812? La carta no contestó a esta pregunta crucial para el futuro, ni siquiera en términos de edad, aunque, como veremos, en la parte relativa a elecciones hay unas indicaciones al respecto. Lo que es cierto es la incorporación de los indios a la ciudadanía, una hazaña espectacular en el contexto europeo de la época, que sin embargo no tiene nada de jacobino si la miramos desde América: los ilustrados borbónicos habían ya planteado la igualdad jurídica de los indígenas, muchas veces con el apoyo de las altas jerarquías eclesiásticas locales.

Éste no fue el único silencio de la carta. La brecha se mide por los silencios formales. Hay aquí algo relevante para nuestro tema: al no describir ciertos valores o ciertos requisitos, los doceañistas los delegaron a las sociedades locales. ¿Quién podía evaluar si un vecino tenía un modo de vivir conocido, o si era realmente "avecindado" en un pueblo? ¿Acaso los funcionarios? ¿Y cómo, si no tenían padrones? ¿Cómo evaluar la categoría de "vecino" de un indígena, si por tres siglos los gobernadores habían controlado el tributo y hecho justicia dentro de sus repúblicas; si para hacer el único censo en la historia de la Nueva España los funcionarios tuvieron, como siempre, que pedir datos a los curas y gobernadores? La ausencia de una definición de "vecino", al igual que la de una "provincia", nos muestra cuánto pesó el dilema territorial en la formalización de la segunda revolución hispánica.

Por lo tanto, no es una casualidad que los silencios más relevantes se encuentren en toda la parte que trata de las elecciones, allí donde la constitución se mediaba más ampliamente con las sociedades locales. No recogiendo ni el requisito de propiedad ni el de fiscalidad, la ciudadanía gaditana no distinguió entre ciudadano activo y pasivo, tuvo que encontrar otra solución para equilibrar la participación cuantitativa y la naturaleza cualitativa de méritos, que los liberales atribuyeron a la representación. La amplitud de la ciudadanía, teóricamente toda la sociedad organizada en cuerpos con exclusión de las castas y negros en América, hizo optar por el voto indirecto: las juntas electorales de parroquia votaban a electores de partido, que a su vez votaban a electores de provincia, que finalmente votaban para las Cortes y para las Diputaciones Provinciales. Más, en las juntas parroquiales se votaba en primer lugar por unos "compromisarios", que inmediatamente designaban a los electores de partido. Así que de hecho, lo niveles del voto fueron cuatro, precisamente el doble que en la Francia revolucionaria, donde el ciudadano en las asambleas cantonales votaba a los electores departamentales que escogían a los diputados. Al igual que los constituyentes franceses de 1789, los doceañistas considera- ron que el voto indirecto garantizaba una amplia participación, y a la vez la "racionalidad" de la representación, o una "depuración" de la democra- cia, como hubiera dicho Tocqueville en 1835.[21] Sin embargo, Benjamin Constant ya en 1815 sostuvo que *l'élection directe peut seule investir la représentation nationale d'une force véritable*.[22] Constant miraba a la re- forma inglesa de 1788 y a la naturaleza censataria del voto, pero aquí nos interesa su polémica por el dilema que identificó: ¿dónde se ubica la dele- gación de la soberanía en un sistema indirecto? No se trata de una cues- tión de pura doctrina. En primer lugar, porque el voto indirecto favorece a los pequeños grupos organizados de las elites. En segundo lugar, porque en el caso gaditano los cuatro niveles del voto crearon nuevas jerarquías políticas que, aunque transitorias, favorecieron la articulación del sistema electoral con las jerarquías sociales. Por último, al igual que en la Francia revolucionaria, y puesto que los electores intermedios no tenían ningún mandato, quien delegaba la soberanía era el elector del grado último. La *force véritable* de la nueva representación estaba en las juntas provinciales, un cuerpo muy reducido de ciudadanos. En las elecciones para los nuevos ayuntamientos constitucionales, las juntas parroquiales votaban a los compromisarios, que designaban a los electores, que a su vez elegían a los alcaldes y regidores.

Este sistema electoral gaditano, tan "depurado", tenía una ambivalencia que al aplicarse la constitución tuvo consecuencias cruciales: el distancia- miento institucional entre ciudadanía y representación acentuó el distan- ciamiento físico entre comunidades americanas y cortes españolas, consolidando las autonomías territoriales. El divorcio entre territorio y

---

[21] A. de Tocqueville, *De la démocratie en Amérique*, París, 1986, pp. 196-200.
[22] B. Constant, *Principes de Politique*, cap.V, París, 1957, p. 1099.

representación liberal dependió por supuesto de las condiciones críticas de las "provincias" americanas, pero también de otros elementos. No había una gran comunicación entre los niveles del voto porque los elegidos no necesariamente tenían que salir del turno precedente, y porque la constitución y los decretos no hablaron nunca de las candidaturas. Este otro silencio se debe a que las elecciones no tenían una naturaleza competitiva para los constituyentes. Se pensaba que los ciudadanos no irían a votar según sus opiniones políticas, sino sobre la base de la confianza que tenían en una persona. En aquella época la representación nunca fue considerada como un instrumento para racionalizar la lucha política, sino como una manera de racionalizar el acceso a la función pública. Una prueba de esta concepción no política de las elecciones la tenemos en la naturaleza obligatoria del cargo: los diputados, o los regidores municipales, al igual que los antiguos funcionarios elegidos por terna, no podían rehusarse a cumplir sus funciones sino por graves motivos de salud. Representar a la Nación no suponía tener comunicación con los electores.

En segundo lugar, cada junta tenía plena soberanía sobre sus actos: "la misma junta decidirá en el acto lo que le parezca y lo que decidiera se ejecutará sin recurso alguno por esta vez y para este sólo efecto" (artículo 50). Es decir, los mismos electores decidían quien tenía derecho de voto. El estado y sus funcionarios, viejos o nuevos, se quedaron afuera, sin ningún derecho de intervención. El tercer elemento que favoreció el divorcio entre territorio y representación fue el tipo de circunscripción electoral: al optar por la parroquia los doceañistas constitucionalizaron la naturaleza orgánica, corporativa, no individual, de esta institución central en las sociedades hispánicas. La raíz comunitaria de la representación gaditana se expresó en los requisitos de voto: como la ciudadanía, el derecho a participar de las juntas parroquiales fue otorgado a los "vecinos", sin mayor especificación censal por edad. La exclusión de los "hijos de familia", otra vez sin indicar la edad, hace pensar que por lo menos "vecino" correspondía a casado con prole,[23] al individuo que tenía jurídicamente la *patria potestas*. Sería quizás inútil evaluar si estos requisitos de voto eran censatarios o no en el sentido clásico, mas vale remarcar dos puntos: la naturaleza orgánica y comunitaria del cuerpo electoral, y el hecho de que

---

[23] Así pensaba el Consejo de Estado madrileño en una junta celebrada el 28 de abril de 1820. Haciendo un cálculo de los que en América tenían derecho de voto, el Consejo opinó que eran dos millones de "padres de familia". En el expediente ya citado del Archivo General de Indias.

la definición del mismo fue delegada constitucionalmente a las juntas parroquiales, o sea a las diferentes tradiciones territoriales del imperio, a un conjunto de códigos colectivos que la carta legitimó implícitamente. De manera que, aun en una carta tan larga y rígida, diría un constitucionalista, la frontera entre norma escrita y mentalidad colectiva presenta más continuidades que rupturas.

El centralismo perfilado por la abstracción de la soberanía tuvo por tanto unos límites relevantes en el mismo texto. Si es cierto que aquí se ubica la "brecha" que permitió la revolución territorial de los pueblos novohispanos, cabe recordar que el delegar a las sociedades locales funciones claves en la construcción de la nueva representación, salió de la idea que los doceañistas tuvieron de la crisis del imperio: las españas fueron poderosas mientras vivieron de sus antiguas instituciones, y en el año 1808, la primera revolución, fue la respuesta a dos siglos de "despotismo", como afirmó Argüelles en el *Discurso Preliminar*; una idea que fue ya de Jovellanos, y que Martínez Marina formalizó en su *Ensayo histórico sobre la antigua legislación y principales cuerpos legales de León y Castilla,* muy leído por los miembros de la Junta Central, entre ellos el mismo Argüelles, y que tuvo mucho éxito en España y en las Cortes.[24] El nexo entre la constitución histórica española y la de Cádiz existía para los liberales, y no fue un nexo instrumental. El punto es que también los americanos estaban firmemente convencidos de tener una propia constitución histórica, que los liberales negaron. En la primera revolución las dos ideas no entraron en conflicto, en la segunda sí. La verdadera brecha salió de allí, y definió el itinerario de la representación en Nueva España y América, porque a pesar de todo se quedó irresoluto el dilema planteado precisamente por Martínez Marina y por todos los cuerpos intermedios: "faltando el monarca, no por eso falta ni deja de existir la nación en la cual permanece como en su centro la autoridad soberana".[25]

[24] Sobre el debate historiográfico véase A. Gallego, *El proceso constituyente gaditano: cuarenta años de debate,* "Gades", pp. 119-140; el estudio preliminar de M. C. Diz-Lois a las *Actas de la Comisión de Constitución,* Madrid, 1976; y la introducción de S. Agesta al *Discurso preliminar a la constitución de 1812* de Augustin de Argüelles, Madrid, 1981.

[25] Carta a Jovellanos, citada por Agesta, p. 39.

CIUDAD DE MÉXICO

La primera elección en Nueva España no se celebró para los diputados en las cortes, sino para instalar el nuevo ayuntamiento constitucional de la capital el 29 de noviembre de 1812.[26] El evento fue un trauma para las autoridades españolas porque ni un "gachupin" fue elegido, el voto adquirió inmediatamente un fuerte sentido político y competitivo, y las prácticas a que dio lugar anticiparon la dinámica que en pocos años quebró al Virreinato.[27] El paralelismo entre la quiebra del espacio político de la capital y el de la Nueva España tiene, en efecto, una fuerte evidencia si sólo se privilegian los movimientos colectivos de los electores, más que los resultados de las elecciones. La única aclaración necesaria es la siguiente: definimos como "espacios políticos" en el contexto de la Nueva España colonial, a los ámbitos que articulaban segmentos sociales con la justicia, sea cual sea el tipo de jurisdicción, alta o baja, precisamente porque, como ya lo hemos comentado, en una sociedad de antiguo régimen —y la Nueva España colonial lo era—, la justicia cubría tanto los conflictos de poder como los de intereses. De ahí la oportunidad de pensar en la existencia de múltiples espacios políticos en un mismo territorio.

La Ciudad de México de la época era una sociedad de grupos y corporaciones, cada uno moviéndose a la sombra de privilegios e inmunidades, en barrios densamente poblados y casi autosuficientes para la supervivencia cotidiana, según patrones agregativos y no segregativos o económicos.[28] Las reformas borbónicas habían intentado romper la fuerza de estos pa-

---

[26] Hemos analizado con más extensión esta elección en A. Annino, *Pratiche creole e liberalismo nella crisi dello spazio urbano coloniale. IL 29 novembre 1812 a Città del Messico*, en A. Annino, R. Romanelli, (coord.) *Notabili, Elettori, Elezioni. Rappresentanza e controlo elettorale nell' 800.* "Quaderni Storici", núm. 69, 1988, pp. 676-726.

[27] F. Furet en la introducción a la citada obra de Gueniffey subraya que en Francia "*les élections n'ont jamais eté, de la Constituant à la Convention, ces événements décisif dans la devolution de l'autorité publique qu'elles sont de nos jours: la preuve en est qu'aucune d'entre elles, quel qu'en ait été l'objet , n'a constitué un tournant, un changement de majorité ou d'orientation, bref une date, dans le cours de la Revolution*". En la Nueva España pasó lo contrario, máxime a nivel local, y a pesar de la concepción que tenían los doceañistas, como ya hemos aclarado.

[28] Estamos utilizando el concepto de "agregación" y/o "segregación" en el sentido de J. E. Vance Jr., *Land Assignement in Precapitalist, Capitalist, and Postcapitalist City*, en "Ecomic Geography" 47, 1971, pp. 101-120; el autor considera que hay agregación cuando la residencia depende de un complejo de normas sociales y culturales (parentesco, profesión, origen geográfico, étnico, etc.) más que de la condición económica.

trones que siempre habían limitado el control del estado, pero si bien no fue un fracaso completo, no se logró transformar a la ciudad en un agente centralizador de la administración, así que la capital todavía en 1812 conservaba valores y prácticas del siglo XVII.

Sin duda la reforma del cabildo en la época de Carlos III (en relación con el control del intendente sobre las finanzas y la parcial elección de los cabildantes), había erosionado la autonomía política de la ciudad; sin embargo, tal efecto fue compensado por el fortalecimiento de las instituciones sociales criollas, cofradías, hermandades, milicias y corporaciones, y aún resta investigar la sociedad indígena. A pesar de los cambios intentados desde Madrid, se puede decir que en la elección del nuevo ayuntamiento constitucional participó una sociedad corporativa todavía en crecimiento, estructurada alrededor de tres espacios políticos: el burocrático, el eclesiástico y el indio, cada uno con sus jurisdicciones y sus fueros. Formalmente, los espacios principales seguían correspondiendo al esquema de las dos repúblicas implantadas en el siglo XVI: la llamada "traza" en el centro de la ciudad, de los pobladores blancos y sus palacios, con su retícula cuadrangular de calles empedradas, cerca de la catedral y el Sagrario, la parroquia más importante, y en los alrededores lo que fue la "otra" ciudad, la de los indígenas, divididas en dos "parcialidades", San Juan Tenochtitlán y Santiago Tlatelolco. Sin embargo, nunca el esquema de las dos repúblicas funcionó según patrones segregativos, y menos aún hacia el final del siglo XVIII, cuando las reformas borbónicas suprimieron la distinción entre las parroquias indias y las blancas. Hubo además un fortalecimiento de las parroquias sobre el territorio urbano a consecuencia de la "secularización", es decir de la lucha en contra de los privilegios de los órdenes regulares llevada a cabo por la corona y el arzobispado tras la expulsión de los jesuitas en 1767.[29] Queda un dato relevante para nuestro tema: en 1811 la Iglesia en su conjunto era propietaria del 47% del valor inmobiliario de la capital, y de la mitad de su territorio.[30] Puesto que las propiedades eran todas en la antigua "traza", se puede decir que en las vísperas de la primera elección constitucional la parte más importante de

---

[29] A pesar de su relevancia, el tema no ha sido profundizado por la historiografía, con la excepción del estudio ya clásico de N. Farriss, *Crown and Clergy in Colonial México 1759-1821*, London, 1968, y de la obra reciente de D. Brading, *Church and State in Bourbon México. The Diocesis of Michoacán 1749-1810*, Cambridge, 1994.

[30] M. Dolores Morales, *Estructura urbana y distribución de la propiedad en Ciudad de México en 1813*, "Historia Méxicana", núm. 25, 1976, pp. 363-402.

la ciudad estaba bajo la jurisdicción eclesiástica. La administración virreinal nada podía sin la intervención de los prelados, y nadie "ignora la multitud de oficios que puede ocupar la Iglesia por medio de los curatos, las sacristías y las obras pías, ni los vínculos de parentesco o de otro tipo al que recurren las principales gentes para dar carrera a hijos y protegidos", así anotaba amargamente un funcionario borbónico en 1788, añadiendo que las prerrogativas por cobros de cuotas fiscales y puestos de trabajo eran tales que "creaban un vínculo muy estrecho con todas las clases que componen el Estado".[31]

Las redes del espacio político eclesiástico involucraban parte del espacio indio, como es bien sabido, por los vínculos que las parroquias tenían con las cofradías y las prácticas de cultos a lo santos. Sin embargo, no es fácil identificar en Ciudad de México lo que se podría llamar el "verdadero" espacio indio, precisamente porque la organización concreta del territorio urbano no era segregativa. Las dos parcialidades afuera de la "traza" en 1811 eran una mezcla de pueblos pre y poshispánicos, con sus barrios y sus jerarquías: cada gobernador de una parcialidad controlaba a cierto número de alcaldes de barrio o de barrios, con sus cabildos, que controlaban a su vez una jerarquía compleja de otros funcionarios, hasta llegar a tener jurisdicción sobre los así llamados "pueblos foráneos", afuera de las parcialidades, según ejes territoriales propios de la historia de cada pueblo y de cada barrio. Gibson afirma que a fines del siglo XVIII las dos parcialidades habían perdido gran parte de sus unidades rurales,[32] aunque, como veremos en el párrafo siguiente, había unos pueblos foráneos cuya actuación electoral rompió en 1820 parte del territorio de las dos parcialidades. No conociendo los vínculos tributarios entre un barrio y otro, ni la ubicación de las cajas que administraban los "bienes de comunidad", ni tampoco donde estaban ubicados los cabildos indígenas, es imposible al momento identificar el "verdadero" espacio indio porque en las dos parcialidades vivían también blancos, mestizos y castas. Sabemos que en 1811 once de los quince barrios de las parcialidades tenían una organización de parentesco muy ramificada entre sí, lo cual por lo menos confirma que los patrones de organización social de los indígenas de la capital seguían siendo los clásicos.[33]

---

[31] Archivo Antiguo Ayuntamiento de México, Policía en general, vol. 3627, exp. 43, f. 8.

[32] Ch. Gibson, *Los aztecas bajo el dominio español 1519-1810*, México, 1967, pp. 372-412

[33] G. Brun Martínez, *Las razas y la familia en la ciudad de México en 1811*, en A. Moreno Toscano (Comp.), *Ciudad de México. Ensayo de construcción de una historia*, México, 1978, pp. 113-123; el pro-

En 1782 la Corona había hecho un intento de transformar esta compleja red de jurisdicciones territoriales, que a menudo se cruzaban autónomamente sin dejar "entrar"al estado, en un espacio geométrico, dividido en ocho distritos mayores y 32 menores, al estilo madrileño, sin tomar en cuenta ni las parroquias ni la pertenencia grupal de la población, con el objetivo declarado de poner a todos los habitantes bajo el estricto control de una nueva burocracia, los alcaldes de cuartel.[34] La idea era cooptar el patriciado urbano a la gestión de la ciudad, a la manera de que los Grandes de España en Madrid, pero criollos y caciques indios no participaron al nuevo espacio, y los nuevos cargos cayeron en manos de grupos de castas, que así lograron organizarse en corporación a pesar de la exclusión jurídica de cualquier tipo de cargo que pesaba sobre ellos.[35]

Cuando llegó la constitución el espacio administrativo seguía por tanto siendo débil, mientras que las parroquias, al representar también las nuevas circunscripciones electorales, fortalecieron su papel de articular entre sí los demás espacios alrededor de los procesos electorales. El resultado fue la quiebra del espacio borbónico y la legitimación de los demás en el nuevo marco constitucional. Hecho muy significativo, las autoridades españolas se dieron perfectamente cuenta que ésta fue políticamente la ruptura más grave: al celebrarse el primer turno de voto, que designó a los electores que debían elegir al nuevo ayuntamiento, y al no figurar ni un peninsular, la Audiencia suspendió el segundo turno, promoviendo una investigación judicial sobre lo que había pasado en las juntas parroquiales, para llegar a declarar la ilegalidad del voto. La investigación muestra muy bien que para las autoridades la amenaza no estaba en las opiniones de los electores salidos de las juntas parroquiales, sino en cómo éstas se habían desarrollado el 29 de noviembre, en cómo una elección había reconstituido una soberanía de la sociedad frente al estado. Detenemos nuestra atención sobre este punto. Según la ley, el Intendente de México tenía que presidir las juntas, pero como en la capital había 13 parroquias, se decidió que cada miembro del viejo cabildo presidiese una junta, mientras que el

---

blema de las cajas de comunidad es complejo porque su ubicación no correspondía necesariamente a a la de los pueblos y barrios bajo jurisdicción de los alcaldes indígenas. Lo ha mostrado A. Lira, *Comunidades indígenas frente a la ciudad de México 1812-1919*, México,1982, Apéndice.

[34] Para sus poderes véase la *Ordenanza de la Nobilísima Ciudad de México en cuarteles, creación de las alcaldías de ellos yregía de su gobierno, dada y mandada observar por el Excmo Señor Don Miguel de Mayaga*, México, 1782.

[35] Véase los comentarios del funcionario ya citado en Policía en general.

Intendente se reservó la presidencia de la más importante, la del Sagrario. Después de recoger los testimonios de los presidentes de mesa, la Audiencia se halló frente a esta situación: tres sostuvieron "con seguridad la plena legalidad de las juntas", los demás afirmaron haber confiado en las declaraciones de los curas y de las autoridades indias.[36] Según muchos testigos votaron también "hijos de familia", sirvientes domésticos, castas. Estaba expresamente prohibido, pero la Constitución nada decía acerca de la posible anulación. Entonces la Audiencia trató de elaborar por su cuenta una doctrina a partir del uso "propio" o "impropio" del espacio de las juntas. Si, como se decía en las calles, desórdenes y "tumultos" de la plebe acompañaron el voto, si hasta circularon "papeletas de unas mismas letras" con los nombres de a quienes votar, detalle no contemplado por la carta gaditana, si hasta votó quien no tenía derecho, entonces, éste fue el razonamiento de la Audiencia, el orden público no se respetó en las juntas, y por lo tanto las prácticas de los requisitos de voto eran ilegales.

A partir de esta hipótesis, entre enero y febrero de 1813 la Audiencia trató de aclarar algo aparentemente muy secundario: si en las plazas donde se votó hubo espacio suficiente para los concurrentes, si la superficie de los toldos protegía a los presentes del sol, si la actividad de los secretarios y escribanos no había sido comprometida por la muchedumbre, en fin toda una serie de posibles requisitos acerca de la "incomodidad del voto". Estos "detalles" muestran como la Audiencia intentó llenar el silencio de la ley: superponiendo al espacio soberano de las juntas un hipotético espacio de policía, y así redefinir en un esquema jurídicamente racional el principio de delegación a las sociedades locales contemplado por la constitución, que por cierto escapaba a cualquier tipo de formalización. El intento fue un fracaso, y el 1° de abril la misma Audiencia autorizó al Virrey a convocar la junta de los electores para designar el ayuntamiento.[37]

Este fracaso nos interesa porque remite a la cuestión territorial. La Audiencia no tuvo la posibilidad de averiguar *a posteriori* la "legalidad" del cuerpo electoral. Tenía los libros de los votantes compilados por las mesas, y pidió a los curas las listas de los feligreses para cotejar los datos. Pero resultó que la población de las parroquias era en un 40% inferior a la

---

[36] Archivo General de la Nación de México, Historia, vol. 447, *Dictamen de la Audiencia al Virrey, 8 de enero de 1813.*
[37] *Dictamen de la Audiencia al Virrey Vanegas, 1° de abril de 1813,* en Historia, citado, exp. 2.

censada un año antes por medio de los alcaldes de cuartel. ¿Por qué? El cura de una parroquia india, Santa Veracruz, contestó por ejemplo que no podía enviar cifras atendibles porque "la gente se esconde, las casas están cerradas y nadie dice quién habita en ellas, y el que acepta de hablar tiene interés en no revelar la consistencia de la familia".[38] En este caso los indios se portaron como cuando intentaban evadir el tributo, pero en todas las parroquias, hasta en la del Sagrario, los datos de los curas no correspondían a los de la administración. No hay duda que, al censar por cuarteles, se registraron millares de léperos, y una población fluctuante que en los últimos dos años había buscado refugio en la ciudad para escapar a los insurgentes de Hidalgo, pero el dato no es suficiente: el punto clave es que la diferencia de números expresó dos ideas del territorio, la comunitaria de las parroquias, una agregación social que se identificaba en la institución eclesiástica, y la borbónica, de policía, de las autoridades. La constitución legitimó la primera y no la segunda, al revés de lo que pasó en la Francia revolucionaria. ¿Qué tipo de valores entraron por la "brecha" electoral? Es significativo que el espacio de las plazas alrededor de las mesas se delimitó por toldos, y por debajo de éstos se pusieron sillas y bancos que acogieron a curas, prominentes, y autoridades étnicas. Las juntas fueron "populares", pero en el sentido tradicional, se representaron a sí mismas mediante sus jerarquías "naturales", que decidieron sobre los requisitos de voto. Esa naturaleza doble, popular y "naturalmente" representativa, sugiere que las juntas parroquiales reprodujeron el antiguo modelo del cabildo abierto, fragmentado en 13 plazas, y tan parece así que unos de los presidentes de mesa, al relatar sobre su junta, habló precisamente de "cabildo".[39] La documentación es muy detallada: en la parroquia de Santa María, la mesa en la plaza mayor fue arreglada con tres sillas para el cura, el presidente, y el escribano, más un banco a la derecha para otros tres eclesiásticos y unos patricios nobles, otro banco a la izquierda para "el cuerpo principal de la república de Indios", dos bancos de frente para los "más decentes concurrentes". Arreglos parecidos se dieron en las demás juntas, en particular en las cinco donde había una población indígena (Santo Tomás, San Pablo, Santa Ana, San Antonio las Huertas, Santa Cruz Acatlán).[40] El voto se daba públicamente, en voz, y según

---

[38] *El cura D. Francisco Torquemada al Intendente Gutiérrez del Maso, 8 de febrero de 1813*, citado, exp. 37.

[39] *D. Francisco de Urrutia al Intendente Gutiérrez del Maso, 13 de enero de 1813*, citado exp. 22.

[40] Las comunicaciones de los presidentes de mesa, en el citado ramo, exp. 17, 35 , 15, 13, 25.

patrones diferentes. Cuando la Audiencia pidió a los presidentes informar sobre el número de papeletas que circularon, resultó que en las parroquias indias no hubo ni una, ni tampoco que se celebró una verdadera asamblea, porque "los indios que votaron se retiraron prontamente", "la mayor parte se retiraba luego que votaban". En San Antonio las Huertas 184 indios sobre 458 adultos votaron sin una sola papeleta en presencia de su gobernador, en Santa Ana 573 sobre 1.200, y así en las demás, con una participación alta precisamente donde los datos, aunque incompletos, sugieren que existía un "verdadero" espacio indio. En estas parroquias resultaron electos sólo curas y ex gobernadores de las parcialidades.

Los aspectos simbólicos de las juntas son relevantes para nuestro tema: al incluir a los indios en la nueva ciudadanía, Cádiz había suprimido las repúblicas, y sin embargo lo que aparece con absoluta evidencia en los documentos es que todos, blancos e indios, siguieron actuando y hablando como si nada hubiera pasado. Los idiomas que definían las identidades colectivas se quedaron, sin que los grupos, éste es el punto, percibiesen un conflicto de valores. Como veremos más adelante, el verdadero problema será el destino de los bienes de las extinguidas Repúblicas, pero entre 1812 y 1814 el asunto se quedó al margen de los acontecimientos. Lo que sí vale la pena marcar aquí es que el proceso electoral gaditano en Ciudad de México favoreció la transferencia en el nuevo marco constitucional de los patrones jerárquicos tradicionales de cada grupo social. El fenómeno resulta evidente si seguimos el flujo de las papeletas en las parroquias, en base a las declaraciones de los presidentes de mesa. En el territorio indio no hubo papeletas, mientras que la mayor difusión se dio en las parroquias intermedias entre la "traza" y las parcialidades, una área de gente fluctuante y "mezclada", según los documentos, donde residían castas, mestizos, y artesanos libres, no vinculados ni con las jerarquías étnicas ni con los gremios.[41] En las seis parroquias de esta parte de la ciudad los electores designados por las juntas fueron todos eclesiásticos y abogados, mientras que la gran parroquia central del Sagrario eligió a "gente de razón", vinculada a las grandes familias,[42] sin mucha circulación de papeletas.

---

[41] Según J. G. Angulo Aguirre, *Artesanado y ciudad a finales del siglo XVIII*, México, 1980, en la última época colonial hay serios indicios de una progresiva crisis de los gremios artesanales de la capital, a causa de la difusión de productores libres, al parecer tolerados por las autoridades a pesar de las quejas de las organizaciones más antiguas.

[42] *Resumen de las secciones de la parroquia del Sagrario de los votos que sacaron los 4 electores que eligieron a los feligreses de ella*, Historia, citado, exp. 61.

El primer turno de la elección legitimó las jerarquías de los barrios, con la única excepción de los abogados, una excepción sin embargo limitada por la paralela afirmación de los eclesiásticos en todas las parroquias. Se queda el dato: los abogados tuvieron éxito en los barrios de población "mezclada", donde los patrones jerárquicos tradicionales se habían debilitado, hasta el punto de desencadenar "desórdenes", y de permitir unas prácticas de las candidaturas organizadas desde afuera, por lo que las autoridades llamaron "el partido decidido", que movilizó:

> gente en su mayoría pobre, que no sabía quiénes eran los candidatos, pero que decían votar como un vagabundo de capotito pardo, mientras otro de capotito blanco los empujaba y un indio cargador les distribuía papeletas [...] 3 o 4 días antes, a los dos testigos les había sido mostrada una lista para el Sagrario y para San Sebastián, todos esos nombres resultaron elegidos.[43]

¿Quiénes constituyeron "el partido decidido" que organizó la circulación de las papeletas? En Nueva España en aquellos años no se implantaron logias masónicas como en Cádiz y España, pero sí en Ciudad de México operó una organización secreta, los Guadalupes, que mantenía relaciones con los insurgentes. Por mucho tiempo la historiografía sostuvo que los primeros eran una red urbana de los segundos, haciendo referencia a una famosa carta de los Guadalupes al líder insurgente Morelos, fechada 7 de diciembre 1812, en la que se decía que "el 29 de noviembre, en las parroquias de esta capital nuestros electores han obtenido de 28.000 a 30.000 votos, con gran desconcierto de todos los peninsulares".[44] Las cifras no corresponden a la documentación que tenía la Audiencia, y el dato político tampoco: los Guadalupes no fueron únicamente un grupo partidario de la insurgencia, fueron, más que otra cosa, un grupo de criollos ilustrados de las elites que buscaron utilizar las circunstancias en provecho de sus pretensiones autonomistas.[45] Quizás la expresión más coherente de la primera revolución americana, que se enlazó vía electoral con la segunda sin modificar su perfil originario. Hay que recordar además que en 1812

---

[43] *Declaración de D. José María Galán y D. Pedro Pérez sobre la seducción para el nombramiento de electores,* citado, Indiferente, 702/15.

[44] Citado en W. J. Timmons, *Los Guadalupes: A Secret Society in Mexican Revolution for Independence,* "Hispanic American Historical Review", 3,1959, pp. 4-26

[45] Véase el reciente y muy detallado libro de V. Guedea, *En busca de un gobierno alterno: los Guadalupes de México,* México, 1992.

los insurgentes se hallaban en dificultades por la terrible derrota militar sufrida un año antes a las puertas de la capital. La ciudad no se unió a los insurgentes de Hidalgo, confirmando un límite del movimiento rebelde: su incapacidad de vincular la ciudad con el campo. El dato es central para nuestro tema, porque desde la primera elección fue claro que la nueva representación gaditana jugaba un papel importante en la guerra civil, pero más en favor de las tradiciones autonomistas locales, legitimadas por la difusión de las prácticas electorales, que en favor de un movimiento en armas. La actuación de los pueblos confirmará este papel de Cádiz, anticipado por los acontecimientos de Ciudad de México.

En abril de 1813, a "pluralidad de votos", al fin los electores de cada parroquia se reunieron y eligieron a los miembros del nuevo ayuntamiento: once hacendados, entre los cuales tres condes y un marqués, cuatro abogados, dos ex gobernadores indios de las extinguidas parcialidades, y un propietario de salchicherías. El "partido decidido" logró tener en una buena representación.[46] La Constitución no prohibía a los electores ser cooptados para los consejos municipales, y los testimonios recogidos por la Junta de Seguridad hicieron referencia a listas y papeletas con nombres de los electores solamente. Hubo por tanto dos prácticas de las candidaturas, en tiempos y lugares diferentes. El proceso electoral mostró una vez más que el sistema indirecto favorecía los pequeños grupos organizados, pero también que las juntas parroquiales tenían una capacidad de movilización porque en ellas se expresaban autónomamente los valores comunitarios. Y con mucha más libertad que en el pasado, como mostró el fracaso

---

[46] "Una vez más resultaron designados únicamente americanos poco o nada afectos al régimen colonial y algunos en franca oposición a él. Entre los miembros del Ayuntamiento constitucional capitalino se contó el conde de Medina y Torres, coronel y propietario, quien en 1811 fuera considerado cómplice en la conspiración descubierta en abril de ese año. Otro alcalde constitucional lo fue Antonio Velasco y Torre, comerciante y propietario, amigo de Leona Vicario, a la que por entonces se le seguía causa por corresponderse con los insurgentes, y amigo también de Manuela García Villaseñor, esposa de Carlos María Bustamante, la que, como ya vimos, se había pasado al campo insurgente. Entre los regidores se contó Francisco Manuel Sánchez de Tagle, propietario y antiguo regidor, al que Zerecero supuso en trato con Calleja para efectuar un movimiento. También se contó José Ignacio Adalid, propietario y letrado, del que se sospechaba por entonces estar en comunicación con los insurgentes que se hallaban en los alrededores de su hacienda en Ometusco. Igualmente resultó electo Ignacio Moreno, marqués de Valle Ameno. Asimismo salió electo el cacique indígena y exgobernador de la parcialidad de San Juan, Francisco Antonio Galicia, que más tarde sería acusado de corresponderse con los insurgentes. Por último se contó también con José María Prieto de Bonilla Caballero de los Olivos, propietario, que era pariente de Joaquín Caballero de los Olivos, antiguo regidor y registrado por Matamoros y Morelos en su lista de Guadalupes", Guedea, citado, p. 181.

de la investigación judicial. En los microcosmos sociales de la capital, alrededor de una sola elección, se juntaron las vertientes cruciales de las dos revoluciones que estaban sacudiendo el imperio: si, como es cierto, en el bienio 1808-1810 "es entonces cuando aparece la estructura política real de la sociedad americana. De la sociedad y no de las divisiones administrativas del Estado",[47] a partir de 1812 la misma estructura se fortalece vía electoral, hasta romper sus nexos con la administración estatal, y no sólo con ella. Una de las rupturas políticas más clamorosas, que se consumó en abril de 1813, fue la exclusión del poderoso estamento mercantil ibérico dueño de la Diputación de Comercio. Esta institución controlaba todavía gran parte del comercio de exportación de la Nueva España, en 1808 había patrocinado el golpe en contra del proyecto juntista del cabildo, en 1811 había enviado a la Regencia una Representación atacando el derecho de voto de los criollos con los argumentos clásicos sobre la inferioridad americana, y en noviembre del mismo año envió un agente a Cádiz para defender sus intereses políticos.[48]

Hasta el mismo Virrey Calleja, antes de la junta de los electores en abril, buscó sin éxito la mediación del obispo de la Ciudad de México para que se eligiera una representación del Consulado en el nuevo ayuntamiento.[49] Las rupturas políticas fueron sin duda importantes, pero aquí interesa más bien regresar a lo que hemos definido la "brecha" constitucional: gracias a los datos dejados por la investigación judicial podemos evaluar su tamaño, y por ende la relación simétrica entre el debilitamiento del aparato estatal y el fortalecimiento de las comunidades de las parroquias. Arriesgando una estimación a partir de los datos de Humboldt y de los de la investigación, resulta que el 29 de noviembre de 1812 el cuerpo electoral legal de Ciudad de México fue de alrededor 19.000 individuos, en una población total de 130.000, con una participación entre el 40% y el

---

[47] F. X. Guerra, *México y las revoluciones hispánicas*, en A. Annino, R. Buve (coord) *El liberalismo mexicano*, "Cuadernos de Historia latinoamericana", 1993, p. 13.

[48] *Representación del Consulado de México al Rey Don Fernando Séptimo el 27 de mayo de 1811*, Biblioteca Nacional de Madrid, Sección Manuscritos, Fondo América, f. 404; la carta de presentación del agente en Cádiz en Archivo General de la Nación México, Operaciones de Guerra, tomo 31, f. 96.

[49] T. Ana, *La caída del gobierno español en Ciudad de México*, México, 1981, p. 46.

[50] Las estimaciones de Humboldt en su *Ensayo político sobre el Reino de la Nueva España*, México, 1984, p. 575, acerca de la población capitalina son las únicas que cruzan sexo, edad y etnicidad, pero obligándonos a elegir entre fajas de edad "amplias": 16 o 25 años. Si elegimos los 25 años, los varones resultan poco más de 1.500 para los españoles, 9.700 para los criollos, 5.000 para los indios, para un

70% de los que tenían derecho de voto.[50] A pesar del arbitrio de los números, no hay duda que las parroquias lograron movilizar sus comunidades en forma extraordinaria, sin pasar por una crisis de los patrones tradicionales que conformaban las identidades colectivas. Las formas en que se celebraron las juntas muestran más bien que hubo una yuxtaposición de la nueva forma de representación liberal y de la "natural" representación comunitaria, cuyas jerarquías controlaron el acceso al voto, resultando así legitimadas políticamente en el nuevo orden constitucional.

El análisis de la primera elección en Ciudad de México permite evidenciar el proceso desencadenado por la constitución gaditana: las elecciones no fortalecieron el concepto abstracto de Nación que impusieron los doceañistas, sino la fragmentación de la soberanía impulsada por la primera revolución. La gran novedad fue que en la etapa gaditana los protagonistas no fueron las ciudades provincianas sino los pueblos. ¿Por qué? Porque la constitución introdujo con el artículo 310 un derecho colectivo aparentemente secundario: "Se pondrá ayuntamiento en los pueblos que no lo tengan y en que convenga le haya, no pudiendo dejar de haberle en los que por sí o con su comarca lleguen a mil almas, y también se les señalará términos correspondientes". La idea originaria fue de racionalizar el territorio promoviendo el gobierno interior de los pueblos, y garantizando una mejor organización de los impuestos. Puro orden "administrativo". Pero pasó todo lo contrario. Antes de analizar el punto, hay que remarcar unos datos que favorecieron este éxito. Los diputados americanos protestaron en contra del requisito de las mil almas, argumentando que la exclusión del voto de castas y negros limitaba la posibilidad para muchos pueblos de disfrutar del artículo 310. Entonces las Cortes promulgaron dos decretos que jugaron un papel clave en los acontecimientos: el primero, del 15 de octubre de 1812, dejaba libres a los pueblos con menos de mil almas de instalar sus ayuntamientos "por otras razones o bien público". El segundo, del 23 de mayo de 1813, otorgó a los

total de 15.700, cifra que no tiene en cuenta los mestizos, que a diferencia de las castas tenían derecho al voto. La población masculina adulta de cada una de las tres primeras clases es igual a 1/7 aproximadamente de los totales respectivos. Si aplicamos el mismo coeficiente a los mestizos (clasificados por Humboldt) tenemos alrededor de 3.500 individuos, y un total para las cuatro clases de poco más de 19.000 con derecho de voto. Si aplicamos el cociente de 1/7 a los totales de los feligreses de cada parroquia en base a las cifras proporcionadas en enero de 1813 por los curas, y las incrementamos en un 40%, para igualarlas tendencialmente a las de Humboldt, basadas en el censo por cuarteles, resultan los porcentajes indicados.

pueblos americanos la libertad de "crear sus ayuntamientos entre sí", es decir por iniciativa autónoma del vecindario. La libertad de las comunidades americanas resultó así mucho más amplia que la de los pueblos peninsulares, porque éstos tenían que pedir la autorización del funcionario local, el subdelegado.

El éxito de los dos artículos en Nueva España dependió de la guerra civil, y de la voluntad política de un personaje extraordinario, el Virrey Félix María Calleja (1813-1817): ferozmente antiliberal y protagonista de la guerra en contra de la insurgencia, Calleja tenía sin embargo una capacidad de análisis lúcida y sin ilusiones. En 1811, al mando de las tropas contra Hidalgo, en una carta reservada al Virrey Venegas, con pocas y secas líneas, había pintado la situación de la Nueva España: "Este reino pesa demasiado sobre una metrópoli que vacila. Sus naturales, y aún los mismos europeos, están convencidos de las ventajas de un gobierno independiente, y si la insurrección absurda de Hidalgo se hubiera apoyado sobre esta base, me parece, según observo, que hubiera sufrido muy poca oposición".[51] "Independiente" en aquel entonces significaba "autogobierno" en el marco del imperio, según la tradición criolla, mientras los que pensaban en la ruptura de los vínculos con la Monarquía apelaban a la "independencia absoluta". La visión lúcida de Calleja explica su actuación: como Virrey impulsó inmediatamente la aplicación de la constitución en la parte relativa a los ayuntamientos, a pesar de la decidida oposición de la Audiencia, que precisamente tras la primera elección de Ciudad de México envió un informe secreto a la Regencia pidiendo no aplicar la carta gaditana en Nueva España.[52]

La segunda revolución llegó a México en un contexto bien diferente del de la península: la carta gaditana fue aplicada en contra de la insurgencia, para aislarla políticamente, otorgando a los pueblos el autogobierno propio, es decir lo que las comunidades habían siempre buscado negociando la justicia a nivel local. Constitucionalizar el reino obligó a Calleja a buscar un difícil equilibrio: gobernar militarizando el aparato burocrático

[51] *Carta reservada del Brigadier Félix María Calleja al Virrey Francisco Xavier Vanegas*, Valladolid 29 de enero de 1811, Archivo General de la Nación México, Historia, tomo 326, exp. 4.
[52] En marzo de 1813, al tomar el cargo de Virrey, Calleja señaló al ministro de Guerra que la constitución de 1812, sostenida y apoyada por el ejército, daría la paz al reino: *El Virrey Félix María Calleja al ministro de Guerra*, 15 de marzo de 1813, "Boletín del Archivo General de la Nación", tomo I, núm. 1, 1930, pp. 80-87. El texto completo del informe secreto de la Audiencia ha sido publicado por J. Delgado, *La Audiencia de México ante la rebelión de Hidalgo y el estado de Nueva España*", Madrid, 1984.

borbónico, y convivir con una nueva estructura político territorial, mucho más fuerte frente al estado porque era legalmente reconocida por la constitución. La ya débil frontera entre lo "político" y lo "administrativo" de la constitución desapareció desde el primer momento: lo importante era pacificar a toda costa el reino. La brecha se volvió estructural.

LOS PUEBLOS

En 1820-1821, cuando se restauró la constitución, la América estaba casi perdida. Nueva España aparentemente no, con los insurgentes derrotados y reducidos a pequeños grupos de guerilla, y los criollos que en el ejército realista habían mostrado su fidelidad, aunque, como lo había previsto Calleja, tenían en sus manos el destino del país. En esta coyuntura, diferente de la de 1812-1814, la difusión de los ayuntamientos constitucionales en los pueblos fue aún más radical, impulsada esta vez directamente desde Madrid, con el mismo objetivo: conservar por lo menos la fidelidad de la Nueva España.[53] Hay que empezar por los números para tener una idea de la amplitud alcanzada en pocos años por el fenómeno de los ayuntamientos rurales. La correspondencia de los subdelegados e intendentes permite calcular 630 ayuntamientos en 1820. Si miramos a la distribución por intendencias, tenemos la siguiente situación:

Intendencias	Ayuntamientos
Veracruz	6
Zacatecas	13
Guanajuato	15
Tlaxcala	42
México	85
Valladolid	90
Puebla	172
Oaxaca	200

Faltan unas intendencias, ni estos números son definitivos, sin embargo muestran de entrada el dato más relevante: los municipios electivos se

[53] Lo expuso el ministro de Guerra de Madrid en una carta al virrey Apodaca en septiembre de 1821: "Su Majestad está firmemente persuadida que puesta V. E. a la cabeza de este ejército y al frente

encuentran masivamente ubicados en los territorios indígenas. Es cierto que son los que tenían más población, pero la distribución demográfica no es suficiente para explicar el proceso que se dio. Ya se hizo mención de los decretos de las Cortes en materia. Cabe ahora remarcar que los cabildos coloniales de los "españoles" eran 35 en 1810, frente a un sinnúmero de cabildos indígenas.[54] La primera revolución no cambió el estatus de los unos frente a los otros, pero la segunda sí, en el sentido que al suprimir las repúblicas de indios, y al otorgar el derecho colectivo a los pueblos americanos de instalar sus ayuntamientos sin el permiso de las autoridades, las comunidades indígenas consiguieron lo que se podría llamar la "mayoría constitucional" en el territorio, legitimada por otro decreto en marzo de 1820 que mandó "que se proceda en todos los pueblos de la Monarquía a las elecciones de los Alcaldes y Ayuntamientos constitucionales".[55] ¿Qué quiso decir "todos los pueblos"? En Nueva España significaría miles de ayuntamientos, y no es posible contestar si fue así, pero no hay duda que el nuevo decreto dio otro poderoso impulso a la difusión del autogobierno comunitario.

¿Cuál fue la percepción de los pueblos: el voto y los valores constitucionales, provocaron una ruptura en el imaginario colectivo? Tenemos que reconsiderar la constitución para contestar a esta pregunta, crucial para nuestro tema. Hubo otra frontera no declarada en Cádiz: al fin y al cabo los constituyentes no propusieron una imagen secularizante de la carta. Si nos fijamos sobre la estrategia de las imágenes y de los rituales, que las cortes planificaron para la difusión del texto, resulta evidente que no se inventó ningún rito o representación colectiva de nuevo tipo, como se hizo en Francia. La única novedad fue que los pueblos y las ciudades tuvieron que titular la plaza principal "Plaza de la constitución". No es que no hubo cambios: la difusión de folletos, catecismos, libros en contra del "despotismo" y en favor de la constitución fue notable.[56] Sin embargo,

---

de esta provincia, nada quedarà por hacer para conciliar el ánimo de los americanos: reuniendo el voto común bajo la influencia poderosa que tiene la libertad civil", Archivo General de la Nación México, Operaciones de Guerra, vol. 920, exp. 2.

[54] La lista de los cabildos coloniales "españoles" en 1810 en el mismo Archivo, Historia, vol. 446, exp. 36.

[55] *El Intendente de Valladolid consulta duda sobre elecciones de Ayuntamientos*, 11 de septiembre de 1820, Archivo de la Diputación Provincial se Nueva España, vol. 1, 1820, exp. 45.

[56] Véase sobre este punto Guerra, citado, pp. 227-269.

el discurso escrito se quedó ajeno al discurso visual, así que el cambio del idioma no superó el ámbito urbano, y si es que llegó a los pueblos, quedó encapsulado en el imaginario local, sea por su fuerza, que por la legitimidad que le otorgaron los ritos de juramento y "publicación" de la constitución. Las dos actas se planearon en las Cortes, y al igual que los artículos sobre las elecciones y la coyuntura novohispana, nos ayudan a entender por qué vía los pueblos entraron en el mundo liberal. En Cádiz se destruyeron muchos privilegios del antiguo régimen, pero no se atacó la clásica idea hispánica según la cual la sociedad era un conjunto de cuerpos naturales. Quizás un liberal francés de la época no hacía distinción entre cuerpos y privilegios, pero un liberal español la tomaba en mucha cuenta: los privilegios cabían en la esfera política, los cuerpos no, eran parte de la sociedad "natural", según la tradición jusnaturalistico-católica, que los doceañistas no atacaron.

Las ordenanzas de las cortes no dejan dudas: la constitución tenía que ser jurada por los "cuerpos": abogados, oficiales, médicos, artesanos, universidades, milicias, oficinas administrativas, la misma Audiencia, y por supuesto por los pueblos. Y así se hizo. Los relatos nos muestran que el juramento mantuvo su forma religiosa, en nada diferente del pasado: al centro del escenario el texto gaditano estuvo expuesto en una mesa con el crucifijo, un evangelio, unas velas, y casi siempre la imagen del rey Fernando VII. Ningún nuevo símbolo. La naturaleza tradicional plantea el problema de qué tipo de obligación política se encuentra a la base de la constitución de Cádiz: si el contractualismo hispánico clásico, o el vínculo moderno fundado sobre la voluntad. Hace poco, un estudio ha analizado en forma convincente el nexo entre la evolución del juramento en el constitucionalismo occidental, y el itinerario hacia la secularización de la obligación política.[57] No es atrevido tener dudas al considerar el caso gaditano, más si miramos al otro acto, la "publicación", también planeado por las cortes, y que constituyó el marco ceremonial del juramento. El concepto mantuvo el sentido del antiguo régimen: el acto ritual por medio del cual el rey hacía una pública representación de su dominio frente a los súbditos, algo bien diferente de lo que en los últimos años la historiografía ha llamado "la esfera pública moderna". Así que juramento

---

[57] P. Prodi, *Il sacramento del potere. Il giuramento politico nella storia costituzionale dell'Occidente*, Bologna, 1992.

y publicación nos remiten a una disyuntiva crucial: la yuxtaposición de la tradicional fidelidad al rey y de la obligación política hacia la constitución. De ahí una pregunta: ¿hasta dónde la mentalidad pueblerina podía percibir la gran novedad de la segunda revolución, una monarquía constitucional, que supuestamente llevaba a lo largo del imperio una nueva estructura de lealtades?

El dilema es evidente al leer las cartas de los subdelegados e intendentes, que describen detalladamente las ceremonias de publicación y juramento en los pueblos novohispanos. Los ritos no fueron idénticos en todos los lugares, pero tuvieron mucho en común. No hay dudas, por ejemplo, que adoptaron el modelo de las fiestas comunitarias de los santos patronos. La publicación se celebró a lo largo de tres días de festejos, y hubo procesiones de santos, *tianguis* (los mercados indígenas donde las comunidades intercambiaban sus productos), repique de campanas, cohetes, peleas de gallos, y desfiles varios. En las cartas de los funcionarios encontramos el universo de devociones y sociabilidad que los ilustrados borbónicos habían tachado de "paganismo" tres décadas antes de Cádiz. La "publicación" de la constitución representó un evento sacro entre los demás, seguramente importante, pero no tanto como para romper el mundo de los valores que habían reproducido hasta entonces los vínculos de las identidades colectivas con la vida cotidiana. Cabe recordar que ya las Cortes habían vinculado la constitución con el sacro: un decreto ordenó que en la misa, o en el Te Deum, el cura párroco ilustrase a los feligreses la "bondad" del "sabio código", y así se hizo en todos los pueblos, pero con algo más: la procesión de la constitución, momento cumbre de la "publicación". Al terminar la misa, una copia del texto, traída por el subdelegado, se llevaba en un baldaquín sobre los hombros, como si fuera una imagen sacra, y recorría los barrios, iglesias, y conventos. Los vecinos seguían repartidos en cuerpos: los eclesiásticos, el subdelegado y los jefes de milicias, los "vecinos respetables", el "cuerpo principal de la República" (a pesar de su extinción), y la vecindad agrupada en sus cofradías, cada una con el estandarte del santo patrono.

Es muy posible que los pueblos, y máxime las comunidades indígenas, hayan percibido la constitución como un cambio que se insertaba en los códigos de comunicación simbólica locales, y que por tanto no rompía con las culturas colectivas. Es difícil evaluar si en los ritos dominó la imagen del rey o la de la constitución, quizás el punto no sea tan relevante porque, al fin y al cabo, el imaginario que se utilizó en Nueva España para "publicar" la constitución liberal fue el de la fidelidad monárquica en su forma más tradicional.[58] Este punto sí es relevante para nuestro tema, nos remite a lo que ya hemos comentado acerca de la constitución histórica hispanoamericana: la fidelidad al rey había garantizado en el pasado una idea contractualista de la justicia, muy fuerte a nivel local. La segunda revolución, al ser "publicada" bajo las formas más antiguas de la fidelidad, no podía ser percibida por los pueblos mas que como una nueva etapa de la tradición contractualista, un nuevo marco para los antiguos derechos sobre el territorio.

Una vez más, Ciudad de México adelantó al resto del país. Al restaurarse la constitución en 1820, se dio un conflicto muy fuerte entre las ex parcialidades indígenas, el Ayuntamiento, y las autoridades coloniales, con motivo de los bienes de comunidad. En 1812-1813, posiblemente por la situación de guerra civil, no se aplicó el decreto de las cortes que transfería el efectivo de las cajas de comunidad a la Tesorería Nacional. Cuando se hizo el intento de aplicar la ley en 1820, los "gobernadores, alcaldes, y demás de las parcialidades" se apelaron directamente al virrey con una petición, pidiendo no tocar las cajas hasta cuando las dos extinguidas parcialidades no instalasen sus respectivos ayuntamientos. Con unas motivaciones que vale la pena citar:

> porqué así lo exige el número de almas que se comprenden en ellas y el diverso que tiene a su cargo el actual Ayuntamiento, porqué no queremos correr la suerte desgraciada anterior, cuando ahora estamos cubiertos y amparados por la protección que nos despensa la Constitución política de la Monarquía; y en tal concepto, aspirando como aspiramos a la conservación, aumento, seguridad, y custodia de unos fondos que son de nuestros pueblos, destinados única y solamente para los fines que aquel sabio código señala, parece conforme a el, que no sólo se ha de contar con nuestra anuencia para su traslación, sino que antes que esto se verifique se nos entreguen las cuentas, para que, haciendo los repasos y

---

[58] Una muestra es la ceremonia de Tecpan: "el gobernador hace presente a los republicanos de los pueblos que comprende, a los Alcaldes de voto y demás Indios vecinos y asociados del Sr. cura parroco [...] y conducimos el retrato de nuestro Augusto y Católico Monarca a la parroquia [...] y con el mismo rey trato y la propria solemnidad pasamos al convento de las religiosas de San Juan de la Penitencia en donde fue recibido y después cantó el Te Deum la comunidad. De allí pasamos al colegio de San Ingnacio de Loyola [...] de modo que llegamos a Tecpan a las dos de la tarde haviendo comenzado esta acto a la misa de la mañana. Por ultimo se colocó con la mayor decencia que pudimos el referido retrato en vista del Pueblo", *Juramento de la parcialidad de San Juan Tecpan*, Archivo General de la Nación México, Historia, vol. 403, f. 51. Muchos relatos de la "publicación" se encuentran en Historia, vol. 403: *Constitución Española 1812-1813*.

adiciones a que nos conduzcan nuestros conocimientos, V. E., ó la Diputación Provincial, con vista de todo, resuelvan lo que gradecen de justicia.[59]

Los caudales de las cajas provenían de las rentas de varias fincas, y según el asesor del extinguido Juzgado de Naturales, el monto era de 25.670 pesos, una suma relevante, que indujo al ayuntamiento de la capital a exigir el traslado de los fondos a sus cajas. Este conflicto, que duró unos meses, involucró a todas las autoridades, y no se resolvió, dejando el problema sin una salida segura, nos muestra por lo menos tres aspectos de la crisis que al cabo de un año destruirá definitivamente el espacio político novohispano. En primer lugar la debilidad de las autoridades en aplicar la constitución y sus decretos. El conflicto principal no fue entre las comunidades indígenas de la capital y el Virrey, o la Audiencia, sino entre comunidades y ayuntamiento. Éste no aceptó que el antiguo espacio urbano colonial se fragmentase en tres municipios, cada uno con sus jurisdicciones. Hubiera significado el fin de la capital. Por otra parte, no deja de llamar la atención la absoluta falta de identificación de las comunidades con la "ciudad", tal como fue definida a lo largo de tres siglos, y como todavía sigue siendo definida por la historiografía. Más si consideramos que en la villa de Orizaba, en la intendencia de Veracruz, los "naturales y vecinos" de la parcialidad de Izhuatlan presentaron unos meses más tarde la misma petición a la Diputación Provincial, que la aprobó sin mayor dificultad. La motivación fue algo distinta de la de los capitalinos, pero igualmente fundada sobre el derecho histórico: "formar su cabildo en el modo que lo estuvo antiguamente fundado en la armonía y paz con que han estados unidos, y sujetos a las disposiciones de los individuos que mencionan y a quienes llaman sus Padres".[60] Así que Orizaba perdió su parcialidad, que instaló su ayuntamiento para seguir viviendo según las costumbres de la extinguida República, mientras que Ciudad de México no, a pesar que según un Oidor de la Audiencia la petición de las parcialidades era constitucionalmente legítima. El punto del conflicto eran los ricos caudales de las cajas, lo cual nos indica que indios y criollos compartían un mismo proyecto: transferir los bienes de comunidad bajo la administración de los ayuntamientos electivos. Para las comunidades indígenas

---

[59] Archivo de la Diputación Provincial de Nueva España, *Bienes de Comunidad, junio de 1820,* vol. 1, 1820, exp. 17.
[60] Archivo de la Diputación Provincial de Nueva España, vol. 1, 1820, exp. 55.

había dos posibilidades para lograr el objetivo: romper una jurisdicción territorial previa, como la de una ciudad o de otra República, o transformar directamente su propia República en ayuntamiento.

Al momento es absolutamente imposible tener una idea definitiva sobre cuál de las dos opciones tuvo más éxito. Si tomamos en cuenta la tendencia a la fragmentación de las Repúblicas en la última época colonial, y la comparamos sumariamente con los datos aún incompletos que tenemos, la impresión es que prevaleció la ruptura territorial. El caso más evidente es el de la Intendencia de Oaxaca, que en 1812 tenía 90 Repúblicas, y en 1821, 200 ayuntamientos, de los cuales 117 eran ex sujetos de una cabecera.[61] ¿Dónde se ubica la ruptura? En el principio constitucional: todos los nuevos ayuntamientos eran iguales entre sí. Por tanto, si un sujeto de una República lograba instalar su ayuntamiento electivo, se independizaba de la cabecera y rompía la unidad territorial antigua, ganando una autonomía absoluta sobre la administración de sus recursos. En el mundo indígena, la representación de corte liberal pudo así desencadenar un nuevo ciclo de fragmentación y reagregación comunitaria, según ejes territoriales ya sea antiguos o nuevos. Tomamos un ejemplo, que nos permite además mostrar cómo las disyuntivas territoriales, propias del mundo indígena, se cruzaron con las ambivalencias del texto constitucional. En octubre y noviembre de 1820 estalló un conflicto en el partido de Cuernavaca (intendencia de México), entre tres pueblos para conseguir un ayuntamiento cada uno. El primero, Xantetelco, era cabecera de su ex República, y se negó a que el segundo, Amayucan, tuviera su ayuntamiento. Dos eran los argumentos de Xantetelco para defender su dominio: el primero, clásico, "desde tiempo inmemorial no tenemos cabecera civil inmediata que nos gobierne [...] ahora se dignó Su Majestad restituir nuestra libertad concediendo el derecho a cada ciudadano para poder representar a sus acciones y deducir en juicio sus quexas". Es evidente el nexo entre nueva representación y antigua "representación", es decir tener justicia propia. El segundo argumento se fundó en lo indefinido de la circunscripción electoral: para los de Xantetelco "pueblo" y "parroquia" eran la misma unidad territorial, en el sentido que el primero existe si hay

---

[61] Hemos comparado la lista de los nuevos ayuntamientos con la información que se encuentra en P. Gerhard, *Geografía Histórica de la Nueva España 1519-1821*, México, 1986. Se trata de un intento imperfecto, porque el censo de Revilla Gigedo del final del siglo XVIII no considera las Repúblicas, así que al momento es imposible saber con acierto cuántas eran en el momento en que llegó la constitución de Cádiz.

una doctrina con un cura residente. Así los sujetos no podían tener derecho a sus ayuntamientos. Los de Amayuco, el día de las elecciones se retiraron, protestando sus derechos en base a los padrones de su feligresía. La protesta activó la de otro pueblo, Xalastoc, que pretendió sus derechos al igual que Amayuco. El pleito fue llevado a la Diputación que reconoció el derecho de los dos sujetos a instalar sus ayuntamientos.[62] Otros pleitos del mismo tipo sugieren que la cuestión de lo que era una" parroquia" o un "pueblo", reactivaron en el nuevo marco constitucional las viejas tensiones de los territorios étnicos, pero esta vez más en favor de los sujetos que de las cabeceras.[63] Cabe señalar la yuxtaposición de los idiomas de estos pleitos: a menudo la acusación de "despotismo", hecha por los sujetos en contra de sus cabeceras, se mezcla con la apelación a las libertades de "sabio código". En la Intendencia de Veracruz, en un territorio de 18 pueblos, las siete cabeceras accedieron al estatus de ayuntamiento, provocando la rebelión de los antiguos sujetos, que se negaron pagar los tributos en nombre de sus nuevos derechos.[64]

El juego de los idiomas dependió no sólo de la percepción que los pueblos tuvieron de los procesos electorales: el aspecto crucial, no resuelto por los constituyentes al incorporar el territorio del imperio en la constitución, fue el conflicto entre viejas y nuevas jurisdicciones. Al final de 1820 estalló un conflicto entre los pueblos foráneos de Ciudad de México a causa de un episodio a primera vista secundario: en la elección para el ayuntamiento de Popostla, uno de los regidores nombrados rechazó el cargo, alegando ser vecino de Chapultepec, y por tanto no sujeto a Popostla. Éste argumentó que el territorio del nuevo ayuntamiento era su Tenentazgo, que administraba justicia hasta Chapultepec y San Antonio las Huertas, cuyos indios, sin embargo, estaban bajo la jurisdicción de las dos parcialidades de la capital. Según Popostla, también los indígenas de San Antonio cabían bajo el nuevo ayuntamiento. A su vez el regidor remitente añadió otra cuestión: ser vecinos de Chapultepec pero feligrés de San Antonio. ¿Para votar y ser votado, cuál de los dos requisitos había que tomar en cuenta, puesto que la constitución consideraba a los vecinos como feligre-

---

[62] *Los naturales de Xantetelco en contradicción con los de Amayucan sobre ayuntamiento queriendo que el segundo no se instale*, Archivo citado, exp. 47.
[63] Precisamente al final de 1820 la Diputación notaba que "se han puesto ayuntamientos sólo donde hay parroquia y se ha resistido instalarlos en otros pueblos que sin tenerla, contienen las mil almas que prescribe la ley, ya sea en sí o agregando los pueblos más cercanos", citado, exp. 38.
[64] Véase el expediente 3, del julio de 1820.

ses? En este caso el conflicto involucró cuatro jurisdicciones: la parroquia, el Tenentazgo, las Repúblicas y el nuevo ayuntamiento. Uno de los miembros de la Diputación era Juridi y Alcocer, ex miembro de la constituyente gaditana, y no le escapó "la deformidad de que una misma parroquia nombre dos ayuntamientos", Popostla y San Antonio. Como siempre, la única manera fue pedir luces al cura de San Antonio Las Huertas, la cabecera de la parroquia. Resultó así evidente la gran complejidad de la redes jurisdiccionales del territorio: en primer lugar el Teniente de Justicia de Popostla era solamente un alcalde de barrio nombrado antes de Cádiz por el cabildo capitalino, y a éste subalterno; en segundo lugar, dos barrios indígenas de Popostla eran bajo la jurisdicción de una de las parcialidades de la capital "gobernados siempre por Alcaldes subalternos que ponían los gobernadores". Mientras que "este de San Antonio siempre tuvo su gobierno por separado de las dos parcialidades, el gobernador de aquí elegido por el pueblo, y confirmado por el Exc.Virrey, sus funciones eran juzgar a los indios reunidos en el mismo barrio, y a los dispersos en el territorio de la Parroquia, y solo llegaban sus límites hasta el puente de San Jacinto".[65] San Antonio obtuvo su ayuntamiento, lo cual implicó una ruptura del territorio capitalino, porque esta parroquia había participado en las elecciones de 1812, y una ruptura del territorio de Popostla, que no llegó a mantener bajo el nuevo ayuntamiento la jurisdicción del Tenentazgo.

Estos y otros casos muestran cómo la parroquia no podía representar una circunscripción electoral neutra, a partir de la cual calcular el número de ciudadanos con derecho de voto. Un territorio colonial y pluriétnico, como el de la Nueva España, tenía en las parroquias la fuente de legitimidad de todas las jurisdicciones que organizaban la vida de las sociedades locales. El voto indirecto, al ser aplicado, se ajustó no a la parroquia como tal, sino a los grupos que las distintas jurisdicciones habían agrupado a lo largo de la época colonial, legitimando el impulso a la autonomía de cada comunidad.

¿En qué medida este fenómeno contribuyó a la quiebra del orden colonial? Hemos considerado el conflicto entre las cabeceras y sus sujetos,

---

[65] *El ayuntamiento de Popostla acompañando el oficio que le ha dirigido D. José Joaquin Juarez excepcionandose de servir su cargo de Regidor porqué Chapultepec en donde vive no está sujeto a aquella municipalidad y consultando si en los sucesivo ha de seguir conociendo en aquello que le partenece en el territorio que siempre ha estado sujeto al tenetazgo de Popostla*, Archivo citado, vol. 1, 1820, exp. 13.

uno de los pilares de las jerarquías territoriales del sistema. Ahora observamos cómo los pueblos adaptaron el sistema indirecto a sus patrones culturales. El caso del partido de Metepec en la Intendencia de México permite analizar este otro proceso, quizás más evidente que en otras partes, porque en este territorio parece que hubo una tendencia no a la fragmentación radical, como en Oaxaca, o en las cercanías de la capital, sino a la agregación de varias Repúblicas entre sí, por motivos que no logramos entender. El partido era el más grande de la Intendencia, con sus 111 kilómetros de largo y 67 de ancho. A mitad del siglo XVIII tenía 36 Repúblicas con más o menos 300 pueblos sujetos, según el *Theatro Américano* de Villaseñor y Sánchez, datos como siempre no muy seguros porque fueron registrados antes de las reformas borbónicas.

Al aplicarse la constitución pasó algo que fue bien expresado por el subdelegado en una carta al intendente el 15 de julio de 1820. Al comentar que los indios "puros" (de República) del pueblo de San Lorenzo Huitzilapa habían decidido que el número de los regidores del nuevo ayuntamiento no tenía por qué ser proporcional a los "habitantes", el subdelegado pintó una imagen muy eficaz: "porqué quieren esos pueblos igualarse a la ciudad de Toluca, comparan un pueblo con las capitales".[66] Toluca distaba unos cuantos kilómetros del partido de Metepec, y aunque no tuvo cabildo en la época colonial, era una de las ciudades más importantes de la intendencia. En 1820 los indios de un pueblo mucho más pequeño como San Lorenzo decidieron que el número de los regidores debía ser casi igual, o igual, al del ayuntamiento constitucional de Toluca. ¿Cómo explicar esta voluntaria y masiva transgresión de la norma constitucional? La percepción del subdelegado no era correcta: a los indios no les importaba "igualarse a la ciudad", la decisión de multiplicar los regidores dependió de una preocupación que fue bien expresada por otro pueblo, Santiago Tlacotepec, cuando escribió a la Diputación Provincial pidiendo erigirse en ayuntamiento:

> debe también tenerse presente que todos los habitantes de la cabecera como de las demás hablan el idioma mazahual, por lo que es muy difícil que se vele en su prosperidad y comodidad, que es el objeto a que se dirige la instalación del ayuntamiento [...] a esto se agrega la distancia de tres leguas de Santiago a San Mateo Atenco, donde hay ayuntamiento [...] todo se facilita con el ayunta-

---

[66] Archivo General de la Nación de México, Operaciones de Guerra, vol. 393, exp. 123.

miento que se instale en Santiago donde reunidos los demás pueblos puedan elegir de cada lugar respectivamente individuo que componga la corporación mencionada.[67]

La segunda parte del texto nos indica el principio que con toda evidencia rigió en las elecciones de muchos de los nuevos ayuntamientos: el modelo de representación gaditana tuvo que respetar una regla importante de las Repúblicas coloniales, es decir que cada cabildo indígena tenía regidores de cada pueblo del territorio. Así el nuevo modelo se fue adaptando a los valores locales, con gran escándalo de los subdelegados, pero con la tácita aprobación de las autoridades superiores. La preocupación política fue más importante que el respeto integral de la constitución, postura por lo demás compartida nada menos que por el Consejo de Estado madrileño, que ya en abril de 1820 había declarado en un dictamen al rey:

se busca solamente el objeto principal y para lograrlo se desprecian accidentes y formalidades que no pueden conciliarse con él. La misma Inglaterra, que es la Nación más constitucional que se conoce, tolera y autoriza mil irregularidades en la elección de sus representantes, porque sin ellas, no podría conseguir, como observa unos de sus mejores políticos, el bien final de la representación.[68]

La *old corruption* inglesa, antes de la reforma de 1832, era evidentemente bien conocida por los dirigentes de Madrid. Seguramente no por los funcionarios novohispanos, ni tampoco por las comunidades, pero la analogía no era equivocada: en una sociedad de antiguo régimen los valores de las comunidades locales son más fuertes que los formalismos jurídicos de nuevo tipo, sencillamente porque hacen parte de una *ancient constitution* compartida por la mentalidad colectiva. El consenso hacia lo nuevo tenía que pasar por esta red de valores.

Podemos, en este punto, señalar el nexo central entre elecciones y revolución territorial, ilustrando otro caso de Metepec, el pueblo de San Miguel Almoloya del Río donde, al igual que en muchos otros pueblos, que fueran o no Repúblicas, convivían indios y blancos. En San Miguel vivían en 1820 unos 700 vecinos, las tres cuartas partes indios, distribui-

---

[67] Archivo citado, exp. 125.
[68] Archivo General de Indias, Indiferente general, Sec. V, exp. 1523.

dos en nueve pueblecitos y unos ranchos y barrios. En marzo el subdelegado informó que :

> en la junta de vecinos en la que de común acuerdo se resolvió que se nombrasen
> dos alcaldes, el uno español y el otro indio, distante el uno del otro y en sus
> barrios de residencia; un regidor a cada uno de los barrios para que en lo inme-
> diato, y en el caso de prontitud, administren justicia en sus respectivos pueble-
> citos, dando cuenta a los alcaldes con oportunidad.[69]

La cita es mejor que cualquier resumen. En primer lugar es evidente
que la nueva idea abstracta de "habitantes", como identidad puramente
numérica, no fue aceptada tampoco por los blancos, y así se eligieron 2
alcaldes, 11 regidores, y un síndico procurador, un número de integrantes
del ayuntamiento igual al de Ciudad de México. En segundo lugar, es
también evidente que en este caso de población biétnica se adoptó la antigua regla de las cofradías mixtas, cuando una misma cofradía de blancos e
indios elegía a dos jerarquías. Sin embargo, y aquí encontramos el punto
más importante, la carta del subdelegado nos revela muchas cosas acerca
de cómo se formó la idea de una "soberanía" de los ayuntamientos, porqué el número de los regidores dependió del número de los pueblecitos,
como en el caso de Santiago Tlacotepec y de muchos otros pueblos. ¿Por
qué? El subdelegado es muy claro: los regidores administraban justicia, lo
cual no era en absoluto previsto por la carta gaditana. Si los nuevos ayuntamientos electivos administraban justicia, el hecho significa que la difusión de esta institución implicó una masiva transferencia de poderes del
estado a los pueblos, que lograron así el autogobierno completo.

La voluntad de los pueblos es muy clara a este propósito, pero la coyuntura jugó un papel sin precedentes: en Nueva España no logró aplicarse la reforma del aparato judicial expedido por un decreto de las cortes en
1812, que quitó dos de las cuatro causas a los virreyes, intendentes, subdelegados, para transferir lo criminal y lo civil a un nuevo cuerpo de jueces.
En 1812-1814 el decreto no se aplicó por la guerra civil, y en 1820-1821
por el estado de crisis del imperio y la falta de dinero. Se creó un vacío
jurisdiccional que llenaron los ayuntamientos, aprovechando de unos artículos del mismo decreto.[70]

---

[69] Archivo General de la Nación México, Operaciones de Guerra, vol. 395, exp. 134.
[70] Cap. 4 del decreto: "se previene que en los pueblos donde no hay Juez de letras o subdelegados,
excersan las jurisdicciones contenciosas los Alcaldes constitucionales como lo han exercido los Al-

Esta fue la ruptura más radical de toda la experiencia gaditana en Nueva España, que autoriza a pensar que el virreinato en 1821 era muy diferente del de 1808. Hemos ya comentado la reapropiación colectiva de la soberanía en los cabildos provinciales que se consumó a partir de 1809, y cómo la justicia era un atributo de la soberanía. Los ayuntamientos constitucionales de los pueblos, junto a la no aplicación de la reforma del aparato judicial, hicieron mucho más: llevaron a su última consecuencia la dispersión *física* de la soberanía y de sus jurisdicciones.

El proceso alcanzó su máximo entre 1820-1821, pero se radicalizó en el interludio iturbidista, acompañándose significativamente con la pérdida de la capacidad recaudadora de las autoridades estatales. Es bien conocido cómo entre justicia y fiscalidad siempre hubo una relación estrecha en cualquier tipo de antiguo régimen, y así fue también en la Nueva España colonial hasta la experiencia gaditana, que en cierto sentido institucionalizó esta relación, pero en contra del estado, a pesar de los proyectos originarios. La famosa y débil frontera entre lo "político" y lo "administrativo" se quebró en Nueva España: al tener la necesidad de cubrir sus gastos, las centenas de ayuntamientos electivos crearon un filtro fiscal entre gobierno central y territorio, monopolizando las contribuciones. En muchos casos los nuevos alcaldes pidieron a los subdelegados sus archivos de las cuatro causas, y a un subdelegado no le quedó otra cosa que escribir amargamente al intendente: "como está ejerciendo el alcalde constitucional todas las funciones, y quedo yo como particular vecino, hablando debitamente protesto no ser responsable yo, ni mis fiadores del cobro".[71]

Por medio de los ayuntamientos electivos los pueblos lograron una forma de autogobierno como nunca antes: contribuciones, justicia, bienes comunales y, donde las hubo, milicias. El resultado de esta revolución fue que en Nueva España no se desarrolló a nivel local el principio de las

---

caldes ordinarios: que en los pueblos en que haya Juez de Letras o subdelegados y en que los Alcaldes no hayan excercido la jurisdicción a prevención de ellos, no conozcan en lo contencioso sino en los casos de que tratan los art. 9 y 8 del cap. 3, y que los Alcaldes con absoluta inhibición de los Jueces de Letras y Subdelegados de estas provincias, conozcan de lo gubernativo, económico, y de Policia de los pueblos respectivos. Y así faltando a los subdelegados el caracter de jefes Políticos de los Pueblos, y estando reducida su autoridad a lo contencioso, debe arreglarse la Presidencia de los Ayuntamientos a lo dispuesto en el art. 309 cap. 1 de la constitución, por el cual donde no hubiere jefe político debe presidir el Ayuntamiento el Alacalde", dictamen de la Audiencia de México de 30 de abril de 1813, *Expediente instruendose consulta de los Alcaldes Constitucionales de Coyoacan sobre si debe presidir el subdelegado del Partido el Cabildo y las facultades que en lo contencioso y económico les corresponden*, Archivo citado, Operaciones de Guerra, vol. 31, 1812-1813, ff. 245-47.

[71] Archivo citado, Historia, vol.435, exp.32

divisiones de los poderes. La división fue otra, más bien fue una ruptura: entre estado y territorio. Este fue el éxito novohispano del encuentro entre las dos revoluciones que habían sacudido el imperio.

En lo que se refiere a la evolución de las comunidades indígenas, hay como siempre que tomar en cuenta la variedad de la situaciones locales, lo cual merecería una investigación aparte. Por ejemplo, en su clásico estudio Nacy Farriss señala que en Yucatán las elecciones favorecieron a los mestizos, que lograron así monopolizar los cargos de alcaldes.[72] La documentación de la Diputación Provincial de Nueva España, que abarca la jurisdicción de la Audiencia de México, con las intendencias, y la documentación de varios ramos del Archivo General de la Nación, muestra que en muchísimos lugares las Repúblicas se transformaron en ayuntamientos, y que los indígenas lograron los cargos de alcaldes. Tampoco fue una casualidad: la Diputación estuvo a favor de esta solución. El caso más significativo fue el de la ex República de Hancialichoc, intendencia de Veracruz: el procurador de los indígenas presentó una queja a la Diputación porque en el nuevo ayuntamiento resultaron elegidos sólo "gente de razón, sin mezclas en sus diversos empleos, ni un sólo indio de aquel suelo", y que por tanto el resultado no fue conforme al "espíritu" de la constitución, que proclamó la "igualdad". El procurador invocó el precedente de Ciudad de México de 1812, que hemos analizado. La Diputación aceptó la queja, recomendando el 12 de septiembre de 1820 al subdelegado que en las elecciones sucesivas se eligiesen a unos indios porque "son interamente iguales en todo".[73]

No sólo la Diputación defendió esta idea de "igualdad" electoral, sino que la extendió a las relaciones laborales, cuando, siempre en aquel septiembre, el subdelegado del partido de Yahualica (intendencia de México) se quejó de los procedimientos de los alcaldes indígenas de todo el partido, que "han hecho creer a los indios ser libres de ir o no a trabajar a las haciendas, como a pedir el precio que regulen por su trabajo, con lo cual los hacendados se pierden por falta de brazos, que se les obligue de ir al trabajo, y que se haga entender que la libertad que se les concede debe entenderse sin beneficio de la agricultura". La Diputación contestó duramente al subdelegado, recordando" que los indios tienen ahora el derecho

---

[72] N. Farriss. *Maya Society under colonial rule. The Colective Entreprise of Survival*, Princeton, 1984, pp. 375-388.

[73] Archivo de la Diputación Provincial de Nueva España, vol. 1, 1820, exp. 36.

de contratar su precio".[74] El tema es evidentemente de gran interés por dos razones: muestra el espíritu ilustrado de la Diputación criolla, que recogía los planteamientos de los reformistas radicales de la época borbónica, y nos da una pista para entender lo que pasó en las primeras dos décadas republicanas, cuando claramente las comunidades lanzaron una ofensiva en contra de las haciendas. Si juntamos todos los indicios, autogobierno completo, y derechos de "igualdad" en la agricultura, según la expresión de la Diputación, logramos identificar otra cara de la experiencia gaditana: la posible ruptura de los equilibrios entre haciendas y comunidades.

El otro gran tema que sale de nuestra investigación se refiere a los nexos entre viejas y nuevas jerarquías al interior de los pueblos. ¿Se puede hipotetizar, que para defender sus bienes las comunidades hayan articulado, por ejemplo, los cargos de las cofradías con los de los ayuntamientos? Resulta muy difícil ubicar las fuentes para contestar a esta pregunta clave. Para Metepec hemos encontrado 4 casos sobre 13 ayuntamientos: San Jerónimo Amanalco, Santiago Tianguistengo, San Mateo Atenco, Santa María Atlacomulco.[75] En estos pueblos hubo una doble elección cuando se instaló el ayuntamiento: la primera para los regidores afuera de la iglesia, la segunda en la iglesia para elegir a los mayordomos de las cofradías. En los tres primeros casos se eligieron a unos regidores para los cargos de mayordomos, y en el cuarto fue un mayordomo a ser elegido para regidor. En San Mateo se estipuló un "pacto entre ciudadanos" para modificar el destino de unos recursos de las cofradías, y promover así la construcción de una escuela. En Santa María Atlacomulco, el cura se opuso a que el ayuntamiento controlase las cofradías, y escribió al intendente protestando que cofradías y ayuntamientos pertenecían a jurisdicciones diferentes. El intendente pasó llanamente el expediente al alcalde del pueblo, y éste contestó que las cofradías no tenían constitución, y que por tanto cabían bajo la jurisdicción civil. La respuesta muestra, entre otras cosas, que las decisiones tomadas en 1794 de suprimir las cofradías y hermandades sin constitución no tuvieron mucho efecto en las áreas rurales. El caso no es el único: muchos subdelegados entre 1820 y 1821 se quejaron en sus cartas a los intendentes de que los ayuntamientos "colectaban bienes". Ya la cuestión apareció en el pleito entre las parcialidades de la capital y el ayun-

---

[74] Archivo citado, vol. 1, 1820, exp.19.
[75] Archivo General de la Nación México, Operaciones de Guerra, vol. 393, f. 125.

tamiento. No siempre las comunidades pudieron aprovechar la oportunidad constitucional. Lo que es cierto es que donde las Repúblicas lograron instalar sus ayuntamientos, y fueron muchas, los bienes quedaron en manos de las comunidades y al amparo de la constitución.

CONCLUSIÓN

El éxito de Cádiz en Nueva España fue bien diferente de lo que había imaginado la pequeña elite ilustrada en los años de la constituyente. La difusión del nuevo modelo de representación profundizó la crisis del sistema, pero cambió a tal punto las relaciones de poder a lo largo del territorio como para dejar una difícil herencia para el futuro, una herencia que sólo en parte se puede definir "colonial", a pesar de lo que pensaron los liberales en las décadas republicanas. El gran problema no será la difusión del modelo liberal de representación porque el hecho se consumó antes de la independencia, y sin el liderazgo de los criollos. El gran problema será controlar la dinámica de la representación electoral, invertir la tendencia hacia la fragmentación territorial y la "soberanía" comunitaria, para consolidar el centro del nuevo espacio político. Los conflictos y las tensiones entre los pueblos-ayuntamiento y los gobiernos no se darán, como lo pintaron las elites, entre un espacio minoritario constitucionalizado, las ciudades principales, y un espacio mayoritario no constitucionalizado, el mundo rural. No será esta la médula del dilema liberal. Los liberales tuvieron que enfrentar otro liberalismo, el de los pueblos, algo muy distinto del ideario oficial, seguramente más moderno. El liberalismo pueblerino mantuvo su naturaleza comunitaria, sus raíces en los derechos antiguos, pero tenía una legitimidad constitucional indiscutible, que hizo la lucha para la transformación del país mucho más larga y difícil porque, al fin y al cabo, todos los actores estaban dentro de un único marco legal. La fuerza de este Jano bifronte, con una cara hacia los pueblos con sus tradiciones, y la otra hacia una parte de las elites y el futuro, será tan fuerte que nunca será oficialmente cuestionada, como muestran los estudios acerca del así llamado "liberalismo popular".[76] El análisis de la

---

[76] Para una reflexión historiográfica sobre el tema, véase G. Thomson, *Popular Aspect of Liberalism in México*, "Bulletin of Latin American Research", 10, pp. 265-292.

experiencia gaditana muestra sin embargo que las raíces de este fenómeno, tan original del caso mexicano, no se encuentran en la Guerra de
Reforma de los años sesenta, sino en la última década colonial. Los gobiernos republicanos hicieron desde el primer momento muchos esfuerzos para quitar la "soberanía" a los pueblos, sin mucho éxito. Quizás la
mejor prueba es la primera Ley de desamortización de Lerdo de Tejada
en 1856: al definir las "corporaciones" que caían bajo la ley, el artículo 6
del texto, junto a los conventos, los hospitales, las cofradías, las hermandades, los bienes de comunidad y de la Iglesia, puso los ayuntamientos
constitucionales. Formalmente el artículo es una aberración jurídica que
no tiene precedentes en ningún país, porque pone unas corporaciones
con fuero de origen colonial junto a una institución liberal, constitucional, y electiva. Sin embargo la ley tuvo que reconocer lo que había pasado: los ayuntamientos controlaban las tierras de los pueblos, limitaban el
desarrollo de una sociedad propietaria como la soñaban los liberales. El
escenario mexicano resulta así más complejo: no sólo la Iglesia buscó y
defendió a toda costa su autonomía frente al poder civil, también los pueblos hicieron la misma cosa. La primera lo perdió todo tras una sangrienta guerra, los segundos no es cierto que perdieron. Los liberales decidieron
destruir la Iglesia y no los pueblos, porque estos fueron aliados estratégi-
cos en la lucha. Las leyes de Reforma quitaron muchos recursos jurídicos
a los pueblos, pero no lograron modificar la naturaleza del Jano liberal:
sólo un pacto, más o menos declarado, entre sus dos caras permitía gobernar el país, como se dieron cuenta Benito Juárez y Porfirio Díaz. El dilema gaditano: ¿dónde está la soberanía?, se quedó en buena medida
irresuelto, en el sentido que la gobernabilidad del país dependió a lo largo
del siglo de una relación contractual, pactista, entre estado y pueblos.

La experiencia gaditana nos permite así ubicar en el contexto mexicano
uno de los grandes problemas del estado moderno: la obligación política,
es decir el consenso irreversible hacia la autoridad. Sin duda alguna, la
solución de este problema en México fue difícil por la guerras civiles y
por lo que se define normalmente "inestabilidad política", pero por debajo de los acontecimientos más dramáticos siempre se movía una fuerza
silenciosa, la de los pueblos con sus ayuntamientos. Este lento movimiento de la sociedad "baja", autónoma del estado, pero bien ubicada en el
marco constitucional, se cruzaba continuamente con los movimentos ace-
lerados de la sociedad "alta", pesaba en los equilibrios entre las facciones
que se disputaban el poder. Falta todavía mucha investigación como para

tener una idea clara de como se desarrolló este fenómeno. Parece indudable que a lo largo del siglo se mantuvo la estructura del espacio político
fruto de la experiencia gaditana: el baricentro quedó en las áreas rurales.
Existe un relato muy elocuente: el general Gómez Pedraza fue unos de lo
jefes criollos de la contrainsurgencia al mando de Iturbide, y participó
activamente en los preparativos del Plan de Iguala que desembocó en la
independencia de 1821. En 1831, en sus memorias, Gómez Pedraza cuenta que el plan originario de Iturbide era "colocar alguna tropa de su confianza en la ciudadela de la capital y pronunciarse por la independencia",
es decir promover un golpe como el de 1808 de los comerciantes españoles. Sin embargo, anota Pedraza "le hize ver a Iturbide lo indigesto del
plan, y concluí diciéndole que en mi opinión el movimiento debería co-
menzarse de la circunferencia al centro, y que la ocupación de la capital
sería el último paso de la empresa".

No sabemos si el relato es cierto, pero sabemos que la independencia de
México se logró con una campaña militar y política "de la circunferencia
al centro", y que desde aquel entonces, hasta la misma Revolución Mexicana, cualquier cambio político se dio según esta estrategia territorial.

LAS AMBIGÜEDADES DEL VOTO EN YUCATÁN. REPRESENTACIÓN Y GOBIERNO EN UNA FORMACIÓN INTERÉTNICA 1812-1829[*]

MARCO BELLINGERI[**]

EL ITINERARIO DEL VOTO en Yucatán a lo largo de la primera mitad del siglo pasado podría ser dibujado como un camino tortuoso que, al menos aparentemente regresa, tres décadas después, a su inicial punto de partida. Una imagen que curiosamente recuerda aquella de las espiras de la serpiente que simboliza el tiempo circular de los mayas.

Las etapas individuadas serían: sufragio popular, tendencialmente interétnico, desde 1812 a 1824 y entre 1824 y 1836; sufragio monoétnico restringido, entre 1836 y 1840; y, finalmente, a partir de 1841, sufragio. El itinerario del voto en Yucatán a lo largo de la primera mitad del siglo pasado podría ser dibujado popular interétnico. En otras palabras —y sin aclarar por el momento el problema de la etnicidad del voto— se trataría del largo recorrido de la representación moderna que pasa por tres etapas distintas para volver a aquella más genuinamente liberal, introducida por la Constitución de Cádiz en el momento de la disolución del Imperio.

Se podría por lo tanto pensar en una búsqueda difícil, pero sustancialmente exitosa de las formas de delegación de la nueva soberanía que marcaría el tránsito definitivo desde el antiguo régimen hacia las instituciones liberales, no obstante la historiografía tradicional reproduzca incansablemente el escenario de anarquía permanente. Y, en un cierto sentido, esta sucesión de etapas refleja una periodización sustancialmente armónica frente a aquellas que marcan, en la primera parte del siglo XIX, la evolución del liberalismo occidental como fenómeno de época.

[*] El presente ensayo reelabora algunas de las hipótesis presentadas en "Dal voto alle baionette: esperienze elettorali nello Yucatán costituzionale ed indipendente" en *Quaderni Storici*, nueva serie 69, núm. 3, dic. 1988, editado por A. Annino y R. Romanelli. La investigación documental ha sido llevada a cabo como parte de un proyecto MURST 60% de la Universidad de Turín.
[**] Universidad de Turín.

En realidad, las diversas modalidades de la representación se revelaron sumamente aptas para ir desintegrando el régimen tardocolonial. Más exactamente, y en apretada síntesis, mientras contribuían a demoler el frágil edificio, aún en andamios, heredado del reformismo borbónico, contribuían a transformar la antigua y reacia dualidad de poderes —y no de *imperium*, o soberanía, sino de *potestas*, esto es, de jurisdicción y gobierno— entre rey y reino, en una progresiva dispersión de poderes con atribuciones soberanas. Y si la antigua dualidad se expresaba fundamentalmente en una bien concreta arquitectura jurisdiccional, la nueva dispersión se manifestará en inéditas tensiones territoriales y, en su última etapa, étnicas. Así, la introducción del instrumento fundamental de delegación hacia arriba de una soberanía popular nueva en nuestra provincia no ayudó a afianzar una forma de gobierno diferente y estable. Paradójicamente, y a diferencia de lo que que afirma toda la historiografía liberal o progresista, no porque el voto fuera una farsa o un momento simbólico solamente, sino al contrario, porque fue operante. Operante pero necesariamente ambiguo en cuanto, entre otras cosas, se revelará un ágil vehículo a través del cual las formas de ejercicio de gobierno tradicionales propias del reino, sobreviviendo a la desaparición de la soberanía del rey, lograron modificarse sin dejar de existir. Si por reino entendemos aquí los cuerpos que lo componen, no es difícil comprender cómo la persistencia de los antiguos privilegios atentará necesariamente a la afirmación de la nuevas libertades.

La cultura política local se demostrará absolutamente apta, a la luz de su larga tradición autonomista, para afirmar una soberanía frente al exterior una vez disuelto el nudo de fidelidad con el monarca, pero incapaz de resolver la ubicación de la nueva y única soberanía popular y, por lo tanto, las formas de su delegación, al fin de construir una gobernabilidad liberal sin provocar la ruptura catastrófica de los vínculos entre los gobernantes del segmento español y los gobernados del sector indígena. Lo que dará pie a la más desastrosa rebelión indígena del siglo XIX: la "guerra de castas" de Yucatán, iniciada en 1847.

Así el voto en Yucatán, a lo largo de las primeras décadas del siglo XIX, encierra en sí mismo los gérmenes de su derrota, al menos frente a los fines asignados por un modelo liberal abstracto, abriendo un interrogante inquietante, y mucho más general, sobre las consecuencias de la implementación de los procesos propios de una representación moderna en una formación premoderna y, en nuestro caso, interétnica.

LOS PRIVILEGIOS DE UNA IRREGULAR CONSTITUCIÓN POLÍTICA

Hacia finales del siglo XVIII el principio absolutista de indivisión de los poderes del soberano seguía siendo interpretado en Yucatán como moderado naturalmente por el ejercicio compartido por las magistraturas de la provincia. La provincia, una capitanía formalmente dependiente de la Audiencia de México en la causa de justicia, y supeditada como intendencia para la causa de hacienda al superintendente de la Nueva España, había consolidado una autonomía particular, fundada sobre las jurisdicciones de tres cabildos: Mérida —la capital y sede obispal—, Campeche —el amurallado segundo puerto del Golfo, su principal astillero y sede de una guarnición de tropas veteranas— y Valladolid —antigua residencia oriental de encomenderos.[1]

Sobre el sector indígena, que alcanzaba dos terceras partes de los habitantes, además del tributo real, gravaban aquellos eclesiásticos (llamados allí *obvención mayor*), superiores al primero en carga anual. El clero secular había ganado por entonces la larga guerra que lo había visto enfrentarse a la provincia franciscana que, de cualquier manera, controlaba aún una veintena de parroquias rurales. Las encomiendas sólo habían sido reintegradas a la corona en 1785, los repartimientos de trabajo un par de años antes. Los repartimientos de mercancías, formalmente prohibidos a los subdelegados, continuaban funcionando con aceptable regularidad.

Por otro lado, todo indica que la nobleza maya —una especie de *gentry* formada por los *principales*— seguía manteniendo el control de los cargos superiores en la mayoría de las doscientas Repúblicas, aquellos vitalicios de gobernador cacique (el *batab* de la tradición maya colonial) y de maestro cantor, así como de aquellos temporales de alcaldes y regidores.[2] Sin

---

[1] Dos particularidades iniciales destacan en nuestro caso. La primera, que los cabildos habían mantenido hasta la introducción de la Intendencia y de sus 11 subdelegaciones, realizada al menos formalmente en 1789, una jurisdicción plena sobre sus distritos, ya que los intentos de introducir jurisdicciones reales —corregidores o alcaldes mayores— habían fracasado a lo largo del siglo XVII. La segunda, en parte derivada de la primera y en parte resultado de complejas estrategias étnicas, era que las doscientas Repúblicas de indios habían mantenido su autonomía política y económica, en cambio de producir —vía tributos— los excedentes necesarios para la reproducción del sector blanco. Para algunas consideraciones sobre la vieja constitución, véase Marco Bellingeri, "De una constitución a otra: conflictos de jurisdicción y dispersión de poderes en Yucatán (1789-1831)" en A. Annino, R. Buve (coord.), "El liberalismo en México", *Cuadernos de Historia Latinoamericana*, AHILA, núm. 1, 1993, pp. 49-78.

[2] Cualquier reflexión sobre la reproducción política y social de los mayas de Yucatán, a lo largo del llamado período colonial, debe obligatoriamente confrontarse con la obra fundamental de Nancy Farris, *Maya Society under Colonial Rule*, Princeton, Princeton University Press, 1984.

embargo, algo estaba cambiando en el tiempo y el espacio de los mayas que desde siempre aparecían inmutables a los blancos. Ahora los tributos fluían a la Corona a través de los subdelegados y de sus *jueces españoles*; los gastos rituales de las Repúblicas, finalizados al culto de los santos patronos, debían ser autorizados por las autoridades españolas y, sobre todo, los bienes de las cofradías indias —estancias de ganado mayor que todos los pueblos poseían— habían sido en su mayoría vendidos y el producto encamarado por el obispo.

No obstante circulaban oscuras profecías entre caciques y diáconos indios, como siempre había ocurrido, no todo se presentaba nefasto en el mundo de los mayas de las tierras bajas: a principios del siglo XIX el maíz había duplicado de precio en unos cuantos años; la población crecía no obstante las recurrentes hambrunas, plaga de langostas y huracanes; los pósitos de los pueblos garantizaban en estos casos un discreto auxilio y hasta acumulaban dinero.[3] El recién empezado proceso de enfeudación de una parte del campo, la más cercana a las ciudades, con la transformación de las antiguas estancias en haciendas ganaderas y milperas, no podía por entonces ser vista como peligrosa y, al revés, permitía equilibrar el crecimiento demográfico. La figura arcaica del *lunero*, un siervo con obligación a la corvea, era entonces una novedad y no había aún cortado los lazos de parentesco, políticos y culturales con las comunidades de origen.[4] Así algunos *batabob* se enriquecían moderadamente, produciendo maíz en tierras particulares, criando ganado y comercializando cera y miel mientras, en el nuevo conflicto entre cabildos y subdelegados, podían tejer alianzas ventajosas con uno u otros, interceptando una parte de los tributos y de las ganancias de los repartimientos de mercancía y trabajo, que ahora necesitaban de su complicidad.

Es entonces posible construir una hipótesis de un cuadro general en el cual las jerarquías étnicas equilibraban su relativa pérdida de autonomía con un acceso más ágil a los excedentes y, a nivel político, con una mayor posibilidad de intervenir en la esfera de conflictos del sector blanco.

---

[3] Por ejemplo, el pósito de Tikul, fundado hacia finales de febrero de 1796, contó en seguida con 942 cargas de maíz, en buena parte donación de indios. Archivo General del Estado de Yucatán (desde ahora AGEY), Ticul, caja 1, vol. 1, exp. 1.

[4] Para un análisis profundo sobre las transformaciones en la sociedad agraria yucateca, véase el reciente y bien documentado: Pedro Bracamontes y Sosa, *Amos y sirvientes. Las haciendas de Yucatán 1789-1860*, Mérida, UAY, 1993.

Nadie conocía la extensión de la provincia ni el número real de sus habitantes, probablemente alrededor de medio millón en la primera década del siglo pasado.[5] Más aún, desde afuera nuestra Capitanía aparecía falta de límites claros: hacia la Nueva España la Capitanía de Tabasco mantenía una doble sujeción hacia el Virreinato y hacia Yucatán; hacia el sur el Petén, vastísimo y despoblado, nunca había aclarado su pertenencia a la Audiencia de Guatemala. Sobre los habitantes de ambos territorios se extendía la jurisdicción religiosa del Obispado de Yucatán. Finalmente, hacia el sureste el Belice británico representaba un enclave siempre mal soportado.[6] Y no obstante resultaba imposible, a principios del siglo XIX, reconstruir un mapa verdaderamente fidedigno de su territorio; la provincia estaba, y con derecho se consideraba, legítimamente constituida en su autonomía, la que debía ser defendida no del soberano —que de estos autogobiernos era considerado el indispensable garante— sino del "despotismo" de sus funcionarios, como se empezaba a afirmar entonces.[7]

Subdelegados y cabildos mantenían un sordo conflicto de jurisdicción: bajo el enfrentamiento entre cuerpos urbanos y nuevas magistraturas reales subyacía la posibilidad de extraer trabajo y productos del sector indígena. En agosto de 1810, el cabildo de Mérida, manifestando un nuevo vigor en su resistencia contra los subdelegados —enfrentamiento que por entonces dividía al cuerpo ciudadano principal en dos bandos, de los cuales el proborbónico había sabido aliarse con los nuevos funcionarios— pedía no solamente la extinción de estas magistraturas reales y la consecuente restauración de las jurisdicciones de los viejos cabildos, sino también proponía elegir anualmente por sorteo, "para evitar toda intriga entre 6 u 8 de los vecinos de mejor nota", alcaldes "en los pueblos de numeroso vecindario" y alcaldes pedáneos, esto es sin jurisdicción, en los pueblos pequeños.[8] El cabildo de Campeche y el cabildo eclesiástico apoyaban tal

---

[5] Cfr. P.A. Echánove, "Cuadro estadístico de Yucatán en 1814" en *El Fénix*, 15.II.1842, núm.22.

[6] Los tratados de 1783 y 1786 entre las coronas de España y de Inglaterra habían establecido que los cortadores de palo de tinte de Wallix o Wallis mantenían derechos sobre sus establecimientos, pero sin contar con un gobierno civil o militar. Cfr. la "Convención entre España y Inglaterra", Londres 14 de junio de 1786, en Eligio Ancona, *Historia de Yucatán*, Mérida, Univ. Autónoma de Yucatán (UAY), 1978, tomo II, nota 10 en pp. 487-482 (primera edición de 1878).

[7] "Esta carta está defectuosa, no sólo en los puntos de la Costa, sino también en muchas situaciones de los Pueblos", afirmaba en 1809 el Gobernado Pérez en una nota a un mapa de la Intendencia elaborada probablemente para obedecer a las directivas reales. Cfr. también M. Bellingeri, ob.cit., p. 58.

[8] Archivo General de Indias (desde ahora AGI), México, 1897. Es quizá útil recordar aquí cómo en el lenguaje pre constitucional elegir significaba esencialmente escoger, sin una particular referencia a

proposición en lo fundamental. El Capitán General por su parte llegó a sugerir que se eligieran alcaldes ordinarios, por "insaculación", después de haber "calificado entre los Pueblos los que son dignos de obtenerlos en los mismos términos que se practican en algunas ciudades y villas de España", restringiendo la participación al sorteo, al menos en Mérida, Valladolid y Campeche, a "los de la clase de Españoles sean Americanos o Europeos, en que no debe haber diferencia".[9]

Siendo los cuerpos urbanos y la Repúblicas de indios formalmente electivos, como en cualquier parte, se puede suponer que el voto, si bien lejos de ser expresión de una soberanía moderna, seguía representando los privilegios colectivos de los cuales gozaban legítimamente los estamentos. En otras palabras, en esta condición particular de antiguo régimen el voto era de alguna manera imagen de libertades antiguas, aun expansivas, y sobre las cuales el proyecto racionalizador de la monarquía administrativa sólo había hecho sus primeras apariciones.

Se podría entonces afirmar que en la "irregular constitución" de nuestra Provincia, el voto mantenía sustancialmente la función de un ejercicio de soberanía, siempre atribución del monarca, pero compartida, en su despliegue, con los cuerpos del reino.[10] La diferencia substancial en la *calidad* del voto del antiguo régimen en Yucatán, frente a aquel constitucional moderno —además de ser a fin de cuentas una de las expresiones de la soberanía del monarca y no del pueblo o de la nación— residiría en que no era vehículo privilegiado de representación hacia arriba.

Tampoco este último derecho era desconocido, pero venía ejercido por dos vías distintas: a través de procuradores de los cuerpos en la corte, portavoces con poder imperativo, y a través del ejercicio constante del derecho de petición por los cuerpos mismos. Así, desde hacía más de dos siglos los cabildos, la provincia franciscana y, mucho más recientemente, la Diputación de comercio de Yucatán habían enviado procuradores a España, mientras mantenían con sus peticiones al soberano un canal autónomo de comunicación, equilibrando eficazmente una soberanía que fluía desde arriba.

---

las modalidades de tal acto. Con la introducción de los nuevos principios —y significados— constitucionales, el verbo adquirió atributos polisémicos, como aquel de designar el acto de delegación a través del voto.
[9] AGI, México, 1832.
[10] La "irregular constitución política" de Yucatán fue denunciada en un informe al Gobernador, en el verano de 1786. AGI, México, 3119.

Por todo esto, entre los llamados *vecinos* —los adultos varones no indios, súbditos con plenos privilegios y deberes— y los mismos indios, el voto no era desconocido. Al contrario, había cumplido normalmente el doble papel de mecanismo de cooptación de nuevos miembros en cuerpos y corporaciones y de legitimación, a veces de resolución, de los procesos decisionales de aquéllos.

Como en todos los reinos y provincias indianos, las dos villas de Campeche y de Valladolid y la ciudad de Mérida renovaban cada año sus cabildos cooptando por votación uno de sus dos alcaldes.[11] La Ordenanza de intendentes de 1786 sancionaba un procedimiento formalmente símil para la renovación anual de los cargos de las Repúblicas de indios. Como desde hacía siglos, la República saliente continuó a nombrar, bajo la supervisión de un religioso, aquélla entrante. Se puede afirmar, ante la imposibilidad de determinar en el espacio y en el tiempo la mutación de la conformación del electorado pasivo y activo de las Repúblicas, que el sistema de cooptación por el cuerpo saliente de las nuevas autoridades se demostró siempre particularmente útil para la reproducción en el poder de las elites étnicas, pertenecientes a los linajes superiores.[12] Por otro lado, la temprana identificación entre cacique, o *batab*, y gobernador —el pri-

---

[11] En Mérida, por ejemplo, el primero de enero de 1796, bajo la presidencia del Intendente gobernador y Capitán General Arturo O'Neill, los regidores vitalicios votaron públicamente para elegir un alcalde, el procurador y el mayordomo del pósito. Nueve votantes dividieron sus sufragios entre dos candidaturas contrapuestas. También en los años inmediatos una cierta conflictualidad interna al cuerpo electoral ciudadano emerge de las actas. Puede ser de interés destacar que, al menos en 1786, las máximas magistraturas urbanas recayeron ambas en regidores perpetuos. Aparte de la ilegalidad de esta situación, sin previa autorización real y que obligó a un recurso a la Audiencia de la Nueva España, podría pensarse en una cerrazón de la elite de la capital frente al desafío borbónico contra el alcance de su jurisdicción. Actas del Cabildo de Mérida, 1796-1979, en la sección C. Carrillo Ancona de la Biblioteca Central de Mérida, Yucatán (desde ahora BCCA).

[12] A lo largo de los períodos en los cuales fueron vigentes las Repúblicas de Indios en la primera mitad del siglo XIX (1800-1812, 1814-1820, 1824-1841 y desde 1847) sus elecciones anuales fueron reglamentadas por los artículos 13 y 14 de la Real Ordenanza de 1786. Preveían que las elecciones fueran realizadas "entre ellos mismos", bajo la supervisión del juez español u otro vecino por él encargado. Para que los magistrados reales (subdelegados, alcaldes ordinarios, gobernadores militares) aprobaran los resultados, se establecía que se privilegiaran aquellos indios que hablaban castellano y que tuvieran capacidad en agricultura e industria. Cfr. *Real Ordenanza para el establecimiento e instrucción de Intendentes de ejercito en el Reino de la Nueva España, 1786*, México, UNAM, 1984, pp. 21-23. Es asombroso cómo los millares de procedimientos —desde finales del siglo XVI hasta mediados del XIX— no dejaran en Yucatán más que contados registros. Mucho más de la pérdida, por cierto casi total, de archivos locales, es posible que el vacío de documentación indique cómo tales procesos —que recordamos nunca fueron reglamentados a lo largo de tres siglos— se debían desarrollar autónomamente, sólo formalizando las autoridades reales sus resultados.

mero originalmente con privilegios nobiliarios hereditarios y el segundo vitalicios y revocables— llevó en época tardocolonial e independiente a la sobreposición. Será a este cacique gobernador, o simplemente cacique, que nos referiremos de ahora en adelante.

El cabildo eclesiástico, como en todas partes, escogía sus nuevos miembros por cooptación, mientras los franciscanos, cada tres años, reunían en el convento mayor de Mérida a los hermanos párrocos de los conventos para elegir al padre provincial, los guardianes y los maestros de los novicios, además de asignar las parroquias vacantes. Era bien conocida la forma en que estas juntas asumían caracteres muy conflictivos, contrastando —al menos a nuestros ojos— con la imagen de sosiego y ritualidad propios del cónclave de una "seráfica Provincia".

Aún más difundidas, pero sin que haya quedado alguna documentación, eran las recurrentes renovaciones por voto de las jerarquías de los gremios urbanos, de la Diputación de comercio —dependiente del Consulado de Veracruz— entre los mercaderes y comerciantes y, sobre todo, de los cargos de las cofradías religiosas del segmento blanco. Aquellas del sector indígena, sustancialmente diferentes como hemos visto, no contaban con estatuto obispale alguno.

LAS LUCES EN LA TINIEBLA

En Yucatán la cultura del sector blanco, profundamente católica y barroca, se había demostrado hasta finales del siglo XVIII casi impermeable a la metafísica de las luces. Bacon, Newton, Galileo, Locke y Condillac, eran casi desconocidos y Voltaire, Volney, Rousseau y D'Alambert parecían, a la mayoría de los pocos interesados, "monstruos que había enviado la Providencia para probar los justos".[13] Al parecer ningún tiempo profano

---

[13] El vivo recuerdo de lo que había sido su infancia y adolescencia, es de Lorenzo de Zavala, , *Ensayo histórico de las Revoluciones de México desde 1808 hasta 1830*, México, Fondo de Cultura Económica - Instituto Cultural Helénico, 1985, pp. 32-33 y 44. Como ha sido recientemente recordado para América hispánica en general, el pacto de vasallaje, personal y corporativo, mantenía el carácter de una "fe jurada" con una persona, en su doble dimensión —agregaríamos nosotros— simbólica y sacramental. Cfr. François Xavier Guerra, "La independencia de México y las revoluciones hispánicas", en *El liberalismo...*, cit., p. 23. Para un caso diferente, en el cual las luces hispánicas se demostraron determinantes en el derrumbe "de esa cultura religiosa barroca, postridentina, que había sostenido la presencia española en México, durante los dos siglos anteriores", véase el muy reciente: David, A. Brading, *Una Iglesia asediada: el obispado de Michoacán, 1749-1810*, México, Fondo de Cultura Económica, 1994.

había sido segregado de aquél medido a través de los recurrentes rituales religiosos. Allí, la prensa sólo hizo su innovadora aparición en 1813, con mucho atraso frente a su difusión en otras provincias, como Puebla, Oaxaca, Guadalajara y Veracruz.

Podemos solamente imaginar, ya que casi no nos llegaron fuentes documentales, la ritualidad de las cofradías con sus frecuentes procesiones en los barrios que, en sus recorridos por las calles, marcaban los *limina* materiales y simbólicos de cada entidad urbana: de los blancos, de los indios, mayas y naboríos, y de los pardos, orgullosos éstos de sus nuevas insignias de milicianos; las juntas de los *maestros de artes* de los gremios; la transgresión regulada del carnaval en los tres días de carnestolendas, con batallas de cohetes, naranjas, huevos —muy probablemente podridos— y agua pintada, que arrojaban personajes enmascarados, algunos de religiosos;[14] las muchas charlas sobre hipotecas, préstamos, avíos y consecuentes lazos matrimoniales, en las bodegas de los comerciantes —todos en poco tiempo liberales— frente a los vasos de licores ultramarinos, seguramente de contrabando; las tertulias de los seglares endulzadas de incontables tazas de chocolate en los patios sombreados casi siempre sumidos, sin embargo, en un calor agobiante, donde se mezclaban charlas amenas con terrenales arreglos de sinecuras, diezmos, prebendas, y capellanías; los choques, hasta físicos, en los reacios conventos franciscanos, especialmente en el mayor, por entonces emblemáticamente cercado entre los muros y troneras de San Benito, la ciudadela de Mérida; las juntas secretas, probablemente nocturnas, de los *batabob* y principales indios que vaciaban con escrúpulo frascos de anís y aguardiente, calculando, una vez más, los ciclos inmutables del tiempo.[15] En las tinieblas de aquél, trabajosamente tenían que encontrar las simetrías de los *katunes* —piezas recurrentes de

---

[14] La única descripción temprana de un carnaval meridano en las primeras décadas del siglo pasado la hemos encontrado en el bando del Ayuntamiento de Mérida, finalizado a reglamentarlo, del 6 de febrero de 1830, en Acuerdos... 1830-1831, en BCCA.

[15] Linda Scheele y David Freidel definen la particular relación entre los mayas y su pasado como una "predictive history". A través de ella las elites "looked for simmetries and parallelisms as part of their political strategies", llegando a crearlas si no se las encontraban. *The Forest of Kings*, Quill, New York, 1990, p. 440. Para E. Lupieri, las especulaciones calendáricas de las elites hubieran permitido la reproducción de categorías mentales —no sólo pre cristianas sino también no aristotélicas— características de la espiritualidad prehispánica mesoamericana. Sin embargo, si las estructuras de los mitos seguían siendo precolombinas, los elementos rituales eran fundamentalmente hispánicos mientras, agregaríamos nosotros, eran indiferentemente españolas o mayas las formas simbólicas adoptadas, como en el caso más conocido de la ceiba-cruz, a lo largo de la lucha entre las dos culturas, al fin de lograr el

veinte años, ordenadas en una rueda de 260— con los ritmos mutables de la política étnica y de aquella de los *d'zulob*, los "hermanos mayores" difíciles de comprender en su inminente metamórfosis. Para poderla enfrentar se debía volver a tejer la red del poder étnico, única cuyo orden garantizaba la reproducción de la abundante mayoría de los *macehauloob*, los indios campesinos plebeyos de nuestra provincia.[16] Entre éstos los santos patronos seguían enseñando las jerarquías territoriales de los pueblos, cada uno fundado con una dotación material e inmaterial sobre las comunidades sujetas y sobre el *monte*. Así, hacia finales del siglo XVIII, por miserables que aparecieran a los ojos de peninsulares y criollos, mantenían su lugar en una de las cuatro porciones del cosmos, la roja, la blanca, la negra y la amarilla.[17]

En otras palabras nada, o casi, sabemos de las formas de asociación y de las ocasiones de sociabilidad de las hélices que tuvieron que hacerse cargo de inéditas, y en buena parte inesperadas, prácticas de organización y movilización política, si bien conocemos los lazos de parentesco y compadrazgo que, como es fácil suponer, ligarán entre sí a los futuros bandos en pugna.[18]

---

control de los principios de construcción y valoración de las identidades colectivas. Cfr. E. Lupieri "Santi, dei e missionari. Un caso di primitivo sincretismo religioso maya-cristiano, con particolare attenzione alla figura del Battista", en *Studi e materiali di storia delle religioni*, vol. 52°, 1986, p. 93 (agradezco a Duccio Sacchi por haberme proporcionado este ensayo) y Pierre Bourdieu: "Domination symbolique et luttes régionales" en *Actes de recherche en Siences Sociales*, núm. 35, 1980, pp. 69-72.

[16] Aun si es imposible incursionar aquí en el vastísimo campo de los estudios, debates y controversias sobre los fundamentos de una identidad maya colonial, nos basta recordar que en los *Chilames* tardíos, los mayas cristianos son los vasallos de los sucesores de San Pedro y de la majestad del Rey, contrapuestos a los antiguos mayas paganos que seguían sobreviviendo —al mismo tiempo hechizados y hechiceros— en las fronteras físicas y mentales del mundo, en cenotes, ruinas y montes. Así, en una "alteridad conflictiva", mucho más compleja de aquella estardandizada entre españoles e indios, las elites maya seguían administrando "los restos del capital simbólico de los antiguos maya". M. Gutiérrez Estévez, "Maya y 'Mayeros': los antepasados como otros" en AAVV, *Palabra y Obra en el Nuevo Mundo*, Madrid, Siglo XXI España, 1992, vol. 1, p. 440.

[17] Cuatro habían sido las edades del mundo; cuatro *bacabes*, uno por cada viento, sostenían el cielo; cuatro *balames* encerraban las milpas; cuatro *pauahtunes - chaques* arrojaban los vientos y administraban las lluvias, según Alfredo Barrera Vásquez, interpretando el famoso informe del cura de Yaxacabá de 1813. Cfr. "La identificación de la deidad 'E' de Schellhas" en *Estudios lingüísticos*, Obras Completas tomo II, Mérida, Fondo Editorial de Yucatán, 1981, pp. 61-63.

[18] Recientemente han sido reconstruidos con esmero los lazos de parentesco entre los sanjuanistas y, más en general, entre los miembros del primer ayuntamiento constitucional de la capital. Cfr. Betty L. Zanolli Fabila, "La alborada del liberalismo yucateco. El primer Ayuntamiento constitucional de Mérida, 1812-1814", tesis de maestría, UNAM, 1993. Agradezco la autora por haber proporcionado una copia de su trabajo.

Es en este escenario, oscuro para nosotros, que se había formado la asociación de los llamados Sanjuanistas. Lo que según algunos podría haber sido la primera expresión de partido del liberalismo mexicano, había agrupado desde el inicio del siglo XIX una media docena de religiosos y pocos laicos alrededor del rezo del rosario y de la adoración al Santísimo, celebrados en la ermita de San Juan, ubicada en la porción meridional, mestiza e india, de Mérida.[19] A tales ritos de antigua piedad cristiana promovidos por el presbítero José María Velázquez, en pocos años los siguieron reuniones —en la sacristía y en las habitaciones privadas anexas del religioso— que tenían lugar el domingo por la noche. Hacia 1809 las pláticas, al principio informales, se transformaron en verdaderas tertulias de las cuales participaban algunos jóvenes laicos egresados del seminario Conciliar,[20] "un club compuesto por hombres de poca fortuna, que se congregaban de noche en una casa de alquiler, con el pretexto de leer los papeles públicos", como los recordaban sus adversarios.[21]

En realidad la asociación, que por entonces ya llamaban *logia* sus numerosos enemigos, supo mantener a lo largo de su primera vida, la co-

[19] Cfr. J. Reyes Heroles, *El liberalismo mexicano I. Los orígenes*, México, Fondo de Cultura Económica, 1986 (primera edición de 1974), nota 3 en p. 4.

[20] Allí, de 1802 a 1805, Pablo Moreno había impartido cursos de filosofía de inspiración racionalista. Aquel que fue para la historiografía liberal el introductor de las Luces en Yucatán, se encontraba entonces dedicado a una segura carrera de funcionario, primero como procurador de indios y posteriormente como responsable del despacho de la Secretaría del gobernador. El famoso jesuita Francisco Javier Alegre de regreso de Cuba había dado cursos en Mérida, a mediados del siglo XVIII. No existe ninguna evidencia de una influencia del pensamiento jusnaturalista de Alegre en la formación de Velásquez, Moreno o sus discípulos. Sin embargo, Reyes Heroles hipotetiza que el jusnaturalismo, casi místico, de Velásquez haya encontrado sustento en esa tradición ya lejana. Cfr. J. Reyes Heroles, *ibid*. Es más probable, en realidad, que la matriz jusnaturalista católica se haya reproducido espontáneamente, gracias a la cultura política autonomista tardocolonial, fortalecida por alguna influencia del pensamiento ilustrado guatemalteco, como sería el caso de fray Juan José González, más conocido como el Lector González, franciscano de origen español, pero residente en Guatemala por largo tiempo, que en los años 1802-1803, fue enviado al Colegio ex jesuita de S. José, en Campeche, vuelto abrir hacia la mitad de la década de los setenta del siglo XVIII, sobre petición de los franciscanos y del Cabildo de aquel puerto. Allí, por un breve período, intentó introducir un curso de filosofía racionalista. Elegido provincial para el período 1811-1816, fue procurador de la provincia en España frente a las Cortes, oponiéndose a la prevista secularización de las parroquias de la Orden. Sin embargo, una vez aplicado el decreto en Yucatán, pidió en 1822 pasar al estado seglar, obteniendo en cambio del Cabildo catedralicio el rico curado de Tekax. Murió en 1829, después de una vida considerada por algunos libertina. Cfr. por ejemplo, Juan de D. Pérez Galaz, *Diccionario geográfico, histórico y biográfico de Campeche*, Campeche, Gobierno del Estado, 1979, p. 451-452 (primera edición de 1944) y Edmundo Bolio, *Diccionario histórico, geográfico y biográfico de Yucatán*, México, s.e., 1944, pp. 96-97.

[21] AGI, México, 1822.

existencia de dos raíces para nosotros difíciles de entender como compatibles: el racionalismo tardío de los laicos y el espíritu "lascasiano" de los religiosos, especialmente de su líder Velásquez. De segunda mano, ya que no queda noticia de algún escrito del presbítero capellán, sabemos que comentaba y hasta difundía un epítome de la *Breve Relación*, y si bien los llamados del religioso a los derechos primigenios de los indios no encontraban eco entre los laicos de la asociación, se revelaron preciosos para atraer a aquel círculo a los caciques y principales de las Repúblicas de Mérida y de los alrededores. Velásquez, que como todos los criollos yucatecos hablaba maya, "no solamente sentaba indios a su mesa, sino hasta mulatos y negros" como, en plena Restauración, lo acusó un religioso oscurantista, ofreciéndonos el único testimonio ocular de la participación de los principales indios del barrio de San Cristóbal —donde surgía la ermita— que una vez fueron regañados por Velásquez por haberse levantado en signo de respeto a su ingreso en la sacristía.[22] Por entonces corrían rumores —sin pruebas algunas— de que una noche se habían tratado "materias impías y antidogmáticas".[23] Hacia finales de septiembre de 1811 llegó la reacción tardía del obispo, que prohibió cualquier junta de noche o de día, dentro y fuera de la ermita, que no fueran las celebraciones de los sacramentos, ya que "de los rosarios y otras devociones se había abusado por la maligna seducción de los pueblos." Finalmente, los sanjuanistas acudieron a una casa privada, la de los esposos Peón Cano y Roo, congregando allí a algunos vecinos prominentes del centro de la capital.

Ya en mayo de 1811 habían redactado una petición a la Regencia para la electividad de los regidores en los cabildos, reuniendo firmas entre los vecinos de Mérida, "Alentados de los principios liberales que V. M. ha adoptado" y rompiendo el silencio "que hasta aquí le había hecho guardar la antigua tiranía interesada en la nulidad civil de los ciudadanos". Así, algunos vecinos ilustres de la capital denunciaban la "afrentosa Constitución de nuestros ayuntamientos", pidiendo al rey el fin de la venta de oficios de república que permitían elegir jueces ordinarios (alcaldes de primero y segundo voto) y proponiendo que los regidores de los cabildos fueran elegidos popularmente.[24] Las firmas eran pocas, una treintena, pero

---

[22] Se trata del testimonio del presbítero Juan Estéban Rejón rendido en el juicio iniciado en agosto de 1814 al padre Velásquez, en J. Ignacio Rubio Mañé, "Los Sanjuanistas de Yucatán I. Manuel Jiménez Solis, el Padre Justis", en *Boletín del Archivo General de la Nacion*, tomo X, enero-marzo, abril-junio, 1969, núm. 1 y 2, p. 171.

[23] AGI, México, 1822.

[24] AGI, México, 1897.

ilustres: el alcalde de primer voto, el ex procurador síndico, el procurador de indios, algunos oficiales milicianos, y unos quince comerciantes.[25] Parece que tuvieron cierto éxito ya que el gobernador interino de lo político accedió a algunas innovaciones, e incluso encargó al viejo cabildo de la capital que nombrara unos apoderados.[26]

Tiempo después, el síndico procurador del cabildo de Mérida denunció que tres sanjuanistas habían recogido públicamente firmas a favor del libre abasto de carnes, de la fundación y reconocimiento de una Sociedad económica y para el nombramiento, en el cabildo, de un síndico personero que representase los derechos del Pueblo, agraviando la personalidad que las leyes concedieron al Procurador general en quien está vinculada esta función".[27]

Gracias a las noticias de las primeras sesiones de las Cortes de Cádiz "que los llenaban "de consuelo y más largamente de esperanzas" y aprovechando la debilidad del gobierno provincial interino entre agosto de 1811 y mayo del 1812,[28] los sanjunanistas supieron fortalecerse hasta llegar, probablemente en la primavera de ese último año, a "acaudillar un tumulto de más de 40 hombres bajo el malentendido derecho de acción popular", contra la detención temporánea de uno de ellos.[29] De cualquier

---

[25] El alcalde de primer voto, Joaquín Chacón, en su carta a las Cortes de julio de 1811 que acompañaba la petición de los vecinos sanjuanistas recordaba, con un tono involuntariamente amenazante, que aquel "Pueblo [...] por su inalterable fidelidad en medio de las agitaciones de América, y en particular en la Nueva España, por lo menos no desmerece la atención de S. M.", *ibid.*

[26] El Diputado de Yucatán, residente en Cádiz de febrero de 1811 hasta finales de abril de 1812, bien al tanto de lo que acaecía en su provincia — en agosto de 1811— había introducido por su parte una propuesta personal en un documento redactado bajo las instrucciones de los cabildos y del gobernador, cuyo fin era hibridizar la vieja constitución de los Habsburgo con los nuevos principios liberales. Esta preveía la proliferación y la electividad de los cuerpos urbanos, "en la forma y términos que las Juntas Provinciales de España"; es decir, a través de sufragio popular indirecto, limitado obviamente al segmento blanco. Miguel González Lastiri, "Manifiesto de los males que afligen á la Provincia de Yucatán y de los remedios que su Diputado a Cortes propone con arreglo a las instrucciones que ha recibido de sus Comitentes para cortarlos de raíz", AGI, México, 3164, f.128. Cfr. también, Marco Bellingeri, ob.cit., pp. 61-64.

[27] AGI, México, 1822 y B. L. Zanolli Fabila, ob.cit., pp. 66-67.

[28] Es probable que los cargos de capitán general-intendente fueron subdivididos por primera vez a lo largo de este interinato según las ordenanzas de las Cortes (art. 30, cap. II, de la ley de 9 de octubre de 1812) en el de jefe político Superior (de nombramiento real, según el art. 324, cap. II de la Constitución), intendente y jefe superior militar. Aun si la instrucción del 23 de junio 1813 establecía que, por regla general, la comandancia de armas en cada provincia debía mantenerse separada del cargo de la jefatura política. Posteriormente el cargo militar fue ejercido por el jefe superior político, que venía a reunir nuevamente poderes en lo ejecutivo y militar. Anexo este último residía la magistratura máxima del fuero militar.

[29] Cfr. *supra* núm. 27.

manera, fueron secretamente acusados de promover un levantamiento. Los que por entonces se reconocían y eran reconocidos como liberales —a sólo unos días de la promulgación en la provincia de una constitución abundantemente anunciada— eran llamados "hijos de la iniquidad y de la perdición, incapaces de representar á tan gran pueblo sensato como [el de] Mérida", estigmatizando "la audacia con que se conducen hasta las heces del pueblo meridano, protegidas y atraídas por los seductores".[30]

LA CARTA Y SUS RITOS

Algunos autores han subrayado cómo la introducción de la constitución de Cádiz en Nueva España, Centroamérica y Yucatán, así como las sucesivas primeras elecciones para los nuevos Ayuntamientos, se desarrollaron bajo el doble signo del tradicionalismo, a diferencia que en la metrópoli, gracias al apoyo de las autoridades existentes.[31]

Hacia finales de octubre de 1812 tuvieron lugar en la capital de nuestra provincia los ritos religiosos, civiles y militares dedicados a la Carta que duraron cinco días. Requirieron un mes las tratativas mediante las cuales el Procurador del viejo cabildo, enemigo público de la "logia" sanjuanista, apoyado por una petición de un grupo de vecinos —entre los cuales no destacaban los principales liberales— supo presentar la innovación no como una ruptura del viejo orden, sino como el regreso de una pasada soberanía compartida, en la cual el cuerpo político urbano reafirmaba legitimidad y privilegios y, a través de ella, la provincia entera.[32]

---

[30] AGI, México, 1822-1897 y la "Vindicación de los Sanjuanistas sobre excomunión" en *Clamores de la fidelidad americana contra la opresión o fragmentos para la historia futura*, 24. III. 1814, pp. 81- 82. Se trata de la publicación periódica de José María Quintana, liberal, "sanjuanista" y primer síndico procurador del Ayuntamiento Constitucional de Mérida, única colección completa de impresos de la época de Cádiz que se haya conservado y ahora disponible en la serie Facsimilares de la Hemeroteca Nacional, México, UNAM, 1984.

[31] Cfr. Mario Rodríguez, *El experimento de Cádiz en Centroamérica, 1808-1826*, México, Fondo de Cultura Económica, 1984, p. 114 y Antonio Annino, "El Jano bifronte mexicano: una aproximación tentativa", en A. Annino, R. Buve (coord.) , *El liberalismo...*, cit., p. 184.

[32] J. Reyes Heroles agudamente hace derivar la nueva devoción constitucional de la vigencia, en el pensamiento criollo, de un profundo jusnaturalismo católico, que reproducía la imagen de un orden natural bueno en sí, y al cual el Santo Código, obra geométrica maravillosa y casi sobrenatural, permitía finalmente un regreso. Cfr. ob. cit. pp. 40-45.

El segundo día los caciques de los barrios y de los alrededores de la capital juraron de manos del obispo, y los subdelegados con sus subalternos, los jueces españoles, recibieron la orden de traducir al maya la Carta y de difundirla en todas las Repúblicas.[33] En la vieja plaza de armas, una lápida de jaspe, con letras de oro y adornos de brillantes —donaciones de damas liberales— consignaba su nueva denominación de plaza de la Constitución.[34] Seguramente a la mayoría de la población debió parecer que "la Constitución nos ha restituido nuestros derechos" y brindaron de buen grado al texto un culto público muy parecido al debido a la concreta realidad operante de santos y Vírgenes.[35]

Con el juramento solemne de la Carta, las dos vertientes de los sanjuanistas se encontraron en el centro de todas las estrategias para el tránsito hacia las nuevas instituciones representativas. Religiosos obscurantistas antiborbónicos, el obispo y el mismo gobernador, recién llegado, parecieron acercarse a la asociación en los últimos meses de 1812. Y es en este clima que tuvieron lugar las primeras elecciones populares de la Provincia para la formación del ayuntamiento de la capital.

Se ha afirmado que: "El nuevo modelo de representación electoral se ubicó en el marco de la comunicación visual y ritual de los pueblos", así como había sucedido para las celebraciones del juramento de la Constitución.[36] Esta última dejaba un largo espacio a las prácticas y tradiciones locales en la organización del sufragio, hasta llegar a delegar a las juntas parroquiales la calificación inapelable de los requisitos de voto, en base a los de vecindad y de modo honesto de vivir, que recordaban las antiguas condiciones para pertenecer, con derechos plenos, al estamento urbano. Así, todos los ciudadanos varones, sin límites de censo o de alfabetización previos, se debían presentar el domingo fijado a la casa concistorial, frente a una autoridad superior y al párroco. Todos juntos asistirían a una misa de Espíritu Santo en la iglesia colindante, en la cual el cura pronunciaría un sermón apto a las circunstancias. La asamblea —porque así había sido imaginada— regresaría a la casa concistorial, nombrando entre los

---

[33] Para una atenta crónica, véase J.I. Rubio Mañé, "El Gobernador, Capitán General e Intendente de Yucatán, Mariscal don Manuel Artazo y Barral y la jura de la Constitución española en Mérida, el año de 1812" en *Boletín del Archivo General de la Nación*, tomo IX, núm. 1-2, 1968, pp. 74-79.

[34] Cfr. Eligio Ancona, ob. cit. III, p. 41.

[35] *Clamores...*, 27.II.1813, p. 27.

[36] A. Annino, ob. cit., p. 184.

presentes la junta electoral, compuesta por dos escrutadores y un secretario. Frente a las "tachas" levantadas por cualquiera de los asistentes en contra de algún votante, el juicio de la junta era definitivo. Los votantes se acercarían entonces, uno por uno, a la mesa en la cual estarían sentados el presidente —esto es la autoridad superior que había inaugurado todo el procedimiento— el secretario y los escrutadores. El votante entregaría una "papeleta" firmada en la cual habría anotado los nombres de los electores escogidos. Si no sabía escribir podría, más sencillamente, pronunciarlos en voz alta. De inmediato su voto y nombre debía ser anotado en las actas electorales de parroquia. Una vez terminadas las votaciones, la junta electoral nombraría de inmediato los electores, por mayoría simple de votos. Finalmente éstos —denominados *compromisarios* para distinguirlos de los electores de diversos grados— serían llevados a la iglesia con el presidente, los escrutadores y el secretario, seguidos por los concurrentes, al fin de celebrar un solemne Te Deum.[37]

En Mérida había transcurrido solamente un mes del juramento de la constitución cuando tuvo inicio, el 15 de noviembre, el complejo procedimiento electoral, con el nombramiento por aclamación de los escrutadores y secretarios de las tres secciones en las cuales fue subdividida la capital: al centro, o Sagrario, con anexa la parroquia de pardos del Jesús, tocaban 13 electores; a los barrios de San Cristóbal y Santiago, seis a cada uno. De esta manera, que respetaba las antiguas subdivisiones de la capital, el Sagrario quedaba sobrerrepresentado pero, en cambio, en los barrios podía ser elegido un elector con sólo la cuarta parte de los votos necesarios en el centro. Los 25 elegidos debían a su vez elegir a los dos alcaldes, 12 regidores y dos procuradores síndicos de la capital.

El proceso electoral duró una semana entera, entre las elecciones en las parroquias y el nombramiento de las nuevas autoridades municipales.

Podemos intentar una estimación global de los votantes sumando, para cada parroquia, los sufragios de aquéllos que obtuvieron el mayor número de votos. Se alcanza así un número no inferior a 400, calculando un 10% más para compensar mínimamente eventuales candidaturas alternativas a los 25 vencedores.[38] Más en particular, en la parroquia del centro

---

[37] Cfr. Capitulo III "De las juntas electorales de parroquia", art. 35-58 de la "Constitución política de la Monarquía Española" en F. Tena Ramírez (comp.), *Leyes fundamentales de México, 1808-1987*, México, Porrúa, 1987, decimocuarta ed., pp. 64-67.

[38] De la suma del número de cada unos de los 25 electores es imposible calcular el de los que votaron ese día en las tres parroquias. Es este el error que cometió Rubio Mañé que obtuvo el resultado de 2683 votos. Cfr. J.I. Rubio Mañé, "Los sanjuanistas...", *cit.*, p. 221.

votaron no menos de 225 vecinos, probablemente una cifra cercana al 10% de aquellos a los cuales la constitución concedía derecho de voto activo.[39] No tenemos información detallada sobre cómo se desarrollaron las elecciones en las dos parroquias restantes. En la mestiza e india de San Cristóbal fue probablemente escogido un escrutador mestizo y seguramente un escrutador maya, cuyo apellido precedido por el usual "don" nos hace pensar que podía tratarse del gobernador de esa República. En el barrio indio de Santiago el número de votantes, seguramente no inferior a 60, daría como resultado el porcentaje más bajo de la ciudad; curiosamente ningún apellido maya aparece entre los integrantes de esa junta.

Del resultado de las elecciones de primer nivel se puede fácilmente deducir que la victoria de los sanjuanistas fue clamorosa en el Sagrario, ocho electores sobre trece eran destacados miembros de la asociación. Buena fue la afirmación en San Cristóbal, barrio en el cual, recordamos, surgía la famosa ermita. Allí los sanjuanistas vieron elegidos tres sobre un total de seis electores. Los liberales salieron derrotados en las votaciones de Santiago. Algunos indios de este barrio seguramente votaron pero, esta primera vez, lo hicieron en manera subordinada a los intereses del alto clero local que —aprovechando también el bajo número de sufragios necesarios para ser nombrados compromisarios— pudo ver ganador dos miembros del cabildo obispal y el cura párroco. Suponemos que fue éste, amigo personal del obispo con el cual pasaba tardes amenas, el que organizó el voto, reclutando consenso para un ex regidor perpetuo y para otro conocido *rutinero*.

Era éste el calificativo con el cual se apodaba a los oscurantistas locales y que poco despúes constituirían el partido adversario al llamado liberal o sanjuanista. Este último, al final del primer turno electoral, y no obstante su rotundo éxito, no pudo contar con la mayoría de los electores, alcanzando un total de 12, de los cuales tres eran religiosos, el mismo padre

---

[39] Se trata sólo de una estimación hecha en base al número de habitantes (alrededor de 12.000) definidos blancos en un censo de 1808, esto es sustancialmente no-pardos en un área en la cual no residían indios que no fueran sirvientes personales. Este número, que comprendía ambos sexos y todas las edades, puede indicarnos alrededor de 2.400 varones adultos. De cualquier manera, resulta sumamente difícil calcular el monto de los siervos domésticos, excluidos, como los pardos, del ejercicio de la ciudadanía, seguramente muy numerosos en las áreas céntricas de la capital. Para las votaciones, ver Libros de Acuerdos del Ayuntamiento de Mérida, en BCCA, años 1812-1814. Recientemente, las actas relativas a estos años han sido diligentemente transcritas por B. Zanolli, (ob.cit.., anexo III, pp. 260-622) de una copia microfilmada conservada en la Biblioteca Nacional de Antropología de la Ciudad de México.

Velásquez entre ellos, y nueve comerciantes. Entre los ocho rutineros había tres religiosos, dos miembros del viejo cabildo y un funcionario real. Los restantes cinco, que podríamos llamar independientes, contaban entre sus filas a un par de militares, un religioso y dos de quienes ignoramos procedencia.

Sólo en el bando sanjuanista se podía contar con una fundamental participación de comerciantes. De allí que nos parece obvio dar por sentado la importancia de las redes comerciales para la organización del sufragio, redes que de por sí eran las más aptas para entretejer no sólo estamentos y etnias diversas, sino también para involucrar a la mayoría de los vecinos, productores consumidores, a través de compras, ventas y, sobre todo, adelantos y créditos; esto es, aquellas formas tradicionales de circulación que más se prestarían a volverse familiares, sociales, y políticas. Y si de las formas de circulación se encargaban algunas compañías de comercio, fundadas por destacados sanjuanistas, a la inexistencia, en la vieja ciudad, de espacios propios a las nuevas formas de sociabilidad podían obviar las trastiendas de establecimientos tan conocidos, como el *Elefante*, la *Dos Caras* y el *Conejo* que, ubicados en lugares céntricos, brindaban con sus curiosos monigotes, el nombre a las esquinas en las cuales surgían.[40]

Los vencedores, de cualquier manera, debían recurrir necesariamente a la alianza y al compromiso para obtener, en la junta electoral de tercer nivel, una presencia determinante en el nuevo ayuntamiento constitucional, órgano que para todos —y mucho más allá de cualquier dictamen constitucional— representaba las antiguas tradiciones de autogobierno de la provincia.

Fue en la reunión del 22 de noviembre de 1812 que por primera vez se inauguró una práxis inédita.[41] Si las elecciones parroquiales se habían desarrollado en la continuidad simbólica de viejos ritos y tradicionales formas de organización corporativa, la de tercer grado imponía un ritual nuevo, genuinamente liberal: por primera vez ciudadanos notables representantes de estamentos diversos —clérigos seculares, militares, exregidores, funcionarios y comerciantes— se encontraban juntos para dirimir, con un voto de calificación igual, quién debería ocupar los cargos del cuerpo político más prestigioso.

---

[40] Cfr. *ibid.*, pp. 89-92.

[41] Agradezco a Antonio Annino el haberme señalado la intrínseca novedad, liberal, de las juntas electorales de tercer nivel.

Hay que recordar que un decreto de las Cortes, del 27 de septiembre de 1812, prohibía a los religiosos acceder a cualquier cargo con carácter de magistratura y, por lo tanto, también a aquellos municipales.

No conocemos el desarrollo de esta primera junta de electores, que la Constitución preveía tuviera lugar "entre sí y en un lugar reservado". Sin embargo, interpretando nuevamente los resultados, se puede deducir fácilmente que una alianza entre sanjuanistas, algunos constitucionalistas liberales independientes y hasta algún rutinero moderado determinó un compromiso favorable. Uno de los dos alcaldes y cinco regidores sobre 12 fueron sanjuanistas, lo que podría hacer pensar a un cálculo numérico atento que obligara al bando vencedor a ejercer con moderación el poder municipal. No obstante, con sólo 16 votos sobre 25, fueron ganados además los dos importantísimos cargos de procuradores síndicos, que ofrecían para la cultura política local, la continuidad entre la vieja representación del *común* de los vecinos y aquélla nueva de origen popular. Y si bien la relación entre compromisarios y elegidos no superaba el 50%, dos compromisarios independientes vieron premiada su alianza al bando sanjuanista, con la plaza de alcalde de segundo voto y de regidor tercero. Sólo el ex diputado a Cádiz Manuel González Lastiri obtuvo la unanimidad de votos como regidor decano, en premio por la defensa de su Provincia en las Cortes, por su rol de promotor para la introducción de la nueva constitución y, más en general, por su papel de jurista y mediador entre los bandos y entre éstos y el gobernador.[42]

Finalmente, hay que destacar el hecho que el bando rutinero al contar con una mayor proporción de religiosos como compromisarios, vio debilitada su actuación en la junta de segundo grado, ya que todos éstos debían necesariamente hacer confluir sus votos sobre laicos. Su debilidad había quedado clara desde el momento en que en la parroquia del centro sus vencedores habían recibido menos de la mitad de los sufragios populares frente a los más famosos sanjuanistas y liberales, un 30% menos en la conflictiva parroquia de San Cristóbal, y —no obstante el éxito alcanzado— menos sufragios que el único ganador sanjuanista en Santiago.

Los sanjuanistas y liberales no tardaron en aprovechar su victoria para lanzar un desafío tal que atentaría contra la misma antigua constitución

---

[42] Para un análisis detallado de la petición de Yucatán a las Cortes, su importancia como el texto más representativo de la cultura política tardocolonial y, más en general, sobre la figura del diputado, ver: M. Bellingeri, ob. cit., pp. 61-63.

de la provincia, que hasta aquel punto no había sido investida directamente por los nuevos procesos electorales. Se trataba de extender a los pueblos de la provincia los ayuntamientos constitucionales, y no solamente en las villas y localidades en las cuales residían núcleos importantes del sector blanco —lo que de cualquier manera hubiera signado el fin, al menos formalmente, de la vieja subdivisión de la Provincia en sólo tres cabildos—, sino también a los pueblos de indios, hasta entonces regidos por sus Repúblicas. En ellos se hicieron circular de inmediato los artículos constitucionales que se referían a la erección de los ayuntamientos.[43]

El síndico segundo José Francisco Bates, de allí a poco el editor liberal más importante, hizo una representación en la sesión del día 18 de diciembre, en la cual abogaba porque el ayuntamiento de Mérida, "cuerpo designado para mirar por la felicidad pública", debía encargarse de enviar comisionados a los pueblos "con el objeto de instalar los ayuntamientos y demás encargos, instruyendo a los vecinos". Y todo con el fin explícito "de contrarrestar el poderoso influjo de los señores curas y subdelegados [que] es uno de los mayores obstáculos para poder ejecutarse la Constitución con la libertad y decoro que exige el espíritu de la misma".[44]

Se abría así uno de los problemas principales planteados por la nuevas formas de representación y de gobierno: la constitucionalización moderna del sector indígena. Lo que se presentaba como un estamento, a través de jurisdicciones y fueros, pero que al mismo tiempo había sido entendido como una nación distinta de aquélla española —articulada al sector blanco, estructuralmente dominante de la formación, a través de sus jerarquías étnicas— podría ahora transformarse en clase popular, subalterna, o ser relegada a reproducirse como plebe sin derechos. De esta última, a través de un proceso de asimilación cultural indeterminado en el tiempo, se podría seleccionar aquéllos pocos que hubiesen podido aspirar a devenir pueblo.[45]

A principios del siglo XIX, la segunda opción era probablemente la más aceptada entre la mayoría de los yucatecos formalmente blancos. Se sabía

---

[43] AGEY, Ticul, 2, exp. 1.

[44] En B. Zanolli, ob.cit., p. 276. Como no recordar aquí la afirmación de Agustin Cochin, a propósito del desarrollo de las elecciones de 1789 en Borgoña, "la primera condición para ser escuchados por la ciudad y por la opinión pública es hablar en nombre de un cuerpo constituido". A. Cochin, Lo spirito del giacobinismo, Milán, Bompiani, 1989, p.59 (Primera edición de 1921; la traducción al español es de M. B.)

[45] Ni faltaban aquéllos que, como un funcionario local caído en desgracia, en su "Idea de la esclavitud de Yucatán", de inicios de 1812, declaraban que: "Los indios de Yucatán son de aquella clase de

sin embargo que, además de no ser compatible con la nueva Carta y sobre todo con la cultura jusnaturalista cristiana que eficazmente había justificado las antiguas libertades de la provincia, políticamente era imposible de proponer. Sin derechos, ya fueran viejos o nuevos, el sector indígena se hubiera sentido, con razón, liberado de sus deberes. Ya se habían manifestado peligrosos síntomas de una mutación en las estrategias políticas de las jerarquías étnicas. El ataque y la resistencia al reformismo borbónico antes y la crisis de soberanía después se habían reflejado casi inmediatamente en un debilitamiento de los mecanismos plurisecularos que garantizaban el flujo de productos y de trabajo excedentes desde las comunidades mayas hacia las ciudades.[46]

Y esto mientras las cargas tributarias representaban y representarán aún a lo largo de toda la primera mitad del siglo, el indispensable sostén de las finanzas provinciales, esto es, de cualquier proyecto institucional.[47]

El famoso decreto de las Cortes del 13 de noviembre de 1812 que extinguía tributos y repartimientos, publicado en Mérida en febrero del 1813 —al parecer el primer impreso de la provincia—, provocó una inmediata reacción por parte de los curas afectados, alrededor de un centenar, que intentaron hacer introducir el cobro del diezmo, hasta entonces desconocido, sobre las producciones del sector indígena.

Para lograr este objetivo, entre diciembre de 1812 y febrero del año sucesivo la ofensiva de los rutineros se desarrolló a través de la organización cuidadosa del voto en los 13 partidos de la provincia, las viejas subdivisiones coloniales transformadas desde 1790 en jurisdicciones de los subdelegados. Al mismo tiempo, los liberales desde el bastión del ayuntamiento de Mérida pugnaban por la transformación de las Repúblicas en ayuntamientos constitucionales y mucho más directamente iban tejiendo alianzas en la capital con los caciques de los barrios indios. La redefinición

---

hombres de quienes dice Aristotil [sic!] en sus Físicas que recibieron la esclavitud de las manos de la naturaleza", regresando de un brinco a la más antigua definición humanística del siervo por naturaleza. En El Fénix, 1.III.1851, núm. 169.

[46] Ver M. Bellingeri, "El tributo de los indios y el Estado de los criollos: Las obvenciones eclesiásticas en Yucatán en el siglo XIX", en Othón Baños Ramírez (edit.), Sociedad, estructura agraria y Estado en Yucatán, Mérida, UAY, 1990, pp. 14-16.

[47] Se puede calcular, a principios del siglo pasado, que el tributo eclesiástico fijo pagado por las comunidades a sus parroquias alcanzaba alrededor de 200,000 pesos y el tributo real 120,000. La sumas pueden ser entendidas en su importancia si comparadas con diezmos de 60,000 en 1812, y sobre todo con los 80,000 pesos que entraban anualmente en las Cajas reales de Mérida y los 70,000, en aquellas de Campeche. Cfr. M. Bellingeri, ibid., p.5, núm.6 y p.8, núm.16.

del tributo eclesiástico proporcionaba ahora un concreto terreno de encuentro entre liberales y *principales* indios.

SEDUCTORES DE INDIOS

Así como las normas gaditanas sobre el voto municipal favorecían a los laicos y, en sus tres turnos, premiaban a los que hubieran obtenido directamente un mayor sostén popular, aquéllas que la Constitución dictaba para la formación de los órganos consultivos locales —las Diputaciones provinciales— y para el ejercicio de la soberanía nacional a través de los diputados a las Cortes ordinarias, con sus cuatro turnos y un mecanismo mucho más complejo en el espacio y en el tiempo, favorecían a las jerarquías institucionales laicas y religiosas. En el primer caso, al fin y al cabo dibujado para la conformación de órganos administrativos sin carácter soberano alguno, las jerarquías sociales hubieran encontrado un ámbito propio de representación y gobierno. En el segundo, a lo largo del debate gaditano abiertamente se había declarado el intento de premiar la representación de los estamentos noble y eclesiástico. Este último, a diferencia de los casos definidos de jurisdicción, podía no solamente ejercer el voto activo, sino también el pasivo.

No casualmente el síndico segundo de Mérida había alertado al ayuntamiento de las posibles influencias sobre el voto de subdelegados y párrocos; en las palabras de uno de ellos, concluidas las elecciones provinciales "el pueblo se había revelado dócil a la voz de sus curas".[48]

De cualquier manera, el resultado no había sido fácil de obtener. En primer lugar había requerido que los párrocos titulares viajaran desde Mérida —donde por entonces residía la mayoría— a sus parroquias rurales, por lo general administradas a través de auxiliares a sueldo. En segundo lugar se necesitaba pilotear el voto parroquial de acuerdo con los subdelegados. Una tarea probablemente no del todo sencilla porque, si bien éstos y los párrocos colaboraban para obtener beneficios personales de los tributos y repartimientos, muchas veces se habían encontrado en conflicto por jurisdicciones e intereses a lo largo de las últimas décadas. Quedaba además el problema de la veintena de parroquias indias en ma-

---

[48] AGI, México, 3046.

nos de la provincia franciscana, entonces en profunda crisis, pero que se mantenía con sus frailes párrocos, los llamados *doctrineros*, ferozmente antiliberal, al punto de obstaculizar las mismas elecciones.

El sistema en cuatro turnos ofrecía también posibilidades de manipulación a nivel intermedio, en las cabeceras de los partidos en las cuales se debían de congregar los electores parroquiales —uno por cada 200 vecinos— y en la capital, en la cual se tenía que concluir el complejo mecanismo electivo, con una junta de los 22 electores de tercer grado elegidos en las juntas de los partidos. De una queja posterior, levantada por uno de los cuatro electores liberales de partido, se sabe que en Sotuta e Izamal los electores no habían sido elegidos por mayoría absoluta. El elector de Sotuta sólo había obtenido 12 votos sobre 25, además al parecer 15 electores de partido se habían presentado en la capital sin las certificaciones de las elecciones de parroquia y de partido. Finalmente, en alguna localidad, al menos, a los indios se les habían impedido votar.[49]

La misma junta, repitiendo el mecanismo de "tacha" parroquial, rechazó por mayoría los recursos de nulidad. Más tarde llegó la respuesta negativa del gobierno superior a la queja avanzada por el ayuntamiento de la capital, aconsejando al jefe superior político de Yucatán una mayor atención en la redacción de las actas electorales de parroquia y de partidos, "de manera que por ellas se venga en conocimiento de la legitimidad de los electores".[50] La libertad, o mejor dicho, la autonomía del voto revelaba peligrosas implicaciones en la falta total de una jurisdicción electoral superior e independiente.

Quedaba así claro que el bando liberal solamente podía ejercer un cierto control sobre el centro de la capital, de allí sobre su partido y sobre aquel colindante de la Sierra Baja, en el cual contaba con un religioso párroco, emparentado con uno de los máximos exponentes sanjuanistas.

Se intentó finalmente bloquear la elección de cuarto grado recurriendo a la fuerza del ayuntamiento de Mérida, con una petición de nulidad presentada por sus síndicos procuradores aduciendo que los religiosos no hubieran podido ejercer el voto pasivo, en consonancia con lo que se había verificado en las elecciones municipales y, poco después, rechazado este recurso por ser anticonstitucional, ensayaron la irrupción por parte de algunos capitulares y vecinos en la sala en la cual se encontraban con-

[49] AGEY, Reales cédulas, vol. 3, exp. 50 y *El Misceláneo*, 8. XII. 1813.
[50] AGEY, Colonial, Reales Cédulas, vol. 3, exp. 50.

gregados los electores de partido. El gobernador, no obstante negara el carácter revolucionario de los liberales y, al contrario, condenara secretamente el oscurantismo de los religiosos rutineros que formaban "un partido de preponderancia dirigido cínicamente a oprimir el Indio, a mantenerlo esclavo como lo ha estado por tres siglos, sumergido en la más compadecible ignorancia", tuvo que, en aquella ocasión, recurrir a un cordón de tropas que salvaguardara el recinto electoral.[51] Por su lado, y siempre por vía reservada, los rutineros intentaron entonces lograr la destitución "de los principales funcionarios del gobierno y de la hacienda nacional".[52]

Mientras, los 21 electores efectivamente reunidos —14 religiosos, de los cuales 11 son seguramente párrocos, dos militares y cinco laicos— eligieron los primeros diputados constitucionales a Cortes. Todos —seis religiosos, tres militares y dos laicos— pertenecían al bando rutinero y al menos tres habían sido designados por la ciudad de Campeche. Solamente dos llegaron a España, interpretando su mandato en forma estrictamente imperativa.

Tres días después los mismos electores del partido procedieron a la formación de la Diputación provincial con sus siete miembros propietarios, de los cuales tres eran curas. El elegido por el partido de Mérida, Juan José Duarte, al parecer no había obtenido "ni un voto para elector parroquial, ni de partido, ni menos de los electores de partido de esta capital", debiendo su éxito, no tanto a su discreta fama intelectual, sino por ser "agente y negociador de los efectos de los curas".[53]

A los liberales ahora derrotados no quedaba más que iniciar una contraofensiva que tenía como estrategia la extensión del voto al sector indio y su control. Por su lado el bando rutinero se encontraba fortalecido por el dominio que ahora podía ejercer sobre la Diputación —aquel "senado patriótico", como se autodefinía en el momento de su instalación el 23 de abril 1813—, que contraponían al ayuntamiento de la capital. Expresaba su opinión en las palabras del cura Manuel Pacheco, familiar del obispo, párroco de la rica comunidad india di Tihosuco y diputado provincial: "Los indios rudos y groseros por naturaleza han resistido siempre a toda ilustración son incapaces de las consideraciones de ciudadanos que la consti-

[51] AGI, México, 3046.
[52] AGI, México, 1822.
[53] *El Misceláneo*, 7.10.1813.

tución, debemos entender, únicamente dispensa á la virtud y no a la persona".[54]

Sobre el mismo aspecto el bando liberal se revelaba, por sus referentes culturales y sobre todo por oportunidad, más optimista y dúctil. En abril de 1813 *El Misceláneo*, periódico liberal del procurador síndico Bates, afirmaba a propósito de los indios que sólo después de haber proporcionado a ellos la educación negada por siglos "veremos si tienen o no capacidad moral. Por el momento no damos fallo". Hacia finales del año, cuando la pugna electoral se acercaba nuevamente a su clímax, declaró de manera menos ambigua: "Digan ahora si siendo los indios parte integrante de la nación podrán ser representados por aquellos mismos que no los tuvieron por ciudadanos".[55]

En este momento de choque institucional entre ayuntamiento liberal y Diputación rutinera, en las tertulias de San Juan probablemente se decidió consolidar los lazos con los principales indios y, más en general, con las jerarquías de los estratos populares, antes que todo en la capital, pues en ese espacio, "se trataba del modo de ganar las elecciones", según un testigo ocular.[56]

A principios de marzo de 1813 el cacique de la formalmente extinguida República de Santiago, Don Santiago Pacab, fue nombrado por el ayuntamiento alcalde auxiliar de su barrio, mientras en los otros tres recién estrenados *cuarteles*, en los cuales había sido subdividida la capital, la responsabilidad recayó sobre maestros artesanos —curtidores, panaderos, armeros— pertenecientes a las gremios que organizaban los estratos populares del sector blanco urbano. En enero de 1814, otros mayas cubrieron el cargo. Lo mismo tuvo lugar en las poblaciones cercanas de Kanasin, Caucel, Ucú y Chuburná, cuyo ex cacique necesitó de un intérprete para jurar frente al ayuntamiento. De allí a poco Caucel y Ucú, como veremos, habrían elegido sus propios ayuntamientos con una destacada participación electoral indígena.[57] También en el importante pueblo de Ticul un año después aparecieron alcaldes del barrio maya, en pugna con el

---

[54] "Dictamen del Señor Cura Don Manuel Pacheco, individuo de la Diputación Provincial de Yucatán..." 1813, en *El Fénix*, 15.VI.1850, núm. 118.

[55] *El Misceláneo*, 21.1813 y 8.XII.1813. Parece que entonces circulaba un folleto, intitulado "Quexas de los americanos...", que no nos ha llegado, en el cual se rechazaba públicamente la ciudadanía de los indios.

[56] Declaración del Pbro. J.E. Rejón, en Rubio Mañé, ob. cit., p. 171.

[57] Cfr. las Sesiones del 5.III.1813; 12.I.1814 y 18.I.1814 en B. Zanolli, ob. cit., p. 315, p. 523 y p. 519.

ayuntamiento probablemente liberal, ya que ahora los indios, gozando de "el fuero de ciudadanos", se oponían con resolución a seguir cumpliendo servicios comunales "pues estamos libres a efectuar lo que para nuestra voluntad convenga".[58] No tenemos más datos al respecto, pero nos parece probable que a lo largo del primer período constitucional, el recurso a las autoridades de las ex repúblicas para cubrir cargos de policía, debió ser relativamente difundido. Alguien ha leído todo ello como un indicio más de la nuevas formas de subordinación a las cuales hubieran sido sometidos los mayas de Yucatán, con la definitiva pérdida de autonomía política y cultural a lo largo de lo que ha sido contundentemente definida como una "segunda conquista".[59]

El asunto, en nuestro caso, adquiere una importancia decisiva ya que para mediados de 1814 sólo el 30% de los llamados pueblos no contaba con un ayuntamiento constitucional, que llegaban a sumar 168. En otras palabras, según la hipótesis de la segunda conquista, el sector blanco habría accedido electoralmente al control de los nuevos ayuntamientos, incluso en aquéllos de mayoría indígena. En unos cuantos meses se habría asistido a una transformación masiva de las instituciones étnicas pluriseculares en alrededor de 230 ex repúblicas. Tierras comunales, ejidos, pósitos de grano, recolección de viejos y nuevos tributos, la liturgia de los santos y sus fiestas: todo el universo material e inmaterial de los mayas habría así sido reducido a unos cuantos proyectos de propios y arbitrios y de escuelas castellanas, previa aprobación y subsiguiente control de una Diputación provincial francamente hostil.

Sin embargo, si analizamos detenidamente la fragmentaria documentación, el cuadro aparece con tintes menos oscuros y más acordes con la larga tradición de complejas estrategias étnicas de adaptabilidad. Como lo habían realizado tantas veces, los principales mayas supieron aprovechar las contradicciones internas al espacio político del sector blanco para negociar el mantenimiento de una autonomía aceptable.

En los pueblos de Ucú y Cauquel, en el partido de Mérida, donde se contaba con una fuerte presencia india —probablemente superior al 50%— se votó por primera vez en febrero de 1814. Los alcaldes tienen apellidos españoles pero en ambos casos un cargo de regidor resulta cubierto por un maya. En Cauquel éste fue elegido con 15 votos sobre 17 y, siendo él

[58] AGEY, Ticul, Caja 1, vol. 1, exp. 1.
[59] Cfr. N. Farris, ob. cit., pp. 375-376.

mismo elector, había recibido el máximo número de sufragios populares, 64, frente al futuro alcalde blanco, elector también por 51 votos. En Ucú fue igualmente un maya a obtener el máximo de los votos como elector. Analizando finalmente el conjunto de electores encontramos en Cauquel cinco mayas sobre 17 y en Ucú cinco sobre nueve. Al parecer, al menos en estos dos casos —los únicos sobre los cuales contamos con alguna documentación a nivel parroquial—, no sólo muchos mayas votaron, sino algunos de ellos fueron elegidos electores con el número más alto de sufragios y hasta alcanzaron algún cargo comunal.[60]

Revisando detalladamente un patrón de 46 ayuntamientos de todos los partidos de la provincia, en 21 casos aparece nuevamente algún capitular maya entre 1813 y 1814, aunque solamente en dos, Sahcabchén y Cancabdzonot, fueron elegidos alcaldes mayas.[61] Existían unos límites que, cuando era posible, impedían conferir cargos de alcaldes de voto a los principales indios. El primero, propio de la cultura política local, imposibilitaba el ejercicio de una jurisdicción, esto es propiamente de gobierno, a un principal indio que la hubiera podido ejercer sobre algún vecino formalmente blanco; el segundo, de orden normativo, lo representaba el requisito constitucional de alfabetización para ocupar estos cargos.

El caso de la comunidad totalmente maya de Ebtun, a unos pocos kilómetros de la villa de Valladolid, en el corazón oriental de Yucatán y que contaba en 1821 con 1721 habitantes, nos ofrece una indicación aislada, pero sumamente valiosa, respecto de un pueblo indio en la cual es evidente la imbricación de la política étnica con aquélla constitucional. Antes que todo el caso de Ebtún subraya una primera continuidad: todas las autoridades municipales —alcalde, regidores y escribano— elegidas en 1814

---

[60] Cfr. Municipalidad de Ucú. Acuerdos desde febrero de 1814 hasta octubre 1824 y Municipalidad de Cauquel. Acuerdos desde el 2 de febrero de 1814 hasta el 13 de diciembre 1826, y para un cálculo muy aproximado de la población india: "Estado de la contribución personal de Diciembre de 1824", legajo 540, 1825, todos en BCCA.

[61] El listado ha sido elaborado, gracias a la colaboración de Franco Savarino, sobre las propuestas de propios y arbitrios que los nuevos ayuntamientos constitucionales debían de enviar, para su aprobación, a la Diputación Provincial. AGEY, Propios y Arbitrios de ayuntamientos, varios expedientes, 1813-1814. Dos elementos, de calidad diferente, determinan que la participación india a los gobiernos municipales resulte seguramente subestimada. La primera, el hecho que sólo se han tomado en cuenta apellidos mayas, dejando de lado aquellos —absolutamente comunes— igualmente mayas, pero españolizados, como Cruz, Espada, Luna, etc. En segundo lugar, sabemos que muchos ayuntamientos no enviaron sus propuestas a la Diputación, situación más probable para aquellos centros apartados en los cuales la población era totalmente india.

eran mayas y todas pertenecían a linajes ilustres.[62] El que cubría el cargo de maestro de capilla —*ah camsah* en maya, esto es sencillamente "maestro"—, uno de las cargos de mayor prestigio que el linaje noble de los Dzul ejercía sin interrupción desde 1784, fue elegido como *escribano público cah*, esto es secretario del ayuntamiento, utilizando la definición tradicional de las viejas repúblicas. El linaje al cual pertenecía continuará ejerciendo el cargo religioso —aún pasándolo temporalmente a otro miembro en la crisis de la Restauración de 1815— hasta 1829, año en el que la documentación se interrumpe. Un miembro de otro linaje ilustre, el de los Noh, ocupó el cargo del alcalde constitucional en 1814, substituyendo el de los Pat, gobernadores antes y después del primer período constitucional. Sucesivamente, entre 1822 y 1829, los linajes, siempre ilustres por tradición, se turnan con mayor frecuencia, denotando los efectos de la inestabilidad general.

Nada sabemos de cómo se desarrollaron las primeras elecciones del ayuntamiento de Ebtún, pero de un acta electoral de 1822, en el segundo período de vigencia de la Carta gaditana, podemos suponer que los procesos electorales constitucionales fueron formalmente respetados, pero no innovando las tradicionales prácticas de cooptación, ya que los ocho electores parroquiales recibieron entre 62 y 52 votos.[63] También en el partido oriental de Valladolid, en el pueblo de Tixualahtun —cuya comarca en enero de 1821 comprendía también el pueblo de Yalcón y 4 haciendas con un total de 2697 habitantes, todos ciudadanos— los cargos gaditanos fueron enteramente cubiertos por mayas.[64]

Estos casos nos hacen revaluar las consideraciones de unos contemporáneos para los cuales los ayuntamientos en los pueblos indios se habrían formado "indistintamente de lo general de españoles en ejercicio de los derechos ciudadanos, ocupando en lo más de ellos los indígenas las varas de alcaldes".[65]

---

[62] Los datos son proporcionados por la famosa recopilación y edición crítica de documentos coloniales, única en su género, realizada por Ralph L. Roys, en 1939. Cfr. R. Roys, *The Titles of Ebtun*, Washington D. C., Carnagie Institution, 1939. pp. 46-50.

[63] Cfr. ob. cit., doc. 283, p. 416.

[64] Cfr. Salvador Rodríguez Losa (edit.), *Geografía política de Yucatán. Censo inédito de 1821, Tomo I: censo inédito de 1821*, Mérida, UAY, 1985, p. 83. En el censo aparecen también otros pueblos en los cuales algún cargo municipal era cubierto por mayas.

[65] José M. Calzadilla Echánove et al., *Apuntaciones para la estadística de Yucatán en 1814*, Mérida, 1971, p. 43 y "Dictamen del Sr.Cura D. Manuel Pacheco...", cit., que en 1813 afirmaba que en los ayuntamientos "los indios son los más".

Hacia mitad del siglo pasado se recordaba aún que "indios ignorantes" habían ocupado los cabildos de las comunidades mayas, ya que "ninguno se figuraba que los indios pudiesen ir más allá del punto a donde se quisiese conducirlos"; opiniones retomadas posteriormente en el sentido de que los liberales "en aquellos lugares, en donde la población blanca, era muy escasa, ó no contaban con ella, no tuvieron embarazo en colocar á los indios de regidores, síndicos y alcaldes".[66]

No por esto habría que imaginar una fácil coexistencia entre las viejas instituciones y prácticas étnicas y aquellas constitucionales. Más bien tendríamos quizá que pensar en nuevas formas de conflictividad entre los dos sectores, en las cuales aparecieron tensiones inéditas sobre el manejo y la apropiación de los excedentes en productos y trabajo de la población maya, si bien la pérdida de autonomía no fue determinante. Por ejemplo, los pósitos de maíz, con sus cajas, fueron afectados por la mala administración o simplemente por el robo de alcaldes blancos, como denunciaba el subdelgado de la Sierra Alta que había pasado en Tacchibichenen: "La disipación de los fondos es común en el Partido", atribuyéndola, siendo él rutinero, a "el poco cuidado, poca reflexión, poca madurez, poca cordura, muy conocido desorden y apasionada violencia con que se instalaron los ayuntamientos, componiéndolos y mezclándolo en ellos hombres miserables de ninguna idea política, tal vez viciosos (como hay experiencia) y adeudados".[67]

Al mismo tiempo se hicieron siempre más frecuentes las quejas de los curas y subdelegados por el atraso o a veces la suspensión de los pagos de las cargas religiosas, lo que hace suponer la substancial imposibilidad por parte de las autoridades no étnicas de mantener vigentes las relaciones tributarias. Aún más, un cierto desenfreno, un peligroso alejamiento de los ejercicios católicos de culto —al menos aquéllos sacramentales oficiados por lo curas y en cuyas ocasiones, no obstante todas las prohibiciones obispales, se seguía intentando cobrar los tributos— eran denunciados a la

---

[66] *El Fénix*, 5.II.1850, n. 92; cit. en J. I. Rubio Mañé, ob. cit., p. 199 y E. Ancona, ob. cit., p. 49.

[67] Los alcaldes, encontrándose en apuros, habrían echado mano de los caudales ajenos que, agregamos nosotros, en este caso sumaban la considerable cifra inicial de 1.277 pesos en efectivo y de 1.622 cargas de maíz, cantidades ambas que denotan la importancia de los giros de los depósitos indios tardocoloniales y que harán de ellos en las décadas sucesivas un blanco recurrente para préstamos forzosos y requisas. AGEY, Ticul, caja 1, exp. 1.

Diputación provincial por eclesiásticos seculares y regulares de las parroquias indias, atribuyéndolos a los "seductores de indios".[68]

Poco se podía, o se quería, hacer entonces desde la capital; para ella se acercaban, en el otoño de 1813, las segundas elecciones de ayuntamiento.

LAS COSAS VAN CAMINANDO Y NO A PASOS DE CANGREJO

Las elecciones se aproximan, ciudadanos.
Delicada cuestión! La intriga crece.
Se alarman rutineros y tiranos.
Brama el servil partido y se enfurecen
Clérigos, militares y paisanos
A quienes de sus rentas llegó el cese.
Trabajan por vengar su despotismo.
Triunfe de su malicia el patriotismo

Así escribía, con métrica débil pero con claro contenido, Lorenzo de Zavala hacia finales de aquel año, regalándonos una vívida imagen de la pugna electoral en acto entre los bandos liberal y rutinero.[69] Cada uno había conocido ya la victoria y la derrota, cada uno controlaba una institución clave desde la cual hacer valer sus fuerzas.

El domingo 12 de diciembre iniciaron las votaciones por el nuevo ayuntamiento de la capital, repitiendo una liturgia ya felizmente probada. Para los 13 electores del Centro votó, a lo largo de dos días, un número probablemente casi doble al año anterior. Sobre 410 votos, los electores liberales recibieron un porcentaje global de alrededor del 70%. Aquellos exponentes que se presentaron por segunda vez vieron aumentar significativamente sus votos:

	noviembre 1812	diciembre 1813
Pablo Moreno	225	330
Vicente M. Velásquez	198	311
Rafael Aguayo	164	303
Francisco Calero	140	298

[68] Cfr. por ejemplo, C. S. Dumont, Don E. Dumont (editores), *Demography and Parish Affairs in Yucatán 1797-1897. Documents from the Archivo de la Mitra Emeritense*, selección de J. de Arrigunaga Peón, Oregon, Oregon University Press, 1982, pp. 366; 380-381; 386; 400; 437; 444; 446; 450.
[69] *El Aristarco Universal*, 17.XII.1813, núm. 37.

Los primeros dos eran sin duda alguna los personajes más importantes, diríamos los fundadores y líderes del bando liberal sanjuanista —siendo además Moreno secretario del gobernador—, el tercero era un presbítero sanjuanista del primer momento y el cuarto el alcalde saliente de primer voto. Entre los electores del Centro otros dos miembros del ayuntamiento anterior, un par de regidores, obtuvieron uno 300 votos y el segundo 287. Por el contrario, a diferencia de 1812 no fue elegido ningún elector perteneciente al antiguo cabildo pre constitucional, ni militares o funcionarios. Al parecer, los vecinos blancos de la parroquia del Sagrario se movilizaron para demostrar la representatividad de su nuevo cuerpo urbano, votaron masivamente a aquellos que habían sabido presentarse como sus máximos defensores.

Fue, sin embargo, en los barrios indios y mestizos de la ciudad que la estrategia de los liberales se manifestó en toda su amenazante novedad: en San Cristóbal cinco de los siete electores eran mayas y en Santiago los cinco que le tocaban.

En el caso de San Cristóbal, en el cual sólo un año antes los electores habían sido todos blancos, la mitad rutineros, el que había sido entonces nombrado escrutador, probablemente el cacique maya de la ex República, ahora fue nombrado elector. Junto a él otros mayas y dos presbíteros. En Santiago el cambio fue total. En aquella populosa y tradicional parroquia india los anteriores electores rutineros del alto clero local, promovidos por el párroco, fueron desplazados completamente por el ex cacique indio, su teniente y otros tres principales de la antigua República.

El acuerdo global logrado entre los liberales y las jerarquías étnicas de la capital se demuestra por el desarrollo de la junta electoral de tercer grado en la cual seis, entre los ocho cargos a renovar para el ayuntamiento, fueron elegidos por unanimidad de los 25 presentes.

También en los partidos algo estaba mutando rápidamente. De este proceso, que debió involucrar nuevos ayuntamientos, viejas Repúblicas, subdelegados y curas en una sorda lucha por el voto, desgraciadamente tenemos solamente el resultado final. Las juntas electorales de parroquia, de partidos y de provincia para los nuevos diputados a Cortes que se desarrollaron a mitad de marzo de 1814, vieron la victoria de liberales ilustres como Pablo Moreno, Lorenzo Zavala —por entonces secretario del Ayuntamiento de Mérida— y su hermano Agustín —presbítero y gran elector del Partido de Sierra Baja.

Cinco electores de partido que se reconocían en el bando liberal y que habían votado por sus candidatos, quisieron entonces hacer público, a través de la prensa, sus sufragios en la junta de partido. De éstos aprendemos que sus votos fueron, en algunos casos, diversificados y que ninguno de ellos había votado por sí mismo. Aceptando el resultado final y subrayando la regularidad de las elecciones de tercer nivel, los firmatarios demostraban que más allá de los extremos del bando liberal y rutinero, existía ya entonces en la provincia un núcleo minoritario preocupado por reafirmar ante todo la legitimidad de los procesos electorales más genuinamente liberales.[70] Un par de meses antes, el ayuntamiento de Campeche, baluarte rutinero, se dirigió privadamente a uno de sus viejos electores dándole, en forma imperativa, instrucciones detalladas de cómo actuar en la nueva coyuntura, imponiendo así uno de los principios de la vieja cultura política: aquel que no reconocía las nuevas formas representativas sino como extensión de los privilegios de los viejos cuerpos urbanos. El diputado, en la respuesta donde defendía su actuación personal realizada "salvando el honor de ese Pueblo y de Ud. [el ayuntamiento de Campeche]" logró afirmar hábilmente la autonomía de su delegación; lo que no impidió que Campeche elaborara una representación directa al soberano en la cual, con lenguaje de antaño, se afirmaba que "Los Sanjuanistas liberales son verdaderos libertinos" y que a ellos "hombres subversores, [...] el Gobernador está entregado absolutamente", permitiendo que inundaran la provincia con sus "doctrinas pestilentes".[71]

Algunas manifestaciones de una nueva sensibilidad política empezaban a aflorar ocasionalmente, pero sin duda eran muy incipientes aún en el bando liberal. Más difundida entre éste era la apreciación ofrecida por un periódico constitucionalista que, comentando lo acaecido, afirmaba, fundiendo viejos y nuevos principios: "Los mismos partidos escarmentados con el abuso detestable que hicieron de sus derechos sus engañadores, procedieron ahora aleccionados con los duros golpes de la experiencia á escoger electores cuyo bien estar no estuviese en contradicción con la

---

[70] Cfr. *Alcance al Misceláneo*, núm. 132, 1824.

[71] Se trataba de la dura oposición del Ayuntamiento de Campeche a la elección "como único vecino de su Pueblo para la augusta representación nacional" de Miguel Duque de Estrada que, hacia finales de 1812, en las elecciones parroquiales para el primer ayuntamiento constitucional del puerto, había sido tachado por el antiguo procurador síndico como originario de África, tacha que hubiera podido invalidar su elección, dejando la ciudad sin "su" representante en las Cortes Constitucionales de la Monarquía. Cfr. AGI, México, 1821 y 1822.

felicidad de sus pueblos".[72] Pueblos, por entonces en su mayoría constitu-
cionalizados en ayuntamientos, que con éxito veían enfrentarse sus alcaldes con los magistrados reales de los partidos, los subdelegados, símbolos
del viejo "despotismo", y para el sector idígena aliados naturales de los
curas párrocos para la reintroducción de los tributos eclesiásticos.[73]

En aquella tarda primavera de 1814, mientras en España el régimen
liberal se derrumbaba, la victoria del Ayuntamiento de Mérida —que ahora
veía premiada su estrategia de alianzas locales e interétnicas— contra la Diputación provincial debía parecer definitiva; la elección de los nuevos diputados a las Cortes habría sido su resultado final. "La cosa va caminando, y
no a paso de cangrejo", se cantaba entonces en una malagueña liberal.[74]

El 25 de julio 1814, repitiendo al revés el ritual de su proclamación y
jura, la constitución fue materialmente derrumbada. La lápida de jaspe
con letras de oro fue quebrada y sus adornos de brillantes rápidamente
sustraídos. Después, a pesar de un tórrido mediodía tropical, "las señoras
de las primeras jerarquías salieron a vitorear a Su Majestad", mientras "los
sujetos distinguidos que le sirvieron de cocheros y lacayos, llevaban cada
uno una constitución para ir regando las calles con sus fragmentos", volviendo de esta manera a poner en escena el desmembramiento de la Carta
realizado por el lejano monarca, pena infamante y antigua para el cuerpo
de los culpables de regicidio.[75]

Algunos de los miembros del ayuntamiento participaron en primera
persona en los actos de escarnio, otros tuvieron el tiempo de abjurar y
fueron creídos, otros más, o lo hicieron demasiado tarde o, muy escasos,
prefirieron sufrir las consecuencias de su fe liberal, presos por un par de
años en conventos o deportados a San Juan de Ulúa.

No nos compete adentrarnos aquí en el análisis de las debilidades de
este proyecto liberal en Yucatán que, a fin de cuentas, residía en el mismo
legitimismo hacia el soberano que había consentido la exitosa constitucionalización de la provincia. Tanto en el proceso de constitucionaliza-

---

[72] *Clamores...*, 11.IV.1814, núm. 22, p. 96.
[73] Cfr. M. Bellingeri, "De un constitución a otra...", ob. cit., p. 66.
[74] "Coplas de un marinero en el puerto de Sisal al son de unas conchas, cantando la malagueña" en
El Misceláneo, 7. V. 1814, núm. 146.
[75] "Proclama de la Diputación Provincial de Yucatán a sus habitantes", nuevo fondo de manuscritos de la BCCA, 1815. 009. En la Plaza mayor de la Ciudad de México, por acuerdo de la Real
Audiencia, la Constitución insurgente de Apatzingán fue públicamente quemada el 24 de mayo de
1815.

ción como en la Restauración, se mantuvo un pacto nunca infringido en la cultura política local, que había garantizado hasta entonces —y que podía hacerlo aún por algunos años— autonomía y gobierno.

La verdadera herencia innovadora del primer período gaditano —que merece ser subrayada— es que, a lo largo de la breve etapa que había transcurrido desde la introducción de la constitución, el cuerpo político intermedio principal de la provincia, el ayuntamiento de la capital ahora legitimado por una representatividad desde abajo, no solamente se hizo promotor del sufragio en todo el territorio —y hasta más allá de las barreras políticas del sector indígena—, sino que al mismo tiempo reforzó sus atribuciones gubernamentales, jurisdiccionales y fiscales hasta conformar una esfera propia de soberanía, objetivo tradicional del autonomismo yucateco. Se realizó así una primera síntesis híbrida de viejos privilegios y de nuevas libertades, inspiración, una vez suelto el vínculo con la Corona, para aquellas ciudades, villas y pueblos que en los años sucesivos se enfrentarán a todos los proyectos institucionales.

UNA PERFECTA TRANQUILIDAD

Una vez cumplidos religiosamente los rituales de la Restauración, quedaba abierto el problema de qué había de ser restaurado en la fiel provincia, aparte de la soberanía del rey que nunca había sido seriamente puesta en duda y, obviamente, de los tributos del sector indígena.[76]

A dos días de la ceremonia pública en la plaza mayor de la capital —ahora de nuevo Plaza Real— en la cual había participado a los desagravios públicos con histriónico ardor, Miguel González Lastiri (ex diputado en Cádiz, introductor del "odioso Código" en Yucatán, regidor primero del ayuntamiento liberal de la capital y reconocido por todos como máximo experto del nuevo régimen) escribía una vergonzante abjuración al soberano, afirmando que sólo había cumplido como buen cristiano, obedeciendo a

---

[76] Hasta en el frente liberal la soberanía del rey, que la Constitución sustituia con la soberanía de la nación, se mezclaba sin solución de continuidad con aquélla de España, o mejor dicho de los españoles de ambos hemisferios. Así José Matías Quintana, padre del insurgente Andrés Quintana Roo y ardiente sanjuanista que había siempre condenado el despotismo y la crueldad del virrey Calleja, exhortaba, en enero de 1814, a Morelos —que en noviembre del año anterior había firmado el "Acta solemne de la declaración de Independencia"— a rendirse y jurar de guardar "y hacer guardar la Constitución", *Clamores...*, núm.11, 24.I. 1814, p. 32.

la "potestad que gobierna" y plegándose al "lenguaje conforme al sistema dominante".[77]

De cualquier manera, la Restauración formalmente implicaba el inmediato regreso a las magistraturas borbónicas: un gobernador intendente, tres cabildos renovados por cooptación y controlados por regidores cuyos cargos habían sido comprados, 14 subdelegados, dos centenares de pueblos de los cuales las dos terceras partes vieron restablecer sus Repúblicas, con su "jurisdicción que le estaba declarada por las Leyes y Ordenanzas".[78]

En otras palabras, y contradictoriamente, si esto comportaba en primer lugar introducir de nuevo algunas instituciones ya consideradas obsoletas, por otro lado podía ofrecer un nuevo impulso al proceso de modernización absolutista, reconocido como *despótico* contra el cual viejas aspiraciones y prácticas austrinas y nuevos anhelos y prácticas liberales se habían enfrentado.

Como podemos pensar, el proceso resultó ser muy diferente. Se mantuvieron las demandas tradicionales del autonomismo yucateco y algunas fueron logradas, mientras el fenómeno de dispersión de poderes, ahora de nuevo indivisos, no conoció una efectiva inversión.

José Martínez de la Pedrera, uno de los diputados rutineros elegidos en 1813, había vuelto a presentar a las Cortes ordinarias la petición de Yucatán de contar con una propia "media Audiencia". Como ya hemos afirmado, se trataba de un viejo proyecto, que presuponía el mantenimiento de la arquitectura tradicional del imperio, para lograr un paso fundamental para transformar la provincia en un reino que comprendiera también Tabasco, "pequeña provincia", la Isla del Carmen y el Petén.[79] Esta petición, que nunca encontró respuesta positiva, fue mantenida también bajo la Restauración, en las nuevas Cortes constitucionales de 1820-1821 y hasta en las del Imperio de Iturbide del año sucesivo.

Otro diputado también elegido en 1813, Ángel Alonzo Pantiga, fuerte por su pertenencia al grupo reaccionario de los llamados *persas,* manifestó que asimismo estaban pendientes el establecimiento de un Consulado en Campeche, desde septiembre de 1811, la introducción de la moneda de cobre, eventualmente extendiéndola desde Cuba que, por su parte, la ha-

---

[77] Miguel González Lastiri al Ministro de Ultramar, 24.VI. 1814, en AGI, Indiferente Gen. 1354. Agradezco a Antonio Annino el haberme proporcionado copia de este expediente

[78] José Martínez de la Pedrera, 18.IX.1814, AGI, México, 1822 y Indiferente Gen., 1354.

[79] Cfr. José Martínez de la Pedrera, "ex diputado de las llamadas cortes a nombre de Yucatán para la erección en la Capital de una Audiencia" , 8.VI. 1814, *ibid.*

bía solicitado a Cortes, el fomento del comercio igualando los privilegios de Campeche y Sisal a aquellos de Veracruz, la reducción de los aranceles para las mercaderías europeas, de la Nueva España y de Cuba, y por último la concesión de nuevos títulos, como el de "muy noble y muy leal" a Campeche, el de "ciudad" a Valladolid y el de "villa" a Izamal.[80]

Sin embargo, la mayor innovación formal del período de la restauración fue lograda de manera autónoma y de hecho independiente, tanto que parece que en la metrópolis no tenían noticia. Se trata del reglamento provincial de comercio provisionalmente formado por el intendente electo, de acuerdo con la Diputación provincial y firmado por el intendente-capitán general y jefe superior político, Manuel Artazo, el 6 de abril de 1814.[81]

Campeche —que por entonces había sido formalmente segregada de su vieja jurisdicción y de su *hinterland* tierra adentro— pagaba, con la liberalización del comercio extra provincial, su reacia resistencia a las magistraturas borbónicas y después a la preeminencia de la Mérida liberal: dos enemigos posibles de enfrentar cuando se presentaban consecutivamente, pero aplastantes si contemporáneos. Como un siglo antes había acaecido a Valladolid, ciudad de encomenderos, Campeche, "curiosa mezcla de modernidad y arcaísmo", se eclipsaría con su época sin dejar de resistir, hasta con las armas, y conllevando problemas estructurales de gubernabilidad para la entera provincia y el futuro estado independiente.[82]

[80] Cfr, *ibid.*

[81] Este documento, sin lugar a dudas el máximo logro jurídico del autonomismo yucateco, y que fue desde entonces bandera de una irrenunciable soberanía, fue aprobado en una junta en la cual participaron también los ministros de Hacienda y sobre todo los diputados de comercio de Mérida. Se abría así el comercio libre a todas las potencias amigas y neutrales y sobre todo el puerto de Sisal quedaba en grado de competir, legalmente y en iguales condiciones, con el de Campeche. Por otro lado el arancel —y sobre todo la apertura de Sisal a la misma escala de Campeche— había sido fruto de la alianza entre los liberales meridanos — en su mayoría, lo recordamos, mercaderes y comerciantes—, las autoridades borbónicas constitucionalizadas y el grupo de notables embrionario de las regiones dinámicas del centro-sur. Este pacto no parece haber sido sustancialmente modificado por la Restauración y al contrario podría quizás explicarnos en algo cómo aquélla fue exitosamente realizada en Yucatán.

[82] Así la define Ana Isabel Martínez Ortega en su reciente y muy documentada obra: *Estructura y configuración socioeconómica de los cabildos de Yucatán en el siglo XVIII*, Sevilla, Diputación Provincial de Sevilla, 1993, p. 201. Hay además indicios de que, por entonces, la elite campechana —compuesta por mercaderes, militares y clero secular, de los cuales muchos eran peninsulares— se identificaba, gracias a su cabildo y al segundo mando militar (y primero en interinato de gobernador, en causas de guerra y política, desde 1744), como una especie de "provincia autónoma", confederada, diríamos nosotros, con la provincia de Yucatán.

Estas tensiones —que desde entonces asumieron siempre dimensiones territoriales más claras— se vieron agravadas por la debilidad genética y estructural del poder ejecutivo, un fenómeno clásico de la primera mitad del siglo XIX mexicano. El fenómeno, en nuestro caso, conoció una evolución que por comodidad podemos resumir en cinco etapas sucesivas, sin una clara solución de continuidad entre unas y otras. Primera, la nunca del todo extinguida tradición austrina que confiaba al gobernador capitán general sólo el oficio jurisdiccional de magistratura superior sobre las dos Repúblicas de españoles y de indios, y el simbólico de primero en las armas, representados ambos en celebraciones, funciones laico religiosas y hasta en incómodos y a veces riesgosos carruseles, dada la edad de los capitanes generales que debían gallardamente participar. Segunda, la oposición sustancialmente exitosa al intento borbónico que había sumado a las anteriores prerrogativas del gobernador capitán general, aquéllas de gobierno y administración, fundamentalmente nuevas, especialmente fuera de las reducidas jurisdicciones de los tres viejos cabildos. Tercera, con la Carta gaditana el ejecutivo reducido al ramo político, y por esto nuevamente debilitado, era la lógica consecuencia de la inexistencia de una representatividad soberana nueva, liberal, ejercida localmente. Cuarta, el largo tránsito entre independencia y nueva constitucionalización, esto es entre finales de 1821 y primavera de 1825, cuando el poder ejecutivo fue ulteriormente debilitado, tanto de ser ejercido colegialmente, mientras surgía poderoso un nuevo estamento, el de los milicianos, con fuero y jerarquía estamental. Quinta y última, a lo largo de la segunda década de los años treinta, marcada en Yucatán como en México en general por la experimentación de tentativos constitucionales de corte conservador y centralista, los ejecutivos locales, de nombramiento presidencial bajo la indicación de una junta local, perdieron fuerza por la falta de representatividad y acabaron por caer en una angustiosa parálisis.

Así es fácil comprender cómo cualquier acción del ejecutivo local, para ser efectiva, aparecía *despótica* o, diríamos nosotros, autoritaria enfrentada además a otra tradición, mucho más peligrosa para las nuevas normas y métodos representativos constitucionales, el llamado juntismo.

De origen austrina, la facultad del gobernador capitán general de reunir los cuerpos de la provincia, las principales autoridades militares, civiles y eclesiásticas y, a veces, también a numerosos vecinos prominentes, en una junta formalmente consultiva pero de hecho deliberativa, se volvió recurrente. Mantenía un riesgoso nexo operante entre la vieja constitución, que preveía el ejercicio de prácticas autónomas de gobierno sustentadas en las tradicionales jurisdicciones territoriales, y las nuevas constituciones liberales, gaditana antes e independiente después de 1825.

Se reproducía así un ejercicio de *potestas*, cuya titularidad residía en los cuerpos del extinguido *regnum*, y del cual la junta seguía expresando la voluntad general, en un proceso sustancialmente semejante al que hemos analizados en el caso de los nuevos ayuntamientos constitucionales que ahora ejercían soberanías residuales, fruto también de la transmutación de los viejos privilegios de autogobierno.

Si el lector quisiera perdonarnos aquí una metáfora barroca no del todo ajena al espíritu de la época, podríamos parangonar estas prácticas —en realidad, transformaciones recientes percibidas sin embargo como tradiciones— a las corrientes cársticas que fluyen a poca profundidad, bajo el subsuelo calcáreo de nuestra península y que, con el tiempo, provocan el derrumbe de fragmentos de la superficie, formando así los famosos *cenotes*, pozos naturales de los mayas y, sobre todo, residencia de antepasados siempre vivientes.

Los procesos de delegación de la soberanía a través del voto y, por lo tanto, la nueva ubicación de la soberanía misma sirvieron paradójicamente para legitimar esta ambigüedad sustancial. Fueron éstos los que proporcionaron una legitimidad nueva a las juntas promovidas por la Diputación provincial y el cabildo. "Parecía una doctrina generalmente admitida entre los constitucionalistas de la época, que la reunión de estas dos corporaciones era omnipotente y que no necesitaba más que invocar el pretexto de la salud pública para quitar y poner a su antojo jefes políticos, intendentes y capitanes generales".[83]

Hacia finales de 1818, hizo su aparición una novedad esencial en el ya complejo escenario político de nuestra provincia, una logia masónica de rito escocés, cuya organización, normas y praxis se revelará —mucho más allá de sus principios universalísticos y de sus rituales estandarizados— un instrumento eficaz, capaz de organizar un bloque moderado entre liberales y rutineros. Será uno de los protagonistas de los cambios institucionales, por otro lado ejemplarmente pacíficos, del período 1820-1821.[84]

---

[83] E. Ancona, ob. cit., vol.3, pp. 174-175.

[84] Sobre los orígenes de la masonería en México véase, entre otros ya clásicos, el reciente ensayo de Rosa M. Martínez de Codes, "El impacto de la masonería en la legislación reformista de las primeras generaciones de liberales en México", en A. Annino, R. Buve (a cura di), *El liberalismo...*,

Fundada en 1818 en Campeche por Lorenzo de Zavala —de regreso de su cautiverio en San Juan de Ulúa en donde probablemente había sido investido de los poderes necesarios por algunos francmasones españoles— la logia reunió jóvenes oficiales destinados a los cuerpos de Mérida y Campeche. Hacia el inicio de 1820 se adhirieron a logias eclesiásticos, seglares ex rutineros y algunos frailes secularizados, entre los cuales destacó el mismo ex provincial de la orden franciscana.[85] Por iniciativa de Zavala —monárquico pero independentista ya entonces— se ponían los primeros débiles cimientos de un "partido criollo", opuesto a los constitucionalistas, esencialmente militares, la mayoría peninsulares. Era con éstos que por primera vez se debían deslindar campos, al fin de hacer de la secesión, y no ya de la constitucionalización liberal de la provincia, el objetivo estratégico. Para acelerar este diseño, seguramente bastante confuso al inicio y finalizado al debilitarse los antiguos lazos comunes entre peninsulares y criollos —que contradictoriamente las logias con su ideal de hermandad podían reproducir— Zavala refundó la extinguida asociación de San Juan. Hábil operación que utilizó el estatuto de la Confederación patriótica en el otoño de 1820, nuevamente en período constitucional, obteniendo la participación de miembros de todas las sociedades secretas. "Por medio de ella se acabó la logia", recordaba un sincero liberal ajeno a tales maquinaciones.[86]

---

cit., pp. 79-85. Es de diciembre de 1822 el primer impreso yucateco "con signos y adornos francmasones", un *Obsequio al Emperador* que, contra la opinión del entonces jefe político superior, fue absuelto por la junta de censura de la capital; Archivo General de la Nación (desde ahora AGN), Gobernación, l. 86, exp. 2. Es posible que ya desde 1825 actuara en Yucatán otra logia de rito yorkino, cuya aparición sería contemporánea a la formación de dos bandos políticos organizados y contrapuestos, señalando así el fin de un quinquenio caracterizado por la actuación de la logia como organizadora del entero "partido criollo".

[85] Entre los religiosos ex-rutineros que participaron en la logia y en la nueva asociación destacaba el cura Villegas, antes líder de los partidarios del mantenimiento de las cargas tributarias sobre los indios y ferviente absolutista. Existe la hipótesis de que el pacto estipulado entre Zavala y los rutineros se fundaba sobre la permanencia del tributo eclesiástico. A este pacto se atribuye el hecho de que en la logia de Mérida participaran "no sólo los antiguos sanjuanistas, sino también militares, ricos comerciantes, clérigos, frailes, empleados de hacienda, y hasta algunos allegados y amigos del capitán general". E. Ancona, ob. cit., III, p. 121 y pp.165-166. y Justo Sierra O'Reilly, cit. en Rubio Mañé, ob. cit., y *supra* nota 20 . La logia actuó con éxito, cuando en mayo de 1820 — a un mes de la reintroducción de la Carta gaditana en la provincia— la Junta provincial depuso al capitán general y el teniente del rey para nombrar un comandante militar, un jefe político y un comandante de armas en Campeche, rompiendo no sólo la residua legalidad sino poniendo también en crisis equilibrios territoriales delicados. Cfr. E. Ancona, ob. cit., III.

[86] Matías Quintana en la Sumaria del Al. 1° del 19.III. 1821 en AGI, México, 3045.

La nueva "reunión de Españoles pacíficos" reivindicaba un carácter eminentemente criollo y moderado, ajeno a las inspiraciones filantrópicas, aun si no necesariamente a los métodos políticos incluyentes hacia el sector indígena, características ambas de la primera junta de San Juan, constitucionalista y liberal. Como los viejos sanjuanistas, los nuevos hubieran instigado a los pueblos, contagiando algunos, a no pagar tributos; "no podían elegir un medio más eficaz para conmover a la provincia" ya que "los pueblos [...] están en el mayor grado de ignorancia de modo que creían que la junta confederada era el verdadero gobierno, empezando a desobedecer con insultos al jefe político".[87] Sin embargo, el sujeto de la asociación debía ser ahora el "hombre científico", instructor de un pueblo "en la mayor parte incivilizado", al fin de "robustecer la libertad e independencia"; dirigiría la opinión pública, haciendo de la Confederación "un cuerpo moderador del despotismo gubernativo, alejado de la injusticia y del desenfreno de las facciones populares". Un "cuerpo irresistible", según las preocupadas autoridades constitucionales.[88]

Los confederados, cuyo número probablemente no alcanzaba el medio centenar pero a los cuales se iban sumando muchos párrocos rurales, socavaban las bases mismas de la gobernabilidad constitucional intentando, como afirmaban públicamente, "promover sociedades iguales en los pueblos cabezas de partido y en los que sin serlo tienen suficiente vecindario e instrucción".[89]

Las autoridades, por su parte, tuvieron que recurrir a medidas igualmente anticonstitucionales. En las elecciones a diputados a Cortes de agosto, el naciente bloque confederado había demostrado su capacidad de expresar una representación equilibrada a escala provincial: de los diez elegidos tres eran funcionarios del ayuntamiento liberal de la capital, el de 1814 reinstalado en mayo de 1820; tres eran funcionarios campechanos; tres eran religiosos y el último, un conocido oficial de marina.[90]

Para impedir que los confederados ganaran también las elecciones para la renovación de la Diputación provincial y de los principales ayunta-

---

[87] Se denunciaba que se "conmovió a los indios publicando que era tiránica y opuesta a la Constitución la entrega de los tributos laicos y religiosos". Esta era la opinión, hacia finales de septiembre de 1820, del jefe político de la provincia. AGI, México, 3045.

[88] *Alcance al Aristarco*, núm. 20 y *Aristarco Universal*, núm. 1, 16.IX.1820 y el informe del jefe político interino Ribas y Vértiz de 27.IX. 1820, en AGI, México, 3045.

[89] Así recitaba el Art. 4 del reglamento de la Confederación, editado en algunos números de su órgano, el *Aristarco Universal*. Cfr. núm.2, 20.IX. 1820 y núm.3, 3.X.1920.

[90] Cfr. J. Rubio Mañé, "Los diputados mexicanos...", pp. 372-373.

mientos, mucho más importantes por sus nuevos ejercicios soberanos, se suspendió la restaurada municipalidad de la capital, "contagiada por la confederación". Y, por primera vez, se intentó en octubre un fraude organizado por el ejecutivo, con la ayuda de las jerarquías milicianas. Frente a las protestas públicas de los confederados, se respondió con la detención y con el inmediato envío forzado a las Cortes, de su presidente Zavala, de las cuales era diputado.[91] Según la denuncia del Ayuntamiento de Mérida, cuando "el pueblo se arrimó a votar [...] los militares hicieron votar jóvenes, soldados africanos, a veces por dos o tres veces, en distinta horas en la Parroquia principal", juntando así la mayoría de votos para electores, sobre un total de más de 400. Un número sustancialmente igual al de las últimas elecciones municipales de finales de 1813, lo cual podría hacernos dudar sobre el verdadero alcance del fraude. En realidad, si esto hizo escándalo fue porque todo acaecía en el Sagrario de la Plaza Real, espacio blanco en el cual la legalidad electoral había sido hasta entonces respetada.[92]

En los pueblos, por aquellos días, otra vez los ayuntamientos constitucionales sustituían a las Repúblicas. Entre 1814 y 1821 los pueblos pasaron de 268 a 228, mientras el número de aquellos que contaban con ayuntamientos constitucionales aumentaba en mayor manera, pasando de 108 a 178 a principios de 1821, según las informaciones del entonces jefe político superior.[93] De cualquier manera el proceso de dispersión característico de la época gaditana siguió activo, también durante su segunda época de vigencia.

Algunos recursos frente a la Diputación provincial, resueltos por el secretario de Gobierno Pablo Moreno, arrojan un poco de luz sobre el desarrollo de las restablecidas prácticas electorales en situaciones sociales, étnicas y culturales diferentes.

En el presidio fronterizo del Carmen, cabecera de partido donde residía una comunidad de 2.264 vecinos, militares en su mayoría, el sufragio se desarrolló de manera estrictamente jerárquica; en orden votaron "oficialidad, tropa y paisanaje". Los militares, enfrentados al restablecido ayuntamiento, habían organizado cuidadosamente los eventos: la noche anterior se había tenido una junta en la cual los oficiales habían distribuido a la tropa, a través de sus cabos, las papeletas de voto ya compiladas para que

[91] AGI, México, 3045.
[92] AGI, México, 3046.
[93] Salvador Rodríguez Losa ofrece la cifra de 168, en *Geografía Política...*, cit.

cada uno agregara su firma. Frente a la tacha levantada por la mesa electo-ral, controlada por las autoridades municipales salientes, Moreno admitió la perfecta legalidad del procedimiento. Sólo la admisión de haber votado en contra de su voluntad por parte de los sujetos hubiera permitido decla-rar nula la votación.[94]

En Kopomá, en el Partido de Camino Real Alto con 2.142 habitantes, quien obtuvo el número de sufragios más alto entre los 31 compromisarios, fue un maya. Se destaca el gran número de compromisarios y el hecho que algunos de ellos fueron elegidos con sólo un puñado de votos, lo que nos recuerda los métodos de cooptación que cada año tenían lugar en las Repúblicas de indios, muy diferente de aquel de elección popular estable-cido por la constitución, y sustancialmente iguales a aquellos ya analiza-dos en el caso de Ebtún.[95] En el caso de Kopomá, sin embargo, el entero proceso pareció pilotado hábilmente por el cura auxiliar de la parroquia que, no obstante la oposición de una tercera parte de los compromisarios, logró que él mismo y su hermano —el párroco titular y probablemente absentista— fueran nombrados electores, para participar a la junta de su partido.[96]

En el pueblo de Pich, de cuyo ayuntamiento formaban parte Bolon-chen y de Cauich, formando un distrito electoral de más de 3.000 habi-tantes, se votó por nueve compromisarios, en una única junta en la cabecera. Una vez recogidas las papeletas el alcalde saliente las "pasó in-mediatamente a manos del cura, Fray Vicente Argaéz, que concurrió a la acta en infracción de la Constitución". Este la tachó y reescribió, "descar-tando cinco de los ocho presentes y nombró tres de los restantes [...] Los juramentó y puso en posesión de sus empleos", para pasar de inmediato a la misa y al Te Deum. El alcalde así designado, un maya, era analfabeto y no hablaba castellano, como uno de los cuatro nuevos regidores. En la denuncia de los hechos, realizada por los liberales blancos excluidos, se recordaba que la constitución "declara y manda que los Sacerdotes regula-res no son ni pueden ser ciudadanos". Menos aún en este caso en el cual el fraile había cometido crímenes anteriores, amenazando en el momento de la reintroducción constitucional realizada en junio de 1820, con cortar

[94] AGEY, Colonial, Ayuntamientos, exp. 39. En este legajo se encuentran anexas una de las raras papeletas originales: siete de dos formatos diferentes, con siete nombres de electores y la firma del votante.
[95] Cfr. *supra* n. 63.
[96] AGEY, Colonia, Ayuntamientos, exp. 42.

la cabeza al alcalde reinstalado. Mientras expresaba, con vehemencia española, que se "cagaba en la constitución", habría soltado un sablazo en contra de un poste de la casa concistorial, gritando que "el Ayuntamiento, compuesto de mulatos indígenas era indigno de ejercer sus empleos".[97] Opinión que, como veremos en seguida, empezaba a difundirse en espíritus mucho más atentos al cambio que el de nuestro colérico fraile.

En Dzemul, comunidad rural en el partido de Izamal con 2.328 habitantes, el proceso electoral fue interrumpido por una pequeña partida de "genios díscolos", que arrebataron el libro de actas, procediendo el día sucesivo a celebrar otra junta, obligando a algunos de los vecinos a votar por sus candidatos, hasta con violencia física. Sin embargo, más allá de los sucesos, en un pueblo dividido en dos bandos tan encontrados que no habían podido llegar a algún arreglo previo al voto, es interesante destacar que las autoridades centrales intervinieron inmediatamente, enviando al alcalde del pueblo vecino de Mocochá, que, protegido por milicianos, llevó a cabo una minuciosa investigación.[98]

Mientras, los confederados debatían las formas de una inminente "feliz transacción que asegure los derechos de la libertad americana" contra el despotismo que impedía la "igualdad absoluta con los españoles en el gobierno de la metrópoli". No excluían sin embargo que, fracasado este intento, había de llegar el día de "sancionar la independencia" ya que empezaban a aflorar inéditas propuestas para transitar en el futuro hacia una nueva constitución, fuertemente autonomista, confederada o independiente, que garantizara la reintroducción de algunas de las normas del antiguo pacto indiano: reinstaurar el tributo y las Repúblicas, previa la eliminación de la galaxia de los ayuntamientos constitucionales gaditanos. Dos necesidades contemporáneas para el partido criollo, que su débil adversario constitucionalista con razón veía como las bases para el restablecimiento del antiguo régimen.[99]

Una extrema y desesperada resistencia fue intentada por el último jefe político y capitán general, el mariscal de campo Juan María Echéverry que como militar y buen liberal español, interpretó a su manera las tibias recomendaciones de una Corona que denunciaba ya su lúcida impotencia frente al derrumbe en acto. El soberano aconsejaba "prudencia y modera-

---

[97] AGEY,Colonia, Ayuntamientos, exp. 38.
[98] AGEY, Ayuntamientos, exp. 42.
[99] *Aristarco Universal*, núm. 4, 27.IX.1820 y núm. 5, 30. IX.1820.

ción [...] perfecta unión de todas las autoridades", condenó la "inconsideración" del ayuntamiento de Mérida al cual recordó su carácter "no deliberativo, sino puramente económico" y finalmente buscó, con la Diputación provincial, la superación del tributo con otra contribución "más conforme con la libertad de cada individuo".[100]

Echéverry, al contrario, decidió de inmediato utilizar las armas constitucionales que las Cortes restablecidas le brindaban en sus decretos de octubre: uno imponía la exclaustración de los religiosos regulares y otro prohibía las reuniones, sociedades, juntas patrióticas "constituidas y reglamentadas por sí mismas".[101] En marzo de 1821 los "liberales sanjuanistas", que ya habían visto extinguir su confederación, se reunieron de noche en la plaza de San Juan para recordar la introducción de la Constitución y, al mismo tiempo, subrayar sus antiguos orígenes. Se indignaron al verse investigados por el alcalde primero, no obstante el himno al "augusto don" terminara con vivas "para el gran Fernando".[102] Para evitar conjuras, Echéverry decidió presidir regularmente no sólo las sesiones de la Diputación provincial, de la cual era presidente, sino también aquéllas del ayuntamiento de la capital.

El 5 de febrero de 1821 cuarenta soldados, seguidos por unos cuantos civiles, recorrieron las pocas cuadras que separaban la Plaza Real del convento de San Francisco. Al grito de "¡Frailes afuera, frailes afuera!", hicieron irrupción en el templo. Los antiguos altares fueron rápidamente desarmados, las imágenes sagradas sacadas a la calle; se apagaba así la "primera lámpara que se encendió en esta provincia, haría más de tres siglos". Un "espectáculo horroroso", según la opinión oficiosa del partido criollo cuyos miembros murmuraban con vernácula impudicia que "los que paseaban las santas imágenes tenían dos colas una adelante y una atrás". Mientras los santos exhibidos, algunos sin brazos y piernas, venían insultados por unos pocos, "los pobres de los suburbios, sobresaltados acudían a la ciudad á guardar y esconder sus santas imágenes porque se decía que se las iban a quitar".[103]

---

[100] "Instrucciones secretas al jefe político de Yucatán [...] por S.M." en AGI, México, 3045.

[101] El primer decreto establecía la extinción de los conventos en los cuales el número de religiosos no llegara a doce, admitiendo la existencia de sólo uno, por cada orden, en cada lugar. AGI, México, 3045.

[102] *Ibid.*

[103] En realidad se trataba del desenlace final de una tensión por largo tiempo acumulada que había visto, hasta la fundación de la logia antes y de la Confederación después, la Seráfica Provincia siem-

Los nuevos sanjuanistas supieron aprovechar la impiedad pública del capitán general contra el que había sido en años anteriores el blanco de todos sus ataques: el oscurantismo y la superstición. Ahora defendían si no los intereses de una orden desintegrada, al menos aquéllos, muy materiales, de sus ex miembros secularizados que ambicionaban obtener algunas de las viejas parroquias. Al mismo tiempo, a través de los que habían sido vehículos de la religiosidad popular, los confederados podían contar con una legitimidad inédita entre blancos pobres, mestizos e indios, utilizando a su favor una incipiente y autónoma identidad americana que se contraponía, en este caso específico, a aquella impía de los peninsulares.

A través de una imprenta que podía contar sobre una muy constitucional libertad, y gracias a una fuerza de la que nunca habían gozado, los confederados amenazaban en aquellos días: "Los yucatecos aman la Constitución porque ven en ella que la religión de la Nación es la Católica Apostólica Romana. Si llegan a sospechar que no será protegida cuando sea violada, puede asegurarse con verdad que será el momento en que se conozca cuanto aprecio y cuanto respeto le tributa la provincia fiel, la provincia leal".[104]

Echéverry mismo se dio cuenta del error cometido y pidiendo su sustitución afirmaba que "Unos liberales exaltados ansían la independencia, otros, hombres perdidos, la esperan por momentos para variar de suerte; los serviles la miran como la única ancora para volver a establecer el imperio del despotismo y fanatismo; y los pocos liberales verdaderos, si bien trabajan para que no se verifique, conocen su impotencia para resistir de aquellas partidas numerosas".[105]

Mientras con la colaboración de Zavala fracasaba en Cádiz el último intento confederal para salvar lo que quedaba del imperio, en la vecina Nueva España se firmaban en el mes de agosto los tratados de Córdoba

---

pre más enfrentada al obispado y a los constitucionalistas viejos y nuevos, y sobre todo desgarrada a su interior. Los novicios del otro convento de la capital, el de Mejorada, ya se habían sublevado en contra del padre guardián, en el otoño de 1820, quemando el cepo de castigo. Saliendo de noche por la ciudad, fueron apodados "liberales de capucha y cordón". Al mismo tiempo el obispo había decidido no dejar que la situación se derrumbara y estaba procediendo a la secularización inmediata de los religiosos que la pedían y a la reasignación de los curatos rurales sustraídos a la orden: en pocos meses aquélla se vio reducida de más de 200 miembros a una treintena, de los cuales dos terceras partes en Mérida. *El Yucateco*, 31.VII.1821; la versión de los hechos por Echéverry en AGI, México, 1679.

[104] *El Yucateco...*, *ibid*.
[105] AGI, México, 1679.

que sancionaban la independencia. A pocos días de su proclamación en Mérida por una junta extraordinaria, realizada el 11 de septiembre de 1821, Echéverry afirmaba que "reinaba una perfecta tranquilidad" y que él estaba preparado a "entregar el mando sin titubear al que determine la opinión pública [...] evitando la menor efusión de sangre".[106] Antes de abandonar la península, colaboró activamente en la redacción de los 19 puntos sobre los cuales se debía negociar, a través de comisionados, la confederación de la provincia, "emancipada de toda extraña dominación política [y] constituida por su propia voluntad y natural derecho en nación libre e independiente".[107]

De cualquier manera nada hubiera podido intentar. Otra innovación constitucional había proporcionado por entonces al contrapoder organizado por los confederados un arma que hubiera podido desencadenar la guerra civil: la milicia nacional. Su introducción, como muchas otras novedades, fue interpretada por la cultura política criolla como una afirmación de un equilibrio de poderes pre liberal. Así, ya que "la nación española ha tenido por conveniente equilibrar la fuerza de los contratantes, es decir del pueblo y del gobierno", la milicia reglada habría sido el freno a la "arbitrariedad popular", mientras la milicia nacional habría representado el baluarte contra el "despotismo gubernamental".[108] De una sola vez se introducía el principio de la legitimidad de un equilibrio armado de poderes entre rey y reino y se consolidaba definitivamente un nuevo estamento, ya tradicionalmente dotado de una jurisdicción separada, gracias ahora a un cuerpo político electivo, formado por su oficialidad.[109]

Ninguna otra de la herencias gaditanas se revelará tan funesta como ésta que, sumada al llamado juntismo, minará *constitucionalmente*, esto es desde su interior, la gobernabilidad liberal independiente, hasta restringir el ámbito mismo de los procesos electorales representativos, a través de la

---

[106] *Ibid.*

[107] Punto 1 de las "Instrucciones..." en AGI, México, 3945.

[108] De un discurso tenido en la sesión del día 21 de septiembre de 1820 en la Confederación, reproducido por *El Aristarco*, n. 4, 27. IX 1820.

[109] En efecto, el reglamento de 24 de octubre de 1820, en su art. 27 preveía que la elección de los oficiales de la milicia nacional se efectuara "a pluralidad absoluta de votos de los concurrentes ante los respectivos ayuntamientos". En escala "los oficiales así nombrados elegirán a los oficiales superiores del mismo modo". Y si es verdad que el fuero militar hubiera debido aplicarce sólo en los casos excepcionales en los cuales la milicia nacional estuviera en campaña, por otro lado siempre resultó fácil obviar esta restricción. Cédula sobre la organización y el funcionamiento de la Milicia nacional, 24 X 1820, en AGEY, Colonial, Reales Cédulas, vol. 4, exp. 46.

intervención determinante del estamento militar que sancionará la sucesión de los ejecutivos, entendidos como regímenes que se delegitimarán el uno al otro.

Hacia inicios de 1821 en el pueblo de Sinanché, partido de Izamal, con sólo 1.568 habitantes y que ya contaba con un ayuntamiento gaditano, el alcalde fue encargado por el subdelegado de proceder a enlistar todos los ciudadanos para una compañía miliciana de entre 60 y 100 hombres que, "reunidos el primer día festivo, nombren a pluralidad absoluta de votos un capitán, un teniente, un subteniente, un sargento primero y cuatro sargentos segundos, dos tambores, cuatro cabos primeros y ocho segundos". Veintidós cargos que hubieran debido jurar fidelidad a la religión, al rey y a la constitución en las manos de las autoridades locales. Bajo su mando hubieran debido ejercitarse, por dos domingos cada mes, todos los ciudadanos hábiles, al fin de defender las libertades públicas, sus hogares, pueblo y partido "de los enemigos interiores y exteriores [...] marchando contra desertores y bandidos". En sucesión jerárquica los graduados de los pueblos hubieran debido elegir los oficiales de los batallones, formados de cuatro a siete compañías.[110] Así se procedió en Mérida, en julio de 1821, cuando fueron nombrados los comandantes de los tres batallones de la milicia nacional de aquel partido. Estos últimos, en Mérida, hubieran elegido la plana mayor de la provincia, como acaeció en mayo de 1825, cuando en la capital se reunieron, frente al ayuntamiento, 60 oficiales de los batallones de los Partidos para la elección, por cierto muy contrastada, del coronel.[111]

El miliciano en servicio, "ciudadano en armas", sería sujeto a una pena máxima de 10 días de detención, pero en campaña sería aplicada la ordenanza militar; penas muy severas si se confrontan con aquéllas que un alcalde constitucional podía imponer por vía administrativa, que no sobrepasaban un día de prisión.[112]

Si bien el reglamento general no especificaba nada alrededor de la participación de los indios en las nuevas milicias, se interpretó la exclusión

---

[110] Copiador del Partido de Izamal, vol. 10, en BCCA.

[111] Esta vez fue imposible llegar a una mayoría absoluta y parece que el Gobernador decidió quién era el vencedor. . Acuerdos, Mérida, 18 de mayo de 1825, en BCCA.

[112] Acuerdos 1820-1822, Copiador del Partido de Izamal, vol. 10 en BCCA y Cédula sobre la organización de la Milicia Nacional, AGEY, Colonial, Reales Cédulas, v., exp. 46, art. 21, 27, 28, 40 y 41. Para la elección de los comandantes de los batallones del partido de la capital: *El Periódico Constitucional*, núm. 88, 7.VII.1821.

de los jornaleros como extensiva a los peones o luneros, dejando ambigua, al principio, la participación de los indios campesinos independientes.[113]

Hay que aclarar aquí que no se trata de averiguar el grado de eficiencia militar de estos cuerpos; probablemente ni siquiera todos los suboficiales de compañía contaban con armas de fuego, y nunca fueron respetados, ni en las ciudades y villas, los cambiantes reglamentos que hubieran debido normar la vida miliciana de los llamados *cívicos*. Sólo las tropas regulares de Campeche y los cuerpos mucho más reducidos de la milicia reglada con fuero militar, o "activa", como aquélla antigua de pardos de Mérida, contaban con un mínimo grado de organización.

Y sin embargo más de un siglo después, en 1935, en el cacicazgo maya independiente de X-Cacal en el extremo oriente de la península, un joven antropólogo, Alfonso Villa Rojas, encontrará una compañía del "ejército de la Cruz", con fuero, grados y sobre todo formas electivas, introducidas por las Cortes liberales de Cádiz.[114] Muy poco sabemos de cómo la introducción de la milicia cívica colaboró a reforzar identidades étnicas y, sobre todo, a reformalizar sus jerarquías, pero es evidente que su esencia municipalista, vertical y simbólica debió de parecer absolutamente comprensible a la cultura política de las elites mayas que en aquellos años buscaban nuevas expresiones para mantener tanto su supremacía cuanto la autonomía del sector en su conjunto.

El peligro no fue subestimado por los contemporáneos: nuevos reglamentos sucesivos intentaron, a partir de 1825, delimitar el carácter autorreproductivo del nuevo estamento y restringir la participación indígena, especialmente sospechosa si venía ejercida adentro de las jerarquías étnicas de los pueblos. Fueron introducidos límites censatarios para los suboficiales y su nombramiento por parte del ejecutivo debía de darse sobre una terna propuesta por los ayuntamientos —reducidos, como veremos, solamente a las cabeceras de partido— mientras los indios, que hubieran sido excluidos por "jornaleros", sólo podían participar volunta-

---

[113] Comunicación al Alcalde de Canzacab, Izamal, v. 27.VII.1821, en BCCA.

[114] Se trataba de una comunidad sobreviviente de los famosos *cruzoob*, los mayas rebeldes que ocuparon el oriente a lo largo de buena parte de la segunda mitad del siglo pasado. En este pueblo "los jefes proponen un nombre, la asamblea aprueba los mismos por promociones". Es muy posible que las elecciones para los cargos de milicia en época gaditana e independiente se desarrollaran de manera similar. Alfonso Villa Rojas, *Los elegidos de Dios. Etnografía de los mayas de Quintana Roo*, México, INI, 1987, pp. 262-267 (primera edición, en inglés, de 1945).

riamente y previa una selección. En síntesis se podría afirmar que mientras se mantuvieran vigentes las normas fundamentales de las relaciones entre los dos sectores, las modificaciones introducidas al reglamento gaditano de milicias fueron suficientes para mantener a nivel simbólico los nuevos cargos en los pueblos, mientras en nada sirvieron para limitar el desbordamiento del nuevo estamento en la vida institucional.

Al mismo tiempo fue, paradójicamente, la progresiva segregación de un espacio político étnico de aquel del sector blanco, sancionando el fin del espacio político gaditano, interétnico y policéntrico, que permitió por un tiempo más el mantenimiento de una suficiente gobernabilidad. Implicaba el aplazamiento consciente de una representatividad electoral moderna, fundada sobre una *calidad* formalmente igual de los ciudadanos que podía ser seleccionada a través de una *cantidad* determinada por el censo. Hay que recordar aquí que el debate y la resolución final sobre la calidad diferente de los nuevos ciudadanos indios no puede ser interpretada a la luz de prejuicios que hoy en día llamaríamos raciales. Ya en julio de 1821 los liberales clamaban por la desaparición de la división parroquial con los pardos, "aboliendo las anteriores divisiones de castas por sustituirlas por territorios".[115]

Los criollos empezaban entonces a mirar "como una degradación y a veces como una farsa ridícula" condividir cabildos con los representantes del sector indígena. Cabildos en los cuales, como en las antiguas Repúblicas, participaban también los compromisarios, conformando un cuerpo político compuesto, en tendencia, por todos los principales de la comunidad, "los cabildos comenzaron á rebullirse de una manera alarmante tanto más, cuanto que los elegidos tenían que escuchar el clamor diario, la interpelación enérgica y constante de los numerosos electores que los habían sentado allí".[116] Los sanjuanistas se habían proclamado redentores de los indios y también gracias a su apoyo habían derrotado a los absolutistas.[117] Ahora, en el partido criollo, predominaba la moderación hacia las innovaciones, la decepción por parte de los curas —tanto liberales como

---

[115] Hay que recordar que la identidad separada de los llamados pardos, artesanos la mayor parte y milicianos activos que habían sido empleados en campaña en Veracruz para luchar en contra de la insurgencia, se revelaba peligrosa, como lo demuestra su desarme en aquel año. *Diario Constitucional*, núm. 101, 29.VII.1821.

[116] *El Fénix*, n. 92, 5.II.1850.

[117] Justo Sierra O'Reilly, *Los indios de Yucatán*, Mérida, s. e., 1957, tomo II, p. 224 (primera edición de 1857).

conservadores— por el abandono de las prácticas de culto en los pueblos y, sobre todo, la preocupación por la eficaz resistencia del sector indígena a pagar tributos. Y sin aquéllos, lo recordamos, no se podía sustentar ninguna forma de estado en Yucatán. Cuando en julio de 1820 fue introducida la nueva capitación de medio real al mes para todos los adultos, llamada "contribución patriótica", fue claro desde el principio que, para obtener resultados, había que recurrir a la colaboración de las autoridades étnicas. Sólo a través de "una reunión que fuera semejante ó se acercase al método de las antiguas repúblicas de los extinguidos caciques y justicias" se hubiera podido llenar el déficit del erario público.[118]

Por otro lado, para los principales del sector indígena que habían debido compartir por primera vez su gobierno en los pueblos con los blancos y mestizos que, recordamos, ocupaban normalmente el cargo de alcalde constitucional, el regreso a la vieja administración segregada de las Repúblicas seguramente no debía desagradar. Si bien las nuevas autoridades habían sido, a través de su misma electividad, expresiones de acuerdos con las jerarquías étnicas, de cualquier manera controlaban el patrimonio territorial de las comunidades (propios, ejidos y lo que quedaba de las cofradías), sus pósitos, arbitrios y a través de éstos las celebración de las fiestas de los santos patronos. En caso de resistencia al pago de contribuciones, los alcaldes estaban obligados a embargar y vender los bienes de los morosos o, en su falta como era normal, a entregarlos "a servir a quien pague para ello".[119] Existía por lo tanto el riesgo real de una reintroducción de los "servicios forzados" o hasta de una venta de campesinos endeudados a las haciendas que entonces crecían con regularidad, denunciando una crónica falta de brazos. La elite maya, la *gentry* de los pueblos, debía percibir la amenaza de que el dominio sobre los *macehualoob* fuera compartido con jerarquías ajenas.

Finalmente, el 23 de julio de 1824, el Congreso constituyente estableció que "al fin de remover los obstáculos que se encuentran en el recaudo de contribuciones" se restablecerían las Repúblicas "que cesaron el año de

---

[118] En un debate tenido en el congreso constituyente el jefe de armas hizo pública su incapacidad para mantener la disciplina entre las tropas permanentes por la falta del *prest*. Se encargó entonces a una comisión que elaborara un nuevo plan de contribuciones que previera la reintroducción de "cobratarios indígenas". La iniciativa fue aprobada el 1.IX.1823 con 10 votos a favor y 4 en contra. AGEY, Congreso, Sesiones, vol. 1, exp. 1.

[119] El subdelegado de Izamal al ayuntamiento de Tzilam, en AGEY, Izamal, 1820.

1820".[120] También esta vez, como unos años antes, algunos diputados votaron en contra; entre ellos Pablo Moreno, probablemente por su lúcida visión de las implicaciones constitucionales del decreto. En septiembre se decretó, como era lógico, la abolición de los ayuntamientos gaditanos, introduciendo mutaciones profundas en el espacio político blanco e indio y ofreciendo un tranquilizante sesgo restaurador a los primeros pasos del ahora Estado de Yucatán, en proceso de confederarse con México.

¿QUÉ SOBERANÍAS?

Entre septiembre de 1821 y mayo de 1825 la naciente clase política yucateca tuvo que replantear y dar solución a los desafíos de una soberanía inédita hacia afuera en relación con España, con el México imperial de Iturbide, con aquel país "en estado de natura" a lo largo del tránsito hacia la república confederada —"centro común" o "centro de unidad" como se interpretaba hacia mitad de 1823— y finalmente con el México republicano, constituido a partir de 1824.[121] Para superar estas pruebas fue útil, si no suficiente, el haber mantenido por un lado la Constitución gaditana, con sólo algunas innovaciones, y, por otro, las tradiciones autonomistas de una provincia que se consideraba de cualquier manera constituida históricamente. Más difícil se demostró imponer la soberanía yucateca hacia sus fronteras, como en el caso de Tabasco, y sobre todo impedir que el débil lazo entre la provincia y la ciudad de Campeche se rompiera definitivamente. Sólo una expedición militar, por cierto incruenta, realizada desde Mérida en marzo de 1824, determinó la sujeción del puerto con la concesión de amplios privilegios para su cabildo y mando militar.[122]

En el interior de la formación interétnica había que resolver quién era el detentor de la soberanía del constituyente Estado soberano, cómo ejercerla y a través de cuáles instituciones. Fue en este momento delicadísimo, que podríamos localizar entre 1823-1824, que la cultura política criolla se encontró nuevamente con aquélla étnica, gracias a una particular lectu-

---

[120] *Gaceta de Mérida*, 29.VII.1824.

[121] Muy interesantes son las consideraciones de Guadalupe Victoria, en mayo de 1823 en Villahermosa, Tabasco, en las cuales revela los supuestos planes del general Vicente Filísola, desde la Ciudad de Guatemala, para obtener la unión de Yucatán con Chiapas. AGN, Gobernación, 43, exp. 53.

[122] Cfr. Bellingeri, "De una constitución ..." cit., p. 74.

ra común de los equilibrios constitucionales, restableciendo tanto las antiguas legitimidades estamentales de los viejos cuerpos políticos blancos —los cabildos, diferentes por orígenes de los ayuntamientos gaditanos— y de las Repúblicas de indios. Entre los 19 puntos de la "libertad civil" de España, siglados en la junta de septiembre de 1821 y llevados a México para negociar de su participación a una "Nación Americana" libre e independiente, regida por una monarquía constitucional, nada se decía sobre una nueva soberanía, ya que el viejo ejercicio autónomo de gobierno, parecía naturalmente transformado en una autonomía cumplida, soberana por derechos históricos. Era sobre estos derechos que los negociadores debían "particularmente profundizar".[123]

En un segundo momento, a lo largo del proceso de disolución del Imperio mexicano predominó una concepción de la soberanía de inspiración municipalista y gaditana, residiendo ésta "esencial y colectivamente en los pueblos". Una concepción peligrosa ya que legitimaba como fundadora la dispersión de soberanía aún operante. Curiosamente el decreto de la Regencia del 17 de noviembre de 1821 preveía que fuera el ayuntamiento de la capital, conjuntamente a un elector por partido, a elegir diputados a las Cortes de Iturbide, en una clara admisión de ejercicio de soberanía.[124]

Finalmente la Constitución de 1825 redujo la residencia de la soberanía "esencialmente en los individuos" que componían el Estado. No creemos sin embargo que la precedente concepción municipalista desapareciera por esto, sino más bien que encontró nuevas formas de expresión en los pocos ayuntamientos yucatecos (y que desde ahora llamaremos por comodidad ayuntamientos cabeceras de partido) que sobrevivieron al decreto de julio de 1824; unos quince en contra de los casi 200 del segundo período gaditano y de los primeros dos años de vida independiente.[125]

---

[123] El punto 17 establecía que los comisionados hubieran debido poner particular atención a las intenciones del gobierno mexicano establecido "con respeto a la representación, intereses, seguridad e influjo de estas provincia en el nuevo pacto social". AGI, México, 3045.

[124] En aquella junta, que tuvo lugar el 28 enero de 1821, el alcalde primero de la capital manifestó la duda de si el ayuntamiento debía votar por individuos o con un único voto. Se decidió proceder sumando a los 10 sufragios de los representantes de los partidos presentes, los 16 votos de los miembros del ayuntamiento. Los elegidos debían ser un eclesiástico, un militar y un funcionario, a los cuales se sumarían siete diputados más, como representantes no estamentales. Copiador de Actas de elección..., 1822, en BCCA.

[125] A este propósito cfr. Bellingeri, "De una constitución..." cit. pp- 64-67; 71, núm. 50 y 72-74.

No hubo dudas explícitas sobre que el ejercicio de *esta* soberanía fuera actuado normalmente a través de elecciones, salvo que se mantuvo el antiguo derecho de petición colectiva por parte de los cuerpos urbanos y sobre todo el de aceptar, en casos excepcionales, que las juntas de los cuerpos, civiles, militares y religiosos de la provincia fueran titulares de una soberanía preponderante y legítima. Ésta no sólo persistió a lo largo del período constitucional e independiente sino que se reforzó, en cuanto fue entendida al mismo tiempo como expresión de la autoridad de los cuerpos estrictamente estamentales (como en el caso de los militares o del clero) y de aquélla, no sustancialmente distinta al menos en las juntas, delegada por los ciudadanos —entendidos aquí como *vecinos*— hacia sus cuerpos urbanos. Y recordamos solamente dos particularidades más: la vecindad quedó como requisito de ciudadanía, hasta identificarse popularmente con ella; y, en segundo lugar, si las jerarquías étnicas fueron excluidas de las juntas soberanas, no por ello perdieron el privilegio de aprobar las decisiones tomadas por las juntas, participando en todas la celebraciones públicas.

La sensibilidad republicana de las elites empezó a difundirse hacia abajo a través de nuevos ritos. En Mérida éstos se desarrollaban en la borbónica Alameda y en la Plaza Mayor, que había cambiado de nombre por tercera vez. Allí se leían proclamas y actas en un tablado, mientras a su alrededor se organizaban paseos de calesas, bailes públicos y privados, refrescos en la casa del gobernador y, sobre todo, desfiles de milicias y dragones. Por entonces, ya la capital contaba con un teatro; Campeche lo construirá en 1830.

Los cañonazos de San Benito y los repiques de campana desde la catedral se hacían coro, recordando cómo el poder laico y el eclesiástico se mantenían unidos. El sometimiento a la Constitución estatal, celebrado en mayo de 1825, no fue diferente de aquél, realizado dos veces, a la Carta gaditana: juramento en la parroquias de las autoridades blancas y étnicas, Te Deum, etc.[126] Y sin embargo, lentamente, la centralidad de los rituales religiosos se volvía accesoria. Los cuarteles del centro y las cabañas milicianas de los barrios reunían graduados y rasos en una sociabilidad varonil y laica, desde la cual se organizaba el voto estamental para los

---

[126] "Copia de las actas en que consta haberse jurado la Constitución del Estado..." Legajo 517, 1825, en BCCA.

grados militares y no sólo para éstos, ya que muchos de los electores de los partidos eran oficiales. La nueva identidad se hacía reconocible en la escarapela colorada que llevaban en los sombreros, mientras todavía quedaban desnudos los pies. Faltaba mucho para que en nuestra provincia llegara un refinamiento de costumbres modernizante; fuera de las reducidas elites de Mérida y Campeche, algunos de los regidores de los ayuntamientos cabecera de partido al parecer continuaban presentándose en informales "paños menores".[127]

En los pueblos de indios el clero seglar, después de la desaparición del regular, era menos intruso, atento a disfrutar sus rentas en las ciudades y pueblos mayores y a participar activamente en la vida constitucional. Una vez restablecidas las obvenciones, delicada cuestión que había atravesado su interior, el cabildo catedralicio, los curas párrocos y los auxiliares se volvieron sinceros defensores del orden constitucional moderado e independiente.

Sin embargo, no todo fue tan fácil como podía esperarse. El mismo carácter mixto de lo que aparecía como la constitución histórica del nuevo Estado —útil en la transición— dejó irresoluto el problema de *quiénes*, y *cómo*, debían ahora participar en los procesos de delegación electoral de la soberanía, o mejor dicho de una de las soberanías que —a diferencia de aquéllas juntista, electoral, municipal y miliciana— debía ser expresada por el pueblo en cuanto tal. Así, de 1825 a 1839, se introdujeron al menos seis leyes y reglamentos diferentes que, *grosso modo*, correspondieron a otros tantos equilibrios institucionales y administrativos, dependiendo también del hecho que Yucatán participara como estado en una confederación, o como departamento, en un orden unitario. Y, sin embargo, una exclusión formal del sector indígena nunca fue posible en los regímenes liberales.

Sin olvidar aquí elementos de carácter doctrinario que concurrían en la identidad del bando liberal, es posible que en el mantenimiento del derecho popular —y por lo tanto indígena— al voto activo, jugara un papel importante la eficacia demostrada por las clientelas interétnicas en las ciudades: si la reintroducción de las Repúblicas y la abolición de las ayuntamientos gaditanos tenía como fin restablecer una jerarquía territorial y

---

[127] Eran los regidores del ayuntamiento de Motul, un importante pueblo de alrededor de 6.500 habitantes, los que acostumbraban presentarse a las reuniones en "paños menores", hoy diríamos en mangas de camisa. AGEY, Municipios, Motul, 1833, vol.1, exp. 1.

étnica, el voto corporativo de los indios para las instituciones representativas del estado liberal, en las ciudades, villas y pueblos mayores fue siempre considerado legítimo, aun si a partir de 1825 tal derecho fue interpretado como el de un sufragio esencialmente activo.[128]

Así en 1821 la parroquia de Santiago en Mérida continuó enviando sus cinco electores, todos mayas, para el ayuntamiento de la capital. Uno de ellos fue regidor de la ciudad, así como el año anterior lo había sido Don Santiago Pacab, que había sido cacique de la República de aquel barrio. En 1822 fue un ex teniente de cacique a cubrir el cargo, mientras otra regiduría venía ocupada por un principal maya de San Cristóbal.

Para entender la relevancia de la representación de los principales mayas en los procesos electorales de la capital a lo largo del segundo período gaditano, baste pensar en la junta de compromisarios parroquiales que se desarrolló el 28 de diciembre de 1822. De los 20 presentes, entre los cuales destacaban los más ilustres laicos, religiosos y militares, ocho eran caciques y principales maya de los barrios de Santiago y San Cristóbal.[129]

Restablecidas las Repúblicas, el cacique de Santiago Don Marcelino Puch aparecerá siempre como elector parroquial, mientras un cacique interino llegará a ser elector para diputados estatales en 1825. Y si la historiografía tradicional consideró la sucesión en los cargos étnicos como una directa consecuencia de los regímenes al poder, existen indicios que éstos jugaron un papel relativamente importante en estos mismos cambios y, sobre todo, indican la existencia de estrategias parcialmente autónomas que se sustentaban sobre el control que las jerarquías étnicas seguían ejerciendo sobre el *común* de los indios. Acaeció también entre 1820 y 1824 cuando la Constitución gaditana había borrado nuevamente los autogobiernos indios.

En las elecciones de finales de 1824 para la renovación del ayuntamiento de Mérida, el ya mencionado cacique Pacab —probablemente aliado con lo que quedaba del viejo bando constitucionalista— entregó una "exposición justificada" en la cual acusaba al párroco Barbosa —probablemente afiliado al partido criollo— de haber intimidado a los "ciudadanos

---

[128] Sólo un intento fracasado de Constitución de finales de 1832, infructuoso tentativo de legitimar un régimen original de inspiración neo austrina, al poder en 1829, introdujo un límite de censo de 50 pesos al voto activo. Un límite de 100 pesos fue introducido de 1836 a 1839 por la Leyes Constitucionales del México unitario y conservador. Sin embargo es dudosa su aplicación en el Departamento de Yucatán en las elecciones locales para ayuntamientos y Junta departamental.

[129] Memorias del Ayuntamiento, cit., 1822 en BCCA.

indígenas" que se encontraban formados para votar, para que aceptaran unas papeletas suyas y se deshicieran de las que les habían sido distribuidas por el cacique y su teniente, afirmando que eran "billetes malos y sujetos perversos y de mala conducta los contenidos en ellos, pues querían obstigarlos con mas contribuciones".[130] Hay que añadir que en la lista del párroco estaban, además de él mismo, dos mayas ilustres que enseguida cubrieron los cargos de cacique y de teniente. El año después Pacab, derrotado políticamente, entregó su renuncia al gobernador: había sido cacique desde "muchos años antes que volviese la segunda época de la Constitución" y ahora se encontraba cansado y enfermo.[131] De cualquier manera, el nuevo cacique de Santiago seguiría siendo elegido regularmente como elector parroquial.

En Ucú, hacia finales de 1820, de los 11 personajes nombrados para elegir un elector parroquial, seis fueron mayas; asimismo lo eran cuatro sobre los 11 elegidos para la renovación del ayuntamiento constitucional reinstalado hacia mitad de aquel año; el sector maya siempre pudo contar con un regidor sobre cuatro. También eran mayas los alcaldes auxiliares nombrados por la municipalidad para las rancherías que caían bajo la jurisdicción del ayuntamiento. Era a éste a quien tocaba obligar a los indios a frecuentar misa, labrar tierras y sobre todo a pagar obvenciones bajo pena de un día de cárcel, la venta forzosa de "sus gallinas y otros bienes semejantes", o de ser entregados "a algún labrador que satisfaga por él y de pronto su deuda".[132] Y sin embargo, cuando hacia mitad de 1822 la nueva administración provincial independiente aumentó la presión sobre los pueblos una comisión fue de Ucú a Mérida y, frente a los "ministros", denunció que "se había ido mas de la mitad del Pueblo".[133]

Cuando tuvieron lugar las elecciones provinciales para el Congreso constituyente en octubre de 1823, uno de los electores de Ucú pertenecía al sector blanco y otro era un principal maya, José May, simbolizando así

[130] "Exposición justificada del cacique y justicias de la Parroquia de Santiago sobre nulidad de elecciones", 1.XII.1824, en BCCA.
[131] AGEY, Poder Ejecutivo, Gobernación, vol.1, exp. 21.
[132] Municipalidad de Ucú, cit. Y en particular la orden del Jefe superior político del 7.VIII.1820.
[133] La "contribución patriótica", introducida con el restablecimiento de la Constitución en julio de 1820, debía de sustituir lo que quedaba del viejo tributo con sus rubros de Holpatan y Comunidades. No obstante fuera menos gravosa, nunca fue posible establecer un cobro efectivo. Hacia 1822, el fracaso era ya evidente y por esto se hizo más fuerte la opinión de restablecer las Repúblicas a las cuales encargar su cobro, como se había hecho para el tributo a lo largo de dos siglos y medio. *Ibid.* 25.IX.1822.

una representación política interétnica a la primera institución liberal soberana e independiente. En agosto de 1824 fue disuelto el ayuntamiento y restablecida la República: el mismo May fue nombrado teniente de cacique, mientras muchos de los que fueron llamados a ocupar los cargos étnicos de alcaldes, regidores, alguaciles, tupiles y escribano, habían sido anteriormente compromisarios, electores o regidores.[134] Así, cuando en octubre fue introducida una Junta municipal de tres miembros, todos blancos, en Ucú debió de parecer que formalmente había sido restablecido el legítimo orden antiguo —preservado a lo largo de la confusión gaditana— con el fin de garantizar un autogobierno separado a los dos segmentos que componían la comunidad.

Un proceso aún más acentuado de participación étnica se desarrolló en Cauquel donde, en 1820, cinco de los 11 compromisarios eran mayas y, en 1822, cinco sobre 13. Un par de años después encontramos dos regidores y el síndico todos mayas, como lo fue el elector de parroquia para "Cortes generales" de la confederación mexicana, elegido el 13 de octubre de 1824. Esta decisiva presencia del sector indígena se manifestó en una gestión tradicional de los bienes de la ex cofradía del pueblo, cuyo ganado fue invertido en fiestas religiosas, celebraciones laicas o sacrificado y distribuido entre el *común*. Finalmente, a diferencia de Ucú, un maya entró a hacer parte de la terna para la Junta municipal, cuando ésta sustituyó al ayuntamiento constitucional.[135]

Existen unos cuantos indicios de que también en los partidos el voto activo de los mayas continuó siendo numéricamente determinante, como en Ticul donde en 1833 sobre 178 votantes de primer nivel para gobernador, 108 fueron mayas.[136]

Diferente sin embargo fue el proceso de cambio en los pueblos que no contaban con individuos que cumplieran los requisitos introducidos por el voto pasivo, reglamentados en un decreto de agosto de 1826. En Kanasin, pueblo muy cercano a la capital, no pudo ser elegida una Junta municipal y la comunidad se quedó sin forma de gobierno, bajo un alcalde auxiliar nombrado por el ayuntamiento de Mérida.[137] Es muy probable que en realidad todo haya sido pilotado hábilmente por un miembro de la cor-

---

[134] *Ibid.* 15.VIII.1824.
[135] Municipalidad de Cauquel, cit., en BCCA.
[136] AGEY, Ayuntamientos, Ticul, vol.2, exp.18.
[137] Legajo de Acuerdos Público desde 7 de enero hasta 22 de diciembre 1826 en BCCA.

poración municipal de la capital, en alianza con notables locales, para impedir la erección de un autogobierno que, aun si limitado constitucionalmente en sus atribuciones, hubiera frenado el poder ejercido por algún estanciero. De cualquier forma, en la elección de 1833 para un elector al ayuntamiento de Mérida al cual habían quedados anexados, los habitantes de Kanasin votaron por candidatos mayas.[138]

En Chuburná, un barrio indio en las afueras de la capital, no se pudo elegir ningún elector parroquial para el congreso estatal ya que, como explicaron el cacique y el escribano de la República: "los ciudadanos de esta parroquia no poseen los requisitos de saber leer y escribir, y tener propiedad territorial, una renta permanente o un ejercicio, profesión o industria productiva propia [...] de 200 pesos". Lo mismo pasó en el suburbio de Itzimná.[139]

La denuncia de un fraude evidente en las elecciones para la Junta municipal de 1825 en el populoso pueblo de Temax, ubicado el el Partido de la Costa y que contaba con alrededor de 6.300 habitantes, nos ofrece uno de los rarísimos testimonios de una jornada electoral fuera de la capital. Era un domingo de noviembre, probablemente no muy caluroso, y bajo los arcos de la plaza muchos "asistían a la venta pública" situada frente a la casa consistorial, la "casa de los soldados" y la de la República de Indios. Vecinos del pueblo, de las haciendas, ranchos y sitios cercanos como de costumbre "pasaban tablas en los portales de la casa Curial", después de la misa. Al parecer, los "naturales" presentes no demostraron "ningún interés en estos actos [electorales]". Mientras se desarrollaban estos eventos, el cura, el presbítero y unos pocos más ágilmente arreglaron todo entre ellos. Por esto fueron acusados.[140] En realidad, no sabemos siquiera si la casilla parroquial fue verdaderamente instalada y, sin embargo, no nos parece del todo improbable el desinterés del sector indígena por la renovación de un órgano local, formalmente sin control territorial y propio al sector blanco como una Junta municipal, aun si existen también indicios de una actuación directa en el caso que se vieran afectados frágiles equilibrios territoriales.[141] De cualquier manera, bien diferente había sido —como

---

[138] XXVI, 1833, 029, en BCCA. (Se trata de una nueva clasificación introducida en 1993 para los manuscritos conservados en el viejo fondo Carrillo y Ancona).

[139] Año de 1824, Acta de las elecciones del pueblo de Itzimná, y Actas de elecciones del pueblo de Chuburná, 1824-1825, ambos en BCCA.

[140] AGEY, Ayuntamientos, Poder ejecutivo, vol.1, exp.29.

[141] Es el caso del pueblo de Sinanché, partido de Izamal que, en 1825, resistió al tentativo de imposición de un alcalde auxiliar por la Junta municipal de Yobain, de cuya parroquia dependía. Un

hemos intentado documentar— y sería la participación maya, organizada en forma corporativa, a las elecciones para los ayuntamientos cabeceras de partido, para las instituciones representativas estatales y sobre todo, obviamente, para sus Repúblicas.[142]

Hemos ya mencionado la dificultad para determinar el carácter, y sobre todo la evolución del electorado, activo y pasivo, en los procesos anuales de renovación de los autogobiernos étnicos. De algunos ejemplos, como aquél para la elección de los ayuntamientos gaditanos en los pueblos mayas de Kopomá, hacia finales de 1820, y en el de Ebtún, hacia finales de 1822, destaca que el electorado activo fue mucho más amplio que aquél de los antiguos cabildos blancos autorreproductivos por cooptación, pero muy reducido frente a aquéllos que hubieran podido ejercer el sufragio según la Carta de Cádiz[143]. Si quisiéramos aquí arriesgar un porcentaje muy hipotético quizá se alcanzaría un 15-20 %.

La cifra en sí es muy parecida a otras estimaciones, igualmente tentativas, para una participación popular normal a lo largo de todo nuestro período, y que, por lo tanto, podría parecer absolutamente no característica. En realidad, si quisiéramos aceptar la hipótesis que los procesos electorales gaditanos en los pueblos mayas recalcaron en lo fundamental aquéllos de las Repúblicas por entonces extinguidas, un electorado activo reducido debería ser atribuido a una jerarquización elaborada por la cultura política étnica. En otras palabras, tanto los mayas que podían ser votados como aquellos que podían votar —en los ayuntamientos gaditanos y, antes y después, en sus Repúblicas— hubieran debido continuar a responder a una interpretación particular del derecho a la representación.

Sabemos también que la Ordenanza de 1786, introducida de nuevo para los autogobiernos étnicos a partir de junio de 1824, preveía que los "Pue-

---

grupo de siete vecinos de Sinanché, de los cuales cinco mayas analfabetos reivindicaron sus derechos a elegir una Junta propia ya que "siempre han tenido un ayuntamiento", afirmando claramente que no querían ser "dominados de otro Pueblo". AGEY, Poder ejecutivo, Ayuntamientos, vol. 1, exp. 25.

[142] Un patrón minucioso de la porción meridional del barrio de Santiago, realizado en 1837, asienta aquellos que tenían derecho de votar en primer nivel para el ayuntamiento de la capital. Los mayas, en su gran mayoría analfabetos, son numerosos, como en la llamada Sección IV, en la cual sobre 112 empadronados 47 eran mayas. Este documento excepcional demuestra cómo aun en un período caracterizado por los intentos conservadores de restricción del sufragio por censo, en el entonces Departamento de Yucatán, al menos para las elecciones locales, se siguió considerando legítima la participación popular e interétnica. XXIX 1837 1/2 023 y XXX-1837 2/2 000 en BCCA.

[143] Cfr. supra, notas 12, 62, y 95.

blos Cabeceras de meros Indios" conservaran la "antigua costumbre [...]
de elegir cada año entre ellos mismos Gobernadores ó Alcaldes, y demás
oficios de República".[144] El decreto de julio de 1824 solamente añadió que
todos los cargos de Repúblicas, a imitación de aquellos de los ayuntamientos, fueran concejiles, esto es obligatorios y obviamente no remunerados, sin aclarar nada respeto a la conformación del cuerpo electoral, lo
que nos debe llamar la atención nuevamente.[145]

En Tekantó, en noviembre de 1704, el cuerpo electoral se compuso de
"los cabildos [alcaldes], regidores, alcaldes [menores o de *policía*], mayordomos [¿de cofradía ?, o ¿de milpas?] y los alguaciles". ¿Era ésta la República que se autoreproducía, eran éstos los que "entre ellos mismos"
decidían la renovación del ejercicio del poder étnico, para presentarse
después a la aprobación del cacique gobernador del pueblo?[146] En Tecoh,
probablemente con no menos de 4.000 habitantes en el Partido de la Sierra Baja, en diciembre de 1837, "Nosotros Cacique, regidores y escribano
juntos y congregados [...] procedimos a la elección de los individuos que
han de servir los cargos concejiles de esta República en año próximo entrante".[147] Se eligieron 16 cargos, desde cacique, obviamente reconfirmado,
hasta los ocho tupiles o alguaciles. El juez de paz en 1831 había aclarado
"Ha sido costumbre anualmente que la república saliente, presentes el
cura Párroco, el Juez [español], Cacique, Ten.te [de cacique] y demás
empleados [ilegible] el nombramiento de los individuos que han de [ilegi-
ble] el año siguiente, *y no por una elección popular*".[148] Aparentemente
nada de particular, lo que haría pensar que a lo largo de al menos un siglo
y medio las Repúblicas habrían mantenido un sistema de renovación anual
por cooptación, copiado fielmente de aquél de los viejos cabildos coloniales y, entonces, sustancialmente diferente de aquél adoptado en los pueblos de indios a lo largo del período gaditano.

Ahora bien, este último documento reproduce otro —un acta electoral
de la República de alrededor de 1831— que lleva las firmas de 78 mayas.

---

[144] *Real Ordenanza...*, cit, art. 13, p. 21.
[145] Decreto núm. 62, art. III, 27.VII.1824 en J. M. Peon, I. Gondra, *Colección de leyes, decretos y ordenes*, Mérida, s. e., 1896, tomo I, p. 277.
[146] AGEY, Colonial, Ayuntamientos, vol. 1, exp. 1. Se trata de la traducción contemporánea de un documento en lengua maya.
[147] El censo de 1821 da por su ayuntamiento, 4.742 habitantes. S. Rodríguez Loza, ob. cit., p. 100. El documento de la República en AGEY, Poder Ejecutivo, Gobernación, vol. 10, exp. 30.
[148] Subrayado del autor, AGEY, Poder Ejecutivo, Gobernación, vol. 3., exp. 45.

¿Cuál fue entonces la República que compuso el cuerpo electoral? ¿Aquélla restringida al "cabildo" u otra que comprendía todos los principales y
los *ancianos* que, a través el famoso sistema de cargos, alcanzaban el derecho al voto activo actuando así aquella "revitalización de la jerarquía" en
la "palestra electoral" detectada agudamente en otro caso?[149] Responder a
esta pregunta en manera definitiva es por el momento imposible, aun si
creemos que de su resolución depende en buen grado la posibilidad de
hacer luz sobre la evolución de la política étnica en Yucatán a lo largo de
la primera mitad del siglo XIX y, más en particular, sobre las interseccio-
nes entre tradiciones antiguas y prácticas gaditanas y, posteriormente,
sobre el influjo de éstas en la reproducción política de los mayas.

El restablecimiento de los autogobiernos étnicos garantizó si no la colaboración, por lo menos la anuencia de las elites mayas para la reproducción de la nueva forma de gobierno estatal, sancionada por la Carta de
1825. Bicameral, con ayuntamientos reducidos drásticamente en número
y formalmente en sus atribuciones, con elecciones políticas en dos turnos
y finalmente con un poder judicial concebido como autónomo, la constitución habría debido sanar las evidentes incompatibilidades de la Carta
gaditana con una efectiva gobernabilidad liberal. Hasta fue introducida
una tolerancia religiosa relativa para los extranjero, singular en el panorama mexicano de entonces.[150] Aun así el nuevo orden constitucional, o
más exactamente el despliegue de los poderes constitucionales en el territorio se vio estructuralmente fragmentado.

Sin querer aquí reconstruir todos los pasos intermedios que llevaron a
la redefinición administrativa que siguió a la promulgación de la constitución del Estado, es posible ofrecer al menos un esquema, seguramente
impreciso, de su organización madura y que podríamos ubicar hacia 1827-
1828, período caracterizado por un régimen liberal, recordado por la
historiografía local como legítimo y operativa.

---

[149] Marcello Carmagnani, *El regreso de los dioses. El proceso de reconstitución de la identidad étnica
en Oaxaca, Siglos XVII y XVIII*, México, Fondo de Cultura Económica, 1988, p. 190 y siguientes. En el
caso de Yucatán, Carlos Enrique Tapia, en su tesis precursora "La organización política indígena en
Yucatán independiente, 1821-1847", UAY, 1985, p. 66, parece aceptar la hipótesis de una reproducción por cooptación reducida.

[150] Asombrosamente, no existe ningún análisis comparativo y general de las primeras constituciones estatales mexicanas, ni, obviamente, sobre sus sucesivos cambios, leyes reglamentarias etc. De un
somero intento hecho sobre 13 Cartas, podemos afirmar que las más municipalistas fueron aquéllas de
los estados donde la presencia india era marginal, lo que se podría explicar por la naturaleza directamente hispánica de sus ayuntamientos, no fusionados allí con los pueblos de indios. Cfr. *Colección de
Constituciones de los Estados Unidos Mexicanos*, Imprenta de Galván, México, 1828, 2 tomos.

Estado de Yucatán circa *1828. Poderes constitucionales y administración*

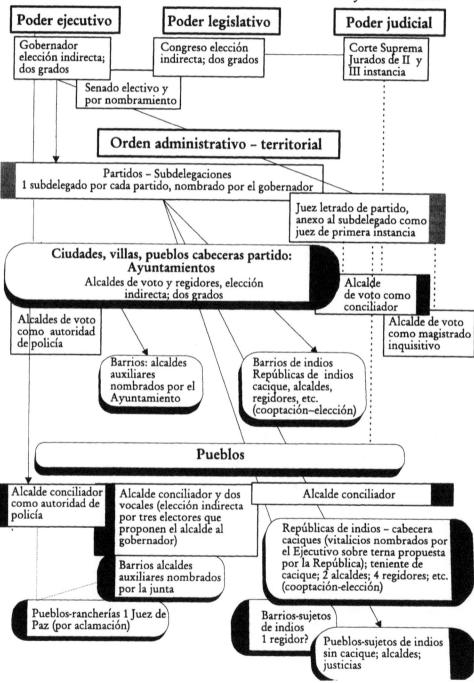

Poder ejecutivo

Gobernador
elección indirecta;
dos grados

Senado electivo y
por nombramiento

Poder legislativo

Congreso elección
indirecta; dos grados

Poder judicial

Corte Suprema
Jurados de II y
III instancia

Orden administrativo – territorial

Partidos – Subdelegaciones
1 subdelegado por cada partido, nombrado por el gobernador

Juez letrado de partido,
anexo al subdelegado como
juez de primera instancia

**Ciudades, villas, pueblos cabeceras partido:
Ayuntamientos**
Alcaldes de voto y regidores, elección
indirecta; dos grados

Alcalde
de voto como
conciliador

Alcaldes de voto
como autoridad
de policía

Alcalde de voto
como magistrado
inquisitivo

Barrios: alcaldes
auxiliares
nombrados por el
Ayuntamiento

Barrios de indios
Repúblicas de indios
cacique, alcaldes,
regidores, etc.
(cooptación–elección)

Pueblos

Alcalde conciliador
como autoridad de
policía

Alcalde conciliador y dos
vocales (elección indirecta
por tres electores que
proponen el alcalde al
gobernador)

Alcalde conciliador

Repúblicas de indios – cabecera
caciques (vitalicios nombrados por
el Ejecutivo sobre terna propuesta
por la República); teniente de
cacique; 2 alcaldes; 4 regidores; etc.
(cooptación-elección)

Barrios alcaldes
auxiliares nombrados
por la junta

Pueblos-rancherías 1 Juez de
Paz (por aclamación)

Barrios-sujetos
de indios
1 regidor?

Pueblos-sujetos de indios
sin cacique; alcaldes;
justicias

En el cuadro, las flechas continuas indican un nombramiento directo, mientras las líneas punteadas representan relaciones jerárquicas entre diversas instancias, fundamentalmente en el campo judicial. Las figuras redondeadas y en tres dimensiones destacan realidades territoriales como ciudades, pueblos, repúblicas, barrios y rancherías. De todas estas, las más oscuras señalan espacios étnicos.

La arquitectura abigarrada —muy probablemente ininteligible para sus mismos autores— que el esquema nos ofrece refleja la excesiva complejidad que deriva de una confusión de instituciones, de poderes y de cuerpos políticos electivos con poderes indivisos. Al mismo tiempo revela la débil territorialización de funcionarios ordenados jerárquicamente. Finalmente, es interesante observar que la parte superior, en la cual se reproducen los nuevos poderes constitucionales, parece casi injertada sobre un orden administrativo y territorial diverso; en realidad un conjunto de espacios relativamente autónomos de justicia y gobierno. Allí se puede detectar la persistencia de una doble jerarquización, para el sector blanco y el maya, formalmente simétrica en su nivel inferior, esto es en el de los pueblos, con sus barrios, sujetos y rancherías.

Así las herencias estamentales de la cultura política criolla y maya parecen imponer que el despliegue de la nueva esfera estatal se manifieste esencialmente a través de cuerpos territoriales, cuyos autogobiernos, si bien diferentes para los dos sectores —blanco e indio— se caracterizaban ambos por mantener jurisdicciones propias. Se podría por lo tanto pensar que cada paso del proceso de extensión de la esfera pública reforzaba los que podríamos identificar como sus principales enemigos, determinando una especie de equilibrio estático, angustiosamente circular y que por esto, a lo mejor, podía parecer familiar a las elites mayas. Para ellas, al fin y al cabo se trataba de escoger las sendas tortuosas que necesariamente regresaban hacia sus inicios. No podemos medir la fuerza que ejerció esta particular concepción del tiempo histórico, pero sí imaginarnos que fue inmensa, ya que determinó finalmente el derrumbe de la entera formación interétnica.

Estas reflexiones conclusivas no dejarían de ser unas elucubraciones abstractas, a lo mejor ciertas en cuanto obvias, si no fuera por el hecho de que diferentes sectores de la elite blanca se dieron cuenta del peligro que encerraba esta contradicción tan profunda. Todas las soluciones fueron intentadas. La Constitución de la "república de Yucatán" de abril de 1825, modificando los niveles de voto en las elecciones para el ejecutivo y legislativo —reducidos ahora a dos, frente a los cuatro de la tradición gaditana— intentó exaltar el papel de los electores de los partidos, un cuerpo de 500-700 notables con el requisito de una pequeña renta anual, elegidos por electores parroquiales, a su vez elegidos directamente por sufragio popular.[151] El requisito de censo era suficientemente exiguo como para mantenerse incluyente, diríamos nosotros, pero asimismo suficiente para recordar la calidad de aquellos ciudadanos iguales entre sí. Éstos empezaban a desligarse de los lazos corporativos y estamentales, formando una incipiente, pero genuina, organización partidaria. Fue en contra de ellos que se dirigió, en 1829, un pronunciamiento actuado en nombre de los pueblos y en contra de los "congresitos desmoralizados [...] compuestos de hombres inútiles".[152] Fracasó así el primer intento de inspiración liberal moderada.

Más adelante los regímenes centralistas de la segunda mitad de los años treinta, una vez eliminadas las cámaras locales, se vieron casi reducidos a la parálisis frente a los cuerpos territoriales y estamentales fortalecidos por la desaparición de aquellas instituciones representativas estatales que habrían podido frenarlos. Hacia finales de los años treinta, un desastroso ataque en contra de las viejas y nuevas soberanías de Yucatán marcó el fin de este segundo intento, de signo opuesto al primero.

Se fue abriendo así, paso a paso, una tercera solución, liberal y radical esta vez, cuyo objetivo era conformar definitivamente un nuevo y único sujeto, el pueblo, sobre el cual construir un estado nación independiente. Los pueblos mayas, después de haber colaborado activamente en contra de la invasión mexicana de 1842, finalmente se dieron cuenta que el pacto indiano, después de tres siglos, había sido declarado nulo por los d'zuloob y, en 1847, contestaron con la guerra separatista, "atrás del dios verdadero que ha llegado, que es llamado Cristo".[153]

---

[151] Los artículos 26 y 29, cap IX, de la constitución previeron lúcidamente una cierta sobrerrepresentación para los cuerpos territoriales, estamentales y étnicos que más se habrían visto afectado por la nueva ley electoral. Hasta los pueblos de sólo 500 almas hubieran podido tener su elector. Mientras un grupo de sólo 50 militares en servicio habría tenido un representante propio en la sucesiva Junta de Partido en la cual se habrían elegido los diputados al Congreso estatal. Cfr. "Constitución política del Estado libre de Yucatán" , en Colección..., cit., pp. 341-342.

[152] La concordia yucateca, 25.V.1830, p. 3, y M. Bellingeri, "De una constitución...", cit., p. 76-77.

[153] "T u pach hahal ku tal i - Ti Xpto", en lengua maya. Se trata de un fragmento —que, confesamos, hemos descontextualizado— de las profecías del katun 11 ahau, que según la novedosa interpretación calendárica de Edmonson, correspondería a un ciclo recurrente que se hubiera "asentado" entre 1824 y 1848. Es posible que el texto haya sido redactado, en la versión que nos llegó, entre 1824 y 1837. Munro S. Edmonson, The Ancient Future of the Itzá. The Book of Chilam Balam of Tizimin, Austin, University of Texas Press, 1982, p. 189, línea 5315 (la traducción al español es de M.B.).

MODALIDADES Y SIGNIFICACIÓN DE ELECCIONES GENERALES EN LOS PUEBLOS ANDINOS, 1813-1814

MARIE-DANIELLE DEMÉLAS-BOHY*

L A VOLUNTAD DEL PUEBLO soberano expresada a través del voto de cada individuo ciudadano, ahí está lo que constituye a la vez el producto y el agente de la revolución que se efectuó el 24 de septiembre de 1810, en Cádiz. Los diputados, reunidos allí para formar las Cortes extraordinarias de la nación española —nación constituida por los "Españoles de ambos hemisferios"—,[1] decretaron en seguida que el poder emanaba de la soberanía popular; y después de destruir una tras otra las bases jurídicas del antiguo régimen, promulgaron el 19 de marzo de 1812 una constitución democrática, válida para todas las provincias dependientes de la corona de España, que fundaba el sistema representativo.[2] Desde este punto de vista, el primer acto de las Cortes aparece como una aporía: porque representan al pueblo soberano, los diputados se autorizan en decretar el principio de la soberanía popular. Los acontecimientos habían posibilitado aquella autoinstitución. La desaparición del rey, la movilización nacional contra el ocupante francés y la organización de elecciones genenerales (aunque muy defectuosas) habían creado una nueva entidad, el Pueblo soberano, cuyo nacimiento registraba el decreto del 24 de septiembre y ratificaba la constitución de Cádiz dos años más tarde. Todo pasó como si al peligro nacional y la potencia del enemigo hubiesen tocado el papel de parteras de la soberanía popular.

---

* Institut des Hautes Études sur l'Amérique Latine (Université de Paris III) — Centre de Recherches Historiques (EHESS), Paris.
[1] Decreto del 15 de octubre de 1810 : "Los dominios españoles en ambos hemisferios forman una sola y misma monarquía, una misma y sola nación, y una sola familia." Archivo de las Cortes, Madrid (ACM), *Decretos expedidos por las cortes generales extraordinarias desde el día de su instalación el 24 de septiembre de 1810*, manuscrito.
[2] A propósito de la revolución hispánica, consultar M.-D. DEMÉLAS-BOHY y F.-X. GUERRA, "Un processus révolutionnaire méconnu. L'adoption des formes représentatives modernes en Espagne et en Amérique (1808-1810)", *Caravelle*, cahiers du monde hispanique et luso-brésilien, Toulouse, 1993, núm 60, pp. 5-57, y "La révolution de Cadix", *La Pensée politique*, Paris, 1993, núm 1, pp. 152-176.

Este nuevo marco significaba obviamente una ruptura radical, pero qui-zás la *nouveleté* no parecía tan brutal a sus actores. El pactismo tradicional se fundaba sobre cierto concepto del pueblo, mientras la representación y el sufragio pertenecían también al pasado cuyas formas políticas definían a veces: representación, la función que ejercía la persona del virrey a través de la cual se expresaba, desde hacía tres siglos, el poder real;[3] representación, la de los cabildos, aunque compuestos en gran parte de cargos vitalicios;[4] y representación, la de los *hilacatas* y *segundas* que administraban las comuni-dades indígenas; representación más reciente y moderna, la de poderes loca-les, instaurada por las reformas de Carlos III que apelaban al sufragio más amplio de los vecinos contra las oligarquías municipales.[5]

Sin embargo, estos paralelos, estas semejanzas, no pueden borrar los efectos de la ruptura. No se trataba de representar a las mismas funciones, tampoco las formas de estas representaciones eran similares. En el centro de los trastornos acarreados por el sistema democrático estaba una nueva definición del cuerpo político. Lo que éste tenía que ser en adelante figu-raba en la constitución ("ciudadanos avecindados"), pero nada estaba di-cho sobre el deshacerse de la herencia representativa[6] del antiguo régimen; tampoco el código enunciaba si (y cómo) los dos conceptos podrían com-binarse a veces.[7]

Dentro de un marco democrático, el cuerpo político se identificaría con la ciudadanía, una ciudadanía territorializada[8] — ahí está una defini-

---

[3] *Representación* aquí en el sentido de *imagen*.

[4] A pesar de esta característica, la representatividad de los cabildos constituyó una de las bases de las elecciones generales de 1810.

[5] En 1766-1767, Carlos III decidió cambiar el funcionamiento de los ayuntamientos creando ofi-cios electos por los vecinos que tenían que elegir síndicos, personeros del común y alcaldes de barrio, sin distinción de estamento. M. PÉREZ BUA, *Las reformas de Carlos III en el régimen local de España*, Madrid, 1919, p. 11-27, y F. J. GUILLAMÓN ALVÁREZ, "Campomanes y las reformas en el régimen local: diputados y personeros del común", *Cuadernos de investigación histórica*, Madrid, 1977, núm 1, pp. 11-136.

[6] En el sentido de "calidad de una persona que está en lugar de otra " (*qualité d'une personne qui tient la place d'une autre*, Littré, 1964), y también, por extensión : " cuerpo de representantes de un pueblo y los poderes parlamentarios que le pertenecen" (*corps de représentants d'un peuple et les pouvoirs parlementaires qui leur appartiennent, ibid.*).

[7] El proceso electoral que designó a las cortes extraordinarias ofrece ejemplos sorprendentes de esta combinación. El 29 de octubre de 1812, el ayuntamiento constitucional de Madrid, elegido según las formas democráticas modernas prescritas por la constitución de Cádiz, eligió su propio diputado a las cortes extraordinarias, que seguían reunidas, según el reglamento del 14 de febrero de 1810 (ACM, documentación electoral, leg. 2, exp. 6).

[8] Art. 35 de la constitución: "Son electores parroquiales todos los ciudadanos avecindados y resi-dentes en el territorio de la parroquia."

ción aparentemente sencilla—. No era lo mismo antes de la revolución, cuando el cuerpo político, que no se confundía con un electorado, correspondía a un conjunto complejo de reinos (en referencia a un territorio preciso), de estamentos (ligados a dignidades) y de cuerpos (concepto que se acercaría a la contemporánea categoría socio-profesional), tres componentes combinándose en una estructura piramidal en la cual el superior abarcaba y representaba al inferior. Con todo, a pesar de ser *holist*, el antiguo régimen hispánico reconocía una especie de átomo del cuerpo político, el *vecino*, cuya definición no era fácil. Lo demuestra la consulta que pidió la embajada de Francia en Madrid a juristas de la corte, en 1775; consulta de la cual no resultaban menos de seis definiciones:

> *Avecindado* ou *vecino* est celui qui est né dans un lieu, ou qui y a été baptisé, ou qui y a habité dix ans et ayant transporté sa maison et son foyer, ou qui y a fait le service militaire, ou qui a acquis cette qualité par sentence exécutoire, ou a été admis comme tel en la forme accoutumée dans le lieu, les usages relatifs à cette admission n'étant pas les mêmes partout.[9]

El *vecino* representaba la unidad de base del cuerpo político —un cuerpo inscrito en una vida comunal y en un barrio—, pero los criterios que lo definían aceptaban tantas excepciones y tantas matices que a fin de cuentas era el cura, encargado del empadronamiento y siempre presente en las elecciones, el que establecía quién cabía en el estatuto de *vecino*. Así, del cuerpo político como lo entendía el antiguo sistema, recordaremos unos principios: principio de pertenencia (a un territorio, un estamento, un cuerpo); principio de jerarquía (de dignidades) y de encaje (de pertenencias); en fin, principio de negociación de los estatutos de pertenencia que regulaba el juego político y le daba flexibilidad.[10] Se duda de que tal estructura pudiese desaparecer de golpe.

En América como en España, la revolución[11] se tradujo por el abandono institucional de las representaciones de antiguo régimen en provecho del individuo-ciudadano, mónada de la modernidad. Este estudio intenta-

---

[9] Archives du Ministère des Affaires Étrangères (AMAE), Paris, *Espagne, correspondance politique*, vol. 577, 1775, f° 318.

[10] Como regulaba los juegos de identidad en sociedades pluriétnicas. Sobre este tema, ver mi artículo "Je suis oiseau; voyez mes ailes... Je suis souris: vive les rats!", in *Caravelle*, Cahiers du monde hispanique et luso-brésilien, Toulouse, 1994, núm 62.

[11] Fue también una guerra civil, pero este aspecto al cual consagro un seminario no aparecerá en este estudio.

rá contestar a la pregunta: ¿cómo se efectuó aquella ruptura? (si se efectuó...) Es lo que definiremos a partir de unos ejemplos sacados de archivos andinos.[12]

LA AUDIENCIA DE QUITO HACE RESPETAR EL PRINCIPIO DEMOCRÁTICO

En 1813, reconquistada después de un intento independentista de dos años que había concluido proclamando la república,[13] la audiencia de Quito tuvo que seguir el ejemplo de las otras provincias hispánicas y adoptar la constitución de Cádiz.[14] Se trataba de designar, por vía de elecciones generales, gestores de la *res publica* al nivel municipal y provincial, y representantes de la soberanía popular en las Cortes.[15] Faltaba saber qué habitantes del reino de Quito corresponderían a la definición del individuo ciudadano y tendrían derecho a votar.[16] En los Andes pluriétnicos, la situación

[12]   A diferencia de lo que pasó en la metrópoli, los documentos referentes a la época de las cortes de Cádiz son escasos, incompletos y discontinuos, y quizás estas desapariciones fueron voluntarias. Después de 1814, las autoridades americanas recibieron órdenes para archivar y sellar todos los papeles referentes a la época de las cortes, al mismo tiempo que tuvieron que destruir las piedras conmemorativas de la jura a la constitución (Archivo nacional de Bolivia (ANB), fondo emancipación, inp. 1815, exp. 3). A este fenómeno se debe también añadir el olvido por parte de los historiadores de estos procesos electorales, a pesar de que fueron continuados en ciertos lugares hasta 1823.

[13]   M.-D. DEMÉLAS e Y. SAINT-GEOURS, *Jerusalem et Babylone, politique et religion en Amérique du Sud, le cas équatorien*, Paris, ERC, 1989, o *Jerusalén y Babilonia. Religión y política en América del Sur*, Quito, Editora nacional, 1988, cap. 5 y 6 (traducción defectuosa).

[14]   Aunque el reino no era todavía pacificado (ataques dirigidas por Antonio Narño, desde Popayán), se organizaron elecciones generales, tanto municipales como legislativas.

[15]   Para detalles sobre la reglamentación electoral, consultar la *Convocatoria para las Cortes ordinarias de 1° de octubre de 1813 (23 de mayo de 1812)*. La constitución de Cádiz definía así la nacionalidad: "*Son españoles todos los hombres libres nacidos y avecindados en los dominios de España* " (tit. 1, cap. 2, art. 5). "*Son ciudadanos aquellos españoles que por ambas líneas traen origen de los dominios españoles de ambos emisferios y están avecindados en cualquier pueblo de los mismos dominios* " (tit. 2, cap. 4, art. 18). Esta última condición eliminaba a los descendientes de africanos.
Se podía también ser privado de la ciudadanía (art. 25):
"3°—*por el estado de sirvientes domésticos;*
4°—*por no tener empleo oficio o modo de vivir conocido.*"
Además (art. 25, 6°), " *Desde el año de 1830 deberán saber leer y escribir los que de nuevo entren en el ejercicio de los derechos de ciudadanos*".
En cuanto al clero (tit. 3, cap. 3, art. 35) : "*Las juntas electorales de parroquia se compondrán de todos los ciudadanos avecindados y residentes en el territorio de la parroquia respectiva, entre los que se comprenden los eclesiásticos seculares*".

[16]   El decreto de las Cortes que anunciaba las próximas elecciones no había fijado precisamente ni el número de diputados (que era de uno cada 70.000 habitantes en la metrópoli), ni las modalidades del sufragio en sociedades tan diversas como las americanas. Esta indecisión dejaba a las autoridades

era muy distinta de la de España. En provincias donde la población indígena era mayoritaria, ¿podía el pueblo soberano formarse principalmente con indios y mestizos? Curiosamente, estos cambios políticos que trastornaban el orden establecido no causaron reacciones notables; pero ¿percibían los actores el nuevo sufragio como una verdadera innovación? Sin duda, la novedad no provenía de la ampliación del sufragio más que de la mezcla de las dos *repúblicas*, la de los indios y la de los españoles, cuyos miembros poseían por primera vez un mismo estatuto y formaban un solo electorado. Puesto que las instrucciones trasmitidas por la metrópoli eran poco precisas e inéditas estas elecciones generales, en cada audiencia una comisión se encargó de establecer planes de elecciones adaptados a las especificidades regionales, enunciando, caso por caso, las condiciones de la ciudadanía. El plan elaborado a fines de 1813 por el fiscal de la audiencia de Quito y algunas consultas presentadas por autoridades de la sierra ecuatoriana han servido de base a esta encuesta.

La modernidad de los magistrados

En cuanto a las elecciones legislativas (indirectas, a tres grados), el magistrado debía establecer el número de compromisarios por circunscripción según el censo llevado a cabo por los curas, y, para el conjunto de las elecciones, tenía que resolver los problemas siguientes: ¿los indios tenían *todos* derecho de voto? Y si no, ¿cómo se debía establecer el límite entre ciudadano y nociudadano? Se preguntaban también si debían participar el clero, los analfabetos, los bastardos[17] y las mujeres.[18]

Ciertas contestaciones fueron rápidas y fáciles; el fiscal excluyó a las

---

locales un gran margen de autonomía. (Decreto del 23 de mayo de 1812 en ACM, *Decretos expedidos por las cortes generales extraordinarias desde el día de su instalación el 24 de septiembre de 1810, loc. cit.*) Este decreto preveía cierto número de comisiones para dictaminar sobre cuántos diputados correspondían a cada provincia americana. Detalle significativo: las Cortes no habían nombrado comisión en el reino de Quito (tampoco en la audiencia de Charcas). Quizás este olvido explica la estrategia del magistrado quiteño de la cual resultaba un aumento del número de votantes y, por consecuencia, de diputados (ver *infra*).

[17] Consulta del corregidor de Ambato, Ignacio de Arteta. Archivo histórico nacional, Quito (AHNQ), Gobierno, núm 40, Gb. 26. VIII. 1813, 19 de febrero de 1814.

[18] Consulta del alcalde de Cuenca, Diego Fermín de Córdova, 14 de octubre de 1813, AHNQ, Gobierno, núm 41, Gb. 21. X. 1813.

mujeres;[19] no dijo nada de los bastardos —la pregunta no tenía sentido: de una provincia a la otra, entre un tercio y la mitad de los nacimientos eran ilegítimos—, y decretó que no era indispensable saber leer y escribir para votar.[20] El voto de los eclesiásticos merecía más atención; el reglamento de la constitución autorizaba sólo a los seculares; en cuanto a él, el fiscal de Quito no separaba el voto activo del pasivo, y por consiguiente él no veía obstáculo en el sufragio de clérigos.[21]

Quedaba pronunciarse sobre el voto de los indios. El fiscal propuso el límite que establecía la constitución excluyendo a los dependientes. Apartó a *"los sirvientes domésticos, bajo cuyo nombre se hallan comprendidos los indios que labran las haciendas"*.[22] En el reino de Quito, las haciendas eran cultivadas por peones indios sometidos a una forma de servidumbre — el *concertaje*. ¿Cuántos conciertos eran? En una población total de 465.840 habitantes, el fiscal consideró que *"65.840 no son ciudadanos o no están en ejercicio de sus derechos, quedan 400.000"*.[23] En base a un censo superficial, el magistrado fijaba una tasación arbitraria para establecer el número de representantes de la audiencia,[24] subestimando el número de conciertos que superaba en mucho la séptima parte de la población total de la *sierra*: hacia 1805, 46% de los indios eran siervos.[25] Por eso, el fiscal hubiera tenido que excluir no sólo a 65.840 indios, sino a más del triple.

---

[19] *Ibid.*, auto del fiscal, noviembre de 1813. En el antiguo régimen electoral, una mujer podía ejercer un derecho de voto en elecciones locales como jefe de familia y vecino.

[20] Confirmaba el art. 25, 6°, de la constitución. Cf. *supra*, nota 15.

[21] AHNQ, Gobierno, núm 40, Gb. 26. VIII. 1813, auto del 23 de febrero de 1814, confirmado el 24 por Torbio Montes, presidente de la audiencia. *"No serán nombrados electores, sino los ciudadanos mayores de 25 años vecinos y residentes en la Parroquia, [...] entendiéndose comprendidos entre ellos los eclesiásticos seculares."* En el Perú, las autoridades se mostraron menos favorables al clero; véase en la Biblioteca Nacional de Lima (BNL) los expedientes D 9867 y D 11727.

[22] El fiscal añadía: *"Para la calificación de los que pueden elegir y ser electos deben tenerse presentes las declaraciones del cap. 4 tit. 2 de la Constitución; y que bajo el nombre de sirvientes domésticos, no sólo se comprenden los criados, sino también los que por salarios trabajan en las heredades como conciertos en ellas, según la ley 6, tit. 33, part. 7a."* AHNQ, Gobierno, núm 40, Gb. 26. VIII. 1813, "Plan de elecciones de diputados en Cortes de Provincia", 6 de enero de 1814.

[23] AHNQ, Gobierno, núm 40, Gb. 26. VIII. 1813, *loc. cit.* El cálculo del fiscal parece tanto más raro que no comprendía en los 65.840 no-ciudadanos los jóvenes (menos de 25 años) y las mujeres. Razonaba como si la base del sufragio hubiera sido familiar, y no individual: su papel se hubiera limitado determinar cuales grupos se debían eliminar de entrada, y fijar un coeficiente que determinaba dentro del grupo mayoritario tantos electores como otros tantos jefes de familia.

[24] Seis diputados y dos suplentes (*ibid.*), cifra contra la cual protestaron los quiteños (Archivo general de Indias (AGI), Estado, 72, N. 64, la ciudad de Quito al diputado a la junta central, Silva y Olave).

[25] Según U. OBEREM, "indios libres e indios sujetos a haciendas en la sierra ecuatoriana a fines de la colonia ", en R. HATMANN y U. OBEREM (édit.), *Festschrift für Hermann Trimborn*, 2: 105-112, St-Augustin, 1979. Este porcentaje ha sido calculado en base al número de tributarios.

La importancia de esta disminución voluntaria se revela en una ocasión durante la cual el fiscal contradice las tasaciones que él mismo había
establecido el mes anterior: en febrero de 1814, en Chambo (partido de
Riobamba), los vecinos rehusaron ir a votar, en protesta contra el hecho
de que se les hubiese atribuido sólo un compromisario para las elecciones
legislativas. Cuando alegaron su número, el magistrado contestó que la
mitad de los 2.385 habitantes empadronados serían conciertos y, por consiguiente, no aptos para el voto; quedarían sólo 238 vecinos (o sea un jefe
de familia por cinco personas), que no tenían derecho a más de un representante.[26]

Así, el fiscal recordaba la importancia de los conciertos sólo cuando se
enfrentaba a unos opositores; en los otros casos, olvidaba a los siervos
para conservar en la audiencia la representacióan más amplia. A la luz de
este ejemplo, se puede suponer que, en muchos casos, la mayor parte de
los indios pudieron votar, con la aprobación tácita de las autoridades superiores.

Además, la audiencia no vaciló en anular elecciones para restablecer la
regla democrática contra autoridades locales abusivas. Es lo que pasó en
mayo de 1813, en ocasión de elecciones municipales, en Cuenca donde la
votación de los suburbios de la ciudad había sido falseada por el gobernador, Juan López Tormaleo, que había organizado elecciones en nueve
pueblos de indios, después de establecer circunscripciones electorales a su
conveniencia.[27] La maniobra le había permitido hacer elegir a hombres de
su clientela, criollos o mestizos. Contra estos resultados amañados, un
alcalde de la ciudad, Diego Fermín de Córdova, decidió hacer respetar el
sufragio de los indios que sus "conciudadanos". Presenta una denuncia,
destituye a los partidarios del gobernador, organiza una nueva votación
que designa a indios. Escribe el alcalde criollo: "*La monarquía española es
una en derechos*".[28]

Sus adversarios lo encarcelan. Poco tiempo después, el tribunal de la
audencia lo saca de prisión y suspende al gobernador, anulando la primera votación porque "*no han concurrido a la elección todos los miembros del
pueblo*".[29] Para los oidores de Quito, indudablemente, los indios hacían
parte del pueblo.

---

[26] AHNQ, Gobierno, núm 40, *loc. cit.*, auto del 14 de febrero de 1814.
[27] AHNQ, Gobierno, núm 40, Gb. 2. IV. 813, f.ºs 45-45 v.
[28] *Ibid.*, informe del 21 de mayo de 1813.
[29] AHNQ, *Gobierno*, núm 40, Gb. 7. VI. 1813, considerandos del tribunal, Cuenca, 2 de junio de 1813.

Si consideramos sólo la actitud de las autoridades encargadas de aplicar los decretos de las Cortes, debemos concluir que, en la sierra ecuatoriana, el voto de los indios no ha sido percibido como una cuestión aparte y, en la práctica, a pesar de la exclusión de los conciertos, suscitaba menos oposición que el sufragio de los clérigos. Los magistrados garantes del orden antiguo aceptaban fácilmente dar un gran salto: de una sociedad estamental, caracterizada por diferencias de estatuto, pasaban a una sociedad moderna, a la "superficie plana" (según palabras de Mirabeau), constituida por ciudadanos uniformizados por la ley.[30]

Sufragio restringido para los notables de Loja

Se deben completar estos resultados sorprendentes con la observación de otro ejemplo, el de elecciones municipales que tuvieron lugar en la pequeña ciudad de Loja, al extremo sur de la audiencia de Quito. No fueron ya las autoridades nombradas por la metrópoli, sino los mismos vecinos de Loja quienes decidieron definir lo que debía ser el cuerpo político de la ciudad, con motivo de un conflicto que partió en dos bandos toda la ciudad.

La división venía desde lejos. Se había formado un grupo alrededor del corregidor, Don Tomás Ruiz de Quevedo, que ejercía sus funciones en la provincia desde veintidós años, y otro grupo alrededor del alcalde. El partido del corregidor, que se apoyaba en un segundo, el abogado José Agustín Celi (o de Celis), incluía también al sacristán de la iglesia matriz, el secretario del cabildo, el cura, Manuel Ramírez, y su hermano, Tomás, capitán de milicias.[31] ¿Qué facción se hubiera opuesto a tal grupo que reunía alrededor del jefe político un oficial, un jurista, y un representante de la Iglesia?

El jefe del partido adverso, el alcalde de primer voto Don Manuel Xaramillo y Celi, se presentaba como un patriarca de sesenta y nueve años, morando en sus haciendas, cerca de Loja, con su gente: sesenta y cinco hijos y nietos (!), además de domésticos, peones, unos esclavos ne-

---

[30] *Correspondance entre le comte de Mirabeau et le comte de la Marche pendant les années 1789, 1790, 1791*, Paris, 1851, tomo II, "Huitième note pour la cour, 3 juillet 1790", p. 75.
[31] AHNQ, Gobierno, núm 41, Gb. 24. XII. 1813, testimonio de Don Ramón Pinto, 19 de febrero de 1814.

gros y numerosos conciertos. Poderoso por la importancia de su parentela y sus dependientes, Manuel Xaramillo se apoyaba sobre la mayoría del
cabildo donde se encontraba la nobleza del pueblo; contaba también con
el apoyo de la comunidad de los religiosos dominicos de Loja.[32]
    Pero esta red sólida tropezaba con la posición preponderante del co-
rregidor. Para más detalles sobre la situación económica y social de Loja,
aconsejo al lector los trabajos publicados sobre este tema por el IFEA,[33] y
me limitaré a recordar que la región tenía dos fuentes de recursos: la ganadería y la recolección de la quina, cuya organización estaba a cargo del
corregidor. Desde fines del siglo XVIII, la corona había establecido un estanco de la quina, y el corregidor controlaba una parte de la mano de obra
de la provincia, 150 hombres que tenían que internarse cada año en los
montes de Loja para sacar la cáscara de los árboles de chinchona.[34] La
metrópoli ignoró la cantidad de quina que producia la región hasta que,
en 1804, durante una inspección de Caldas, los adversarios del corregidor
denunciaron el ocultamiento en su provecho de una parte de la cosecha.[35]
    La nimiedad en sacar provecho de todas las posibilidades ofrecidas por
un rango político, el ensañamiento en transformar en recurso monetario
toda pizca de poder, he aquí lo que define en parte el *gamonalismo* que
dominó la sierra andina hasta la mitad del siglo XX. Los vecinos de Loja
sacaban esta interpretaciónde de tal mezcla de principios burlados y de
acumulaciones sórdidas: "*Triunfa el partido del despotismo, y prevalece el
poder de un gobernante contra la libertad civil de todo el pueblo*".[36] No se
trataba de ganancia sino de poder.
    La concepción política a la cual se referían los notables de Loja daba a
los vecinos el derecho de gobernarse a través del cabildo, derecho tanto
más ejercido puesto que la pequeña ciudad estaba lejos del centro del po-

---

[32] Informe de Don José Agustín de Celis, Cuenca, 17 de julio de 1813, AHNQ, Gobierno, núm 40,
Gb. 18. V. 1813.
[33] El Instituto Francés de Estudios Andinos dirigió un programa de investigación sobre la provincia de Loja cuyas conclusiones se publicaron en *Cultura, revista del Banco Central del Ecuador*, Quito, enero-abril 1983, vol. 5, núm XV.
[34] Y. SAINT-GEOURS, " L'économie du quinquina dans le corregimiento de Loja (deuxième moitié
du XVIIIᵉ siècle-début du XXᵉ siècle)", en *Cultura*, ob. cit., pp. 171-207.
[35] Testimonio Don Ramón Pinto, *loc. cit*, AHNQ, Gobierno núm 40, Gb. 18. V. 1813. El corregidor
poco escrupuloso disponía todavía más modos de enriquecerse gracias a su posición : para envolver
los bultos de cáscara en pieles de buey, Ruiz de Quevedo compraba ganado sin pagar la sisa y vendía al
estanco a 3 o 4 reales cueros que le costaban 2 a 2,5 reales. Al beneficio del embalaje añadía el del
charqui (tasajo) que vendía en Loja en tiendas que controlaba, o que suministraba a sus peones.
[36] José Félix Valdivieso, en nombre del cabildo, AHNQ, Gobierno, núm 40, Gb. 18.V.1813, fᵒ 87 v.

der. No había nada democrático en eso: si el cabildo figuraba la cabeza de un cuerpo, no representaba la voluntad general; la ciudad era una comunidad, no una asociación contractual. Además, en la jerarquía que concebían estos hombres, los individuos, las familias y los grupos no tenían todos el mismo peso, pero su desigualdad fundaba la unidad, así como las distintas funciones de un cuerpo no pueden ser comparadas ni dadas por iguales.[37]

Por lo tanto se entiende que los criterios contemporáneos que se aplican anacrónicamente a este tipo de conflicto no tienen sentido: los marcos de reflexión de estos actores pertenecian al antiguo régimen. Ahora bien, las elecciones representativas transmutaban a cada habitante en ciudadano, y creaban una situación en la que, al disolver cada cuerpo, los individuos, como tantos átomos, serían decretados iguales: por lo tanto, ¿cómo se podía entender y adaptar, en Loja, una constitución fundada en la soberanía popular?

En mayo de 1813, cuando la ciudad recibió las instrucciones del presidente de la audiencia para preparar la elección del ayuntamiento constitucional, el corregidor estaba ausente. El alcalde, Don Manuel Xaramillo, reúne al consejo y convoca un cabildo abierto para informar a todos los vecinos del próximo escrutinio general cuya lista de votantes ya había preparado, *excluyendo un tercio de los jefes de familia*. Pero tarda en definir sus modalidades, esperando un suplemento de instrucciones que llega el 16 de junio.

Ese mismo día, el corregidor regresa a Loja. Un breve enfrentamiento comienza. El 19 de junio, el alcalde confirma la noticia de próximas elecciones y condena el "despotismo" de las autoridades; pero, el 23, el corregidor se queda solo dueño de los destinos de la ciudad. Su abogado escribe: *"Al fin, la constancia y demostraciones de los buenos superaron la necia obstinación de los malos"*.[38] Se debe entender que los sicarios del corregidor han hecho callar al partido contrario.

El 25 de junio, el corregidor publica el texto de la constitución, el 26 visita la cárcel;[39] el 27, organiza la jura. Las elecciones no se verificarán antes de diciembre. El alcalde protesta y, es detenido de noche y encarce-

---

[37] He desarrollado este aspecto del pensamiento político de los notables criollos en *Jerusalén y Babilonia*, ob. cit., cap. III.

[38] Informe de José Agustín de Celis, *loc. cit.*, AHNQ, Gobierno núm 40, Gb. 18.V.1813.

[39] Todo cambio de poder tenía que recordar los lazos que asociaban el poder a la justicia : la adopción de la constitución de Cádiz reproducía ciertas prácticas ligadas a un entronizamiento.

lado. Será liberado el mes siguiente, gracias a la intervención del fiscal de la audiencia, preocupado por la situación de Loja. Entonces, los partidarios del alcalde habían fugado para refugiarse en Cuenca, mientras las fuerzas del capitán Tomás Ramírez se habían apoderado de la ciudad. Al cabo de un año, el tribunal pronunció un veredicto sin efecto.[40] Tomás Ruiz de Quevedo gobernaba siempre la provincia.[41] Mientras tanto, se habían organizado elecciones con el sufragio más amplio, mucho más de lo que se proponía el alcalde.

Estos acontecimientos sugieren que las aspiraciones liberales de un grupo de notables dirigido por el cabildo han sido ahogadas por un dirigente autocrático; ahora bien, fue el alcalde "liberal" quien intentó reducir a un tercio del electorado, mientras el corregidor, contra la voluntad del ayuntamiento, hizo votar no sólo a todos los vecinos de Loja, sino también a los indios de los suburbios. ¿Cómo interpretar esta decisión "democrática" del corregidor?

Fundándose en que no hacía más que seguir el ejemplo de Cuenca y de Lima donde todos los indios habían actuado como ciudadanos, y añadiendo que los suburbios de San Sebastián y de San Juan del Valle pertenecían a la ciudad,[42] el corregidor defendía que la constitución había proclamado la igualdad de todos los miembros de la nación. Dejamos de lado el estudio de los principios que defendía el jefe político de Loja para observar la composición de los pueblos en disputa. Toda elección supone un empadronamiento, el historiador dispone de los de 1778 y de 1814, pero los contemporáneos sólo conocían el primero. En 1778, Loja abarcaba 501

---

[40] "*Ambos partidos se han excedido, ambos se han apartado del sendero de la razón* [...]. *Si hay soborno de parte del corregidor, lo hay también de otro lado.*" Auto del fiscal Don José Salvador, AHNQ, Gobierno, núm 41, Gb. 7. XII. 1813, f° 32 v.

[41] F. RODRÍGUEZ DE SOTO y M. G. DE VALDIVIESO, *Nota que acompañan a S. M. los infrascriptos diputados a Cortes nombrados por las provincias de Quito en 26 de agosto de 1814, (Madrid, 7 de octubre de 1820)*, Madrid, imp. de Brugada, 1821, p. 14.

[42] "*Los que se llaman pueblos de San Sebastián y San Juan del Valle, son parroquias de la misma ciudad, y ninguno que la conozca podrá informar que sean sólo inmediatas, sino contiguas y unidas a ella, de modo que los indios que les pertenecen habitan hasta en las casas de la Plaza Mayor.*" Informe de José Agustín de Celis, Cuenca, 17 de julio de 1813, AHNQ, Gobierno, núm 40, Gb. 18. V. 1813, f° 111. Era un argumento sólido: empezamos a descubrir que si las representaciones ideales de la ciudad ubicaban a los indios en la periferia de la ciudad o en sus reducciones, la realidad era más compleja. Ciertos gremios o linajes indios poseían casas en el centro de las ciudades españolas. Cf. T. GISBERT, *Urbanismo, tipología y asentamientos indígenas en Chuquisaca*, La Paz, UMSA, 1982.

[43] Según M. MINCHOM, "The Making of a White province : Demographic Movement and Ethnic Transformation in the South of the Audiencia de Quito (1670-1830) ", en *Bulletin de l'Institut français d'études andines*, Lima, 1983, núm 3-4, pp. 23-39.

habitantes blancos y 58 indios, los pueblos de San Sebastián y de San Juan del Valle estaban poblados por 2.225 indios; en 1814, vivían en Loja 2.558 blancos y 30 indios, y 2.596 indios en los dos suburbios.[43] El crecimiento muy rápido de la pequeña ciudad provenía de migraciones internas de mestizos e indios que, cambiando de residencia y de ocupación, cambiaban de estatus étnico.[44]

Estos datos permiten entender las restricciones del alcalde que, exluyendo del voto a los indios y quizás a ciertos mestizos que pasaban por blancos, sólo dejaba votar a los que consideraba como auténticos vecinos. Por otra parte, es obvio que el corregidor incluía los suburbios en la ciudad para trastornar la composición del electorado; haciendo votar a los pueblos de San Sebastián y de San Juan del Valle, confiaba el resultado de las elecciones a una mayoría india. Sería ingenuo pensar que mezclaba pueblos de indios y ciudad por escrúpulo democrático: en un documento con fecha de 1817, el corregidor se vanagloriaba de haber interpretado la constitución en un sentido tal que permitía preservar las leyes fundamentales de España a las cuales Ferdinando VII había vuelto, en 1814, después de borrar la obra de las Cortes.[45] Atribuyendo a los pueblos indios y a todos sus habitantes el derecho de voto, intentaba servirse de un electorado dócil contra la facción de los notables que se oponía a él. Con razón, el alcalde le acusó de "comprehender en el vecindario de Loja los dos pueblos de indios [...] de San Sebastián y de San Juan del Valle para buscar en la rudeza de los indios lo que es imposible conseguir de un Pueblo que tiene las luces suficientes para no dejarse alucinar de los mismos que procuran su ruina y opresión".[46]

Así las prácticas del corregidor de Loja podrían explicar la facilidad con la cual los magistrados de la audiencia de Quito habían acogido las novedades inducidas por la soberanía popular: en la sierra quiteña, el electorado indio no disponía de suficiente independencia como para trastornar el statu quo ante. Darle el derecho de voto era como levantar una barrera contra las tentaciones autonomistas de las oligarquías locales. En vez de una nueva definición del cuerpo político, nos encontramos con manipulaciones de la modernidad por parte de autoridades emanadas del antiguo

---

[44] Sobre estas formas de movilidad socioétnica, véase M. MINCHOM, *The People of Quito, 1690-1810, Change and Unrest in the Underclass*, Syracuse University, Westview Press, 1994, pp. 153-199.

[45] "Recurso de apelación interpuesto por parte de Don Tomás Ruíz Gómez de Quevedo, corregidor de la ciudad de Loja", AHNQ, Gobierno, núm 43, Gb. 3. XI. 1817, s. p.

[46] AHNQ, Gobierno, núm 40, Gb. 18. V. 1813, f° 110 v.

régimen. Sin embargo, con esta interpretación no disponemos de una explicación exclusiva, puesto que la manipulación de un electorado cautivo no da cuenta de toda la complejidad de las reacciones generadas por la adopción de la modernidad política, ni de sus consecuencias. El análisis de las elecciones al sufragio amplio en pueblos de indios completará este cuadro, oponiendo a la hipótesis del electorado cautivo unas objeciones necesarias.

ELECCIONES EN PUEBLOS DE INDIOS

Antes de que el mundo hispánico adoptara la constitución de Cádiz, la sociedad india votaba también, y las modalidades de su voto merecen atención: ¿qué diferencias existían con la república de los españoles? A primera vista, se nota la persistencia, bajo formas hispánicas, de jerarquías consuetudinarias y de divisiones étnicas. ¿Se trataba de una síntesis entre formas occidentales y autóctonas que hubiesen traducido la resistencia de las comunidades a doblegarse a las cédulas y ordenanzas reales? Nada menos seguro.

Pocona en Charcas (1786-1811)

En el archivo nacional de Bolivia, subsisten las actas de una serie casi completa de elecciones en el pueblo indio de Pocona para los años de 1786-1811.[47] Ubicado en la rica provincia de Mizque, en el valle de Cochabamba, Pocona, *pueblo real*, era dotado de privilegios que le permitían administrarse de una manera más independiente que otros pueblos indígenas.[48]

De ninguna manera, estos privilegios correspondían a una democracia local embrionaria: hasta 1792, los electores se limitaban a cuatro personas —dos caciques y los dos alcaldes del año anterior— que se reunían, cada 1° de enero, para designar a los nueve miembros del ayuntamiento. Pocona

[47] ANB, expedientes coloniales, 1811, núm 8. Esta fuente se interrumpe dos años antes de la adopción de la constitución de Cádiz, que no fue aplicada en esta zona donde actuaron los cuerpos expedicionarios mandados por Buenos Aires, en 1810-1811, 1813 y 1815.
[48] ANB, expedientes coloniales, 1800, núm 80.

estaba compuesta por dos mitades aisimétricas— la *parcialidad* de los Jarajuries (*anansaya*) y la de los Turumayas (*urinsaya*)—,[49] el cacique y el alcalde de la mitad superior designaban primero los cargos para su comunidad, el cacique y el alcalde de los Turumayas nombraban después a sus propios representantes. Se confiaba la función de alguacil, que nadie quería ejercer, unas veces a un mestizo, otras, alternando, a un miembro de cada mitad de la comunidad. Las funciones concejiles llegaban así al número de once.

Multiplicando el número de regidores, los principales del pueblo se habían otorgado dignidades reservadas a los cabildos de ciudades españoles. A fines del siglo XVIII, el intendente Francisco de Viedma descubrió estas prácticas irregulares. Por lo tanto impuso que los caciques fuesen apartados de la elección a la cual debían proceder únicamente dos alcaldes y cuatro regidores, siendo suprimidos los otros cargos. Viedma imponía a los indios de Pocona el no seguir más el modelo (prestigioso) de los cabildos españoles, mientras prohibía a los caciques, autoridades natas de las comunidades, el control de la administración municipal. El intendente les fijaba una vía media, menos india y menos española a la vez. Fingiendo someterse a estas reglas, los indios de Pocona continuaron partiendo sus cargos entre sus dos mitades — *anansaya* et *urinsaya*—.

¿Se debe concluir que, en la víspera de la adopción del sufragio casi universal, las comunidades habían preservado una parte de sus costumbres dentro de un marco impuesto por la administración española? Parece que no. Las magistraturas concejiles no eran designadas por el conjunto de los jefes de familia, ni por una asamblea constituida por los que habían seguido el *cursus honorum* de la comunidad (el sistema de *cargos*), sino sólo por cuatro hombres —seis después de 1792—, nada más. Además, la partición en dos del pueblo correspondía más a trastornos causados por la conquista que a la preservación de una estructura prehispánica. En este caso, la administración española había inventado tradiciones indias.[50]

---

[49] Las comunidades andinas se componen, teóricamente, de dos mitades (*parcialidades*), la una, dominante, se llama *anansaya*, y la otra, inferior, *urinsaya*.

[50] Una visita a Pocona, realizada en 1557 indica que su población estaba formada por tres grupos, venidos de otras provincias, desplazados por el Inca para el cultivo de maís y de coca, y para reemplazar millares de aymarófonos rebeldes que habían sido deportados (N. WACHTEL, " Les *mitimaes* de la vallée de Cochabamba. La politique de colonisation de Huayna Capac ", *Journal de la Société des Américanistes*, Paris, vol. LXVII, 1981, pp. 297-324). El grupo más lejano se componía de *mitimaes* collas. El segundo era mixto, formado por gente del Collasuyu, del Chinsasuyu y del Condesuyu ; el cacique principal de este conglomerado se llamaba Don Hernando Turumaya : le dará su apellido. El último grupo venía de Cochabamba ; eran Cotas, establecidos en Pocona cuando el Inca Huayna

Las reglas establecidas en el siglo XVI por el virrey Toledo habían resumido a dos mitades la complejidad étnica del pueblo de Pocona ; durante los siglos siguientes, las prácticas restrictivas de los propios indios debilitaron más su representatividad. El principio de la cooptación redujo el electorado a casi nada y, mientras Toledo exigía que indios del común fuesen elegidos cada año,[51] a fines del siglo XVIII, los cargos de Pocona pertenecían exclusivamente a unos notables, los *principales*. En la república de los indios como en la de los españoles, según las normas del antiguo régimen, el superior representaba y administraba al inferior. No es de este lado que se deben buscar primicias democráticas. La introducción del sufragio casi universal en las comunidades indias representó una novedad, quizás más que en las ciudades criollas. Lo que no significa que aquéllas no hayan sabido sacar provecho de los cambios.

Moya, Conayca y Puquina en el Perú (1813-1814)

Seguimos estas elecciones municipales radicalmente nuevas tal como se produjeron, el 4 de febrero de 1814, en el pueblo de San Pedro de Moya (anexo de Conayca, subdelegación de Acobamba) —poco más de 1.000 habitantes, en su mayoría indios, pero también pequeños blancos y mes-

---

Capac convirtió el valle en centro de cultivo del maíz. La visita no indicaba el apellido de su cacique principal, sólo el de su jefe secundario, Don Juan Xaraxuri; los Cotas acabaron por nombrarse así. Veinte años después de la visita de Pocona, las ordenanzas del virrey Toledo establecieron en todos los pueblos de indios un cabildo en el cual cada una de las dos mitades tradicionales debía tener su representación (*Ordenanzas de Don Francisco de Toledo, Virrey del Perú (1569-1581)*, Madrid, 1929, p. 307). Pocona tuvo que adaptarse a esta bipartición artificial. Los Collas desaparecieron como grupo; bajo la denominación de Turumayas se reunieron elementos diversos ; y los Cotas, que se pretendieron originarios de la provincia, abandonaron su nombre tomando el de uno de sus caciques, volviéndose Jarajuries. Una creación artificial del imperio inca había sido recortada por la administración española según un modelo conforme a lo que esta conocía de las costumbres andinas.

[Los *mitimaes*, o *mitmaq*, eran colonos que la administración incaica empleaba para poblar y cultivar las zonas pioneras o recientemente conquistadas. Por *Collas* se designaba grupos establecidos alrededor del Titicaca, de habla puquina.]

Resumo las conclusiones de T. BOUYSSE-CASSAGNE, *La identidad aymara. Aproximación histórica (siglo XV, siglo XVI)*, La Paz, Hisbol-IFEA, 1987, pp. 343-347. La composición pluriétnica de las reducciones toledanas en el valle de Cochabamba es corroborada por el estudio de R. H. JACKSON y J. GORDILLO CLAURE, "Formación, crisis y transformación de la estructura agraria de Cochabamba. El caso de la hacienda de Paucarpata y el de la comunidad del Passo, 1538-1645 y 1872-1929", *Revista de Indias*, 1993, núm 199, pp. 730-731.

[51] *Ordenanzas de Don Francisco de Toledo, Virrey del Perú (1569-1581)*, ob. cit., p. 308, ordenanza VII.

tizos que se denominan, en los Andes, *vecinos* o *mistis*. El escrutinio se efectúa en la plaza mayor donde se edificó un estrado; preside el subdelegado, auxiliado por un secretario. El día anterior, todos los ciudadanos, indios y vecinos, fueron convocados, los primeros por su alcalde, los otros por el sargento de milicias. La elección se funda sobre el individuo pero la llamada al sufragio es colectiva, estado por estado. Todos forman "una misma nación española", pero los vecinos o mistis son designados como *españoles de origen* y los indios, *españoles naturales*.

La primera votación (el sistema es a dos grados) dura de ocho a once y media. ¿Cómo se procede? El reglamento pedía al elector llevar su boleto ya escrito.[52] Si un "candidato"[53] distribuía de antemano boletos con su nombre, era un fraude,[54] pero como la constitución admitía el voto de los analfabetos, era preciso aceptar que éstos confiesen a otros la redacción de su boleto; el matiz entre ayudar y fraguar parece hoy día muy sutil.

En Moya, se pregunta por sus boletos a los electores quienes contestaron que no los tenían por falta de papel y de escribientes, pero que estaban dispuestos a votar "por rayas", como se practicaba en otros lugares.[55] Los escrutadores aceptan: cada elector se adelanta, enuncia en voz alta nueve nombres al secretario quien apunta tantas rayas representando a los "candidatos". Se seleccionan así nueve compromisarios en una lista de 39 individuos designados por 1 a 46 votos,[56] en la que figuran los dos curas interinos del pueblo.

En la tarde, a las 4, la segunda votación se efectúa en la casa comunal; cada compromisario, empezando por el que obtuvo más votos, sopla el nombre de su candidato (*"pronunciando en voz secreta"*) al secretario que apunta la raya. Se deben elegir ocho cargos; tantas veces se renueva este procedimiento. Resultan elegidos un alcalde, un síndico procurador y seis regidores, tres representando a los *mistis* y tres a los indios.

A fines de la tarde, la gente se reúne en el patio del ayuntamiento en las puertas del cual se ha fijado el nuevo reglamento municipal. Los elegidos

---

[52] Como se practicó en Huancavelica, los 31 de enero y 5 de febrero de 1813: *"Para que la elección se haga con brevedad, cada ciudadano llevará una papeleta con los nombres de los electores para quienes vota, la que se leerá públicamente. "* (BNL, D 9867.)

[53] Toda campaña electoral era prohibida por el reglamento, ningún individuo podía presentar su candidatura.

[54] Entre estos casos de fraude, el del hijo del intendente de Puno, mayo de 1814 (BNL, D 5887).

[55] BNL, D 9615.

[56] Dos *licenciados* —los curas interinos—, 29 calificados de *Don* y 8 de *señor*. El término de ciudadano no se empleaba.

juran la constitución, y todos van a la iglesia para celebrar un Te Deum y escuchar un sermón en quechua. Durante el día, los distintos momentos de la votación han sido traducidos por los clérigos y el escribano. El nuevo alcalde es bilingüe.

Si nos atenemos a la definición de la época, no hubo fraude en Moya donde todo se verificó públicamente y sin boleto. Eso no significa que este electorado principiante no hubiera sufrido presiones. Antes de estudiar este aspecto del problema, el historiador tropieza con un obstáculo serio: las fuentes no indican un registro electoral (en el Perú no existieron registros válidos antes de 1931).[57] Imposible saber cuál fue la proporción de ausentes ni cuántos indios participaron al voto. En Moya, donde los electores no debieron ser más de 200,[58] ni siquiera se conoce el número de votantes. Sólo se puede pensar que no hubo muchas abstenciones, como lo demuestran el tiempo consagrado a la votación y el número de votos de cada "candidato".[59]

El resultado es curioso: mientras la ley uniformizaba el electorado, la distribución de los cargos mantenía separados mistis e indios; los seis regidores del pueblo se dividían en dos grupos representando cada componente socioétnico del pueblo. Evidentemente, esta peculiaridad no salía de las urnas sino de tratos anteriores. Entre qué individuos, bajo qué formas y condiciones, no se sabe, pero es obvio que la "máquina"[60] funcionaba. Su acción se manifestaba también en la elección de los regidores: si los representantes de los vecinos habían sido elegidos entre los compromisarios, como era lógico, no era el caso con los regidores indios; sin embargo, uno de estos hizo la unanimidad de los compromisarios que no votaron todos en favor de miembros de su propia familia.

Por fin, las negociaciones y los convenios que se pueden adivinar manifestaban el peso de una parentela, la de los Matos, de la cual provenían seis de los nueve compromisarios, dos de los regidores, el síndico y el alcalde.[61] Sin embargo la familia Matos no era unánime ni de igual fortuna e instrucción. Rafael Matos, analfabeto, obtuvo sólo cuatro votos para ser

[57] J. BASADRE, *Elecciones y centralismo en el Perú. Apuntes para un esquema histórico*, Lima, Universidad del Pacífico, 1980, p. 142.
[58] Si nos atenemos a la estimación del fiscal de Quito, un jefe de familia para cinco personas.
[59] Con esta hipótesis, si todos hubiesen votado, cada elector hubiese dispuesto de un minuto como máximo para enunciar su voto.
[60] El término es sacado de un artículo de A. COCHIN (" Comment furent élus les députés aux États Généraux ", en *Les sociétés de pensée et la démocratie moderne*, Paris, PUF, 1978, *passim*).
[61] Más detalles sobre el auge de la familia Matos (que disfraza en Campos) en varios trabajos de Henri Favre consagrados a la región de Huancavelica.

regidor: dos Matos no lo habían elegido. Y Leandro Matos, con cinco votos, no había hecho el "lleno" de su electorado familiar. En Moya, como en tantos otros pueblos de la sierra, los hilos de la elección acababan en un punto, una parentela solidaria y dividida que manipulaba todas las redes a su alcance en provecho suyo, sin que todos sus miembros sacasen el beneficio.

Elecciones municipales de Moya, 4 de febrero de 1814 (BNL, D 9615)

Compromisarios	Compromisarios elegidos	Otros elegidos
Matos Leandro (46 votos)	regidor (5 votos) *	Coriñaupa Juan (5 v.)**
Matos Hipólito (45 v.)	alcalde (6 v.)	Matos Rafael (4 v.)*
Matos Ventura (44 v.)		Berna Vidal (9 v.)**
Matos Juan (43 v.)	síndico (6 v.)	Coriñaupa José (4 v.)**
Benderi Agustín (37 v. cura interino)		
Oliveira Nicolás (33 v.)	regidor (6 v.) *	
Matos Manuel (31 v. cura interino)		
Peña Manuel de la (24 v.)		
Matos Mariano (26 v.)		

* regidores de *españoles de origen*
** regidores de *españoles naturales*

Cerca de Moya, el pueblo de Conayca —casi el mismo número de habitantes— había votado tres semanas antes, el 27 de enero de 1814. Si la forma de las elecciones era idéntica, el resultado parece distinto: todos los regidores eran indios; un solo *misti*, el alcalde. La población del pueblo era también más homogénea, únicamente india. Durante el día de las elecciones, el cura tuvo que servir de intérprete, y "*el ayuntamiento no tení[ía] en todo él una persona que supiese leer y escribir, sino el alcalde*".[62] Según su firma, la alfabetización del alcalde también debía ser sumaria.

Antes de la ley de 1812, las comunidades indias nombraban a sus dirigentes: ¿cuáles eran los cambios en las elecciones de 1814? Los pocos ejemplos de que disponemos demuestran que las comunidades nombraban exclusivamente a sus propios miembros.[63] Con el sufragio moderno, en Conayca, se atribuía el primer puesto a un vecino que el antiguo sistema hubiera mantenido fuera del pueblo, y no eran los "candidatos" de más votos al sufragio directo que fueron designados en la segunda votación

[62] BNL, D 9.900.
[63] BNL, D 10.263, elecciones del ayllu Mayoc, diciembre de 1811.

sino individuos desconocidos.[64] Probablemente en provecho de los intereses de *mistis*, la constitución había destruido el sistema de cooptación muy restringida en base al cual funcionaban poco antes las elecciones municipales indias.

Elecciones municipales de Conayca, 27 de enero de 1814 (BNL, D 9900)

Compromisarios	Compromisarios elegidos	Otros elegidos
Terrua Mariano (43 votos, cura)		Carguas Francisco (7 votos)
Matos Manuel (41 cura interino)		Huarachi Blas (6 v.)
Hortega Simeón (34 v.)		Huamancaja Severino (4 v.)
Cuicapusa Cipriano (33 v.)		Pariona Mateo (6 v.)
Cuicapusa Miguel (32 v.)		Hortega Juan (4 v.)
Espinosa Laureano (30 v.)	alcalde (7 v.)	Asnabar Jacinto (4 v.)
Huarachi Andrés (24 v.)		
Mesas Gerónimo (23 v.)	síndico (9 v.)	
Leon Mateo (22 v.)		

A pesar de estos matices importantes, en Conayca como en Moya, la introducción del sufragio casi universal modificaba pero no trastornaba el *statu quo ante*: en un pueblo indio, los regidores quedaban indios; en un pueblo mixto, se preservaba la representación de las dos *repúblicas*. En uno y otro caso, los aldeanos utilizaban la *nouveleté* para mantener formas tradicionales, los *mistis* ganándose la preponderancia. Pero ¿qué pasó en parroquias pobladas por muchos indios y algunos *mistis*, cuando la regla mayoritaria se aplicó sin negociaciones previas entre los dos bandos?

Ahí esta el ejemplo de Puquina (subdelegación de Moquegua, en el sur del Perú). El asunto empieza el 15 de mayo de 1813, con la petición de 19 vecinos que han descubierto que el censo realizado por el cura atribuía una mayoría de dos tercios a los indios.[65] Protestan delante de la audiencia para que se tomen medidas en contra de los indígenas.

Quedando la petición sin efecto, las elecciones que se verificaron a principios de junio otorgaron, como era de prever, la mayoría a los indios; la administración y los cargos concejiles pasan de los *mistis* a los indígenas. El 23 de junio, octava del Corpus, los nuevos regidores indios provocan a los *mistis*, y atacan uno de sus altares. Violencia sacrílega, riña,

---

[64] Es preciso subrayar que fueron los clérigos que obtuvieron el máximo de votos durante la primera votación.

[65] BNL, D 9873.

sangre vertida. Se presenta el conflicto delante del fiscal, en Arequipa. Lejos de condenar a los atacantes y de dar satisfacción a los *mistis* que anuncian una guerra de castas, el magistrado confirma la elección de los indios, pide al cura calmar los espíritus, y concluye: "*Sobre quienes deban ser alcaldes, no puede hacerse distinción de clases, pues siendo todos ciudadanos, los indios pueden legítimamente serlo*".[66]

No se debe deducir demasiado rápidamente que esta elección significaba una victoria india. Denunciando el espíritu de revancha de sus adversarios, los *mistis* lo creían alimentado por su principal adversario, "*el cura párroco, cuyos deseos de mandarlo todo y de tener en todo una intervención prejudicial* [sic] *hacia los españoles es constante y bien comprobada*".[67] Parece que éste, que había empleado su ascendiente sobre los indios para controlar la elección, se preparaba a dirigir el pueblo por intermediarios indígenas.

Un cura teniendo bajo su férula a los aldeanos mediante la influencia que ejerce sobre las comunidades de la comarca, una familia acaparando los cargos concejiles del pueblo, todo esto sucedió en otros lugares que Puquina o Moya. Gran parte del fondo *República* del archivo del arzobispado del Cuzco es constituido por este tipo de expedientes. En las provincias excéntricas de los Andes —y en muchas otras de la América española, probablemente—, las elecciones al sufragio amplio, sin candidatos ni campaña, daban rienda suelta a las maniobras de individuos[68] como a las de parentelas.

BALANCE

A pesar de las reticencias de las cortes de Cádiz que decretaban la soberanía popular preguntándose quién podía constituir el pueblo en América, los magistrados de ultramar aceptaron el principio del sufragio amplio en

---

[66] BNL, D 9873, Auto del fiscal, 6 de julio de 1813.

[67] "*Hemos llegado a entender que* [...] *pretenden nombrarse la mayor parte de electores de dicha casta índica y consiguientemente el alcalde o alcaldes constitucionales que hayan de regir el pueblo, siendo ese el principal empeño del cura párroco cuyos deseos de mandarlo todo y de tener en todo una intervención prejudicial hacia los españoles es constante y bien comprobada.*" (BNL, D 9873, carta del *vecino* Bernardo Alarcón al gobernador intendente, s. d.)

[68] No pienso que se pueda considerar a estos curas-*gamonales* como a representantes del cuerpo colectivo que forma el clero. Muchos de ellos pertenecían a parentelas locales y actuaban como miembros de un grupo familiar.

sociedades mayoritariamente indias. Y aunque los historiadores no se hayan interesado en ese fenómeno, varias elecciones generales movilizaron a los pueblos andinos durante los años 1813-1814 y 1820-1823. Pero hacer votar a la mayoría no significaba que cada elector sea un individuo ciudadano ni que haya consumido la ruptura con sus estatus de pertenencias territorial, estamental y étnica. Los actores colectivos podían seguir existiendo sin sentirse amenazados por el nuevo modelo político. Estructuras sociales del antiguo régimen y modernidad política, teóricamente incompatibles, vivían en buena inteligencia. Bajo la palabra representación eran varias formas de representación las que se experimentaban.

En este aspecto, este estudio completa y matiza las conclusiones de un artículo reciente, escrito en colaboración con F. X. Guerra, que se acababa con estas líneas:

El triunfo de los nuevos principios [los de la constitución de Cádiz] era cierto y, en gran parte, irreversible. Pero ¿esto significaba que la sociedad, tanto española como americana, fuese moderna? ¿Y que la vida política hubiese adoptado prácticas conformes con las nuevas referencias proclamadas con tanta solemnidad?

Nada menos seguro. [...] Aun cuando la aspiración a la representación era muy difundida, no es cierto que la mayoría la entendiera en los mismos términos que las elites modernas que fueron los principales actores de la revolución hispánica. La sociedad quedaba profundamente tradicional, aun arcaica, y una buena parte de sus notables, peculiarmente en América, lo era también. Por cierto, las elites han cambiado muy rápidamente a partir de 1808, abandonando premisas del antiguo régimen por referencias culturales modernas. Pero lo posible con los principios se volvía improbable cuando se trataba de comportamientos.

Las parentelas, las redes de clientelas, los cuerpos municipales, todos estos actores colectivos de la antigua sociedad, quedaban todavía llenos de vigor a pesar de la adopción de los nuevos principios. La vida política moderna y su dimensión electoral no podían ser sino profundamente adulteradas; la competición electoral no podía reflejar la libre opinión de individuos ciudadanos puesto que estos quedaban sumamente minoritarios. Sólo correspondían al ideal de la democracia representativa los miembros de las elites que habían aceptado el nuevo imaginario político. Y son ellos quienes se enfrentaron durante elecciones modernas movilizando, según recursos propios de cada uno, los viejos actores colectivos, esta porción de la sociedad que los notables "representaban" como autoridades tradicionales. Desde entonces, las bases estructurales del funcionamiento tan peculiar de la vida política en los paises hispánicos —el caciquismo— están en su sitio para largo tiempo.[69]

La observación de las primeras elecciones modernas en los Andes confirma la utilización del sufragio amplio como electorado cautivo, así como ciertas formas de resistencia de los notables vinculados con las representaciones de antiguo régimen. Ubicados en la cúspide de una de las múltiples "pirámides encajadas" del antiguo régimen, ellos encarnaban a sus representantes natos: es así como el alcalde de Loja entendía el reglamento de la nueva práctica electoral. Desde entonces, la reinterpretación necesaria de la constitución de 1812 (y de todas las siguientes) por parte de estos notables consistirá ora en limitar el cuerpo político a la *sanior pars* —el grupo restringido a los que la fortuna y la cultura señalan como los accionarios de la nueva asociación política—, ora en preconizar el sufragio más amplio con el propósito de emplear en provecho de facciones, parentelas o caciques, los votos de un electorado cautivo.

Sin embargo, este electorado, formado en su mayor parte de indios, disponía de un margen de maniobra más importante que lo que permite imaginar el tipo de fuentes que consultan a menudo los historiadores. El resultado de las elecciones no representaba más que el último acto de una obra cuya significación esencial se jugaba en otro escenario. ¿Qué se puede saber de las negociaciones que lo habían precedido? ¿Qué beneficios esperaba el electorado indio de su docilidad ante las urnas? Las respuestas, encontradas quizás interrogando otro tipo de documentos, podrían reservar algunas sorpresas.

Todavía más importante se revela el recurso de los indios a modos de representación extra constitucionales durante los siglos XIX y XX. En periodo de calma política (calma siempre relativa), las comunidades indígenas designaban una categoría particular de representantes, los *apoderados*, elegidos para objetivos precisos que se resumían casi todos en la defensa de las tierras comunitarias. Individuos con poderes limitados, que las dinámicas políticas podían elevar al rango de representantes de proyectos más ambiciosos cuando se colocaban al lado de un partido político criollo durante una guerra civil.[70] Por último, la relaciones estrechas, pero toda-

---

[69] M.-D. DEMÉLAS-BOHY y F.-X. GUERRA, "La révolution de Cadix", ob. cit., pp. 175-176.

[70] He desarrollado en detalle este aspecto de las resistencias de las comunidades indígenas y sus representaciones en "Jacqueries indiennes, politique créole. La guerre civile de 1899", en *Caravelle*, Cahiers du monde hispanique et luso-brésilien, Toulouse, 1985, núm 44, pp. 91-111, y en *De los imperios a las naciones: Iberoamérica*, A. ANNINO, L. CASTRO LEIVA, F.-X. GUERRA coord., Madrid, Alianza editorial, 1994, cap. 11 : "Estado y actores colectivos. El caso de los Andes".

vía mal conocidas (quizás bajo la forma del compadrazgo, este lazo desigual y directo, de hombre a hombre, tan importante en las sociedades hispánicas), que se establecían entre representantes de las comunidades y dirigentes de partidos, confiaba a éstos un papel de representantes de esta fracción mayoritaria del cuerpo político que negociaba siempre su participación, formada por los indios. Así, apoyándose sobre comunidades, el caudillo sucedía al diputado.

ANDES O NACIÓN: LA REFORMA ELECTORAL DE 1896 EN PERÚ

GABRIELLA CHIAROMONTI[*]

EL 12 DE NOVIEMBRE DE 1895 el entonces presidente de la república peruana Nicolás de Piérola promulgó una ley que modificaba el art. 38 de la constitución en vigor desde 1860.[1] En su redacción original el artículo atribuía el derecho de sufragio a todos los peruanos mayores de veintiún años o casados que supieran leer y escribir, o fueran titulares de una empresa artesana, o poseyeran alguna propiedad raíz, o pagaran al tesoro público algún impuesto, a condición de que estuvieran en todos los casos inscritos en el registro cívico del lugar de residencia.[2] La modificación introducida en 1895 exigió como único requisito para ejercer el derecho de voto en las elecciones políticas el de la alfabetización.

Las consecuencias fueron sintetizadas con desarmadora claridad por Rodrigo Montoya, senador del departamento de Arequipa. En 1896, en el curso del debate parlamentario sobre la reforma electoral, afirmó:

> El Perú sólo tiene tres millones de habitantes; dos millones y más son indígenas; del millón restante hay que separar las mujeres que por lo menos suman la mitad; de los 500.000 restantes hay que eliminar a los menores de edad, a los empleados públicos,[3] a los extranjeros y a todas las personas indiferentes que se retraigan de ejercer el derecho de sufragio y quedarán cuando más 50.000 votantes que sepan leer y escribir.[4]

---

[*] Universidad de Padua, Italia.

[1] *Ley reformando el artículo 38 de la Constitución*, en República del Perú, Ministerio de Gobierno y Policía, *Leyes, decretos y resoluciones expedidos por el Ministerio de Gobierno y Policía, arreglada por el Sr. Director de Gobierno D. D. Juan José Calle*, tomo II, Imprenta La Industria, Lima 1899, p. 154.

[2] Cfr. Ricardo Aranda, *La constitución del Perú de 1860 con sus reformas hasta 1893. Leyes orgánicas, decretos, reglamentos y resoluciones referentes a ellas, coleccionadas y anotadas por...*, Lima 1893, p.7.

[3] Según el art. 2 de la *ley de elecciones* de 1861 no podían votar "los Ministros de Estado, los Prefectos, Sub-Prefectos, Gobernadores y agentes de policía; los jefes y oficiales del Ejército ó Armada Nacional, y los gendarmes; los individuos de tropa pertenecientes á la gendarmería ó al ejército, y los que forman la tripulación de los buques de la Armada Nacional". Cfr. el texto de la ley en *La constitución del Perú, leyes y resoluciones dictadas por los Congresos de 1868-1870-1872-1873*, Imprenta del Estado, Lima 1873, p. 289.

[4] Congreso Extraordinario de 1896, *Diario de los Debates de la H. Cámara de Diputados*, Tipografía de "El Tiempo", Lima 1896, p. 72.

Los datos eran aproximativos,[5] pero el resultado era ciertamente el delineado por Montoya: se privaba del derecho de sufragio a aquella parte probablemente conspicua de la población indígena que durante todo el siglo XIX había votado, en cuanto contribuyente y/o propietaria de tierras, y a la cual la existencia de requisitos diferenciados en los varios niveles del proceso electoral indirecto también había asegurado por buena parte del siglo la elegibilidad para algunos cargos intermedios.

El año sucesivo concluyó en Perú el largo debate parlamentario, iniciado el año anterior y que se prolongó durante dos legislaturas ordinarias y dos extraordinarias, que llevó en el mes de noviembre a la aprobación de una nueva ley electoral en sustitución de la que estaba en vigor desde el ya lejano 1861. La nueva ley modificaba de modo sustancial el proceso de formación de la representación, pues introducía el sistema directo en lugar del indirecto, vigente durante casi todo el siglo, y creaba un organismo central, la Junta Electoral Nacional, formada por representantes de los tres poderes, apta para ejercitar cierto control sobre la designación de los miembros de los organismos encargados en ámbito local del desarrollo de las elecciones. Motivando su voto favorable al proyecto en discusión y respondiendo a las observaciones de los numerosos miembros de la cámara baja que veían en la reforma propuesta el riesgo de una excesiva centralización, que sofocaría la autonomía de las provincias, Mariano H. Cornejo, diputado por la provincia de Puno, hizo unas observaciones dignas de nota.

No me negaréis, señores, —afirmó— que el Perú atraviesa ese periodo histórico que se llama la formación del espíritu nacional, [en que] el gran deber es buscar la unidad de las provincias, la solidaridad nacional, estableciendo grandes organismos nacionales: por que sobre todas las ideas y todos los sistemas y todos los intereses está el supremo interés de formar la gran patria peruana.

Y aún:

Se confunde lamentablemente la centralización con la unidad y la descentralización con la anarquía. Hay centralización ahí donde el centro consume la vida

---

[5] Según el censo de 1876, realizado sin embargo con criterios muy aproximativos, el Perú tenía en realidad 2.699.945 habitantes, (1.365.895 hombres y 1.334.050 mujeres), de los cuales el 57,59% (equivalente a 1.554.898 individuos) estaban registrados como "indios", el 24,80% (equivalente a 669.586) como mestizos, el 13,75% (equivalente a 371.242, concentrados en su mayor parte en los departamentos de Lima, Arequipa, Cajamarca) como blancos. Perú. Dirección de Estadística, *Censo general de la República del Perú formado en 1876*, Imprenta del Teatro, Lima 1878, tomo VII, *Apéndice*, p. 6-7.

de las partes: hay descentralización ahí donde conservándose la unidad del todo, se deja libertad á las partes. No hay descentralización sin centro".[6]

Resulta claro por el fragmento citado cómo, a un paso del final del siglo diecinueve, al cabo de casi un siglo de haber conseguido la independencia, las elites de gobierno percibían la formación de la nación peruana como un proceso que no había concluido ni mucho menos, y la sólida estructuración del centro del sistema político como un problema todavía no resuelto, pero ya ineludible e indemorable. Para resolverlo consideraron que no debían, por una parte, ampliar la participación política, como se hubiera podido esperar, mirando a recorridos europeos contemporáneos, sino más bien restringirla, aplicando criterios que de hecho introducían una discriminación tendencialmente étnica. Y por otra parte, desmantelar de modo radical el sistema electoral en vigor desde los tiempos de la independencia, y volver a definir los caminos a través de los cuales se había construido hasta entonces la representación.

¿Por qué esta decisión? ¿Y cómo explicar la aparente contradicción de un sufragio ampliado que había debilitado el sistema político, y su centro en particular, en vez de reforzarlo y legitimarlo? Para evaluar las razones y la eficacia de las decisiones tomadas por los legisladores peruanos, es oportuno ante todo partir del análisis de los efectos producidos por la precoz ampliación del sufragio. Gracias a ello múltiples sujetos sociales colectivos, ciudades, villas y pueblos, sin distinción étnica, pudieron no sólo elegir las propias municipalidades, y por lo tanto controlar sus propios recursos y su propio territorio, sino también verse reconocida una legitimitad política que ningún gobierno, ni liberal ni conservador, sabría ya sustraerles y que hizo imposible la construcción de un espacio político nacional, gobernable desde el centro del sistema político.

LA "CARRERA" AL MUNDO

En noviembre de 1856 una ley aprobada por la Convención Nacional estableció que se podían elegir municipalidades en todas las capitales de distrito y en todas las poblaciones que, aunque no fueran capitales de

---

[6] Congreso Extraordinario de 1896, *Diario de los Debates* cit., pp. 118-119. Los subrayados son nuestros.

distrito,[7] tuvieran un mínimo de 1.000 habitantes. La ley hablaba de "nuevas municipalidades", ya que las que existían antes habían sido abolidas por la constitución de Huancayo (1839), que, sin embargo, había consentido la supervivencia de síndicos procuradores y jueces de paz electivos.[8] En realidad es difícil imaginar cómo había sido posible dar eficacia a tales disposiciones, máxime en un período de exasperada inestabilidad como el que siguió a la muerte del presidente Gamarra (1842) y, de todos modos, en cuanto volvieron al poder, los liberales se apresuraron a reiterar el pleno reconocimiento de los organismos municipales. A diferencia de muchos correligionarios suyos, los liberales peruanos no habían sentido nunca gran entusiasmo hacia el federalismo: como máximo se habían aventurado, en 1823, en 1828 y en 1856, precisamente, a instituir Juntas departamentales, que nunca habían llegado a funcionar. Y, en cambio, eran convencidos defensores de las virtudes del municipio, "la más gloriosa tradición de cuantas instituciones se han ensayado en los pueblos",[9] capaz ella sola de producir "el resultado que [...] se espera del quimérico proyecto de confederación".[10]

De modo que en 1856 las municipalidades recuperaron plenamente su poder, si es que lo habían perdido alguna vez. Una segunda ley, de diciembre de aquel mismo año, nos ofrece una idea precisa de su número y de su distribución, al hacer una lista detallada de los lugares en que debían ser instituidas, y del número de miembros que cada una podía tener en proporción a su población. La larga lista comprendía 699 localidades: 12 eran capitales de departamento, 58 capitales de provincia y las otras, la inmensa mayoría, capitales de distrito: 296 estaban situados en los departamentos costeños, 377 en los de la Sierra (donde residía la mayoría de la población), sólo 28 en la región oriental; 480 tenían 5 miembros, el núme-

---

[7] El Perú se dividía, y se divide todavía, en departamentos, éstos en provincias y éstas a su vez en distritos (que aparecieron por primera en la constitución de 1823, art. 7). Los departamentos eran siete en 1825, y reproducían los límites de las intendencias borbónicas, luego aumentaron de número hasta llegar a 13 en 1862, 18 en 1875 y 19 en 1920. Las provincias reproducían originariamente los partidos borbónicos, pero a continuación también se multiplicaron hasta llegar de las 56 de 1825 —el mismo número de los partidos en 1820— a 64 en 1850, a 76 en 1862, a 93 en 1874 y a 101 en 1908.

[8] *Ley 10 de Nuviembre de 1839. Constitución política*, art. 144, en Juan Oviedo, *Colección de leyes, decretos y órdenes publicadas en el Perú desde el año de 1821 hasta 31 de diciembre de 1859*, Felipe Bailly editor, Lima 1861, vol. 1, p. 138, y *Ley 29 de Noviembre de 1839. Reglamento de elecciones*, art. 70, en *ivi*, p. 383.

[9] Luciano Benjamín Cisneros, *Una palabra sobre el proyecto constitucional del Illmo. Obispo de Arequipa*, "Revista de Lima", Lima 1860, tomo. II, p. 263.

[10] Toribio Pacheco, *Cuestiones constitucionales*, Lima, 1854, p. 317.

ro mínimo previsto por la ley para poblaciones con 1.000-2.000 habitan-tes.[11] Otros pueblos se consideraron injustamente excluidos, y enviaron una serie de protestas y de peticiones, que fueron acogidas en su mayoría.[12] Las 699 municipalidades de 1856 constituían en realidad el punto de llegada de una "carrera al municipio" que se había puesto en marcha aún antes de la independencia, con la constitución de Cádiz. El texto gaditano exigía como únicos requisitos para ejercer el derecho de voto en ámbito parroquial la vecindad, y un modo de vivir honesto y conocido; y consen-tía la institución de municipalidades en cada pueblo "en que convenga que haya" (art. 310). Resultó por lo tanto inevitable la proliferación de los ayuntamientos constitucionales, y no sólo en los centros mayores. De hecho fue evidente en seguida que también los indios (los cuales, es opor-tuno recordarlo, en 1795 representaban cerca del 60% de la población del virreinato, y los mestizos otro 22%)[13] habían tomado muy en serio la ciudadanía española recién adquirida: el cura de Pilpichaca (Huancavelica) los definía con desprecio "españolizados", los acusaba de ser "inflados de libertad".[14] Un vecino español del pueblo de Puquina (Arequipa) escribía turbado que

Efectuado este [censo], ha resultado en mayor número el de los Naturales In-dios, que el de los Españoles (según antigua denominación de Castas ó natura-lezas): de tal forma que los Españoles apenas componemos una quarta parte del total de vecinos. Hemos llegado a entender que con tal motivo pretenden nom-brarse la mayor parte de Electores de dicha casta Indica, y consiguientemente el Alcalde ó Alcaldes constitucionales que hayan de regir el Pueblo.[15]

En 1813 el ayuntamiento del pueblo de Azángaro (Puno), compuesto "la mayor parte de indios leales que se han envejecido sirviendo al Sovrano,

---

[11] *Ley 13 de Octubre de 1856. Constitución política*, art. 114, en J. Oviedo, *Colección* cit., vol. 1, p. 162, y *Ley 29 de Noviembre de 1856. Ley orgánica de Municipalidades*, art.1, en *ivi*, vol. 2, p. 409.
[12] Cfr. J. Oviedo, *Colección* cit., vol. 2, pp. 429-431.
[13] Cfr. John R. Fisher, *Government and Society in Colonial Peru. The Intendant System 1784-1814*, London 1970, p. 253.
[14] *Expediente promovido por el cura de Pilpichaca dando parte a esta Intendencia sobre que los Natura-les de su feligresía intentan trastocar la tranquilidad y el buen orden.* Huancavelica 27 de diciembre de 1813, Lima, Biblioteca Nacional, D 5888, cit. en Christine Hünefeldt, *Lucha por la tierra y protesta indígena. Las comunidades indígenas del Perú entre Colonia y República, 1800-1830*, Bonner Amerikanische Studien, n. 9, Bonn 1982, p. 168.
[15] *Carta de Bernardino Alarcón al Señor Gobernador Intendente*, Arequipa, 26 de junio de 1813, Lima, Biblioteca Nacional, D 9873, citada en C. Hünefeldt, *Lucha por la tierra* cit., p. 161.

y de pocos Españoles, pues su vesindario no llega a ocho Familias", protestando contra la prepotencia del subdelegado afirmaban que "el avatimiemnto, la humillación, el desprecio y la desesperación" ya se habían superado, puesto que ahora los indios

> componen otra Gerarquía, puestos de Regidores para velar sobre el orden público, para imbestigar los propios y rentas de la Parroquia de que eran arvitros absolutos los Subdelegados, para defender los justos derechos del desvalido indio oprimido siempre.[16]

Es difícil en el estado actual de las investigaciones cuantificar la difusión de los ayuntamientos. Pero el Reglamento de elecciones municipales del 27 de noviembre de 1821, que dictaba las normas para la celebración de elecciones "en todos los lugares donde *hayan* Municipalidades" [el subrayado es nuestro],[17] se refería explícitamente a Lima, a las "capitales" de la costa y de la Sierra, las villas y los pueblos (art. 1) y finalmente a los "pueblos de peruanos" (art. 2), como se llamaban las comunidades y los pueblos de naturales, desde cuando un decreto de San Martín había establecido que los indígenas, "hijos y ciudadanos del Perú [...] con el nombre de Peruanos deben ser conocidos".[18]

La carrera al municipio no conoció freno y probablemente se acentuó después de la Independencia. El acceso al sufragio no fue limitado: las primeras constituciones republicanas volvieron a proponer, aunque de manera más articulada, el requisito gaditano del "modo de vivir conocido", acompañado por la exclusión de vagos, mendigos, sirvientes y jornaleros;[19] y continuaron confiando a los notables locales la efectiva selección

---

[16] *Expediente sobre la queja presentada por el pueblo de Azángaro para que el gobierno virreynal ponga término a los desmanes que comete el subdelegado Escobedo*, 1812/1813, Lima, Biblioteca Nacional, D 656, cit. en C. Hünefeldt, *Lucha por la tierra* cit., pp. 161-162.

[17] *Ley 27 de Noviembre de 1821. Reglamento de elecciones Municipales*, en J. Oviedo, *Colección* cit., vol. 1, pp. 308-313.

[18] *Decreto supremo de 27 de agosto de 1821*, art. 4, en P. E. Dancuart, *Anales de la Hacienda Pública del Perú. Historia y Legislación fiscal de la República*, tomo I, Lima 1905, p. 269.

[19] Según el art.17 gozaban del derecho de sufragio los peruanos casados o mayores de 25 años que sabían leer y escribir, que tenían una propiedad, o ejercían una profesión o arte con título público, o estaban ocupados en una industria útil, "sin sujeción a otro en clase de sirviente o jornalero". El art. 24 indicaba entre los motivos de suspensión del ejercicio de la ciudadanía el "no tener empleo, oficio o modo de vivir conocido". Cfr. *Ley 12 de Noviembre de 1823. Constitución política*, art. 17 e 24, en J. Oviedo, *Colección*, cit., vol. 1, p. 32. Esta formulación fue generalmente propuesta de nuevo en las constituciones sucesivas hasta la de 1860.

del electorado. Lo nuevo fue, en cambio, una constante y explícita voluntad de consentir a los indígenas no sólo elegir, sino también ser elegidos,
por lo menos en ámbito parroquial. El requisito de alfabetización, que
potencialmente los excluía, aunque previsto para el ejercicio del sufragio
ya desde 1823, no se exigió hasta 1840 (constitución de 1823, art. 17, 3°) y
luego hasta 1844 para los indígenas residentes en localidades carentes de
escuelas de educación primaria (constitución de 1839, art. 8, 2°); al cadu-
car aquel plazo, un especial decreto se apresuró a reintegrar en el derecho
de sufragio a los indígenas y mestizos que no sabían leer y escribir;[20] y aun
en 1851 el Reglamento de elecciones limitaba a los no indígenas la obligación de la alfabetización.[21] En cuanto a los electores parroquiales, en 1828
y luego en 1834 se consintió que en los pueblos de indígenas un tercio de
los elegidos estuviera constituido por ciudadanos analfabetos, a los cuales
estaba expresamente consentido hacerse acompañar en las reuniones del
Colegio electoral provincial por "adjuntos de su confianza", que escribie-
ran los votos en su lugar, leyeran los documentos, firmaran las actas;[22] y
en 1851 se estableció que quedaran exentos de la obligación de saber leer
y escribir los electores indígenas que pagaran la respectiva contribución.[23]
En 1834 por último la ley de municipalidades dispuso que municipales
pudieran ser elegidos también los indígenas, a los cuales "vastará que pa-
guen su contribución, o estén reservados de pagarla".[24]

Pero, ¿por qué tanta generosidad al conceder el derecho de sufragio?
Las elites peruanas de aquellos años no podían seguramente levantar sos-
pechas de excesivas simpatías hacia la población indígena. También por la
parte liberal la amplitud del sufragio se consideraba excesiva, al máximo
se toleraba con la motivación de que "si no existiera no hubiera un sólo
elector en muchos pueblos del interior".[25] Este era el punto: el realismo
político imponía tener en cuenta el hecho de que la población indígena

[20] *Ley 11 de Octubre de 1847. Sobre organización de colegios parroquiales y de provincia*, en J. Oviedo,
Colección, cit., vol. 2, p. 6.

[21] *Ley 24 de Diciembre de 1851. Reglamento de elecciones*, art. 10, en J. Oviedo, *Colección*, cit.,vol. 2,
p. 30.

[22] Cfr. *Ley 14 de Mayo de 1828. Ley orgánica de elecciones*, art. 31 e 41, y *Ley 3 de Julio de 1834. Ley
orgánica de elecciones*, art. 20, en J. Oviedo, *Colección* cit., vol. 1, p. 341 y 361.

[23] *Ley 24 de Diciembre de 1851. Reglamento de elecciones*, art. 26,3°, en J. Oviedo, *Colección*, cit.,
vol. 2, p. 31.

[24] *Ley 1° de Agosto de 1834. Ley orgánica de municipalidades*, art.8, en J. Oviedo, *Colección* cit., vol.
2, p. 381.

[25] Manuel Atanasio Fuentes, *Derecho constitucional filosófico*, Lima 1873, p. 152.

era ampliamente mayoritaria en el país, en particular en las regiones andinas
surorientales; y que a través de la contribución de indígenas, sustituto
republicano del tributo colonial, contribuía de modo sustancial a abaste-
cer las arcas estatales (todavía en 1849 la contribución representaba el
27,9% de las entradas totales, el 85% de los impuestos directos: una buena
mitad de ella procedía de los tres departamentos de Cuzco, Puno,
Ayacucho);[26] que además la experiencia del período gaditano, cuando el
tributo había sido abolido, había demostrado las pesadas repercusiones
que su supresión podía tener sobre el resto de la economía. Un informe
sobre el estado de la agricultura, la industria y la producción textil en la
región de Puno, escrito en 1812, subrayaba que

> Se advertirá la decadencia de algunos ramos por la inercia de los indios que con
> la libertad de Tributos han dado de mano a toda especie de labores, sin que sean
> suficientes la fuerza de los mandones a contraerlos al trabajo por la altanería
> que se ha descubierto en este poco tiempo en ellos.[27]

De modo que, anulados o ignorados los decretos de San Martín y Bolívar sobre tributo y tierras comunitarias,[28] la creación de la contribución
de indígenas, sobre base étnica y comunitaria y, gracias al sufragio, el
reconocimiento de la autonomía de gestión de territorio y recursos, con-
sintieron la constitución de aquel pacto de reciprocidad que, como ha
mostrado Platt para Bolivia,[29] durante buena parte del siglo XIX reguló las
relaciones entre estado y comunidades. Bien mirado las normas que explícitamente habilitaban a los indígenas a convertirse en electores o municipales pueden leerse como expresiones de la voluntad de consentir la
supervivencia, si bien en el nuevo cuadro institucional, de las redes de

---

[26] María Isabel Remy, *La sociedad local al inicio de la República. Cusco 1824-1850*, "Revista Andina",
n. 2, diciembre de 1988, p. 454 y 457 ss.

[27] *Informe sobre el estado de la agricultura, la industria y los tejidos para el partido de Conchucos, para
ser entregado al representante a Cortes, efectuado por Juan Antonio Larrauri. Puno, 3 de noviembre de
1812*, en Colección Documental de la Independencia del Perú, vol. 4, doc. 2, p. 162-163, cit. en C.
Hünefeldt, *Lucha por la tierra*, cit., p. 165.

[28] Cuanto al tributo, me refiero al decreto de San Martín fechado 27 de Agosto de 1821, art.1, el
mismo que abolía la definición de indígenas, citado en la nota 18; y al decreto supremo firmado por
Bolívar en Trujillo el 8 de Abril de 1824, ordenando la venta de las tierras del Estado, por lo cual
(art.2) los indígenas son declarados propietarios de sus tierras, para que puedan venderlas o enajenarlas
bajo cualquier forma. Cfr. en propósito Jean Piel, *Capitalisme agraire au Pérou*, vol. 1, *Originalité de
la société agraire péruvienne au XIXe siècle*, París 1975, p. 268.

[29] Tristan Platt, *Estado boliviano y ayllu andino. Tierra y tributo en el Norte de Potosí*, Lima, 1982.

poderes locales, estratégicas para el cobro del tributo y para reclutar la mano de obra indígena.

Como en materia de sufragio, también por lo que respecta a las municipalidades (como fueron llamados los ayuntamientos) no hubo, pues, ningun retroceso respecto a Cádiz, al contrario: la constitución de 1823 estableció que se instituyeran "en todas las poblaciones, sea cual fuere su censo".[30] Y, probablemente frente a los intentos de los centros mayores, capitales de departamentos y de provincias, de ejercer una especie de representación virtual del territorio, el Reglamento de Municipalidades de 1828 precisó que "sea cual fuere el número de Municipales y lugar de la Municipalidad, todas las de la República serán iguales en representación, y sin dependencia una de otra".[31] A veces la fuente legislativa consigue hacer vislumbrar la vitalidad y la belicosidad de este heterogéneo universo de organismos municipales, a los que el poder central intentaba poner freno, y la ambigüedad que aún rodeaba tanto su naturaleza, ahora administrativa, ahora política, como la idea misma de soberanía. Así, por ejemplo, un artículo de la constitución de 1828 negaba a las municipalidades el derecho de intervenir sobre cuestiones de carácter nacional o que fueran de competencia de los tres poderes de la república, y limitaba a las "necesidades domésticas de los pueblos" el tema de las peticiones que podían dirigir a las autoridades (art. 142); la constitución de 1834 establecía que sólo los cuerpos legalmente constituidos podían presentar peticiones firmadas colectivamente, "pero sin arrogarse el título de pueblo soberano" (art. 164). A pesar del tiempo transcurrido, y el diverso cuadro institucional, resultaban todavía actuales las preocupadas observaciones del virrey José Fernando de Abascal y Sousa, en funciones cuando el 1° de octubre 1812 la Constitución de Cádiz fue jurada en Lima, que había afirmado de no considerar que "una teoría tan fácil y sencilla fuera alimento propio para el común de los pueblos, que todo lo tergiversa y acomoda a su pequeña inteligencia".[32] No se le había escapado al sagaz virrey el hecho de que había una profunda diferencia entre la lectura abstracta del concepto de

[30] *Ley 12 de Noviembre de 1823. Constitución política*, art.138, en J. Oviedo, *Colección*, cit., vol. 1, p. 42.

[31] *Ley 13 de Junio de 1828. Reglamento de Municipalidades*, art. 3, en J. Oviedo, *Colección* cit., vol. 2, p.371.

[32] M. de Odriozola (ed.), *Documentos históricos del Perú en las épocas del Coloniaje después de la Conquista y de la Independencia hasta el presente*, tomo II, p. 79-81, cit. en C. Hünefeldt, *Lucha por la tierra* cit., p. 157. No se indica desgraciadamente la fecha a la que se refiere la afirmación, pero por el contexto se deduce que habría que colocarla inmediatamente después de la promulgación de la constitución de Cádiz.

soberanía popular propia de los liberales españoles y aquélla mucho más concreta y territorialmente "restringida" que de ella habrían dado la mayoría de los peruanos, ya fueran criollos, indígenas o mestizos.[33]

LA HERENCIA DE CÁDIZ Y LA REPRESENTACIÓN DE LOS PUEBLOS

Volviendo a 1856, la ley de municipalidades así como toda la obra legislativa de la Convención tuvieron breve vida. Resultaban intolerables para los conservadores y los liberales moderados, para poner sólo algún ejemplo, tanto el sufragio directo, introducido por aquélla, como el larvado unicameralismo que no consentía una adecuada representación de todos los grupos de poder regionales, como la creación de las Juntas departamentales. En 1860 fue aprobada una nueva constitución, y al año siguiente nuevas leyes de elecciones y de municipalidades; sobre todo en materia de municipalidades la ley de 1861 pareció introducir novedades substanciales, que podían frenar la carrera al municipio y recomponer al menos en parte la extremada fragmentación del espacio político.

En base a ella, se podían crear municipalidades sólo en las capitales de departamento, en las capitales de provincia y en los otros centros que tuvieran calificación de ciudad (que sólo el Congreso podía reconocer y atribuir). Dado que las capitales de departamento lo eran también de provincia,[34] y dado que eran bien pocas (13 en 1874)[35] las ciudades que no eran al mismo tiempo capitales de provincia, se puede razonablemente concluir que eran estas últimas sobre todo las que podían disponer de una municipalidad autónoma. Si consideramos luego que en las capitales de provincia se reunía el Colegio electoral provincial, organismo fundamental del proceso electoral, que cada provincia, prescindiendo de la consistencia numérica de su población, elegía un diputado,[36] y que por

---

[33] Para esta idea de una "concepción concreta y pluralista de la soberanía" remito a Antonio Annino, *Soberanías en lucha*, en François-Xavier Guerra y Antonio Annino (eds.), *Amérique latine: des empires aux nations*, París, en prensa. Véase también el ensayo de Annino en este mismo volumen.

[34] La ley aclaraba que la municipalidad de la capital del departamento "será la de la provincia a que corresponde dicha capital", art. 2 de la *Ley orgánica de municipalidades*, en *La Constitución y leyes orgánicas del Perú dadas por el Congreso de 1860, comparadas con las que sancionó la Convención Nacional de 1855*, Lima 1863, p. 159.

[35] Cfr. *Demarcación política*, Lima 1874, p. 7-170. En cambio eran 46, situadas por lo general en la región andina, las capitales de provincia que no eran ciudades, sino villas o pueblos.

último, en base a la nueva constitución de 1860, también el número de los senadores dependía del de las provincias,[37] podríamos concluir que era intención del legislador atribuir centralidad a las provincias, herederas de la tradición borbónica de los partidos, y aun antes de la de los corregimientos.

Pero bien mirado la centralidad de las provincias es más formal que sustancial; por mucho que la ley puntualizara que la municipalidad de la provincia "lo será de toda la provincia" (art. 3), no sólo de su capital, (y de hecho a la elección de sus miembros concurrían los electores de los distritos de todo el territorio), dejaba de todos modos márgenes de autonomía a los centros menores, que disponían de sus propias autoridades electivas (agencias municipales en los distritos y síndicos procuradores en los pueblos, formalmente subordinados a las municipalidades); y por lo que respecta a los recursos, la ley afirmaba expresamente que los de los distritos podían ser utilizados sólo en su provecho (art. 98).

El alcance de las innovaciones se reduce sobre todo si se considera que en materia electoral, abandonado el sufragio directo de la constitución de 1856, se vuelve inmediatamente al sistema indirecto que, en la acepción gaditana, se había demostrado capaz de articular una sociedad, en la cual todavía la dimensión corporativa prevalecía, con el principio individual de la representación liberal.

El proceso previsto por la ley era relativamente sencillo: los ciudadanos de las parroquias con derecho de sufragio elegían los respectivos electores, que a su vez, reunidos en colegios electorales provinciales, elegían a los miembros de la municipalidad de la capital de provincia, al o a los diputados de la provincia, al o a los senadores del departamento al que

---

[36] En base a la constitución de 1860 se elegía un diputado por cada 30.000 habitantes, o fracción que pase de 15.000, y por cada provincia, "aunque su población no llegue á este número": así dice el art. 46, que continua: "Se fijará por una ley el número de Diputados que, según éste artículo, corresponde á cada provincia; y no podrá aumentarse sino por disposición prévia del Congreso. Esa ley se dió en 1863, y según ella eran 16 las provincias que elegian más de un diputado (4 Lima y Jauja, 3 Chota, 2 cada una Piura, Ayabaca, Loreto, Cajamarca, Huaraz, Huari, Ica, Pasco, Andahuaylas, Arequipa, Puno, Lampa, Azangaro). Cfr. *Ley 9 de Febrero de 1863*, en Ricardo Aranda, *La Constitución del Perú de 1860 con sus reformas hasta 1893* cit., pp. 819-824. En 1893 los diputados eran 102, los senadores todavía 50.
[37] El número de senadores dependía del número de provincias de cada departamento: se elegían cuatro en los departamentos que tenían mas de ocho provincias, tres en los que tenían menos de ocho y más de cuatro, dos en los que tenían menos de cinco y más de una, uno en cada departamento que tuviera sólo una provincia y en cada provincia litoral (art. 48). Según la ya citada ley de 1863 los senadores tenían que ser 50.

pertenecía la provincia, al presidente y a los dos vicepresidentes de la república.

Las circunscripciones electorales a las que se refería la ley eran todavía las parroquias, unidades de base de la sociedad hispánica, aun si a ellas muchas veces se habían superpuesto los distritos.[38] En un territorio muy complejo, en el que se entretejían y superponían entitades administrativas antiguas y nuevas, la parroquia tenía que ser la única que era percibida aún como activa y operante por parte de sus mismos miembros, la única entre otras cosas capaz de proporcionar la documentación necesaria para extender el registro cívico. De modo que, como pasaba en los tiempos de Cádiz y aun antes, en el día establecido los ciudadanos con derecho de sufragio se reunían en la iglesia parroquial para asistir a una "misa de Espíritu Santo" (art. 11), y de la iglesia pasaban después a lo que la ley de 1861 se limitaba a indicar como "el lugar de costumbre" (art. 12), tan claro debía parecer el lugar a que se refería, pero que una sucesiva disposición se encargó de definir como "las plazas públicas de las respectivas parroquias".[39]

Llama la atención en estas elecciones de primer grado la escasa formalización de la ley, que a menudo parece remitir a praxis seguramente conocidas y legitimadas por la costumbre, y cuyos silencios abren espacios de amplia discrecionalidad a la acción de los notables locales. Y por otro lado el hecho de que una multitud de elementos tienda a caracterizar las elecciones como acto no individual sino comunitario: desde la reunión preliminar de los ciudadanos en lugares públicos y fuertemente simbólicos como la iglesia y la plaza, a las modalidades de expresión del voto,

---

[38] Después de la ley de 1831, que aún contemplaba su existencia *(Ley 1° de Setiembre de 1831. Declarando por límites de los departamentos, provincias, distritos y parroquias lo* [sic] *que tenían al tiempo de darse la ley,* en J. Oviedo, *Colección,* cit., vol. 4, p. 184), las parroquias habían desaparecido formalmente de las constituciones, que dividían el territorio nacional en departamentos, provincias y distritos, y de la sucesiva *ley de organización interior de la República,* promulgada en 1857. A dichas parroquias, o por lo menos a la mayor parte de ellas, se iban a sobreponer progresivamente los distritos; en la ley electoral de 1834 el frecuente paso de una definición a otra (se habla ahora de parroquia, ahora de "distrito parroquial", y de "gobernador de la parroquia", aunque el gobernador estaba encargado del gobierno político del distrito, como rezaba el art. 132 de la constitución de aquel año) parece autorizar la hipótesis de que los dos términos, y las realidades territoriales a que se referían, fueran a menudo intercambiables. Cfr. los art. 10, 79 y 81 de la *Ley 3 de Julio de 1834. Ley orgánica de elecciones,* en J. Oviedo, *Colección,* cit., vol. 1, pp. 360 y 367, y, por lo que se refiere al gobernador, el art. 132 de la Constitución del mismo año.

[39] *Ley 3 de diciembre de 1862,* art. 1, en *La Constitución del Perú. Leyes y resoluciones dictadas por los Congresos de 1868-1870-1872-1873,* Imprenta del Estado, Lima 1873, p. 320.

sobre las cuales la ley observa el silencio más absoluto (mientras que será bien explícita al prescribir el secreto para el segundo grado),[40] de modo que es lícito deducir que era público; al hecho, por último, de que en el interior de la parroquia distrito y por obra de sus notables tuviera lugar la definición del cuerpo electoral.

El registro cívico que el "gobernador del distrito, o su teniente" presentaba a la "mesa momentánea" (es decir, a los componentes de la mesa electoral ante la que debía desarrollarse la elección de la "mesa permanente"),[41] estaba redactado por la municipalidad, tras completar el censo general de la población. Pero sucesivamente tenía que ser revisado y controlado por una junta que en las capitales de provincia estaba compuesta por el alcalde, los síndicos, un juez de paz y tres "vecinos notables" designados por sorteo, y en las de distrito por el síndico de la población principal, por el juez de paz, por los síndicos de las otras poblaciones comprendidas en el distrito, y, si era necesario para completar el número previsto de siete miembros, por ciudadanos también sorteados.[42] De competencia exclusiva de tal junta eran, ya sea la distribución de los boletos, único documento indispensable para votar, ya sea la solución en última instancia de las controversias que a propósito de la posesión de los requisitos legales de ciudadanía se suscitaran ante las mesas.

El hecho de que aquellos requisitos (saber leer y escribir, o ser jefe de taller, o tener alguna propiedad raíz, o pagar al Tesoro público alguna contribución) fueran en realidad bastante vagos, pensados de modo que definieran al potencial elector no tanto en términos de censo, cuanto más bien en base a un criterio más genérico que llamaría de independencia económica, hacía decisiva la labor de la junta, cuyo asentimiento sonaba como reconocimiento de pertenencia al número de los que tenían el derecho-deber de atender al bien común.

Pero vayamos ahora a la cuestión por muchas razones determinante del proceso electoral, el nudo crucial que nos lleva de nuevo a la afirmación hecha al principio, a propósito de un proceso electoral cuya ingober-

---

[40] Cfr. en particular el artículo 41 de la *Ley de elecciones* del 13 de abril de 1861, en *La Constitución del Perú*, cit., pp. 297-298.

[41] Según la *ley de elecciones* de 1861 la mesa momentánea era "la permanente de la elección anterior" (art.13). La mesa permanente, como todas las otras mesas que tenían que constituirse en el curso del proceso electoral, se componía de siete miembros, un presidente, cuatro escrutadores, dos secretarios, elegidos en forma tal que permitiera la representación de las minorías (art.88).

[42] *Ley de censo y registro cívico*, art. 10-13, en *La Consitución del Perú*, cit., pp. 204-205.

nabilidad acentuaba la debilidad del centro: la designación de los electores parroquiales y en primer lugar la determinación de su número. En base a la ley de 1861 se elegía un elector "por cada quinientos habitantes y por cada fracción que pase de doscientos cincuenta" (art. 5); y además "todo pueblo, aunque tenga menos de doscientos cincuenta habitantes, nombrará un elector propietario y un suplente. Las haciendas, parcialidades y pagos se reunirán al pueblo de que dependan" (art. 6). Anteriormente constituciones y leyes se habían limitado a establecer una relación numérica entre habitantes y electores,[43] de modo que ahora la especificación relativa a los pueblos por un lado evidenciaba lo inadecuado que era el criterio numérico para representar de manera satisfactoria un territorio que todavía tenía características de *ancién regime*, en que las circunscripciones eran entidades dotadas de privilegios; las cuales además, al haber visto, desde hacía poco, limitadas sus posibilidades de elegir organismos municipales, querían tener plenamente asegurada al menos la participación autónoma en el proceso electoral, cualesquiera que fueran las propias dimensiones. Y por otro lado introducía un ulterior elemento de arbitrariedad y de fluidez, ya que el pueblo era una entidad fluctuante, demográficamente incontrolable, gracias al hecho de que haciendas y parcialidades podían en realidad decidir unirse ahora a un pueblo, ahora a otro, según las necesidades y las conveniencias.

La medida de la debilidad del estado frente a la sociedad resulta evidente sobre todo por el hecho de que la ley electoral de 1861 atribuía al presidente de la mesa permanente de la parroquia, por lo tanto un vecino notable de la parroquia misma, la autoridad de decidir "conforme al censo de la población, el número de electores que corresponde al asiento electoral" (art. 14). Debió de haber sobre este tema desconcierto, discusiones y protestas, así que en 1862 una nueva ley, la misma que había aclarado cuáles eran los famosos "lugares de costumbre", intentó corregir la puntería, disponiendo en cambio que "el número de electores que debe dar cada provincia se determinará por el Congreso, luego que se le pase el

---

[43] La relación podía ser de un elector por cada 200 individuos (constitución de 1823, art. 33; const. de 1828, art.13; y const. de 1834, art. 13), de un elector por cada 100 ciudadanos (const. de 1826, art. 20), o de un elector por cada 500 individuos (reglamento de elecciones de 1839, art. 34). La ley de 1839 agregaba también que "la parroquia que tenga ménos de quinientas almas dará siempre un elector", introduciendo un mecanismo parecido a la representación de los pueblos de la ley de 1861. Cfr. *Ley 29 de Noviembre de 1839. Reglamento de elecciones*, art. 34, en J. Oviedo, *Colección* cit., vol. 1, p. 386.

censo de la República". Y que, mientras tanto, hasta que no se hubiese completado el censo previsto por la relativa ley de 1861, "las parroquias no pueden aumentar, bajo pena de nulidad, el número de electores que en el año de 1853 se hallaban en posesión de dar".[44]

Las nuevas disposiciones, sin embargo, no mejoraron mucho la situación, ya que también en 1851 había occurrido algo análogo. Entonces el reglamento electoral, en el intento de resolver lo que ya debía ser un problema de gran importancia para el poder central, había atribuido al gobierno "la aprobación del censo y la declaración del número de electores que debe dar cada provincia" (art. 12); el gobierno habría tenido que ordenar la formación de "un plan sinóptico del censo y registro, que hará publicar y circular en los departamentos y provincias" (art. 13).[45] Pero luego, una vez constatada la imposibilidad de completar en tiempo útil el censo previsto por aquel mismo reglamento, un decreto sucesivo había concluido también entonces remitiendo a la situación preexistente: "la renovación indicada [de los colegios electorales] —establecía— se hará con sujeción al registro civil que sirvió en las ultimas elecciones, nombrandose en cada parroquia el mismo número de electores que tuvieron los anteriores colegios".[46] La situación se repetía: el nudo de la cuestión estaba en el hecho de que no existía una dimensión estatal capaz de empadronar a la población, de ejercer un control efectivo sobre el territorio, sobre la consistencia y la distribución de los habitantes.

Las consecuencias de tal incapacidad resultaron evidentes en 1878 cuando, al publicar finalmente los resultados del censo iniciado en 1876, primero y único del siglo XIX republicano, apareció un estudio de Manuel A. Fuentes, autor de textos de derecho constitucional, periodista, ensayista, polemista, desde 1877 director de la recién nacida Dirección de Estadística del Ministerio de Gobierno.[47] Lo de Fuentes no era un estudio del que

---

[44] Art. 4 de la *Ley 3 de Diciembre de 1862* en *La Constitución del Perú*, cit., p. 320.

[45] *Ley 24 de Diciembre de 1851. Reglamento de elecciones*, en J. Oviedo, *Colección* cit., vol. 2, p. 29-30.

[46] *Decreto 5 de Enero de 1852. Sobre reunión y renovación de los colegios electorales*, art. 2, en J. Oviedo, *Colección* cit., vol. 2, p.38.

[47] Manuel A. Fuentes, *Estadística electoral y parlamentaria del Perú. 1870 a 1876*, Imprenta del Teatro, Lima 1878. La Dirección de Estadística era una de las cuatro secciones en que, según la *ley de 30 de Abril de 1873*, estaba organizado el Ministerio de Gobierno. Las otras tres eran Gobierno, Policía y Obras Públicas. Cfr. Jorge Basadre, *Historia de la República del Perú*, Lima 1969, vol. 7, p. 82. En cuanto a M. A. Fuentes, una completa información sobre su amplia y multiforme producción aparece en Jorge Basadre, *Introducción a las bases documentales para la historia de la República del Perú con algunas reflexiones*, Lima 1971. Conocidos son sobre todos los *Aletazos del Murciélago*, escritos polémicos sobre las elecciones de 1855.

había sido encargado por sus superiores en el Ministerio de Gobierno, sino más bien el fruto de la autónoma iniciativa de un hombre de cultura jurídica quien, como muchos otros, probablemente, percibía incongruencias y riesgos del sistema electoral vigente. Fuentes permitía a su trabajo una especie de carta abierta dirigida al ministro, en la que lamentaba en primer lugar los peligros existentes en el hecho de que la redacción de los registros de los ciudadanos activos y la distribución de los boletos estuvieran encomendadas a los organismos municipales, proponiendo en cambio que se ocupara de ello la Dirección de Estadística, que disponía de los datos del censo. Y en segundo lugar constataba con irónico estupor

> el fenómeno de que los pueblos del Perú, apesar de su notable atrazo ofrezcan, proporcionalmente, mayor número de ciudadanos hábiles para ejercer el derecho de sufragio que las naciones en donde están mas generalmente difundidas la instruccion y la civilizacion.[48]

Pero Fuentes quería ir más allá de las habituales quejas, para proponer a la atención del ministro datos concretos.

> El trabajo que actualmente tengo la honra de presentar a Ud. —escribía— es de una aplicación práctica inmediata; él manifesta que, hecho últimamente un censo que, á pesar de sus defectos y vacios, es, sin duda mas exacto que los anteriores, debe servir de base para la determinacion del número de electores que han de dar las provincias.

Y continuaba:

> Con este propósito presento dos cuadros: uno que segun los datos oficiales remitidos por los Sub-prefectos, ofrece el número de electores propietarios y suplentes que dan las provincias conforme al artículo 4° de la ley de 3 de Diciembre de 1862,[49] y el otro que presenta el número que deben dar segun el artículo 5° de la ley electoral,[50] en proporción á la cifra de habitantes que el

---

[48] M. A. Fuentes, *Estadística electoral*, cit., p. 3.

[49] Se refiere al artículo citado en la nota 44, en base al cual "las parroquias no pueden aumentar, bajo pena de nulidad, el número de electores que en el año de 1853 se hallaban en posesion de dar".

[50] Es el artículo que establece que había que elegir un elector "por cada quinientos habitantes y por cada fraccion que pase de doscientos cincuenta".

censo general de 1876 atribuye á cada distrito. El resultado de la comparacion de estos dos cuadros, debe ser objeto de una resolucion legislativa —concluía Fuentes— que mandase poner en vigor el citado artículo 5° de la ley electoral, puesto que ha cesado el motivo que diera lugar á la resolucion de 1862.

¿Qué decían de importante los dos cuadros de Fuentes? En síntesis, con la claridad y el rigor de las cifras, afirmaban lo que desde hacía tiempo tenía que ser notorio a los que se ocupaban de política, es decir que se había falseado clamorosamente la base misma del proceso de construcción de la representación, la relación entre número de habitantes y electores. Sucedía de este modo que había provincias y departamentos sobrere- presentados: para citar sólo los ejemplos más clamorosos, el departamen- to de Cuzco, que en base al número de sus habitantes habría debido tener según Fuentes 483 electores, tenía 706, el de Junín tenía 456 en vez de los 408 que le correspondían, el de Puno 595 en vez de 520. Y por el contra- rio Lima, que habría debido tener 423 elegía sólo 358, Ancash sólo 499 en lugar de 572 que le tocaban, La Libertad sólo 244 en vez de 294. Otros dos cuadros, en los cuales a la lista de los electores designados en 1872 y 1876 se añadía el número de los que efectivamente habían expresado su sufra- gio en las elecciones presidenciales de aquellos años, permitían hacer una ulterior constatación: a pesar de no haber habido mientras tanto ninguna innovación legislativa, y debiendo por lo tanto el número de electores quedar anclado al del lejano 1853, en los departamentos andinos dicho número seguía aumentando.[51] ¿Cómo explicar discrepancias tan vistosas? En ausencia de fenómenos migratorios importantes, había que imputarlas a la incapacidad, a la im- posibilidad o a la falta de voluntad de empadronar la población. Pero el hecho de que los más beneficiados fueran los departamentos andinos, Cuzco sobre todo, sugiere ulteriores consideraciones. Quizá con intento sutilmente polémico, en la carta introductoria Fuentes había citado el quinto artículo de la ley electoral de 1861, pero no el sexto, aquel que reconocía a los pueblos el derecho de designar un propio elector. Y, cohe- rentemente, en los cálculos encaminados a determinar el número de los electores se había limitado a dividir por quinientos el número de los habi-

---

[51] Cfr. M. A. Fuentes, *Estadística electoral*, cit., p. 31 y 32. En 1876 los departamentos andinos tenían 127 electores más respecto al dato comunicado por los subprefectos, relativo probablemente a 1870.

tantes. De modo que sus cuentas terminaban indirectamente por evidenciar cómo, de la norma contenida en el art. 6, sacaban beneficio justamente las regiones andinas, caracterizadas por una diversa distribución de la
población, mucho más dispersa que en las regiones costeñas: para dar sólo
una idea, los 226.992 habitantes del departamento de Lima estaban subdivididos entre 604 localidades (ciudades, villas, pueblos, aldeas, caseríos,
haciendas), los 238.445 de Cuzco entre 1394 localidades.[52] Y la comparación podía extenderse con análogos resultados a departamentos como La
Libertad y Puno, Arequipa y Apurímac. Los pueblos legalmente reconocidos, sin embargo, no eran tan numerosos en el departamento de Cuzco:
sólo 97 frente a los 171 de Lima; lo que haría suponer que núcleos de
población que ya no eran reconocidos como pueblos lo hubieran sido en
el pasado, y que hubieran conseguido conservar su derecho-privilegio de
elegir sus propios electores, o que también aldeas y caseríos hubieran conseguido de hecho apropiarse de él. Terminando así por inflar la capacidad
de representarse de los departamentos y las provincias andinas, y por lo
tanto por desplazar hacia los Andes el baricentro de las dinámicas políticas nacionales.

¿Cuáles son las consecuencias prácticas de la situación descrita por Fuentes? Por lo que respecta a la composición de Cámara y Senado, más que el
número de los electores eran decisivos el número y el desplazamiento de
las provincias, que establecía por ley el Congreso;[53] naturalmente la
sobrevaloración de la población podía haber contribuido a la inmotivada
creación de nuevas provincias, cada una de las cuales tenía derecho a elegir un diputado, y por lo tanto a aumentar el número de los senadores del
departamento, ya que éste variaba según el de las provincias; o a la asigna-
ción a una provincia de más de un diputado. Según los datos de 1874,
había 39 provincias en la Costa, 47 en la Sierra, 7 en Oriente. Prácticamente, si en el Senado había una situación de relativo equilibrio, con 23
senadores procedentes de departamentos costeños, 22 de la Sierra, 5 de las
regiones orientales, en la Cámara los 57 representantes de las provincias

---

[52] Los datos están sacados del *Resúmen general de la población de los departamentos y provincias
litorales de la República*, en *Resúmen del Censo General de habitantes del Perú en 1876*, Imprenta del
Estado, Lima 1878, p. 847. En cuanto a la organización del territorio en los departamentos de Lima
y Cuzco, cfr. también *Demarcación política del Perú*, Lima 1874, en particular las pp. 75 y 127.

[53] Cfr. a este propósito la nota 37, en la que se cita la ley de 1863 que estableció el número de
senadores y diputados que debían componer el Congreso.

andinas gozaban de una sustancial ventaja respecto a los 40 costeños y a los 5 "orientales".

El número de los electores resultaba en cambio decisivo para la elección del presidente y vice-presidentes: un departamento como Cuzco que, sumando los electores de los colegios de sus doce provincias, podía disponer, como se ha visto, de 706 votos, resultaba estratégico. Y bien lo sabían los políticos de la época, como José Rufino Echenique, presidente desde 1851 hasta 1855 y aun candidato a las presidenciales de 1872, que en sus *Memorias* explica cómo el presidente en funciones José Balta, en su intento de favorecerlo, le había prometido que un hombre de confianza suyo, hasta aquel momento prefecto de Arequipa, "lo haría prefecto del Cuzco, cuyo departamento era más importante para la elección".[54]

Globalmente, en base a los datos facilitados por los subprefectos, los departamentos andinos (considerando como tales aquéllos enteramente situados en la Sierra, sin contar, por lo tanto, aquéllos cuyo territorio, como en el caso de La Libertad o Arequipa, se extendía parte en la faja costera y parte en la región andina) podían disponer de 2.338 electores, aquellos costeños de 1.855, la región oriental de 145.[55] Sintetizando (y esquematizando), eran los Andes los que elegían al Presidente del Perú que, decía el art. 80 de la constitución, "será elegido por los pueblos, de la forma que prescriba la ley". Ciertamente el texto del artículo resentía de aquella "ambigüedad semántica" que tan a menudo había llevado a los legisladores no sólo peruanos, sino latinoamericanos en general, a usar casi indiferentemente los dos términos, pueblo y pueblos:[56] en el preámbulo de la constitución de 1860 se lee que la misma está promulgada por el "Congreso de la República, autorizado por los pueblos para reformar la Constitución política del año de 1856". Pero a la luz de cuanto se ha dicho hasta ahora, el artículo asume una propia veracidad. Tanto más cuanto que, contrariamente a lo que tal vez se habría esperado, los electores de las provincias andinas eran también mucho más solícitos que los colegas costeños al expresar su sufragio, como atestiguan los cuadros finales de Fuen-

---

[54] José Rufino Echenique, *Memorias para la historia del Perú (1808-1878)*, Lima 1952, p. 310.

[55] Faltan en el ejemplar del ensayo de Fuentes que he podido examinar en la Biblioteca Nacional de Lima las páginas 21, 22, 23, 24, relativas a los departamentos de Apurímac, Huánuco, Huancavelica, todos andinos, y Piura, costeño. El dato global habría sido todavía más ventajoso para la Sierra.

[56] François-Xavier Guerra, *Modernidad e independencias. Ensayos sobre las revoluciones hispánicas*, Madrid 1992, pp. 351 ss. Véase también Marie Danielle Demélas, *L'invention politique: Bolivie, Equateur, Pérou au XIX siècle*, París 1992, p. 314.

tes: en las elecciones presidenciales de 1872 votó el 77% de los electores "costeños", el 80% de los andinos, en 1876 los porcentajes fueron respectivamente del 59 y del 73%.[57] Y si en Lima llegaban sólo representantes "blancos", diputados, senadores, presidentes, nada sabemos de la composición de los colegios electorales parroquiales y provinciales.

Pero volvamos todavía un momento a los cuadros de Fuentes, ya que otras útiles informaciones pueden venirnos del análisis de la composición de cada colegio electoral provincial. En estos organismos generalmente la capital de la provincia disponía de la mayoría relativa de los electores, y desempeñaba por lo tanto un rol privilegiado, aunque toda decisión debía ser fruto de un acuerdo de compromiso; pero había también casos en que la capital tenía tantos electores como los otros distritos, y a veces menos (eran 26 según los datos disponibles para 1874 los colegios que tenían este tipo de composición, casi todos en zonas andinas de población muy dispersa). Así, si Trujillo disponía de 13 de los 39 miembros que componían el colegio, Puno, capital de una provincia cuyo colegio tenía 125 miembros, tenía sólo 15, como los distritos de Juliaca y Capachica, mientras Acora, otro distrito de la provincia, tenía 16. Pocas eran, en cambio, (sólo 7 en total) las capitales de provincia que disponían de la mayoría absoluta de los miembros del colegio: Lima en primer lugar, con 126 de los 163 electores, o Huamanga, la actual Ayacucho, con 24 sobre un total de 45. Escribe Demélas que *"bién que l'on estimat communément a Lima que les Andes n'étaient que l'arrière—cour du pays, la vie politique — et tout le système électoral — reposait en fait sur une alliance directe, étroite et indispensable entre les dirigeants de la métropole et les gamonales des lontaines provinces"*.[58] Lo que es indudablemente verdad; quisiéramos sólo añadir que también los gamonales andinos, para disponer de los votos de los electores de los distritos, tenían a su vez que actuar una praxis hecha de acuerdos y compromisos; de modo que, visto en su concreto ramificarse, el proceso de construcción de la representación y sus resultados parecen cada vez más sustraerse a cualquier tentativa de control.

Cuando cualquier posible compromiso resultaba impracticable, el último desesperado medio era el recurso a una práctica totalmente ilegal, no contemplada por ninguna ley, como aquélla de las dualidades. Un ejemplo puede aclarar de qué se trata. En Trujillo, capital del departamento de

---

[57] M. A. Fuentes, *Estadística electoral*, cit., pp. 31 e 32.
[58] M. D. Demélas, *L'invention politique*, cit., p. 363.

La Libertad, en 1871 debía elegirse un senador. Tras reunirse la mesa provisoria para la elección de la permanente, tres de sus miembros "abandonaron la mesa a pretexto de no estar constituida en un tabladillo inconcluso que había comenzado a preparar la Municipalidad".[59] Se desarrollaron así dos procesos paralelos, que llevaron a la elección de una doble serie de trece electores por Trujillo, a la formación de dos distintos colegios electorales provinciales, y finalmente a la designación de dos senadores para un sólo asiento disponible. Una de las dos facciones estaba apoyada por el alcalde, que había negado a la otra "el pliego en blanco de que se encargan los artículos 81 y 82 de la ley electoral", sobre el que tenía que levantarse el acta de las elecciones; la segunda tenía, en cambio, el favor del subprefecto, que "lejos de amparar (cómo se le exigió por notas)", estorbó a los miembros de la primera mesa, impidiéndoles "con la fuerza [...] el acceso a la casa concistorial, que ha hecho ocupar por la fuerza pública".[60]

De esta manera la extrema conflictualidad local terminaba por enviar la pelota al centro, atribuyendo poder decisivo a las Cámaras, "únicas competentes para resolver sobre la validez o nulidad de las elecciones y para calificar a sus respectivos miembros".[61] Las Cámaras terminaron abusando de la norma, destinada en teoría a salvaguardar el proceso electoral de la interferencia de los otros poderes, institucionales o no; ya que —como lamenta el historiador Basadre— "tomaron la costumbre de incorporar a los partidarios de la mayoría dominante".[62] Lo que, de todos modos, no es suficiente para concluir que era el gobierno quien controlaba las elecciones, como hace el mismo Basadre, simplificando una dialéctica a veces muy intensa entre legislativo y ejecutivo. A Echenique y luego a Arenas, que le sucedió como candidato en oposición a Manuel Pardo, no le sirvieron para nada el apoyo del ejecutivo y los trapicheos hechos para domesticar las Juntas preparatorias de la Cámaras, y al final el elegido fue precisamente Pardo; así como en Trujillo, en conclusión, quien triunfó fue la parte combatida por el subprefecto.

[59] Archivo Departamental de La Libertad (en adelante ADL), División administrativa, Sección Concejo provincial de Trujillo, tomo 4, *Libro de actas parroquiales. Del 13 de octubre de 1861 al 1° de abril de 1879*, f. 45v.

[60] ADL, *Libro de actas parroquiales, 1861-1879* cit., f. 61r.; ADL, División administrativa, Sección Concejo provincial de Trujillo, Sub-sección oficios varios, Legajo M(1), *Mesa permanente del Colegio electoral de provincia, Trujillo, noviembre 18 de 1871*.

[61] Art. 85 de la ley electoral de 1861.

[62] Jorge Basadre, *Elecciones y centralismo. Apuntes para un esquema histórico*, Lima 1980, p. 31.

LA LIQUIDACIÓN DE LA HIPOTECA ADINA

A pesar de que por lo menos una parte de las elites de gobierno percibiera los problemas vinculados al sufragio, como atestigua el estudio de Fuentes, por mucho tiempo todavía fue imposible resolverlos; de manera que ninguna novedad sustancial acaeció en materia electoral hasta finales del siglo. En 1873 una nueva ley de municipalidades, que hizo aprobar el presidente Manuel Pardo (1872-1876), líder del recién nacido partido civil, había introducido criterios más rígidos de homogeneización y jerarquización entre los organismos municipales, y había quitado a los centros menores que no fueran capitales de distrito la posibilidad de elegir propios representantes (agentes municipales o síndicos procuradores).[63] De manera que la adquisición de la categoría de distrito, y en consecuencia la posibilidad de elegir un concejo de distrito autónomo, llegó a ser meta muy ambicionada, causa de conflictos frecuentes entre pueblos y comunidades.[64] Florencia Mallon nos ha explicado cómo Andrés A. Cáceres, jefe de la resistencia contra los chilenos en los Andes centrales, concedió o rehusó la transformación en distrito para premiar o castigar las comunidades indígenas que habían combatido a su lado.[65]

Vino la guerra y la ocupación por parte de los chilenos, que no hicieron más que evidenciar y acentuar la profunda debilidad del estado, todavía más patente en el sucesivo decenio de guerras civiles, en el cual se asistió a una autonomización creciente de los territorios y a una verdadera pulverización del poder central. Sólo en 1895, con la subida al poder de Piérola y el fin del "segundo militarismo", se abrió la que puede ser definida como una nueva fase constituyente, en que volvieron a dibujarse las relaciones entre el centro y las periferias del sistema político. Y entonces

---

[63] Según la ley debían instituirse concejos departamentales, compuestos por representantes de los concejos provinciales, concejos provinciales y distritales, organizados jerarquicamente. Cfr. *Ley de municipalidades*, art. 5 y 6, en *La Constitución del Perú (1860). Leyes y resoluciones dictadas por los Congresos de 1868-1870-1872-1873*, Imprenta del Estado, Lima 1873, p. 144.

[64] Cfr. Florencia E. Mallon, *The Defense of Community in Peru's Central Highlands: Peasant Struggle and Capitalist Transition, 1860-1940*, Princeton U.P. 1983, p. 105 ss, e íd., *Nationalist and Antistate Coalitions in the War of the Pacific: Junín and Cajamarca, 1879-1902*, en Steve J. Stern (ed.), *Resistance, Rebellion and Consciousness in the Andean Peasant World, 18th to 20th Centuries*, Madison 1987, p. 240. A este fenómeno se refiere también Carlos Contreras, *Conflictos intercomunales en la Sierra Central, siglos XIX y XX*, en Heraclio Bonilla (ed.), *Los Andes en la encrucijada. Indios, Comunidades y estado en el siglo XIX*, FLACSO, Quito 1991, pp. 199-219.

[65] F. E. Mallon, *The Defense of Community* cit., p. 105 e id., *Nationalist and Antistate Coalitions* cit., p. 248.

repentinamente todos estuvieron de acuerdo sobre la necesidad de reformar el artículo 38 de la constitución, y de restringir los límites de la sociedad política en daño de la mayoría de la población indígena analfabeta.

¿Por qué entonces llegó a ser posible rescindir lo que por mucho tiempo había sido el nudo gordiano de la política peruana? Es difícil contestar con seguridad. Sin duda el país había mudado a partir de la mitad del siglo. El comercio del guano y los procesos económicos impulsados por éste, la cada vez más intensa articulación con el mercado y los bancos internacionales, los ferrocarriles, las nuevas y viejas producciones para la exportación, habían fortalecido progresivamente y en parte habían renovado la elite de Lima, y más en general de las regiones costeñas. Pero la guerra impidió que tales procesos se consolidaran y modificaran en lo profundo la mentalidad y la composición de la clase de gobierno.

En 1895 el país no estaba todavía del todo pacificado, pero la economía estaba en plena recuperación: la firma del contrato Grace había vuelto a abrir los canales del crédito internacional, consintiendo liberarse de la carga de la deuda exterior y volver a emprender sobre bases bien distintas y más sólidas (ya no guano y salnitro, sino azúcar, arroz, algodón, y luego cobre) el proceso de crecimiento y de modernización económica puesto en marcha de modo contradictorio en los años del "auge guanero". Pero para emprender esta nueva era de progreso la búsqueda de la pacificación interior y de la estabilidad política se convertía en imperiosa necesidad: "orden y progreso" eran elementos indivisibles. El clima cultural de la época, dominado por un positivismo agresivo veteado de darwinismo social, ofrecía válidos instrumentos ideológicos para justificar y racionalizar la marginalización de la población indígena. Si en 1849 Bartolomé Herrera, líder del partido conservador, había luchado para excluir a los indígenas del sufragio, pues afirmaba que no estaban listos para ejercer ese alto derecho, pero al mismo tiempo había pedido que "se empleara una buena porción de la renta pública en escuelas" para mejorar su condición,[66] ahora la repulsa era más dramática, la idea era que la población indígena no sólo era desprevenida, sino también "sin carácter, dotada de una vida mental casi nula, apática, sin aspiraciones, [...] inadaptable a la educación".[67]

---

[66] Discurso pronunciado por Bartolomé Herrera en la sesión del 6 de noviembre de 1849, citado en J. Basadre, *Elecciones y centralismo*, cit., p. 38-39.
[67] Clemente Palma, *El porvenir de las razas en el Perú*, Lima 1897, p. 15, cit. en Alberto Flores Galindo, *Buscando un Inca: Identidad y Utopía en los Andes*, Lima 1988, p. 279.

Sin embargo decisivos para convencer las elites, las de la Sierra en particular, a renunciar al poder que a ellas venía del peso numérico de la población indígena tuvieron que ser los temores suscitados por la movilización de comunidades y pueblos durante y después de la guerra con Chile. Se trata de hechos aún poco estudiados, excepto en el área andina central, objeto de diversos análisis.[68] En los departamentos a espaldas de Lima la participación de los indígenas fue organizada en un comienzo por el mismo Cáceres; pero muy pronto las montoneras indígenas llegaron a ser expresión también, y quizás prevalentemente, de reivindicaciones sociales y políticas autónomas. Y, una vez que el ejército chileno se hubo retirado, los conflictos no cesaron; mejor dicho, la profunda debilidad del gobierno de Iglesias y luego la abierta disputa por el poder entre Iglesias y Cáceres favorecieron una revuelta generalizada que se desarrolló con modalidades y características distintas a lo largo de toda la dorsal andina, de las regiones serranas de los departamentos septentrionales de Lambayeque y Cajamarca a aquéllas de Cerro de Pasco, Huánuco, Junín, Cuzco.[69]

La debilidad del poder central hizo difícil la imposición del orden: Cáceres terminó ordenando el fusilamento de algunos jefes indígenas que habían combatido a sus órdenes. Pero era algo mucho más grave y complejo que una *jacquerie* andina: en algunas áreas del interior después de un decenio estaba todavía desarrollándose lo que Mallon define como un intento de organizar una federación campesina independiente.[70] En 1902 el Ministro del Interior, trazando un balance de la situación, escribía que, desde que las fuerzas chilenas habían ocupado los departamentos del centro, las comunidades de Comas, en la provincia de Jauja, y las de Pariahuanca en Huancayo, aprovechando el desorden social y político de aquella región y la inestabilidad de las autoridades del departamento de

[68] Me refiero a los trabajos de H. Bonilla, *El problema nacional y colonial del Perú en el contexto de la Guerra del Pacífico*, en IDEM, *Un siglo a la deriva. Ensayos sobre el Perú, Bolivia y la guerra*, IEP, Lima 1980, p. 177-225, y *The Indian peasantry and "Peru" during the War with Chile*, en S. J. Stern, *Resistance, Rebellion*, cit., pp. 213-218; a los trabajos de Nelson Manrique, *Los movimientos campesinos en la Guerra del Pacífico*, "Allpanchis", vol. 9, Cusco 1978, pp. 71-101, y *Campesinado y Nación. Las guerrillas indígenas en la guerra con Chile*, Lima 1981; y a los ya citados trabajos de F. E. Mallon. Las opiniones de los tres autores a menudo difieren radicalmente sobre la interpretación de los acontecimientos de aquellos años. Véase también el relato del mismo Andrés Avelino Cáceres, *La guerra del 79: sus campañas (Memorias)*, redacción y notas por Julio C. Guerrero, Lima, 1973.
[69] F. E. Mallon, *Nationalist and Antistate Coalitions*, cit., p. 251 y H. Bonilla, *El problema nacional y colonial*, cit., p. 220.
[70] F. E. Mallon, *Nationalist and Antistate Coalitions*, cit., p. 249.

Junín, habían adoptado una actitud independiente, designando ellas mismas sus autoridades políticas, judiciales y municipales, adueñándose de propiedades particulares, y permutando ganado con fusiles y municiones que les ofrecían los especuladores llegados de la costa. Durante veinte años, concluía el Ministro, la Constitución y las leyes habían sido ignoradas en aquellos lugares inaccesibles.[71]

Escribe Bonilla que "no se conocen desafortunadamente las condiciones en que una nueva *paz andina* fue impuesta al campesinado rebelde".[72] Desde un punto de vista político la respuesta fue precisamente la modificación del artículo 38 de la constitución.

El acuerdo en esta materia tuvo que ser fácil e inmediato. La Comisión especial de la Cámara de Diputados encargada de indicar los rasgos esenciales de la futura ley electoral, liquidó la cuestión en pocas líneas:

El que no sabe leer y escribir —afirmó perentoria— no puede ejercer el sufragio con conocimiento y con independencia, puesto que no podrá escribir por sí mismo, ni sabrá leer el nombre del elegido en la papeleta de sufragio. Al que no sabe leer y escribir le falta, pues, la capacidad de ejercer ese derecho.[73]

Igualmente fácil fue el acuerdo sobre otros puntos calificantes del proyecto de reforma electoral presentado por el Ejecutivo. Sin el menor debate fue aprobado el paso del sufragio indirecto, en cuyos mecanismos de construcción de la representación había encontrado expresión el universo rural de los pueblos, al sufragio directo, que los legisladores consideraban necesario para superar el "irremediable desprestigio" de los Colegios electorales, que muchas veces se habían vuelto "centros de intriga, que han traicionado la voluntad popular".

La inscripción en las listas tenía que ser voluntaria y el voto público,[74] en doble cédula firmada, pues, afirmaban los miembros de la Comisión,

---

[71] Citado por Nelson Manrique, *Yawar Mayu. Sociedades terratenientes serranas, 1879-1910*, Lima, IFEA-DESCO, 1988, p. 188 (en M. D. Demélas, *L'invention politique* cit., p. 381). A este propósito véase también F. E. Mallon, *The defense of Community*, cit., pp. 109 y ss.

[72] H. Bonilla, *El problema nacional y colonial*, cit., p. 221.

[73] Texto del dictamen de la Comisión en Congreso Extraordinario de 1895-96, *Diario de los Debates de la H. Cámara de Diputados*, Imprenta de la H. Cámara de Diputados, Lima s. f., p. 178.

[74] El art. 6 de la ley electoral establecía que "Las elecciones de Presidente y Vice-Presidentes de la República y Representantes de la Nación, se harán por el voto directo y público de los ciudadanos que puedan sufragar conforme al Título anterior", y el artículo 57 agregaba que "Todo voto se emitirá en dos cédulas perfectamente iguales". Véase Mariano Lino Cornejo, *Ley electoral dada por la Legislatura Extraordinaria de 1896*, Imprenta del Estado, Lima 1901, p. 5 y 26.

"hay que acostumbrar al ciudadano á tener el valor de sus opiniones; á afrontar la responsabilidad moral del voto". De tal manera se conseguiría "la regeneración política del Perú, tan abatido por la falta de carácter de nuestra raza".[75]

Las nuevas normas dibujaban el perfil ideal de un cuerpo electoral enteramente renovado, sea cuantitativamente, como se dijo en las primeras páginas, sea cualitativamente: en su mayoría urbano, culto y consciente, más en sintonía con las expectativas y los proyectos de modernización de las nuevas elites, capaz entre otras cosas de seleccionar a través del sufragio representantes más homogéneos a aquellas, libres de vínculos clientelares de tipo tradicional. No a caso también la nueva ley de municipalidades, aprobada en 1892, se movía en la misma dirección, pues atribuía el derecho de sufragio también a los extranjeros avecindados y abría a los alfabetizados los cargos municipales.[76]

En concreto, faltando datos y estadísticas nacionales, disponibles sólo desde los años treinta del siglo XX, no es fácil evaluar con precisión las variaciones cualitativas y cuantitativas experimentadas por el cuerpo electoral. Algunos datos, que se refieren a diversas provincias del departamento de La Libertad, me parecen sin embargo suficientemente expresivos (aunque se trata de votantes y no de derechohabientes). En Trujillo, provincia "blanca" y costeña, en las elecciones políticas de 1.905 votaron 3.336 ciudadanos, mientras que en Huamachuco y en Otuzco, provincias del mismo departamento, pero situadas en la faja andina, los votantes fueron respectivamente 505 y 1.083.[77] Antes, cuando existía el sistema indirecto, el Colegio electoral de Trujillo tenía 39 miembros, el de Huamachuco 72, el de Otuzco 50; en base a los datos del censo de 1876 la primera provincia tenía 32.559 habitantes, la segunda 39.827, la tercera 29.938.[78] Los datos sugieren algunas consideraciones. Aquéllos anteriores a la reforma sue-

[75] Como para las citas del párrafo anterior, véase el texto del dictamen en Congreso Extraordinario de 1895-1896, *Diario de los Debates*, cit., p. 178.
[76] Véase la *Ley de municipalidades* del 14 de octubre de 1892, art. 10 y 29, en *Legislación municipal. Leyes, resoluciones, decretos, ordenanzas y reglamentos vigentes sobre municipalidades: colección publicada por el H. Concejo provincial de Lima*, Lima 1899, pp. 30 y 33-34.
[77] Cfr. Archivo del Senado, Expediente n. 1247, Junta Electoral Departamental de La Libertad, *Copia certificada de las actas referentes al escrutinio y regulación general de votos en la elección de un Senador propietario y dos suplentes por este Departamento*, 5 junio de 1905, f. 2 y 3.
[78] Cfr. M. A. Fuentes, *Estadística electoral* cit., p. 10-11 y, para los datos sobre población, Perú, Dirección de Estadística, *Censo general de la República del Perú formado en 1876*, cit., tomo 7, pp. 775, 834, 1071.

nan como ulterior confirmación de las desigualdades de las que se hablaba precedentemente, ya que —sobre la base del dato demográfico— Trujillo en manera muy particular, pero también Huamachuco y Otuzco, no resultaban adecuadamente representadas (habrían debido tener, según los famosos cálculos de Fuentes, por lo menos 65, 79 y 60 electores). Pero después de la reforma —y es lo que ahora nos interesa— el peso electoral de las tres provincias resultaba radicalmente modificado, incluso invertido, a toda ventaja de Trujillo. Consideraciones análogas reproponen los datos de las sucesivas elecciones de 1909 y de 1911: el número de los sufragantes mudó constantemente (en 1909 fueron 2.910 en Trujillo, 714 en Huamachuco, 667 en Otuzco; en 1911 respectivamente 3.715, 825 y 692),[79] en prueba del hecho de que la inscripción en el registro electoral se había vuelto momento crucial de la contienda electoral, pero sin que nunca fuera alterada la relación que se había establecido a favor de Trujillo.[80]

Los datos publicados en 1933, cuando por primera vez —como subraya el historiador Basadre, testigo activo de aquellos acontecimientos— las novedades técnicas introducidas en los levantamientos permitieron disponer de informaciones oficiales y atendibles sobre la composición de la población electoral del país,[81] confirmaron que el desplazamiento hacia la costa del eje portante de las dinámicas políticas no era un dato episódico, sino estructural. En aquella época la ley electoral ya había sido modificada muchas veces (en particular en 1931 había sido introducido el voto secreto), pero sin alterar de manera substancial el aspecto que nos interesa comprobar, es decir la dislocación regional del electorado.

---

[79] Para el año de 1909 véase *La Industria* (periódico de Trujillo), 24 de julio de 1909, p. 3, *Resultado del escrutinio y regulación general de votos de las elecciones populares [...] verificadas el 26 y 27 de Mayo último*; para 1911 Archivo del Senado, Expediente sin número, Junta Electoral Departamental de La Libertad, *Copia certificada del acta de la regulación general de los votos emitidos en el Departamento para la elección de un Senador Propietario y dos suplentes*, 6 de julio de 1911. La elección de aquel año fue dual, funcionaron pués dos Juntas Electorales Departamentales, y las dos enviaron sus respectivas copias certificadas, con la misma fecha, firmadas por dos presidentes diferentes. Las dos se encuentran en el fascículo sin número que reúne las credenciales de elección del senador Víctor Larco Herrera.
[80] El hecho de no disponer de datos sobre la composición étnica de los sufragantes de las tres provincias hace inútil la comparación con los datos que sobre el asunto nos proporciona el censo de 1876.
[81] J. Basadre integró la comisión designada por la Junta Nacional de Gobierno presidida por David Samánez Ocampo, encargada de formular un proyecto de ley de elecciones. Cfr. su obra *Elecciones y centralismo* cit., p. 142; sobre la nueva legislación electoral, promulgada mediante varios decretos entre julio y agosto de 1931, véase el capítulo VI.

En conjunto la población electoral se componía por el 60% más o menos de mestizos, por el 25% de indígenas, por el 14,30% de "blancos".[82] Los departamentos andinos (utilizando siempre el término en la misma acepción que antes) podían contar con el 31,47% de los inscritos (el 80% de los cuales expresó su voto en las elecciones de 1931), la región oriental con el 4,52%, y la costa con el 64,01% (84,44% de los cuales efectivamente votantes): el departamento de Lima a solas proporcionaba el 25,53% de los inscritos (100.186 ciudadanos, de los cuales 65.903 residentes en la provincia de la capital), mientras el de Cuzco, un tiempo estratégico, disponía ahora de sólo el 3,57% de los electores potenciales.[83]

Y para regresar a nuestro ejemplo trujillano, la provincia de Trujillo tenía ahora 13.848 inscritos, equivalentes al 42% de la población electoral de todo el departamento, la de Huamachuco 5.248 (15%),[84] la de Otuzco 5.730 (17%). El aumento del peso electoral de Trujillo sólo en mínima parte podía explicarse con un aumento relativo de la población: en 1876 la provincia de Trujillo tenía más o menos el 27% de los habitantes del departamento y el 16% de los electores del departamento mismo (39 sobre 244 "grandes electores" del sistema indirecto); en 1931 tenía el 30% de la población y, como se dijo antes, el 42% de los inscritos en el registro electoral. Huamachuco (en 1876, 27% de los habitantes y 29% de los electores) podía contar ahora con el 25% de la población[85] y el 15% de los inscritos, Otuzco (en 1876, 20% sea de la población, sea de los electores) con el 20,5% de la población y el 17,45% de los inscritos.[86] Conque había crecido en medida considerable el peso electoral de Trujillo, la cual era además la provincia que tenía la mayor concentración de población urbana: residían en el distrito de Trujillo más de 5.600 de los 13.848 electores potenciales.

La nueva estructura del cuerpo electoral no tuvo consecuencias inmediatas sobre la composición del Congreso, dado que sobrevivía la relación

.

---

[82] Dirección Nacional de Estadística, Servicio de estadística electoral, *Extracto estadístico y censo electoral de la República*, Lima 1933.

[83] *Ibidem*, p. 216.

[84] A los inscritos de Huamachuco hay que agregar los de la nueva provincia de Santiago de Chuco, que se creó dividiendo el territorio de la primera. Véase *Extracto estadístico* cit., p. 17.

[85] Sumando siempre a la de Huamachuco la población de la nueva provincia de Santiago de Chuco.

[86] *Ibidem*, p. 126. El dato sobre la población de Trujillo se refiere al censo de 1940. Véase República del Perú, Ministerio de Hacienda y Comercio, Dirección Nacional, *Censo nacional de población de 1940*, vol. 3, *Departamentos: Lambayeque Libertad Ancash*, Imprenta Torre Aguirre, Lima 1944, pp. 85-109.

entre diputados (y senadores) y provincias; al contrario se volvieron aun más evidentes los límites de la representación por provincias, que, como había hecho notar tiempo atrás José Silva Santistevan,

> falsea la base del sistema, dando igual representación a diputados que han obtenido una enorme desigualdad de sufragios y excluyendo muchas veces a quienes alcanzan mayor número que otros que entran a legislar.[87]

En realidad diputados y senadores "andinos" necesitaban para ser elegidos de un número de votos muy reducido en relación con sus colegas costeños. Según los cálculos de Basadre, si en teoría cada representante elegido al Congreso constituyente de 1931 necesitaba por término medio de alrededor de 3.000 votos, en realidad un representante del departamento de Cuzco sólo necesitaba 992, mientras que uno de Lima tenía que obtener 6.679, uno de La Libertad 3.648. De manera que la Sierra resultaba ser en cierta medida todavía sobrerrepresentada, aun si ahora en conjunto sus representantes eran 64, 68 aquellos de los departamentos costeños, 13 los de las regiones orientales del país.[88]

Las consecuencias eran en cambio clamorosas por lo que respecta a la elección del presidente, que por fin se liberaba de la hipoteca andina, pues ahora, con la introducción del sufragio directo, eran los ciudadanos que tenían derecho de voto, en su mayoría costeños y urbanos, quienes designaban al presidente. No a caso en los años sucesivos a la introducción de la nueva legislación electoral, los de la así dicha "república aristocrática", los presidentes elegidos, López de Romaña, Cándamo, José Pardo y Barreda, Leguía, el mismo Billinghurst, fueron hombres de la costa, directamente implicados o fuertemente ligados a intereses azucareros o exportadores en general.

CONCLUSIONES

Una vez aprobadas estas primeras y decisivas reformas, se abrió una nueva fase del debate, más encendida y combatida. Por mucho tiempo se

---

[87] José Silva Santisteban, *Curso de derecho constitucional*, París 1874, p. 224, cit. en J. Basadre, *Elecciones y centralismo* cit., p.26.

[88] J. Basadre, *Elecciones y centralismo*, cit., p. 155-158.

discutió sobre el perfil que había que dar al nuevo proceso electoral: el contraste se desarrolló muy violento entre el Ejecutivo por un lado, sostenido por la mayoría de los senadores, y los diputados por el otro lado, bien decididos a defender la autonomía de las provincias; este debate se entrelazó también con la discusión alrededor de la sobrevivencia de las Juntas Departamentales, que habían vuelto a aparecer en los años de la guerra, y que preocupaban al gobierno por sus excesivos poderes.[89]

Llegó al final una solución de compromiso, con la creación de un organismo central, la Junta Electoral Nacional, que el gobierno, si tenía el apoyo de la mayoría del Congreso, podía controlar; pero que siempre tuvo muchas dificultades en sus intentos de ejercer una efectiva supervisión sobre los órganos locales, compuestos por mayores contribuyentes de las diferentes provincias, seleccionados por las Juntas departamentales, una vez más expresión de los grupos de poder local.[90] En los años sucesivos el enfrentamiento entre centro y periferias siguió vivaz, como atestiguan las muchas modificaciones introducidas en la ley electoral de 1896. Todavía en 1917 sin embargo el ministro de Hacienda Aurelio García y Lastres subrayaba en su *Memoria* al Congreso

la delicada [...] intervención de las Juntas departamentales, en la actuación y rectificación de las matrículas de contribuyentes.

Y notaba como

siendo como son los contribuyentes factor electoral importante, las Juntas, que tienen facultades ilimitadas en la formación y aprobación de las matrículas de contribuyentes, dirigen su acción en concordancia con intereses políticos personales, olvidando sus deberes y con daño evidente de la administración y del progreso departamental.[91]

---

[89] Sobre la evolución de las *Juntas departamentales* puede verse G. Chiaramonti, *Entre autonomías y centralismo: apuntes sobre Juntas departamentales en Perú desde mediados del siglo XIX a 1920. El caso de Trujillo*, en *Europa e Iberoamérica: cinco siglos de intercambios. Actas del IX Congreso Internacional de Historia de América*, Sevilla 1992, tomo III, pp. 489-509.

[90] Mariano Lino Cornejo, *Ley electoral dada por la legislatura extraordinaria de 1896* cit. Un análisis de su aplicación y sus sucesivas modificaciones en G. Chiaramonti, *Riforma elettorale e centralismo notabilare a Trujillo (Perú) tra Otto e Novecento*, "Quaderni storici", n. s., n, 69, 1988, pp. 903-927.

[91] Aurelio García y Lastres, *Memoria que el Ministro de Hacienda y Comercio presenta al Congreso Ordinario de 1917*, Lima 1917, p. XCIII.

Pero lo que había cambiado radicalmente era la escena total en la cual se desarrollaba el conflicto. Las reformas introducidas entre 1895 y 1896 habían tenido consecuencias de gran relieve, habían producido un cambio radical en las bases sociales del estado peruano. A los problemas del fortalecimiento del poder central y de la construcción de la nación los legisladores habían dado una respuesta que había provocado la liquidación de aquella hipoteca andina que por buena parte del siglo XIX había acondicionado las dinámicas políticas nacionales, y una más radical y decidida separación de la sociedad "blanca", urbana y costeña, de la indígena andina.

Casi como un corolario de la reforma del artículo 38, siempre en 1895 se abolió definitivamente la contribución personal.[92] Introducida una primera vez en 1866, y después en 1879, de hecho había sustituido desde 1855 la contribución de indígenas, borrada a la mitad del siglo por Ramón Castilla. Ya en 1890 el entonces ministro de Hacienda y Comercio Eulogio Delgado había dicho que las tierras de los indígenas "poseídas en común, no tienen ya razón de existencia por haber desaparecido el tributo impuesto a los indígenas, que para facilitarles el pago les fueren dadas. A la presente, no son sino causa frequente de discordias, y rémora para el adelanto de la agricultura".[93] En 1893 una resolución legislativa desempolvó de nuevo los decretos de 1824, por los cuales los indígenas se consideraban propietarios individuales de las tierras comunitarias, y estableció que "con arreglo a la ley sobre contribución predial, no están obligados a pagarla si las rentas que sus tierras les producen no alcanzan a la suma de cien soles anuales".[94]

Se trata de una serie de declaraciones y medidas que parecen contradictorias, fragmentos a partir de los cuales es difícil entender el dibujo total. Pero parece posible afirmar que el pacto entre el estado y la población indígena ya estaba resquebrajándose; la norma introducida en 1893, si por un lado parece favorecer los indígenas, por el otro abre espacios de

[92] *Ley 24 de diciembre de 1895*, en J. Basadre, *Historia de la República del Perú*, tomo. X, Lima s. f., p. 221.

[93] Eulogio Delgado, *Memoria de Hacienda y Comercio presentada al Congreso Constitucional de 1890 por el Ministro del ramo*, en José M. Rodriguez, *Anales de la Hacienda pública. Historia y legislación fiscal de la República*, tomo. XXI, Lima 1920, p. 74.

[94] *Resolución legislativa declarando que los indígenas de la República son legítimos propietarios de los terrenos que poseen en virtud de las leyes de 1824 y demás de la materia; y que sólo pagan contribución predial si estas producen cien soles anuales*, en J. M. Rodriguez, *Anales de la Hacienda Pública del Perú*, cit., tomo XXIV, Lima 1926, pp. 112A-113A.

discrecionalidad y muchos interrogantes sobre una materia todavía casi del todo inexplorada como lo es el de la fiscalidad peruana de estos años, a pesar de unos limitados intentos.[95] ¿Cuál era la autoridad que establecía, y con qué criterios, quién tenía que pagar la contribución predial? La exoneración podía ser a un mismo tiempo una ventaja y un riesgo.

Las conclusiones a las cuales hemos llegado hasta aquí dan paso en este punto a un nuevo interrogante, a una hipótesis todavía por investigar, a una cuestión abierta: es decir si, siendo privada de la posibilidad de ejercer el derecho de sufragio y también de la condición de contribuyente, empujada hacia los márgenes de la sociedad y del estado, la mayoría de la población indígena todavía podía ser considerada como titular de la ciudadanía en el sentido liberal de la palabra.

---

[95] H. Bonilla, *Estado y tributo campesino. La experiencia de Ayacucho*, Documento de trabajo núm. 30, Instituto de Estudios Peruanos, Lima, 1990.

FORMANDO UN GOBIERNO CENTRAL: LAS ELECCIONES Y EL ORDEN MONÁRQUICO EN EL BRASIL DEL SIGLO XIX

RICHARD GRAHAM*

E L SIGLO XIX PRESENCIÓ cambios trascendentales en Brasil, pero quizás ninguno tan obvio y, al mismo tiempo, tan importante como el hecho de su creación. A pesar de que frecuentemente se habla de un "Brasil colonial", tal entidad no existió: sólo existió un territorio que luego se convirtió en Brasil. Aunque la continuidad dinástica sentó las bases circunstanciales para una forma monárquica de gobierno central en el Brasil independiente, el sistema que surgió después de 1840 era una monarquía muy diferente comparada a la del Portugal del Antiguo Régimen. La nueva monarquía y el nuevo gobierno central se construyeron a partir de la periferia: fueron creados, no heredados. Los creadores fueron poderosos propietarios locales, hombres que contaban con riqueza e influencia en los municipios, dueños de esclavos, agricultores y ganaderos del interior. En la construcción de una monarquía constitucional y un estado liberal, estos "jefes" establecieron el nuevo concepto de elecciones nacionales, el cual los proveyó con la moneda con la cual se aseguraron las posiciones de autoridad local que legitimaron su poder. El argumento de este capítulo consiste en que la práctica de las elecciones nacionales, a pesar de haberse inspirado, en primer lugar, en el ejemplo de otros gobiernos constitucionales, fue aceptada por los miembros líderes de la elite por sus propias razones. Así, a través de la práctica de elecciones, descubrimos que el estado echó las bases para la emergencia de una nación, esto es, para una lealtad común a una entidad abstracta pero general. El historiador que mira a las instituciones políticas brasileñas del siglo XIX desde el punto de vista de la localidad no verá morbidez o disfuncionalidad sino éxito. Los líderes locales fueron capaces de restablecer su hegemonía a

* Universidad de Texas; traducción Carolina Rocha.

través del uso de las instituciones del gobierno central para sus propios fines.

Comencemos notando la desunión de Brasil: las fuerzas centrífugas que podrían haber hecho fácilmente su experiencia más parecida a la de América hispánica. Brasil nunca había sido una colonia única dentro del Imperio portugués. Aún después de que terminara en 1772 la gran separación administrativa entre el Estado de Maranhão y el Estado de Brasil, la mayoría de las catorce capitanías continuó como antes, relacionándose directamente con el rey, sobrepasando al gobernador general o al virrey, quien en realidad sólo permanecía como un primero entre iguales, distinguiéndose por su más alto título pero no por una jurisdicción más elevada. Los prematuros movimientos de independencia de Minas Gerais (1789) y Bahia (1798) buscaban libertad del dominio portugués sólo para esas zonas y no postulaban la independencia de un "Brasil" unido y mayor. Cuando el rey atravesó el océano Atlántico en 1808, expulsado de Portugal por los ejércitos de Napoleón, el centro del imperio fue transferido artificialmente de Lisboa a Rio de Janeiro pero esto sólo sirvió para exacerbar las rivalidades locales: así fue como una gran rebelión de carácter republicano y con fines separatistas estalló en Pernambuco en 1817. Cuando los insurgentes liberales en Portugal proclamaron una constitución en 1820, algunas provincias brasileñas la recibieron con alegría mientras otras permanecieron leales al rey absolutista radicado en Rio de Janeiro. Después que el rey aceptó la constitución y regresó a Portugal y después que su hijo, a quien había dejado en Brasil, se coronó como Emperador Pedro I en 1822, reaparecieron fuertes resistencias locales a su gobierno en varias provincias pero la más importante fue nuevamente en Pernambuco. Cuando Pedro fue forzado a abdicar (a favor de su hijo todavía menor de edad) en 1831, el país pareció desmembrarse. Las próximas décadas se caracterizaron por revueltas regionalistas en demanda de distintos grados de autonomía.[1]

Con la autoridad declinante del gobierno central, la lealtad de la mayoría de los brasileños se canalizó hacia la *localidad* pero la legitimidad de los líderes locales dependía del antiguo orden. En tiempos coloniales, la

---

[1] Estas ideas están desarrolladas en Roderick J. Barman, *Brazil: the Forging of a Nation, 1798-1852* (Stanford, 1988); Kenneth R. Maxwell, *Conflicts and Conspiracies: Brazil and Portugal, 1750-1808*, Cambridge Latin American Studies no. 16 (Cambridge, Gran Bretaña: Cambridge University Press, 1973); Luíz Henrique Dias Tavares, *História da sedição intentada na Bahia em 1798 ("A Conspiração dos Alfaiates")* (San Pablo: Pioneira, 1975); Kátia M. de Queirós Mattoso, *Presença francesa no movimiento democrático baiano de 1798* (Salvador: Itapuã, 1969).

corona había nombrado a hombres prominentes en los municipios para desempeñarse como *sargentos-mores* y *capitães-mores*, quienes dirigían las milicias e imponían de esta manera obediencia a los edictos del rey. Después de la independencia, con la soberanía del rey limitada por la voluntad del pueblo, los jefes locales tuvieron que crear nuevas fórmulas para asegurarse la obediencia de sus seguidores. Luego de experimentar con una virtual república federal durante la minoría del rey (hasta 1840) las elites provinciales y municipales llegaron a aceptar la idea de que un orden centralizado era necesario para asignarse legitimidad propia. Los resultados electorales, convenientes para sus amigos en el gobierno central, podían ser canjeados por designaciones a puestos formales de autoridad. De esta manera, la representación nacional estuvo al servicio de los objetivos locales, con el irónico resultado de que estos potentados de pueblo comenzaron a promulgar la idea de un compromiso común a un centro distante.

Junto con este impulso instrumentalista de hacer las elecciones útiles a los líderes locales, hubo también otro hecho cultural que debe ser analizado en sus propios términos ya que es importante recordar que el nuevo concepto de representación nacional surgía de una nueva noción de la sociedad y del lugar del individuo dentro de ella. Por ejemplo, como en la mayoría de las sociedades del *Ancien Régime,* durante el período colonial, el sistema judicial había sido dividido según ocupación y corporación, reflejando la entonces visión general acerca de que la sociedad no estaba formada por individuos igualmente protegidos en sus derechos y móviles en relación a los otros, sino por castas, rangos, corporaciones, estamentos, ubicados uno encima del otro o lado a lado. El individuo tenía múltiples identidades y lealtades, sin una simple y, a la vez, aglutinante, excepto la de cristiano (y sólo marginalmente, la de súbdito de un rey) pero nunca la de ciudadano de una nación.[2] Pero la elite brasileña del siglo xix, al menos en las ciudades, no era indiferente a estos cambios que predominaban en

---

[2] No se ha producido un estudio sistemático de la sociedad de órdenes en Portugal y en el Brasil colonial o del sistema judicial. Antecedentes para tal estudio incluirían a Candido Mendes de Almeida, ed., *Codigo Philippino: ou, Ordenações e leis do reino de Portugal recopiladas por mandado d'el rei D. Philippe I...* (Rio de Janeiro: Instituto Philomathico, 1870); Florestan Fernandes, *A revolução burguesa no Brasil: Ensaio de interpretação sociológica* (Rio de Janeiro: Zahar, 1975); Patricia Ann Aufderheide, "Order and Violence: Social Deviance and Social Control in Brazil, 1780-1840," Tesis de doctorado University of Minnesota, 1976; A. J. R. Russell-Wood, *Fidalgos and Philanthropists; the Santa Casa de Misericórdia of Bahia, 1550-1755* (Berkeley: University of California Press, 1968); y João José Reis, *A morte é uma festa. Ritos fúnebres e revolta popular no Brasil do século xix* (San Pablo: Companhia das Letras, 1991).

Europa desde mediados del siglo XVIII: sentían el impacto irresistible de la "Edad de la Revolución" y de la nueva creencia en la soberanía y representación popular. Cada persona instruida, no sólo los intelectuales, sentía el impulso de un sistema de ideas emanado de los centros mundiales de poder político y económico. Sin duda, debido a la energía del capitalismo, la ideología liberal atraía aun en áreas como Brasil, que no había sido protagonista en el nacimiento y desarrollo del capitalismo. El hecho de que aquellos brasileños, prósperos a raíz de su participación en la producción de exportaciones, se hayan visto siempre como parte de un sistema económico encabezado por Europa puede haber alentado esta identificación aún entre líderes provinciales y locales. Ciertamente, la mayoría de la clase alta se consideraba parte de la civilización europea, civilización que atesoraba la libertad y voluntad del pueblo.

Un nuevo paradigma de hombre y de sociedad modeló las flamantes prácticas políticas. Como lo imaginaban las elites urbanas, ahora todos eran ciudadanos. La creación de una lealtad nacional englobadora, sustituyendo o al menos incluyendo las múltiples lealtades a corporaciones (gremios, cofradías, municipalidades, provincias) tuvo lugar gradualmente, pero un inconfundible individualismo filosófico en crecimiento traspasó el pensamiento de la elite y finalmente (si extendemos nuestra consideración hasta el siglo actual) llegó a afectar a todos los adultos. No es trivial que la ley electoral de 1846 estableciera que los votantes podían y, hasta recibían instrucciones de ocupar sus lugares "sin precedencia".[3] Junto con estas nuevas nociones y estrechamente ligada a ellas estaba la idea de representación nacional. Mientras que en el Antiguo Régimen, el rey había delegado el poder a sus súbditos, ahora la soberanía era concebida como emanada "del pueblo". En la formación de una nueva lealtad unificada y en la creación de un sentido de participación común en una nación, el estado brasileño jugó un importante y más aún, un predominante papel y lo hizo nada menos que instituyendo la entonces recientemente creada práctica de las elecciones nacionales. Al sostener elecciones, los brasileños de la elite se autodefinían como parte del mundo europeo civilizado, mundo constituido por naciones y cada vez más consagrado a la noción de una ciudadanía activa. Por esta razón, las elecciones surgie-

[3] Ley 387 19 de ag. 1846, LB, art. 42.

ron tanto de una nueva ideología como de un deseo de los líderes locales de restaurar sus antiguas pretensiones a la legítima autoridad.

Con demasiada frecuencia, los historiadores han restado valor a las elecciones del siglo XIX por haber sido fraudulentas y porque sus resultados a nivel nacional eran predecibles. Pero si no eran importantes, ¿por qué la población en todo Brasil, aún en los lugares más remotos, se interesaba tanto hasta el punto de arriesgar sus vidas a causa de la victoria en las urnas? y ¿por qué eran repetidas con tanta regularidad? Hasta ahora, los historiadores que han dedicado su atención al tema de las elecciones, han seguido sin cuestionamiento el rumbo marcado por las elites urbanas, bien informadas, legalmente preparadas y orientadas hacia Europa que censuraban las prácticas brasileñas, aún dependiendo de ellas para su éxito político. Se imaginaban regímenes liberales de otras naciones y criticaban a su propio país por no poner en práctica esos modelos. Es tiempo de que los historiadores echen una mirada renovadora a esas prácticas fascinantes.

LAZOS REGIONALES Y LOCALES

Antes de entrar en más detalles respecto a las prácticas electorales que hicieron posible que todos los brasileños llegaran a entenderse, es necesario reconocer la fuerza continua del sentimiento regional y local, de la lealtad al lugar inmediato (a lo que en España y América hispánica se llama la *patria chica*). Este foco local de atención puede ser visto al mismo tiempo a nivel regional y municipal. Los brasileños se sentían poderosamente atados al suelo, en parte debido a lazos familiares y clientelares, pero también, en algunos casos, debido a las propiedades de la elite en tierras y esclavos. Las actividades agrícolas y ganaderas delimitaban zonas distintas de identificación personal y, en cierta medida, cada región era diferenciada por su especialización en un solo producto. Aun en tiempos coloniales, el elevado prestigio de aquellos que poseían esclavos los diferenciaba, haciendo de esos dueños de esclavos un grupo virtualmente separado y, ciertamente, otorgándoles un gran peso político. Era un pequeño paso el ver a estos hombres como líderes políticos naturales en cualquier nuevo estado o estados; así, la actividad económica se convirtió en una línea divisoria natural entre regiones.

Durante la primera mitad del siglo XIX, varias regiones diferentes eran identificadas con cosechas particulares. Las dos zonas más prósperas se ubicaban en torno al azúcar y el café. Casi toda el azúcar que Brasil exportaba se originaba en la zona del nordeste, extendida en torno a una angosta franja de 80 a 150 kilómetros de ancho, con abundantes precipitaciones y un rico suelo, que corría paralela a la costa, desde la saliente atlántica en Rio Grande do Norte hasta el sur de la ciudad de Salvador. Los plantadores de azúcar continuaron prosperando hasta la década del setenta, y aun después de esa fecha, pudieron mantenerse en un mercado doméstico gradualmente en expansión. Política y económicamente, la región cafetalera formó el otro polo de la actividad brasileña. Tipos de suelo, altitud y clima favorecieron el cafetal en el sudeste de Brasil, y desde 1820 el cultivo de café se extendió rápidamente en el área del valle montañoso del río Paraíba do Sul, que corre paralelo a la costa hasta unos 80 kilómetros en el interior. Después de 1850, el café se había convertido también en la cosecha predominante al norte y al oeste de la ciudad de San Pablo. Entre y alrededor de las regiones azucareras y cafetaleras, otras actividades agrícolas fueron también importantes. La mayoría de la producción de algodón de fibras largas —natural de Brasil— se centró en las menos húmedas y levemente elevadas regiones del nordeste, desde la costa a 50 o 150 kilómetros en el interior. A pesar del predominio de pequeños agricultores en el área, muchos hombres poseían grandes propiedades. Alrededor de la ciudad de Cachoeira, en la provincia de Bahía, y frente a la bahia de Salvador, los terratenientes plantaban tabaco. También tendió a concentrarse en pequeñas propiedades pero algunos terratenientes poseían tierras suficientes para ejercer presiones políticas significativas. Finalmente, observadores extranjeros describían tres diferentes zonas ganaderas, cada una con su propia cultura. En las zonas áridas del nordeste, lejos de la franja costera productora de azúcar y al oeste de las áreas transicionales del algodón, la ganadería había sido una ocupación primordial desde el siglo XVI. Al sur, los habitantes de Minas Gerais centraron su economía en la producción de carne; desde esta región de bajas colinas y dispersos árboles retorcidos, los ganaderos conducían a sus ganados a Rio de Janeiro, donde la demanda de carne fresca aumentaba continuamente al tiempo que la ciudad crecía en tamaño y riqueza con las importantes exportaciones de café. Pero de todos los ganaderos del Brasil del siglo XIX, los de Rio Grande do Sul llegaron a ser los más prósperos y poderosos. Los levemente ondulados campos de pastura y las ricas llanuras favorecieron la dispersión de ganados y, hacia 1863, la provincia exportaba casi 7/10 de los cueros brasileños. También producía tasajo o carnes saladas para el consumo de los esclavos que trabajaban en las plantaciones de café y azúcar del norte del país. Esta provincia del sur y las del nordeste estaban particularmente caracterizadas por culturas diferentes y por intensas lealtades regionales que repetidamente desafiaban la unidad de Brasil.

A un nivel local aún más cercano, el municipio podía ser señalado como otro foco de lealtad. Desde los primeros tiempos coloniales, los oligarcas de Brasil se habían acostumbrado a ejercer un considerable poder a través de los *Senados da Câmara Municipal* (o *câmaras*, a lo que en América hispánica se conoció como cabildos). Era una institución que otorgó sentido concreto a aquella lealtad. Como *vereadores*, los miembros de la *câmara* poseían jurisdicción no sólo sobre el centro urbano sino también sobre las zonas circundantes, las cuales tenían, a veces, vastas extensiones. El primero de esos consejos, elegido entre los *homens boms*, "los respetados y respetables" usando la expresión de Charles Boxer, asumió sus obligaciones en São Vicente, durante la fundación de la primera colonia portuguesa en América en 1532. Su más conocida réplica en Salvador, creada en 1549, adoptó casi inmediatamente una postura adversa respecto a los administradores enviados desde Portugal y, en general, disfrutó de considerable libertad en la toma de decisiones y hasta de influencia en la propia Lisboa. A las *câmaras* de regiones aún más alejadas les era todavía más fácil imponer su voluntad. Sin embargo, a partir de 1740, las *câmaras* de todas las regiones sufrieron una gradual erosión de autoridad sobre asuntos de interés local. Como los funcionarios reales en Portugal buscaban revitalizar la economía imperial y conseguir más ingresos, interfirieron cada vez con más frecuencia en los negocios locales. Aun a pesar de que los brasileños por nacimiento ocupaban con frecuencia puestos de gran responsabilidad en la burocracia imperial, desempeñándose en Asia o en la Madre Patria, y a pesar de que Portugal continuaba gobernando con la elite colonial y no contra ella, de todos modos, la vigorosa administración tendió a disminuir el espacio de toma de decisiones afectando a los localmente prominentes. Así fue como algunas veces, los propietarios se complotaron a favor de una república independiente aunque sin efectividad como sucedió en 1789 en Minas Gerais.[4] Con la transferencia de la

[4] Charles R. Boxer, *Portuguese Society in the Tropics: The Municipal Councils of Goa, Macao, Bahia, and Luanda* (Madison, Wis., 1965), pp. 5-6, 72-109 (cita de la pág. 6); Edmundo Zenha, *O munícipio*

corte portuguesa a Brasil, la libertad de estos cuerpos disminuyó todavía más: cuando Pedro I trató de restablecer un control centralizado, la autoridad de las *câmaras* fue cercenada. En 1828, se dictó una ley organizando las *câmaras*, despojándolas de las restantes funciones judiciales asignadas por el Código Filipino de 1603, ordenando específicamente que las *câmaras* se abstuvieran de deliberar en cuestiones ajenas a los límites del municipio, esto es, en cuestiones de interés nacional, de tomar decisiones "en nombre del pueblo" y de interferir con la autoridad de los presidentes provinciales nombrados por el gobierno central.[5] En la reacción liberal que comenzó antes de la abdicación de Pedro I (de hecho, que condujo a ella) las *câmaras* recuperaron temporariamente una pequeña porción de su antiguo poder, por ejemplo, a través de la disposición que les permitía preparar listas de candidatos locales aceptables para ser designados jueces de municipio. Su papel en las elecciones fue también importante. Sin embargo, las *câmaras* continuaron siendo meras sombras de sus antecesoras. No obstante el debilitamiento de las mismas, el municipio permaneció como la división territorial básica y el foco de la lealtad local.

Mientras el poder de las *câmaras* menguaba, el poder de los hombres fuertes locales, quienes siempre las habían dominado, se hizo más visible. Según numerosos comentaristas del siglo XIX en la capital, los *homens boms* se convirtieron en *homens maus*, y esta visión se ha perpetuado a través de historiadores que se basaron excesivamente en la obra de estos comentaristas. En el municipio, los hombres fuertes gozaron de la genuina lealtad de muchos. Hacendados o ganaderos creaban sus clientelas con

---

no Brasil (1532-1700) (San Pablo, 1948); A. J. R. Russell-Wood, "Local Government in Portuguese America: A Study in Cultural Divergence," *Comparative Studies in Society and History*, 16: 2 (mar. 1974), 187-231; Caio Prado Júnior, *The Colonial Background of Modern Brazil* (Berkeley, Calif., 1967), pp. 366-73; Richard M. Morse, "Brazil's Urban Development: Colony and Empire," en *From Colony to Nation: Essays on the Independence of Brazil*, ed. A. J. R. Russell-Wood (Baltimore, Md., 1975), pp. 158-65; John N. Kennedy, "Bahian Elites," *Hispanic American Historical Review*, 53: 3 (ag. 1973), 415-39; Maxwell, *Conflicts and Conspiracies*.

[5] LB, Ley del 1º oct. 1828, art. 24. Un detallado análisis del estatus legal de la cámara pertenece a João Batista Cortines Laxe, *Regimento das câmaras municipais ou, Lei de 1º de outubro de 1828, annotada com leis, decretos... ; precedida de uma introdução historica e seguida de sete appensos ...*, editado por Antonio Joaquim de Macedo Soares, 2da. ed. (Rio de Janeiro, 1885). También véase João Martins de Carvalho Mourão, "Os municípios, sua importáncia politica no Brasil-colonia e no Brasil-reino. Situação em que ficaram no Brasil imperial pela Constituição de 1824 e pelo Ato Adicional," en *Primeiro Congresso de Historia Nacional, Anais* (Rio de Janeiro, 1916), III, 299-318; y Victor Nunes Leal, *Coronelismo: The Municipality and Representative Government in Brazil* (Cambridge, Gran Bretaña, 1977), pp. 32-34.

familia, miembros de la servidumbre, *agregados* y otros dependientes. Los clientes dependían de sus líderes y le ofrecían a cambio obediencia. Como patrón, el líder ofrecía empleo o protegía a sus dependientes de las pretensiones de autoridad de otros.[6] Un administrador provincial de Bahia se quejaba de que: "los *jefes mandones* [...] proveen carne y harina [...] a aquellos vagos y malhechores que eligen como único modo de vida ser de guardaespaldas o, como aquí se los llama de 'amplios torsos'— y los defienden cuando la Justicia los busca para castigarlos por conducta criminal".[7] El jefe cargaba con la responsabilidad de las acciones de aquellos a quienes dirigía y las instituciones públicas reconocían esa realidad. Si la cabeza mantenía con éxito la autoridad sobre los miembros de esta familia figurativa, podía esperar que otras instituciones del estado admitieran su jurisdicción; por lo tanto, requería estricta obediencia dentro de los confines de su dominio. El tamaño de una clientela era la medida de un hombre. Reclamos de extensas tierras —y cuando correspondía, la propiedad de esclavos— demostraban éxito y ayudaban efectivamente a incrementar la propia clientela, pero el recurso fundamental seguía siendo la lealtad de los otros.

¿Quiénes eran estos líderes locales? Típicamente, estos hombres poseían condiciones para atraer a una clientela debido, en primer lugar, al hecho de que controlaban propiedades, aun cuando no todos los propietarios participaban de la misma manera en la política del distrito. Como algunos hacendados, presentes en un Congreso de Agricultura, habían manifestado con intuición en 1878 era "preciso respetar el hecho social y económico que presenciamos en este país donde gran parte de la población del campo, la población predominante del Imperio, de una forma u

---

[6] La naturaleza de la clientela no era específica de Brasil o de los países "católicos" como lo sugiere Glen C. Dealy: *The Public Man: An Interpretation of Latin American and Other Catholic Countries* (Amherst, Mass., 1977), pp. 9, 12-25. Bibliografías útiles sobre las relaciones cliente-patrón se encuentran en: James C. Scott, "Political Clientelism: A Bibliographical Essay," en *Friends, Followers, and Factions: A Reader in Political Clientelism*, ed. Steffen W. Schmidt *et al.* (Berkeley, Calif., 1977), pp. 483-505; y Luis Roniger, "Clientelism y Patron-Client Relations: A Bibliography," en *Political Clientelism, Patronage and Development*, ed. S. N. Eisenstadt y René Lemarchand (Beverly Hills, Calif., 1981), pp. 297-330. La importancia de la familia y la clientela en la política electoral de la antigua Roma está hábilmente expuesta en H. H. Scullard, *Roman Politics, 220-150 BC* (Oxford, Gran Bretaña, 1951), pp. 12-30. América Latina contemporánea ha sido objeto de numerosos trabajos, ver, por ejemplo, Arnold Strickon y Sidney M. Greenfield, eds., *Structure and Process in Latin America: Patronage, Clientage, and Power Systems* (Albuquerque, N.M., 1972).

[7] PP-BA a MJ, Salvador, 24 oct. 1848, citado por Fernando Uricoechea, *O minotauro imperial: A burocratização do estado patrimonial brasileiro no seculo XIX* (San Pablo, 1978), p. 208.

otra está sujeta a los grandes terratenientes quienes poseen las empresas más productivas".[8] En aquel entonces nadie se avergonzaba de esta realidad: así era y así debía ser.

LA PRÁCTICA DE LAS ELECCIONES

Los jefes locales desplegaban su poder ganando elecciones. Al negociar con el gobierno central —conformado principalmente por hombres como ellos que habían optado por entrar a la política nacional— los jefes recompensaban el beneficio de ser designados para puestos oficiales de autoridad entregando los votos de sus seguidores en el día de las elecciones.

Las primeras elecciones nacionales tuvieron lugar en Brasil en 1821, después que los revolucionarios liberales en Portugal convocaran a Cortes elegidas para redactar una constitución. Como Portugal había adoptado provisionalmente la Constitución española de 1812, también tomó de España las instrucciones para este primer acto electoral. Estas instrucciones, con comentarios adicionales o enmiendas incorporadas en lo referente a Brasil, preveía elecciones indirectas de tres turnos que serían llevadas a cabo en las diferentes provincias de Brasil entre mayo y setiembre de ese año. Los representantes electos partieron hacia Lisboa. Más tarde, una vez que Pedro I decidió dejar de obedecer a las Cortes en 1822, ordenó convocar un encuentro de delegados para redactar leyes solamente para Brasil. Su principal consejero, José Bonifácio de Andrada e Silva, intentó limitar la participación llamando sólo a los representantes de las *câmaras* existentes en las ciudades capitales de cada provincia (antes capitanías): pero tan pronto estos hombres llegaron a Rio de Janeiro, otros líderes más radicales, dominados por las nuevas nociones de gobierno representativo, consiguieron convencer a Pedro I de la necesidad de llamar a una Convención Constituyente con delegados popularmente electos. Sin embargo, José Bonifácio logró evitar elecciones directas; copiando algunas estipulaciones de las instrucciones portuguesas, determinó que los votantes de cada distrito eligieran electores, los cuales, a su vez, designarían sus representantes o, como se los llamaba, diputados.[9] Las instrucciones ade-

---

[8] Congreso Agrícola, *Congresso Agrícola: Coleção de documentos* (Rio de Janeiro, 1878), p. 17.

[9] *LB*, Decreto, 7 mar. 1821, Decisão 57 (Reino), 19 junio 1822, cap. 2, art. 6; Lúcia Maria Bastos Pereira das Neves, "Corcundas, Constitucionais, e Pés-de-Chumbo: a cultura política da

más especificaban que un elector no sólo debe ser "una persona virtuosa y de reconocido entendimiento e incuestionable lealtad" sino también "de medios apropiados para el puesto". Esto significaba que las elites locales ayudaron a esbozar las instituciones nacionales.

No es sorprendente que los elegidos indirectamente para esta convención llamaran expresamente a elecciones indirectas cuando diagramaron la Constitución. También aclararon los requisitos de ingreso para los votantes e impusieron otros más elevados para los electores. La Constitución que Pedro I impuso por decreto en 1824 conservó estas provisiones, con algunas modificaciones de detalle.[10] Los siguientes decretos ejecutivos establecieron instrucciones concretas para la conducción de las elecciones y, hasta 1846, las normas electorales emanaron de instrucciones o decretos surgidos del gabinete y no de una ley debatida en el Congreso. En 1845, los legisladores se impusieron la tarea de redactar una ley electoral minuciosa y abarcativa que tratara de proveer cada contingencia. La ley resultante en 1846 se mantuvo como primordial hasta 1881, a pesar de las alteraciones.[11] Dentro de los términos de esta ley, las elecciones adquirieron su pleno significado y propósito dentro de una sociedad dominada por patrones localmente poderosos.

Las elecciones bien pudieron ocupar la atención de las comunidades casi todo el tiempo. Tenían lugar frecuentemente para uno u otro puesto y, el proceso de preparar las listas de los votantes empadronados, un trabajo lento, se introducía cada nuevo año. Cada cuatro años los votantes elegían directamente jueces de paz y vereadores que formaban la *câmara*. Al menos con esa frecuencia o quizás más seguido si el Parlamento era disuelto, escogían a electores quienes, un mes más tarde, integraban los Colegios Electo-

---

Independência, 1820-1822," Tesis de doctorado, Universidad de San Pablo, 1992, pp. 395-400. Las elecciones para *vereadores*, por supuesto, han sido tratadas con anterioridad: Almeida, comp., *Codigo Philippino*, Libro I, Tit. 67. Sobre el esfuerzo de Bonifácio para evitar las elecciones directas véase Emília Viotti da Costa, "The Political Emancipation of Brazil," en *From Colony to Nation*, Russell-Wood (comp), p. 82.

[10] "Projeto de Constituição," arts. 122-37, en Brasil, Assembléia Geral Constituinte e Legislativa, *Diário* (1823; facsim., Brasilia, 1973), II, 694-95; Brasil, *Constituição política do Império do Brasil*, arts. 90-97; *LB*, Decreto, 7 mar. 1821, Decreto 3 junio 1822, Decisão 57 (Reino), 19 junio 1822, Decreto 26 mar. 1824, Decreto 157, 4 mayo 1842; José Honório Rodrigues, *Conciliação e reforma no Brasil. Um desafio histórico-político* (Rio de Janeiro, 1965), pp. 135-38.

[11] *LB*, Ley 387 del 19 ag. 1846. La historia legislativa de esta ley está sintetizada en BCCD, *Reforma eleitoral: Projetos offerecidos á consideração do corpo legislativo desde o ano de 1826 até o anno de 1875... colligidos na secretaria da Câmara dos Deputados* (Rio de Janeiro, 1875), pp. 127-226. Muchas de estas

rales que nombraban a los diputados para la *câmara* nacional. De la misma
manera, cada dos años los votantes seleccionaban a los congresistas provinciales. También (después de 1860) los votantes elegían indirectamente a los
diputados cuando uno moría, renunciaba, prefería representar otro distrito, se transformaba en senador vitalicio o aceptaba un puesto en el gabinete.
Muchas elecciones eran anuladas y eso significaba que se debían conducir
otras. Las elecciones repetidas con tanta frecuencia, llegaron a convertirse
en una preocupación constante de la vida local y pocos se mantenían al
margen de este proceso.[12] Al concretarlas, los votantes participaban de un
ritual nacional, creando un lenguaje y expectativas comunes.

Las elecciones movilizaban el interés de la mayoría de la población
adulta masculina de los pueblos. No existían restricciones de raza o grado
de alfabetización. El requisito de propiedad era bajo y, por efectos de la
inflación, descendió aún más. La Constitución de 1824 había extendido el
voto a "la masa de ciudadanos activos". También aclaraba que cada votante debía tener al menos 100 mil reis de "ingreso neto" anual, cifra que fue
elevada a 200 mil reis en 1846 (aproximadamente unos 100 dólares).[13] Pero
después de mediados de siglo, los comentaristas coincidían que la cantidad establecida era tan baja que casi todos podían ganarla excepto "mendigos" y "vagabundos".[14] Un ensayista político expresaba que la ley excluía
sólo a "mujeres, niños y los idiotas del pueblo". Un miembro conservador del Parlamento decía con disgusto: "Tenemos sufragio universal: todos se pueden empadronar" y, a pesar de que un miembro liberal no iba

---

leyes están reproducidas en Francisco Belisário Soares de Souza, *O sistema eleitoral no império (com
apêndice contendo a legislação eleitoral no período 1821-1889)*, 2da ed. (Brasilia, 1979), pp. 163-208.

[12] *LB*, Ley 387 del 19 ag. 1846, arts. 40, 92; Brasil, *Ato adicional [à Constituição política do Império do
Brasil]*, art. 4; *LB*, Decreto 842 del 19 set. 1855, art. 1; *LB*, Decreto 1,082 del 18 ag. 1860, art. 1; *LB*,
Decreto 2,675 del 20 oct. 1875," art. 1. Cuando un candidato a diputado se unía al gabinete tenía que
presentarse a reelección: Brasil, *Constituição*, arts. 29, 30. Antes de 1860, los reemplazantes de diputados eran simplemente aquellos que estaban más abajo en el orden de la lista: *LB*, Ley 387 del 19 ag.
1846, art. 89. También véase Paulino José Soares de Souza, visconde de Uruguay, *Estudos praticos
sobre a administração das provincias do Brasil... . Primeira parte: Ato Addicional* (Rio de Janeiro, 1865),
I, 76-85. A partir de 1875, el proceso de empadronamiento era necesario sólo año por medio.

[13] Brasil, *Constituição*, art. 90, art. 92, par. 5. La ley electoral añadía la frase, "en plata" (*LB*, Ley 387
del 19 ag. 1846, art. 18), y el gobierno entonces declaró que esto era equivalente a 200 mil reis en
efectivo, cifra que se mantuvo hasta el fin del Imperio: *LB*, Decreto 484, 25 nov. 1846.

[14] José Antonio Pimenta Bueno, *Direito publico brasileiro e analyse da Constituição do Imperio* (Rio
de Janeiro, 1857), pp. 194, 472; José de Alencar, *Sistema representativo* (Rio de Janeiro, 1868), p. 93.
Al comienzo, en 1837 un diario conservador declaraba que el sufragio había sido extendido a hombres "de la más baja posición social aparte de esclavos y criminales": *O Constitucional Cachoeirano*,
21 nov. 1837, p. 3 en AN, SPE, IJ 1-708.

tan lejos, reconocía que "quien tiene sólo 200 mil reis de renta es un hombre pobre en Brasil".[15] En efecto, los trabajadores libres en las plantaciones de café percibiendo a razón de 2 mil reis por día podían ganar la cantidad requerida en 100 días de trabajo, según lo informaba un observador extranjero en la década de 1880. Hasta los empleados domésticos, si no estaban excluidos por otras provisiones de la ley, podrían haber ganado lo suficiente para cumplir con lo estipulado o, al menos, esto era así para aquellos en gran demanda, tales como cocineros o nodrizas.[16]

El resultado era que las elecciones podían ser eventos populares donde los líderes locales reafirmaban su preeminencia ante una amplia audiencia. Como recordaba más tarde un juez: "en aquellos tiempos una elección significaba mucha gente, mucha animación".[17] Las mismas campañas atraían la atención pública. A pesar de que candidatos a diputados juntaban votos sólo de los electores y lo hacían principalmente a través de cartas dirigidas a ellos o a los miembros notables del pueblo, cada patrón local demostraba su importancia induciendo a los votantes, sus clientes, a participar en tumultuosas manifestaciones. Los grupos rivales proclamaban simultáneamente creencias compartidas y alianzas opuestas cuando "[corrían] por las calles de la ciudad de noche con música y fuegos artificiales, [gritando] vivas a su Majestad, el Emperador, la asamblea legislati-

---

[15] Justiniano José da Rocha, citado en Thomas Flory, *Judge and Jury in Imperial Brazil, 1808-1871: Social Control and Political Stability in the New State* (Austin, Tex., 1981), p. 118 (también véase p. 141); discurso de Martinho Campos, 24 set. 1875, BCCD, *Anais*, 1875, V, 208; discurso de Saraiva, 4 junio 1880, BCCD, *Anais*, 1880, II, 35. Un defensor posterior del Imperio también afirmaba que la ley de 1846 realmente implicaba "suffragio universal": [João Cardoso de Meneses e Sousa], barón de Paranapiacaba, "Eleições," en Affonso Celso de Assis Figueiredo, visconde de Ouro Preto, *et al.*, *A década republicana* (Rio de Janeiro, 1900), III, 252.

[16] C. F. van Delden Laerne, *Brazil and Java: Report on Coffee-Culture in America, Asia and Africa to H. E. the Minister of the Colonies* (Londres, 1885), p. 304. Los cocineros podían ganar 300 mil reis anualmente en 1877, y una nodriza, si amamantaba, 600 a principio de 1881: Sandra Lauderdale Graham, *House and Street: The Domestic World of Servants and Masters in Nineteenth-Century Rio de Janeiro* (Cambridge, Gran Bretaña, 1988), p. 14; véase también Ubaldo Soares, *O passado heróico da Casa dos Expostos* (Rio de Janeiro, 1959), p. 48. Pedro Carvalho de Mello muestra que, a partir de 1852, el costo de contratar a un esclavo se elevaba a 200 mil reis anualmente: "The Economics of Labor in Brazilian Coffee Plantations, 1850-1888" (Tesis de doctorado, Univ. de Chicago, 1977), p. 66, Cuadro 19. Una conclusión muy diferente era la alcanzada por el intransigente reformador André Rebouças sobre los trabajadores del interior, como está citado en Sérgio Buarque de Holanda, ed., *História Geral da Civilização Brasileira* (San Pablo: DIFEL, 1964-1972), no. 7, p. 223.

[17] Francisco de Paula Ferreira de Rezende, *Minhas recordações* (Rio de Janeiro, 1944), p. 124 (claro que Rezende está hablando específicamente de la elección de 1840, pero la contrasta con los asuntos tranquilos y cerrados que comenzaron sólo en 1881, por lo que por implicación está describiendo el período intermedio).

va, religión o personas particulares, de acuerdo a la predicción de cada grupo". Esas costumbres culminaban en ocasiones de alegría generalizada o degeneraban en confrontaciones armadas y, en 1860, el presidente de la provincia de Ceará tuvo que emitir órdenes prohibiendo "desfiles de grupos en las calles que sólo sirven para provocar una mayor exaltación de los sentimientos" agregando que "las reuniones populares de cualquer clase con bombos y bebidas, especialmente las conocidas comúnmente como samba" no debían ser permitidas.[18] El día de las elecciones, los patrones trataban a sus votantes con "finas delicadezas". Los patrones a menudo proveían con nuevos "zapatos y ropas" a los votantes y estos beneficios llegaron a ser considerados como un derecho. Más tarde, un ex juez comparaba a los votantes con soldados a pie, quienes "conservan el derecho a las raciones, las cuales le son otorgadas generosamente e [...] igualmente con el derecho al uniforme o, al menos, a una cierta parte de él; porque desde que hubo en realidad sufragio universal y no todos podían presentarse en una forma suficientemente decente, se hizo necesario que el empleador asumiera el costo de un juego de ropas más o menos presentable y, hasta de un buen par de zapatos".[19] Cuando los jefes políticos reunían a sus agregados y dependientes en la ciudad, podían llegar a aislarlos en un corral para impedirles que aceptasen el voto de algún oponente a cambio de dinero u otras recompensas. O, como un delegado (oficial de policía) explicaba, para mostrar la fuerza tales grupos podían "entrar formados en columnas cerradas por las calles de la ciudad coreando fuertes vivas y [...] después de un espléndido almuerzo de victoria, ir a depositar sus votos en la urna, prosiguiendo ordenadamente hasta la iglesia, [donde la votación tenía lugar] con sus jefes al frente".[20]

El día de elección era siempre el domingo, un día en que la mayoría de la gente podía asistir. La ley insistía que las elecciones fuesen anunciadas por "proclamaciones pegadas en lugares públicos y se especificase en la prensa dónde se efectuarían". Los votantes se enteraban ya que viajaban

[18] Delegado a PP-PA, Breves, 27 julio 1860, copia incluida en PP-PA a MJ, Belém, 1 ag. 1860, AN, SPE, IJJ 5-43; PP-CE, circular, para delegados y subdelegados de la provincia, incluida. en PP-CE a MI, 13 ag. 1860, ibid., 5-43.
[19] F. B. S. Souza, *Sistema eleitoral*, p. 34; Juiz de Paz a MI, Rio, 31 dic. 1860, incluida en Ata da Mesa Parochial da Freguezia de Sant'Anna, 30 dic. 1860-20 enero. 1861, AGCRJ, 63-3-32; [Antonio Alves de Souza Carvalho], *O imperialismo e a reforma*, anotado por um constitucional do Maranhão (Maranhão [São Luiz?], 1866), p. 42; Rezende, *Minhas recordações*, p. 126.
[20] Rezende, *Minhas recordações*, p. 126; Delegado para PP-CE, Sobral, 12 dic. 1860, copia incluida en PP-CE para MJ, Fortaleza, 29 dic. 1860, AN, SPE, IJJ 5-43.

de lejos, como en Bahia, "cubiertos con tierra". La iglesia parroquial —un local conocido por todos— era el escenario donde se desarrollaba el drama electoral. Una vez que el presidente de la mesa electoral había abierto la ceremonia, pero antes que la votación comenzara "el más venerable cura párroco predicó un sermón relacionado con el acto [electoral] después de lo cual celebró la misa". La ley requería que las elecciones tuvieran lugar sólo durante las horas de luz para evitar sesiones secretas. Los procedimientos se iniciaban a las nueve de la mañana y, al menos, una mesa de escrutinio —en Pirassununga (San Pablo)— se apresuró a terminar "estando el sol casi puesto".[21]

El resultado era una participación relativamente amplia. Aproximadamente la mitad de los hombres libres de 21 años de edad o mayores estaban empadronados para votar, y en algunas provincias, las cifras ascendían al 85%.[22] En realidad no todos los que estaban empadronados votaban, pero como los mismos hombres que conducían las elecciones determinaban quién estaría empadronado, se puede presumir que la participación en la primera etapa del proceso electoral para seleccionar electores era extensa y, como un propósito real pero tácito de las elecciones era desplegar el tamaño de la clientela de un jefe y, por lo tanto, asegurarle mayor autoridad legal con la que podría ayudar o defender a sus clientes, la participación de estos últimos era genuinamente entusiasta.

Quedaban pocas dudas sobre quién controlaba las elecciones. El presidente de la mesa electoral era generalmente el personaje local más prominente o, a veces, su amigo íntimo o cliente. Leía los nombres de los sufragantes uno por uno de acuerdo a las listas preparadas con anterioridad por la comisión de empadronamiento (a la cual también presidía). Si la preponderancia del potentado local había sido cuestionada y había habido desafíos, este era el lugar donde podía ejercer el control definitivo.

---

[21] Ata de recolhimento, numeração das listas, apuração dos votos, e reunião de Eleitores desta freguezia, N.S. do Livramento das Minas do Rio das Contas, 26 feb. 1823, AN, SPE, IJJ 5-26; *LB*, Ley 387 del 19 ag. 1846, arts. 4, 8, 21, 42 (También véase *LB*, Decreto 1,082 del 18 ag. 1860, art. 6; y *LB*, Decreto 2,675 del 20 oct. 1875, art. 2, par. 10); Mesa Parochial de Victoria para PP-BA, Victoria, 19 set. 1860, AN, SPE, IJJ 5-25; Atas da Mesa Parochial de Pirassununga, 7 set. 1872, copia incluida en PP-SP para MI, 25 nov. 1872, AN, SPE, IJJ 5-30; Ata da Mesa Parochial de Pirassununga, 18 ag. 1872, copia incluida en PP-SP, para MI, San Pablo, feb. 15, 1873, AN, SPE, IJJ 5-30. Un *edital* llamando a los votantes, fechado desde Santa Thereza (Valença), 7 ag. 1860, puede ser hallado en AN, SAP, Cód. 112, Vol. 8, Doc. 13.
[22] Richard Graham, *Patronage and Politics in Nineteenth-Century Brazil* (Stanford: Stanford University Press, 1990), p. 109.

En la ciudad de Pirassununga, una comisión de empadronamiento había
excluido a gran cantidad de los oponentes políticos del jefe, pero los excluidos apelaron a la corte, la cual los apoyó. Sin embargo, cuando la comisión
de empadronamiento se reunió, rechazó de plano permitir la votación a
esos ciudadanos. Unos 300 votantes se retiraron del proceso en esa instancia, esperando colocar sus quejas ante una autoridad superior.[23] No era difícil
imaginar cómo el jefe había conseguido este resultado ya que otros hacendados como él presidían la comisión: casi todos los integrantes de la mesa
electoral de Pirassununga poseían títulos de oficiales de la Guardia Nacional, y el oficial, presidente de la mesa electoral, juez de justicia, era conocido por poseer dos *fazendas* y un *sitio* o pequeña propiedad.[24] El delegado
policial también estaba preparado para actuar a favor de su amigo. Había
advertido a los inspectores a su cargo que reuniesen a todos los hombres
capaces en el día de las elecciones y alegó que había dado esa orden para
ejercer fuerza física para "asustar" a sus oponentes; también "hacía proseli-
tismo" aún en momentos de producirse las elecciones en la iglesia.[25]

Mientras el presidente de la mesa electoral pronunciaba cada nombre,
el votante se adelantaba con el voto en la mano para depositarlo en la
urna (los votantes actuaban públicamente porque, según la explicación de
un comentarista, una hace cosas secretamente cuando se avergüenza de
hacerlas en público).[26] El voto consistía en una lista de nombres. Estas
listas habían sido preparadas y distribuidas de antemano a los votantes.
Un rico hacendado encomendaba a un amigo "manda a hacer los votos
con siete nombres dejando el octavo lugar para que lo llenemos con Mateo
o cualquier otro el sábado, según lo creamos conveniente". Otro terrateniente pagaba los gastos que insumía la preparación de las listas.[27]

Se procedía a contar los votos de acuerdo a elaboradas instrucciones.
Mientras un miembro de la mesa electoral leía los nombres de cada voto,
los otros miembros, encargados de algunas letras del alfabeto, tomaban

---

[23] PP-SP para MI, 25 nov. 1872 y adjuntos, AN, SPE, IJJ 5-30.

[24] Actas da Mesa Parochial de Pirassununga, 7 set. 1872, copia incluida en PP-SP para MI, 25 nov.
1872, AN, SPE, IJJ 5-30; Depoimento, 2 feb. 1873 en PP-SP a MI, 15 feb. 1873, AN, SPE, IJJ 5-30.

[25] Delegado de Policía de Pirassununga al Inspector de Quarteirão, 25 ag. 1872, incluido en PP-SP a
MI, 23 enero. 1873, AN, SPE, IJJ 5-30; Actas da Mesa Parochial de Pirassununga, 7 set. 1872, copia
incluida en PP-SP a MI, 25 nov. 1872, AN, SPE, IJJ 5-30.

[26] Alencar, *Sistema representativo*, p. 118.

[27] [Braz Carneiro Nogueira da Costa e Gama], visconde de Baependy, a João Vieira Machado da
Cunha, Sta. Rosa, 28 oct. 1856, AN, SAP, Cód. 112, Vol. 8, Doc. 26; PP-SE a MI, Sergipe, 10 dic. 1851, AN,
SAP, Cx. 783, Pac. 2.

nota de esos nombres. Cuando se nombraba a alguien por segunda vez, un miembro escribía la palabra "dos" al lado del nombre en la hoja de escrutinio y así sucesivamente; el último número escrito equivalía al número de votos que la persona había recibido. Cuando se terminaban de leer los votos, cada miembro de la mesa anunciaba los nombres de su lista con el total de votos que cada persona había recibido, y un escribano apuntaba estos nombres y los ubicaba en orden descendiente de acuerdo a la cantidad de votos. Un niño pequeño (no mayor de siete años) extraía de la urna un nombre cuando los candidatos estaban empatados en el número de votos. Todos los candidatos que habían participado integraban las listas sin importar el número de votos que hubiesen conseguido. Luego, el presidente de la mesa leía en voz alta la lista definitiva y el escribano la copiaba en un libro especial que tenía a esos efectos y colocaba otra igual en la puerta de la iglesia. Los hombres ubicados primeros en las listas cubrían los cargos a electores de acuerdo a la cantidad que el distrito tuviera asignada y, los seguidores inmediatos eran los sustitutos.[28] Una vez que se acababa la votación y la cuenta, el presidente de la mesa convocaba a los recientemente elegidos "a la iglesia matriz donde se cantaba un solemne Te Deum".[29]

Al final, los jefes locales surgían como electores o señalaban a quienes lo serían. Treinta días después de la elección, los electores se reunían en la ciudad designada cabeza de distrito para formar el Colegio Electoral. Sólo en esta etapa, aparecían los nombres de los candidatos a diputados, y los electores votaban por la cantidad de ellos que la provincia mandaría a Río de Janeiro. Los electores conservaban el título y la función hasta que las próximas elecciones tuvieran lugar y, consecuentemente, jugaban un papel de significación en la organización de las siguientes mesas electorales del distrito. En el intervalo, podían ser convocados para elegir a algún senador o participar de otros actos electorales.[30]

[28] Atas da Mesa Parochial de Pirassununga, 7 sept. 1872, copia incluida en PP-SP a MI, 25 nov. 1872, AN, SPE, IJJ, 5-30; Ata da Mesa Eleitoral de Nazareth da Vigia (Pará), 2 nov. 1824, ibid., 5-18; [Ata da Mesa Eleitoral da Freguezia de Inhaúma, Município Neutro], 9 nov. [1852], AGCRJ, 61-4-14, fl. 133; LB, Ley 387 del 19 ag. 1846, arts. 54, 56, 115. Sobre sorteos en un Colegio Electoral, ver Braz Carneiro Nogueira da Costa e Gama, conde de Baependy, a Jeronimo José Teixeira Júnior, Sta. Rosa [Valença], 26 dic. 1860, AN, SAP, Col. Teixeira Júnior, AP23, Correspondência Passiva, Doc. 99.

[29] Acta de recolhimento, numeração das listas, apurações dos votos e reunião de Eleitores desta Freguezia de N. S. do Livramento das Minas de Rio das Contas, 26 feb. 1823, AN, SPE, IJJ, 5-26.

[30] Un juego de minutas típico y rutinario de tal Colegio Electoral es el Ata da Reunião do Colegio Eleitoral da Comarca de Caravellas, 14 feb. 1856, AN, SPE, IJJ, 5-25. También véase Atas da Mesa Eleitoral do 2° Distrito, Salvador, 11 feb. 1858, ibid., 5-25; LB, Ley 387 del 19 ag. 1846, arts 69, 70, 71, 73; y LB, Decreto 565, 10 julio 1850, art. 1.

La *câmara* de la capital de cada provincia computaba los resultados de cada Colegio Electoral e imprimía las credenciales para cada diputado. (Desde 1855 hasta 1875, cuando las provincias incluían a varios distritos electorales, la *câmara* que regía cada distrito, asumía esta función.) La *câmara* asentaba los resultados recibidos de cada Colegio Electoral, ubicando en orden —desde los más votados hasta los menos— las personas que habían acumulado votos para diputados; distribuía copias de estas minutas a cada diputado, las cuales eran llevadas personalmente por cada interesado a Rio de Janeiro para ser presentadas ante el Parlamento.

LAS ELITES LOCALES Y EL CONGRESO NACIONAL

Normalmente, los jefes locales no ocupaban cargos en el Parlamento pero lo hicieran o no, poseían la llave para el triunfo en las elecciones de diputados. Como se mencionó anteriormente, estos jefes eran generalmente los electores o determinaban quiénes lo serían. Los electores que así habían sido elegidos, sabían a quién debían su selección y las traiciones originaban comentarios desfavorables.[31] En general, los electores votaban según sus instrucciones: como un diputado una vez explicaba con fastidio, no sólo hay distritos "en los cuales la mayoría de los votantes está compuesta por indios, hombres por así decirlo salvajes, y que se prestan a hacer electores a cualquiera que Juan, José y Pedro indican" sino donde "los electores (en algunos lugares) no conocen la significación política y social que deben llevar a cabo; por el contrario, una vez que votan [para diputado] por el nombre indicado por el potentado del lugar, juzgan que han cumplido plenamente un soberano derecho político."[32]

Por lo tanto, los candidatos a diputado dirigían sus pedidos de favores a los electores o a sus patrones, no a los votantes ordinarios. La campaña no giraba alrededor de la enunciación de un programa, sino de atraerse la

---

[31] *LB*, Ley 387 del 19 ag. 1846, arts. 85-89. Para ejemplos del trabajo de las cámaras véase Atas de Apuração de Eleições, Archivo Municipal de Salvador, 12.1. Jugaban un papel similar en la elección de los representantes provinciales.

[32] Para un comentario de censura ver João Antonio de Vasconcellos a Zacharias de Góes e Vasconcellos, Salvador, 24 nov. 1865, Archivo del Museo Imperial de Petrópolis, I-ZGV, 24.11.865, Vasc. c.; la cita es de Manuel Pinto de Souza Dantas a João Mauricio Wanderley, barón de Cotegipe, Salvador, 18 julio 1856, AIHGB, CC, L19, D19.

lealtad de individuos específicos. El llamamiento tenía lugar personalmente o a través de cartas. Cuando un experimentado presidente provincial aconsejaba a un joven candidato escribir "algunas cartitas" a los localmente prominentes, señalaba una dimensión importante de la realidad política: aquellos jefes determinarían el resultado de la elección.[33] Las cartas eran breves y concisas: "usted me honraría y me haría un gran favor al apoyarme en el Colegio de Valença" escribía un candidato. A veces, el postulado recurría a cartas generales a las que sólo se cambiaba el nombre y la dirección, delegando a un secretario la copia, insertando la vaga exhortación al "eficaz apoyo de su merecida influencia en ese Colegio Electoral". El futuro diputado no ahorraba elogios. Uno se dirigía a su destinatario como "una de las más conocidas y distinguidas influencias electorales" que "representan nuestra fuerza real en la provincia". Insinuando su posible papel futuro en asegurar puestos de autoridad local pero también indicando la verdadera jerarquía política, agregaba "me coloco con mis amigos a su disposición donde quiera me encuentre ".[34] Los jefes del lugar esperaban, en algunos lugares, que el candidato los visitara: como un candidato se lamentaba ante un amigo "he ido a Santa Rita [de Rio Negro], [São Sebastião do] Alto y Santa Maria Magdalena, llegué de madrugada y en la tarde, fui a São Francisco [de Paula]. Por lo menos seremos los suplentes [de diputado] y hay esperanzas de alguna cosa más. Sólo después del 6 de agosto, habré terminado mi peregrinaje".[35]

Así, los diputados para el Parlamento eran elegidos a través de elecciones dominadas por los caudillos locales, guiados por las rivalidades de pueblo. Si los diputados después formaban alianza con otros diputados y se denominaban liberales o conservadores, su lealtad permanecía ligada a los jefes que los habían elegido. La mayoría de los diputados no poseían clientelas propias, a pesar de que se relacionaban con los caudillos locales. La gran mayoría eran graduados en Derecho. Su educación y experiencia urbana los distanciaba de los jefes rurales que controlaban los Colegios Electorales. El *bacharel* (egresado de escuela de Derecho) expresaba con

---

[33] João Lins Vieira Cansansão de Sinimbú citado en Souza Dantas a Cotegipe, Salvador, 26 set. 1856, AIGHB, CC, L19, D25.

[34] Francisco de Paula de Negreiros Sayão Lobato a João Vieira Machado da Cunha, Rio, 21 julio 1863, AN, SAP, Cód. 112, vol. 8, Doc. 13w; Paulino José Soares de Souza (2º), carta modelo, Rio, 26 ag. 1872, AN, SAP, Cód 112, Vol. 6, Doc. 38; Ruy Barbosa a Francisco Gomes de Oliveira, Salvador, 2 ag. 1878, borrador, Casa Rui Barbosa, unnum.

[35] Paulino José Soares de Souza (2º) a Francisco Belisario Soares de Sousa, Cantagallo, 29 junio 1863, AIHGB, L277, D71.

frecuencia su desdén por estos hombres, especialmente porque dependía de ellos para su propio éxito. En el Parlamento, el diputado podía desplegar su instrucción, su ingenio y su urbanidad o conocimiento del mundo más allá de Brasil, pero en la campaña sentía el peso de su muchas veces analfabeto patrón. Al mismo tiempo, como Affonso Celso Assis Figueiredo *jr.* una vez explicaba, mientras el diputado lograse asegurar puestos de autoridad local para el jefe, el diputado podría disfrutar de considerable flexibilidad en su conducta legislativa y hallar libertad para adoptar posiciones filosóficas coincidentes con sus propios deseos.[36]

En 1855 se crearon los distritos electorales de un solo miembro y esto alentó a algunos personajes con poder en los pueblos a hacerse elegir como diputados.[37] Por ejemplo, esto sucedió en la pequeña ciudad de Ubá, Minas Gerais, donde Francisco de Assis Athayde, un coronel de la Guardia Nacional, llegó a representar el décimo noveno distrito en la Cámara de Diputados. Sin embargo, en las elecciones de 1860, que fueron de distritos electorales múltiples, el propio Athayde todavía comandaba el trabajo de la mesa electoral y procuró la victoria a cualquier costo. De acuerdo a sus enemigos, sus camaradas de la mesa permitieron que sus simpatizantes votasen dos y hasta tres veces, alentaron a otros a votar en nombre de los ausentes e impidieron que los oponentes de Athayde sufragasen. Sin embargo, todo este esfuerzo fue en vano porque poco después Athayde murió de causas naturales.[38]

Un líder local de éxito se aseguraba de mantener fuertes lazos con los legisladores provinciales, miembros del Parlamento, figuras del gobierno y hasta con el Primer Ministro. Las relaciones entre corte y pueblo permanecieron estrechas, directas y frecuentes, a pesar de los numerosos niveles de autoridad formal. Este hecho fue el que hizo posible que las elecciones tuvieran un rol en la formación de la nación. Se afirmaba que un coronel de la Guardia Nacional en Bahia tenía "amigos en la Asamblea en la mayoría Liberal, unos que le deben la elección, otro que además de eso es su yerno, y todos que le deben favores." Otros podían recurrir a miembros del Parlamento nacional: al informar sobre las acciones de un

[36] Affonso Celso de Assis Figueiredo *jr.*, conde de Affonso Celso, *Oito annos de parlamento. Poder pessoal de D. Pedro II. Reminiscencias e notas* (San Pablo: Melhoramentos, s.d.), pp. 121-126.

[37] *LB*, Decreto 842 del 19 set. 1855; Antonio Alves de Souza Carvalho, *O Brasil em 1870, estudo político* (Rio de Janeiro, 1870), p. 41.

[38] PP-MG a MI, Ouro Preto, 19 oct. 1860, y adjuntos, AN, SPE, IJJ, 9-482, fol. 164 y ss.; Brasil, Archivo Nacional [Jorge João Dodsworth, 2º barón de Javari], *Organizações e programas ministeriais: Regime parlamentário no império*, 2da. ed. (Rio de Janeiro: Imp. Nacional, 1962), p. 325.

terrateniente en las alejadas comarcas del centro de Bahia (Pilão Arcado y Sento Sé) quien se negó a aceptar la intervención de cualquier autoridad en las elecciones, el presidente provincial hacía saber que su inmunidad se debía "sobretodo a la protección de aquellos a quienes da votos para diputados, los cuales están empleados aquí, o en esa Corte, y tiene a su alcance todos los medios que la ambición le sugiere para defenderse".[39] A través de tales conexiones, un jefe local podía mantenerse en contacto con el propio ministerio. Cuando un juez de distrito en el municipio de Bananal, en el Valle de Paraíba advertía a un delegado por una falta de conducta durante las elecciones, el oficial sin pudor respondía que había actuado bajo las órdenes directas de un Ministro. El presidente provincial que relató el acontecimiento, prosiguió defendiendo al delegado, agregando que el compañero del delegado en todo eso, el primer reemplazante "me fue recomendado por personas muy importantes de esa Corte y de confianza íntima de algunos de los colegas de V. Ex.". De esta forma, como lo decía un político "se afirma el predominio de una oligarquía, de uno o de dos jefes que se unen para hacer diputados a sus hijos, sobrinos, parientes, ahijados, compadres [...] o el gobierno convocará para su provecho a estas influencias prometiéndoles el mundo, con lo que obtendrá todo".[40] Por supuesto, el hecho de que la legitimidad de las elecciones locales fuese decidido, en última instancia, por la propia Cámara de Diputados, o por aquellos cuya legítima elección no había sido cuestionada, significaba que los eventos locales eran discutidos en profundidad en el Congreso Nacional. Diputados, presidentes y jueces condenaban el control de los jefes, pero extraían su poder de esos mismos hombres.

PUESTOS DE AUTORIDAD

¿Qué ganaban los hombres fuertes de pueblo para sí mismos al apoyar las demandas de autoridad del gobierno central ubicado en la distante Rio de Janeiro? La respuesta es clara: obtenían puestos locales que reforzarían su propio predominio. El mayor interés era asegurarse la legitimidad simbo-

---

[39] Camara Municipal a PP-BA, Urubú, sin fecha [antes 12 julio 1888], APEB, Presidência, Agricultura, Abastecimento, M.4632; PP-BA a desconocido, 16 ag. 1848, citado por Uricoechea, *Minotauro imperial*, p. 273.

[40] PP-SP a MJ, San Pablo, 25 set. 1860 y adjuntos, AN, SPE, IJJ, 5-43; discurso de Saraiva, 4 junio 1880, BCCD, *Anais*, 1880, II, 37. Para una visión diferente entre el gobierno central y la facción local, véase Uricoechea, *Minotauro imperial*, p. 156, y Flory, *Judge and Jury*, pp. 86, 103, 107.

lizada y concretada por dichos puestos. El vicepresidente de la provincia de Sergipe informaba en 1851 sobre João Gomes de Melo, barón de Maroim, "un hombre robusto de poco más de cuarenta años, activo, de espíritu alegre y amigo de agradar" quien, debido a su riqueza, encabeza-ba la fracción provincial, o partido, llamado Camondongo. "Hasta el pre-sente el barón, cualquiera que fuese el Gobierno, busca siempre captarse voluntades" porque "lo que el barón prefiere es ver a sus parientes y ami-gos en las posiciones oficiales; lo que no quiere de manera alguna es verse despojado (según sus palabras) de la ciudad de Maroim". El mismo barón de Maroim concursó para diputado y ganó las elecciones (o, ¿deberíamos decir que se eligió a sí mismo?) en 1853, prosiguiendo su carrera como senador. en 1861. Quizás lo que más molestaba sobre su caso a los demás diputados y a los funcionarios eran sus "defectos de educación". Hacia 1885, un político expresaba con alivio que "a pesar de que su apoyo... en una época, valió de mucho, ha decaído un poco últimamente". Sin embar-go, no tenían nada que temer; a través de su carrera política, la lealtad de Maroim no se dirigió al partido sino a aquellos ministros que le podían asegurar control local. Como el presidente de Sergipe explicaba más gene-ralmente en otra carta, el apoyo de los conservadores provenía de hom-bres de propiedad, "que tienen qué perder [...] más fuerte que estas tendencias está el amor ciego a la influencia local: cuando su conservación depende de la alianza con un gobierno de creencias opuestas, serán sacri-ficadas pobablemente las tendencias a las conveniencias." Así expresaba cómo funcionaba en otra carta: una vez que los conservadores (Saquaremas) tomaron el poder en Rio de Janeiro, los miembros de una facción provin-cial habían cambiado su etiqueta partidaria y se declararon Conservado-res e "impusieron un libro donde se deben anotar los Saquaremas de Sergipe [...] y declararon que tales y tales individuos no deben ser considerados Saquaremas [...] bautizando a sus oponentes de liberales".[41]

Entre las posiciones de autoridad local, las más deseadas eran los cargos de oficiales en la Guardia Nacional, designaciones a puestos en la policía y el nombramiento como reemplazantes de jueces de distrito. Una institu-ción importante en la cual los terratenientes jugaban un papel prominen-

---

[41] Vice Presidente de la Provincia-SE a MJ, Sergipe, [1851], AN, SAP, Cx. 783, Pac. 2; Guahy a Cotegipe, Salvador, 19 dic. 1885, AIHGB, CC, L38, D32; PP-SE a JJ, Sergipe, n.d. [1851] y 3 feb. 1851, AN, SAP, Cx. 783, Pac. 2. En estas cartas de 1851 he asignado "Saquarema" como conservador y "Luzia" como Liberal, evitando los sobrenombres que caían pronto en desuso.

te era la Guardia Nacional. Creada como milicia en 1831 por terratenientes ansiosos por contener la influencia perturbadora de un ejército anárquico (o, en un sentido, recreada, ya que en los tiempos de la colonia, los terratenientes comandaban las milicias)[42] sus rangos incorporaron a todos los ciudadanos masculinos entre 18 y 60 años de edad, que poseían un cierto ingreso mínimo. Organizados en compañías de 60 a 140 hombres, se dividió a la Guardia en caballería e infantería. La mayor jerarquía era la de Coronel, después llamada Comandante Superior, uno para cada municipio. El propósito formal de la Guardia era "conservar o restablecer el orden y la tranquilidad pública." Encargaba diariamente a sus hombres capturar criminales, conducir prisioneros a juicio, transportar valores, patrullar pueblos y ciudades, controlar la cárcel y dispersar comunidades de esclavos fugitivos.[43] Un estadista de edad notaba en aquel entonces que la debilidad de las otras fuerzas significaba que "en muchos lugares la mayor parte del servicio policial recae sobre la Guardia Nacional".[44]

Los oficiales, tanto los elegidos —como eran antes de 1850— o designados, venían de las "clases adineradas". El nacimiento legítimo brindaba sólo uno de los varios antecedentes para el cargo, y generalmente los oficiales tenían tierras y poseían esclavos.[45] Un presidente provincial de Bahia

[42] F. W. O. Morton, "The Conservative Revolution of Independence: Economy, Society and Politics in Bahia, 1790-1840" (Tesis de doctorado, Univ. of Oxford, 1974), pp. 80-87; Elizabeth A. Kuznesof, "Clans, the Militia, and Territorial Government: The Articulation of Kinship with Polity in Eighteenth-Century San Pablo," en *Social Fabric and Spatial Structure in Colonial Latin America*, ed. David J. Robinson (Syracuse, N. Y., 1979), pp. 181-226.

[43] *LB*, Ley de 18 ag. 1831, Ley 602, 19 set. 1850 (la cita es del art. 1 de ambas leyes); véase también Decreto 722, 25 oct. 1850; y Brasil, Ministerio de Justicia y Negocios Interiores, *Noticia historica dos serviços, instituições e estabelecimentos pertencentes a esta repartição, elaborada por ordem do respectivo ministro, Dr. Amaro Cavalcanti* (Rio de Janeiro, 1898), cap. 6. Sobre patrullas de pueblos, ver CP-Corte a MJ, Rio, 3 feb. 1854, AN, SPE, IJ 1-80. Para la historia y responsabilidad de la Guardia Nacional, véase Jeanne Berrance de Castro, *A milícia cidadã: A Guarda Nacional de 1831 a 1850* (San Pablo, 1977); Sérgio Buarque de Holanda, ed., *História Geral da Civilização Brasileira* (San Pablo: DIFEL, 1964-1972), no. 6, pp. 274-98; Uricoechea, *Minotauro imperial*, especialmente pp. 130-40; Antonio Edmilson Martins Rodrigues, Francisco José Calazans Falcon, y Margarida de Souza Neves, *Estudo das características histórico-sociais das instituições policiais brasileiras, militares e paramilitares, de suas origens até 1930: A Guarda Nacional no Rio de Janeiro, 1831-1918* (Rio de Janeiro, 1981), pp. 3-277.

[44] P. Souza, *Estudos praticos*, II, 179; *LB*, Ley 2395, 10 set. 1873. En 1880 había 918,017 Guardias Nacionales contra sólo 7.410 policías provinciales: José Murilo de Carvalho, *Teatro de sombras: A política imperial* (San Pablo, 1988), p. 39.

[45] A. Carvalho, *Brasil em 1870*, p. 45. Sobre la propiedad de los oficiales, véase por ejemplo, Proposta para as vagas dos officiais do esquadrão nº 4, incluida en Commandante Superior de la GN a PP-BA, Feira de Sant'Anna, 22 ag. 1856, APEB, Presidência, Militar, GN, M.3583; y Commandante Interino do 30ᵃᵛᵒ Batalhão de Infantaria al Commandante Superior Interino de Angra dos Reis e Paratí, [Ilha Grande], 22 Dec. 1857, citado por Uricoechea, *Minotauro imperial*, p. 212 (también ver pp. 172, 185).

describía su preferencia para el cargo de coronel de la Guardia Nacional como "el ciudadano más rico e ilustre del distrito" mientras un presidente en Sergipe admitía que enfrentaba el problema de hallar hombres apropiados para recomendar como oficiales, especialmente en la capital "donde la riqueza es rara". Recomendaba una designación porque "independiente de la fortuna del padre que es uno de los más ricos propietarios de la provincia, posee fortuna propia". A su vez, una comisión servía como una declaración de posición social: si era arrestado, un oficial de la Guardia Nacional no iba a las prisiones comunes, sino que permanecía en "salas abiertas".[46] Diferente de los oficiales, los soldados de la tropa eran "artesanos, trabajadores y aradores de tierra", "conductores de esclavos en las plantaciones de café, arrieros", agregados, o "hombres de color." Estaban específicamente excluidos por disposiciones del gobierno para el cuerpo de oficiales taberneros, artesanos, comerciantes y pescadores.[47]

Otra institución que ejercía poder localmente estaba formada por la policía "civil", esto es, hombres con la autoridad de policía pero sin salario o rango militar. La institución databa de 1841, cuando una nueva ley titulada la Reforma del Código de Procedencia Criminal, despojó a los jueces de paz electos de gran parte de su autoridad, otorgándoles el grueso de sus poderes a los designados delegados de policía y sus subordinados o subdelegados. Los delegados, a pesar de ser nombrados por el aparato del gobierno central, surgían en realidad de entre los hombres que anteriormente dominaban las *cámaras*. Estos oficiales de policía no sólo estaban autorizados a arrestar a malvados y sospechosos, sino también a dictar órdenes de cateo, oír testigos y preparar los casos escritos contra los criminales acusados —la única base para el juicio— y también a juzgar casos menores. La nueva ley también autorizaba a la policía, en vez de a los elegidos jueces de paz, a designar a los inspectores de cada barrio, por ejemplo, *inspetores de quarteirão*. Cada delegado y subdelegado podía con-

[46] PP-BA a MI, Salvador, 6 ag. 1849, AN, SPE, IJJ 5-25; PP-SE a MJ, Sergipe, 3 set. 1851, AN, SAP, Cx. 783, Pac. 2; Basílio de Magalhães, "Note on the Term *Coronelismo*," en Victor Nunes Leal, *Coronelismo: The Municipality and Representative Government in Brazil* (Cambridge, Gran Bretaña, 1977), p. xvi.
[47] Commandante Superior de la GN a Vice Presidente de la Provincia-RJ, [Niterói], 21 abr. 1866, y Coronel Jefe al Vice Presidente de la Provincia-RJ, Valença, 11 set. 1839, ambos citados por Uricoechea, *Minotauro imperial*, pp. 186, 206; A. Carvalho, *Brasil em 1870*, p. 45; LB, Ley 602, 19 set. 1850, arts. 12, 14.

tar con seis (después tres) reemplazantes.[48] Todos ellos vivían en la población, y la preferencia en la designación para el cargo iba a los "adinerados".[49] En el campo, la mayoría poseía tierras y buscaba esos cargos de oficiales para ejercer más autoridad y extender favores, franquicias y protección a sus clientes. Se esperaba que todos se unieran a las fuerzas del orden y a los intereses de los propietarios. El gobierno central reconoció el poder y la importancia de los jefes locales al no confiar sus funciones a los burócratas profesionales.

Los jueces municipales sustitutos (seis en cada municipio; tres después de 1871) no necesitaban contar con una educación en leyes, no gozaban de la tenencia del cargo, ni recibían salario, tampoco buscaban avanzar dentro del sistema judicial. La ley especificaba que debían ser "ciudadanos notables del lugar por su fortuna, inteligencia y buena conducta." Por lo tanto, casi por definición, los jueces sustitutos estaban ligados a los intereses locales del mismo modo que lo hacían los delegados y oficiales de la Guardia Nacional. Jugaban un papel importante. A veces, un juzgado municipal quedaba vacante durante meses y años, mientras los reemplazantes (de acuerdo a su orden por número) lo llevaban adelante. Un juez sustituto podía ejercer jurisdicción en una parte del municipio mientras el juez municipal regía en el resto. Como los jueces municipales automáticamente sustituían a los jueces de distrito de rango más elevado, en la ausencia de los primeros, un hacendado local podía acabar, al menos temporalmente, ocupando también ese puesto. En un caso, un juez municipal reemplazante ubicado en tercer lugar abrió la corte porque el juez municipal y el primer sustituto estaban ausentes y su antecesor se encon-

---

[48] *LB*, Ley 261, 3 dic. 1841; *LB*, Regulamento 120, 31 enero. 1842; *LB*, Ley 2033, 20 set. 1871, art. 1, para. 13 y arts. 10, 11; José Marcellino Pereira de Vasconcellos, *Roteiro dos delegados e subdelegados de polícia; ou, Colleção dos actos, atribuições e deveres destas autoridades* (Rio de Janeiro, 1862), p. 55 y passim; Carvalho, *Brasil em 1870*, pp. 21-22. Para un resumen útil de esta legislación y sus antecedentes ver Lesley Ann Williams, "Prostitutes, Policemen and Judges in Rio de Janeiro, Brazil, 1889-1910" (M.A. thesis, Univ. of Texas at Austin, 1983), pp. 20-52, 103-8. Como las cámaras no tenían oficiales ejecutivos, además de los *fiscaes* quienes fijaban impuestos, multaban e inspeccionaban, era parte de las funciones de los delegados cumplir con estas ordenanzas municipales, véase la declaración de Antonio Ferreira Vianna, Rio, 29 ag. 1889, AGCRJ, 61-4-12, fl. 104; V. Leal, *Coronelismo*, p. 58. Los contemporáneos entendían que el rey era principalmente un juez, haciendo por ende indistinto cualquier distinción entre la autoridad judicial y las funciones policiales o de observancia: Joaquim Pinto de Campos [Un Pernambucano], *Os anarquistas e a civilização: Ensaio politico sobre a situação* (Rio de Janeiro, 1860), p. 40.

[49] Véase por ejemplo, Manoel José Gomes de Freitas, *Lista para Piratinim*, presentada a PP-RS por J. Jacinto de Mendonça, n.p., n.d., AN, Cx. 781, Pac. 2, Doc. 9.

traba enfermo. Tan pronto como asumió, ordenó liberar a un asesino ya juzgado y rechazó un caso sobre un ladrón de caballos; ambos acusados formaban parte de su clientela; el juez de distrito se dirigió con alarma al presidente de la provincia para nombrar un "juez preparado legalmente" (*juiz letrado*) y mientras tanto, ordenaba que el juez reemplazante que estaba enfermo se reintegrase a sus obligaciones judiciales aun si eso significaba que debía oír los casos en su domicilio. Por lo tanto, el juez de distrito sugería que un juez letrado sería más leal al gran aparato institucional que los jueces sustitutos, quienes eran fácilmente motivados por los intereses particulares.[50] Por el mismo indicio, se ve cómo los poderosos localmente ejercían un control diario sobre asuntos a nivel del pueblo.

A primera vista, sorprende la aparente centralización del sistema. El gabinete designaba a aquellos que nombraban a los delegados y jueces desde 1841 y, desde 1850, hizo lo mismo respecto a los oficiales de la Guardia Nacional. Sin embargo, es importante recordar que, aquellos situados en el centro imponían el orden a través de los localmente prominentes, como también ocurrió en tiempos coloniales. Sólo ocasionalmente un extraño ocupaba puestos oficiales, aun si su designación provenía de Rio de Janeiro. Naturalmente los designados para esos puestos tenían pocas quejas contra el gobierno central, porque (como un estudioso expresaba respecto a un período posterior) "la centralización afectaba sólo a sus oponentes".[51] De este modo, los políticos de la capital se rendían ante los mezquinos intereses de los propietarios en toda la nación. Los jueces municipales sustitutos y los oficiales de la Guardia Nacional y los delegados de policía no eran remunerados, y cumplían sus funciones para salvaguardar el propio principio de autoridad y proteger los intereses de su clase.

Al obtener tales puestos, esos jefes podían ejercer legalmente mucho poder en los pueblos, robusteciendo de esa forma su legitimidad como líderes locales. Por ejemplo, los delegados podían mitigar la severidad de

---

[50] *LB*, Ley 261, 3 dic. 1841, art. 19 (también véase art. 13); Lei 33, 20 set. 1871, art. 1, par. 3; JD-Taubaté a PP-SP, Caçapava, 3 enero. 1861, copia incluida. en PP-SP a MJ, 20 enero. 1861, AN, SPE, IJJ 5-43; JD-Pombal a PP-PB, Villa de Pattos, 20 feb. 1861, copia incluida. en PP-PB a MJ, 9 mar. 1861, *ibid.*, IJJ 5-43; Billy Jaynes Chandler, *The Feitosas and the Sertão dos Inhamuns: The History of a Family and a Community in Northeast Brazil, 1700-1930* (Gainesville, Fla., 1972), p. 51. Los vereadores podían desempeñarse como jueces reemplazantes de menor rango, "de segundo grado": Almeida, ed., *Codigo Philippino*, p. 372n.

[51] V. Leal, *Coronelismo*, p. 139.

las leyes con una misericordia paternalista, especialmente para aquellos dóciles políticamente; pero sin lugar a dudas, permanecía en la mente de todos la creencia que tal benevolencia podía convertirse fácilmente en castigo. Su primera obligación era mantener la paz. "Los municipios [...] dentro de mi jurisdicción no han sufrido alteraciones. Encarcelé a varios para que corrigiesen su conducta e hice firmar compromisos a los que no se comportan correctamente" escribía uno de ellos.[52] Quizás, el mayor poder local de los delegados y subdelegados se derivaba de su derecho a la leva. Como la orden de reclutamiento era un instrumento de control social por excelencia, demostró ser una importante herramienta en las manos de los oficiales locales. A veces, el reclutamiento parecía ser la principal tarea de los oficiales de policía. Un oficial de la Guardia Nacional podía decidir arbitrariamente a cuales de sus hombres encomendar para el servicio. Un estadista sostenía que la autoridad para ordenar a sus hombres al servicio activo podía llegar a ser "un terrible instrumento electoral", que "los que tienen mucho poder localmente [y son generalmente] jefes de la Guardia Nacional usan para su propio provecho." Tales argumentos eran confirmados por varios ejemplos específicos en los documentos contemporáneos. Por ejemplo, un capitán de la Guardia Nacional trató, según se afirma, de forzar a "un votante del lado conservador a aceptar un voto del partido liberal, amenazándolo con la cárcel y servicio de guardia porque el votante pertenecía a su compañía."[53] A través de estos medios, los nombrados para puestos oficiales llegaron a detentar completa autoridad sobre la clase más pobre y, tal designación podía ser, en verdad, una poderosa herramienta.

El derecho legal para usar la fuerza tenía mayor uso en la oportunidad que se abría para ejercer una coerción benevolente. Si era usado con mucha frecuencia como medida coercitiva, la fuerza perdía su efectividad; pero si se la mantenía en reserva podía engendrar gratitud. Corría la voz que un delegado ordenaba un exhaustivo esfuerzo de reclutamiento cada vez que se acercaban las elecciones. Preguntaba un comentarista: "¿Piensas que las filas del ejército se engrosan con tamaña leva? Es mentira. Los

---

[52] Delegado a CP-BA, Inhambupe, 15 Aug. 1855, APEB, Presidência, Polícia, Delegados, 1855-56, M.6188, M.6231.

[53] Souza, *Estudos praticos*, II, 179; JD a PP-PA, Macapá, 22 oct. 1860, copia incluida en PP-PA a MJ, Belém, 26 enero. 1861, AN, SPE, IJJ 5-43. También véase PP-RS a MJ, Pôrto Alegre, 13 abr. 1860, AN, SPE, IJJ 5-43.

padres, madres, hermanas y demás familiares del conscripto se apresuraban a lanzarse a los pies del delegado, y el buen hombre, enternecido acababa siempre satisfaciéndolos 'por aquella vez' y recibiendo las bendiciones y la gratitud sincera de toda aquella gente. Eran personas con las cuales podía contar en la próxima campaña electoral". Un presidente provincial explicaba que los oficiales de la Guardia Nacional eximían rutinariamente a sus hombres del servicio si ellos "los habían ayudado en las elecciones".[54] Como cualquier poder de compulsión, el verdadero sentido residía en el hecho de eximir a los que habían demostrado ser leales y obedientes.

Si, por un lado, los nombramientos oficiales ayudaban a los potentados locales a expandir el tamaño de su clientela, por el otro, podía usar el apoyo de esta gran comitiva y su firme control de la conducta electoral de la misma para asegurar aún más cargos para sí o sus amigos por parte del gobierno central: como juez reemplazante, oficial de la Guardia o delegado. Con tales cargos, estaba entonces en posición de ofrecer protección y favores a la gente respetable y, por lo tanto, de incrementar un poco más el número de sus amigos, uniendo la lealtad de su creciente clientela a través de gratitud o de fuerza. Consecuentemente, si sus clientes lo buscaban inicialmente por su riqueza en tierras, era capaz de mantener y extender sus posesiones locales porque los organizaba en distintos ámbitos.[55]

En las áreas productoras de exportaciones, eran los hacendados los que inevitablemente surgían a la vanguardia de la política local. Entre las familias que plantaban café en el municipio de Vassouras (en el valle de Paraíba) se destacaban en riqueza los siguientes: Ribeiro de Avellar, Souza Werneck, Lacerda Werneck, Santos Werneck, Correia de Castro y Paes Leme. Otras dos, las familias de Miranda Jordão y Teixeira Leite, poseían negocios locales, especialmente prestando dinero a los hacendados y sirviendo como agentes de comisión o intermediarios de ellos, a pesar de que también poseían tierras.[56] Estas ocho familias unidas controlaban la política del municipio. En 1842, cuando las mesas electorales del pueblo eran todavía organizadas por un triunvirato de sacerdote, delegado o sub-

---

[54] A. Carvalho, *Brasil em 1870*, p. 44; PP-ES a MJ, Victoria, 22 junio 1861, AN, SPE, IJJ 5-43.

[55] Luiz Peixoto de Lacerda Werneck, *Le Brésil. Dangers de sa situation politique et économique; moyens de les conjurer. Lettre à son fils... . Ouvrage posthume revu par F. P. de Lacerda Werneck* (Rio de Janeiro, 1889), pp. 26-30.

[56] Stanley J. Stein, *Vassouras, a Brazilian Coffee County, 1850-1900* (Cambridge, Mass., 1957), pp. 16-20, 120, 159; Joseph E. Sweigart, *Coffee Factorage and the Emergence of a Brazilian Capital Market, 1850-1888* (New York, 1987), p. 86.

delegado y juez de paz, Paulo Gomes Ribeiro de Avellar, como juez de paz y José Pinheiro de Souza Werneck, como delegado se unieron al sacerdote en esa mesa. Entre los otros tres miembros de la mesa estaban Francisco Peixoto de Lacerda Werneck, el futuro barón do Paty do Alferes, que encabezaba la Guardia Nacional. Cuando la votación tuvo lugar, ocho entre los diez nombres de los nuevos electores eran familiares:

Joaquim Ribeiro de Avellar
Claudio Gomes Ribeiro de Avellar
Manoel Gomes Ribeiro de Avellar
Paulo Gomes Ribeiro de Avellar
José Gomes Ribeiro de Avellar
José Pinheiro de Souza Werneck
Francisco das Chagas Werneck
Francisco Peixoto da Lacerda Werneck[57]

Trece años más tarde, en 1855, estas familias todavía monopolizaban los cargos municipales y los de los subdistritos o parroquiales: entre los vereadores y sus sustitutos encontramos los nombres de Teixeira Leite, Souza Werneck, Paes Leme y Miranda Jordão. En el distrito central del municipio, Pedro Correia de Castro (barón de Tinguá) se desempeñaba como juez de paz junto con tres Teixeira Leites. En el distrito de Paty do Alferes, el subdelegado pertenecía a la familia Ribeiro de Avellar; su reemplazante era Augusto Soares de Miranda Jordão —un rico hacendado y banquero— quien, al mismo tiempo, poseía el cargo de vereador. Tres de los cuatro jueces de paz en el distrito llevaban el apellido de la familia Ribeiro de Avellar, incluyendo a la cabeza de familia Joaquim Ribeiro de Avellar, barón de Capivary.[58] Estas familias también dominaban las mesas electorales y, por lo tanto, los Colegios Electorales. Para dar un ejemplo, ocho de los doce electores elegidos en el distrito de Paty do Alferes en 1850 pertenecían a la familia Avelar o Werneck.[59]

---

[57] Ata da Eleição de Eleitores, Freguezia de N. S. da Conceição do Paty do Alferes, 9 set. 1842, AN, SAP, Cód. 112, vol. 4, Doc. 110.

[58] Almanak [Laemmert] administrativeo, mercantil, e industrial do Rio de Janeiro e indicador... . Obra estatistica e de consulta (Rio de janeiro, 1855), Suplemento, pp. 135-41. Para un ejemplo temprano del monopolio de estas familias de las posiciones iniciales, véase Flory, Judge and Jury, p. 95. Laureano Correia de Castro, barón de Campo Belo, fue el primer comandante de la Guardia Nacional en Vassouras: Alberto Ribeiro Lamego, "A aristocracia rural do café na provincia fluminense," Anuário do Museu Imperial, 7 (1946), pp. 88, 90.

[59] Hamilton de Mattos Moneiro y Maria de Fátima Silva Gouvêa, "O processo eleitoral e a construção do espaço político nacional: o município de Vassouras," trabajo sin publicar, p. 21.

Otro ejemplo de un rico hacendado que detentaba mucho poder local era Joaquim José de Sousa Breves (1804-1889). En 1822, la gran finca del padre de Breves —quien estaba recién comenzando con su plantación de café en el municipio de Piraí en el valle de Paraíba— pareció ser el lugar apropiado para que el futuro Pedro I pasara la noche en su marcha hacia San Pablo, donde declararía la independencia de Brasil. En 1831, el más joven de los Breves se casó con la hija de un vecino, José Gonçalves de Morais, más tarde barón de Pirahy, una unión que lo convirtió en el más grande terrateniente de la región (finalmente llegó a contar con veinte plantaciones de café). Su hermano, José Joaquim, se casó con otra hija de Morais. Además de las ricas tierras para la cosecha de café que eran irrigadas por el Rio Paraíba do Sul, Breves poseía tierras que se extendían hasta los acantilados del mar y una propiedad en la península de Marambaia más allá de la Bahía de Sepetiba frente al pequeño puerto de la localidad de Mangaratiba.[60] Su riqueza se incrementó rápidamente y, hacia 1861, los dos hermanos (y sus hijos) embarcaban 3.4 millones de libras de café por año, sin incluir lo producido en las tierras de su común suegro. La producción de las dos familias equivalía a dos tercios por lo menos de la producción total de café embarcada desde dos municipios del Valle de Paraíba y, al 1.5 por ciento de las exportaciones totales de Brasil en el año 1861.[61] Como jefe local, Breves gobernaba con mano fuerte. En 1840, con sus amigos temporariamente en ascenso en la capital nacional, sus clientes, postulados para jueces de paz triunfaron al mantener a sus adversarios bajo acusaciones. Más tarde, cuando sus propios seguidores fueron encarcelados, organizó un asalto a la cárcel que culminó con la muerte de un hombre y varios heridos. A fines de 1841, sus enemigos asumieron en Rio de Janeiro y nombraron a un plantador de café rival, Honório Hermeto Carneiro Leão, más tarde vizconde de Paraná, como presidente provincial; Carneiro Leao ordenó al juez del distrito que comenzase "un riguroso alistamiento de los inútiles que pueblan el área". El alistamiento tenía

---

[60] Luiz Ascendino Dantas, *Esboço biographico do dr. Joaquim José de Souza Breves. Origem das fazendas S. Joaquim da Gramma e St° Antonio da Olaria. Subsidios para a historia do municipio de S. João Marcos* (Rio de Janeiro, 1931), pp. 17-18; declaración de José [Joaquim] de Souza Breves, 27 feb., 1856, Archivo Público del Estado de Rio de Janeiro, Libros Parroquiales de Registros de Tierras, no. 66, Arrozal, s/p. sin encuadernación, s/n. Ver Affonso d'Escragnolle Taunay, *História do café no Brasil* (Rio de Janeiro, 1939), seis, 259-283 para un relato general de la familia Breves.

[61] Cifras de producción compiladas de datos de Sebastião Ferreira Soares, *Historico da Companhia Industrial da Estrada de Mangaratiba e analyse critica e economica dos negocios desta companhia* (Rio de Janeiro, 1861), pp. 232-50.

por objeto excluir a los seguidores de Breves. Con sus amigos una vez más en el poder, en 1844, la manipulación de Breves de las elecciones locales fue tan obvia que provocó la denuncia del párroco local. En 1849, continuaba con este proceder porque encontramos que sus acciones como jefe de una facción en el Colegio Electoral nuevamente despertaron protestas. En 1860, el presidente provincial de Rio de Janeiro dijo que "recelaba la intervención maléfica de Joaquim José de Sousa Breves en las elecciones". Breves comandaba aparentemente una banda de 200 hombres que descendieron por los acantilados de Mangaratiba y destruyeron el trabajo de una mesa electoral que no hacía lugar a sus deseos, acción que motivó el envío de un barco de guerra desde Rio de Janeiro. En 1871, fue acusado de recibir al juez municipal en su plantación y de otorgarle "favores de importancia" a cambio de fallos favorables.[62]

Estos ejemplos podrían ser multiplicados por centenas y extraidos de todo Brasil. En el rico condado azucarero de Escada en Pernambuco, los hacendados monopolizaban los puestos de autoridad local. El señor y hacendado Henrique Marques Lins tenía un yerno que era delegado y un cuñado que se desempeñaba como subdelegado. Como comandante de un batallón de la Guardia Nacional, el propio Lins impartía órdenes a quince comandantes de compañía, ocho de los cuales poseían entre ellos dieciséis ingenios. La *câmara* del lugar estaba conformada por tres miembros quienes juntos eran dueños de trece plantaciones; de diecisiete jueces de paz en los distintos distritos, doce poseían diecinueve ingenios.[63] Lo mismo era cierto para los ganaderos de la región. Francisco Fernandes Vieira, vizconde de Icó, un ganadero del interior del Nordeste, cuyo primogénito era senador, tenía el orgullo de tener a otro hijo como delegado y al tercero como subdelegado, mientras su yerno era juez de distrito, su primo era juez municipal y un sobrino era fiscal público.[64] Verdadera-

---

[62] Flory, *Judge and Jury*, pp. 100, 125-126, 232 n.74; Leão, citado en *ibid.*, p. 189 (y ver p. 243 n.24); Parocho, citado en Câmara Municipal a PP-RJ, Pirahy, 20 oct. 1844, Archivo Público del Estado de Rio de Janeiro, Col. 37, PP 2/5.22; Protesto de Antonio Perier Barreto [ilegible] a Câmara Apuradora, n.p, n.d. [recibido 19 dic. 1849], AGCRJ, 61-4-12, fls. 46-49v; PP-RJ a MI, Niterói, 31 dic. 1860, y 2 enero. 1861, AN, SPE, IJJ, 5-43; JD de [?] a MJ, 9 julio 1871, citado en resumen del personal sobre Jueces Municipales, en Magistratura, Registro de Hechos Notables, AN, SPE, IJ, 4-32, fl. 26v.

[63] Peter L. Eisenberg, *The Sugar Industry in Pernambuco: Modernization without Change, 1840-1910* (Berkeley, Calif., 1974), pp. 131-34. Sobre un control similar de las familias azucareras en Bahia, véase Flory, *Judge and Jury*, pp. 78-80.

[64] Billy Jaynes Chandler, *The Feitosas and the Sertão dos Inhamuns: The History of a Family and a Community in Northeast Brazil, 1700-1930* (Gainesville, Fla., 1972), p. 58 (y véase p. 83). Maria Sylvia

mente, había triunfado en ganar puestos de autoridad local y lo había hecho a través del gobierno central cuya legitimidad lo sostenía y viceversa.

Resumiendo, a cambio del apoyo a los candidatos del partido gobernante para diputados nacionales u otros cargos electivos, los jefes locales podían esperar recibir importantes cargos. Las designaciones más buscadas no eran remuneradas pero extendían la autoridad del nombrado y, por lo tanto, le atraían clientes por el sólo hecho de haber sido concedidas. La búsqueda por parte del jefe local de cargos y victorias electorales formaban los dos lados de una misma lucha: asegurarse cargos produciría seguidores leales quienes demostrarían su lealtad a través del voto; por su parte, la victoria electoral manifestaba la autoridad local y ayudaba a asegurarse designaciones para cargos. La técnica a la que recurrían se basaba en la moderna práctica de las elecciones. Los hombres fuertes localmente las controlaban estrictamente, mientras se aseguraban que aquellos elegidos a cargos nacionales les brindaran puestos de autoridad legal. Si el liberalismo introdujo el principio de representación, no alteró el área de control político, el cual permaneció sujeto a los jefes locales.

La unidad de Brasil, lejos de ser predeterminada por el simple arribo del rey portugués en 1808, fue construida por las elites locales deseosas de atraerse la legitimidad de una antigua dinastía para sostener su propia legitimidad. Pero la legitimidad corrió en dos direcciones. Al apoyar a la monarquía, los jefes hicieron mucho a favor de su sostenimiento y reforzaron crucialmente al gobierno central. Procediendo de esa forma, los jefes locales construyeron un sistema que, a pesar de ser aparentemente centralizado, en realidad les daba increíble libertad. No era patrimonialismo —concepto que sugiere una voluntad central que compra la lealtad y la obediencia de los subordinados a través de favores de autoridad y por delegación de poder— sino un sistema que surgió de la iniciativa de los potentados locales. Crearon un sistema donde pudieron mantener la autoridad local y no cedieron tanto como se podría pensar al observar un cuadro formal de distribución del poder. Al designar a oficiales locales de policía, jueces y oficiales de la Guardia Nacional, el gobierno central eligió invariablemente a aquellos que ya eran dominantes en sus distritos,

---

de Carvalho Franco, *Homens livres na ordem escravocrata*, Ensaios no. 3, 2ª ed. (San Pablo: Àtica, 1974), p. 154, cita varios observadores extranjeros sobre las posiciones políticas ocupadas por los ricos terratenientes.

porque el gabinete dependía del mismo modo o más de los jefes locales o viceversa. La energía no se originaba en un centro que trataba de vencer a las resistentes elites locales, sino que líderes locales podían esperar rutinariamente el apoyo del centro que era llenado al final por su misma clase. Delegados, subdelegados, oficiales de la Guardia Nacional y jueces sustitutos trabajaban en armonía con los miembros del gabinete en mantener el orden público. Una común devoción a la corona expresaba esta unidad simbólicamente pero la esencia yacía en un sistema nacional dedicado a mantener los principios de jerarquía, defensa y obligación. La alianza entre el gobierno central y los localmente poderosos explica la longevidad del sistema.

En las citas, utilicé las siguientes abreviaturas:

AGCRJ, Archivo General de la ciudad de Rio de Janeiro

AIHGB, Archivo del Instituto Histórico y Geográfico Brasileiro

AN, Archivo Nacional, Rio de Janeiro

APEB, Archivo Público del Estado de Bahía

BA, Bahía

BCCD, Brasil, Congreso, Cámara de Diputados

CC, Colección Cotegipe

CP, Jefe de Policía

ES, Espíritu Santo

GN, Guardia Nacional

JD, Juez de Derecho

LB, Brazil, *Colección de las leyes del Imperio de Brasil*

M, Maço

MG, Minas Gerais

MI, Ministro del Imperio

MJ, Ministro de Justicia

PA, Pará

PB, Paraíba

PP, Presidente de la Provincia

RJ, Río de Janeiro

RS, Río Grande del Sur

SAP, Sección de Archivos Particulares

SE, Sergipe

SP, San Paulo

SPE, Sección del Poder Ejecutivo

LAS ELECCIONES EN LA CONSTRUCCIÓN DEL IMPERIO BRASILEÑO: LOS LÍMITES DE UNA NUEVA PRÁCTICA DE LA CULTURA POLÍTICA LUSOBRASILEÑA (1820-1823)

LÚCIA MARIA BASTOS P. NEVES[*]

E N PORTO, EL 24 DE AGOSTO DE 1820, en nombre de la constitución, de la nación, del rey y de la religión, un movimiento insurreccional dio inicio a la agonía del Antiguo Régimen portugués, con repercusiones en Brasil, desde los principios del año siguiente. Esta *Regeneração* política pretendía "uma reforma de abusos e uma nova ordem de coisas", sustituyendo las antiguas prácticas por las del liberalismo, aunque bajo el enfoque de las mitigadas luces ibéricas. En lugar de hostilizar la religión, se buscaba un apoyo en la Iglesia Católica, a fin de garantizar un carácter moderado, evitando "os perigosos tumultos, filhos da anarquia", típicos de una revolución, apta para tal coyuntura, dominada por la política restauradora y conservadora de la Santa Alianza.[1]

Al comienzo, dos puntos fueron considerados esenciales. En primer lugar, asegurar la total adhesión del país al sistema político liberal, convirtiendo las Cortes consultivas del antiguo régimen, ya convocadas, en Cortes deliberativas, encargadas de planear una constitución que subordinara el trono al poder legislativo. En segundo lugar, extender el ideal liberal a las

---

*Universidade do Estado Rio de Janeiro, Brasil.
[1] La primera cita se encuentra en *A Regeneração constitucional ou a guerra e disputa entre os carcundas e os constitucionais* [Rio de Janeiro, Imprensa Régia, 1821] p. 3. La segunda en *O Pregoeiro Lusitano: história circunsanciada da Regeneração Portuguesa.* (v. 1). Lisboa, Tipografia João Baptista Morando, 1820. p. 353. Para el estudio sobre la Revolución de 1820, véase, entre otros, Valentim Alexandre. *Os sentidos do Império: questão nacional e questão colonial na crise do Antigo Regime português.* Porto, Afrontamento, 1993. M. Candida Proença. *A primeira regeneração: o conceito e a experiência nacional (1820-1823).* Lisboa, Horizonte, 1990. Miriam Halpern Pereira y otros (coords.). *O liberalismo na Península Ibérica na primeira metade do século XIX.* Lisboa, Sá da Costa, 1982. 2 v. Fernando Piteira Santos. *Geografia e economia da Revolução de 1820.* 3º ed. Lisboa, Publicações Europa-América, 1980. Jaime Raposo da Costa. *A teoria da liberdade: período de 1820 a 1823.* Coimbra, Universidade de Coimbra, 1976.

demás regiones del imperio, sobre todo a Brasil, con la promesa de dar fin al despotismo, a la soberanía anónima responsable de todas las opresiones. Entretanto, permanecía subyacente el objetivo principal: liberar Portugal de la situación opresiva en la que se encontraba, desprovisto de la presencia del soberano, sujeto a la arrogancia del mariscal Beresford y de sus oficiales ingleses, subordinado a la autoridad de los inoperantes gobernadores del Reino y asfixiado por el marasmo económico. Por consiguiente, era menester reformular las relaciones políticas y económicas en el interior del imperio portugués a fin de que Portugal se saliera del estado de colonia en que se encontraba desde 1808.[2]

En Brasil, la respuesta al movimiento portugués no tardó. Pará y Bahia, apenas recibieron las noticias de Portugal, dieron su adhesión a la *Regeneração*. En Rio de Janeiro, la presencia de la Corte real hizo la aceptación más completa, finalmente conseguida el 26 de febrero de 1921, mediante la presión de las tropas portuguesas en la ciudad. En la huella del movimiento, el 7 de marzo, el rey D. João VI comunicaba su decisión de volver a Portugal y determinaba la elección de diputados brasileños en las Cortes de Lisboa. Al partir, el 24 de abril de 1821 el soberano dejaba en Brasil, como regente del reino, al príncipe D. Pedro, con plenos poderes en la administración de la justicia, de la hacienda y del gobierno económico.[3]

Así, entre 1820 y 1823, en ambos lados del Atlántico, se asiste a un intenso debate sobre las ideas liberales y constitucionales que la nueva práctica política pretendía inaugurar, estimulado por la publicación cada vez más intensa, de folletos, panfletos y periódicos que circularon tanto en Portugal como en Rio de Janeiro y en Salvador, generando un clima febril. Ahora bien, si inicialmente el énfasis de esta discusión había puntualizado una crítica consensual con los partidarios del antiguo régimen, a finales de 1821, empezaron a surgir contradicciones en el interior del constitucionalismo lusobrasileño, que explotarán en pleno 1822, bajo la forma de separatismo, marcando el nacimiento del *Império Brasileiro*.

---

[2] Sobre la cuestión del nacionalismo portugués, véase Valentim Alexandre. *Os sentidos do Império...* pp. 445-752.

[3] Sobre las repercusiones del movimiento de 1820 en Brasil, véase Geraldo M. Coelho. *Anarquistas, dissidentes e demagogos: a imprensa liberal no Pará de 1822*. Belém, CEJUP, 1993. M. Beatriz Nizza da Silva. A repercussão da revolução de 1820 no Brasil: eventos e ideologias. *Revista de História das Idéias*. Coimbra, 2:1-52, 1978-9. José Honório Rodrigues. *Independência: revolução e contra-revolução*. (v. 1: A evolução política). Rio de Janeiro, Francisco Alves, 1975.

En este proceso, se definió una nueva cultura política, en la que, en primer lugar, la Corona se había convertido en Estado, al sacar la política de los círculos de los palacios para situarla en la plaza pública. El Estado regenerado ya no podía volver a huir de la obligación de conducir a la sociedad, haciéndose regir por una constitución, por él mismo otorgada, y articulándose por medio de una repartición de poderes que dejara espacio para la participación de los ciudadanos. Por otra parte, la política pública tampoco podía subsistir sin el debate de ideas desempeñado por la prensa y por medio de instancias de sociabilidad, como la masonería, y sin instrumentos de representación, como las asambleas. La combinación de estos elementos llevó las elecciones, inicialmente por votación directa masculina, a la condición de símbolo de las conquistas del movimiento liberal de 1820. Faltaba establecer los límites que ocuparían en la nueva nación.[4]

ELECCIONES: UNA NUEVA PRÁCTICA EN LA CULTURA POLÍTICA DEL MUNDO LUSOBRASILEÑO

Las primeras elecciones nacionales, en el pleno sentido de la palabra, en ambos lados del Atlántico, están intimamente relacionadas con la convocación de las *Cortes Gerais e Extraordinárias* de la Nación portuguesa, en 1820. Se elegían los "primeiros deputados da Nação", tanto para Portugal, después de siete siglos de monarquía, cuanto para Brasil, que a pesar de haber conocido en el período colonial la selección por votos para los cargos de las *Câmaras Municipais*, nunca había experimentado un proceso electoral, en el cual los ciudadanos eligen, por escrutinio, entre sus conciudadanos a los que deberían representarlos en los organismos constitucionales de los poderes del Estado. La posibilidad de depositar en las manos del pueblo la responsabilidad de la elección de los miembros del poder legislativo, visto como el pilar principal de la libertad de la Nación, era indicadora de un nuevo orden político. Iba produciéndose un cambio

---

[4] Con respecto al concepto de cultura política, véase K. Michael Baker. "Introducion." En: K. Michael Baker (ed.). *The French Revolution and the Creation of Modern Political Cultural.* (v. 1: Tho Political Culture of the Old Regime). Oxford, Pergamon Press, 1987. p. XI-XXIV. P. Smith. "Political Legitimacy in Spanish America". En: R. Graham and P. Smith (eds.). *New Approaches to Latin American History.* Austin, 1974. pp. 225-255.

profundo: los individuos eran "elevados à dignidade de cidadãos, de homens livres", y significaba que pasaban a tener "a prerrogativa de figurar nas operações do governo", cuando se les hubiera debidamente designado.[5]

Entonces, ¿quiénes eran estos ciudadanos? La respuesta se puede encontrar en la prensa liberal, tanto portuguesa como brasileña: "Todos os cidadãos das diversas classes [...] o clero, a nobreza, os agricultores, os proprietários, os comerciantes e os artistas terão sempre deputados nas Cortes". Se insistía, así, en los distintos niveles de la ciudadanía política, estableciendo claramente que el ciudadano se distinguía por su mérito y sus posesiones. Una vez que no se estableciera ningún tipo de censo para estas primeras elecciones, todos podían llamarse ciudadanos, con la excepción de los esclavos en Brasil. El mismo redactor liberal del periódico flumiense *A Malagueta* distinguía, en 1823, "três castas de cidadãos e de hierarquias", incluyendo en la última el "Terceiro Estado, isto é, os cativos", estando la primera formada por los miembros de la familia imperial y de la aristocracia de los hombres blancos, la segunda, por los libertos, pero afirmaba que sólo las dos primeras eran admisibles por civismo. Luego, a pesar de que la cualidad del cuidadano es "inseparável de todo o homem que vem a este mundo", ésta no pertenece a los niveles más ínfimos de la sociedad lusobrasileña.[6]

En esta perspectiva, el pueblo que participó de las manifestaciones de este nuevo orden constitucional estaba constituido por diferentes categorías, como funcionarios, pequeños comerciantes, artesanos, cajeros y soldados rasos. Anteriormente marginados, o excluidos por completo del proceso político, fueron éstos los grupos sociales que sustentaron el movimiento constitucional del 26 de febrero de 1821 en Rio de Janeiro, y que, elevados a categoría de ciudadanos, pasaron a tener de repente un papel considerable de responsabilidad por la elección de los miembros del poder legislativo. Por lo tanto, era preciso para el cuidadano "adquir as Luzes, as virtudes morais e sociais que devem ornar aqueles a quem a Nação houver de confiar seus destinos".[7]

---

[5] Las citas se encuentran respectivamente, en Porto. *Gênio Constitucional*. núm. 39, 15 de noviembre de 1920. (Reimpreso en Rio de Janeiro) y en Rio de Janeiro. *O Bem da Ordem*. núm. 1, 1821.

[6] Porto. *Gênio Constitucional*. núm. 15, 18 de octubre de 1820. Rio de Janeiro. *A Malagueta Extraordinária*. núm. 2, 5 de junio de 1823. Para la última cita, véase *Carta pastoral, em que Vossa Excellencia Reverendissima recomenda ao Clero Secular e Regular, que exhortem os povos a união e concórdia entre si... pelo bispo José Caetano da Silva Coutinho*. Rio de Janeiro, Tipografia do Diário, 1822. p. 8.

[7] Rio de Janeiro. *O Bem da Ordem*. núm. 1, 1821.

Esta idea en el momento de las elecciones llevó a la necesidad de la divulgación de la instrucción cívica y del saber constitucional por parte de los miembros de la elite intelectual y política lusobrasileña. Este papel corresponde a los escritos de circunstancia, que eran los folletos, los periódicos y los panfletos publicados entre 1821 y 1823. Trazando un camino entre la historia y la política, esta prensa permitía la circulación de las informaciones en todos los sectores sociales, revelando los acontecimientos diarios que pasaban del dominio privado al público, y permitiendo que los hechos políticos adquiriesen el estatus de novedades. Se interpretaban como vehículos de ideas esclarecidas, se desenvolvían entre el terreno de la curiosidad y el de la acción, se constituían como una nueva esfera pública para el pensamiento político.[8]

El bachiller Basilio Ferreira Goulart, natural de la ciudad de Rio de Janeiro, y compromisario de la feligresía de Candelária, en esta misma ciudad, en sus discursos sobre las elecciones de los compromisarios y de los electores de parroquia, acentuaba la necesidad de instruir a los ciudadanos para quitarle al voto su carácter aleatorio. Con su elocuencia y retórica, insistía en la necesidad de "um corpo de instrução nacional", en esta "feliz época", en la que se constituían las Cortes para la elaboración de una nueva constitución política. Y proseguía, para expresar la importancia de un voto conciente del electorado:

> Todas as nossas eleições se fazem à pluralidade de vozes, pois assim o quer o bem público, e o expediente, que se haja de esmar a vontade geral, donde dominam os sufrágios, sendo os primeiros os mais gerais, que são de todos. Logo quanto mais se difundirem as Luzes, e conhecimentos, teremos mais acertados votos sobre a capacidade dos sujeitos, que indigitarmos, e estes por conseguinte, mais hábeis, para exercer suas funções; e, assim os mais[9]

En un mundo que las desconocía, las elecciones se revestían de un sentido extraordinario, absorbiendo todo el simbolismo de los valores del hombre liberal.

---

[8] Con respecto al concepto de esfera pública, véase J. Habermas. *Mudança estrutural da esfera pública*. Rio de Janeiro, Tempo Brasileiro, 1984, p. 42. Para la discusión sobre la esfera pública en el Antiguo Régimen, cf. Dena Goodman. Public Sphere and Private Life: toward a synthesis of current historiographical approaches to Old Regime. *History and Theory*. Middletown, 31 (1):1-20, 1992.

[9] Basílio F. Goulart. *Discurso sobre o dia 8 de abril de 1821, composto pelo bacharel Basílio Feereira Goulart, natural desta cidade do Rio de Janeiro, actual Parochiano da Candellaria*. Rio de Janeiro, Imprensa Régia, 1821. p. 4. Para un análisis minucioso de este discurso, véase M. Beatriz Nizza da Silva. *Movimento constitucional e separatismo no Brasil*. Lisboa, Horizonte, 1988. p. 60-63.

En ambos lados del Atlántico, los criterios para la elección de los diputados en las Cortes de Lisboa fueron establecidos basándose en el *Regulamento* del 22 de noviembre de 1820, elaborado a partir del modelo español. En Brasil, las elecciones fueron estipuladas por el Decreto real del 7 de marzo de 1821. En ese momento, las Cortes portuguesas ya se encontraban en pleno funcionamento, pero sólo el 18 de abril aprobaron un decreto que reconocía como legítimos los gobiernos establecidos o por establecerse en ultramar, y que solicitaba se procediera en las elecciones de los diputados de las Cortes, con el objetivo "de estreitar cada vez mais a união dos portugueses de ambos os hemisférios".[10] El 13 de julio de 1821, después de la llegada del soberano a Portugal y con las noticias oficiales de la adhesión de los brasileños a la *Regeneração* portuguesa, las Cortes, por medio de una proclama a los habitantes de Brasil, los incitaron a que enviasen sus representantes a fin de "completar o quadro da representação nacional para auxiliar as Cortes em suas laboriosas tarefas, e tomar nas deliberações a parte que devem ter".[11]

No quedó, entonces, establecido ni un calendario común para las elecciones en las diferentes provincias brasileñas, ni mucho menos para la salida de los diputados elegidos hacia Portugal. Como era de esperarse, fue Rio de Janeiro quien tomó la iniciativa de elegirlos, en mayo de 1821, pero fueron los pernambucanos, elegidos en junio, los primeros en llegar a Lisboa, a fines de agosto de 1821, mientras que se prolongaban las elecciones en las demás regiones hasta el comienzo de 1822. A veces, se procedió conjuntamente a la elección para las Juntas de Governo que pasaban a administrar las provincias brasileñas, legitimadas también por el decreto de las Cortes del 18 de abril.[12]

La elección envolvía un mecanismo bastante complejo, con cuatro niveles sucesivos de selección: el nivel de los ciudadanos domiciliados en una feligresía, el de los llamados compromisarios, el nivel de los electores de parroquia y el de los electores de comarca. Estaban excluidos del voto los menores de 25 años a menos que no fueran casados; los oficiales mili-

---

[10] Regulamento eleitoral: instruções para as eleições dos deputados das Cortes, segundo o modelo estabelecido na Constituição espanhola e adotados para o reino de Portugal. Clemente dos Santos (org.). *Documentos para a história das Cortes Gerais da Nação Portuguesa*. (vol. 1). Lisboa, Imprensa Nacional, 1883 pp. 108 ss. Para la última citación, véase Lisboa. *Diário da Regência*. 9 de mayo de 1821. Apud Rio de Janeiro. *Gazeta do Rio de Janeiro*. núm. 50. 23 de junio de 1821.

[11] *As Cortes Geraes e Extraordinarias da Nação Portuguesa aos habitantes do Brasil*. Reimpreso en Rio de Janeiro, Tipografia Nacional, 1821. f. 1.

[12] Cf. M. Beatriz Nizza da Silva. *Movimento constitucional ...* pp. 75-76.

tares de la misma edad, los padres regulares, los hijos de familia que viviesen con los padres, los criados al servicio, con excepción de los colonos, con casa separada de sus amos, los vagabundos y los ociosos. En un primer nivel, los ciudadanos de cada feligresía se reunían, generalmente en la *Casa de Câmara* o en la iglesia local, bajo la autoridad judicial o municipal, y elegían los denominados compromisarios. El número de éstos se establecía en conformidad con el de los electores de la parroquia a la que la feligresía tuviera derecho. Cada feligresía tenía derecho a un elector parroquial si contaba hasta con 200 votos y otro más por 100 votos que excedieran aquella cifra. En el caso que la feligresía tuviese derecho a un elector parroquial, se indicaban entonces 11 compromisarios; 21 en caso de dos, y 31 si fueran tres o más. Después de que elegían a los moradores de la feligresía, los compromisarios designaban al elector o los electores parroquiales, cuyo número estaba previamente establecido. Éstos, por su parte, se reunían al domingo siguiente, en la jefadura de la comarca, para indicar, por escrutinio secreto o mayoría simple, los electores de comarca. El número de éstos sería el triple del número de diputados elegidos por la provincia, siendo la proporción de diputados de uno por cada treinta mil habitantes. Al domingo siguiente, después de la misa solemne, los electores de comarca nombraban, finalmente, a través de un escrutinio secreto, los diputados que representarían la provincia. Para ser elegido diputado, se exigía tener más de veinte y cinco años, no pertenecer a las órdenes regulares y ser natural de la provincia, o residir en ella desde hacía más de siete años.[13] Los diputados elegidos iban a recibir como *Erário público 4$800 reis fortes* por día, para la permanencia en Lisboa, además de tener los gastos de viajes estimados y pagados según sus respectivas provincias.[14] Para efecto de un cálculo de la población brasileña, fue utilizado un cómputo realizado en 1808, que indicaba 2.323.286 habitantes libres para Brasil. El número de diputados variaba de provincia a provincia, es decir: Alagoas, 3; Bahia, 8; Ceará, 5; Espirito Santo, 1; Goiás, 2; Maranhão, 2; Pará, 2; Paraíba, 3; Pernambuco, 7; Pernabuco, Comarca de Sertão, 2; Piauí, 2; Rio de Janeiro, 5; Rio Negro, 1; Santa Catarina, 1; São Paulo, 6; Minas Gerais, 13; Rio Grande do Norte, 2; e Rio Grande do Sul, 2. Ade-

---

[13] Para las informaciones sobre el proceso electoral, cf. Regulamento eleitoral... Clemente dos Santos (org.). *Documentos para a...* (vol.1). pp. 108 ss. Cf., especialmente los artículos 38 y 91.

[14] Cf. Gomes de Carvalho. *Os deputados brasileiros nas Cortes de 1821.* Brasília, Senado Federal, 1979. p. 59.

más de éstos, un total de sesenta y siete individuos, considerados propietarios efectivos de sus cargos, fueron elegidos veintisiete diputados sustitutos, que en diferentes casos comparecían en las Cortes debido a la ausencia de los titulares.[15]

El proceso electoral era bastante penoso, particularmente en su primera parte, la más larga, en la que se conferían las listas para la elección de los compromisarios. Algunas de esas listas electorales aún se pueden encontrar, por ejemplo, para Rio de Janeiro y San Pablo. En la Corte, existe una única relación impresa de los 31 compromisarios nombrados con pluralidad de votos por los parroquianos de la feligresía de Santa Rita el 8 de abril de 1821. En esta relación, se comprueba que el individuo más votado, con 224 votos, era el único letrado de la lista. Se destaca el elevado número de negociantes, 15 entre 31, y la presencia del vicario y del coadjutor de la feligresía en cuestión. Además de éstos, se registra la presencia de cuatro sacerdotes, cuatro militares, dos profesores (uno, especialista en matemáticas y otro maestro de primera enseñanza), un médico, un bachiller, un notario, un consejero y un funcionario de la administración real.[16]

No existe, hasta ahora, una relación para los electores de la parroquia de Rio de Janeiro, y sólo se pudieron identificar algunos de éstos porque fueron interrogados, como testigos, en el proceso instaurado con ocasión de los tumultos durante la reunión de los electores en la Plaza del Comercio, el 21 y 22 de abril de 1821. De los 27 electores apenas 5 eran negociantes; la mayor parte pertenecía a la alta administración: eran diputados de la *Real Junta do Comércio*, desembarcadores de *Paço*, consejeros de la *Real Fazenda*, oficiales mayores de secretarías y de la contadurías. Entre los militares, se encuentra un brigadier y un teniente general, un coronel de *Estado Maior* y un sargento mayor de la *Engenharia*. Se encuentra incluso un cirujano: "Non está entre los inquisidos un eclesiástico".[17]

A pesar de la precariedad de los datos sobre estas elecciones en Rio de Janeiro, se puede inferir, por consiguiente, que en el primer nivel del

[15] Con respecto a los datos estadísticos, véase Memória estadística do Império do Brazil. *Revista do Instituto Histórico Geográfico Brasileiro*. (de aquí en adelante RIHGB). Rio de Janeiro, 91:91-99, 1895. Mappa da população da Côrte e da província do Rio de Janeiro em 1821. RIGHB. Rio de Janeiro, 33 (40):135-142, 1870.

[16] *Relação dos 31 Compromissários nomeados à pluralidade de votos pelos parochianos da freguezia de Santa Rita em Domingo 8 de Abril de 1821.* Rio de Janeiro, Imprensa Régia, 1821. p. 2 Cf. para el análisis de esta *Relação* M. Beatriz Nizza da Silva: *Movimento constitucional...*pp. 59-60.

[17] Processo da revolta na Praça do Commercio do Rio de Janeiro. Inquirição de testemeunhas. En: *Documentos para a história da Independência*. (vol.1). Rio de Janeiro, Officinas Graphicas da Biblioteca Nacional, 1823. pp. 277-325.

proceso de elección —el de los compromisarios— hubo un influjo mayor del cuerpo mercantil y, en cuanto al segundo nivel —el de los electores de parroquia— fue el prestigio de la alta administración el que actuó.[18]

Ya para San Pablo, se encontraban publicadas las listas de los electores parroquiales y de los electores de las comarcas. En el primer caso, se registran 115 individuos. Entre éstos, se encuentran 62 militares, apenas 31 con el título de capitán, 24 sacerdotes, 5 ayudantes y un oficial de secretaría, un profesor y un consejero. Son trece los que aparecen sin indicaciones y otro como capitán mayor. En la lista de los electores de comarca (Comarca de San Pablo, Comarca de Curitiba y Parnaíba y Comarca de Itu) se encuentran 22 individuos. El predominio era de los militares que totalizaban 9, seguidos por los sacerdotes, en número de 6. Se encontraba además un consejero, un oficial de administración, un bachiller, un propietario de tierras y tres electores sin indicación. Estos datos permiten concluir que en ambos niveles el influjo mayor era de los militares y de los sacerdotes, lo que puede ser explicado, por un lado, a causa de la importancia de los cargos militares en la administración de las villas y, por otro, por el influjo local del clero que elaboraba la lista de votos de la feligresía. Además de esto, San Pablo era una provincia que no tenía importancia mayor en relación al gran comercio o a los cargos de administración, como ocurría con Rio de Janeiro, sede de la Corte.[19]

En el cómputo general de Brasil, hubo un predominio de los sacerdotes (24 individuos), seguidos por los abogados (23) y por los oficiales y funcionarios de la administración real (21). A continuación, se ecuentran los propietarios de tierras (17), de los cuales por lo menos nueve eran dueños de haciendas. También fue significativo el número —16— de individuos vinculados con el magisterio, sea superior, sea del nivel secundario o de primera enseñanza. Los militares contaban con tres representantes, los médicos con seis y los negociantes, con cinco.[20]

Por consiguiente, no se puede hablar de una homogeneidad social en relación a los individuos que se eligieron como los primeros representantes de Brasil, aunque una parte sustancial de ellos fuera reclutada entre los

[18] Cf. M. Beatriz Nizza da Silva. *Movimento constitucional...* pp. 62-3.

[19] A representação paulista nas Cortes de Lisboa. En: Nuto Sant'Anna (org.). *Documentário histórico.* (vol. 3). São Paulo, Departamento de Cultura, 1951. pp. 18-32.

[20] Lúcia Maria Bastos P. Neves. *Corcundas Constitucionais e Pés-de-Chumbo: a cultura política da independência do Brasil (1820-1822).* Tesina doctoral presentada en la Universidade de São Paulo, São Paulo, 1992. pp. 57-79. Mimeo.

sectores sociales dominantes. Profesionalmente, es la magistratura la carrera dominante, una vez que formaban parte de ella de derecho, estos individuos obtenían una vía de acceso privilegiada a la vida pública, en la medida en que el Estado tenía necesidad de funcionarios especializados, con una instrucción de carácter secular. Pero, en la tradición de las mitigadas Luces ibéricas, este peso encontraba su compensación en la representación eclesiástica y en la presencia de una aristocracia de los cargos militares, que tenían algún valor de título nobiliario. Por otro lado, no ha de extrañar el pequeño número de individuos vinculados al comercio o con una formación científica, como en el caso de los médicos. Al fin, era una sociedad que aún vivía bajo el peso de la estructura del antiguo régimen. De la misma forma, en Portugal, fue un grupo de magistrados y juristas el que impuso su pensamiento y su dirección al trabajo de las Cortes, pues representaban una mayoría entre los elegidos en las provincias del Portugal continental, es decir, 39 representantes por 100. añadiendo a este grupo el de los estudiosos y profesionales liberales, se llega a un 60% del total.[21]

Las actas del proceso electoral de 1821 en las restantes provincias, desgraciadamente, son bastante escasas, en cuanto se encontraron sólo las de las provincias de Goiás y de Rio Grande do Sul. De esta última, existe la denuncia de un elector de la Comarca de Rio Pardo contra la respectiva *Junta Eleitoral* que, "a despeito das instruções enviadas pelas Cortes", permitió una elección "tão ilegal", eligiendo "nulamente" dos diputados para las Cortes. Esto porque uno de los elegidos no tenía el tiempo suficiente de residencia en la provincia, es decir, siete años, y otro fue elegido con apenas tres votos, cuando el art. 89 del "Regulamento eleitoral" exigía cuatro. El primero estuvo en la provincia, inicialmente, por dos años, se marchó luego para su convento en Rio de Janeiro, y tuvo que regresar cuatro años antes de la elección: "por consequência, salta aos olhos que não pode ser domiciliário, como à força querem seus amigos": a pesar del momento de entusiasmo por el nuevo sistema constitucional, ya se adivinaban las síntomas de los procesos electorales viciados que marcarían todo el Imperio brasileño.[22]

---

[21] Los datos para Portugal llegan de Fernando Piteira Santos. *Geografia e economia* ... p. 91.

[22] Archivo Nacional (de aquí en adelante AN.) Ministério do Império. IJJ° 17. Eleições de Goiás. 1821. AN. Ministério do Império. IJJ° 15. Eleições do Rio Grande do Sul. 1821. Para el mecanismo de las elecciones en el *Império Brasileiro*, véase R. Graham. *Patronage and Politics in Nineteenth-Century*. Stanford, Stanford University Press, 1990.

Las noticias de estas elecciones alcanzaron grandes repercusiones para la época. Los periódicos de Rio de Janeiro y de Bahía relataron las ceremonias convertidas en verdaderos rituales. La *Gazeta do Rio de Janeiro* y, más tarde, *O Espelho* describieron el mismo proceso electoral en las restantes provincias. Paralelamente, vieron la luz algunas publicaciones con el objetivo de explicar a los electores cómo votar, cuál era el perfil del buen diputado y cuáles las cualidades adecuadas para los compromisarios y electores. Estos escritos tenían la finalidad de otorgar *Luzes* a aquéllos que no poseían una instrucción cívica, debido a que vivieron bajo un gobierno despótico.[23] Por el testimonio del compromisario Basílio Ferreira Goulart, aunque bastante subjetivo y hasta lleno de fantasía, se evidencia la importancia que revestía la elección para los que participaban en ella.

Que vejo! Onde me chama a Nação! Qual a função para que sou chamado? Acabo de um ato sacrossanto e entro neste majestoso edificio! Multidão de povo rodeia um tribunal Patriótico; [...].
Quaisquer que sejam os semblantes, em todos se pinta a alegria como afeto predominante: um ar nombre e elevado faz o característico de suas fisionomias onde quer que estejam, onde quer que se encontrem.

Describe además todo el ceremonial que rodeaba al acto electoral. Acabada la elección, los antiguos compromisarios, precedidos por los "sonoros instrumentos de música", llevaban los electores, entre alas, uniéndose a ellos el magistrado. Se sentaban, pues, en torno a la sala, para "exararem os diplomas, e assinarem o que concluído foi por girândolas anunciando estar o ato findo". Luego, se dirigían por una calle "plena de povo" hasta la Iglesia de la parroquia, en donde se entonaba un *Te Deum* o se escuchaba "grande música".[24]

---

[23] Para las elecciones en Bahía, véase *Semanário Cívico*. núm. 29, 13 de septiembre de 1821. Para las de Rio de Janeiro, véase *Gazeta do Rio de Janeiro*. núm. 40, 19 de mayo de 1821 y núm. 41, 23 de mayo de 1821. Para las demás provincias, véase, por ejemplo, para Pernambuco y Rio Grande do Sul, respectivamente, Rio de Janeiro. *O Espelho*. núm. 5, 31 de octubre de 1821 y núm. 12, 19 de diciembre de1821. Para las publicaciones, véase, entre otras, *Qualidades que devem acompanhar os compromissarios e eleitores*. Reimpreso en Rio de Janeiro, Tipografia Real, [1821]. *Instrucção sobre a eleição dos compromissarios extrahida do Diário do Governo de 7 de dezembro de 1820*. Reimpreso en Rio de Janeiro, Régia Oficina Tipográfica, 1821. *Instrucções para intelligencia dos povos nas proximas eleições de eleitores e deputados de Cortes*. Rio de Janeiro, Imprensa Nacional, 1822.

[24] Basilio F. Goulart. *Discurso sobre o dia 8 de abril de 1821...* Para la primera cita véase pp. 1-2; para las demás, p. 7.

Un *Repertório dos deveres do presidente e mais pessoas ocupadas no serviço das eleições da paróquia*, publicado en Portugal pero reproducido en Bahia, revela incluso la solemnidad de ese acto político que concedía al pueblo el derecho de ciudadanía. Cada personaje del proceso electoral tenía sus propias obligaciones definidas, empezando por el párroco, que celebraba la misa en el día de la elección o antes de ella, minuciosamente instruido en cuanto al sermón que debía pronunciar, de tendencia mucho más política que religiosa. El objetivo consistía en mostrar cuánto era fundamental la participación del ciudadano en el proceso electoral, acentuando su responsabilidad ante la Nación y ante Dios, en la elección de sus representantes. Debía "cada cidadão votar com madura consideração, segundo entender em sua consciência, com os olhos fitos em Deus e na felicidade da Nação". El presidente de la junta electoral tenía que tomar todas las precauciones legales para la realización de las elecciones, principalmente la de velar que "um ato de tanta importância se faça com sossego e sem precipitações". En seguida, se encontraban las instrucciones del secretario y de los escrutiñadores. Al secretario cabía trabajar para la nómina que los compromisarios hacían de los electores de parroquia, además de seguir el recuento de los votos hecha por los escrutiñadores. Éstos apuraban y regulaban los votos, asignando incluso, al fin, el nombramiento a los elegidos. Por fin, a los ciudadanos les correspondía la aceptación de los cargos que les fueran designados, desempeñando sus obligaciones con lealtad y firmeza de carácter. El proceso terminaba con la celebración de un *Te Deum*, que legitimaba el ritual por la instancia de lo sagrado.[25]

Las elecciones se convertían, entonces, en una novedad en un mundo que las desconocía, pero se mantenían revestidas de un carácter casi sagrado. Por detrás de las apariencias, simbolizaban la voluntad expresada de toda la Nación, representada en las Cortes, en cuanto pilar fundamental de un régimen liberal, en oposición al antiguo régimen. A pesar de su carácter secular, en estas ceremonias, que celebraban y saludaban esa constitución que los representantes de la Nación iban a elaborar, persistían las prácticas religiosas, muy semejantes a las del antiguo régimen, como las misas o el *Te Deum*. Aunque asistidas por una minoría, éstas no dejaban, en cambio, de abarcar, en cuanto a imágenes y discursos, una población

---

[25] *Repertorio dos deveres do Presidente e mais pessoas occupadas no serviço das Eleições da Parochia.* (Extraído de las Correios de Porto). Reimpreso en Bahia, Tipografia Viúva Serva & Carvalho, [1821]. Para las citas, véase respectivamente pp. 1 y 3.

mucho más amplia, asumiendo el papel de una pedagogía cívica, de carácter secular, capaz al mismo tiempo de establecer la versión oficial de los eventos. Por otro lado neutralizaban, al mantener los rituales tradicionales, los efectos de los cambios, hermanando toda la comunidad mediante valores y concepciones en los que todos participaban. Se evidenciaba, de esta forma, un Estado aún profundamente vinculado con las prácticas del Antiguo Régimen.

ELECCIONES: UNA PALABRA NUEVA EN EL VOCABULARIO POLÍTICO LUSOBRASILEÑO

La victoria del constitucionalismo en Portugal trajo consigo un lenguaje inédito por medio de vocablos que expresaban nuevos sentidos, inspirados en la creencia de los principios liberales. Este momento histórico fue pródigo en *folhetistas*, *periodiqueiros* y *publicistas* que, a través de sus vehículos de divulgación, introdujeron un vocabulario singular que influyó decisivamente en el estilo político de los años que van desde 1820 hasta 1823, tanto en Portugal como en Brasil.[26]

En general, fueron las ideas y los acontecimientos del final del siglo XVIII el punto de referencia de estos escritos. Los conceptos y los términos utilizados por los actores de la cultura política lusobrasileña eran "palavras da moda" que los revolucionarios de 1789 y sus seguidores utilizaban, y en particular, los términos *Liberdade* y *Constituição*. Estos se convertían en símbolos del pensamiento ilustrado, capaces de liberar a los pueblos de los últimos tiranos del antiguo régimen. Tales palabras adquirían un significado todavía más amplio a través de las prácticas y las acciones políticas de la elite portuguesa y brasileña.

En esa perspectiva el proceso de *Regeneração* política iniciado por el movimiento revolucionario de 1820, para garantizar la práctica de la libertad y el establecimiento de una *justa e sábia* constitución, elaborada por las Cortes deliberativas, trajo el uso constante de la palabra *eleição*,

---

[26] Para el estudio del vocabulario político, véase J.Dubois. *Le vocabulaire politique et social en France: à travers les oeuvres del écrivains, les reveus et les journaux*. París, Larousse, [1962]. Passim. Para el vocabulario de la Regeneração portuguesa, cf. Telmo dos S.Verdelho. *As palavras e as idéias na Revolução Liberal de 1820*. Coimbra, Instituto Nacional de Investigação Científica, 1981. Para el vocabulario político del movimiento constitucional en Brasil, véase Lúcia Maria Bastos P. Neves. *Corcundas, Constitucionais e pés-de-chumbo* ... pp. 167-356.

fruto del lenguaje ilustrado. Reflejando un ideal liberal, las elecciones legitimaron la soberanía y ejercieron la libertad después de "uma Lei fundamental de eleições podo charmar-se o paládio das liberdades civis".[27]

El corolario de ese proceso electoral era el voto, derecho que cada ciudadano ejercía individualmente. La importancia del voto la explica el testimonio del ya citado bachiller Basílio Ferreira Goulart, en sus discursos sobre las elecciones de 1821: "Nós não temos outra arma, senão o nosso voto: isto é, com que defenderemos nossos direitos, nossos foros pelos nossos representantes". Por lo tanto, el ciudadano "arrisca no seu voto o seu bem particular, o de seus filhos, e o de toda a sua posteridade". De ahí, cada ciudadano debe "votar com madura consideração", según su conciencia, pero, "com os olhos fitos em Deus, e na felicidade da Nação". El voto del ciudadano expresaba la opinión pública, pues el ciudadano debía ser un buen elector. Y, para la "eleição de bons deputados", se dependía de la "escolha de bons eleitores".[28]

El elector no era un ciudadano cualquiera, pues era un elemento de vinculación entre la sociedad y los diputados, por eso debía merecer la "confiança pública" para "manejar retamente a soma dos direitos individuais". En ese sentido, la "nomeação de um eleitor vale o mesmo como se o povo dissesse: nós te conferimos o dereito de nomear o cidadão que defenda a nossa religião e a dignidade de nosso rei". Debía presentar cualidades indispensables, que fueron anunciadas y propagandizadas numerosísimas veces por la prensa pre electoral.

As qualidades indispensáveis do bom eleitor se reduzem a que esteja animado do amor do bem público, tenha uma madura circunspeção e integridade de consciência: porém sendo estes dotes puramente internos, importa haver-se feito conhecido por ações externas.[29]

Como las elecciones no eran directas, sino que se efectuaban en diversos grados, el elector era considerado una personalidad política a nivel parroquial y regional, pero siempre visto como un compromisario del pueblo, que debía amar a la Patria y al bien público. Por lo tanto, existían

---

[27] Porto. *Gênio Constitucional*. núm. 13, 16 de octubre de 1820.

[28] Para las citas, véase, respectivamente, *Discurso sobre o dia 8 de abril de 1821...* p. 2. *Repertório dos deveres do Presidente e mais Pessoas..* p. 1. *Qualidades que...* [p.1].

[29] Las citas pertenecen al folleto *Qualidades que...* [p. 1].

cualidades que debían acompañar al elector: probidad, firmeza de carácter y amor a la Patria. La primera cualidad era necesaria para que el elector "fosse fiel à volontade do povo que o elegeu"; la firmeza de carácter, "para defender a sua mesma probidade de toda a sugestão ou suborno"; y, el amor a la Patria, "para nomear diputados que sejam somelhantes a ele nesta virtude essencial". Se consideraba al elector el depositario de la expresión de la voluntad de la sociedad, "para a nomeação dos homens bons, dignos de governá-la". Él debía poseer además luces y talentos, pero estas dotes eran más indispensables en la persona de los diputados.[30]

El *deputado* era una figura clave de la política liberal, pues se situaba en el centro del sistema representativo. Traducía una imagen política, que debía ser la de un ciudadano honesto, un político virtuoso y un individuo letrado, exigiéndose los atributos de la virtud y de la sabiduría en su plenitud. De todos modos, su honestidad y su amor a la Patria eran los aspectos indispensables:

> Quais são pois as principais qualidades que deve reunir o cidadão para ser elevado ao eminente posto de deputado? Amor ao Brasil, probidade e energia. Com estas virtudes quaisquer talentos bastam; porém sem elas toda a ciência é nada, ou antes é perniciosa e deve-se temer.[31]

Al pertenecer a la elite dominante, el diputado se vinculaba tanto con el grupo ilustrado, como con los grupos más ricos de la sociedad, no obstante se recomendaba incluso a los ciudadanos que debían elegirlo, sin que se dejaran arrastrar por el "falso brilho das dignidades ou privilégios". En una imagen ideal, se preconizaba la elección entre todas "as classes desde a alta nobreza até a do inferior artífice". Las exigencias y expectativas con respecto al diputado convertían su cargo en una actividad casi sobrehumana, como se desprende de las instrucciones para las elecciones de diputados en las Cortes, publicadas en Rio de Janeiro:

> O deputado de Cortes é um cidadão, que vós livremente escolheis: e o autorizais para destruir todos os males de que tendes padecido e remediar as vossas necessidades e precisões. Ele é nomeado para fazer as boas leis, por usos e costumes que davam sossego e abundância aos nossos antepassados.[32]

---

[30] *Qualidades que...* [p. 2]. Para la última citación, cf. Maranhão. *O Conciliador do Maranhão.* núm. 62, 13 de febrero de 1822.
[31] Rio de Janeiro. *O Papagaio.* núm. 11, 27 de julio de 1822.
[32] *Instrucções para a intelligencia...* pp. 1 y 3.

Estos diputados, además, eran considerados como "patriarcas da Nação", "fundadores da Pátria" y "alicerces do Estado". Ellos eran los depositarios de la esperanza de elaborar una constitución liberal. El diputado pasaba a ser el órgano de los sentimientos de los ciudadanos, "o depositário de seus poderes e o ministro das suas vontades".[33]

En la visión de la época, al contrario de lo que ocurre en la práctica, el diputado debía proceder de las "classes científicas", y de las "classes productoras": "Queremos deputados tirados das classes científicas, porém necessitamos tambén de homens agricultores, de homens do comércio e da indústria para se darem as mãos, a experiência, com a teoria".[34] Por consiguiente, se opinaba que la elección de eclesiásticos y juristas debía evitarse, lo que no impidió su elección numerosa entre los primeros diputados del mundo lusobrasileño. En una crítica a estas preocupaciones, el folleto *Novo Mestre Periodiqueiro* afirmaba,

> para deputado de Cortes não se querem nem teólogos, nem juristas; porque nada sabem de política e economia; mas sim médicos e matemáticos; os médicos, porque, costumados a curar e prevenir doenças morais do corpo moral da sociedade; e os matemáticos, porque instruídos nas regras de proporção e cálculo sabem reduzir tudo a boa ordem.[35]

Considerados como mandatarios del pueblo, se insistía en la concepción del diputado como representante de la Nación y no como detentor original, y por mérito propio, del poder. Así, los diputados en las Cortes debían estar siempre "esclarecidos da vontade geral dos povos" sobre los principales aspectos que debían entrar en el sistema gubernativo del mundo lusobrasileño.[36]

Cortes, elección, voto, elector y diputado pasaban a integrar el vocabulario cotidiano de la elite política e intelectual lusobrasileña, divulgados por los periódicos y folletos de la época. Además, esos términos, en sus

---

[33] Las citas se encuentran respectivamente en Porto. *Gênio Constitucional.* núm. 39, 15 de noviembre de 1820. (Reimpreso en Rio de Janeiro). *Proclamação do governo sobre a convocação das Cortes.* Reimpreso en Rio de Janeiro. Régia Oficina Tipográfica, 1821. Sin numeración de página. *A razão desagravada e sem razão confundida pelo author da razão, e nada mais.* Lisboa, Imprensa Morandiana, 1821, p. 14.

[34] Porto. *Gênio Constitucional.* núm. 73, 26 de diciembre de 1820.

[35] *Novo mestre periodiqueiro ou diálogo de hum sebastianista, hum doutor e hum hermitão sobre o modo de ganhar dinheiro no tempo presente.* Lisboa, Imprensa Nacional, 1821. pp. 14-15.

[36] Rio de Janeiro. *O Espelho.* núm. 58, 7 de junio de 1822.

significaciones más amplias, se discutían en los lugares públicos, como las plazas, los bodegas, las fondas y las librerías, locales en que la "opinião pública" encontraba sus verdaderos intérpretes, y se formulaban cuestiones por "vozes estrondosas", que retumbaban entre los escaparates de las tiendas.[37] De ese modo, incluso los niveles superiores de la elite se enteraban de esas novedades. Si esto despertaba una preocupación por los escritos de carácter didáctico, que se dirigían en cierto sentido a los niveles más bajos con el intento de convertirlos en ciudadanos, inauguraba también un nuevo lenguaje que convertía la palabra en cosa pública, en contraposición con la política secreta del Antiguo Régimen. Palabra pública con la cual se cumplía la construcción de una nueva Nación.

ELECCIONES: UN PROYECTO EN LA CONSTRUCCIÓN DE LA NACIÓN BRASILEÑA

Después de que D. João VI volvió a Portugal, la presencia de D. Pedro como regente, las noticias del curso de los trabajos en las Cortes y las mismas condiciones sociales y políticas de la ex colonia, vinieron adoptando una tendencia que explotó en la euforia política que las elecciones de 1821 habían representado en Brasil. No obstante, hasta entonces, aunque no se hubiese enraizado en el espíritu de la elite brasileña, educada en la tradición de las Luces portuguesas, la idea del separatismo, el proyecto de la independencia comenzó, en 1822, a ganar adeptos.

Tal actitud puede verificarse, por un lado, en la situación de los diputados brasileños elegidos para el Congreso portugués. En sus discursos e intervenciones en las Cortes, u orientaban sus esfuerzos hacia la integridad del Império lusobrasileño, o, como límite máximo, defendían los intereses locales de los cuales se consideraban representantes, sin manifestar ni siquiera la concepción de un Imperio brasileño. Es verdad que la diputación de San Pablo, partió para Portugal con una propuesta de trabajo, explicitada en las *Lembranças e apontamentos do governo provisório de São Paulo para os seus deputados*. Mientras tanto, defendían la "integridade e indivisibilidade" del Reino Unido y exigían "igualdade de direitos políti-

---

[37] *A forja dos periódicos ou o exame do Aprendiz Periodiqueiro*. Lisboa, Nova Imprensão da Viúva Neves & Filhos, 1821. p. 8.

cos e civis" entre los dos dominios. Sugerían además a Brasil como sede de la monarquía o, sino, también la alternancia de los reinos como residencia del soberano. Brasil contaría con un poder ejecutivo propio, central, al cual estarían sujetos los gobiernos provinciales, y ocupado, cuando el monarca estuviese residiendo en Europa, por una regencia del príncipe heredero. Esa propuesta para una confederación de ambos reinos apenas renovaba el estatuto del Reino Unido de 1815 y confirmaba la propuesta de un Imperio lusobrasileño, inspirada en la idea de Rodrigo de Souza Coutinho.[38]

Por otra parte, tampoco las nuevas juntas gubernativas elegidas en las provincias brasileñas, casi simultáneamente con los diputados, y que se transformaban, segundo Oliveira Lima, en la base del Brasil constitucional, demostraron una clara conciencia separatista. Elegidas en 1821, las juntas gubernativas fueron escogidas por las Cortes, con un decreto del 29 de septiembre del mismo año, que las subordinaba exclusivamente a Lisboa. Así fueron establecidas, motivadas por un espíritu repartido entre la anuencia a las Cortes y el rechazo al control central, ejercido por la regencia de D. Pedro, en Rio de Janeiro. Formadas por las elites políticas locales, fueron elegidas a partir del presupuesto de una amplia autonomía en los negocios internos y se transformaron, en la expresión de R. Barman, en un gobierno de "pequenas pátrias", encontrándose al origen del influjo local en la administración y en los asuntos fiscales de las provincias, que caracterizaría la estructura política de Brasil en el Imperio.[39]

A lo largo del año 1821, de esta forma, las provincias de Brasil, a través de sus gobiernos, en su mayoría elegidos, tenían una considerable autonomía interior, a veces vinculándose directamente con las remotas Cortes de Lisboa, como el Pará, el Maranhão, el Piauí y Bahia; otras veces adoptando una postura marginal en relación al curso de los acontecimientos,

---

[38] *Lembranças e apontamentos do governo provisório de São Paulo para os seus deputados.* Rio de Janeiro, Imprensa Nacional, 1821. pp. 5 y 6. Para la idea del imperio lusobrasileño, véase M. Odila da Silva Dias. Aspectos da ilustração no Brasil. RIGHB. Rio de Janeiro, 278:105-170. enero-marzo 1968. K. Maxwell. The Generation of the 1790s and the Idea of Luzo-Brasilian Empire. En: D.Alden (ed.). *Colonial Roots of Modern Brazil: Papers of the Newberry Library Conference.* Barkeley, University of California Press, 1973. pp. 107-144. E. Viotti da Costa. "The Political Emancipation of Brasil". En J. R. Russel-Wood (ed.). *From Colony to Nation: Essays on the Independence of Brasil.* Baltimore, John Hopkins University Press, 1975. pp. 43-88.

[39] Cf. M. de Oliveira Lima. *O movimento da independência: 1821-1822.* Belo Horizonte, São Paulo, Itataia, Rd. da Universidade de São Paulo, 1989. pp. 96-7. R. Barman. *Brazil: the Forging of a Nation (1798-1852).* Stanford, Stanford University Press, 1988. p. 75.

debido a la distancia o al aislamiento, como Goiás, Mato Grosso y Rio Grande do Sul; y, en fin, permaneciendo leales a D. Pedro, como las juntas de las provincias del sur, pero sin que se dispusiesen a proveerle cualquier soporte financiero para la administración. Así, las elecciones reafirmaban su espíritu de autonomía local, que veía a Rio de Janeiro en una posición de dominio, que la ciudad poseía en el comercio y en la política desde 1808, pero sin que se pueda hablar de tendencia separatista como proyecto de construcción de una nación brasileña, distinguiendo y oponiendo el pueblo brasileño al pueblo portugués.

Entretanto, a lo largo de 1822, diferencias de perspectiva en cada lado del Atlántico en la forma de enfrentarse con el Imperio lusobrasileño y, sobretodo, una disputa política e ideológica en el interior del Reino Unido en busca de la soñada hegemonía, tanto por parte de Portugal cuanto de Brasil, llevaron a la idea de la formación de un Imperio brasileño. Las noticias del curso de los trabajos de las Cortes, al llegar a Brasil, se enfrentaban poniendo en evidencia que el objetivo primordial del movimiento constitucional portugués era reestablecer la supremacía por parte europea sobre lo restante del imperio. Esta percepción se acentuó con la llegada de los decretos del 29 de septiembre de 1821, que además de refrendar que las juntas provinciales estaban directamente subordinandas a Lisboa, exigían el inmediato regreso de D. Pedro a Portugal. Entre subordinarse al Congreso portugués u osar construir una monarquía más próxima a sus concepciones, en sintonía con algunos sectores de la elite brasileña, D. Pedro, contrario a una subordinación del monarca al control de una *Assembléia*, eligió la segunda opción, proclamando, el día 9 de enero de 1822, su intención de no obedecer al Congreso de Lisboa. De ahí en adelante, los eventos siguieron acelerándose, consideradas las actitudes cada vez más arbitrarias de las Cortes de Lisboa y el creciente malentendido de las intenciones y decisiones de ambas partes.

A pesar de esto, la idea de la independencia aún persistía, en este momento, mezclada con tentativas para mantener la integridad del imperio. Tal postura era defendida, especialmente, por el grupo que rodeaba a José Bonifácio de Andrada e Silva, en el cual participaban principalmente individuos formados en Coimbra, casi siempre en Leyes y Cánones, y que habían servido al Estado, tanto en Portugal —donde algunos habían nacido— como en Brasil. Esta elite *coimbrã*, fue luego la que adquirió las luces mitigadas con que procuraba adaptar la Ilustración europea a las condiciones de su medio ambiente, estaba embebida de un ideal reformador, y se identificaba mucho más con la idea de un gran imperio lusobrasileño que con el separatismo. Buscaban cambios innovadores, pero al mismo tiempo querían conservar el espíritu de las antiguas estructuras económico-sociales. Considerados por alguien como conservadores, seguían el mismo curso que adoptaba Francia, después de 1789, pero no dejaban de simpatizar con el ideal de un liberalismo moderado, que mantenía la figura del rey como representante de la nación, pero negaban que la soberanía pudiese residir en el pueblo.[40]

A esta elite *coimbrã* se oponían los que se podrían llamar, tomando en préstamo la designación de Hipólito da Costa, la elite *brasiliense*. Este grupo estaba formado, en su mayoría, por los que habían nacido en Brasil, y que, casi siempre, tenían en la palabra impresa el único contacto con el mundo extranjero. En general, no poseían estudios universitarios, no obstante, en casos muy escasos, hubiesen frecuentado universidades francesas. Hombres de acción, se agrupaban en torno a Joaquim Gonçalves Ledo, y estaban más abiertos hacia las nuevas ideas del pensamiento francés, asimilado a través de la lectura de libros prohibidos. En cuanto menos doctrinados por vía formal, defendían posturas más radicales, como la de la soberanía popular y acababan por convertirse, a finales del año 1821, en los que identificaban a la patria como el lugar en donde habían nacido, al cual debían prestar la principal-lealtad, en vez de ofrecerla al imperio lusobrasileño. Se convertían así en los *ideólogos* del separatismo brasileño.[41]

No obstante apostasen, en un plan político, a blancos y estrategias diferentes, los dos grupos que formaban la elite intelectual y política en Brasil no dejaban de manifestar puntos de contacto y mantenerse aparentemente unidos hasta la convocación de la *Assembléia Contituinte do Brasil*. Al comienzo, la propuesta de una *Assembléia Brasílica* no dejaba entrever la verdadera creación de un órgano legislativo que opusiera Brasil a Portugal. Al contrario, trataba de constituirse mediante un tipo de poder legislativo en consonancia con el de Lisboa, como una solución para, por un lado, contrabalancear la presión de las Cortes con el fin de reestablecer la hegemonía de Portugal y, por otro, para oponerse a la tendencia centrífu-

---

[40] Para la idea del grupo lusobrasileño, cf. R. Barman. *Brazil: the Forging...* pp. 65-96. J. Murilo de Carvalho. *A construção da ordem: a elite política imperial*. Rio de Janeiro, Campus, 1980, pp. 51-70.
[41] Cf. R. Barman: *Brazil: the Forging...* pp. 77-79. J. Murilo de Carvalho. *A construção da ordem...* pp. 69-70.

ga que las juntas gubernativas de las provincias venían manifestando. Entonces, al mismo tiempo, no dejaba de significar incluso un nuevo paso en la dirección de la independencia, porque se osaba luchar por el "poderoso dereito que [tenía] o Brasil, de fazer as suas leis".[42]

Fue la prensa la que asumió el papel de gran defensora de "uma deputação de todas as provincias" reunida en un lugar central de Brasil. Desde el comienzo de abril de 1822, hasta el mismo Hipólito da Costa, uno de los representantes del pensamiento de la elite *coimbrã*, veía la representación nacional, como el "único meio de salvar" Brasil del "perigo iminente, a que os erros das Cortes de Lisboa, sem dúvida, o conduziram". Él opinaba que sólo la idea de unas Cortes podía evitar la anarquía en territorio brasileño. Los representantes elegidos exprimían "os sentimentos de todo o Brasil", comunicados "oficialmente" a las Cortes de Portugal por el príncipe regente, posibilitando una "sólida união dos dois Reinos, se é que ela tem de continuar de algum modo". Pero las novedades del *Correio Braziliense* sólo llegaron al Nuevo Mundo en mayo, cuando fueron transcritas en el *Revérbero Constitucional Flumiense* y en el *Correio do Rio de Janeiro*, cuyo redactor, desde el mes anterior, ya manifestaba una opinión semejante a la de Hipólito da Costa:[43]

> Só os mesmos direitos e liberdade que gozam os nossos irmãos de Portugal, podemos conservar com eles a união. Só assim seremos felizes. Seja uma voz de todos e represetemos ao nosso Regente que queremos, porque precisamos, já, já e já, Cortes, Cortes e Cortes.[44]

De esta forma, al encaminar, el 23 de mayo, una petición a D. Pedro pidiendo la convocatoria de una *Assembléia Geral* de las provincias de Brasil, los líderes más destacados de la elite brasileña consolidaron su espacio en la esfera política pública. Forjando una tendencia popular, estos individuos invitaban al público, por medio de un anuncio impreso en el *Correio do Rio de Janeiro*, a presentarse en la tienda de la Gazeta o en la Tipografía de Silva Porto, en los días 21 y 22 de mayo, "desde às 8 horas de manhã até o meio-dia, e desde as duas até às seis da tarde", para testimoniar y llevar planes al respecto, o simplemente para "ver, ler e assinar a

---

[42] *Considerações sobre as Cortes no Brasil*. Rio de Janeiro, Tipografia do Diário, 1822, p. 18.

[43] Londres. *Correio Braziliense*. núm. 28, abril 1822. Para la transcripción de los artículos en periódicos brasileños, véase Rio de Janeiro. *Revérbero Constitucional Flumiense*. núm. 1 Extraordinario, 12 de mayo de 1822. *Correio do Rio de Janeiro*. núm. 29, 13 de mayo 1822.

[44] Rio de Janeiro. *Correio do Rio de Janeiro*. núm. 8, 22 de abril 1822.

representação a ser enviada a Sua Alteza Real". A pesar de la originalidad del documento, que llegó hasta hoy en día, teniendo apenas un total de 2.982 firmas, en vez de las 6.000 recogidas por el mismo periódico, se legitimó, de cualquier modo, la representación por medio de una demostración de la voluntad popular, lo que caracterizó una nueva postura en la práctica política del Brasil constitucional.[45]

Insistiendo en la elección directa, a través del voto popular, para los diputados, la *Representação* atribuía a la *Assembléia* poderes especiales para "examinar se a Constituição, que se fizesse nas Cortes Gerais de Lisboa, [era] no seu todo adaptada ao Brasil", y "establecer as emendas, reformas e alterações para que essa mesma Costituição possa ser recebida e jurada no Brasil". Con el documento se establecía claramente que aunque no se veía la *Assembléia* como nitidamente constituyente, todavía mantenía poderes para modificar la Ley fundamental portuguesa antes de que se aplicara al Nuevo Mundo. Entretanto, la representación le atribuía el "exercício do poder legislativo", una vez que éste le fuese esencial.[46] Era evidente la intención de la elite brasileña de proveer a Brasil de una institución que emanara de la soberanía popular, propuesta que no era vista con buenos ojos, ni por José Bonifácio, ni por el grupo *coimbrão*. En este momento de decisión, las diferencias entre las dos facciones que rodeaban al príncipe regente se evidenciaron.

El 3 de junio, D. Pedro mandó "convocar uma Assembléia Geral Constituinte e Legislativa composta de diputados das provincias do Brasil novamente eleitos", según instrucciones que había de deliberar. En esa perspectiva, la discusión sobre la propuesta de unas elecciones para la *Assembléia* se convirtió en debate sobre el proyecto de nación que cada uno de los grupos de la elite defendía, porque la idea de nación surgía como el deseo de "uma vontade geral", cuya legítima expresión era el resultado de un Congreso que representaba la totalidad de esta misma nación y que otorgaba los poderes a la realeza.[47] En principio, esta ini-

---

[45] Cf., respectivamente, Rio de Janeiro. *Correio do Rio de Janeiro*. núm. 33, 16 de mayo de 1822 y núm. 62, 27 de junio de 1822.

[46] *Falla que a Sua Alteza Real o Príncipe Regente, e Defensor Perpetuo do Brasil dirigio o Senado da Camara desta Cidade, pela voz de seu presidente.* Rio de Janeiro, Oficina de Silva Porto & C., 1822. p. 1.

[47] Decreto del 3 de junio 1822. En: Edgar de Cerqueira Falcão. *Obras científicas, políticas e sociais de José Bonifácio de Andrada e Silva*. vol. 2. São Paulo, Gráfica da Revista dos Tribunais, 1965, p. 253. Para la última cita, véase *Discurso sobre a necessidade de huma bem entendida Constitução nos Governos monarchicos, extrahido dos números 5, 6, 7, 8 e 9 do Gênio Constitucional*. Reimpreso en Rio de Janeiro. Regia Oficina Tipográfica, 1821, f. 1.

ciativa del Príncipe Regente de aceptar la convocación de la *Assembléia* representaba la victoria de la facción política *brasiliense,* luego, a través suyo y como paso fundamental para la construcción de una nación independiente, el gobierno de Rio de Janeiro *aparentemente* reconocía que la autoridad política en Brasil derivaba de una soberanía popular. Frente a esa situación, al grupo *coimbrão,* en la figura de José Bonifácio, no le quedó otra cosa que tratar de encauzar el rumbo de los acontecimientos, imponiendo las elecciones indirectas para la *Assembléia Brasílica.*

A partir de ese momento, la polémica sobre el proceso electoral agitó el medio intelectual y político, más aún teniendo en cuenta que las Cortes de Lisboa ya habían optado por las elecciones directas desde el agosto de 1821.[48] No obstante que, al expresar la voluntad de la nación, las dos formas de elección representaban el principio esencial del acto electoral, según la cultura política del liberalismo, se trataba, en realidad, de dos prácticas diferentes, en la medida en que cada una era defendida por uno de los grupos que poseían un proyecto para la nación. Por consiguiente, el debate adquirió gran intensidad en los periódicos, sobre todo, en el *Conselho dos Procuradores,* un órgano convocado el 16 de febrero de 1822, para asesorar al príncipe y que se convirtió en embrión para la idea de una *Assembléia.*[49]

El 10 de junio, en una reunión de ese *Conselho de Procuradores,* Gonçalves Ledo defendió la elección directa, basándose en la opinión ya encaminada en la *Representação,* entregada el 23 de mayo al Príncipe Regente, por el pueblo de Rio de Janeiro, que en su grande mayoría optó por las elecciones directas. Luego, en la visión del procurador fluminense, "quando o povo tem uma vez pronunciado o seu juício, é uma necessidade do governo conformar-se com ele"; aconsejaba, por lo tanto, a D. Pedro que no se opusiese a este "torrente impetuosa da opinião pública", a fin que no se irritasen los ánimos que ya iban a placándose. Invocaba la decisión del Congresso de Lisboa, que sólo debía despreciarse en cuanto a sus errores, pero no en relación a lo bueno que hizo y que se podía adaptar a Brasil. Insistía en el principio de que

vontade do maior número deve ser a lei de todos. O maior número pede eleições diretas, a lei as deve sancionar: só por elas é que se pode dizer que o povo nomeou os seus representantes; de outro modo são representantes da porção que se intitula seleta.

---

[48] *Diário das Cortes.* Sessión del 29 de agosto de 1821. p. 2082.
[49] Cf. Rio de Janeiro. *Correio do Rio de Janeiro.* núm. 33, 18 de mayo de 1822.

Pero en esa reunión el procurador de Minas Gerais, Estevão Ribeiro de Rezende, presentó un proyecto de elecciones semidirectas, en que simplificaba el complejo proceso electoral. Eran dos posturas que se basaban en principios diferentes: por un lado, el ejercicio de soberanía del pueblo y la necesidad de acompañar la opinión pública; por otro, la constatación del hecho de que los votantes en Brasil eran ignorantes y podían causar tumultos. El mismo *Conselho de Procuradores* divergía en cuanto a principios y argumentos para decidir la cuestión. Mientras tanto, al poner los dos métodos a votación, venció, apoyada por la mayoría, la elección indirecta. De esta manera, la victoria correspondía a la elite *coimbrã* y a su propuesta de una soberanía nacional centrada en el soberano.[50]

En la prensa periódica, el redactor del *Correio do Rio de Janeiro*, vinculado con el grupo *brasiliense*, ya antes del envío de la representación popular a D. Pedro, tenía el propósito de explicar lo que era la elección indirecta y la elección directa. Más tarde, como denfensor del método directo, lamentaba el rumor que corría de que iba a vencer en el *Conselho de Procuradores* el método opuesto. Criticaba la posible decisión de ese órgano, avisando que su papel era puramente ejecutivo. Y, en su postrera tentativa para ver su idea vencedora, presionaba al *Conselho* a través de la vieja amenaza de la instalación de una posible república, en el caso que decidieran en una dirección contraria a la pública opinión:

Se fizerem, abalam o alicerce do grande edifício começado, avivam a desconfiança das Provincias que dificultosamente se têm persuadido da boa fé e candura do ministério; perdida por esta vez a confiança, tomará vigor o partido republicano, que talvez se torne invencível em pouco tempo.

Al fin, en su visión, la tendencia general de América se movía hacia la formación de una confederación republicana.[51]

---

[50] Para las firmas en la Representação de Rio de Janeiro, cf. AN. Códice 2. Representação do Senado da Câmara do Rio de Janeiro, pedindo a convocação de uma Assembléia Legislativa. 20 de mayo de 1822. Para las citas, véase AN. Actas de la Sesión del Conselho de Estado en 1822 y 1823. *Publicações*. (vol. 27). Rio de Janeiro, 1918. pp. 23-4. Para la opinón de Estevão Ribeiro de Rezende, véase M. Beatriz Nizza da Silva. *Movimento constitucional...* p. 116. No se encuentra en las Actas del Conselho la postura de Estevão Ribeiro, pues éstas apenas indican que él presentó un proyecto sobre el método indirecto. El proyecto se encuentra transcrito en *Coleção Museu Paulista. Série de História.* (vol. 5). São Paulo, 1976. pp. 5 y 6.

[51] Para la explicación de las dos formas de elección, véase Rio de Janeiro. *Correio do Rio de Janeiro.* núm. 35, 21 de mayo de 1822. Para la defensa de su opinión, cf. *Correio do Rio de Janeiro.* núm. 54, 17 de junio de 1822.

Entretanto, el miedo social de una república no surtía el efecto deseado. Las instrucciones para las elecciones, publicadas el 19 de junio, por el ministro José Bonifácio, indicaban que iba a vencer la postura del grupo más moderado. El método se simplificaba, y una vez que los electores parroquianos elegían al elector o los electores de su parroquia, luego, los electores parroquiales, reunidos en las jefaturas de los distritos electorales previamente establecidas para cada provincia, elegían los diputados. Estos eran cien, en cuanto no existía proporcionalidad entre la población de cada provincia y el número de sus diputados, un expediente, éste, que se justificó por la necesidad de que la *Assembléia* se instalara rápidamente, impidiendo, por consiguiente, la elaboración de nuevos censos. Los diputados de Brasil que se encontrasen en las Cortes de Lisboa, o los elegidos para ellas, que no hubiesen logrado partir, podían ser reelegidos. Además de esto, la *Assembléia* podía empezar sus trabajos en el momento en que cincuenta y un representantes ya estuviesen reunidos en Rio de Janeiro, una vez que en todos los gobiernos provisionales se aceptase su subordinación al gobierno fluminense.[52]

Criticadas duramente por el grupo *brasiliense*, los representantes de la elite *coimbrã* aplaudieron las instrucciones, y expusieron sus motivaciones: la ausencia de una "expressiva vida pública", que imposibilitaba el conocimiento "pela totalidade do povo dos homens de merecimento" y la exigencia de "instrução, talentos e mais qualidades", para que se asumiese un cargo público, cuya comprensión no estaba al alcance del pueblo. En las elecciones indirectas eran los de más sentido y los más adecuados quienes elegían los diputados, suprimiendo, de este modo, "a insuficiência que há na massa do povo", principalmente para los que vivían lejos de las ciudades, en el interior, "cujas comunicações raras vezes se estendem além dos pequenos muros que encerram a su familia".[53]

En compensación, los periódicos de Bahia, que defendían las Cortes de Lisboa, apoyaban la opinión de los diputados portugueses de que desde entonces no había más una única Nación:

haver Cortes Constituintes no Brasil e Cortes Constituintes em Portugal, e continua a dizer-se que ambos os Reinos formam um só corpo político, chamado

---

[52] Instrucciones a las que se refiere el Real Decreto del 3 de junio del corriente año que manda convocar una *Assembléia Geral Constituinte e Legislativa* para el Reino de Brasil. José P. de F. Araújo. *Legislação brasileira... de 1808 a 1831*. Rio de Janeiro, J. Villenueve & Comp., 1836. pp. 90-91.

[53] Para las críticas de los *brasilenses*, véase *Correio do Rio de Janeiro*. núm. 64, 1 de julio de 1822. Para las citas, cf. Rio de Janeiro. *O papagaio*. núm. 7, 22 de junio de 1822.

Nação, é zombar da nossa boa fé e levar a hipocrisia a ponto tão sabido que dificilmente se acreditará na posteridade.[54]

Ya la prensa de Rio de Janeiro conmemoró el 3 de junio como "o maior dia para o Brasil", en cuanto debía ser "seu magno aniversário, o dia natalício da sua Regeneração política", pues fue cuando "estalou o elo da corrente da dependência servil e colonial". Nada más había de temer Brasil, pues, estaba por fin, "solenemente declarada a sua vontade".[55]

Por otro lado, en Maranhão se realizaron las elecciones para las Cortes *Ordinárias Portuguesas* y los diputados elegidos, el 21 de abril de 1823, partieron para Lisboa para tomar su puesto en el nuevo Congreso. De la misma forma, el 22 de mayo de 1823, la Junta gubernativa de la provincia continuaba expidiendo órdenes a las *Câmaras* para ejecutar el juramento a la *Constitução* portuguesa, fechada septiembre de 1822. Así quedaba claro que, si las elecciones sobreentendían un proyecto de nación, en el caso del Maranhão, esta adhesión fue al proyecto de una nación portuguesa.[56]

De cualquier forma, en el discurso (12 de octubre de 1822) de D.Pedro, en su coronación (1º de diciembre) y en la apertura de la *Assembléia Constituinte Brasileira*, el 3 de mayo de 1823, se configuró la formación en Rio de Janeiro de un gobierno central con una dirección e identidad, simbolizado en la persona del Emperador. Aunque persistiese la disputa entre las dos facciones de la elite, con la constitución de un ministerio formado por individuos vinculados con José Bonifácio, la persecución movida contra los líderes *brasilienses*, después de la aclamación, y las elecciones para la *Assembléia*, se evidenció la victoria de la elite *coimbrã* y de su propuesta para la nación brasileña que iba constituyéndose.

* * *

Establecida, por consiguiente, la monarquía como sistema de gobierno para Brasil, faltaba, entonces, experimentar su funcionamento en la prác-

---

[54] Bahia. *Idade d'Ouro do Brasil*. núm. 97, 3 de diciembre de 1822.
[55] Rio de Janeiro. *O Macaco Brasileiro*. núm. 2, 1822. Rio de Janeiro. *O Papagaio*. núm. 6, 12 de junio de 1822.
[56] Archivo Nacional de la Torre do Tombo. Ministério do Reino. Negócios do Brasil. Caixa 623, maço 500, n° 93-99. 21 de abril de 1823. 22 de mayo de 1823.

tica. Excluida la opción democrática, representada por el predominio del legislativo sobre el ejecutivo y defendida por la elite *brasiliense*, la experiencia se conduciría bajo la forma de la monarquía constitucional, basada mucho más en los esquemas que la Europa de la Restauración conocía desde 1815, que en el modelo de Constitución Española de 1812, con un legislativo compuesto por dos cámaras y el veto absoluto del emperador. No obstante, por parte de D. Pedro, si él aceptaba una constitución elaborada por una *Assembléia* elegida por el pueblo, no admitía convertirse en mero instrumento de los representantes de la Nación, como ocurría con D. João VI. Esto se hizo patente en la ceremonia de su coronación, cuando afirmó que juraba "defender o vasto Império do Brasil" y "a liberal constituição", si "digna do Brasil e digna de seu imortal defensor como a pedem os votos dos verdadeiros amigos de Patria". La misma fórmula la repite, posteriormente, en su discurso de apertura de la *Assembléia Legislativa*, consolidando su propio proyecto de Imperio Brasileño. En verdad, mucho más que un deseo de separación entre Brasil y Portugal, puede entreverse en toda actitud de D. Pedro el rechazo a la aceptación de una constitución por demás democrática, que rodeara sus poderes. Esta actitud pasó por todas sus acciones a lo largo de 1821 y 1822, y, si se encontraba enmascarada bajo la idea de independencia, afloró claramente, sobre todo, en la apertura de la *Assembléia Constituinte* el 3 de mayo de 1823. Entretanto, por otro lado, la elite *coimbrã*, a pesar de defender la repartición de la soberanía entre el monarca y la asamblea, no podía admitir actitudes arbitrarias del emperador, mucho menos su deseo implícito de imponerse en la *Assembléia*.[57]

De ahí en adelante, los acontecimientos internacionales, especialmente el mismo regreso del absolutismo en Portugal, con el movimiento de Vila Francada de 1823, servirán de estímulo a D. Pedro para revelar las facetas más autoritarias de su carácter. Al disolver la *Assembléia Constituinte*, con el decreto del 12 de noviembre de 1823, bajo la promesa de una carta "duplicadamente mais liberal", y al otorgar la Constitução de 1824, se transformó en un soberano con amplios poderes, que ejercía, además del poder ejecutivo, el poder de la soberanía nacional repartido con los representantes de la Nación. Se establecía, así, un Estado cuya concepción no se alejaba de las prácticas del absolutismo ilustrado.

---

[57] Para la cita, véase Rio de Janeiro. *O Espelho*. núm. 109, 3 de diciembre de 1822.

A pesar de que el proceso electoral de 1821 y 1822 representó una postura innovadora en la cultura política del mundo lusobrasileño, en Brasil el Estado no concedió de buen grado el monopolio de las decisiones políticas a una asamblea elegida por los ciudadanos de la nación, conservándolas como un secreto corporativo del grupo reducido que gozaba de los favores de la corte. En estas condiciones, las elecciones se transformaban en una manifestación de las preocupaciones que emergían, en el ámbito de una elite esclarecida, por una política verdaderamente pública y acababan reducidas en rituales que simbolizaban una práctica liberal escondida bajo la capa de un régimen todavía bastante *dispótico*, con la finalidad, como indicó R. Graham, de demostrar las lealtades vigentes.[58]

---

[58] Cf. R. Graham. *Patronage and Politics...* p. 72.

ELECCIONES EN EL BRASIL 1880-1900: BOM JARDIM Y AFOGADOS DA INGAZEIRA (PERNAMBUCO). RELACIÓN DEL PODER LOCAL CON EL PODER ESTATAL

E N LOS ÚLTIMOS VEINTE años del siglo diecinueve, el Brasil vivió algunas transformaciones importantes. La abolición de la esclavitud, que ya había sido iniciada con la *Lei do Ventre Livre* (1871), se efectuó finalmente (13-5-1888). La inmigración que ya se había hecho más importante comenzaba a desarrollarse realmente. Con la abolición, el régimen monárquico perdería la razón de existir ya que había perdido el apoyo de la Iglesia después de un conflicto de diez años, y estaba envuelto, desde el fin de la guerra del Paraguay, en querellas con los militares. El 15 de noviembre de 1889 se proclamó la República y en 1891 se promulgó una constitución federalista, fuertemente inspirada en el modelo de los Estados Unidos. Cada estado estableció su propia constitución, que variaba según los que tenían el poder en aquel momento.

También a nivel electoral, un cambio fundamental se operó en aquellas décadas. En 1881, la *Lei Saraiva* transformó las elecciones indirectas en elecciones directas. Al mismo tiempo, excluyó el alistamiento de nuevos votantes analfabetos. Con esto, la participación en las elecciones descendió dramáticamente. Esta modificación, realizada durante el Imperio, fue mucho más significativa que los ajustes hechos con el cambio de régimen político, al entrar en vigor una nueva ley electoral en 1892 basada en la Constitución de 1891. Entre tanto, a pesar de existir una legislación vigente, el inicio de la República fue una época un poco confusa, con el *Governo Provisório* (del 15-11-1889 hasta el 21-11-1891) y la dictadura del mariscal Floriano Peixoto (del 23-11-1891 hasta el 15-11-1894). Luego de un análisis de los aspectos más importantes de la legislación electoral de 1881 y 1892, de su aplicación y de las consecuencias subsiguientes de la

[*] Universidad de Leiden.

misma se estudiará el caso de dos municipios pernambucanos: Bom Jardim y Afogados da Ingazeira. En el primer municipio nació Henrique Pereira de Lucena, más tarde barón de Lucena, hombre político importante a nivel provincial y nacional. En el segundo creció uno de los mayores *cangaceiros*, Antônio Silvino, apodo de Manuel Batista de Morais.

Antônio Silvino entró en el *cangazo* a causa de la muerte de su padre, asesinado en 1897 por un amigo del poder político local que no fue perseguido. El estudio del desarrollo del poder local posiblemente podrá esclarecer mejor los problemas existentes entre la familia de Manuel Batista de Morais y sus enemigos. Además de la lucha por el poder local en los dos municipios, se analizarán también las relaciones entre el poder local y el poder a nivel provincial/estatal y nacional.

También, de vez en cuando, se abordará la política de otros municipios y del gobierno pernambucanos para dar una visión más completa de la situación.

LA LEGISLACIÓN ELECTORAL ENTRE 1880 Y 1900

Antes de entrar en las elecciones y en la política de estos municipios, se deben estudiar los aspectos más importantes de las leyes electorales. En la *Carta de Lei* del 25 de marzo de 1824, ofrecida por el emperador D. Pedro, la primera constitución del Brasil independiente, se instituyó el voto indirecto, los votantes elegían a los electores. En Portugal, en la *Carta Constitucional de 1826*, D. Pedro, también estableció el voto indirecto, sustituyendo el voto directo de la Constitución de 1822, determinada por las Cortes.[1]

Para poder ser votante en el Brasil, se debía ser ciudadano brasileño, mayor de 25 años —excepto en algunos casos— y gozar de derechos políticos. No podían votar los hijos mayores que vivían en casa del padre, ni los criados, pues se suponía que votarían como el señor de la casa. Los *agregados*, por el contrario, podían votar y los propietarios tenían, a veces, bastantes *agregados* que vivían gratuitamente en sus tierras para poder garantizar un cierto número de votos. Para poder ser elector no se podía ser un liberto o un criminal famoso *"em querela ou devassa"*. El voto era

---

[1] Carta de Lei de 25 de março de 1824, capítulo VI, "Das Eleições", arts. 90-97, en *Constituições do Brasil*, compilação, etc. por Camponhole, São Paulo, Atlas, 1992, 749, 758-759.

censual, los votantes debían tener una renta anual mínima de cien mil reis.[2] Estaban excluidos de voto las mujeres (hasta 1932) los esclavos. En la Ley n° 484 del 23 de noviembre de 1846, la exigencia de renta mínima para ambas categorías fue doblada.[3] La legislación electoral fue modificada continuamente pero las leyes modificaron la elección indirecta. El último de estos cambios, antes de la elección directa instaurada en 1881, existía el Decreto n° 2675, del 20 de octubre de 1875, llamado *"a lei do terço"* que limitaba el voto del votante y del elector, para dejar una parte de los representantes a la oposición, se votaban sólo dos tercios de la cantidad de puestos a ocupar.[4] La tentativa de hacer participar a las minorías en las elecciones ya existía hacía bastante tiempo, y una comisión especial había estudiado las diferentes posibilidades y los sistemas aplicados o ideas discutidas sobre este asunto en diversos países europeos, en los Estados Unidos y en Australia. Se instauró *"a lei do terço"* que no parecía resolver la cuestión. La ley ya no se aplicaba uniformemente en todas las provincias. En las provincias en donde el número de diputados a elegir era dos, el número mínimo de diputados, ése era también el número de votos; en las provincias donde el número era tres, se votaban dos; en las provincias donde el número era cuatro, tres; donde era cinco, cuatro; donde era seis, un múltiplo exacto de tres, también cuatro, los dos tercios, y así consecutivamente. La simple aplicación de este decreto en las diversas provincias muestra una gran divergencia que, junto con la arbitrariedad de la indicación de un tercio para la oposición, dio lugar a numerosas críticas. Además de esto, en la ley no estaba especificado claramente cómo funcionaba el tercio para la minoría. El resultado concreto de la elección de diputados de 1877, fue de 16 representantes para los liberales en lugar de los 25 que deberían ser por el sistema del tercio. El tercio fue abolido efectiva-

---

[2] Carta de Lei de 25 de março de 1824, arts. 90-97, 758-759. Nos Actos do Poder Executivo 1876, Decreto 6097 de 12 de janeiro de 1876. "Instruções regulamentares para execução do Decreto 2675 de 20 de Outubro de 1875", art. 109, los criminales son definidos como "os pronunciados por queixa, denuncia ou sumario, tendo a sentença passado em julgado", 115-116. Richard Graham, *Patronage and Politics in Nineteenth-Century Brazil*, Stanford, Stanford University Press, 1990, 105-106. Para las Constituciones portuguesas véase artículos 32 a 46 de la Constituición de 1822, y artículos 63 a 70 de la Carta Constitucional de 1826, *As Constituições portuguesas de 1822 ao texto actual da constituição*, introducción por Jorge Miranda, (Lisboa, 1992), 29, 37-42, 103, 117-119.

[3] Mircea Buescu, "No centenário da Lei Saraiva ", *Revista de Informação Legislativa*, año 18, n° 70, abril a junio 1981, 233-234, 236.

[4] Actos do Poder Executivo, 1876, Decreto n° 6097 de 12 de janeiro de 1876, arts. 106, 111 § 1° e 112 para votantes, arts. 123, 124 para electores, 113, 116-117, 121. Para el número exacto de nombres que las cédulas de votantes y electores debían contar, 133-135.

mente en 1881, pero reinstaurado en el Decreto 3340, del 14-10-1887 para los miembros de las asambleas legislativas provinciales y concejales de las cámaras municipales. En la ley de 1875, para los miembros de las asambleas legislativas provinciales, las diferencias también existían entre provincias, pero los disparates eran mucho menores, el número mínimo de miembros era de 20 y dos tercios calculados en 14.[5]

Tan criticada como fue *"a lei do terço"*, así de bien acogida fue la Ley 3029 del 9 de enero de 1881, conocida como la *Lei Saraiva*, en el gobierno liberal de José Antônio Saraiva. Probablemente, fue la ley electoral más debatida durante el Imperio, trazó reformas tan significativas que también se pensó en la necesidad de modificar la Constitución, ya que en la *Carta de Lei de 1824* se había instituido la elección indirecta. Además, parece haber sido también el punto de vista del emperador, D. Pedro I.[6] Pero en aquel período, la fuerza de la monarquía había disminuido ya. Desde 1870 el movimiento republicano se había manifestado oficialmente, en general también a favor de la abolición de la esclavitud, en contra de los monarquistas que querían mantener la esclavitud.

Rui Barbosa, el redactor principal del proyecto de esta ley indicaba en la presentación del proyecto en la Cámara de los Diputados, de la cual era miembro, que "a monarquía não passa de um acidente, bem que acidente util", en cuanto "o elemento popular é eterno, substancial, imutavel".[7] Francisco Belisário Soares de Sousa describió al elector casi de la misma forma cuando lo define como:

> entidade transitória, dependente da massa ignorante que o elege com o auxílio das autoridades, do dinheiro, da fraude, da ameaça, da intimidação, da violência, não tem força própria para resistir a qualquer dos elementos a que deve seu poder passageiro, cuja instabilidade é ele o primeiro o reconhecer.[8]

[5] Walter Costa Porto, *História eleitoral do Brasil*, Brasília, Gráfica do Senado Federal, 1989, 77-82, 85-88; Raymundo Faoro, *Os donos do poder: formação do patronato brasileiro*, 8ª ed. (rev. em 1973), Rio de Janeiro, Globo, 1989 (1958), vol. 1, 374; Actos do Poder Executivo 1876, Decreto núm. 6097 de 12 de janeiro de 1876, 135.

[6] Sobre esta discusión extensa véase Graham, *Patronage and Politics in Nineteent-Century Brazil*, 184-202; Porto, *História eleitoral do Brasil*, 89-107; Sérgio Buarque de Holanda, "Liberais contra liberais", livro 4º "Da "Constituinte Constituída" à Lei Saraiva", en *História Geral da Civilazação Brasileira*, tomo II, 5º vol., núm. 7, São Paulo, Difel, 1985, 195-11, Faoro, *Os donos do poder*, vol. 1, 373-382; Colares Moreira, "A Câmara e o Regime Eleitoral no Império e na República", *Estudos Legislativos*, Brasília, v. 1(1): 1973, 99-118.

[7] Rui Barbosa, "Defesa da eleição direta", *Obras completas*, vol. 8, tomo I, Rio de Janeiro, Ministério da Educação e Saúde, 1945, 11.

Según Barbosa, la soberanía del pueblo es "o princípio e o fim", el monarca no tiene papel en la política. El poder del pueblo debe expresarse regularmente en las elecciones de representantes y sólo con elecciones directas se consigue la forma perfecta del sistema de representación. Pero estas elecciones seguirán siendo restringidas ya que la opción del sufragio universal implicaría que todos tendrían derecho al voto, hasta los mendigos. La participación de éstos, de *"ociosos, depravados, inuteis"*, debe ser excluida, porque estimula el fraude y la corrupción. Rui Barbosa quiere mejorar el sistema democrático, pero esto sólo es posible si se reduce el fraude en el alistamiento electoral y en la verificación de la renta. Entre tanto, estos cambios de la legislación no exigen una reforma de la Carta, visto que otros cambios significativos que ocurrieron en el pasado fueron aceptados sin que se tocase la Constitución.[9]

Así, Saraiva hizo la reforma por ley, transformando la elección indirecta en directa, "nas quaes tomarão parte todos os cidadãos alistados eleitores..." (art. 1°). El voto seguía siendo restringido, censual, se exigía una renta líquida mínima de 200 mil reis al año (art. 2°).[10] Era la misma renta que se le exigía al votante en 1846, de este modo se podría decir que el votante se convertía en elector. Con la desvalorización de la moneda en aquel período, entre 1846 y 1881, la exigencia censual era, en realidad, mínima. Los colonos más humildes de las haciendas de la familia Prado tenían una renta de unos 220 y 300 mil reis al año. Una costurera y un funcionario de aduanas tenían una renta anual de 420 mil reis, un soldado de 432, un carpintero de 480. La renta de un guardia y de un cabo de aduanas ya subía a 696 y 730 mil reis respectivamente. Hasta el alquiler de un *"escravo de ganho"* se situaba por encima de la cantidad requerida: entre 220 y 420 mil reis al año. Mircea Buescu muestra claramente que en este aspecto la *Lei Saraiva* no era elitista.[11]

Aunque la suma requerida en sí no era elitista —lo que significaba renta líquida no estaba bien definido— comprobar esta renta anual se hizo mucho

[8] Francisco Belisário Soares de Sousa, *O Sistema Eleitoral no Império*, Brasília, Senado Federal, 1979, 19 *apud* Rubem Nogueira, "Prefácio", en Barbosa, *Obras completas*, vol. 2, tomo I, 1872-1874, Rio de Janeiro, Fundação Casa de Rui Barbosa, 1984, XXX.
[9] Barbosa, "Defesa da eleição direta", *Obras completas*, vol. 8, tomo I, 4-80, en particular 10-14, 28-29, 32.
[10] Actos do Poder Legislativo 1881, Decreto núm. 3029 de 9 de janeiro de 1881. "Reforma a legislação eleitoral", 1.
[11] Buescu, "No centenário da Lei Saraiva", 235-242, especialmente 239-240.

más complicado, una tendencia que ya había comenzado con el Decreto 6097 del 12 de enero de 1876 (art. 28). En 1881, la comprobación se hizo aún más difícil (art. 3° hasta art. 5° IV). El Decreto 8213 del 13 de agosto de 1881 que regula la ejecución del decreto explica detalladamente, con extensas notas a pie de página, cómo presentar las pruebas. Al mismo tiempo, ciertas categorías de ciudadanos fueron exentas de esta obligación, "considerados com tendo renda legal, independemente de prova": políticos nacionales y provinciales, magistrados, funcionarios a partir de cierto nivel, clérigos, profesores titulados de enseñanza superior, etc. (art. 13).[12] A partir de 1842 ya no bastaban las declaraciones sobre la renta de alguien, aunque se hicieran bajo juramento, por personas presentes o ante las juntas de calificación. Tampoco se aceptaba la declaración del empleador para comprobar la renta. Según José Murilo de Carvalho así se eliminaba casi el voto del asalariado que no era funcionario público. Buescu sugiere que la confusión respecto a los votantes y electores posiblemente hizo que descendiera dramáticamente la participación en las elecciones de 1881, Richard Graham menciona los criterios severos y complicados de la comprobación de la renta como factor, lo que parece probable en un país en donde la economía funcionaba sin una gran administración escrita y sin un servicio de impuestos muy eficiente.[13]

Pocos días después del fin del Imperio y del establecimiento del régimen republicano el día 15 de noviembre de 1889, fue abolido el "censo pecunàrio" por el Decreto n° 6, del 19 de noviembre de aquel año. Entre tanto todas las estadísticas denotan un descenso importante en la participación a partir de las elecciones de 1881, que continúa hasta finalizar el siglo y aún más adelante. La cantidad de personas que votaban disminuyó en un poco más del 10% en la vuelta de 1872, el año del primer censo del Brasil; cerca de un 1%, a partir de 1881, y se elevó un poco, hasta el 2%, en 1894 y 1898.

Hasta 1930 oscilará entre el 1,5% y el 3%, para subir un 5,6% en aquel año. Sólo después de 1945 superó de nuevo el 10% (13,4%).[14] La explica-

---

[12] Decreto 6097 de 12 de janeiro de 1876, 85-87; Decreto 3029 de 9 de janeiro de 1881, 2-5; Decreto 8213 de 13 de agosto de 1881. Regula a execução da Lei núm. 3029 de 9 de janeiro do corrente anno que reformou a legislação eleitoral. Capítulo II, "Da prova da renda", 50-64.

[13] Graham, *Patronage and Politics*, 191-192. Costa, *História eleitoral do Brasil*, 100-101, 107. José Murilo de Carvalho, *Teatro de sombras: a política imperial*, São Paulo: Vértice, Ed. Revista dos Tribunais; Rio de Janeiro: IUPERJ, 1988, 140, nota 2, 159; Buescu, "No centenário da Lei Saraiva", 241-242, especialmente nota 2.

[14] Costa, *História eleitoral do Brasil*, 169. Este decreto fue adoptado con la primera constituición de la República: Constituição da República dos Estados Unidos do Brazil, promulgada a 24 de fevereiro

ción se encuentra en el segundo cambio radical de la legislación electoral, la eliminación, no de inmediato, pero sí rápida de los analfabetos como electores. Que los analfabetos pudieron votar en el Imperio por última vez se puede deducir del hecho que en el título del elector se debía mencionar, entre otras cosas, si éste sabía o no leer y escribir (art. 6 §14) y quien *"não souber ou não puder escrever"* podía indicar otra persona para asignarlo como elector (art. 6 §15).[15] Pero los electores que querían alistarse por primera vez, no podían ser analfabetos, porque a partir del primero de septiembre de 1882, se debía proceder a una revisión anual del alistamiento general de los electores, en todo el Imperio, para eliminar electores en un número de casos, entre los cuales se encontraban aquéllos que no querían votar, estableciéndose así el voto voluntario (art. 8, I, §5-§8) y para registrar electores nuevos (art. 8, II, §1-§3). Entre las exigencias para convertirse en elector, se estableció una novedad para el Imperio: sólo se podía incluir a nuevos electores, cuya "lettra e firma estejam reconhecidas por tabellião no requerimiento que para este fim dirigir" (art. 8 §1).[16]

Hubo una tremenda discusión sobre la exclusión o no de los analfabetos. El liberal José Bonifacio Andrada, el *"Moço"*, habló con una elocuencia impresionante sobre la participación de la masa, sobre el derecho del pueblo brasileño al voto, el derecho de los trabajadores, de los soldados que lucharon en la Guerra del Paraguay, de aquellos que pagaban impuestos. Éste era también el punto de vista de los pernambucanos Joaquim Nabuco, que luchó mucho por la abolición de la esclavitud, y Saldanha Marinho. Estos tres querían la reducción de la franquía electoral. Además de esto, Nabuco destacó que el fraude electoral no podía ser el trabajo de los analfabetos, ya que éstos no podían falsificar actas. Marinho dijo ironizando que a los conservadores les debía gustar el hecho de ver liberales "aristocratizar o eleitorado". Ya al comienzo de los años sesenta los pernambucanos habían publicado ampliamente, en el *Diário de Pernambuco* sobre la necesidad del voto directo, contra los abusos y los fraudes. Entre tanto la mayoría de los liberales apoyaba la exclusión de

de 1891, artigos 69-71, in *Constituições do Brasil*, 703-704; Carvalho, *Teatro de sombras*, 140-141. Bolívar Lamounier, "Terá o Brasil um Goveano Legítimo e Estável em 1990", en *Cem anos de eleições presidenciais*, São Paulo, IDESP, 1990, tabela 1, 10.

[15] Decreto núm. 3029 de 9 de janeiro de 1881, 7-8.
[16] *Idem*, 9.

los analfabetos, como también se hacía en algunos países de Europa, aun siendo allí el grado de alfabetización mucho más elevado. Los argumentos usados eran que las masas eran "inconscientes", o que, en el tiempo necesario para hacer la reforma los analfabetos tenían la oportunidad de aprender a leer y escribir.[17] Rui Barbosa, que escribió una serie de artículos en favor del voto directo en el *Diário da Bahia em 1872 e 1873*, expresó de modo pintoresco que, según él, debían ser excuidos del voto directo:

> o capanga, o cacetista, o biju, o xenxém, o bem-te-vi, o morte certa, o cá-te-espera, o mendigo, o fósforo, o analfabeto, o escravo, todos estes produtos da larga miséria social, para abrir margem ão patriotismo, à ilustração, à fortuna, à experiência.[18]

Tampoco se debe olvidar que el fin de la esclavitud era previsible, con la *Lei do Ventre Livre*, conocida como la Ley de Rio Branco, del 28 de julio de 1871. Así una parte de un grupo importante de la población del país, los esclavos, excluida automáticamente hasta aquel momento, podría eventualmente convertirse en elector, en un futuro no muy remoto. Esto preocupaba a un buen número de propietarios.[19] Durante largo tiempo se alivió este miedo. Sólo en la constitución del 5 de octubre de 1988, los analfabetos recibieron el derecho al voto, si bien facultativo, pero obligatorio para los alfabetizados mayores de 18 años y hasta los setenta (art. 14, § 1°).[20]

En estos aspectos arriba citados la *Lei Saraiva* representó realmente una ruptura con el pasado, pero sin merecer la calificación, por ejemplo

---

[17] Holanda, "Liberais contra liberais", livro 4°, "Da "Constituinte Constituída" à Lei Saraiva", 202 y siguientes. La campaña para la abolición de Nabuco lo hizo perder las siguientes elecciones para diputado. Su retorno a la Cámara de los Diputados en la 19ª legislatura, en 1885, en una reelección debido a un diputado fallecido. En la 20ª legislatura, tampoco entra en 1886, sino en 1887, en una reelección. Sobre las ideas de Nabuco, véase la reedición de sus obras en el centenario de la abolición, en 1988, por la Fundação Joaquim Nabuco, Editora Massangana en Recife: *O Abolicionismo* (vol. I), *Campanha Abolicionista no Recife* (vol. VIII), *A Escravidão* (vol. IX). Sobre los pernambucanos y el voto directo véase Hilda Soares Braga, *Sistemas eleitorais do Brasil, (1821-1988)*, Brasília, Senado Federal, 1990, 40. Los vários artículos fueron juntado en el libro de Antônio Herculano de Souza Bandeira, *Reforma Eleitoral, Eleição Direta*, Recife, 1862, *ibid.*.

[18] Barbosa, *Diário da Bahia*, 4-4-1873, en *Obras Completas - Trabalhos Políticos*, vol. 2, tomo II, 1872-1874, Rio de Janeiro, Fundação Casa de Rui Barbosa, 1987, 40. Para los artículos del *Diário da Bahia*, idem, 3-40. El *fósforo*, el elector ficticio era una gran preocupación. Véase por ejemplo Eduardo Silva, *Barões e Escravidão. Três gerações de fazendeiros e a crise da estrutura escravista*, Rio de Janeiro: Nova Fronteira; Brasília, INL, 1984, 105, n. 126.

[19] Graham, *Patronage and Politics*, 183-184.

[20] Constituição da República Federativa do Brasil, de 5 de outubro de 1988, en *Constituições do Brasil*, 17-18.

de "magnífica", debido al descenso de la participación electoral.[21] Esta Ley también implicó algunos cambios menos dramáticos. El territorio fue dividido en distritos electorales que estaban subdivididos en *parroquias*, según el número de electores. Pernambuco fue dividido en trece distritos durante el Imperio. En el Decreto 153 del 3 de agosto de 1883 pasó a tener cinco distritos (art. 4), y en la Ley 3122 del 7 de octubre de 1882 se volvió a adoptar el sistema de los tercios para la elección de los diputados, pero de nuevo con aplicación diversa en los diferentes estados (art. 36). En Pernambuco, había diecisiete diputados para los cinco distritos. Otra modificación que todavía se realizó durante el Imperio fue la reducción de la mayoría de edad, de 25 años a 21 años, en la Ley n° 3122 del 7 de octubre de 1882. Esto se mantuvo en la legislación electoral republicana, Constitución de 1891 (art. 70) y en la ley electoral de 1892 (35 del 26 de enero de 1892, art. 1). Ya existía una legislación anterior a la Constitución, la del 8 de febrero de 1890, el Decreto 200-A, el Regulamento Lobo, impuesta por el *Governo Provisório*, así que parece más interesante estudiarla a partir de la nueva Constitución.[22]

Además, con el establecimiento de la *República Federativa*, no se preparó sólo una nueva Constitución, sino que además de la federal también de hicieron constituciones para cada Estado. La elección del presidente, Vicepresidente, diputado y senador a nivel federal estaba reglamentada en la nueva ley electoral de 1892. Pero la organización del Estado y del municipio, incluidas las reglas de elecciones estatales y municipales se transformó en una tarea del Estado. Los requisitos establecidos para ser elector estatal eran los mismos que los de elector federal, en el Estado es "o cidadão alistado para as eleições do Congresso Federal" (art. 42).[23] En el municipio, supuso un gran cambio la introducción del *prefeito y vice-prefeito*, disminuyendo así el poder de los concejales y concentrando el poder a

---

[21] Instituto Brasileiro de Geografia e Estatística, *Dicionario Histórico, Geographico e Ethnografico do Brasil*, vol. 1 Rio de Janeiro, Imprensa Nacional, 1922, 342.

[22] Decreto núm. 8213 de 13 de agosto de 1881, art. 92-95, 101-103; *Organizações e programas ministeriais. Régime parlamentar no Império*, 2ª ed., Rio de Janeiro, Arquivo Nacional, 1962, 379. Decreto 8213 de 13 de agosto de 1881, 48 (nota 2). Constituição de 1891, en *Constituições do Brasil*, 703. Actos do Poder Legislativo, Lei núm. 35 de 26 de janeiro de 1892. Estabelece o processo para a eleições federaes, 14. Actos do Poder Legislativo, Decreto núm. 153 de 3 de agosto de 1883, Divido os Estados da União em distritos eleitorais, de acordo com o art. 36 da lei núm. 35 de 26 de janeiro de 1892, 27-28. Costa, *História eleitoral do Brasil*, 169-170.

[23] La Constitución de 1891, artículos 63-68, en *Constituições do Brasil*, 702-703. Constituição Política do Estado de Pernambuco promulgada en 17 de junho de 1891, Recife, Typ. da Província, 1891, 9.

nivel local. Durante el Imperio, la *Câmara Municipal* funcionó sin estas figuras, se tenía que trabajar por mayoría, lo cual no siempre era una tarea fácil, como se podrá ver en el estudio del caso de los municipios de Bom Jardim y Afogados da Ingazeira.

Bom Jardim y Afogados da Ingazeira, dos municipios pernambucanos: historia y economía, ubicación, clima, población

Ambos municipios están situados en Pernambuco. Desde el comienzo de la colonización, Pernambuco, entonces capitanía, tuvo económica y políticamente un papel primordial. Fue un gran centro productor de azúcar y, por este motivo, ocupado por los holandeses en el siglo XVII, y consiguió liberarse de los invasores casi sin ninguna ayuda de la metrópoli, mantuvo un espíritu revolucionario, incluso después de la independencia del Brasil, fomentando incluso movimientos rebeldes, lo que le llevó a perder territorio, por castigo del gobierno. Durante el Imperio, la importancia del azúcar como producto de exportación fue bastante reducida: descendió de un 30% a un 10%. El café, que se cultivaba en el sureste del país, era el producto en plena expansión. Otro producto cultivado en el nordeste, el algodón, conoció una salida temporal en la exportación durante la Guerra Civil americana, volviendo al 20% que había alcanzado al comienzo del Imperio, por lo demás, el total de las exportaciones estaba muy por debajo del 10% y disminuyó más en el comienzo de la República. La región del nordeste estuvo económicamente en declive, durante casi todo el siglo XIX. Otra calamidad que padecía la región eran las lluvias irregulares o la completa ausencia de lluvia: el problema recurrente de la sequía en el *sertão*. Una de las sequías más catastróficas ocurrió en el período de 1877 a 1879. Después vinieron las sequías de 1888 a 1899, en 1891 y la de 1898 a 1900. En estos años, los cultivos se marchitaban, el ganado moría, la gente moría o se hacían *retirantes*, se marchaban hacia la costa o emigraban a otras regiones del Brasil. Pernambuco, que tenía la mayor densidad de población de la región, conoció problemas graves en aquel período. Además de esto, la economía se hizo muy irregular, especialmente en el *sertão*.[24]

---

[24] Sobre Pernambuco véase Robert M. Levine, *A Velha Usina - Pernambuco na Federação Brasileira 1889-1937*, Rio de Janeiro, Paz e Terra, 1980 (traducción de: *Pernambuco in the Brazilian Federation*).

Si el papel económico de Pernambuco había quedado reducido, la importancia de sus intelectuales y políticos, formados principalmente por la antigua aristocracia cañera de la provincia, no había disminuido en el nordeste y en el país, y continúa hasta el día de hoy. Muchos de estos políticos se formaron en Olinda, después en la capital, Recife, donde se encontraba una de las dos Facultades de Derecho del país, la otra se encontraba en San Paulo.[25] Los políticos pernambucanos desempeñaron un papel relevante en el siglo XIX. Del lado de los liberales un hombre importante en estas dos últimas décadas del siglo fue Joaquim Aurélio Nabuco de Araújo, que se esforzó mucho para poner fin a la esclavitud. Fue un conservador pernambucano, João Alfredo Corrêa de Oliveira, quien instituyó la *Lei Aurea* que determinaba este objetivo. Existe una enorme correspondencia entre João Alfredo y su amigo, también conservador, Henrique Pereira de Lucena, que recibiría más tarde el título de Barón de Lucena. Fueron políticos importantes a nivel pernambucano y nacional. Además de esto, la extensa correspondencia de Lucena, que nació en el municipio de Bom Jardim, podrá dar una idea de la relación de Lucena con Bom Jardim y de cuáles son los eventuales privilegios derivados de esta relación.[26] Si la elección de Bom Jardim está ligada a un hombre con mucho poder político, la de Afogados da Ingazeira se debe, justamente, a la situación contraria. En Afogados da Ingazeira, se crió Manuel Batista de Morais, que se convertiría en uno de los mayores *cangaceiros*, conocido

---

Sobre la economía del siglo XIX véase Leslie Bethell ed., *Brazil: empire and republic, 1822-1930*, Cambridge, Cambridge University Press, 1989, 114-116, 217-218, 227-229. Tambiém véase Peter L. Eisenberg, *Modernização sem mudança: a indústria açucareira en pernambuco, 1840-1910*, traducción del inglés, Rio de Janeiro, Paz e Terra; Campinas, UNICAMP, 1977, 31, 47. Sobre la seca véase, por ejemplo, Sylvia Brunel, "Le Nordeste brésilien. Les véritables enjeux", *Liberté sans frontières*, n° 3, mai 1986, 17, tabela; Ernani Silva Bruno, *História do Brasil · Geral e regional. Nordeste*, vol. II., São Paulo, Cultrix, 1967, 36, 93-94, 123, 151, 154-155, 172-173, 187.

[25] Sobre la importancia intelectual de Pernambuco véase, por ejemplo, Nelson Saldanha, *A Escola do Recife*, 2ª ed. rev. e aum., São Paulo: Convício; Brasília, INL, Fundação Nacional Pró-Memória, 1985. Véase también Fernando da Cruz Gouvêa, "O Imperador D. Pedro II e a Faculdade de Direito do Recife", en *Uma conjuração fracassada e outros ensaios*, Recife: Fundação de Cultura Cidade do recife, 1982, 127-163. Sobre la Faculdade de Direito de São Paulo véase Sérgio Adorno, *Os aprendizes do poder. O Bacharelismo Liberal na Política Brasileira*, Rio de Janeiro, Paz e Terra, 1988.

[26] Arquivo Público Estadual Jordão Emerenciano, Pernambuco (en seguida abreviado en APEJE PE), Secção de Documentos Históricos. Coleção Barão de Lucena, extra catálogo, (abreviado en SDH, CBL) Correspondência ao Barão de Lucena, entre outros de João Alfredo Corrêa de Oliveira. Faltan ciertos documentos que parecían muy interesantes; Universidade Federal de Pernambuco, Biblioteca Central, Coleção Conselheiro João Alfredo Corrêa de Oliveira (abreviado en UFPE, BC, CJACO), Correspondência do Barão de Lucena, Documentos núm. 397 a 572, armário núm. 4, de 1868 a 1889. Después de 1889, João Alfredo dejó la política.

como Antônio Silvino. Su padre estaba en la oposición y cuando fue asesinado por un amigo del poder político local éste no fue perseguido. Esto
aconteció en 1897, en la Primera República, cuando el poder ya estaba
consolidándose.[27] El *cangaço* fue un fenómeno que ya existía en el Imperio e incluso antes, pero que se desarrolló sobre todo en la *República Velha*.
Los otros dos grandes jefes de los *cangaceiros* eran también pernambucanos,
Sebastião Pereira y el más conocido, Lampião.

El contraste entre estos dos municipios no se limita al punto de vista
político, también económicamente, la situación de los dos es muy diferente. Bom Jardim está situado en una zona agreste, Afogados da Igazeira,
en el *sertão*; el primero en un área económicamente más rica, el segundo
sufre las irregularidades de las lluvias, de la sequía. La sede municipal de
Bom Jardím está a 83 km de Recife, en línea recta, en dirección oeste-
noroeste, a 359 m de altitud. La superficie total del municipio es de 424 km
cuadrados. El clima es caliente y húmedo. La sede del municipio de
Afogados da Ingazeira, está situada en el margen del río Pajeú, a 306 km
de la capital, en línea recta, en dirección oeste noroeste, a 525 m de altitud.
La superficie total del municipio es de 1407 km cuadrados. El clima es
caliente y semiárido. La población de Bom Jardim comenzó cuando un
rico estanciero contrató a un capellán y éste edificó una vivienda y una
capilla y comenzó a crecer como lugar de paso de troperos que viajaban
entre Campina Grande y Recife. Cuando se creaba un *curato*, el cura y el
propietario de las tierras del *curato* estimulaban a la gente a que viviesen
en los alrededores de la capilla. El origen del nombre de Bom Jardim es
una bella historia. El distrito de Bom Jardim fue creado en 1757 y por
edicto del 16 de agosto de 1800. En 1870, se creó el municipio que se
instaló el 19 de julio de 1871. El 4 de febrero de 1879 la villa fue elevada a
ciudad. El 27 de abril de 1893, se creó el distrito de Bom Jardim. A nivel
judicial, la comarca de Bom Jardim se creó en 1873. Otros cambios tuvieron lugar en el siglo XX.[28] Según el censo de 1872, el municipio de Bom
Jardim tenía casi 31.000 habitantes, de los cuales menos de 10.000 sabían
leer (32%), y había menos de 2.500 esclavos (7,9%). La media de los municipios pernambucanos era de un 30,2% de alfabetizados y de un 11% de

[27] Sobre Antônio Silvino, su infancia y el asesinato del padre, véase Marianne L. Wiesebron, *Antônio Silvino, cangaceiro do Nordeste: sa période d'activités*, 1897-914, Thèse de troisième cycle, 1980, 76-88, 94-101.
[28] Instituto Brasileiro de Geografia e Estatística, *Enciclopédia dos municípios brasileiros*, vol. XVIII, Rio de Janeiro, 1958, 19-20, 65-66.

esclavos. (véase el cuadro de abajo). En el Brasil, en el censo de 1872, la tasa de alfabetizados era del 21%, hombres y mujeres. El censo de 1872 se mantuvo largamente basado en las estadísticas del Brasil. Por tanto es difícil estimar los cambios a lo largo de los años. En el *Almanak Aministrativo, Mercantil, Industrial e Agricola do Estado de Pernambuco*, del año 1893, la población del Brasil, exceptuando los indios salvajes, está estimada en 12.350.000 el día 31 de diciembre de 1885, en Pernambuco es de 1.500.00.[29] Esto significaría casi la duplicación de la población de Pernambuco en 13 años, se debe además tener en cuenta la terrible sequía de 1877-1879. Más probables parecen los datos siguientes que estiman que la población pernambucana en 1.027.534 habitantes en 1890 y 1.167.328 en 1900.[30]

Mapa estadístico de la población de la provincia de Pernambuco con declaración de los respectivos municipios y *freguezias* existentes [a partir del 1er censo, en 1872]

	n° de habitantes	libres	esclavos	nativos	extranjeros	saben leer	analfabetos
BOM JARDIM n°61	30.980	28.522	2.458	30.848	132	9.950	21.030
AFOGADOS DA INGAZEIRA n°68	12.549	11.397	1.152	12.524	25	1.401	11.148
PE [* Faltan Igarassú y Fazenda Grande (Floresta)] Total	810.540	712.990	88.550	796.447	14.093	248.625	561.915
PE ·1875[· censo de 1872 concluido en 1875] Total	832.237	740.758	91.479	817.989	14.248	251.326	580.911
PE 1884	+21.697	+27.768	+2.929	+21.542	+155	+2.701	+18.996

CENSO 1872: Relatório da fala com que o exm. sr. Commendador Henrique Pereira de Lucena abrio a sessão da Assembléa Legislativa provincial de PE em 1 de 3 de 1874.

El origen de Afogados da Ingazeira es menos antiguo que el de Bom Jardim. La leyenda que explica el nombre de Afogados se remonta a tiempos remotos, cuando un caballero y su dama intentaron en vano atravesar el Rio Pajeú, que tenía una crecida en ese tiempo. El municipio tiene una

[29] *Almanak Aministrativo, Mercantil, Agricola e Industrial do Estado de Pernambuco*, Recife, 1893, 1, 3.

[30] Eisenberg, *Modernização sem mudança*, 219.

historia administrativa más complicada. El propietario de una *fazenda de criação* hizo construir una capilla en 1836. El lugar comenzó a crecer realmente después de mediados del siglo XIX. El municipio de Ingazeira, fue creado el 5 de mayo de 1852 e instalado el 7 de enero de 1853. El 12 de mayo de 1870 o 1897, fue creado el distrito de Afogados, adonde se trasladó también la sede municipal, que, entre el 5-7-1883 y el 28-6-1884, volvió a Ingazeira. El 16-11-1892, se menciona, de nuevo, la creación del distrito de Afogados. La villa se eleva a la categoría de ciudad el 1-7-1909, con el nombre de Afogados da Ingazeira. La comarca de Ingazeira fue creada en 1877.[31] Según el censo de 1872, el municipio de Afogados da Ingazeira, tenía más de 12.500 habitantes, de los cuales 1.401 sabían leer (11,2%), y 1.152 esclavos (9,2%) (véase el cuadro de la pag. 425). El nivel de esclavos estaba un poco por encima del de Bom Jardim, pero aún menos que el de la media, no obstante tenía muchos más analfabetos. Los que sabían leer sólo formaban un tercio de la media pernambucana. También implica un número mucho menor de electores cuando se introduce el censo literal. Este municipio comprende un área que es algo más que tres veces la de Bom Jardim, y una población que está un poco por encima de la tercera parte de la de Bom Jardim. Por regla, los municipios de las zonas forestales y de las zonas agrestes son mucho menores comparados con los del *sertão*.

Si para el crecimiento de la población el *Almanak* no parece muy exacto, para un análisis de los municipios los almanaques son interesantes, especialmente a partir de la República. En todos los años encontrados, los almanaques proporcionan un cuadro político administrativo de los municipios. En los años encontrados durante el Imperio en el *Almanak Administrativo, Mercantil, Industrial e Agricola da Provincia de Pernambuco*, se mencionan también los *engenhos* y sus propietarios. Esto es útil para Bom Jardim. En la vuelta de 1880, había treinta y ocho *engenhos* en Bom Jardim, de los cuales sólo treinta y dos eran *senhores de engenho*. También debía haber un número de fábricas de vapor y ruedas de escardar el algodón. En los dos años encontrados para la República, en el *Almanak... do Estado de Pernambuco*, la información sobre las comarcas es mucho más completa y, además de los *engenhos* y sus propietarios, también se mencionan las haciendas escardadoras de algodón (exactamente 80 en 1893) y los hacen-

---

[31] *Enciclopédia dos municípios brasileiros*, 19-20. Así se evita la confusión con la *freguesia* de Afogados en Recife.

dados, que a veces, también eran *senhores de engenho*, el nombre de los negociantes, de los artesanos — estos últimos llamados artistas en el almanaque — vicarios, etc.[32] El aumento del número de *engenhos* indica una cierta expansión económica. Pero en Bom Jardim no se introdujeron fábricas de azúcar, como aconteció en otros municipios en aquella época.[33] Los datos de Afogados da Ingazeira son mucho más limitados. De todos estos años, además del cuadro político administrativo dan, para el año 1894, también los comerciantes, que eran veinte, los industriales, quince en total, y las profesoras de primaria. Las tres profesoras trabajaban en escuelas mixtas. El número de puestos en Bom Jardim es claramente mayor: trece, de los cuales, aunque extraño, ocho eran profesoras para niñas y cinco profesores para niños, y había dos de cada en la ciudad.[34] El ferrocarril llegó a estos municipios en el siglo XX. Por último, comparando con Afogados da Ingazeira, Bom Jardim tiene un desarrollo mayor a varios niveles. Pero este desarrollo no parece impedir las fricciones políticas.

ELECCIONES EN BOM JARDIM Y AFOGADOS DA INGAZEIRA, SUS CONSECUENCIAS

En 1880, el último año de las últimas elecciones indirectas, surgieron problemas debidos a las elecciones en éste y otros municipios. La violencia, uno de los elementos que debía ser eliminado por la elección directa, figuró ampliamente en las elecciones. Ya en la formación de una mesa electoral en Bom Jardim tuvo lugar una batalla dentro de la iglesia. Hubo una confrontación entre el delegado de policía y el juez de derecho interino, que anotó en su declaración haber ido a la iglesia por invitación del Capitán Rogoberto Barboza da Silva, y encontró al delegado en la iglesia con soldados de la policía, "de sabre em punho". En ese lugar, el juez de derecho interino, Bento Borges da Fonseca, que era "de estatura baixa", se

[32] *Almanak Aministrativo, Mercantil Industrial e Agricola da Provincia de Pernambuco*, Recife, 1881, 271-273; 1882, 311-312; 1883; 293-295; 1884, 305-307; 1885, 261-262. *Almanak Aministrativo, Mercantil, Agricola e Industrial do Estado de Pernambuco*, Recife, 1893, 146-155; 1894, 141-148.

[33] Eisenberg, *Modernização sem mudança*, 126-129, 264.

[34] *Almanak ...*, 1881, 282; 1882, 328-329; 1883; 307; 1884, 317-318; 1885, 271-272. *Almanak ...*, 1893, 148, 166-167; 1894, 187-189.

subió a una mesa para restablecer el orden y tuvo éxito. Después, al no poder contar con el delegado, pidió ayuda al subdelegado de Surubim, otra parroquia del mismo municipio, para tener hombres para poder mantener el orden. También se ganó un enemigo. El vicepresidente requirió una publicación de su proceder ya que la declaración del delegado, obviamente diferente de la suya, fue publicada en el *Diário oficial de Pernambuco* por petición del vicepresidente de la provincia.[35] Las elecciones dominaron la ciudad por algún tiempo, perturbando el orden público y hasta impidiendo el trabajo del Tribunal por no comparecer el número legal:

> e achando-se a Cidade occupada por Cidadãos armados, interessados na elleição de Vereadores e Juizes de Paz; não sendo attendido pelo sargento commandante da força da Policia...[36]

Después se discutió la validez de las elecciones. El propio juez de derecho que recibió las reclamaciones sobre el asunto no quiso pronunciarse sobre el mismo porque la elección fue presidida por los "dignitarios do mesmo officio".[37] Sus oficios sobre el caso fueron remitidos por el presidente de Pernambuco al ministro del Imperio.[38] Con frecuencia se encuentra algún comentario del Ministerio en estas declaraciones, pero no en este caso. Aun así, parece que las reclamaciones contra la validez de las elecciones de los concejales de Bom Jardim surtieron efecto, y que los resultados no fueron aceptados, ya que los mismos concejales continuaron trabajando en el *Paço da Câmara Municipal*, para firmar las declaraciones, mientras que a comienzos de 1881, nuevos concejales prestaron juramento y tomaron posesión en otros municipios. Igualmente hicieron los siete concejales de Afogados da Ingazeira, al que obtenía más votos se le hacía presidente.[39]

---

[35] APEJE PE, Juizes de Direito (abreviado en JD), vol. 68, 1880, 15-5-1880, 526-528.

[36] *Idem*, vol. 69, 1880, 14-7-1880, 18.

[37] *Idem*, 23-8-1880, 181; 15-5-1880, 526-528.

[38] Arquivo Nacional, Rio de Janeiro (abreviado en AN), Correspondencia dos Presidentes de Pernambuco com o Ministro do Império, (abreviado en CPPEMI), IJJ[9], 272, 1880-1881, vol. 36, núm. 57, 25-5-1880, 120.

[39] IAPEJE PE, Relatórios da Câmara Municipal ao Presidente da Província de Pernambuco (abreviado en Rel. CM), Bom Jardim (abreviado en BJ), 13-10-1880, CM, 74, 130-137; BJ, 23-9-1881, CM 76, 40; Afogados da Ingazeira (abreviado en AI), 7-1-1881, CM 76, 1881, 365. Sobre los detalles de la votación véase CM AI, 14-7-1881, CM 76, 1881, 376-377.

No sólo en Bom Jardim, fueron agitadas las elecciones, también en otras partes de la provincia, especialmente en Vitória de Santo Antão, donde hubo casi veinte muertes, debido al abuso de poder de la familia Sousa Leão. La familia Sousa Leão desempeñó un papel importante en la política pernambucana, intentando mantenerse en el poder. Éstos que con sus aliados formaban una de las dos facciones liberales en Pernambuco, eran conocidos como los "leones" los otros como los "cachorros", que era el término empleado por los conservadores. Estos eventos tuvieron tanta repercusión que hasta 1889, después de la subida del Gabinete Ouro Preto, "a desgraça da Victoria" impedía el nombramiento de cierta persona, aunque fuese óptima para esa función. Los acontecimientos de Vitória de Santo Antão fueron bastante comentados en la Cámara de los Diputados.[40] Casi durante estas dos décadas finales del siglo diecinueve, la política de la provincia tuvo problemas graves, especialmente el partido liberal de Pernambuco, que estaba dividido. Este asunto fue largamente debatido en la Cámara de los Diputados en estos años. Los debates eran con frecuencia exaltados y, a veces, se convertían en ataques personales, pero con decoro.[41]

Es interesante apuntar que si los asuntos de la provincia y hasta de los municipios eran discutidos ampliamente en la Cámara, en un panfleto electoral de uno de los candidatos a la Cámara de Diputados, para el primer distrito de Pernambuco, Antonio José da Costa Ribeiro, no menciona la política provincial o local. Estas elecciones fueron realizadas en 1881, la primera vez que se aplicaba la *Lei Saraiva*. Para las elecciones directas, esta provincia fue divida en trece distritos, Bom Jardim formaba parte del quinto y Afogados da Ingazeira del décimo segundo. El candidato Ribei-

---

[40] Câmara dos Deputados, Brasília. Coordenação de Arquivos. Centro de Documentação e Informação. Secção de Documentos Históricos. *Annaes do Parlamento Brasileiro, Camara dos Senhores Deputados*, (abreviado en CD, *Annaes*), 3º anno da 17ª legislatura, secção de 1880, tomo I, secção de 2-7-1880, 515-524, 527-534. UFPE, BC, CJACO, Armario nº 2, Correspondencia ao Conselheiro João Alfredo Corrêa de Oliveira de todas as provincias do Brasil (1856 a 1914), Carta de Antonio Corrêa (Totonio), reservada 19-5-1880; *id.*, 11-6-1880; *id.*, 22-6-1880, com carta anexa de Pedro Affonso Ferreira, 23-6-1880; *id.*, 5-7-1880; Doc. 541, carta de Lucena, res., 23-7-1880 [João Alfredo Corrêa de Oliveira era senador en este momento]; véase también, Manuel Correia de Andrade, *João Alfredo, o Estadista da Abolição*, Recife, FUNDAJ, Massangana, 1988, 145-146. Instituto Histórico e Geográfico Brasileiro, Arquivo, Rio de Janeiro (abreviado en IHGB), Coleção Sousa Leão, Lata 456, Pasta 150, 26-6-1889, carta de Lúis Filipe de Sousa Leão a seu primo Augusto de Sousa Leão, Barão de Caiará.

[41] CD, *Annaes*, 1880-1900, em 1880, na sessão de 11-6-1880, 3º anno da 17ª legislatura, secção de 1880, tomo 1, 165-175; secção de 2-7-1880, 515-534.

ro publicó un texto de cuatro páginas unos dos meses antes de las elecciones, previstas para el día 31 de octubre. Explicó que apoyaba al presidente
del gobierno, pero también al gobierno anterior. Elogiaba la nueva legislación electoral, que significaba un gran avance, por conseguir "igualdade
perante a lei". Sólo, al final, en dos párrafos cortos, dio alguna indicación
sobre los asuntos que le parecían importantes: "o desenvolvimento da
viação publica e ferrea; fundação do credito agricola [...] o ensino profes-
sional". También consideraba urgente que los medios recaudados por los
impuestos fuesen mejor distribuidos para que no hubiese diferencias en la
prosperidad del Imperio.[42] Fue la única vez que hizo una vaga alusión a la
problemática situación económica del nordeste, y al hecho de que los
habitantes del nordeste pagasen impuestos, dinero que se usaba principalmente en la Corte o en las provincias cercanas a la capital del país. Sólo se
concentraba en el Imperio. A pesar de esta publicidad, terminó en segundo lugar, como también aconteció con el candidato del séptimo distrito,
Sigismundo Antonio Gonçalves, que mandó una copia a Lucena, de la
circular que dirigió al electorado de aquel distrito.[43] En los dos casos, la
victoria del vencedor fue discutida —en vano— como en numerosos distritos de la provincia, entre los cuales Bom Jardim y Afogados da Ingazeira, donde hubo alguna forma de protesta, que pasó por la Cámara de
Diputados que debía verificar y sancionar o no la manera y los resultados
de las elecciones. Después, la propia Cámara debía aprobar el juicio hecho por la comisión. Esto podía conducir a largos debates cuando los
diputados disputaban sobre las decisiones de la comisión. Después de ser
aprobado, se obligaba al nuevo diputado a prestar juramento, si estaba
presente, lo que solía ser el caso. Este trabajo ocupaba a los diputados
algunos meses al comienzo de una nueva legislatura. Los debates sobre las
elecciones de 1881 comenzaron en diciembre de aquel año y continuaron
hasta el mes de febrero del año siguiente para los diferentes distritos de
Pernambuco, entre otros.[44]

En el primer distrito, Antonio José da Costa Ribero obtuvo 390 votos,
el vencedor, el Dr. Manoel de Nacimento Portella, llegó a 725 de los

[42] IHGB, Coleção Sousa Leão, Lata 456, Pasta 6, *Circular a eleitores do 1° Distrito de Pernambuco*,
pleteiando reeleição para Deputado no dia 31-10-1881, por Antonio José da Costa Ribeiro, Recife,
26-8-1881.
[43] APEJE PE, SDH, CBL, Doc. n° 522, Carta de Sigismundo Antonio Gonçalves, res., 20-10-1881.
Infelizmente, esta circular no está entre los documentos.
[44] CD, *Annaes*, 1881, 1° anno da 18ª legislatura, sessão de 1881, vol. 1, sessões de dezembro de
1881, janeiro e fevereiro de 1882.

1.286 electores que comparecieron. Se protestó contra la elegibilidad de Portella, sin éxito. En el quinto distrito, hubo pequeñas irregularidades que no alteraron la validez de la elección. En el segundo escrutinio, Francisco de Rego Barros de Lacerda ganó con 331 votos, su adversario obtuvo 228. Las mesas electorales de este distrito recibieron una advertencia del ministerio del Imperio para que no se contasen por separado los votos de los electores que fuesen parientes en primero y segundo grado de uno de los candidatos. Es un asunto que vuelve con frecuencia en las grandes discusiones: la incompatibilidad, una tentativa para poder excluir a ciertos electores o candidatos. Otro elemento es la incompetencia, como el caso de un juez de paz que no es competente para verificar el requerimiento de personas que quieren hacerse electores. En el séptimo distrito, el adversario de Sigismundo Antonio Gonçalves, era Ignacio Joaquim de Souza Leão. Había incompatibilidad para este último por tener cierto tipo de empleo. Esta crítica no fue aceptada, Pero el presidente de la *junta apuradora* fue reprendido por haber mandado un diploma al Dr. Sigismundo. En el doceavo distrito, no hubo fraude y la comisión no aceptó como verdadera la protesta de que el escribano en Afogados da Ingazeira no había prestado juramento. Antonio Gonçalves Ferreira era diputado reconocido de este distrito, al obtener 329 votos de los 629 electores, Caetano Xavier Pereira de Brito 299. En el noveno distrito se desarrolló un largo debate sobre el voto secreto, una novedad de la *Lei Sariva*, porque antes era abierto. En este distrito setenta y siete votos se separaron por estar marcados y la comisión decidió anular estos votos. Según la nueva ley, la cédula debía estar fechada y el tipo de papel que se debía emplear no podía ser transparente, ni tener ninguna marca, es decir, sin señales externas o internas, como consta en el artículo 15, § 19 del Decreto 3029. La comisión decidió que la marca de fábrica no debía considerarse como marca. Pero las marcas de fábrica también se podían reconocer, según el diputado Antonio de Siqueira. A pesar del largo debate, el juicio

[45] *Id.*, 23-12-1881, 17; 27-12-1881, 27-28; 28-12-1881, 34-35; 29-12-1881, 38; parecer nª 19, 12° distrito de PE, 30-12-1881, 43-44; parecer núm. 33, 2-1-1882, 46-49; 4-1-1882, 55; parecer nª 50, 5° districto de PE, 5-1-1882, 57-58; 7-1-1882, 64; 19-1-1882, 174-175; 24-1-1882; 207; 26-1-1882, 237-238; 27-1-1882, 300-301; 30-1-1882, 366, 367; 31-1-1882, 389-391; 1-2-1882, 401-404; 6-2-1882, 426; 3-2-1882, 410-421. Decreto n° 3029 de 9-1-1881, art. 15, § 19. Decreto núm. 8213, de 13-8-1881, art. 142. Sobre la incompatibilidad véase el Decreto núm. 3029 de 9 de janeiro de 1881, arts. 11 hasta 14 para las incompatibilidades con Senador, Diputado en la Asamblea General o miembro de la Asamblea Legislativa Provincial, y art. 24, para las incompatibilidades con el *vereador* y juez de paz, 11-13, 23.

fue aprobado.[45] En estos cinco distritos mencionados, los diputados elegidos eran conservadores. Además el partido conservador obtuvo la mayoría con siete de los trece diputados, los liberales sólo consiguieron cinco puestos, entre ellos tres reelegidos. Uno de estos sustituía a un diputado fallecido. En las dos legislaturas, doce de los trece tenían una licenciatura en derecho.[46]

Estas elecciones para diputados fueron menos violentas que las elecciones anteriores a la *Lei Saraiva*, como las de 1880 para senadores y, a nivel municipal, para concejales y jueces de paz. La elección de concejales en los municipios era de suma importancia, y determinaba en gran parte el poder local en los años consecutivos. Esta importancia se debía al hecho que durante el Imperio no existían en el Brasil los puestos de *prefeito y de vice prefeito*. La Cámara municipal trabajaba con el sistema de mayoría, lo que implicaba que no funcionaba regularmente porque no había número legal, con la oposición entre conservadores y liberales del país. Elie van Rijckevorsel, un científico holandés, que viajó extensamente por el Brasil de 1880 a 1884, se interesó por la política del país. Notó que en Belém, en Pará, donde residió algún tiempo, "o conselho municipal está ocupada demais em apartar-se: aqueles que são insultados, saem um por um, até não se ter mais o número requerido para tomar decisões". Van Rijckevorsel se quedó impresionado por el hecho de que, debido a la falta de poder ejecutivo a este nivel no hubiese *prefeitos* en los municipios, la mayoría de las veces, mayores que algunas provincias holandesas.[47]

La importancia de los jueces de paz, por el contrario, ya había sido reducida en 1841, con la *Reforma do Código Procedural*, pero mantuvo un papel relevante en las elecciones hasta el final del Imperio, en particular en la organización de las elecciones. Mientras tanto, el juez de derecho se convirtió en una figura primordial. La verificación de la renta y el censo electoral, dos elementos claves de la *Lei Sariva*, debían ser realizados por el juez de derecho. En la República el juez de paz desaparece.[48] El juez de derecho era la autoridad jurídica más alta de una comarca, y era asistido

[46] APEJE PE, JD, vol 75, BJ, 14-2-1883, 227.*Organizações e programas ministeriais, regime parlamentar no Império*, 2ª ed., Rio de Janeiro, Ministério da Justiça e Negócios Interiores, Arquivo Nacional, 1962: 17ª legislatura, 1878-1881, 366; 18ª legislatura, 1881-1884, 374.
[47] Elie van Rijckevorsel, *Uit Brazilië*, Rotterdam, Uitgevers-Maatschappij "Elsevier", 1886, 2 vols; vol. 1, 294, vol. 2, 24-26.
[48] Véase Decreto nº 2675, 20-10-1875 e Decreto nº 8213, 13-8-1881. Na República, por ejemplo, Lei núm. 1269, de 15-11-1904, Reforma a legislação eleitoral e dá outras providencias, Rio de Janeiro, Imprensa Nacional, 1904, 103-141.

por jueces municipales, en la villa y en los diferentes términos de un municipio. Estos jueces, formados en una de las dos Facultades de Derecho del país, eran nombrados por el gobierno central, por el ministerio de Justicia, para un número de años y para un lugar determinados. Los sustitutos no tenían formación académica y eran personas de la localidad, con intereses muy diferentes a los de los jueces nombrados.[49] Esto no implica que el juez de derecho no funcionase dentro de un cuadro político. Ciertamente, si en el inicio del Imperio no era habitual, en el Segundo Reinado se hizo común que el cambio de partido en el gobierno central llevase a transferencias de jueces de derecho, lo que no siempre era sencillo, como indicó una carta del *Gabinete do Ministro da Justiça* a Lucena en donde se le daba la enhorabuena por su elección como diputado. Había dificultades para conseguir suficientes jueces conservadores. Además de esto se lamentaba de que hubiese una falta de interés de los jueces por la provincia de Pernambuco. En cuanto al partido liberal, dividido en Pernambuco, el nombramiento de un juez podía contrariar ciertos intereses partidistas. Los hermanos de Sousa Leão estaban descontentos con el juez de derecho nombrado en Bom Jardim. Además de la influencia que los políticos intentaban ejercer directamente en el nombramiento de los jueces, también recibían muchas peticiones, enviadas sobre todo a correligionarios importantes, o políticos de Río de Janeiro, diputados, senadores o directamente al ministro. En estas solicitudes generalmente se subrayaba la larga fidelidad al partido. Muchas veces un padre intercedía por su hijo, o un hermano en nombre de un hermano más joven. Las razones podían variar: la promoción de un juez municipal a juez de derecho, o la falta de satisfacción con el lugar de trabajo, desde la poca importancia de un lugar hasta la mala calidad del agua. Estas peticiones no eran sólo para los jueces de derecho, sino también para los jueces municipales.[50]

Ciertas peticiones de transferencia eran bien comprensibles porque la situación de los jueces de derecho no era siempre fácil. Como foráneos,

[49] La comarca, la circunscripción judiciaria, y la circunscripción municipal de un lugar pueden ser iguales pero frecuentemente son diferentes. Thomas Flory, *Judge and Judge in Imperial Brazil, 1808-1871. Social Control and Political Stability in the New State*, Austin and London, University of Texas Press,1981, 171 Graham, *Patronage and Politics*, 65-68.

[50] APEJE PE, SDH, CBL, doc. núm. 625, Gabinete do Ministro de Justiça 27-1-1886, carta de Joaquim Delfino Ribeiro da Luz a Lucena. doc. núm. 657, Rio, nov. 1887, carta de Bandeira a Lucena, doc. n° 654, Rio, 11-11-1887, carta do barão de Cotegipe a Lucena; IHGB, Coleção Sousa Leão, Lata 456, Pasta 46, 1878, Carta de Domingos de Sousa Leão a seu irmão Augusto, Pasta 50, 29-5-1885, carta de Franscico Pereira de Carvalho ao Ministro Luis Felippe de Sousa Leão, Lata 457, Pasta 31, 11-8-1884, Carta de Epaminindas Vieira da Cunha ao Senador Luis Felippe de Sousa Leâo.

estaban a menudo en desacuerdo y hasta en conflicto con las personalidades locales, lo que podía conducir a una falta de cooperación que implicaba a veces que no podía ejercer sus funciones correctamente. El juez de derecho de Afogados da Ingazeira, Levino Vieira de Macêdo Lima, se lamentaba de que la falta de educación era la razón principal de los crímenes y "da grande em geral que os criminozos encontrão, de modo que as vezes crimes provados são absolvidos"; esto fue cuando intentaba capturar a un asesino perteneciente a la poderosa familia local.[51] El mismo juez de derecho tampoco conseguía hacer funcionar las sesiones del tribunal:

> por que as autoridades policiais d'ali e d'aqui negão-se em fornecer as praças necessarios para a condução dos prezos que se achão na cadeia de Flores, allegando não haver força sufficiente.[52]

Las órdenes del *Palácio do Presidente* para evitar una repetición no tuvieron efecto. Se intentó nuevamente unos meses después, pidiendo providencias al presidente de la provincia, ya que el comandante del destacamiento no iba a suministrar las plazas pedidas, ni fue respetado por el agente local de correos.[53] Cuando a finales de 1886, intentó hacer comparecer a los presos de Flores ante un jurado de São José do Egito, para evitar los problemas de Afogados da Ingazeira, el promotor público explicó que sólo se podría hacer después de acabar los servicios electorales. No solamente en Afogados da Ingazeira, había dificultades para hacer funcionar una sesión judicial, igualmente en Bom Jardim, donde la cuarta sesión de 1886 tuvo que ser postergada para el año siguiente, porque faltaba un promotor público. El propio promotor estaba ausente por asistir a una boda. El juez intentó encontrar un promotor entre el público presente, pero no lo consiguió. El farmacéutico teniente Homem Bom da Cunha Souto Maior, rehusó por motivos de salud. Otro no podía por ser hermano del escribano y, por lo tanto, tenía incompatibilidad.[54] Los últimos años del Imperio no presentaron un cuadro más tranquilo. En las vísperas del fin del régimen monárquico en Afogados da Ingazeira, el delegado de la policía empleaba todos los medios a su alcance para

[51] APEJE PE, JD, vol 80. 1885, 30-3-1885, 231.
[52] APEJE PE, JD, vol. 82, 1886, 20-1-1886, 56.
[53] APEJE PE, JD, vol. 82, 1886, 24-2-1886, 157; 3-5-1886, 404; *id.*, 4.
[54] APEJE PE, JD, vol. 83, 1886, 26-11-1886, 448-449; 15-12-1886, 522-528.

intimidar a la población, para poder ganar el pleito electoral. El juez de derecho mencionó que este delegado, José de Athayde de Siqueira, vivía rodeado de un grupo de salteadores y ya era famoso en Ceará y en Piauí. Cuando Siqueira recibió la noticia de su dimisión, de la capital de la provincia, amenazó al juez de derecho, que se sentía muy aislado en aquel municipio, lejos de Recife, sin medios de comunicaciones fáciles. La situación no mejoró con el cambio de régimen, Siqueira quería la transferencia del juez de derecho y continuó amenazándolo.[55]

Mientras tanto, a nivel local la lucha por el poder se resolvía primero entre concejales; no era siempre una tarea sencilla. En la primera sesión anual de concejales, éstos debían elegir entre ellos un presidente y un vicepresidente.[56] La primera tarea de los concejales elegidos era la de votar un presidente y un vicepresidente de cámara. Sin esta elección la cámara no podía empezar a trabajar, ni: "tomar deliberação alguma, emquanto não effeituar-se a mesma eleição". Esto podía causar problemas sustanciales como sucedío en Bom Jadim, después de las elecciones para concejales en 1882. Estas elecciones, previstas para el primero de julio de aquel año, fueron postergadas por la recién instalada *Câmara dos Deputados*, después de las primeras experiencias con la nueva ley electoral. Especialmente la calificación de los electores tenía que ser mejor estudiada. En la revisión del censo de electores, la comprobación de la renta tenía un papel preponderante. También se destacó que "nenhum cidadão será incluido no alistamento dos eleitores sem o ter requerido por escrito do propio punho e com assignatura sua."[57]

Para comenzar hubo problemas, en Bom Jardim, para averiguar los resultados del segundo escrutinio, y fue confirmado por el juez de derecho, Sigismundo Antonio Gonçalves, que había perdido las elecciones para diputado en 1881. Sin embargo, los verdaderos problemas comenzaron cuando los nuevos concejales tomaron su puesto e intentaron elegir un presidente y un vicepresidente para la cámara municipal. No se consiguió la mayoría necesaria. Durante dos años fue la táctica que más se empleó para impedir estas elecciones. Los concejales que no comparecían cuando eran convocados debían pagar una multa, pero ésta era irrisoria.

<hr>

[55] APEJE PE, JD, vol. 90, 1889, 1-8-1889, 299-302, 13-9-1889, 382-383, vol. 92, 1890, 22-1-1890, 94-96.
[56] Decreto núm. 8213, de 13-8-1881, art. 190, art. 201 § 2° y nota 66, 145, 150-151.
[57] CD, *Annaes*, 1881, 2° anno da 18ª legislatura, sessão de 1882, vol. 1, 25-5-1882, 90; 29-5-1882, 160-163; 30-5-1882, 174-175; 14-6-1882, revisión del alistado de electores, 459-463.

Otra estrategia era alegar la incompatibilidad de los concejales electos. Esto supuso que durante todo aquel tiempo, desde el mes de enero de 1883 hasta el mismo mes de 1885, la cámara, sencillamente, no funcionó. No se recaudaban los impuestos de los mercados, etc. La razón era la gran enemistad entre Nicolao Antonio Duarte y Carlos Leitão de Albuquerque. Según el nuevo juez de derecho, José Gomes Coimbra, que antes ya había trabajado en Afogados da Ingazeira, se trataba simplemente de "um capricho político das pessôas dos dois partidos". Albuquerque también era delegado de policía y Duarte insistió en la incompatibilidad de concejal y delegado. Pero esta no existía según expresa la decisión del Aviso n° 19 del 29 de mayo de 1973. Tampoco tuvo éxito la tentativa de hacerle perder el puesto de concejal a Joaquim Gonçalves da Costa Lima por ser agente de recaudación en Bom Jardim. Este último era un correligionario de Duarte. Estas fueron las respuestas dadas por el Ministerio del Imperio que recibió una parte de la voluminosa correspondencia entre la Cámara Municipal y el pesidente de la Provincia en este período para resolver algunos problemas legales. Las instrucciones del presidente no parecieron surtir efecto. Solamente a comienzos de 1885, por fin, en una elección regular y "sem o menor incidente", se eligió un presidente, el teniente coronel Joaquim Gonçalves de Costa Lima Filho, y un vicepresidente, Antonio Manoel de Faria Leite, para la Cámara, el primero un correligionario de Duarte, el segundo su adversario, Duarte y Carlos Leitão d'Albuquerque, permanecieron simplemente como concejales.[58] La Cámara funcionó normalmente algunas veces más; al no obtener mayoría, en corto tiempo, hubo necesidad de convocar suplentes. A veces, otro concejal intentó usar suplentes de su propio partido o de entre sus aliados, y claro está, para poder obtener el número legal y hacer aceptar sus puntos de vista.[59]

Posiblemente la falta de impacto en el poder local, de la provincia y hasta del gobierno nacional, y la importancia de este poder llevó a una

---

[58] APEJE PE, DJ, vol 79. 1884, 24-7-1884, 74. Rel. CM, BJ, CM, vol. 79, 1883, de 24-1-1883 até 23-10-1883, 118-150; CM, vol. 82, 1884, de 19-1-1884 a 12-8-1884, 100-110, CM, vol. 83, 1885, 24-1-1885. AN, CPPEMI, IJJ[9], 274, 1883, vol. 38, núm. 23A, 6-4-1883, 44-47, núm. 76, 23-8-1883, 227-228, 31-1-1884, 229, n° 545, 17-8-1883, 231-232, y copias anexas, 233-243. Decreto núm. 3029 de 9-1-1881, art. 22, § 5, 6.

[59] APEJE PE, Rel. CM, BJ, 24-8-1882, CM, vol. 78, 1882, 29. JD, vol. 74, 1882, 20-9-1882 y copia de 5-9-1882, 62-63. Rel. CM, BJ, 7-1-1883, CM, vol. 79, 1883, 110-111, 112-113, 15-1-1883 e anexos, 114-117. JD, vol. 75, 1883, 26-1-1883, 143. Rel. CM, BJ, CM, vol. 83, 1885, 24-3-1885, 104. AN, CPPEMI, IJJ[9], 275, 1885, vol. 40, 1ª directoria, 4-5-1885, Av. em 20-5-85, 95-96.

tentativa para limitarlo. Así, en el Decreto 8213, del 13-8-1881, se especifica que los concejales sólo podían ser reelegidos cuatro años después de terminar el cuatrienio en que ejercieron, pero este impedimento no era aplicable a otros cargos.[60] Esta limitación no parece que funcionase siempre en la realidad, pues se encuentran los nombres de los mismos concejales, en las declaraciones, sin el intervalo indicado. El problema se podía soslayar eligiendo a otros miembros de la familia. Además de esto, existían otras funciones importantes a nivel local que podían ejercer. Un análisis de la situación en Afogados da Ingazeira muestra cómo una familia de allí, los Campos, dominó la política municipal. José Matheus Coimbra Campos fue concejal de 1881 a 1887 y también presidente de la Cámara entre 1883 y 1886, ¡un cuatrienio un poco largo! Además formó parte de la Comisión municipal en 1890. Después otro, Campos fue importante en la política local. En la última década del siglo fue Luis Antonio Chaves, durante casi todo este período, presidente del concejo municipal, con más exactitud de 1890 hasta comienzos de 1892, una vez más desde finales del 1892 hasta 1895, fue *prefeito* a partir del 15 de noviembre de 1895 hasta el 15 de noviembre del 1989, fecha en que volvió a ser presidente del concejo municipal hasta 1900. Este Campos era negociante y había servido de fiador o participante en subastas. Una casa suya sirvió para las reuniones de la Cámara Municipal. Era perfectamente normal que las casas de los particulares se usasen para la Cámara, otras servían de cárcel y el propietario de la cárcel recibía también dinero por el alquiler. Otros miembros de la familia eran Alcides Chaves Campos, también comerciante y suplente del juez del primer distrito, y Dona Capitulina Chaves Campos, profesora de enseñanza primaria mixta en Espírito Santo, una de las parroquias del municipio.[61]

Pertenecer a la familia que tenía el poder local tenía grandes ventajas. El Mayor Esperidião de Siqueira Campos, otro miembro de la familia Campos, asesinó a un enemigo político, el delegado de policía João Domingues de Andrede. El mayor "ha muito premeditava vingar-se por motivos de eleições", según el juez de derecho Levino Vieira de Macêdo

---

[60] Decreto 8213, de 13-8-1881, art. 192, 145-146.

[61] APEJE PE, CM AI, 1880-1900, CM 76, 365-377, CM 78, 318-323, CM 80, 20-29, CM 82, 311, CM 83, 9-11, CM 85, 317-323, CM 86, 2-7, CM 90, 2-7, CM 92, 20-22, IM 2 482-503, IM 6, 98-106, IM 9, 237-255, IM 12, 194-199, 487, IM 13, 40, 304-305, CM 95, 128-134, 341-345, CM 96, 19,32, 66, 93, 116-125, 256-257. *Almanak*, 1893, 166-167; 1894, 187-189.

Lima. Consiguió detener a algunos cómplices, pero el autor principal huyó a la comarca de Flores, donde estaba protegido, en concreto en Navio, "onde tem família, que tem por habito dar azilo a assassinos e ladrôes". Se quería hacer capturar al prófugo, pero no se tenía mucha confianza en la policía, porque "não se acha em qualquer dos lados políticos quem preste e queira ser autoridade policial". Por este motivo los oficiales del cuerpo de la policía siempre eran nombrados. El juez de derecho pidió al presidente de la provincia mandar un destacamiento de por lo menos cincuenta puestos en beneficio del "centro da Província contaminada de malfeitores, onde impéra o bacamarte" para vigilar las comarcas de Flores, Floesta, Salgueira y Vila-Bela. En Flores, se encontraban otros criminales además del prófugo, y sus parientes y amigos. Las comarcas limítrofes de Floresta y Vila-Bela, especialmente esta última, estaban infestadas por un grupo de malhechores que iba en aumento, y el juez decía que sólo una sequía podría empeorar la situación.[62] Excepto Salgueiro, todas las comarcas del área del Río Pajeú, eran conocidas como una zona de violencia. Vila-Bela no era famoso sólo por la lucha entre las familias Pereiras y Carvalhos, que conocieron conflictos políticos en los años 1840 y 1850, pero que escalaron sobre todo en el siglo veinte. En este municipio nació el cangaceiro más famoso, Virgulino Ferreira da Silva, conocido como Lampião, que actuó durante los años veinte y treinta de este siglo, y que comenzó su vida de cangaceiro en el grupo de Sebastião Pereira.[63]

Estos se hicieron cangaceiros porque, en aquella época, sus familias, igual de poderosas, no estaban en el poder. Este fue también el caso de Manuel Batista de Morais, que se convirtió en Antonio Silvino porque su padre, Pedro Rufino de Almeida Batista, fue asesinado en 1897 y el asesino no fue perseguido. Batistão, apodo de Pedro Rufino, ya había participado en varias luchas de familias y en luchas por la propiedad y el poder. En los últimos años de su vida, Batistão, tuvo problemas con un vecino, José Cabaceira que intentó quitarle parte de un terreno situado en el

---

[62] APEJE PE, JD, vol 80. 1885, 30-3-1885, 231; 24-5-1885, 399; 19-6-1885, 487-488, reservado; vol. 81, 20-7-1885, 74-75; Rel. CM, AI, CM, vol. 80, 1883, 26-10-1883, 26-29.

[63] Billy Jaynes Chandler, *The Bandit King, Lampião of Brazil*, College Station and London, Texas A&M University Press, 1978, 17-20; Nertan Macedo, *Sebastião Pereira, O Comandante de Lampião*, Rio de Janeiro, Artenova, 1975, 13-20. Según Macedo, esta lucha de familia es mas antigua. Ya habia luchas de família en el Brasil colonial. Véase Luiz de Aguiar Costa Pinto, *Lutas de famílias no Brasil: introdução ao seu estudo*, 2ª ed., São Paulo: Ed. Nacional; [Brasília], INL, 1980. También véase sobre Sebastião Pereira y Lampião Frederico Pernambucano de Mello, *Guerreiros do Sol; o banditismo no Nordeste do Brasil*, Recife, FUNDAJ, Ed. Massangana, 1985.

municipio de Flores. Batistão consiguió ganar el proceso en Flores, pero no se mejoraron las relaciones con Cabaceira. En 1896, el hermano de Luiz Antonio Chaves Campos, Grieco, ya había intentado capturarlo, con la ayuda de un tal Ramos. Gustavo Barroso describe la evolución de la situación de modo algo diferente. Batistão, inteligente y respetado, había sido subdelegado y sólo cuando tuvo dificultades con un vecino, Chaves Campos, sobre un abrevadero —algo muy esencial en el *sertão*— se llegó a una guerra entre los amigos del jefe político local, Luiz Antonio Chaves Campos y Batistão y los suyos, terminando con la muerte de Batistão a manos de Ramos y con la entrada de Antonio Silvino en el *cangaço*, su familia quedó en la oposición. Estas diferencias de posición son notables en la descripción de la muerte de Batistão en el boletín del gobierno, *el Jornal do Recife*, del 30 de enero de 1897, que recoge literalmente la declaración de la policía sobre el caso en un boletín de la oposición, *A Província*, del 28 de marzo de 1897. En aquella ocasión, también murió Manuel Chaves Campos, que pasaba por allí. Según Francisco das Chagas Batista, Ramos huyó y recibió protección de Delmiro Dantas. Los Dantas, una familia poderosa de Paraíba, eran entonces enemigos de los Albuquerque Cavalcanti y de sus aliados.[64]

Silvino Ayres de Albuquerque Cavalcanti, un miembro de esta familia, pariente y padrino de Antonio Silvino, también estuvo envuelto en los problemas políticos de Afogados da Ingazeira, donde fue a vivir después de una serie de conflictos políticos y de luchas de familias en Paraíba. Un análisis un poco más detallado puede ilustrar el desarrollo de los antagonismos a nivel político entre las familias.

La familia de Silvino Ayres pertenecía al partido liberal ya hacía mucho tiempo y estaba aliada con los Dantas de Paraíba, también liberales desde la formación del partido después de la independencia del país. Pero

---

[64] APEJE PE, Secretaria da Questura Policial do Estado de Pernambuco de 1897, Relatório ao Goveanador do Estado, N° 22, 29-1-1897; *Jornal do Recife*, "Questura Policial", 30-1-1897, 2; *A Província*, "Missivas do Interior-Afogados de Ingazeira - Importante Captura", 28-3-1897, 1. Sobre la muerte de Batistão también véase Ulysses Lins de Albuquerque, *Um Sertanejo e o Sertão. Memórias*, (2ª ed.), Rio de Janeiro, José Olympio Editôra, Brasília, INL, 1976 (1957), 41-42. Albuquerque, *Moxotó brabo*, (2ª ed.),Rio de Janeiro, José Olympio Editóra, 1979 (1960), 53. *A Província, id.*; *Jornal do Recife, id.*; Francisco das Chagas Batista, A História de Antônio Silvino. Contendo o retrato e tôda a vida de crimes do célebre cangaceiro, desde o seu primeiro crime até a data presente. - Setembro de 1907, in *Literatura popular em veaso: antologia* / sel., intr. e comentários Manoel Cavalcanti Proença. Rio de Janeiro, Fundação Casa de Rui Barbosa, 1964, 324-325. Gustavo Barroso, *Almas de lama e de aço (Lampeão e outros cangaceiros)*, São Paulo, Melhoramentos, 1930, 78-81.

en aquella región de Pajeú hasta Paraíba, otro clan poderoso se estaba formando, los Carvalhos Nobrega y los Baptistas, que se adhirieron al partido conservador. Esto condujo a luchas de familias que no se limitaban a la zona de Pajeú y de Paraíba, pues las familias tenían conexiones en Rio Grande do Norte y en Ceará. Después los Dantas y la familia de Silvino Ayres también se hicieron enemigos, sin que esto quedase bien explicado. Pero en la época en que todavía eran amigos, en el municipio de Teixeira, en Paraíba, en la frontera con Pernambuco, centro de las actividades de los Dantas y de sus aliados, el padre de Silvino Ayres, Ildefonso Ayres Cavalcante, fue nombrado delegado de policía, sustituyendo a Liberato Carvalho Nobrega en 1862, cuando los liberales ganaron a los conservadores. Liberato pasó a la oposición y continuó la lucha con un grupo que sería conocido como los "Liberatos". Durante la Guerra del Paraguay, el gobierno pidió que se reclutaran hombres aptos para el ejército. Ildefonso y sus ayudantes comenzaron a pelear con los hombres de las familias enemigas. Liberato también cayó preso, y aún más, se le insultó llamándole ladrón, casi la peor ofensa para un *sertanejo*. Solamente la injuria de ladrón de caballos era peor. Preso Liberato, Ildefonso pasó a ser juez suplente. Ildefonso, como comandante general de la Guardia Nacional del distrito, informó al presidente de la provincia que podía formar un cuerpo civil local. Para Liberato sería humillante tener que vestir el uniforme, pero sus hermanos y amigos consiguieron liberarlo de la prisión. Entre tanto, Ildefonso se iba ganando otros enemigos, João y Manoel do Bonfim, amenazó a João con la cárcel y sus hombres faltaron al respeto en casa de la madre de los Bonfims. João do Bonfim, con dos amigos, mató a Ildefonso en 1866, después de que éste le hubiese llamado ladrón. La muerte del teniente coronel Ildefonso, entonces diputado de la Asamblea Provincial, suplente del juez, comandante de armas y jefe del colegio electoral, condujo a grandes tensiones entre liberales y conservadores, y a fuertes discusiones en los periódicos. Silvino Ayres juró vengar la muerte de su padre. Estando los liberales en el poder, Liberato fue acusado oficialmente de crimen, pero Silvino Ayres supo descubrir a los verdaderos asesinos de su padre. Además, cuando los conservadores volvieron al poder un tribunal absolvió a Liberato. Silvino Ayres pidió la ayuda de Batistão, que en esa época vivía en la Serra da Colônia. También se hizo acompañar de Francisco y Antônio Gadelha, unos valientes de Afogados da Ingazeira, familia de Batistão. Consiguió vengar la muerte de su padre unos diez años más tarde. Después del tiroteo donde mataron a los asesinos de su padre, los Ayres abandonaron Paraíba y se trasladaron definitivamente a Pajeú. Silvino Ayres participó en la política de Afogados da Ingazeira a comienzos de los años ochenta. De su vida de *cangaceiro* se tienen noticias sobre todo durante la República. Antonio Silvino comenzó su vida de *cangaceiro* en el grupo de Silvino Ayres.[65]

También se destaca aquí lo importante que era estar del lado del poder para poder conseguir un jurado favorable en caso de juicio. El sistema de jurado fue introducido de forma muy limitada en vísperas de la independencia del Brasil. Tras la independencia, en los debates de la *Constituinte* sobre el sistema judicial a adoptar en el país, el sistema de jurado parecía óptimo para equilibrar el poder de los magistrados nombrados por el gobierno central. Era un ataque contra el sistema impopular establecido por la Corona portuguesa, y que se consideraba corrupto. De hecho el sistema de jurado simbolizaba la independencia judicial. El funcionamiento en los primeros años era complicado, implicando a muchas personas y, en consecuencia, demorando mucho tiempo. Los miembros del jurado debían tener una renta de 200 mil reis como los electores. En el *Código do Processo Criminal*, de 1832, instituido por los liberales para eliminar los vestigios de la administración judicial colonial, el jurado se hizo aún más irrealizable. Además, rápidamente se hizo evidente que la independencia del jurado era un mito, pues sus miembros seguían a las autoridades o eran sobornados. En aquella época, las elites evitaban estar implicadas. A pesar de las muchas críticas del sistema en la práctica, los conservadores, cuando hicieron la reforma del *Código Procedural* en 1841, que también modificó la función del juez de paz, mantuvieron el sistema de jurado pero instauraron una serie de exigencias: estar alfabetizado, una diversificación en la renta que favorecía a los latifundistas y funcionarios, exigiendo una renta dos veces mayor que la de los comerciantes e industriales. Además de esto, los magistrados recibieron cierto control sobre el jurado. La competencia del jurado se redujo un poco en las décadas siguientes, pero esto cambió a partir de 1883, cuando volvieron a su autoridad. El jurado formó un elemento importante de la política local, dejando o

---

[65] Wiesebron, *Antônio Silvino*, 105113. Maria Isaura Pereira de Queiroz, *Os cangaceiros*, São Paulo, Duas Cidades, 1977, (traducción por la autora de *Os cangaceiros, les bandits d'honneur brésiliens*, 1968), 51-53. Pedro Baptista, *Cangaceiros do Nordeste*, Parahyba do Norte, Livraria São Paulo, 1929, 81, 84, 110-111, 143-145, 149-150, 163-173, 194-200, 211-224. Véase también Linda Lewin, *Politics and Parentela in Paraíba. A Case Study of Family-Based Oligarchy in Brazil*, Princeton, Princeton University Press, 1987.

poniendo en libertad a los aliados del jefe en el poder, mientras que los enemigos eran condenados. El dominio del jefe local en el jurado se hizo primordial durante la *República Velha* y después, sólo en 1938, después del establecimiento del *Estado Novo* por Getúlio Vargas, se redujo. "Na organização da lista dos jurados e na 'preparação' dos pertenecentes à sua parcialiade, é que mais avultava a influência do chefe local."[66] Así, el abuelo de José Lins do Rego, jefe político inconcuso de Pilar, en Paríba, nunca hacía soltar a un ladrón de caballos por un jurado, a un asesino posiblemente sí. Ulysses Lins de Albuquerque, cuyo padre fue un político muy influyente en Alagoa de Baixo, hoy Sertânia, en Pernambuco, un municipio no muy lejos de Afogados da Ingazeira, cuenta cómo, a petición de un potentado juez municipal, tuvo que defender a un pobre cuitado que hurtó una cabra. El "abogado" tenía unos quince años en ese momento. El propietario de la cabra que consiguió recuperarla inmediatamente, era un subdelegado. El jurado condenó al reo a tres años y medio de cárcel, donde murió. Los pobres cuitados sin protección política, los ladrones, no escapaban. Personas como Liberato podían por lo menos esperar a que la victoria de su partido restableciese la situación a su favor. Esto era durante el Imperio, en la República, el cambio de partido se hizo más bien raro.[67]

A nivel local, existía otra función que formaba parte del cuadro de poder, la de escribano, especialmente aquel que trabajaba como secretario para la *Câmara Municipal*. En Afogados da Ingazeira, el juez de derecho interino, Argemiro Martiniano da Cunha Galvão, quería que su hermano fuese nombrado, para que él pudiese ser elector, en el antiguo sentido de la palabra. Como no se le concedió, amenazó excluir a los liberales de las elecciones. El entonces, secretario, Miguel Queiroz de Amaral, fue destituido por ser interino y portugués, no naturalizado. Quien fue nombrado bajo juramento fue Silvino Ayres de Albuquerque Cavalcante. Pero el portugués intentó que se revocase la decisión y que se impidiera el funcionamiento de la Cámara, y un concejal conservador, de sus aliados, salió por sentirse repentinamente "enfermo" para que no hubiese número le-

---

[66] Flory, *Judge and Judge in Imperial Brazil*, 115-127, 173-175, 203. Victor Nunes Leal, *Coronelismo, enxada e voto: o município e o regime representativo, no Brasil*, 2. ed., São Paulo, Alfa-Omega, 1975 (1949), 206-211, núm. 100, en particular 110.

[67] José Lins do Rego, *Meus Veades Anos (Mémorias)*, Rio de Janeiro, Edições de Ouro, s.d. (1956), 244. Ulysses Lins de Albuquerque, *Um Sertanejo e o sertão*, 2ª ed., Rio de Janeiro, J. Olympio; Brasília, INL, 1976 (1957), 82.

gal. Se intentó desacreditar al nuevo secretario, por vivir Silvino Ayres a diez leguas de la villa, lo que equivaldría a unos sesenta km a caballo por caminos que no debían estar en buen estado. Sin embargo su residencia estaba situada dentro del municipio y siempre estaba presente cuando tenía que trabajar. Además de esto, la mayoría de los concejales tampoco vivían cerca de la villa, había tres que vivían más lejos todavía, a quince leguas, en São José do Egito. Los concejales añadían que, por consiguiente, no era fácil "fazer-se a convocação, nem aqui nunca elle se fez sessão por convite amigavel".[68]

Después de esta serie de documentos sobre el secretario de la Cámara, el nombre de Silvino Ayres desaparece, probablemente con el cambio de los concejales de la Cámara Municipal, que tuvo lugar en 1882. Al mismo tiempo, Argemiro Martiniano da Cunha Galvão, cuando no estaba en funciones de juez de derecho interino, fue acusado por el juez de derecho, José Gomes Coimbra de abusar de su puesto de juez municipal, que ya ostentaba desde hacía ocho años, por ser partidista. Había abusado de su autoridad y, en colaboración con el escribano Amaral, había tenido contactos con criminales, atemorizando la región. Coimbra propuso el traslado de Argemiro a otro lugar. No fue trasladado a otro lugar y Amaral continuó de escribano y los parientes y amigos de estos dos continuaron aterrorizando el municipio y las zonas vecinas, según sus enemigos. Un tal Francisco Vasco fue asesinado y parientes de Vasco, hermanos del escribano, capitaneando un grupo de más de cuarenta hombres armados, algunos provenientes de Paraíba, causaron estragos en el municipio. Evidentemente, el propio Argemiro presentó una versión totalmente diferente al presidente de la provincia, con otras víctimas y otros criminales. En su oficio, aparecía que uno de los dos hermanos del escribano, Francisco de Queiroz Amaral era subdelegado en Quitimbu y una de las supuestas víctimas era el escribano Amaral. Elogió a una serie de personas incansables en el cumplimiento de su deber.[69] Coimbra no dejó de apuntar:

Todos esses funcionarios são liberaes, mas nem por isso deixo de fazer-lhes justiça.[70]

[68] APEJE PE, Rel. CM, AI, 22-3-1881 y copia anexa, CM, vol. 76, 1881, 367-369; 23-5-1881, 370-371; 24-5-1881, 373-375.

[69] APEJE PE, Rel. CM, AI 4-1-1883, CM, vol. 80, 1883, 23. JD, vol. 75, 1883, 3-1-1883, 16-19.

[70] id., JD.

Argemiro acusó al delegado Antonio Pereira de Moraes de ser pariente de los criminales y que por esto los criminales permanecían impunes. Argemiro, a su vez, quería el traslado del subdelegado suplente de Afogados, Nicario Pereira da Silva para nombrar un delegado militar y tener una fuerza "respetable".[71] La única cosa clara en esta situación es que existía violencia entre los dos grupos de enemigos, uno de ellos formado por la mayoría de los concejales junto con el delegado, y el otro formado por el juez de derecho interino y el notario Amaral. Este último debía ser un hombre rico, ya que varias veces estuvo dispuesto a ser fiador en subastas. Otro fiador era el vicario de la parroquia de Pedro de Souza Pereira.[72]

Después de estos casos que dan una idea de los políticos de Afogados da Ingazeira, un estudio del *Almanak* muestra quienes eran los políticos de Bom Jardim. La gran mayoría de los concejales del municipio tenía propiedades o era comerciante. El teniente Nicoláo Antonio Duarte era uno de los grandes propietarios de Bom Jardim, *senhor de engenho*, y dueño de dos fábricas de vapor y molinos de escardar algodón, mientras que el Major Carlos Leitão d'Albuquerque poseía los *engenhos* Alegria y Vamos-Ver. Joaquim Gonçalves de Costa Lima Filho era uno de los principales comerciantes del municipio. Su padre, Joaquim Gonçalves de Costa Lima, y el tío o hermano, Carlos Gonçalves de Costa Lima también eran comerciantes en la ciudad. El padre debía ser un hombre muy rico, porque era uno de los fiadores más importantes cuando se hacía una subasta para la recaudación de impuestos, y las recaudaciones eran más altas que en Afogados da Ingazeira. En cuanto a Manoel de Faria Leite, existe un Manoel de Faria Leite con una fábrica de escardar algodón y otros Farias Leite comerciantes. Parece ser que en este caso, la familia delegó a un pariente la defensa de sus intereses políticos. Muchos concejales eran oficiales de la Guardia Nacional. El escribano, José Francisco de Sousa Interamnense también formaba parte de la elite local. Era orfebre. Probablemente, un hermano tenía una fábrica de escardar algodón.[73]

Las luchas en Bom Jardim no se limitaban al terreno político. Varios políticos del municipio estuvieron envueltos en este período, en un proceso criminal, en parte por una lucha de familias por una propiedad, y en

---

[71] APEJE PE, JD, vol. 75, 1883, 20-1-1883, 109-110; 8-2-1883, 193.
[72] APEJE PE, JD, 18-10-1881, JD, vol. 71, 412-414. Rel. CM, AI, 4-1-1883, CM, vol. 80, 1883, 20-21; 26-10-1883, 26-29.
[73] *Almanak*, 1893, 150-155. Por ejemplo, APEJE PE, Rel. CM, BJ, CM, vol. 85, 1886, 4-2-1886, 87-95.

parte por luchas políticas. En un encuentro, en la propiedad de Inveja, el día 23 de abril de 1884, entre el alférez Lourenço de Barros Passos y su primo Herculano José de Gondra de un lado y los hermanos Francisco Barboza de Licena e Silva, Olympio Barboza de Lucena e Silva y João Barboza da Silva, concejal, de otro lado, hubo un tiroteo y los dos primeros resultaron gravemente heridos y murieron. El padre de Lourenço, Joaquim d'Albuquerque Gondra, hizo un requerimiento contra los hermanos y el capitán Rogoberto Barboza da Silva, que se vio envuelto en una lucha por la mesa electoral en 1880, hermano natural de Francisco, Olympio y João, José Cypriano Bezerra de Mello, y otros, entre los cuales un esclavo, Sebastião.

Louenço y los Barbozas vivían todos en la propiedad de Inveja. Lourenço estaba casado con Francisca Argentina de Lucena Passos, hermana de Francisco y Olympio Barboza de Lucena e Silva. Existía una cuestión de tierras entre Lourenço y los hermanos de Francisca, que según la declaración del desembargador Henrique Pereira de Lucena, se iba a resolver amigablemente, pero Lourenço se opuso. La esposa de Lourenço, Francisca, ahijada del embargador, había acusado a Rogoberto de ser el principal culpable. Aquí influyó la enemistad del teniente Nicoláo Antonio Duarte, que ayudó a Lourenço, económicamente, y, después del tiroteo, invitó al padre de Lourenço a vivir en su casa para así intentar crear un caso contra Rogoberto, su mayor enemigo correligionario. De hecho, varios testigos, según Rogoberto, pagados por Duarte, lo acusaron de ser el gran instigador del crimen, aunque no estuviese presente en el escenario del suceso. Duarte también pagó a la prensa para que salieran ciertas publicaciones en los periódicos. En la correspondencia de Rogoberto con Lucena sobre estos acontecimientos, acusa al "negro Nicoláo" —se refiere casi siempre al negro o al negro Nicoláo, un hecho que no se puede deducir de las declaraciones— de ser el principal responsable de la infelicidad de su familia, de querer su destrucción. Lucena, que era de Jaboatão, ciudad cercana a Recife, dice ser tío de los denunciados João, Francisco y Olympio, y primo legítimo de Rogoberto. Lucena se puso a favor de su primo y no de Lourenço, como esperaba su ahijada. En la conclusión del proceso, se consideró improcedente sentenciar a Rogoberto y al abogado Cypriano. En cuanto a los hermanos no se pudo probar la emboscada ni la premeditación, pero fueron sentenciados, sin dejar claros los detalles. El juez de derecho durante todo este proceso era José Gomes Coimbra, un amigo de Rogoberto, mientras que el juez municipal Liberato Villar Barreto Coutinho era un enemigo. El delegado de policía era el concejal Carlos Leitão de Albuquerque y era el delegado que escribía las declaraciones.[74] Después de las elecciones siguientes, Duarte era el primer suplente del delegado, y actuaba frecuentemente como delegado, pero no siempre actuaba como lo deseaba el juez de derecho, por el contrario causaba trastornos. También amenazaba con usar la fuerza para ganar las elecciones siguientes, tenía muchos criollos a su disposición.[75] En 1888 Olympio Lucena Barboza da Silva estaba implicado en la administración, como escribano de un juez de paz.[76] En el mismo año, hubo problemas con la herencia del *engenho* de Inveja y violencia debido a la repartición, que no debió resolverse ya que en el *Almanak* de 1893, a la viuda y a los herederos Lourenço Barros Passos se les menciona como propietarios. El capitán Henrique Pereira de Lucena Sobrinho, más allá del *engenho* de Paciencia, limítrofe al *engenho* Inveja, una de las pruebas en el interrogatorio, tenía una fábrica de escardar algodón, llamada Inveja, posiblemente en propiedad de ese nombre. Rogoberto, capitán en la época de los acontecimientos, era comendador en 1893 y dueño del *engenho* Oiteiro, junto con otras dos personas.[77]

En cuanto a esto, hay también cambios a nivel nacional, después de dos elecciones para diputados, el primero de diciembre de 1884, para la 19ª legislatura, pero la Cámara se disolvió el 26 de septiembre de 1885, y hubo otras elecciones el 15 de enero de 1886. La Cámara comenzó a funcionar el día 3 de mayo de aquel año. La 20ª legislatura funcionó hasta el 17 de junio de 1889, cuando fue disuelta y así permaneció en los últimos meses del Imperio. Para la 19ª legislatura, la proporción de conservadores y liberales en Pernambuco permanece inalterada: siete conservadores y cinco liberales. En el país, como la vez anterior, los liberales tenían la mayoría. A excepción de uno, todos los demás fueron elegidos en el primer escrutinio. Éste y otros siete fueron reelegidos. Hubo menos protestas que en la 18ª legislatura, en cuatro de los trece distritos. Todos eran licenciados en derecho. El diputado del 5º distrito, Antonio Epaminondas

---

[74] APEJE PE, JD, vol. 79. 1884, 24-7-1884, 390, 391, 392-541. SDH, CBL, cartas de Rogoberto ao Desembargador Lucena: n° 535, 23-4-1884, n° 536, 9-5-1884, n° 537, 15-5-1884, n° 538, 18-5-1884, n° 539, 8-6-1884, n° 540, 15-6-1884, n° 541, 15-6-1884, n° 542, 26-6-1884, n° 543, 10-7-1884, n° 544, 5-10-1884.

[75] APEJE PE, JD, vol. 81, 9-12-1885, 522-524; 18-12-1885, 580-581; vol. 82 18-6-1886, 559-561; 29-6-1886, 581-586.

[76] APEJE PE, CM BJ, vol. 89, 1888, 3-12-1888, 107-109; 30-12-1888, 111-114.

[77] APEJE PE, JD, vol. 88, 1888, 3-12-1888, 503-504; *Almanak*, 1893, 150-155.

de Melo, era nuevo, liberal, pero falleció en aquel año y fue sucedido por el liberal Joaquim Aurélio Nabuco de Araújo, que tomó posesión el día 3 de julio de 1885. Antonio Gonçalves Ferreira, conservador, continuaba en el 12° distrito. Sigismundo Antonio Gonçalves, liberal, consiguió esta vez la victoria en el 7° distrito.[78] Lo notable de la elección de Sigismundo es que en la elección de 1881 tuvo como oponente a Sousa Leão y esta vez recibió apoyo de los Sousa de Leão. En cuanto a la relación de los conservadores con Lucena, Sigismundo es visto con gran antipatía, en una lucha que se desarrolló hasta en los diarios pernambucanos.[79]

En las elecciones para la 20ª legislatura, los conservadores ganaron con mayoría aplastante en Pernambuco, además de en todo el país. En Pernambuco quedó sólo un liberal, en el 5° distrito; en el país 22 de 125. El diputado del 5° distrito, Pedro da Cunha Beltrão, era nuevo. Antonio Gonçalves Ferreira fue reelegido, por tercera vez en el 12° distrito, uno de los seis diputados reelegidos. En el 7° distrito salió diputado esta vez Henrique Pereira de Lucena. En tres reelecciones, dos liberales fueron elegidos, uno en el lugar del Dr. Portela, diputado por tercera vez consecutiva, llamado al puesto de ministro, y que fue sucedido por el liberal Joaquim Aurélio Nabuco de Araújo. Los otros se debieron a dos fallecimientos, pero el liberal elegido nunca ocupó su puesto, por haber sido disuelta la Cámara.[80] El Imperio se estaba acabando. De todas estas elecciones sólo se encontró un proceso electoral de una mesa electoral del 5° distrito, Santa Ana de Bom Jardim, cuando Joaquín Aurélio Nabuco fue elegido diputado por primera vez en 1885, en sustitución de un diputado fallecido. Hubo casi un 24% de abstención, con 169 votos, 94 para el vencedor, 74 para el segundo candidato, un voto en blanco y 53 no comparecieron.[81] En Afogados da Ingazeira, no se encontró nada y también había poquísimo sobre otros municipios. En los primeros años de la República los datos son más precarios. Además no siempre hubo elecciones.

---

[78] *Organizações e programas ministeriais, regime parlamentar no Império*, 381, 384-385, 389. CD, Annaes, 1885, 19ª legislatura, vol. 1, sessão extraordinária, histórico, 4, 7, 9, 15-16, 17, sessão preparatoria, 11-2-1885, 2-3, 30.

[79] IHGB, Coleção Sousa Leão, Lata 457, Pastas 30 e 31, 1884, Cartas de Epaminondas Vieira da Cunha, barão de Itapissuma, ao Senador Luis Felippe de Sousa Leão. APEJE PE, SDH, CBL, doc. núm. 559, Rio, 20-8-1885 carta de Bandeira a Lucena, doc. núm. 561, Rio, 9-7-1885, carta de Bandeira a Lucena, doc. núm. 568, Recife, 31-10-1885, carta do Gaspar de Drummond a Lucena.

[80] *Organizações e programas ministeriais, regime parlamentar no Império*, 392-293, 399.

[81] AN, CPPEMI, IJJ⁹, 275, 1885, vol. 40, 181-183, 184-186, 187-190.

Al comienzo de la República, la situación era muy confusa, con el gobierno provisional no se realizaron muchas elecciones. Sólo nombramientos de intendentes para la intendencia municipal. El vocabulario se
modificó con el cambio de régimen. El *Deus Guarde a V. Ex^{cia}.* fue sustituido por *Cidadão Governador y Saúde e fraternidade*. En 1882, los
intendentes se transformaron en consejeros. Los nombramientos no fueron aceptados por todos. Carlos Leitão de Albuquerque, que tan activo
fue como concejal y delegado de Bom Jardim, se negó "por que os meus
afazeres de agricultor não me permitam acceitar tão honroza incumbencia".
Era conservador y muchos conservadores dejaron de participar en política después del cambio de régimen, a diferencia de que los liberales. Estos
liberales, políticos activos en el Imperio continuaron durante la República, generalmente, en los partidos republicanos de los estados. El Dr. Justino
da Motta Silveira, médico y *senhor de engenho*, vice presidente de la Cámara en los últimos años del Imperio, saluda la llegada de la República y
continúa en la política, en 1891, como presidente de la Intendencia. El
siguiente presidente, nombrado por decreto, era Homem Bom da Cunha
Souto Maior, el farmacéutico de la ciudad. Estas dos profesiones permitían una cierta influencia. Aunque no siempre había elecciones, regularmente se hacía el censo electoral. En 1890, había 1.198 electores en Bom
Jardim. Estos debían elegir diputados y senadores. Pero el vicario de la
parroquia, José Francisco da Silva Borges, aconsejó a los verdaderos católicos que no votasen, ahora que la Iglesia estaba separada del Estado. También se negó a entregar las llaves de las iglesias, para que estos locales no
fuesen usados para las elecciones. El gobernador ordenó que se usasen
otros edificios. El vicario se negó más tarde a dar las llaves del cementerio
público de la ciudad.[82]

Cuando comenzó la dictadura del mariscal Floriano Peixoto, el farmacéutico y Albino Severino de Souza Barboza dejaron la Intendencia, en
enero de 1892. En marzo de aquel año, hubo elecciones para intendentes.
Había 1.210 electores, divididos en siete secciones electorales. Pero en el
mes de septiembre, el médico volvió como presidente, nombrado. Las
declaraciones durante estos primeros años de la República son bastante
escasas. En 1894, hay noticia de que las elecciones fueron aplazadas hasta

[82] APEJE PE, Relatórios da Intendencia Municipal ao Goveanador do Estado de Pernambuco, (abreviado em Rel. IM) BJ, IM 1, 21-3-1890, 309; 17-7-1890, 315, 10-9-1890, 316-317, 10-10-1890, 318; IM 8, 1-
1-1892, 132; 4-2-1892, 133.

el año siguiente. En aquel año no hay ninguna noticia de Bom Jardim, ni en los tres años siguientes. Solamente en 1902, se notifica que había 1.287 electores en Bom Jardim, un aumento mínimo en diez años.[83] En el congreso Nacional, se tienen noticias, generalmente breves sobre el resultado de las elecciones para diputados o senadores, aceptadas o discutidas. Sólo algunas polémicas se presentan extensamente.[84]

La documentación sobre Afogados da Ingazeira también es bastante escasa en el comienzo de la República. Pero fue en estos años cuando se desarrolló la lucha entre los Ramos y Pedro Rufino de Almeida Batista, que le condujo a la muerte en 1897, y a la entrada de su hijo Manuel Batista de Morais en el *cangaço*, pues el asesino estaba protegido por el delegado. Si durante el Imperio, el nombramiento del delegado generalmente cambiaba cuando llegaba al poder otro partido político y, en consecuencia, favorecía al grupo en el poder, en la República, el delegado era controlado por el Estado, y colaboraba con los coroneles en el poder.[85] Como Vitor Nunes Leal, describe en su obra clásica *Coronelismo, enxada e voto*:

Anomeação dessas autoridades (o delegado e subdelegado da polícia) é de sumo interesse para a situação dominante no município e constitui uma das mais valiosas prestações do Estado no acordo político com os chefes locais. Embaraçar ou atrapalhar negócios ou iniciativas da oposição, fechar os olhos à perseguição dos inimigos políticos, negar favores e regatear direitos ao adversário - são modalidades diversas da contribuição do governo estadual à consolidação do prestígio de seus correligionários no município. Mas nada disso, via de regra, se compara a esse triunfo decisivo: pôr a polícia do Estado sob as ordens do chefe situcionista local.[86]

Y como era habitual, el delegado desempeñó un papel primordial, escribiendo el relato oficial sobre los acontecimientos. Además, una gran diferencia era que en la República, durante muchos años la política estuvo dominada por un único partido político, el partido republicano, que exis-

---

[83] APEJE PE, Rel. IM. 1892, IM 8, 12-1-1892, 134; 13-1-1892, 135, 25-3-1892, 139; 13-6-1892, 142; 5-9-1892, 145; IM, 12, 30-11-1894, 61, Rel, CM, 96, 27-1-1902, 216.

[84] Por ejemplo, CD, Annaes, 3ª sessão da 1ª Legislatura, vol. 1, 1893, Pareceres núm. 1-1893, 4-5, nº 48-1893, 499; 1ª sessão da 2ª Legislatura, vol. 1, 1894, 1, 3, 7, 22-23, 26, 34, 40-41, 44, 48, 50, 55, 63-73.

[85] Flory, *Judge and Judge in Imperial Brazil*, 172, 173, 180.

[86] Leal, *Coronelismo, enxada e voto*, 47.

tía a nivel de cada estado, aunque se creó un partido federal en 1893 pero en 1897 ya había desaparecido.[87] Eran los partidos estatales los que dominaban la política nacional y local. Existían algunos partidos de oposición pero sin fuerza y sin mucho eco, a no ser en los diarios. La diferencia era tal que ahora se hablaba del jefe político de la situación o situacionista. En este período dominó el sistema del *coronelismo*, que Leal definió del modo siguiente:

> A essência, portanto, do compromisso "coronelista" —salvo situações especiais que não constituem regra— consiste no seguinte: da parte dos chefes locais, incondicional apoio aos candidatos do oficialismo nas eleições estaduais e federais; da parte da situação estadual, carta-branca ao chefe local governista (de preferência o líder da facção local majoritária) em todos os assuntos relativos ao município, inclusive na nomeação de funcionários estaduais do lugar.[88]

El jefe político recibía dos tipos de autonomía, conocidos como legal y extralegal. El primer tipo de autonomía era reducido, pero el segundo le daba *carte blanche* al jefe político, dándole la posibilidad de nombrar una serie de funcionarios en el municipio, que le daban la oportunidad de actuar de modo arbitrario y hasta violento, sin intervención del gobierno estatal o federal. Lógicamente este poder extralegal sólo era concedido a los amigos de estos gobiernos. Los otros tenían que mantenerse dentro de la legalidad y sólo recibían un apoyo económico mínimo.

Otra diferencia era que, con el establecimiento del sistema federal, en los diversos estados ya no existía una homogeneidad política, como existía durante el Imperio, con el establecimiento de las diferentes constituciones estatales además de la federal de 1891. Las situaciones políticas se desarrollaban de modo diferente. Pero el fraude, entre los que se encontraban las elecciones *a bico de pena* que ya existía durante el Imperio, la intimidación y la violencia formaban parte de las elecciones. Como la oposición era débil, era aún más fácil obtener los resultados deseados. Ulysses Lins de Albuquerque cuenta como participó en una elección *a*

---

[87] José S. Witter, *Partido Republicano Federal (1893-1897)*, Tudo é história, 115, São Paulo, Brasiliense, 1987,

[88] Leal, *Coronelismo, enxada e voto*, 49-50. Es la obra clásica sobre este asunto. Lo que sigue fue largamente inspirado por esta obra. Véase también Maria Isaura Pereira de Queiroz, "O coronelismo numa interpretação sociológica" en *História Geral da Civilazação Brasileira*, tomo III, 1° vol. 8, 155-188 y Queiroz, *O mandonismo local na vida política brasileira e outros ensaios*, São Paulo, Alfa-Omega, 1976, 33-154.

bico de pena cuando tenía once años. Explicaba al mismo tiempo que la solidaridad electoral iba a la par de una amistad duradera. La intimidación y la violencia se habían propagado más allá del interior, llegando hasta las ciudades, a Recife. La decisión del gobernador Barbosa Lima de aplazar las elecciones por temor a fraude tuvo repercusión en la Cámara. También Rio de Janeiro estaba marcado por la violencia, el propio ejército de candidatos tenía que garantizar el resultado. Una solución de los electores era quedarse en casa en vez de votar.[89] El cambio de régimen no mejoró la situación electoral y la participación electoral se mantuvo bastante reducida en las primeras décadas republicanas, a pesar de que el aumento de la participación electoral fue una de las razones para el cambio de régimen.

CONCLUSIÓN

Con la *Lei Saraiva*, la participación electoral disminuyó fuertemente sin conseguir los objetivos de reducir la violencia o el fraude. La exclusión de analfabetos y mendigos no garantizó, en absoluto, un nivel alto o de dignidad de las elecciones directas, confirmando el argumento obvio de Nabuco y Marinho de que el fraude no era cometido por analfabetos. La intención era reducir el electorado y en este punto el éxito fue relativamente duradero, a pesar de las constantes modificaciones de la legislación electoral.

En el estudio de los dos municipios, lo que aparece claramente es que el poder a nivel provincial o nacional no consigue imponerse en el municipio. El hecho de que los presidentes en Pernambuco durante los diez últimos años del Imperio no permaneciesen en el poder más que unos meses, tampoco fortalecía el poder a nivel de provincia. El sistema continúa con los gobernadores del estado hasta 1892. Después se quedaban algunos años. Con frecuencia, los presidentes se alternaban, algunos continuaban en la República, aún así, que trabajasen algunos meses y después retomasen la presidencia tras una cierta ausencia, no debió contribuir a una buena

---

[89] Albuquerque, *Um Sertanejo e o sertão*, 19-20. Sobre las estructuras políticas en Pernambuco véase Levine , *A Velha Usina - Pernambuco na Federação Brasileira 1889-1937*, 140-153. CD, Annaes, 2ª sessão da 1ª Legislatura, vol. 2, 20-6-1892, 245-248, 16-7-1892, 355-363, 27-7-1892, 25-10-1892, 569-577. José Murilo de Carvalho, *Os bestializados. O Rio de Janeiro e a República que não foi*, 2ª ed., São Paulo, Companhia das Letras, 1987, 66-90, en particular 87-88.

administración. Los que sólo permanecían una vez no tenían tiempo de ponerse al tanto del funcionamiento de la presidencia. Es verdad que muchos de estos hombres tenían una larga experiencia política, como es evidente en los siguientes ejemplos. El Barón de Lucena (1835-1913), conservador, fue diputado general por Pernambuco (1886-1889), en la última legislatura del Imperio, después de haber ocupado la presidencia de la Cámara. En la República, fue ministro de Agricultura y de Finanzas en el gobierno de Marechal Dedoro, gobernador de estado (4-8-1890/ 23-10-1890, unos dos meses y medio). Su nombramiento de gobernador fue acogido con entusiasmo particularmente en Bom Jardim. Después, de 1890 a 1892 fue Ministro do Supremo Tribunal Federal. No todos los diputados acogieron con entusiasmo su participación en la política de la República, dudaban que se hubiese transformado en un hombre nuevo. Su amigo y consejero João Alfredo Corrêa de Oliveira (1835-1919) fue diputado provincial (1861, 1868, 1877), presidente de la provincia de Pará (1869), ministro del Imperio (1871), senador y consejero de Estado. Organizó el ministerio que abolió la esclavitud (1888), cuando ocupaba la cartera de Hacienda. Dejó la política con la proclamación de la República (15-11-1889). El Consejero João Alfredo también era conservador.[90] El liberal Sigismundo Antonio Gonçalves continuó en la República. Durante el Imperio fue diputado general. Asumió el ejercicio de presidente de la provincia en vísperas de la proclamación de la República y fue sustituido el día 16 de noviembre. Volvió como gobernador en 1899 por un año escaso, más tarde en 1904 y entonces se terminó el cuatrienio. Mientras tanto la situación, a nivel provincial o estatal, era inestable.

Gonçalves había sido juez de derecho en Bom Jardim, antes de ser diputado. Como juez de derecho y otro cargo con nombramiento del gobierno central, independiente de las autoridades municipales, tampoco consiguió funcionar debidamente. Era fácil sabotear su trabajo y el juez parecía impotente ante las fuerzas locales. Además, el juez no permanecía mucho tiempo en la misma comarca y durante su nombramiento, estaba ausente con cierta regularidad y era sustituido por el juez de derecho interino, en la mayoría de los casos una figura local. Al contrario que las personas nombradas, magistrados, presidentes, las figuras locales partici-

[90] Sobre Lucena véase Levine, *A Velha Usina · Pernambuco na Federação Brasileira 1889-1937*, 237, 260, 264, 184 (n. 4), 241 (n. 15); Rel. IM. 1890, IM 1, 15-11-1890, 319; CD, Annaes, 2ª sessão da 1ª Legislatura, vol. 2, 16-7-1892, 357-358, Andrade, *João Alfredo, o Estadista da Abolição*.

paban activamente en la política durante un largo período. Eran empresas de familia. Las familias intentaban cuidar sus negocios y proteger sus intereses teniendo influencia política. Por eso, es interesante hacer notar que, en ciertos casos, el hecho de existir un cierto lazo de parentesco de sangre o por casamiento, a veces, conducía a ser incompatible, pero en vano. Pero todas las armas son buenas para impedir que el enemigo obtenga el poder, porque lo importante era obtener el poder en el municipio. Las enemistades eran grandes, entre los miembros de los dos partidos, pero también lo podían ser entre correligionarios. En general, era peor todavía. Por este motivo, los buenos resultados electorales y políticos eran necesarios, y con buenos amigos políticos se conseguía la impunidad para mantener el poder. Por otro lado, era preciso luchar para conseguir los resultados electorales deseados, necesarios para poder imponer la fuerza cuando las medidas legales no bastaban. Posiblemente, la violencia disminuyó un poco después de las elecciones posteriores a la *Lei-Saraiva*, en los últimos años del Imperio, pero la violencia formaba parte de la vida municipal y la intimidación se usaba en abundancia antes de las elecciones.

El hecho de que Afogados da Ingazeira tuviese un porcentaje menor de electores que Bom Jardim, no parece que hubiese reducido la violencia, sino todo lo contrario. Otro factor que también podría haber desempeñado un papel, es que este municipio se encontraba a una distancia mucho mayor del gobierno, en el *sertão*, área que era aún más difícil de controlar. Finalmente, la región de Pajeú tenía reputación de ser violenta. Los grandes *cangaceiros* Antônio Silvino y Lampião, apodo de Virgulino Ferreira da Silva, el más famoso, eran oriundos de esta región. Van Rijckevorsel, en sus viajes por el *sertão*, se quedó impresionado de que la capital de la provincia estuviera lejos y de la dificultad de hacer respetar las leyes, y que se supiera donde estaban los criminales y no pareciera útil tomar medidas. Los poderosos locales gobernaban, con ayuda de la parentela. A veces, el gobierno prefería que dos familias se combatieran hasta el hartazgo, sin intervenir. A Van Rijckevorsel, aunque tenía respeto por el gobierno general, le preocupaba la idea de qué sería del país, cuando se convirtiese en un régimen federalista.[91] La República fortaleció el poder del jefe local, a pesar de que el gobierno estatal había ganado autoridad. Las alianzas, tan importantes en este período de la situación, especialmente en los municipios, no siempre eran sólidas. Con el federalismo, la

[91] Van Rijckevorsel, *Uit Brazilië*, vol. 2, 224-228, 243-245, 265.

interacción que existía en los tres niveles del Imperio, más especialmente entre el poder local y nacional, quedó modificada. El poder nacional se hizo muy débil. A nivel estatal, la competencia entre los estados era más usual que la cooperación. Había muchas menos transferencias de magistrados de un estado a otro que dentro del país. El gobierno federal se hizo más distante y sólo a partir de la Segunda República comenzó a tener más poder, pero incluso durante el *Estado Novo*, el *cangaço* no desapareció completamente. Aun en aquellos años, el poder local fue reducido sustancialmente por Getúlio Vargas, que acabó con el *cangaço*. Pragmático, como era, Vargas no quiso separar demasiado a los jefes locales. Hasta hoy en día, el poder local subsiste de cierta forma, sobre todo en el interior del país.[92]

[92] Joseph L. Love, "Federalismo y regionalismo en Brasil, 1889-1937", en Marcello Carmagnani, coord., *Federalismos latinoamericanos: México/Brasil/Argentina*, México, El Colegio de México, Fondo de Cultura Económica, 1993, 180-220. Queiroz, "O coronelismo numa interpretação sociológica", 187-188.

Lista de las abreviaturas empleadas para los archivos y las colecciones de documentos:

En Brasilia

CD: Câmara dos Deputados, Brasília. Coordenação de Arquivos. Centro de Documentação e Informação. Secção de Documentos Históricos
Annaes Annaes do Parlamento Brasileiro, Câmara dos Senhores Deputados

En Recife
APEJE PE: Arquivo Público Estadual Jordão Emerenciano, Pernambuco.
*Rel. CM: Relatórios da Câmara Municipal ao Presidente da Província de Pernambuco
*Rel. IM: Relatérios da Intendencia Municipal ao Governador do Estado de Pernambuco
*JD: Juizes de Direito
*SDH, CBL: Secção de Documentos Históricos. Coleção Barão de Lucena

UFPE, BC: Universidade Federal de Pernambuco, Biblioteca Central
*CJACO: Coleção Conselheiro João Alfredo Corrëa de Oliveira

En Rio de Janeiro
AN: Arquivo Nacional, Rio de Janeiro
*CPPEMI: Correspondencia dos Presidentes de Pernambuco com o Ministro do Impèrio
IHGB: Instituto Histórico e Geográfico Brasileiro, Arquivo, Rio de Janeiro

PARTICIPACIÓN POLÍTICA EN BRASIL EN EL SIGLO XIX: LOS VOTANTES DE SAN PABLO EN 1880[*]

HERBERT S. KLEIN[**]

HASTA HACE POCO se ha supuesto que el Brasil imperial del siglo XIX fue un estado con una participación política muy limitada. Pero estudios novedosos sugieren que Brasil antes de 1881 extendía una red bastante ancha incorporando a la población nacional en el voto, alcanzando un porcentaje del 10% de la población total, o como la mitad de varones en edad de votar en 1872. Hasta se ha argumentado que este porcentaje fue tan o más alto que la participación de votantes de la población de varones en muchos países contemporáneos de Europa occidental.[1] Aunque habían calificaciones de propiedad e ingresos para este sistema de voto indirecto, éstos fueron eventualmente definidos como una "renta" de 200 mil reis anualmente según la ley electoral de 1846.[2] Esta "renta" se podía considerar como salario, rendimiento anual de capital, o hasta valor de bienes raíces, y por su valuación tan baja permitía inclusive hasta obreros no especializados. Se evidencia en los porcentajes de participación y las listas electorales que los hombres libres de color (ex esclavos) y analfabetos fueron regularmente incluidos también en el escrutinio "elector", así que la base de la población elegible para votar (que por supuesto excluía a los esclavos y las mujeres) fue bastante extensiva. El primer nivel (*primero*

---

[*] La investigación para este estudio fue apoyada por una donación del Social Science Research Council.
[**] Columbia University.
[1] Richard Graham, Patronage and Politics in Nineteenth-Century Brasil (Stanford, 1990), chapter 4.
[2] La ley básica fue expedida el 19 de agosto de 1846. Véase Collecão das leis do Imperio do Brasil de 1846 (Río de Janeiro, 1847), tomo VIII, parte 1, pp. 13-39. Cada *parochia* debía establecer una *Junta de Qualificação* que sería presidida por el Juiz de Paz quien había recibido las más votos en las elecciones judiciales. Esta junta preparaba la *lista geral* de *eleitores* que se haría pública y mantenida cada año. Estaba organizada en orden alfabético por *quarterão* y distrito y debía alistar el nombre, edad, profesión y estado civil del *eleitor* o elector elegible. La calificación de propiedad inicial era 100 mil reis "en plata" que luego fueron interpretados como 200.000 en reis.

grau) de votantes (llamados *eleitores*) podía votar directamente para *vereadores* (regidores) municipales locales; el *juiz de paz* (juez de paz) local; y los electores que votaban para aquéllos de puestos más altos.[3] Pero fue sólo el nivel secundario de votantes, aquéllos con calificaciones de propiedad de 400 mil reis o más y que no eran ex esclavos (*libertos*), quienes podían votar para oficiales provinciales e imperiales. Los elegibles para votar al nivel más alto fueron un grupo más limitado, siendo menos que la mitad de los electores elegibles. Este sistema electoral indirecto dominó a Brasil hasta el cambio en la ley electoral en 1881, que resultó en elecciones directas pero también formuló criterios financieros mucho más restringidos y eliminó analfabetos, reduciendo así la base electoral considerablemente.[4]

No obstante el acuerdo general sobre la importancia de las elecciones en el siglo XIX en Brasil, hay —según lo que Richard Graham ha demostrado— un notable desacuerdo sobre la amplitud de participación que en realidad existió. A pesar de la existencia de muchas listas de votantes calificados (usualmente llamados *qualificaçao de eleitores*) en archivos municipales por todo Brasil, existen pocos estudios sistemáticos de estas listas hasta para determinar la distribución de votantes y sus ocupaciones antes de 1875.[5] Fue en ese año que el *juiz de paz* local de cada parroquia —quien tenía que preparar esas listas anualmente y hacerlas públicas para censura local— era ahora requerido para listar no solamente los

---

[3] Había un *eleitor* por cada 40 *votantes* en un distrito (art. 52 Lei de 19 Agosto 1856). Estos *eleitores* venían de la lista de personas *eligibles* quienes estaban inscritas en la *lista geral* —en este caso siendo un 40% de las personas en la lista de San Pablo de votantes de 1880—. A cambio, estos elegidos *eleitores* elegían a los diputados y senadores para las legislaturas provinciales e imperiales.

[4] Murilo de Carvalho ha argumentado que los votadores elegibles cambió de 13.0% de la población libre total en 1872 a 0.8% en 1886. José Murilo de Carvalho, *Teatro de sombras; A política imperial* (Rio de Janeiro, 1988), pp. 140-141. Para los debates extensivos sobre la limitación del sufragio contenida en la ley de 1881, véase Sergio Buarque de Holanda, *História de civilização brasileira* (11 vols.; San Pablo, 1972), vol. 5, pp. 195 ff. La misma ley se encuentra en Decreto de 9 Janeiro 1881, *Colleccão das leis do império do Brasil de 1881* (Rio de Janeiro, 1882), vol. 1, pp. 1ff.

[5] Hasta ahora los pocos estudios que existen han sido tesis no publicadas. Uno de estos estudios más tempranos fue el de Jayme Antonio Cardoso, "A população votante de Curitiba, 1853-1881", (Diss. de Mestrado, Curitiba, Universidade Federal de Paraná, Historia, 1974). Un trabajo más reciente es el de Wanda Moreira Magalhaes, "Eleitores e eleitos: os agentes de poder em Campinas na segunda metade do seculo XIX," (Tesis de Doctoramento, FFCH/Historia, Universidad de San Pablo, 1992). Las listas antes de 1875 consistían sólo de nombres y ocupaciones. Fue solamente en ese año que se requirió que la renta actual y el alfabetismo de la persona fueran incluidos. Por esta razón, estudios de listas de electores pre-1875 se concentran en sólo las ocupaciones. Véase vg. Nelson de Moura, "A situação dos partidos políticos em Minas Gerais: Primeira metade do século XIX," (Ma-

nombres, ocupaciones y estado civil de todos los votantes como antes, sino también la renta actual y si eran analfabetos.[6] Sin embargo existen algunas listas antes de 1875 de reclutas para la Guardia Nacional que sí registran varones adultos y sus rentas anuales, y sí existen algunos estudios de esta fuente alternativa. La entrada a la Guardia Nacional se basaba en calificaciones similares de propiedad y la construcción de estas listas de la Guardia Nacional parecen ser contérminas con las de registros de votantes.[7]

Me propongo en este estudio analizar los registros de votantes de la región metropolitana de San Pablo en el año 1880 —el último año en que funcionó el viejo sistema indirecto que había estado vigente desde 1846 y uno de los pocos años en que todas las variables significativas fueron registrados—. Estas listas de 1880 incluyen parroquias urbanas del centro y de la periferia como también las parroquias remotas más rurales de esta ciudad mediana del interior. La misma ciudad de San Pablo en 1880 era todavía un centro urbano relativamente pequeño numerando probablemente 30.000 personas, de las cuales 4.000 eran esclavos. Los distritos urbanos centrales eran Sé y Santa Ifigenia, y en sus alrededores se ubicaban las parroquias más residenciales de Bras y Consolação. Las parroquias más lejanos del centro Sé-Santa Ifigenia, las de Penha de França y Nossa Senhora de O aún comprendían extensas poblaciones rurales. A su vez los censos locales registraban las parroquias remotas rurales de Guarulhos, Juqueri, São Bernardo y Santo Amaro, como parte de la región "metropolitana" de la "gran" San Pablo. Estas zonas remotas consistían en aldeas muy pequeñas —la más grande probablemente era la ciudad de Santo Amaro que estaba a 15 km del centro—. No obstante alguna actividad urbana, estas parroquias hasta el censo estatal de 1934 eran todavía mayormente rurales. En esa fecha el 56% de Guarulhos y el 60% de Santo Amaro eran aún rurales, y más del 90% de la población de Juqueri y São

nuscrito mimeo inédito, Belo Horizonte, 1968) que alista la distribución por ocupaciones de las existentes listas electorales de Minas Gerais que se encuentran en el archivo del estado para 1851. Esta misma forma de registro fue intentada por Murilho de Carvalho (*Teatro*, p. 42) para el municipio de Formiga en Minas Gerais en 1876.

[6] Art. 27 del Decreto de 12 Janeiro de 1876, *Collecção das leis do império do Brasil de 1876*, (Rio de Janeiro, 1876), tomo XXXIX, pt. 2, vol. 1, p. 85.

[7] Parece que había bastante traslapo entre las dos listas puesto a que los mismos criterios financieros fueron usados para las listas de reclutas para la Guardia Nacional como para las listas de registros de electores. Jeanne Berrance de Castro, *A milícia cidadã: A Guarda Nacional de 1831 a 1850* (2da ed., San Pablo, 1979), p. 24.

Bernardo fue todavía así registrado.[8] Sumando la población de las parroquias centrales y las remotas en 1880 alcanza una población estimada de cerca de 50.000 personas.[9] Pero la ciudad estaba creciendo rápidamente y ya era decisivamente el centro comercial y de comunicación de lo que se estaba formando como la región productora de café más importante de la nación.

En términos de su sistema electoral, la provincia de San Pablo parece haber sido bastante diferente a las demás del imperio. Como Richard Graham ha notado en su análisis de las listas de votantes de la década de 1870 (que fueron publicadas en formato sumario), la provincia de San Pablo como la de Minas Gerais tenía una de las más bajas proporciones de votantes elegibles en Brasil, cerca del 36% de varones libres de 21 años de edad y mayores, comparado con el promedio nacional del 51%.[10] Comparando el censo de 1872 y los registros de votantes de 1880, es aparente que el área metropolitana de San Pablo difería poco del modelo provincial. Los electores representaban cerca del 40% de varones de 21 años o más en las áreas urbanas, y del 34% en la parroquias rurales, dando un promedio de 38% para la región metropolitana —poco diferente de los números bajos de la provincia (véase cuadro 1). Aunque San Pablo tenía una proporción de electores más baja que otras regiones, se debe enfatizar que estos números para todo Brasil subestiman los porcentajes reales de votantes elegibles, porque muy pocos varones menores de los 25 años de edad votaban.

Sin embargo, la pregunta acerca de quiénes eran los que votaban queda por responderse. Aunque hombres menores de 25 años podían votar si

---

[8] José Francisco Camargo, *Crescimento da população no estado de San Pablo e seus aspectos econômicos* (3 vol.; San Pablo, 1981), II, 18, cuadro 12. Así que mientras las divisiones entre urbano y rural examinadas en este ensayo no son del total coherentes, en que por lo menos dos de las parroquias urbanas tenían sectores grandes rurales y dos de las rurales tenían minorías importantes de aldeas, yo creo que tal división es completamente justificada. En los dos casos, hasta las parroquias mixtas en las dos regiones eran predominantemente urbanas o rurales tal como fuera el caso y así se pueden caracterizar.

[9] Aunque hay una variación considerable en los números, el modelo general parece uniforme. En el censo de 1872 se estimaba que el centro urbano tenía unas 28.029 personas de las cuales 3,487 eran esclavos. Brasil, Directoria geral de Estatística, *Recenseamento da população do Brasil...1872* (22 vols., Rio de Janeiro, 1873-76), vol. 19. Se decía que en 1874 la ciudad tenía 31.385 personas, de las cuales 3.828 eran esclavos. Los pueblos de los alrededores sumaban otras 15.000 personas según una fuente. En 1886 había 47.697 personas en la ciudad de las cuales 493 eran esclavos y la población entera de la región incluyendo la ciudad se decía que era de 74.895, de los cuales 878 eran esclavos. Camargo, *Crescimento da população*, II, 10, tabla 2.

[10] Graham, Patronage, p. 109.

CUADRO 1. *Electores de San Pablo en 1880. Parroquias urbanas y población en el censo de 1872*

| Parroquias | Número de electores en 1880 | Censo de 1872 | | Electores como % | |
		Total de los varones libres	Varones de 21 años y más	de los varones libres	de varones de 21 años y más
I URBANOS					
Sé	674	3.668	2.302	18%	29%
Santa Ifigenia	465	1.988	1.059	23%	44%
Brás	253	978	482	26%	52%
Consolação	389	1.456	680	27%	57%
Nossa Senhora do O	239	869	386	28%	62%
Penha de França	93	998	328	9%	28%
Subtotal	2.113	9.957	5.237	21%	40%
II RURALES					
Guarulhos	311	1.136	603	27%	52%
Juqueri	289	1.291	589	22%	49%
São Bernardo	132	1.277	611	10%	22%
Santo Amaro	398	2.572	1.492	15%	27%
Subtotal	1.130	6.276	3.295	18%	34%
TOTAL	3.243	16.233	8.532	20%	38%

FUENTE: Arquivo Municipal de São Paulo, "Eleções-Qualificação de Eleitores", para el registro de 1880 para los distritos arriba de Brás a Santo Amaro: [E-33-27; E-19-45; E-21-11; A-5-19; E-21-18; E-19-42; E-45-30; E-59-51; E-19-43; A-3-6, vol. 169]. El censo de 1872 para estas parroquias se encuentra en Vol. 19 de Brasil, Diretoria Geral de Estatística, Recenseamento da população do Brasil... 1872 (22 vols., Rio de Janeiro, 1873-1876).

estaban casados, en realidad la población que votaba lo hace a partir de los 25. Sólo el 2% de los electores varones urbanos y rurales eran menores de esta edad (véase gráfico 1). Curiosamente, analizando la edad de cohortes de votantes en las parroquias rurales y urbanas (como un porcentaje de sus zonas respectivas), es evidente que la pirámide normal de grupos por edad entre los electores reflejaba fielmente el universo más grande de donde venían. Probablemente el porcentaje menor de aquéllos que votaban en la categoría de 25-29 en áreas urbanas —como comparado con el de 30-34 años de edad— era un reflejo de la típica inmigración y su consecuente distorsión en la edad que la mayoría de las ciudades experimentó en el siglo XIX en Latinoamérica. Así que los votantes no eran una oligarquía limitada por edad, pero de hecho perfectamente reflejaban la estructura de edad de la población completa de la cual venían. Además en este único caso, existía relativamente poca diferencia (menos en la categoría de 25-

29) entre los votantes rurales y los urbanos. En los dos casos la edad mediana era 40 años y el promedio entre 41 años y medio y 42 años de edad.

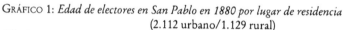

GRÁFICO 1: *Edad de electores en San Pablo en 1880 por lugar de residencia* (2.112 urbano/1.129 rural)

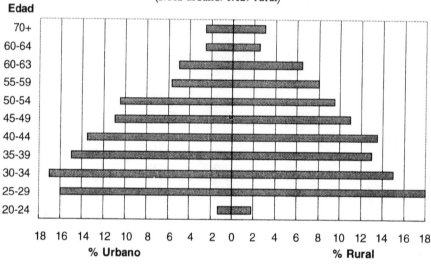

La edad no sólo reflejó la comunidad, la riqueza distribuida por edad también mostró un resultado sorprendente que refuerza el tema de la representatividad. Cuando las rentas anuales se correlacionan con la edad, el resultado no es significante.[11] Esto indicaría que hasta votantes más pobres mayores de edad se mantenían en los registros y que la pobreza no era exclusivamente un fenómeno de la edad. Si hubiera una alta y significante correlación, entonces se podría sugerir que los pobres en realidad no estaban seriamente representados en los registros de votantes, y que la riqueza estaba simplemente en función de edad; querría decir que hombres que pertenecían a la elite económica habían comenzado sus carreras a un nivel de ingresos bajo y que luego fueron ascendiendo en la escala económica. Pero esto claramente no ocurrió porque personas de bajos ingresos y de rentas anuales se encuentran a todas las edades.

Pero ¿qué se puede decir de otras distinciones entre los votantes? ¿Existía en realidad una representación de analfabetos, obreros no especializa-

[11] La correlación no fue más que 1085.

dos, y pobres, como los estudios más recientes han indicado; o, como la
mayoría de las interpretaciones históricas tradicionales han sugerido, fue
el voto en realidad limitado a una minoría de personas ricas mayormente
compuesta de profesionales, terratenientes y alfabetos? Además, ¿existían
diferencias significativas entre este centro urbano importante y las parroquias rurales de sus alrededores, o existía una situación más oligárquica en
las áreas rurales?

Al examinar las rentas anuales es evidente que en realidad los elementos más pobres de la sociedad fueron razonablemente representados en las
parroquias urbanas pero más bien en las rurales. De los 3.243 alistados en
los registros de votantes accesibles para 1880 (véase cuadro 2), dos tercios
de los votantes se encontraban concentrados en las parroquias urbanas, y
el resto en las parroquias rurales cercanas. Es claro que las parroquias
urbanas eran las más ricas y en ellas habitaban los votantes más pudientes,
como se puede ver en el promedio de ingresos por votantes urbanos de
831 mil reis en comparación con las zonas rurales en las que el promedio
por votante era sólo un tercio de tal renta. También las parroquias urbanas tenían distribuciones de ingresos más desiguales, lo cual se refleja en la

CUADRO 2: *Distribución de votantes y sus ingresos anuales por distrito de votación*

Distrito	Votante	Mean	Renta anual (ingreso) (Des. Est.)	Var. de coef.
Sé	672	1.198	(1.336)	1,12
Santa Ifigenia	463	935	(1.322)	1,41
Consolação	389	623	(715)	1,15
Brás	252	604	(731)	1,21
Nossa Senhora do O	236	371	(185)	0,50
Penha de França	93	316	(203)	0,64
Subtotal	2.105	831	(1.101)	1,32
Guarulhos	311	230	(89)	0,39
Juqueri	288	275	(179)	0,65
Sâo Bernardo	132	272	(152)	0,56
Santo Amaro	398	252	(313)	1,24
Subtotal	1.129	254	(219)	0,86
TOTAL	3.234*	630	(939)	1,49

NOTAS: *Había un total de 3.241 votantes elegibles, de 7 de los cuales no se sabía su
renta anual, ni su lugar de residencia.
FUENTE: Igual que cuadro 1.

variación más alta alrededor del promedio como se puede ver en altas desviaciones standard y los consecuentes coeficientes de variación. De las parroquias urbanas sólo las más remotas y menos urbanizadas, las de Nossa Senhora de O y Penha de França, demuestran una alta concentración de votantes más pobres a la par con los distritos más rurales. En cambio los distritos periféricos —con la excepción del más urbanizado Santo Amaro— solían tener un bajo porcentaje de rentas anuales entre sus votantes, y mucho más bajas desviaciones standard lo cual indica una población más uniforme y generalmente más pobre.

Cuando se analizan estos votantes en total y la distribución de sus ingresos, es evidente que la mayor categoría de votantes eran los que estaban registrados con una renta mínima de 200 mil reis por año. El 41% de los votantes caía en esta categoría, pero compartían solamente el 13% del valor total de ingresos declarados. En cambio el 5% más alto de los votantes en términos de ingresos (aquéllos ganando rentas de 2.000 mil reis o más por año) componían el 44% del total de todos los ingresos. Esto resultó en un coeficiente GINI —el patrón de medida de la desigualdad— de 5.374 para el total de votantes urbanos y rurales.

Al detallar esta lista por las parroquias urbanas y las aldeas rurales se pueden ver diferencias importantes. Es asombroso que el 35% de electores en las zonas rurales tenían un GINI extraordinariamente bajo de 0.188 indicando una situación "democrática" en términos de distribución de riqueza (véase cuadro 3). En este caso el 83% estaban alistados con rentas de 200 mil reis por año y estos votantes pobres componían un alto 65% de todas las rentas, que es una situación realmente extraordinaria. En cambio los 2.107 votantes de las parroquias urbanas tenían un GINI de 0,535, que apenas se diferencia de la población total de votantes. Pero ¿cómo se compara esta medida con otros registros de votantes en la misma década, o con las listas de ingresos o propiedad en el Brasil del siglo XIX en general?

No cabe duda que este GINI urbano de San Pablo es relativamente alto comparado con la distribución de ingresos de votantes registrados de la ciudad de Campinas a unos 100 km al oeste de San Pablo y centro de producción de café más importante del estado, y de la ciudad de Curitiba en la provincia vecina de Paraná al sur. Aquí los GINIs eran en los altos 30s y bajos 40s. Así que en Campinas unos 68% de los 2.095 votantes en 1876 tenían rentas de 200 mil reis y controlaban el 37% de la riqueza total, con

CUADRO 3: *Distribución de electores por valor de rentas anuales, San Pablo, 1880*

	Rentas anuales (mil reis)	Número de votantes	Porcentaje acumulativo de	
			Personas	Rentas
Parroquias Urbanas	200	402	19,1%	4,5%
	300	576	46,4%	14,2%
	350	1	46,5%	14,2%
	400	196	55,8%	18,6%
	500	55	58,4%	20,2%
	600	213	68,5%	27,4%
	700	7	68,8%	27,7%
	800	104	73,8%	32,3%
	900	12	74,3%	32,9%
	1.000	146	81,2%	41,1%
	1.200	85	85,3%	46,9%
	1.400	8	85,7%	47,5%
	1.500	21	86,7%	49,3%
	1.600	27	87,9%	51,7%
	1.800	6	88,2%	52,3%
	2.000	96	92,8%	63,1%
	2.400	18	93,6%	65,5%
	2.500	2	93,7%	65,8%
	2.600	1	93,8%	66,0%
	3.000	46	96,0%	73,7%
	3.200	1	96,0%	73,9%
	4.000	24	97,2%	79,3%
	4.800	7	97,5%	81,2%
	5.000	5	97,7%	82,6%
	6.000	44	99,8%	97,4%
	8.000	2	99,9%	98,3%
	10.000	1	99,9%	98,9%
	20.000	1	100,0%	100,0%
Subtotal	1.779.450	2.107*		
Parroquias Rurales	200	933	82,6%	65,1%
	300	15	84,0%	66,7%
	400	125	95,0%	84,1%
	500	11	96,0%	86,0%
	600	25	98,2%	91,3%
	800	5	98,7%	92,7%
	1.000	13	99,8%	97,2%
	2.000	1	99,9%	97,9%
	6.000	1	100,0%	100,0%
Subtotal	286.600	1.129*		

NOTAS: *Había 5 varones para los cuales no se sabía sus rentas.
FUENTE: Igual cuadro 1.

un GINI de 0,409.[12] En Curitiba, que tenía 2.005 votantes en el registro de 1880, había muchas menos personas en la categoría de 200 mil reis (solamente 4%), pero incluyendo aquéllas con 300 o menos da un porcentaje de 67% en el nivel más bajo de ingresos y controlaban un 36% del total de ingresos, resultando en un GINI de sólo 0.382.[13] Así que aun a base de patrones urbanos contemporáneos de ciudades no mucho más pequeñas que San Pablo y dentro de su mercado regional económico, San Pablo sobresale por su mayor desigualdad de distribución de ingresos.

El índice de San Pablo es alto también en comparación con registros de la Guardia Nacional que existen para la provincia vecina de Minas Gerais en las décadas medianas del siglo. Examinando la distribución de ingresos anuales o rentas de reclutas de la Guardia Nacional en Minas Gerais en el período 1851-1870, de una selección de parroquias urbanas y rurales de la provincia, demuestra una distribución de rentas más iguales (véase cuadro 4).

CUADRO 4: *Distribución de rentas anuales entre reclutas de la Guardia Nacional en Minas Gerais, 1851-1870*

Categorías de rentas (en mil reis)	Número de reclutas	Porcentaje acumulativo de	
		Personas	Rentas
200-299	13.792	69,0%	33,3%
300-399	2.241	80,2%	40,9%
400-499	1.163	86,0%	45,9%
500-599	691	89,5%	49,6%
600-699	401	91,5%	52,1%
700-799	83	91,9%	52,7%
800-899	260	93,2%	54,9%
900-999	194	94,2%	56,6%
1.000-2.999	709	97,7%	70,3%
3.000-4.999	218	98,8%	78,8%
5.000-6.999	101	99,3%	84,6%
7.000-7.999	54	99,6%	88,8%
9.000-10.999	34	99,7%	92,1%
11.000-12.999	4	99,8%	92,5%
13.000+	55	100,0%	100,0%
TOTAL 10.349.950*	20.000		

NOTAS: *El número total estimado fue generado usando los puntos medios de cada categoría.
FUENTE: Maria Auxiliadora Faria, "A Guarda Nacional em Minas, 1831-1873" (MA thesis, Universidade Federal de Paraná, 1977), tabla 4, p. 44.

[12] Magalhaes, "eleitores e eleitos," pp. 121-122. En las tablas sumarias de esta tesis y en la de Cardoso para Curitiba, solamente un número limitado de valores agrupados se usaron para alistar rentas. Así que he sido forzado en los dos casos a usar medio-puntos para calcular los índices GINI, que fuercen algo mis resultados de lo que serían si se basaran en una lista de rentas no agrupadas.
[13] Cardoso, "A população votante," cuadro 39.

Aquí los reclutas más pobres en términos de ingresos anuales eran más de dos tercios del total y retenían un tercio del total de ingresos. En cambio el 5% más rico sólo controlaba poco más de la mitad del total estimado de rentas. Esto resultó en un GINI relativamente bajo de 0,471.

Pero la distribución de rentas en las parroquias urbanas de San Pablo no es muy diferente de las distribuciones de riqueza en otras formas del siglo XIX. Por ejemplo, varios análisis de posesión de esclavos evidencian un GINI de alrededor de 55 para la mayoría de la regiones que poseían esclavos en el mismo estado de San Pablo a principios del siglo XIX. En el análisis de tres comunidades parecidas en 1829 sólo la zona de azúcar en reciente expansión de Itu resulta un tanto mayor (véase cuadro 5). Igualmente inusual era el naciente municipio cafetero de Bananal —una de las primeras zonas cafeteras paulistas—. Aquí el GINI para las 195 familias que poseían esclavos en 1829 era 0,657— a la par con Itu.[14] Pero estas zonas de plantaciones en reciente expansión eran la excepción, y para la mayoría de las sociedades que poseían esclavos en el siglo XIX la norma era a mediados de los 50s. Así que por ejemplo la distribución de propietarios de esclavos en el municipio de Campanha en el estado vecino de Minas Gerais en 1831

CUADRO 5: *Número de esclavos en tres municipios en 1829*
(número de propietarios entre paréntesis)

	ITU	MOGI	SAN PABLO	TOTAL
TOTAL	4.173 (380)	2.138 (461)	3.139 (638)	9.450 (1.479)
Promedio de esclavos por dueño	11,0	4,6	4,9	6,4
desviación estándar	15,3	6,6	7,3	10,2
coeficiente GINI por distribución de esclavos entre hogares que tenían esclavos	0,610	0,524	0,513	0,583
TOTAL DE HOGARES	1.061	1.964	1.745	4.770
% de hogares con esclavos	36%	23%	37%	31%
coeficiente GINI por distribución de esclavos entre todos los hogares	0,860	0,888	0,822	0,871

FUENTE: Francisco Vidal Luna & Herbert S., Kleinh, "Slaves and Masters in early Nineteenth-Century Brazil: São Paulo", *Journal of Interdisciplinary History*, XXI:4 (1991), p. 569.

[14] José Flavio Motta, "Estrutura de posse de escravos em Bananal (1801-1829)," Ensayo Presentado en la Conferencia Sobre la Historia de la Población en Latino América (IUSSP), Ouro Preto, Julio, 1989, pp. 2-5.

tenía un GINI de 0,55, y esto era aproximadamente la norma para la mayoría y tanto también para los Estado Unidos en el siglo XIX.[15]

No obstante estos GINIs relativamente altos para el total de votantes de San Pablo que demuestran de tal manera una concentración de riqueza relativamente alta, cabe poca duda que los analfabetos fueron importantes y que eran votantes legales en San Pablo en 1880. Del total de electores de 3.241, el 39% eran analfabetos. Como es de esperar, cuanto más pobre el elector era más probable que fuera analfabeto, y a la inversa cuanto más rico el individuo mayor probabilidad existía de que fuera alfabeto (véase cuadro 6). De hecho el 97% de los analfabetos ganaban menos de 400 mil reis por año. Pero otra vez la dicotomía rural/urbana era bastante pronunciada. Así que los analfabetos dominaban en las áreas rurales, constando de más de dos tercios de los electores, mientras que en las parroquias urbanas eran un poco menos de la cuarta parte de los electores. Aunque los alfabetos eran firmemente más ricos que los analfabetos en términos

CUADRO 6: *Rentas de electores por residencia y alfabetismo, San Pablo, 1880*

	Residencia/ Alfabetización	Número de electores	Renta
I Parroquias urbanas	2.107	845	(1.194)
1 alfabeto	1.613	1.019	(1.311)
2 analfabeto	494	277	(210)
II Parroquias rurales	1.129	254	(219)
1 alfabeto	373	338	(351)
2 analfabeto	756	212	(72)
POBLACIÓN TOTAL	3.236*	638	(1.012)
1 alfabeto	1.986	891	(1.220)
2 analfabeto	1.250	238	(147)

Notas: *Había 5 personas de las cuales no se sabían sus rentas, alfabetismo ni residencia.
Fuente: Igual cuadro 1.

[15] Los GINI índices para cinco pueblos mineiros entre en el período 1718-1804 cambiaron de un bajo .40 a un alto .57, con la norma siendo .55. Francisco Vidal Luna y Iraci del Nero da Costa, *Minas colonial: Economia e sociedade* (San Pablo, 1982), p. 40, tabla 3. Para tres municipios en San Pablo en 1829, el GINI para posesión de esclavos era .583. Véase Francisco Vidal Luna y Herbert S. Klein, "Slaves and Masters in early Nineteenth-Century Brasil: San Pablo", *Journal of Interdisciplinary History*, XXI: 4 (1991), p. 659, tabla 8. El número para EEUU para la distribución de esclavos en 1790, 1830, 1850 y 1860 en los estados principales de esclavos del Sur Central fue entre .562 y .597. Lee Soltow, "Economic Inequality in the United States in the Period from 1790 to 1860," *Journal of Economic History*, 31, núm. 4 (dic., 1971), p. 829.

de rentas, aun aquí las diferencias eran mucho menos pronunciadas en las áreas rurales que en el centro urbano de San Pablo.

Esta misma dicotomía rural/urbana fue evidente en la distribución de ocupaciones entre los electores. En las áreas urbanas un tercio de todos los electores eran obreros no calificados o semi calificados, el 91% de los votantes rurales caían dentro de esta categoría. Aun más impresionante es el hecho de que la renta promedio de obreros en el área urbana era sistemáticamente más alta que la de aquéllos del área rural, y fue lo mismo para todas las categorías de obreros. Así que obreros urbanos especializados declararon una renta anual de más del doble de la renta de tales obreros en parroquias rurales. Aún más interesante es el hecho de que la variación alrededor de los promedios de estas rentas difirieron poco entre las dos áreas geográficas, indicando de este modo que los promedios de las rentas anuales eran la norma para la mayoría de los obreros en cada categoría en las dos regiones (véase cuadro 7).

CUADRO 7: *Distribución de ocupaciones por residencia urbana o rural de los electores de San Pablo en 1880*

	Categoría de ocupación	Eelectores	Promedio	Desviación estándard
Área Urbana	No calificados y semi calificados	692	304	149
	Obreros calificados	658	667	610
	Profesiones liberales	243	1.769	1.551
	Clérigos	20	1.515	1.663
	Mercaderes	342	858	944
	Terratenientes	126	2.821	2.588
	Retirados	8	938	515
	Subtotal	2.089	845	1.193
Área Rural	No calificados y semi calificados	1.013	234	111
	Obreros calificados	27	285	181
	Profesiones liberales	10	460	165
	Clérigos	2	600	0
	Mercaderes	64	384	175
	Terratenientes	2	4.000	2.828
	Subtotal	1.118	253	219
	TOTAL CONOCIDO	3.207	639	1.011

NOTAS: *Faltaba información sobre las ocupaciones y rentas para 34 casos.
FUENTE: Igual cuadro 1.

Aun cuando examinamos las mismas ocupaciones, la dicotomía urbana-rural es impresionante. De los 1.437 votantes registrados como obreros de granja no especializados (*labradores*) —la ocupación más común de los electores— el 63% estaban en la área rural. En contraste, el 97% de los 306 obreros asalariados (*empregados*) —la ocupación tercera más común— estaban en parroquias urbanas. Un 82% de los 340 mercaderes (*negociantes*) estaba en la ciudad, y el 97% de los 121 carpinteros (*carpinteiros*). Igualmente la renta promedio anual difirió en la misma categoría de ocupación si se trataba de los sectores urbanos o rurales. Carpinteros urbanos, por ejemplo, ganaban una renta de 352 mil reis por año, comparados con los rurales que sólo ganaban 200 mil reis. Labradores urbanos ganaban un promedio de 319 mil reis, en comparación con obreros de granjas rurales que ganaban solamente 235 mil reis por año. Las distorsiones fueron aún mayores entre los mercaderes y *empregados*. En resumen, hasta en la misma descripción de empleo, los ingresos difirieron marcadamente entre las áreas urbanas y rurales de San Pablo.

Es más, las diferencias aguardadas en riqueza entre varones casados y solteros —obviamente influidas también por edad— fueron mucho más pronunciadas entre la población urbana que entre los electores rurales. No inesperadamente había muchos más solteros en el ambiente urbano. Pero aunque mayormente habia más pobres que casados o viudos en el ambiente urbano —cosa que era de esperar— existía poca diferencia entre ellos y los casados y viudos en las áreas rurales (véase cuadro 8). De nuevo, esto es una indicación importante sobre cuánto más homogéneas eran las parroquias rurales.

CUADRO 8: *Rentas anuales de electores por residencia y estado civil. San Pablo, 1880*

Recidencia	Estado civil	Electores	Promedio	Des. Estd.
Área Urbana	Solteros	692	664	822
	Casados	1.255	903	1.179
	Viudos	156	980	1.406
	Subtotal	2.103	831	1.101
Área Rural	Solteros	189	241	111
	Casados	866	257	241
	Viudos	74	251	139
	Subtotal	1.129	254	219
TOTAL		3.232*	630	939

NOTAS: *Había 9 personas de las cuales no se sabía su renta ni su estado civil.
FUENTE: Igual cuadro 1.

Este análisis de los registros electorales de 1880 de la ciudad de San Pablo y sus parroquias rurales alrededor ofrece más que un apoyo suficiente para sostener la idea de que existió una participación popular significante en el proceso electoral del imperio de Brasil en el siglo XIX. La incidencia alta de votantes de rentas bajas, su extensión a todos los grupos de edad, e igualmente la alta incidencia de analfabetos; todo indica que las declaraciones realizadas recientes por estudiosos de una participación popular en el proceso electoral indirecto en Brasil en el siglo XIX son correctas. Pero lo más impresionante aún de nuestros hallazgos es la aguda distinción entre las parroquias rurales y urbanas. Evidentemente en las áreas rurales al rededor de San Pablo, con sus cantidades mayores de pequeñas granjas de víveres, la incidencia de participación de los votantes pobres es bastante llamativa. Y aun más impresionante es la distribución relativamente uniforme de riqueza en estas áreas en comparación con la situación más estratificada de los ambientes urbanos. Estas zonas fueron tan diferentes que en realidad las áreas rurales tenían relativamente menos individuos elegibles para votar para puestos más altos o para ser elegidos ellos mismos. El número de votantes elegibles para votar para puestos más altos era sólo el 40% del total de electores para las dos zonas en conjunto.[16] Pero su distribución era sumamente desigual. Sólo el 13% de aquellos alistados como "elegibles" para votar para puestos provinciales y nacionales se encontraban en áreas rurales, y el 87% en la zona urbana. Además un altísimo 54% de los votantes en el área urbana tenía propiedad y demás calificaciones para ser elegible para votar para posiciones políticas más altas, pero sólo el 15% calificaba en las áreas rurales. Es difícil decir cómo influyen estas dos claras caracterizaciones sobre la cuestión de las relaciones entre patrón y cliente tan acentuadas en los estudios. Uno podría argüir que cuanto más personas de la elite económica existen, más abiertamente democrático es el sistema; y que cuanto menos perso-

---

[16] De acuerdo con la ley la renta mínima era 400 mil reis. Pero los registros indican algunos individuos con menos que esta suma en grupos elegibles, probablemente basado en otras consideraciones, no de rentas. También había algunos analfabetos (18 o 1.4% de los 1.308 votantes elegibles o de segundo grado). Aunque Joseph L. Love ha argumentado (en "Political Participation in Brasil, 1991-1969," Luso-Brazilian Review vol VII, núm. 2 (Dic. 1970), pp. 6-7, núm. 7) que los electores después de 1881 eran co-iguales al número de electores directos después de 1881; esto es probablemente una exageración dada la eliminación de analfabetos y la manera mucho más restrictiva de definir propiedad. En base a mis cálculos, el 4% de la población entera era del segundo nivel de electores antes de 1881, mientras que él admite que después el número era menos del 1% de la población entera.

nas de ese tipo hay en un área, podrían tener una posición más monopólica, especialmente cuando todos los demás eran uniformemente pobres. Aunque la elite rural no era tan rica como la elite urbana de votantes, en el lugar de los artesanos y granjeros esencialmente pobres, no sería necesaria una gran riqueza para ejercer una posición de patrocinio.

Que San Pablo fuera más restrictiva que las otras regiones de Brasil sobre a quién se permitía votar señala una mayor limitación de la participación total de varones elegibles, que era la norma en otros sitios. Pero si se puede demostrar que aun en este centro existían niveles razonables de participación popular, entonces se puede asumir que estudios futuros de los registros de votantes para otras regiones de Brasil deben mostrar aún una participación popular mayor en el proceso político. También ha de esperarse que las dicotomías tan marcadas que se encontraron aquí entre las áreas urbanas y rurales persistirán en otras regiones similares de Brasil y que en las áreas rurales, las zonas de plantaciones tendrán una caracterización pronunciadamente diferente a tales áreas de granjas de panllevar definidas por las parroquias rurales de San Pablo.

COMENTARIOS FINALES

NATALIO R. BOTANA*

COMO HABRÁ podido comprobar el lector que hasta aquí ha llegado, los trabajos agrupados en este libro proponen un largo recorrido: casi un siglo de vida electoral transcurre entre el momento independentista de nuestras naciones en escorzo (en Brasil el relato despunta unos años después) y el período de fin de siglo en el cual, provisoriamente, se cierran estos avatares de la representación política en Iberoamérica.

A la perspectiva temporal se suma, por otra parte, una mirada geográfica tan vasta como la primera. Visión, pues, que en materia electoral retrata algunos conflictos y armonías del ochocientos (tomo prestada una frase feliz de Sarmiento), y pone de relieve escenarios dispares protagonizados por movimientos indigenistas o por procesos migratorios de ultramar.

Esta diversidad pone sobre el tapete un interrogante, acaso a primera vista banal, acerca de la continuidad que enlaza a estos itinerarios. No parece que Iberoamérica haya explorado el tema de la representación política según los criterios expuestos en los Estados Unidos entre 1776 y 1787, sino más bien a caballo de una tradición abierta por la revolución de 1789 en Francia que, de inmediato, echó a rodar por Europa y, en particular, por España y Portugal.

La herencia ibérica es entonces un punto de partida indispensable en la historia de nuestra representación política anclado en las primeras formulaciones constitucionales de Cádiz y de Portugal. Es una herencia ambigua que pretendió amalgamar en esos ensayos una de las interpretaciones modernas en torno a la soberanía y a la representación nacional con los sedimentos tradicionalistas de una sociedad estamental de antiguo régimen.

Esta estructura señorial, de cuerpos, pueblos y privilegios, se vio envuelta en la península por la guerra provocada por la invasión napoleónica.

* Instituto Di Tella, Buenos Aires.

Paradojalmente, la movilización que tuvo lugar en aquel contorno y posteriormente en Hispanoamérica, no derivó tanto del choque entre revolución y antiguo régimen sino de un clima belicoso que arrastraba, sin
obtener al cabo ninguna solución estable, a las vertientes moderna y tradicionalista de la teoría representativa.

Ya sea en la clave monárquica del Brasil y de los países que durante un
breve lapso aplicaron la constitución de Cádiz, o en el registro republicano que se extendió entre Caracas y Buenos Aires, los primeros intentos de
plasmar la representación política en leyes y prácticas electorales incorporaron aquellas concepciones opuestas en fórmulas mixtas de variada duración.

La vertiente que llamaremos tradicionalista evocaba un tipo de representación de carácter simbólico y descriptivo de la sociedad aristocrática.
La representación descendía de arriba hacia abajo a través de una compleja escala de cargos que vinculaba a la monarquía cristalizada en la corona
y a los engranajes administrativos que gobernaban a provincias, pueblos y
ciudades. Cada institución dependía de una autoridad superior y aquéllas,
a su vez, establecían reglas de sucesión que también respondían a la misma lógica. La representación tradicionalista imponía, pues, primordialmente, unas reglas de sucesión que descansaban en la herencia, la
designación, la cooptación y el mandato particular.

Cuando se produjo la ruptura del viejo orden, quedaron al desnudo,
tanto en Francia como en España, los obstáculos que impedían una convivencia evolutiva de las formas de gobierno aristocrática y popular, según
el modelo británico difundido en el Libro XI de *De l'Esprit des lois* de
Montesquieu. En el caso francés, el impacto sobre la vieja red de privilegios de los decretos de la Asamblea en el verano de 1789 (impacto vivido
por la corriente del liberalismo doctrinario de Royer-Collard, Guizot y
Rémusat, como una devastadora y real conmoción), abrió paso a una definición de la representación política que, a diferencia de la propuesta por
Madison en *El federalista*, se acopló a los conceptos de individuo y nación.

Quizá haya sido Sieyès quien mejor diseñó esta admirable operación
merced a la cual la vieja soberanía concentrada en la figura del monarca se
trasladaba de lugar para ser reasumida, en tanto última *ratio* del poder
político, por una entidad de naturaleza contractual. Ése fue el significado
primigenio de la palabra nación que nacía a una nueva vida como producto de una asociación de individuos dotados de inalienables derechos naturales. De este modo, la nación, entidad en principio abstracta, debía fabricar

un artificio capaz de convertir la potencialidad de mando contenida en cada voluntad individual en una forma concreta de gobierno. El artificio no era otra cosa que la representación política, único agregado de voluntades admitido por esa noción estricta de la libertad individual.

El golpe teórico de Sieyès invirtió los términos de la representación tradicionalista y ubicó la raíz de la representación moderna en la voluntad individual y en la escala ascendente que de ella provenía: el individuo, en efecto, elegía de abajo hacia arriba: él sólo ponía en marcha el dispositivo que permitiría convertir a las razones individuales dispersas en la sociedad en una razón pública capaz de representarlas y gobernarlas.

Para ello —proseguía el argumento— era necesario producir no uno sino dos agregados. En primer lugar, el agregado de voluntades para representar y, en segundo lugar, el agregado de voluntades para legislar. Disuelta la voluntad general en estos tramos que posiblemente Rousseau no hubiese aceptado de buena gana, la primera etapa del dispositivo quedaba en manos de las leyes electorales y la segunda, obviamente, se radicaba en la asamblea legislativa que gobernaba. En esta última debía residir la virtud de la voluntad general a la que debía alimentar una razón individual mediada por reglas y procedimientos.

El agregado electoral era pues la llave que abría el cerrojo de la razón pública; y ésta, a la postre, era tributaria del arte y la inteligencia con que el legislador trazaba el camino de mediaciones sucesivas. Por consiguiente, las técnicas electorales no sólo debían agregar voluntades sino que también debían diseñar diferentes umbrales de admisión, gracias a los cuales la cantidad acumulada de los sufragios podría producir la calidad del representante. El mismo Sieyès y sus seguidores, todos ellos aplicados escribidores de constituciones, firmaron así el acta de nacimiento del sufragio indirecto fraguado en varios niveles. Como veremos de inmediato, el método no era inocente ni tampoco carecía de cálculo estratégico.

La matriz del voto indirecto quedó estampada en la primera constitución de 1791 que de entrada distinguía entre ciudadanos activos dotados de derechos políticos y ciudadanos pasivos en uso de los derechos civiles. Los ciudadanos activos votaban en asambleas primarias para designar un número reducido de electores, quienes, en un comicio de segundo grado, elegían a los diputados que, como representantes exclusivos de la nación, integrarían una asamblea nacional legislativa. Atenuado este modelo en la constitución de 1793 que escribió Condorcet, el mismo reapareció con renovado vigor en la de 1795, hasta llegar al límite extremo de la de 1799 (en la ocasión, a la vera de Bonaparte, Sieyès había enunciado el apotegma según el cual *"si la confiance vient d'en bas, le pouvoir vient d'en haut")*.

La constitución de Cádiz de 1812 fue una de las tantas herederas de esta concepción moderna de la representación política, pero combinó el régimen del voto indirecto con la realidad de un sistema tradicional de representación mucho más viviente —sobre todo en Hispanoamérica— de lo que muchos espejismos modernizantes suponían. El esquema, minuciosamente redactado a lo largo de sesenta y nueve artículos (la constitución entera tenía 384), fijaba la emisión del sufragio en varios grados.

Elegían los ciudadanos con derechos políticos en juntas electorales de parroquia a un número menor de compromisarios que designaban electores parroquiales. Éstos, a su vez, formaban juntas electorales de partido a las cuales competía elegir por mayoría absoluta a los electores de partido. Dichos electores de partido, en juntas electorales de provincia, en último turno desigualaban a los diputados que, "como representantes de la nación" integrarían las Cortes legislativas. Cada uno de los escalones superiores de esta mediación ascendente —aspecto crucial que será adoptado rápidamente en Hispanoamérica— decidía acerca de la validez del título del elector otorgado por el escalón inferior.

Sin embargo, esta propuesta no pretendía desarrollar su cometido en un territorio vacío de privilegios, puesto que llamaba en su auxilio a la vieja representación tradicional mediante la bendición de la religión católica establecida (la constitución de Cádiz prohibía expresamente la libertad de cultos en su artículo 12). Según los diversos niveles en que se desenvolvía la elección de representantes correspondía celebrar misas parroquiales y solemnes a cargo del obispo de la diócesis. Más importante aún: las juntas electorales debían ser presididas por el jefe político, designado por el poder central y por el cura párroco del lugar. Doble legitimidad pues y doble sistema de control, civil y religioso.

La constitución de Cádiz duró muy poco, aunque el corto período en que se ensayaron sus preceptos en algunos países de Hispanoamérica permite esbozar, como lo hace el estudio de Antonio Annino, una hipótesis acerca de estas soberanías en conflicto. El México de la década que se extiende entre 1812 y 1821 tuvo la particularidad de concentrar en el primer nivel electoral a las expectativas que, según la constitución de Cádiz, debían depositarse gradualmente en los niveles superiores. El peso de la representación tradicional radicada en los ayuntamientos no impidió, por cierto, que se manifestaran nuevas demandas de participación y aun que el viejo rol de vecino se sintiese atraído por esos aires ciudadanos anunciadores, según las ilusionadas palabras de Leiva dichas en Cádiz, de una nueva "igualdad racional legal".

A la soberanía nacional abstracta se oponía pues la realidad concreta de esos ayuntamientos sin vínculos aparentes con los niveles superiores de representación. Se votaba, por cierto, pero en un marco de acentuada fragmentación territorial que, a la postre, dejaría como legado una forma de autogobierno sin separación de poderes, desvinculada de lo métodos de representación indirecta propuestos por la teoría institucionalizada en Cádiz.

Según apuntan Marco Bellingeri y Marie-Danielle Demélas-Bohy en sus respectivos análisis del voto interétnico en Yucatán entre 1812 y 1838 y en los pueblos andinos en los años 13 y 14, la recuperación de la soberanía local, en el primer caso, y el choque de facciones en el segundo, pugnaron por transferir esos derechos políticos al nivel más amplio de un régimen político sustentado en la soberanía nacional. Estos intentos ensayaron fórmulas mixtas fallidas: el viejo régimen se colaba en esa precaria síntesis de privilegios y nuevas libertades al paso que la lucha de facciones convocaba a nuevos actores, muy distintos sin duda de los que imaginaba la teoría de la representación indirecta.

En ese gamonalismo andino enmarcado por las guerras de la independencia, se pueden encontrar las primitivas huellas de una trayectoria de larga duración. Los caciques o caudillos electorales (varían los nombres que califican a esta rutinaria función) se incorporaron de este modo a la escena política como denostadas e imprevistas malformaciones que, no obstante estos augurios pesimistas, se adaptaban con relativa comodidad a las reglas implícitas en esta clase de representación.

Según las intenciones de los legisladores, el sufragio indirecto no debía favorecer en principio el desarrollo de un sistema competitivo sino el de un régimen delegativo basado en la confianza personal. Así, en este cuadro imaginario, la ciudadanía gaditana remedaba una cuidadosa gradación de jerarquías electivas gracias a la cual la figura del vecino, ubicada en pequeñas unidades territoriales, podría delegar su confianza en un estrato superior con capacidad para discernir la virtud de la representación nacional.

La brecha que separa a la imaginación de la práctica política permitió introducir en Hispanoamérica, entre los roles del vecino y del ciudadano, a la figura novedosa de unos clientes prontos a obedecer las órdenes de caciques y gamonales. Esta realidad, apoyada al principio en la fragmentación territorial, pudo plasmarse en el imperio del Brasil en un escenario más consolidado donde los vínculos entre los poderes locales y generales gozaron del beneficio de una legitimidad establecida. Los engranajes electorales de ese "teatro de sombras" de la política imperial (según la bella expresión de José Murilo de Carvalho) sirvieron pues de medio eficaz para lograr ese propósito.

Los trabajos de Richard Graham, Lucia Maria Bastos P. Neves, Marianne L. Wiesebron y Herbert S. Klein, abren un abanico de perspectivas que, en contraste con las primeras décadas de la independencia en los países hispanoamericanos, destacan el hecho elemental y no menos significativo de una fórmula política dotada de la ductilidad suficiente para funcionar en un territorio extenso. Posiblemente esa flexibilidad haya derivado en un arreglo constitucional que combinaba la representación indirecta de raíz gaditana con los principios de una monarquía constitucional expuestos en Francia en la Carta de la restauración borbónica de 1814.

La Carta de Lei, que el emperador otorgó en 1824, incorporó esta doble herencia. El poder moderador de la monarquía con un ministerio responsable frente a un régimen bicameral de corte aristocrático y electivo, coexistía con otro poder, ubicado en las bases territoriales del régimen electoral. Hasta 1881 en que se suprimió la elección indirecta, las diversas leyes que gobernaron los procesos electorales desde los años veinte fijaron, en mayor o menor número, una serie de niveles semejantes a los de Cádiz: desde las circunscripciones de parroquias y comarcas, la escala ascendía hasta los colegios electorales que designaban a los miembros de la Cámara de diputados.

Esta estructura formal incubó en su seno un haz de relaciones en el cual los recursos del poder de los jefes locales eran compensados por la protección que los mismos recibían de quienes, a la postre, eran elegidos diputados. Legitimidad de doble vía —ascendente primero, descendente después—, este sistema no contaba sin embargo con instrumentos unificadores del estado como los que se aplicarían en la Argentina después de 1862. La visible ausencia de la intervención del gobierno central, en un régimen que no invocaba el principio federal de organización del Estado, reforzó el poder de los electores locales.

En esa patria chica, en efecto, dominada por clientelas familiares dependientes de los propietarios, se dirimía la contienda electoral mediante una mezcla original, que no excluía la violencia en los atrios parroquiales para conquistar el control de la mesa donde se sufragaba, y favorecía la concurrencia a los comicios en forma de cohortes de votantes sujetas al control de los electores. En el Brasil imperial el elector era un sustituto del cacique hispanoamericano tras el cual se proyectaba la sombra protectora de los gobiernos de familia: la participación electoral, que alcanzó hacia comienzos de los ochenta niveles importantes en relación con otros países hispanoamericanos, coexistía pues con un régimen de control basado en los vínculos de confianza entre electores y representantes. Los primeros ensayos hispanoamericanos rozaron en el Brasil un grado de madurez insospechada, pues la disputa por el poder no circulaba por los carriles de un régimen de partidos sino por los meandros de un sistema mucho menos competitivo. Los partidos eran producto de las divisiones que tenían lugar en el parlamento, pero ese debate, en general, no trasponía las fronteras ilustradas de aquel recinto.

Mientras en el Brasil se combinaron durante casi siete décadas la representación indirecta con un régimen de control electoral, en la naciente Argentina del siglo XIX los intentos fallidos por consolidar la producción del sufragio en una fórmula nacional se sucedieron en el curso de ese mismo período entre crisis repetidas, innovaciones y regresiones. Recién en 1880, cuando las leyes de representación indirecta del Imperio pasaron a mejor vida, se forjó en la Argentina un régimen de control electoral capaz de abarcar al país entero, merced a los vínculos que se establecieron entre los gobernadores de provincia y el poder presidencial.

Los trabajos de José Carlos Chiaramonte (con la colaboración de Marcela Ternavasio y Fabián Herrero), Marcela Ternavasio, Hilda Sabato y Ema Cibotti, siguen el derrotero que comenzó en 1810 hasta el punto en que emerge el orden conservador del roquismo, setenta años más tarde. Derrotero sin duda sinuoso que, en los estudios aquí comentados, tiene la particularidad de ubicarse en el contorno delimitado por la provincia de Buenos Aires, poder regional dominante hasta 1880 de aquella turbulenta constelación federativa.

El Buenos Aires de los años diez, mezcló en sus prácticas electorales reglas semejantes a las que ensayaron otras ciudades hispanoamericanas. En el repertorio de creencias de aquella elite porteña se confundieron, como no podría ser de otra manera, viejas prácticas y nuevos lenguajes. Sin un lenguaje político propio de un orden nacional, ni una soberanía común aceptada por los pueblos y ciudades del viejo virreinato, el juego político se dirimía con leyes electorales que no se inspiraban exclusivamente en el criterio moderno de la representación política, directa o indirecta. El viejo principio de la representación tradicional chocaba pues con el concepto de la representación moderna; y no hay por qué extrañarse, entonces, de que la vertiginosa sucesión de estatutos y proyectos constitucionales estipulase diversas clases de sufragio (corporativos con sede en los cabildos, mixtos e indirectos, con o sin mandato imperativo) en donde la presencia gaditana hacía las veces de un autor que no merecía el beneficio de las citas a pie de página (lo mismo ocurrió con las constituciones francesas del período termidoriano).

Lo curioso del caso bonaerense no deriva tanto de su escasa originalidad en estas materias, sino de la prontitud con que estos primeros estatutos fueron reemplazados en 1821 por un modelo de representación directa sustentado en el sufragio universal. Estas innovaciones suprimieron los cabildos y crearon una sala de representantes, pequeña *chambre unique* cuyos miembros eran elegidos con procedimientos que combinaban el sufragio plurinominal o de lista con el sistema de voto acumulado. El régimen se convirtió en el imaginario del republicanismo progresista, en una suerte de "feliz experiencia", animada por periódicos que hacían de voceros de facciones inestables.

Con una duración más larga que el conjunto de experiencias retratadas en la década anterior, el sufragio de los años veinte expandió la participación electoral y recuperó, en clave republicana, al conjunto de cargos —jueces de paz, alcaldes y tenientes alcaldes— que debían velar, en un plano formal, para que las leyes se cumpliesen y, en un plano informal, para que la producción del dicho sufragio legitimase a los gobernadores impuestos por una facción dominante que recibió el nombre de partido del orden.

Lo importante a destacar aquí no es tanto la brusca cancelación del reinado de los artífices de este proyecto de representación directa, sino su duradera prolongación en el régimen rosista. Las décadas del treinta y del cuarenta son en este sentido paradigmáticas porque el ejercicio del poder rosista expandió la participación electoral desde la ciudad hacia la campaña y, al mismo tiempo, concentró esa inclusión electoral dentro de una disciplinada jerarquía de agentes. Las listas de representantes que el gobernador confeccionaba diligentemente eran ratificadas por el cuerpo electoral gracias al auxilio prestado por jueces de paz, policías, milicianos, organizaciones adictas, cuadros del ejército regular y curas de parroquia. Todos ellos, por sí mismos o por interpósita persona, controlaban la confección del padrón, y a los jefes de mesa y escrutadores.

Se montó de esta manera, en un régimen de representación directa, un sistema de control electoral tan bien adaptado a estos requerimientos como el que funcionaba en el imperio del Brasil según el modelo de la representación indirecta. En uno y otro caso, con mayor o menor grado de centralización, los agentes electorales, en lugar de mediar entre los ciudadanos y los cargos en disputa, producían el sufragio e invertían de nuevo el circuito de la representación.

En el antiguo régimen, la representación tradicional circulaba de arriba hacia abajo. Según el lenguaje de la representación moderna, la soberanía del pueblo en términos norteamericanos, o la soberanía nacional en el registro francés, conformaban un movimiento ascendente que arrancaba desde el lugar ocupado por el ciudadano con capacidad para votar. El sistema de control electoral que se desarrolló en Iberoamérica quebró de nuevo esta imagen moderna de la representación, pero no alteró su lenguaje legitimador. Sólo modificó el contenido real de la relación vinculante entre ciudadanos y representantes: ellos, los ciudadanos, no votaban en completa libertad: votaban en los hechos, los agentes electorales. El gobierno elector tendió pues a reemplazar al ciudadano elector.

En rigor, estas operaciones no pudieron salvar en etapas posteriores una recurrente impugnación que, sin embargo, no pudo superar unos obstáculos mucho más presentes en los usos políticos que en el lenguaje y las leyes. Durante la etapa que atraviesa la provincia de Buenos Aires entre 1860 y 1880, la vigencia de las libertades y la abierta competencia de protopartidos apoyados en periódicos, tribunas y manifestaciones, delinearon un espacio público animado y retórico.

Pero la paradoja estaba a la vista. Se movilizaban esos protopartidos para votar, y se organizaba la marcha de los votantes hacia los comicios desde clubes y comités, con el propósito de protagonizar en los atrios una suerte de torneo faccioso, más parecido a una guerra aristocrática pronta a dirimir con reglas precisas los enfrentamientos violentos, que a una competencia electoral dispuesta a respetar la alternancia pacífica en el ejercicio del poder. Como resultado de este original análisis, entre la sociedad civil y el gobierno mediaba el espacio público, en lugar de que lo hiciera el sistema representativo de elección directa sin calificación del sufragio. Este régimen escindido de participación en el espacio público sin representación ciudadana revelaba, en un estrato más profundo, la política activa de una provincia liberada de la férula del orden central (algo semejante, en un contexto muy diverso, ocurría en los niveles locales del Perú anterior a 1896 que describe el trabajo de Gabriella Chiaramonti).

La participación abierta sin la garantía del sufragio en ese Buenos Aires que no había sufrido todavía la subordinación de su autonomía al imperio del poder central, tenía pues la virtud, en una ciudad de inmigrantes, de abarcar a criollos y extranjeros. Pese a que la participación electoral de los extranjeros era mucho más escasa que la que ocupaba a los criollos nativos, esas comunidades de italianos, franceses y alemanes hacían valer su presencia mediante periódicos y asociaciones mutuales. Lo habían hecho antes de 1880 y proseguirían con este tipo de inserción en la política porteña en los años posteriores, aun a sabiendas, como escribió uno de sus observadores más lúcidos, de que en la Argentina quien gobernaba era quien, en definitiva, vencía en la contienda electoral.

Esta mirada poco entusiasta que enfocaba los resortes más sensibles del engranaje electoral, describía con justeza un clima de ideas transmitido con premura a la arena pública por el discurso parlamentario y la palabra escrita en diarios, folletos y libros. Atmósfera decididamente urbana, el lenguaje que ella envolvía se convirtió en la Iberoamérica del ochocientos en un cartabón de doble propósito. Si por un lado las elecciones y el sufragio eran corazas protectoras de los poderes sociales de base local y, más tarde, nacional, por otro, la legitimidad contenida en el lenguaje electoral hacía de acicate para criticar y regenerar unas instituciones sujetas a engaño y corrupción.

Los criterios de legitimidad de la representación política hicieron entonces las veces de defensores del orden y de instrumento para justificar rebeliones y alzamientos: enmascaraban esos criterios realidades ocultas y, a la vez, actuaban como principio regenerador de un tejido enfermo por el fraude y el control electoral. En tanto conjunto de ideas y estilos de clara prosapia ibérica, el regeneracionismo recorrió el continente con su mensaje reparador de un orden dañado por la falsedad. El lenguaje del Brasil de los años veinte fue regeneracionista; la retórica porteña fue regeneracionista hasta culminar en los encendidos torneos oratorios de las rebeliones cívico-militares de los años noventa; las palabras y la acción del Perú unificante de fin de siglo abrieron también las puertas a esos propósitos de pronta regeneración de un país maltrecho. En el viaje de las ideas, el regeneracionismo se tiñó de invocaciones morales, de fervorosos llamados a la reconstrucción institucional y de justificaciones darwinistas para doblegar el poder local de las movilizaciones indígenas en aras de una supremacía nacional controlada, obviamente, por la población blanca; o acaso emprendió el camino inverso, según el rumbo que habría de indicar más tarde el reformismo mexicano.

Itinerarios y rupturas de una legitimidad más asumida que lo que muchas críticas suponían. El mundo de valores de aquel principio de la representación política del setecientos definió de este modo un campo de confrontación: a él se referían unos actores cuyas intenciones no llegaban al extremo de abandonar por inútil aquel ritualismo electoral. La ceremonia del comicio estuvo desde entonces íntimamente unida a nuestras culturas políticas.

Las conjeturas contenidas en estos trabajos —y las refutaciones a las cuales ellos convocan— no hacen más que abonar la consistencia de un asunto abierto a nuevas hipótesis e interrogantes.

ÍNDICE

Se terminó de imprimir en
el mes de noviembre de 1995
en Imprenta Rosgal, S.A.
Mariano Moreno 2708
Tel. 47 25 07 - 47 29 37
Montevideo - Uruguay
Se tiraron 1500 ejemplares
Depósito Legal N° 301075/95

En portada: mapa de John Tallis, tomado de *Atlas ilustrado del mundo, siglo diecinueve,* Madrid, Libsa, 1992. Agradecemos a editorial Libsa la autorización para su reproducción.

Printed in the USA
CPSIA information can be obtained
at www.ICGtesting.com
CBHW020031300424
7777CB00008B/69